Über dieses Buch Aus Anlaß der 40. Wiederkehr der Gründung der Bundesrepublik Deutschland wird dieses vierbändige Werk der Öffentlichkeit vorgelegt. Es handelt sich um die aktualisierte Neuausgabe des erstmals 1983 erschienenen Werkes »Die Bundesrepublik Deutschland. Geschichte in drei Bänden.«
Die Gesamtdarstellung der Geschichte der Bundesrepublik Deutschland in Form historischer Längsschnitte bietet gegenüber anderen Darstellungsformen Vorteile. Zum einen konnten kompetente und spezialisierte Autoren für das Projekt gewonnen, zum anderen die Themenstellungen an den Problemen der Gegenwart orientiert werden. Das Ergebnis ist daher nicht nur der Blick zurück, sondern eine Geschichtsschreibung, die zum Verständnis unserer Zeit beiträgt.
Die Verbindung von politischer Geschichte und Sozialgeschichte ist Leitmotiv des Werkes. Neben der unerläßlichen Beschreibung und Analyse der Staatsaktionen stehen gleichrangig die Schilderung des Alltags der BürgerInnen der Bundesrepublik, der Veränderungen ihrer Lebensbedingungen im Zeitraum einer Generation.
Die Auswahl der Themen spiegelt diese Absicht wider. Hier wird erstmals der Versuch unternommen, Aspekte wie Freizeit, Sport und Wohnen oder Bereiche wie Jugend und Frauen mit der gleichen Intensität (und Kompetenz) in den Rahmen einer Gesamtdarstellung einzubringen wie die klassischen Themen Recht und Justiz, Außenpolitik oder Literatur, Bildende Kunst und Theater oder Wirtschaftsordnung, Gewerkschaften und Sozialpolitik.
Bei der Erweiterung des Werkes von drei auf vier Bände, die nicht zuletzt wegen des Erfolges der ersten Auflagen möglich war, sind nicht weniger als acht Beiträge neu hinzugekommen, die Lücken schließen oder die durch neue Entwicklungen notwendig geworden sind: Verbände und die wirtschaftlichen Verflechtungen der Bundesrepublik in der Europäischen Gemeinschaft und im Welthandel, Verkehr und Ökologie sind im zweiten Band (Wirtschaft) thematisiert, »Protestbewegungen« und Sport sind in den dritten Band (Gesellschaft) eingefügt. In unterschiedlichem, aber meist erheblichem Umfang wurden die aus der ersten Ausgabe übernommenen Kapitel überarbeitet und aktualisiert.
Vorgelegt wird eine leserfreundliche Geschichte der Bundesrepublik Deutschland, die neueste Forschungsergebnisse in wohl komponiertem Zusammenhang bringt. Die Beiträge der mehr als 40 Fachleute fügen sich mit ihren Beigaben (Literaturverzeichnissen, Anmerkungen, Chroniken, Tabellen, Grafiken und Abbildungen) zu einem Nachschlagewerk von höchstem Gebrauchswert zusammen.

Der Herausgeber Wolfgang Benz, geb. 1941, Dr. phil., ist Mitarbeiter am Institut für Zeitgeschichte in München, wo er u. a. als Herausgeber die Reihe »Biographische Quellen zur deutschen Geschichte nach 1945« betreut. Mitbegründer und Mitherausgeber der »Dachauer Hefte – Studien und Dokumente zur Geschichte der nationalsozialistischen Konzentrationslager«, Lehrbeauftragter an der TU München, Gastprofessor an der University of New South Wales in Sydney (1986).
Zahlreiche Veröffentlichungen, zuletzt: Von der Besatzungsherrschaft zur Bundesrepublik. Stationen einer Staatsgründung 1946–1949 (1984). Die Gründung der Bundesrepublik (1984), Potsdam 1945. Besatzungsherrschaft und Neuaufbau im Vier-Zonen-Deutschland (1986), Die Juden in Deutschland 1933–1945 (Hrsg. 1988).

Die *Lebensläufe der Autoren* finden sich am Ende des Bandes.

Die Geschichte der Bundesrepublik Deutschland

Band 1: Politik
Band 2: Wirtschaft
Band 3: Gesellschaft
Band 4: Kultur

Herausgegeben von
Wolfgang Benz

Fischer
Taschenbuch
Verlag

Die Geschichte der Bundesrepublik Deutschland

Band 2: Wirtschaft

Mit Beiträgen von
Gerold Ambrosius, Christoph Buchheim, Werner Bührer, Uwe Burghardt, Hartmut Esser, Bernd Guggenberger, Ludolf Herbst, Anton Kehl, Siegfried Mielke, Fritz Vilmar und Detlev Zöllner

Herausgegeben von
Wolfgang Benz

Fischer
Taschenbuch
Verlag

Lektorat: Walter H. Pehle
Bildredaktion: Carmen Durrant

Aktualisierte und erweiterte Neuausgabe
Veröffentlicht im Fischer Taschenbuch Verlag GmbH,
Frankfurt am Main, Mai 1989

Die Originalausgabe erschien unter dem Titel
›Die Bundesrepublik Deutschland. Geschichte in drei Bänden‹
im Fischer Taschenbuch Verlag GmbH, Frankfurt am Main 1983

Umschlaggestaltung: Buchholz/Hinsch/Hensinger
Gesamtherstellung: Clausen & Bosse, Leck
Printed in Germany
ISBN 3-596-24421-8 (Einzelband)
ISBN 3-596-24424-2

Inhalt

Vorbemerkung

Zehn Kapitel über wirtschaftliche Zusammenhänge in der Bundesrepublik Deutschland enthält dieser Band, und Wirtschaft wird dabei in einem sehr umfassenden Sinne verstanden: Die Themen reichen vom Wirtschaftssystem und der Wirtschaftsordnung über die Verflechtungen der Bundesrepublik in europäische und weltweite Zusammenhänge, von den Strukturproblemen der Arbeitswelt (Anton Kehl) über gesellschaftliche und politische Problemfelder – die Stichworte sind: Gastarbeiter (Hartmut Esser), Umweltpolitik und Ökologiebewegung (Bernd Guggenberger) – bis hin zu konstitutiven Elementen der Gesellschaftsordnung wie den Gewerkschaften auf der einen und den Unternehmerverbänden auf der anderen Seite. Behandelt sind in diesem Band aber auch so wichtige Bereiche wie Verkehr (Uwe Burghardt) und Sozialpolitik (Detlev Zöllner).
Im Beitrag von Gerold Ambrosius wird im ersten Teil die wirtschaftliche Entwicklung anhand der Entstehung, Verteilung und Verwendung des Sozialprodukts dargestellt. Dazu werden die Produktionsfaktoren Arbeit und Kapital untersucht und die Veränderungen der Produktions- und Beschäftigungsstrukturen analysiert. Der zweite Teil ist dann den Problemen der Wirtschaftsordnung und der Wirtschaftspolitik in der Bundesrepublik gewidmet. Christoph Buchheim stellt die Nationalökonomie Westdeutschlands in den Zusammenhang der Weltwirtschaft und beschreibt die Entwicklung von der Besatzungszeit zur Gegenwart anhand der Parameter Zahlungsbilanz, Handelsfreiheit und Internationale Währungspolitik, wobei schon die Wechselkurse zwischen DM und US-Dollar eindrucksvolle Schlaglichter bilden: 4,20 DM im September 1949, 4,00 DM im März 1961, 3,66 DM im Oktober 1969, 3,22 DM im Dezember 1971, 1,73 DM im Oktober 1978 und – nach einem erstaunlichen Maximum von 3,47 DM Anfang 1985 der bislang historische Tiefstand Ende Dezember 1987 mit 1,58 DM.
Dem Beitrag über die Gewerkschaften (von Siegfried Mielke und Fritz Vilmar) steht nun auch ein Kapitel über die Unternehmerverbände gegenüber, in dem, stellvertretend für die rund 1200 Unternehmervereinigungen in der Bundesrepublik, die drei Dachverbände (Bundesverband der Deutschen Industrie, Bundesvereinigung der Deutschen Arbeitgeberverbände und Deutscher Industrie- und Handelstag) Gegenstand der

Darstellung sind. Werner Bührer geht es dabei nicht nur um die Organisation und das Selbstverständnis dieser Interessengruppen, sondern darum, den Weg von den Anfangsjahren der Bundesrepublik, als die »Herrschaft der Verbände« befürchtet worden war, über Ludwig Erhards »Formierte Gesellschaft« zur »Konzertierten Aktion« der 70er Jahre bis zum politischen Interessenpluralismus der Gegenwart zu zeigen. Die Frage nach dem politischen Einfluß der Unternehmerverbände steht natürlich auch im Zusammenhang mit Problemfeldern, die an anderer Stelle dieser Gesamtdarstellung zur Geschichte der Bundesrepublik erörtert werden, z. B. im Beitrag über die politischen Parteien im ersten Band.

Das gilt freilich nicht nur für dieses Beispiel. Die Themen korrespondieren untereinander, so erscheint etwa die Ölkrise von 1973 in vielen verschiedenen Zusammenhängen, aber auch ganze Themenkomplexe stehen, der Konzeption einer Geschichte in Längsschnitten entsprechend, im Dialog. Die Probleme, die im Beitrag »Umweltpolitik und Ökologiebewegung« von Bernd Guggenberger betrachtet werden, finden sich aus anderer Perspektive auch im Kapitel über die Parteien oder unter der Überschrift »Protestbewegung« im dritten Band, ja sogar im Abschnitt »Design, Grafik Design, Werbung« im vierten, der Kultur gewidmeten Band.

Im vorliegenden, völlig neu konzipierten zweiten Band stehen neben den bewährten (und jetzt überarbeiteten und auf den Stand des Jahres 1988 ergänzten) Beiträgen der ersten Auflage fünf neue Darstellungen; sie schließen nicht nur die vom Herausgeber schon seinerzeit als schmerzlich empfundenen Lücken, mit ihnen wird teilweise auch Neuland der Forschung betreten. Allen Autoren, die sich den Terminzwängen dieses Unternehmens wieder oder erstmals gefügt haben, ist herzlich zu danken, ebenso dafür, daß sie dem steten Drängen des Herausgebers mit Geduld und Nachsicht begegnet sind.

München, im November 1988 Wolfgang Benz

Gerold Ambrosius
Das Wirtschaftssystem

Wirtschaftliche Entwicklung

Entwicklung des Sozialprodukts

Die gesamtwirtschaftliche Entwicklung eines Landes kann mit Hilfe des Sozialproduktes dargestellt werden. Das Sozialprodukt umfaßt den Gesamtwert der Güter und Dienstleistungen, die während eines Jahres erzeugt worden sind. Für das Deutsche Reich und die Bundesrepublik ergibt sich die in der Grafik auf Seite 12 aufgezeigte Kurve. Deutlich wird, daß es in der wirtschaftlichen Entwicklung Deutschlands in den letzten 100 Jahren zwei lang anhaltende Wachstumsphasen gab: von den 1880er Jahren bis zum Ersten Weltkrieg und vom Zweiten Weltkrieg bis Anfang der 70er Jahre. Dazwischen lag eine Periode, die durch die Weltkriege und die Weltwirtschaftskrise gekennzeichnet war.
Bei einer genaueren Betrachtung ergeben sich folgende charakteristische Phasen: 1. das relativ gleichmäßige Wachstum bis zum Ersten Weltkrieg, 2. der enorme Einbruch während der Weltwirtschaftskrise Anfang der 30er Jahre, 3. das starke Wachstum in den 30er Jahren, 4. der erneute schnelle Anstieg in den 50er und 60er Jahren und 5. der Rückgang der Wachstumsraten seit Mitte der 70er Jahre. Je flacher die Kurve verläuft, um so langsamer wuchs die Wirtschaft, je steiler sie verläuft, um so höher war das Wachstum. Für die Kriegs- und unmittelbaren Nachkriegszeiten stehen keine sicheren Daten zur Verfügung.
Vergleicht man die Zeit seit Gründung der Bundesrepublik mit der vor dem Zweiten Weltkrieg, so wird folgendes besonders deutlich: Die Bundesrepublik erlebte insgesamt eine relativ gleichmäßige Wirtschaftsentwicklung, wobei das Wirtschaftswachstum in den ersten beiden Jahrzehnten außerordentlich hoch war, langfristig aber abnahm. Die sich stetig abflachende Kurve zeigt bereits, daß es im folgenden vor allem darum gehen muß, sowohl das schnelle Wachstum in den 50er und 60er Jahren als auch das langsame seit den 70er Jahren zu erklären: vom Wirtschaftswunder zur Stagnation.
Untersucht man nun das *Wirtschaftswachstum* nach dem Zweiten Weltkrieg genauer, so ergeben sich für das Sozialprodukt folgende Zahlen:

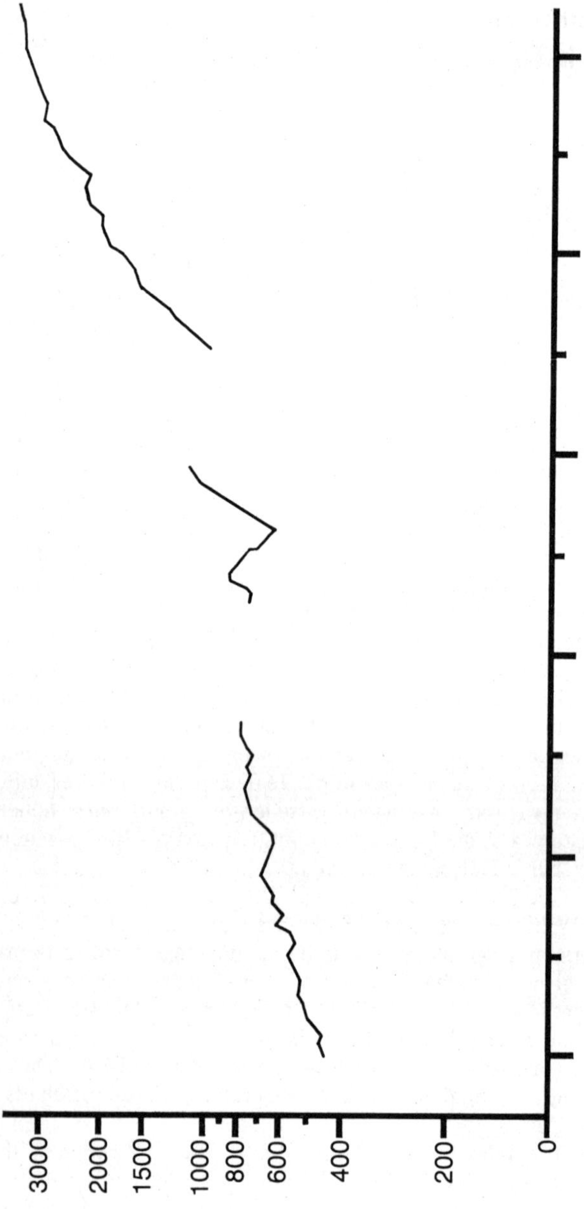
3000
2000
1500
1000
800
600
400
200
0
1880
1900
1920
1940
1960
1980

Tabelle 1: Entwicklung des Bruttosozialprodukts 1950–1985

Jahr	in Mrd. DM	in jeweiligen Preisen 1950 = 100	in Preisen von 1970 1950 = 100
1950 (1)	98,1	100	100
1955 (1)	181,4	185	158
1960	303,0	308	230
1965	458,2	469	291
1970	679,0	696	363
1975	1034,9	1056	402
1980	1497,5	1527	480
1985	1844,9	1881	510

Anmerkung:
(1) Bis 1960 ohne Saarland und West-Berlin.

Quellen: Bevölkerung und Wirtschaft 1872–1972, hrsg. vom Statistischen Bundesamt, Wiesbaden 1972, S. 260; Statistisches Jahrbuch für die Bundesrepublik Deutschland, hrsg. vom Statistischen Bundesamt.

Das Sozialprodukt stieg auf der Basis der jeweils gültigen Preise zwischen 1950 und 1960 um das Dreifache, zwischen 1960 und 1970 und zwischen 1970 und 1980 dagegen jeweils nur noch um gut das Zweifache. Der Rückgang des Wirtschaftswachstums wird noch deutlicher, wenn man nicht den nominalen, sondern den realen Zuwachs zugrunde legt. Dazu ist eine Preisbereinigung erforderlich, um die Auswirkungen der Inflation auf die Sozialproduktberechnung auszuschalten. Auf der Basis konstanter Preise nahm das Sozialprodukt zwischen 1950 und 1960 zwar immer noch um das Zweifache zu, zwischen 1960 und 1970 dagegen nur um gut die Hälfte, zwischen 1970 und 1980 um knapp ein Drittel und in der ersten Hälfte der 80er Jahre um 6%. Die jährliche reale Zunahme des Sozialprodukts betrug im Durchschnitt 1950/60 8,6%, 1960/70 4,9%, 1970/80 2,7% und 1980/85 1,2%. Eines der charakteristischen Merkmale der Wirtschaftsentwicklung nach 1945 liegt in dieser stetigen Verlangsamung des Wirtschaftswachstums.
Bis in die jüngste Zeit galt Wirtschaftswachstum als Universalmittel zur Lösung politischer, wirtschaftlicher und sozialer Probleme. Ein starkes Wachstum ermöglichte nicht nur eine quantitativ und qualitativ bessere

Siehe linke Seite: Nettosozialprodukt in konstanten Preisen je Einwohner in den jeweiligen Gebietsgrenzen des Deutschen Reiches und der Bundesrepublik Deutschland 1880 bis 1985 (in DM).
Quellen: W. G. Hoffmann u. a., Das Wachstum der deutschen Wirtschaft seit der Mitte des 19. Jahrhunderts, Berlin, Heidelberg, New York 1965; Statistisches Bundesamt, Lange Reihen.

Versorgung der Bevölkerung mit privaten Gütern und öffentlichen Diensten, sondern es erleichterte auch Ansätze zur Umverteilung von Einkommen und Vermögen, erweiterte den finanz- und konjunkturpolitischen Spielraum der Regierungen und trug zur Finanzierung eines höheren Staatsanteils am Sozialprodukt bei. Daß eine unkontrollierte wirtschaftliche Expansion auch negative Folgen hat, ging in der bis weit in die 70er Jahre hinein herrschenden Wachstumseuphorie unter. So sind hohe Wachstumsraten in vielen Wirtschaftsbereichen mit einem schnellen Wandel der Verbrauchs- und Produktionsstrukturen verbunden, was sich wiederum auf die Berufs- und Sozialstruktur auswirkt und damit die Lebenslage des einzelnen – Berufswechsel, Umschulung, Einkommensverluste etc. – erheblich belasten kann. Sie bedingen soziale und ökologische Folgen, die lange Zeit unberücksichtigt blieben: Verschmutzung von Luft und Wasser, Vernichtung oder Gefährdung von Pflanzen und Tieren, Lärm als Ursache gesundheitlicher Schäden, Raubbau an nicht reproduzierbaren Ressourcen, Vergiftung von Nahrungsmitteln, psychische und physische Erkrankungen einer auf hohe Produktivität und Leistung ausgerichteten Industriewirtschaft, übermäßige Raumbeanspruchung durch Zersiedelung und Landschaftszerstörung. Es wird immer deutlicher, daß die bisherige Form des Wirtschaftswachstums zu einer Entwicklung führt, deren Sekundärprobleme größer sind als die zur Lösung anstehenden Primärprobleme. Neueste Berechnungen zeigen, daß die Folgekosten, die bei der Erstellung des Sozialprodukts entstehen, gerade in den letzten Jahren explosionsartig angestiegen sind.
Neben der Verlangsamung des Wirtschaftswachstums fällt auf, daß sich die wirtschaftliche Entwicklung in *konjunkturellen Wellen* vollzog (siehe Grafik auf der folgenden Seite):

Tabelle 2: Jährliche Veränderungsraten des realen Bruttoinlandsprodukts (in %)

1951	10,1	1960	8,1	1970	5,9	1980	1,4
52	8,9	61	5,6	71	3,2	81	0,2
53	8,3	62	4,0	72	3,7	82	−0,6
54	7,4	63	3,3	73	4,9	83	1,5
55	11,7	64	6,5	74	0,5	84	2,8
56	6,9	65	5,3	75	−1,2	85	2,1
57	5,4	66	2,8	76	5,2		
58	2,9	67	−0,2	77	3,0		
59	6,8	68	6,6	78	3,2		
		69	7,8	79	4,5		

Quelle: Statistisches Jahrbuch für die Bundesrepublik Deutschland, hrsg. vom Statistischen Bundesamt.

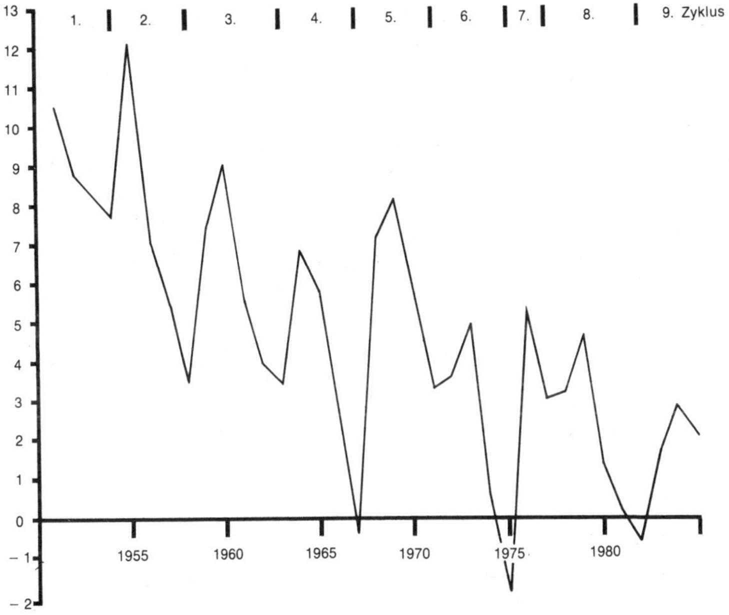

Jährliche Veränderungen des realen Bruttoinlandsprodukts, 1950 – 1985 (in %).

Jeder konjunkturelle Zyklus – eine Ausnahme bildet allein der von 1967 bis 1970 – weist eine geringere Expansion und einen stärkeren Rückgang des wirtschaftlichen Wachstums auf als der jeweils vorangegangene (siehe Tabelle 2).

Da es in den Nachkriegsjahren keine Rezession mit negativen Wachstumsraten und absoluten Einkommensrückgängen gab, wurden die Schwankungen von Nachfrage und Produktion Wachstums- und nicht Konjunkturzyklen genannt. Dies änderte sich in der zweiten Hälfte der 60er Jahre, als die Krise 1966/67 im Vergleich zu den vorhergegangenen Jahren zu einem tiefen Einbruch sowohl bei der Kapazitätsauslastung als auch bei Produktion und Beschäftigung führte. Zum ersten Mal in der Nachkriegszeit kam es zu einem Rückgang des Sozialprodukts. Noch schärfer fiel die Krise in der Mitte der 70er und die Anfang der 80er Jahre aus.

Stellt man die Frage nach der Phaseneinteilung der Wirtschaftsentwicklung der Bundesrepublik, so muß sie je nach Sichtweise unterschiedlich beantwortet werden: Unter langfristiger Perspektive bietet sich eine Zweiteilung in die Zeit vor 1973 – den Boom – und die danach – die Stagnation oder Rezession – an. Unter kurzfristiger kann auf das stabile Muster der Konjunkturschwankungen von 3 bis 5 Jahren hingewiesen werden. Unter mittelfristiger Perspektive wird man eine Vierteilung feststellen, wobei die Einteilungskriterien die Inflation und die Arbeitslosigkeit sind. In den 50er Jahren nahm die anfangs hohe Arbeitslosigkeit (siehe weiter unten) schnell ab, ohne daß es zu nennenswerten Preissteigerungen kam. In den 60er Jahren bis 1973 herrschte Vollbeschäftigung bei leicht steigenden Inflationsraten. Danach kam es bis 1982 zu wachsender Arbeitslosigkeit, verbunden mit hohen Inflationsraten. Die vierte Phase umfaßt die Jahre seit 1982, in denen die Arbeitslosigkeit nicht weiter stieg und die Inflationsraten so stark zurückgingen, daß erneut Preisstabilität herrschte.

Die einzelnen Wirtschaftssektoren haben zur *Entstehung des Sozialprodukts* unterschiedliche Beiträge geleistet (siehe Tabelle 3). Während der Anteil der Landwirtschaft durchgängig abnahm, stieg der des Dienstleistungssektors stetig und der des Staates und der Sozialversicherungen unter Schwankungen an. Der Anteil des warenproduzierenden Gewerbes, in erster Linie der Industrie, nahm in den 50er Jahren zu, stagnierte in den 60er Jahren und ging in den 70er Jahren leicht und in den 80er Jahren

Tabelle 3: Entstehung des Sozialprodukts 1950–1985
(in jeweiligen Preisen, in %)

Jahr	Land- und Forstwirtschaft	Warenproduzierendes Gewerbe (1)	Handel und Verkehr	Dienstleistungsunternehmen (2)	Staat- und Sozialversicherungen	Private Haushalte (3)
1950	10,2	49,5	20,4	10,2	7,6	2,0
1955	8,1	52,3	19,5	11,3	7,3	1,4
1960	5,7	54,4	19,6	11,4	7,2	1,7
1965	4,3	54,1	19,3	12,7	8,2	1,4
1970	3,1	54,4	17,9	13,9	9,1	1,6
1975	2,9	47,5	15,4	20,8	11,9	1,6
1980	2,1	47,4	15,0	22,3	11,5	1,6
1985	1,8	41,8	15,5	27,2	11,6	2,0

insges. 100 %

Anmerkungen:
(1) Einschl. Energiewirtschaft, Bergbau und Baugewerbe.
(2) Einschl. Banken, Versicherungen, Wohnungsvermietung usw.
(3) Einschl. sonstige private Organisationen ohne Erwerbscharakter.

Quellen: H. Winkel, Die Wirtschaft im geteilten Deutschland 1945–1970, Wiesbaden 1974, S. 82; Statistisches Jahrbuch für die Bundesrepublik Deutschland, hrsg. vom Statistischen Bundesamt.

stark zurück. Wie alle entwickelten Länder befindet sich die Bundesrepublik somit auf dem Weg zur sog. Dienstleistungsgesellschaft (siehe weiter unten).
Bei der *Verteilung des Sozialprodukts* stellt sich zum einen die Frage, wie sich das Volkseinkommen auf die Produktionsfaktoren Arbeit und Kapital (funktionale Einkommensverteilung) aufteilt. Dabei unterscheidet man zwischen Einkommen aus unselbständiger Arbeit (Arbeitnehmereinkommen: Löhne und Gehälter) und Einkommen aus Unternehmertätigkeit und Vermögen (Gewinne, Zinsen, Mieten). Der Anteil der Arbeitnehmereinkommen am Volkseinkommen wird als »Lohnquote« bezeichnet (siehe Tabelle 4).

Tabelle 4: Entwicklung der Lohnquote 1950–1985 (in %)

Jahr	Arbeitnehmerquote (1)	Bruttolohnquote (2)	Nettolohnquote (3)	Bereinigte Bruttolohnquote (4)	Bereinigte Nettolohnquote (4)
1950	68,6	58,4	56,8	66,0	64,1
1955	74,1	59,3	57,4	62,1	60,0
1960	77,2	60,4	58,2	60,0	58,2
1965	80,9	65,6	63,6	62,6	60,7
1970	83,4	67,8	62,9	62,7	58,2
1975	84,5	72,3	66,1	66,1	60,4
1980	86,4	72,2	64,8	64,5	58,7
1985	87,2	69,7	62,7	61,7	56,3

Anmerkungen:
(1) Anteil der Arbeitnehmer an der Gesamtzahl der Erwerbstätigen.
(2) Anteil der Brutto-Einkommen aus unselbständiger Arbeit am Volkseinkommen.
(3) Anteil der Netto-Einkommen aus unselbständiger Arbeit am gesamten Netto-Einkommen.
(4) Entwicklung der Lohnquote nach Ausschaltung ihrer allein auf die Zunahme der Arbeitnehmer zurückgehenden Steigerung.

Quellen: Jahresgutachten des Sachverständigenrates zur Begutachtung der gesamtwirtschaftlichen Entwicklung 1981/82, Tabelle 14 und 1987/88, S. 109ff.; P. Czada, Wirtschaft. Aktuelle Probleme des Wachstums und der Konjunktur, Berlin 1980, S. 30; T. Brinkmann, Verteilungskonflikt contra Gleichgewicht, Köln 1977, S. 27.

Die unbereinigte Bruttolohnquote stieg von 1950 bis 1975 kontinuierlich von 58,4 % auf 72,3 % und ging dann leicht zurück. Daraus darf allerdings nicht der Schluß gezogen werden, daß sich die Verteilungsrelationen tatsächlich verändert haben. Während nämlich 1950 nur rund 69 % der Erwerbstätigen Arbeitnehmer waren, befanden sich 1985 87 % der Erwerbstätigen in abhängiger Stellung. Die beschäftigtenstrukturbereinigte Bruttolohnquote versucht diese Veränderungen auszuschalten. Sie gibt an, wie hoch der Anteil des Bruttoeinkommens aus unselbständiger Arbeit am Volkseinkommen wäre, wenn sich das zahlenmäßige Verhältnis von abhängig Beschäftigten zu Erwerbstätigen von einem festzulegenden Basisjahr ab nicht mehr verändert hätte. Die so bereinigte Quote lag 1975 mit 66 % genauso hoch wie 1950 und 1985 mit 62 % etwas darunter. Aufschlußreicher ist die Nettolohnquote, bei der die verschiedenen Abzüge vom Bruttoeinkommen – Steuern, Versicherungsbeiträge etc. – berücksichtigt werden. Unbereinigt stieg sie bis Mitte der 70er Jahre deutlich langsamer als die Bruttolohnquote und ging von da ab stärker zurück. Bereinigt lag sie 1985 erheblich unter dem Wert von 1950.

Bei der Verteilung des Sozialprodukts geht es zum anderen um die personelle Einkommensverteilung, d. h. die Verteilung der Einkommen nach ihrer Höhe und nicht nach der Art und Herkunft. Ordnet man verschiedenen Gruppen von Einkommensbeziehern – obere, mittlere, untere – ihre Anteile am Gesamteinkommen zu, so ergeben sich seit Beginn der Bundesrepublik zwar Schwankungen, insgesamt bleibt die personelle Einkommensverteilung aber stabil.

Es kann somit festgehalten werden, daß sich die funktionelle Verteilung des Sozialprodukts nicht wesentlich verändert hat. Betont werden muß dabei, daß die Lohnquote nur bedingt etwas über die tatsächliche Verteilung der Einkommen aussagt. Die verschiedenen Einkommensarten lassen sich den beiden Gruppen nicht genau zuordnen, und die veränderte Erwerbsstruktur kann nur bedingt »bereinigt« werden. In keinem Fall darf man die Lohnquote als Wohlstandsindikator ansehen und einen Anstieg als Verbesserung und ein Sinken als Verschlechterung der materiellen Lage der Arbeiterschaft interpretieren. Dies zeigt die Entwicklung der Reallöhne an. Die Reallöhne, d. h. die von inflationären Effekten bereinigten Geldlöhne, stiegen in der Bundesrepublik – im Vergleich zur Zeit vor dem Zweiten Weltkrieg – stark an. Allerdings sind sie gerade in den 80er Jahren gleich geblieben oder sogar leicht gesunken.

Die Lohnquote zeigt ebenfalls nicht, in welchem Umfang die ursprüngliche Verteilung des Sozialprodukts durch den Staat modifiziert wird. Zwischen dem staatlichen Bereich und den privaten Haushalten fließen zwei Finanzströme. Zum einen handelt es sich um die laufenden Übertragungen der privaten Haushalte an den Staat: Steuern, Beiträge, Gebühren. Zum anderen leistet der Staat Übertragungen an die privaten Haushalte: Geldleistungen der Sozialversicherungen, Pensionen, Geldleistungen der Gebietskörperschaften. Die Bruttoeinkommen der Haushalte erhöhen sich um die Übertragungen, die sie vom Staat bekommen, und vermindern sich um die, die sie an den Staat zahlen müssen. Drückt man diese Finanzströme als Anteile am verfügbaren Einkommen der privaten Haushalte aus – Transferquoten –, so zeigt sich, daß diese Anteile nach dem Zweiten Weltkrieg stark gestiegen sind (siehe folgende Grafik).

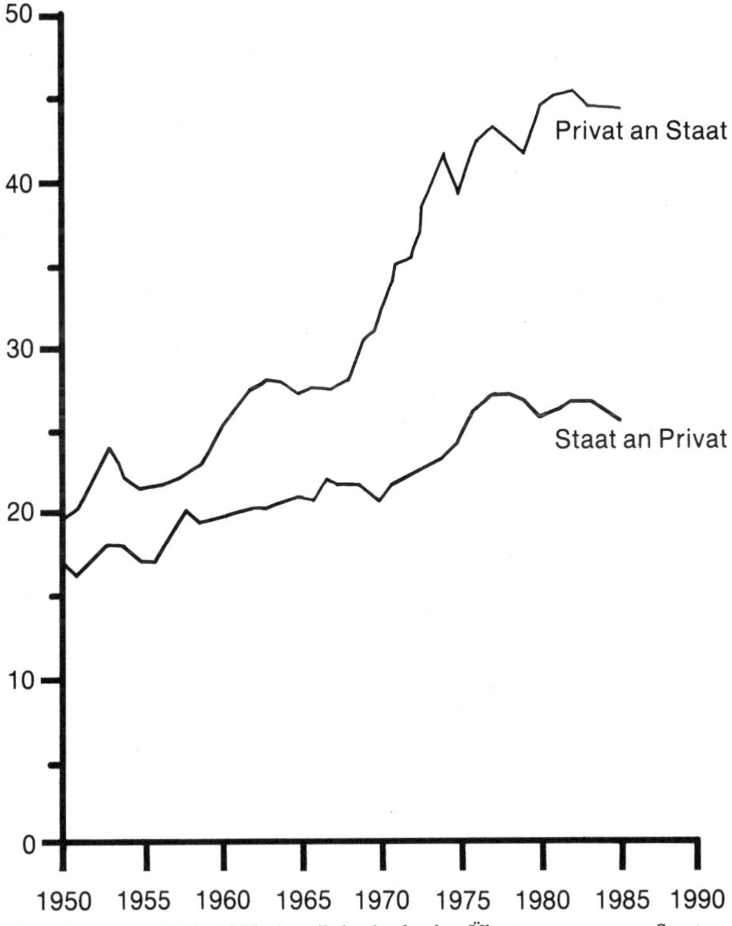

Transferquoten, 1950–1985: Anteil der laufenden Übertragungen vom Staat an die privaten Haushalte und umgekehrt am verfügbaren Einkommen der privaten Haushalte (in %).
Quellen: K. Littmann, Definition und Entwicklung der Staatsquote. Abgrenzung, Aussagekraft und Anwendungsbereiche unterschiedlicher Typen von Staatsquoten, Göttingen 1974; Statistisches Bundesamt, Volkswirtschaftliche Gesamtrechnung, Fachserie 18, R. 1.

Allerdings nahm der Anteil, den die privaten Haushalte an den Staat abführen mußten, wesentlich stärker zu als der umgekehrte Finanzstrom. Am Anfang der Bundesrepublik war das »Konto« zwischen Staat und Privaten noch etwa ausgeglichen. Mitte der 80er Jahre betrug die Differenz zwischen beiden Quoten fast 20 Prozentpunkte. Die privaten Haushalte mußten 45 % ihres verfügbaren Einkommens an den Staat abführen, während sie von ihm 25 % erhielten. Solche Transferquoten können nur ein erstes Indiz für die Umverteilungstätigkeit des Staates im rein monetären Bereich sein. Sie ermöglichen keine Aussagen über die Auswirkungen auf die funktionelle oder personelle Verteilung des verfügbaren Einkommens.
Auch bei der *Verwendung des Sozialprodukts* sind deutliche Trends erkennbar.

Tabelle 5: Verwendung des Sozialprodukts 1950–1985 (in %)

Jahr	Privater Verbrauch	Staatsverbrauch	Investitionen	Außenbeitrag (1)
1950	64,1	14,5	22,8	−1,4
1955	58,0	13,3	26,3	2,4
1960	57,0	13,6	26,9	2,4
1965	56,2	15,2	28,8	−0,1
1970	54,2	15,9	28,3	1,6
1975	55,8	20,8	20,6	2,8
1980	54,7	20,3	25,2	−0,2
1985	56,5	19,8	19,5	4,2

insges. 100 %

Anmerkung:
(1) Saldo des Waren- und Dienstleistungsverkehrs mit der übrigen Welt einschl. des Erwerbs- und Vermögenseinkommens.

Quellen: H. Winkel, Die Wirtschaft im geteilten Deutschland 1945–1970, Wiesbaden 1974, S. 83; Statistisches Jahrbuch für die Bundesrepublik Deutschland, hrsg. vom Statistischen Bundesamt.

Es fällt der wachsende Anteil des Staatsverbrauchs auf, der besonders Anfang der 70er Jahre zunahm. Der private Verbrauch ging anteilsmäßig bis Anfang der 70er Jahre zurück und stieg erst in den 80er Jahren wieder leicht an. Der Anteil der Investitionen erreichte in den 60er Jahren seinen höchsten Wert, nahm in der ersten Hälfte der 70er Jahre stark ab, stieg am Ende dieses Jahrzehnts wieder an und ging dann erneut zurück. Kennzeichnende Elemente der langfristigen Wirtschaftsentwicklung sind somit: der seit der zweiten Hälfte der 50er Jahre bis Mitte der 70er Jahre wachsende Staatsverbrauch, die Investitionsstärke in den 50er und 60er und die Investitionsschwäche seit den 70er Jahren.

Der Staatsverbrauch ist nur eine Komponente des Teils des Sozialprodukts, der durch die Kassen der öffentlichen Körperschaften – Bund, Länder, Gemeinden – fließt. Zählt man die Staatsinvestitionen hinzu, so stellt die Summe die sog. Realausgaben des Staates dar, die sich aus Sachausgaben für den Kauf von Gütern und Dienstleistungen und Lohn-, Gehalts- und Zinszahlungen zusammensetzt. Addiert man zu den Realausgaben wiederum die Transferzahlungen an private Haushalte und die Subventionen an private Unternehmen, so ergeben sie als Summe die Gesamtausgaben des Staates. Die gebräuchlichste Meßziffer zur Erfassung der staatlichen Aktivitäten ist wohl die Gesamtausgabenquote. Alle Ausgaben des Staates werden ins Verhältnis zum Bruttosozialprodukt gesetzt. In der Abbildung auf Seite 22 ist die entsprechende Kurve wiedergegeben. Sie zeigt, daß die Quote in der ersten Hälfte der 50er Jahre stagnierte, dann bis Ende der 60er Jahre relativ stetig anstieg. Dieser Anstieg beschleunigte sich in der ersten Hälfte der 70er Jahre, stagnierte dann erneut bis Anfang der 80er Jahre und in jüngster Zeit nahm die Staatsquote wieder etwas ab. Ein Vergleich der Gesamtausgabenquoten mit und ohne Sozialversicherung macht deutlich, daß der Anstieg der Ausgabenquote vor allem durch den Transfer der Sozialversicherung bedingt wurde. Die Quote der gebietskörperschaftlichen Ausgaben schwankte zwar, veränderte sich in den 50er und 60er Jahren aber in ihrer Tendenz nicht. Auch sie stieg in der ersten Hälfte der 70er Jahre an und stagnierte in der zweiten. Während aber die Ausgabenquote mit Sozialversicherung in der zweiten Hälfte der 70er Jahre bei 47 % lag und damit um 15 Prozentpunkte höher war als Anfang der 50er Jahre, bewegte sich die ohne Sozialversicherung zwischen 32 und 33 % und war damit nur unwesentlich höher als 25 Jahre zuvor. Das Bild vom »Moloch Staat«, der immer größere Teile des Sozialprodukts an sich zieht, konnte somit nur deshalb entstehen, weil die Sozialversicherungen als Parafisci fast immer zum Staat gerechnet werden. Transfers und Subventionen sind Zahlungen an Private, die deren Einkommen erhöhen, aber keine Inanspruchnahme materieller Ressourcen – Arbeit, Kapital, Güter und Dienste – bedeuten. Die Realausgabenquote zeigt, welchen Anteil der Staat an der volkswirtschaftlichen Produktion besitzt, d. h. welcher Anteil der gesamten Produktion nicht über den Markt verteilt wird. Diese Quote stieg ebenfalls von der Mitte der 50er bis Mitte der 70er Jahre, um seither zu stagnieren. Mitte der 50er Jahre lag sie bei 15 %, heute bei 22 %.

Eine ganze Reihe von methodischen Problemen und Unschärfen mindert die Aussagefähigkeit solcher Staatsquoten. Es kommt daher auch nicht so sehr auf die tatsächlichen Anteilswerte, sondern mehr auf den Trend an. Staatsquoten können allenfalls einen ersten groben Eindruck vom Anteil des Staates am Sozialprodukt geben.

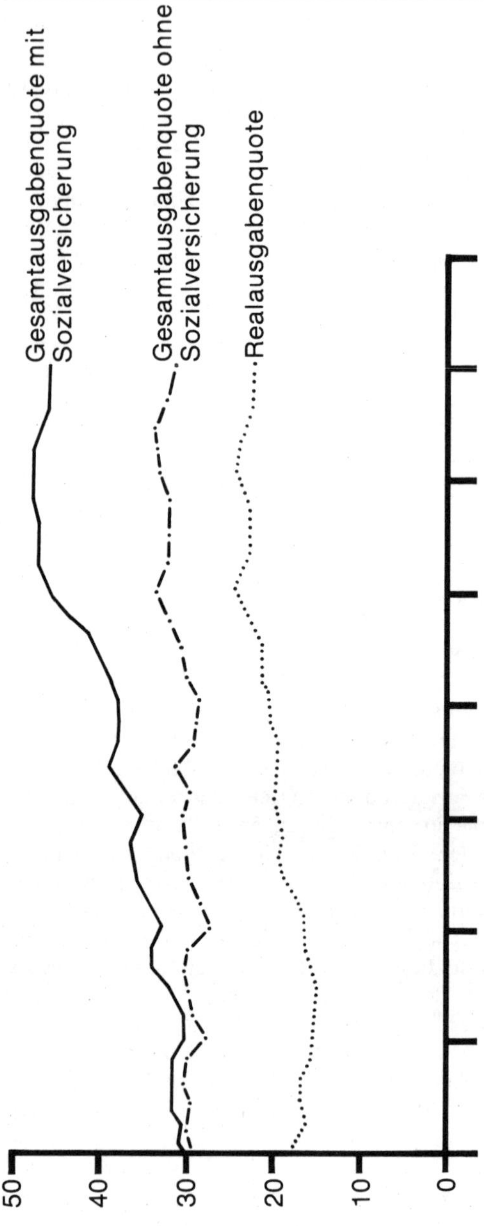

Entwicklung verschiedener Staatsquoten, 1950–1985 (in % des BSP).
Quellen: K. Littmann, a. a. O.

Kapital

Trotz der Kriegszerstörungen war die Ausstattung mit Realkapital in der zweiten Hälfte der 40er Jahre besser, als lange Zeit angenommen wurde. Die vorhandenen Kapazitäten, die ein relativ hohes technologisches Niveau besaßen, konnten durch Reparaturinvestitionen schnell wieder funktionsfähig gemacht werden. Der *Kapitalstock* – der technische Bestand an Gebäuden, Fahrzeugen, Maschinen und sonstigen Anlagen – war bis Kriegsende im späteren Gebiet der Westzonen um gut 20% gegenüber 1936 gewachsen. Trotz Demontagen und Reparationen ergab sich 1948 gegenüber 1936 ein Kapitalstockzuwachs von gut 10%.
Wie aus Tabelle 6 zu ersehen ist, nahmen die Bruttoinvestitionen – alle insgesamt getätigten Investitionen – seit Gründung der Bundesrepublik beständig zu:

Tabelle 6: Bruttoinvestitionen und Nettoinvestitionen 1950–1985 (in Mrd. DM zu laufenden Preisen)

Jahr	Bruttosozialprodukt	Bruttoinvestitionen	Abschreibungen	Nettoinvestitionen	Nettoinvestitionen in % der Bruttoinvestitionen	Abschreibungen in % des Bruttosozialprodukts	Bruttoinvestitionen in % des Bruttosozialprodukts
1950	98,10	18,74	8,32	10,42	55,6	8,5	19,1
1955	181,40	42,63	14,05	28,58	67,0	7,6	23,5
1960	303,00	82,48	23,63	58,85	71,4	7,8	27,2
1965	458,20	130,10	43,31	86,79	66,7	9,5	28,4
1970	679,00	189,09	68,35	120,74	63,9	10,1	27,8
1975	1034,90	213,24	117,03	96,21	45,1	11,3	20,6
1980	1485,20	349,60	173,74	175,86	50,3	11,7	23,5
1985	1844,90	359,60	231,45	128,15	35,6	12,5	19,5

Quellen: E. Altvater u. a., Vom Wirtschaftswunder zur Wirtschaftskrise. Ökonomie und Politik in der Bundesrepublik, Berlin 1980, Bd. 1, S. 95; Jahresgutachten 1987/88 des Sachverständigenrates zur Begutachtung der gesamtwirtschaftlichen Entwicklung, Wiesbaden 1987, S. 294, 306.

Allerdings veränderten sich wichtige Relationen im Laufe der Zeit. So nahm die Bruttoinvestitionsquote – das Verhältnis von Bruttoinvestitionen zum Bruttosozialprodukt – bis Anfang der 60er Jahre zu und fiel dann. Ein Prozentpunkt Bruttoinvestitionsquote entsprach 1978/79 einem Bruttoinvestitionsvolumen von etwa 14 Mrd. DM. Zieht man von den Bruttoinvestitionen die Investitionen ab, die lediglich dem Ersatz

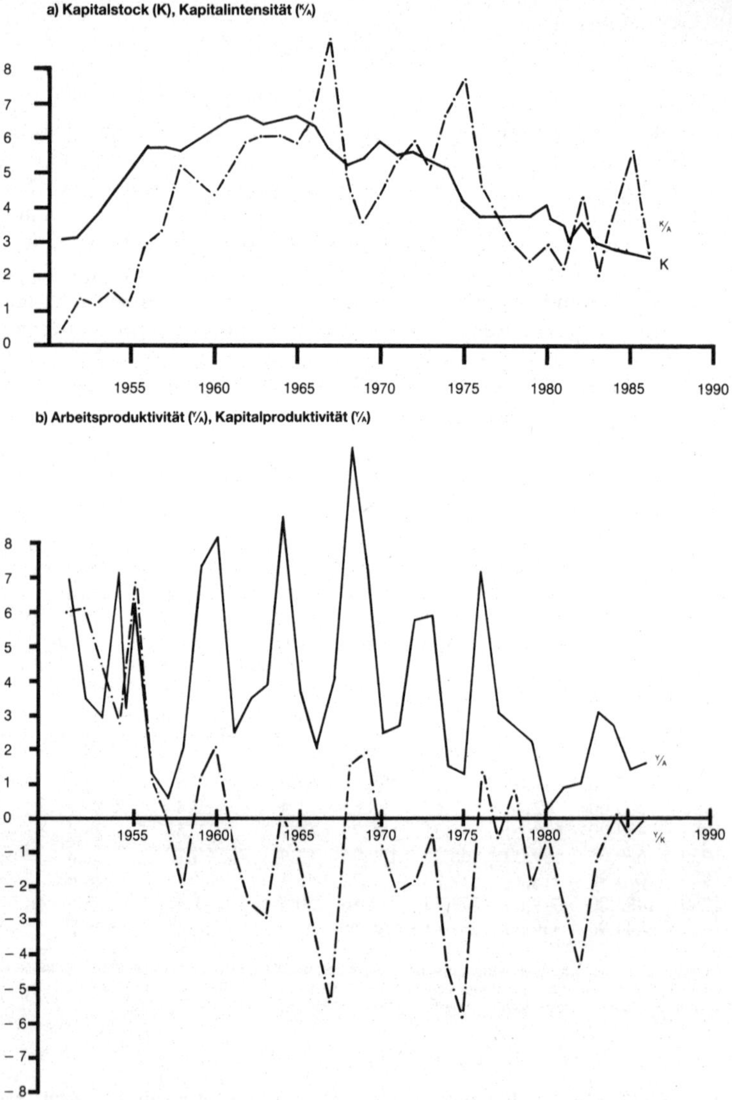

Jährliche Veränderungsraten des Kapitalstocks, der Kapitalintensität, der Arbeitspoduktivität und der Kapitalproduktivität (bis 1980 in Preisen von 1970, ab 1980 in Preisen von 1980, in %)

Quellen: Materialien zum Bericht der Lage der Nation 1974, hrsg. vom Bundesminister für Innderdeutsche Beziehungen, Bonn 1974, S. 328; Statistisches Jahrbuch für die Bundesrepublik Deutschland, hrsg. vom Statistischen Bundesamt, Wiesbaden.

ökonomisch oder technisch verbrauchter Anlagegüter (Abschreibungen) dienen, so erhält man die Nettoinvestitionen, d. h. die Investitionen, die den Kapitalbestand erweitern. Der Anteil der Netto- an den Bruttoinvestitionen nahm bis Anfang der 60er Jahre zu und ging dann zurück. Das bedeutet aber, daß immer mehr investive Mittel für den Kapitalersatz aufgebracht werden mußten und sie immer weniger der Kapitalerweiterung dienten. Obwohl die absoluten Investitionsbeträge stiegen, nahm der damit erzielte Zuwachs des Kapitalstocks seit Mitte der 60er Jahre ab.

Das Verhältnis von Investitionen, Investitionsquote und Zuwachs des Kapitalstocks hängt unmittelbar mit der Zunahme des Kapitalkoeffizienten bzw. dem Rückgang seines Kehrwerts, der Kapitalproduktivität ($\frac{Y}{K}$), zusammen. Die *Kapitalproduktivität* stellt das Verhältnis von Produktionsergebnis (Y) zum Kapitaleinsatz (K) dar, wobei sie z. B. als Bruttoinlandsprodukt je 1 Mio. DM Brutto-Anlagevermögen berechnet werden kann. Wie die nebenstehenden Grafiken zeigen, hatte die Kapitalproduktivität seit 1955/56 eine zyklisch ausgeprägte, fallende Tendenz. Während sie 1951/60 jahresdurchschnittlich noch um 2,9 % stieg, ging sie 1961/70 um 1,3 % und 1971/80 um 1,5 % zurück. In der ersten Hälfte der 80er Jahre sank die Kapitalproduktivität jahresdurchschnittlich um 1,7 %. Das bedeutet, daß immer mehr Kapital nötig war, um das gleiche Produktionsergebnis zu erzielen.

Nun stellt die Kapitalproduktivität ihrerseits wiederum nur den Quotienten aus Arbeitsproduktivität und Kapitalintensität dar. Die Arbeitsproduktivität ($\frac{Y}{A}$) ist das Verhältnis zwischen Produktionsergebnis (Y) und Produktionsfaktor Arbeit (A), der als Zahl der Beschäftigten oder der Beschäftigtenstunden gemessen wird. Die Kapitalintensität ($\frac{K}{A}$) ist das Verhältnis, in dem die Produktionsfaktoren Kapital und Arbeit zueinander stehen: Brutto-Anlagevermögen je Beschäftigtem. Somit kann die Kapitalproduktivität wie folgt dargestellt werden: $\frac{Y}{K} = \frac{Y}{A} / \frac{K}{A}$. Man kann die Entwicklung der Kapitalproduktivität auch so interpretieren, daß in den 50er Jahren die Arbeitsproduktivität schneller stieg als die Kapitalintensität, während dies in den 60er, 70er und 80er Jahren umgekehrt war: 1950/60 $\frac{57,0}{28,4}$ %, 1960/70 $\frac{61,2}{73,9}$ %, 1970/80 $\frac{38,0}{57,5}$ %, 1980/85 $\frac{9,5}{19,6}$ %. Im Vergleich der dreieinhalb Jahrzehnte nahm besonders in den 60er Jahren die Arbeitsproduktivität rasch zu, d. h. die Produktion pro Beschäftigtem stieg stärker als in den 50er und 70er Jahren. Andererseits war auch das Wachstum der Kapitalintensität besonders ausgeprägt; der Kapitaleinsatz pro Beschäftigtem wuchs schneller als in dem Jahrzehnt davor und danach: 1951/60 2,6 %, 1961/70 5,7 %, 1971/80 4,4 % und 1981/85 3,6 %. Die Investitionsschwäche der deutschen Volkswirtschaft zeigt sich somit nicht nur im permanenten Rückgang der Zuwachsraten des Kapitalstocks, sondern auch darin, daß die Zunahme der Kapitalintensität – zumindest gegenüber den 60er Jahren – seit der zweiten Hälfte der 70er Jahre geringer ausfiel. Das ist um so problematischer, als heute ein wettbewerbsfähiger Arbeitsplatz im Durchschnitt einen immer größeren Kapitaleinsatz erfordert.

Nicht alle Wirtschaftsbereiche wuchsen in den letzten Jahren gleich schwach. Eine beachtliche Investitionstätigkeit wies der Dienstleistungsbereich mit einem jahresdurchschnittlichen Wachstum des Brutto-Anlagevermögens von über 7% im Zeitraum von 1980 bis 1986 auf. Sehr gering war dagegen die im Verarbeitenden Gewerbe mit ca. 1% pro Jahr seit 1980. Im Baugewerbe ging das Brutto-Anlagevermögen sogar zurück. Auch das öffentliche Anlagevermögen wuchs mit einer durchschnittlichen Rate von 2,7% in den 80er Jahren wesentlich schwächer als im vorangegangenen Jahrzehnt.

Im Zentrum des Wirtschaftswachstums steht die Kapitalakkumulation. Unternehmer investieren nur dann, wenn sie mit Profiten rechnen, die ihrerseits wieder von der Rentabilität des eingesetzten Kapitals abhängen. Die *Kapitalrentabilität* ist somit eine zentrale volkswirtschaftliche Größe. Sie war am Anfang der 50er Jahre hoch, nahm bis Mitte der 50er Jahre sogar noch zu und sank von da mit kurzfristigen Aufschwüngen nach den verschiedenen konjunkturellen Krisen bis Mitte der 70er Jahre. Erst in der zweiten Hälfte der 70er Jahre deutete sich eine Tendenzwende an. Seit 1976 stieg die Kapitalrentabilität wieder an.

Der Beitrag des Kapitals zum Wirtschaftswachstum kann also wie folgt gekennzeichnet werden: In den 50er Jahren nahm der Kapitalstock zwar zu, aber nicht so stark wie in den 60er Jahren. Daß dennoch außerordentlich hohe Wachstumsraten erzielt wurden, hatte im wesentlichen zwei Gründe. In den ersten Jahren nach der Währungsreform war vor allem der Kapazitätseffekt der Reparaturen von großer Bedeutung. Oft war es möglich, ganze Produktionsanlagen durch kleine Reparaturen wieder in Gang zu setzen. Die Produktionskapazitäten konnten mit wenig Mitteln schnell ausgeweitet werden. Das galt sowohl für private Anlagevermögen als auch für öffentliche Infrastrukturinvestitionen. Außerdem bewirkten die Bruttoinvestitionen eine erhebliche Verjüngung des Kapitalbestandes. Sie verstärkten somit die Wirkungen des kapitalgebundenen technischen Fortschritts. Die Kapitalproduktivität stieg. Nachdem die Wirtschaft der BRD in den 60er Jahren dann an die Grenzen des Arbeitskräftepotentials gestoßen war, mußte sie die Verknappung und Verteuerung der Arbeitskräfte durch arbeitssparenden technischen Fortschritt, d. h. durch eine verstärkte Investitionstätigkeit ausgleichen. Tatsächlich stieg die Investitionsquote an, nahm der Kapitalstock schneller zu als im Jahrzehnt zuvor. Die verstärkten Investitionsanstrengungen und das sta-

gnierende Arbeitsvolumen bewirkten auf der einen Seite eine beschleunigte Kapitalintensivierung, auf der anderen Seite nahm die Kapitalproduktivität ab. Die relativ geringe Abnahme der Kapitalproduktivität zeigt an, daß technischer Fortschritt weiterhin in großem Umfang eingesetzt wurde. Die Investitionen der 60er Jahre waren meist Intensivierungsinvestitionen im Unterschied zu den Erweiterungsinvestitionen der 50er Jahre. Das extensive Wachstum der 50er Jahre wurde durch das intensive der 60er Jahre abgelöst. Vor allem aber fand eine Reallokation des Kapitals zu produktiveren Wirtschaftszweigen statt. Die 70er Jahre waren dann nicht nur durch eine allgemeine Investitionsschwäche gekennzeichnet – der Kapitalstock nahm in geringerem Umfang zu als zuvor und die Kapitalintensivierung verlangsamte sich erheblich –, auch die Kapitalproduktivität ging stärker zurück als im Jahrzehnt zuvor. In den 80er Jahren stabilisierte sich die Entwicklung zwar, eine grundlegende Trendwende war allerdings nicht zu erkennen.
Bei der Betrachtung der langfristigen Entwicklung des Kapitals der westdeutschen Wirtschaft muß auch die *Konzentration* erwähnt werden, da sich aus ihr erhebliche Probleme für das Funktionieren des marktwirtschaftlichen Systems ergeben. Zwar gab es unmittelbar nach dem Krieg Ansätze, durch allgemeine Dekartellisierungsbestimmungen sowie Verordnungen über die Entflechtung der Eisen- und Stahlindustrie, der IG-Farben und der Großbanken den Konzentrationsprozeß aufzuhalten, nachdem aber das marktwirtschaftliche System wiederhergestellt worden war, setzte sich der Konzentrationsprozeß fort. Die vielschichtigen statistischen und methodischen Probleme bei der Messung der Konzentration sollen hier außer acht gelassen und nur einige wenige Daten genannt werden.

Tabelle 7: Konzentration der westdeutschen Wirtschaft 1954–1980

Jahr	Durchschnittswert der Umsatzanteile der 10 größten Unternehmen in den einzelnen Wirtschaftszweigen	Unternehmenszusammenschlüsse nach § 23 GWB	Konkurse
1954	31,1	–	4502
1960	33,5	22	2689
1965	38,5	50	2928
1970	40,9	305	3943
1975	42,3	448	8942
1980	44,0	602	9052

Quellen: Hauptgutachten der Monopolkommission IV, Baden-Baden 1982; Statistisches Jahrbuch 1982 für die Bundesrepublik Deutschland, hrsg. vom Statistischen Bundesamt, Wiesbaden 1982.

Nicht nur der Anteil der großen Unternehmen am Gesamtumsatz nahm zu, auch der an der Gesamtbeschäftigung und am gesamten Produktivkapital. In einzelnen Branchen ging der Konzentrationsgrad allerdings zeitweilig zurück. Er war in der Grundstoff- und Produktionsgüterindustrie am höchsten und sank mit zunehmender Konsumnähe der Produktion.
Der Konzentrationsprozeß vollzog sich nach dem Krieg in drei Phasen. Die erste Phase war durch die Rückverflechtung der entflochtenen Eisen- und Stahlindustrie und die Rekonzentration der Banken gekennzeichnet. Bis Mitte der 50er Jahre war auch die Spartenabgrenzung der drei Nachfolgegesellschaften der IG-Farben – Bayer, BASF, Hoechst – weitgehend abgeschlossen. Die zweite Phase setzte in der zweiten Hälfte der 50er Jahre ein und war durch ungleichmäßiges internes Wachstum der Unternehmen gekennzeichnet. Große Unternehmen bauten ihre Marktmacht weiter aus und verfügten über immer größere Anteile an Beschäftigung, Kapital und Umsatz. Von 1966/67 an nahm in einer dritten Phase die Zahl der Unternehmen ab, und die Konzentration vollzog sich insbesondere durch Zusammenschlüsse von bis dahin selbständigen Unternehmen. Diese Entwicklung beschleunigte sich im Zuge der europäischen und weltweiten Integrationsprozesse in den 80er Jahren.
Mit diesen wenigen Anmerkungen werden die tatsächlichen Machtverhältnisse innerhalb der deutschen Wirtschaft nicht erfaßt. Der Einfluß großer Unternehmen drückt sich ja nicht nur in Umsatz- und Beschäftigungsanteilen aus, sondern ebenso in kaum meßbaren Abhängigkeiten vieler klein- und mittelständischer Zulieferindustrien, in personellen und informellen Verflechtungen etc. Die zunehmende Ungleichverteilung der Verfügungsgewalt über Produktionsmittel hat für das Wirtschaftssystem Konsequenzen, u. a. wird das grundlegende Prinzip der marktwirtschaftlichen Ordnung – der Wettbewerb und der darauf aufbauende Preismechanismus – immer mehr außer Kraft gesetzt und damit die Funktionsfähigkeit des gesamten Systems in Frage gestellt.

Arbeit

Ebenso wie das Sachkapital bot das *Arbeitskräftepotential* günstige Bedingungen für einen schnellen Wiederaufbau. Die Zahl der im erwerbsfähigen Alter stehenden Bevölkerung in den drei Westzonen (ohne Berlin) hatte sich im Vergleich zu 1939 um 5 % erhöht. Bis 1948 stieg sie noch einmal um 6 %. 1950 lebten fast 10 Millionen Menschen in Westdeutschland, die vor Kriegsbeginn noch außerhalb der Grenzen des späteren Bundesgebiets gewohnt hatten. Der Zustrom von Arbeitskräften versiegte auch nach 1950 nicht.

1950 betrug der Anteil der Vertriebenen, Flüchtlinge und Zugewanderten an der Gesamtzahl der beschäftigten Arbeitnehmer 27,8 %, 1960 machte er 30,7 % aus. Nachdem die Zuwanderung aus der DDR durch den Mauerbau 1961 gestoppt wurde, griff die Wirtschaft, die an die Grenzen des deutschen Arbeitskräftepotentials stieß, auf Ausländer zurück. Daß die Zahl der Erwerbspersonen in den 60er Jahren trotz des erheblichen Rückgangs der Erwerbsquote – Anteil der Erwerbspersonen (Erwerbstätige und Arbeitslose) an der Wohnbevölkerung –, der unterbrochenen Zuwanderung aus der DDR und einer nur noch schwach wachsenden inländischen Bevölkerung gehalten werden konnte, ist auf die Zuwanderung ausländischer Arbeitskräfte zurückzuführen.
Statistisch betrachtet wurden zwei von drei Ausländern auf solchen Arbeitsplätzen tätig, die dadurch frei wurden, daß die deutschen Arbeitnehmer vorzeitig aus dem Erwerbsleben ausschieden oder infolge längerer Ausbildungszeit später eintraten. Ein Drittel des Rückgangs der deutschen Erwerbstätigen beruhte auf demographischen Faktoren, wie zunehmendes Durchschnittsalter, geburtenschwache Nachkriegsjahrgänge etc. 1960 betrug die Ausländerquote – der Anteil der ausländischen Beschäftigten an der Gesamtzahl der Erwerbstätigen – nur 1,1 %, stieg unter Schwankungen bis 1973 auf fast 10 % und machte 1986 gut 6 % aus.
Für den Bedarf an Arbeitskräften ist folgender Zusammenhang relevant. Formal betrachtet stellt das Sozialprodukt (Y) das Produkt aus dem Volumen des Produktionsfaktors Arbeit (A) und der Arbeitsproduktivität ($\frac{Y}{A}$) dar: $Y = A \cdot \frac{Y}{A}$. Wächst das Sozialprodukt schneller als die Arbeitsproduktivität, so wird mehr Arbeit benötigt und umgekehrt.
In der Bundesrepublik blieb – wie in fast allen anderen europäischen Staaten – der Zuwachs des realen Sozialprodukts seit Anfang der 60er Jahre hinter der Steigerung der Arbeitsproduktivität zurück, so daß sich seit dieser Zeit das Arbeitsvolumen – als Produkt aus Beschäftigung und Arbeitszeit – verminderte. Diese Verminderung wurde in der Bundesrepublik seit dem Ende der 50er Jahre durch eine noch stärkere Senkung der Arbeitszeit (1–2 % pro Jahr) überkompensiert. In der zweiten Hälfte der 60er Jahre wurde die Abnahme des Arbeitsvolumens zusätzlich durch den vom Altersaufbau und die längere Ausbildung her bedingten Rückgang der inländischen Erwerbspersonen mehr als ausgeglichen. Der Fortfall dieser beiden Kompensationsfaktoren – die jährliche Reduktion der Arbeitszeit verringerte sich auf weniger als 0,5 % pro Jahr, und die Zahl der Erwerbspersonen ging nicht weiter zurück – bewirkte seit den 70er Jahren jenen Anstieg der Arbeitslosigkeit, der nach 1975 unabhängig von konjunkturellen Schwankungen die wirtschaftliche Entwicklung kennzeichnete (siehe Grafik auf Seite 30). Die Situation verschärfte sich in den 80er Jahren weiter. Zum einen drängten geburtenstarke Jahrgänge auf

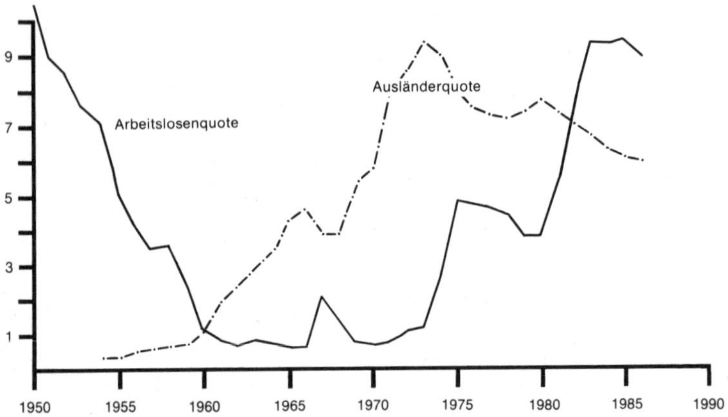

Arbeitslosenquote (1) und Ausländerquote (2), 1950–1986 (in %).
1. Anteil der Arbeitslosen an den abhängigen Erwerbspersonen (beschäftigte Arbeitnehmer und Arbeitslose)
2. Anteil der sozialversicherungspflichtigen, beschäftigten Ausländer an allen Erwerbstätigen.
Quellen: Jahresgutachten 1987/88 des Sachverständigenrates zur Begutachtung der gesamtwirtschaftlichen Entwicklung, Wiesbaden, 1987, S. 288

den Arbeitsmarkt; die Zahl der Erwerbspersonen nahm wieder zu. Zum zweiten wuchs das Sozialprodukt noch langsamer als in der zweiten Hälfte der 70er Jahre. Zum dritten wurden in immer geringerem Umfang mit Kapitalinvestitionen Arbeitsplätze geschaffen; als Rationalisierungsinvestitionen dienten sie im Gegenteil teilweise der Vernichtung von Arbeitsplätzen. Immerhin beschleunigte sich in den 80er Jahren erneut der Rückgang der Arbeitszeit, und die Arbeitsproduktivität wuchs längst nicht mehr so schnell wie zuvor. Daraus könnte sich ein verstärkter Bedarf an Arbeitskräften ergeben. Ob Arbeitszeitverkürzung tatsächlich Arbeitsplätze schafft, ist umstritten.
Hinsichtlich der *Qualität* des Produktionsfaktors Arbeit dürfte der Krieg – die Sprache der Ökonomen mag zynisch klingen – nur bedingt negative Folgen gehabt haben. Die Leistungsfähigkeit wurde zwar gemindert, weil sich der Altersaufbau zuungunsten der leistungsfähigsten Gruppen zwischen 14 und 40 Jahren verschob. Auch das Auseinanderfallen von Berufs- und Arbeitsplatzstruktur durch regionale Fehlleitung der Arbeitskräfte wirkte sich zumindest kurzfristig ungünstig aus. Dagegen kann aber die berufliche und fachliche Ausbildung durchaus positiv beurteilt werden. Der hohe Anteil von zwangsverpflichteten Ausländern und

Kriegsgefangenen – 1944 betrug er fast 20 % aller Beschäftigten – ermöglichte die Höherqualifikation der deutschen Arbeitskräfte, vor allem der Frauen. Das Arbeitskräftepotential wurde dann bis Anfang der 60er Jahre vor allem durch Flüchtlinge aus der DDR weiter verbessert. Die demographische und berufliche Struktur des Arbeitskräftezustroms war außerordentlich günstig. Der Beitrag des Faktors Arbeit zum Wachstum der Wirtschaft in den 50er Jahren ist zum überwiegenden Teil Verbesserungen in der Erwerbsstruktur und der hohen Qualifikation der Arbeitskräfte zuzuschreiben und zum geringeren Teil dem Wachstum des Arbeitsvolumens.

Eine der Ursachen für den Wandel des Wachstumsmusters der westdeutschen Wirtschaft in den 60er Jahren liegt darin, daß das deutsche Arbeitskräftepotential an seine qualitativen und quantitativen Grenzen stieß. Die rasch wachsende Ausländerbeschäftigung konnte zwar die Zuwanderung aus der DDR quantitativ ersetzen, qualitativ lag der Stand ihrer beruflichen und fachlichen Ausbildung aber unter dem der Deutschen. Die Frage, ob die durchschnittliche Arbeitsqualität positiv oder negativ beeinflußt worden ist, ist kaum exakt zu beantworten. Die niedrigere fachliche und berufliche Qualifikation der Ausländer kann durch eine Reihe von Faktoren kompensiert worden sein: höhere Leistungsbereitschaft und -fähigkeit bei Ausländern, höhere Mobilität und Erwerbsquote, verbesserte Chancen der Deutschen, sich weiterzuqualifizieren etc. Der Struktureffekt, mit dem der Einfluß der Wanderungen von Erwerbstätigen aus unterdurchschnittlich produktiven in überdurchschnittlich produktive Wirtschaftsbereiche auf die Gesamtproduktivität und das Wachstum der Wirtschaft gemessen wird, verlor in den 60er Jahren allerdings die Bedeutung, die er noch in den 50er Jahren besessen hatte.

Angesichts der Tatsache, daß in den 50er Jahren qualifizierte Arbeitskräfte in genügender Anzahl zur Verfügung standen, hatte man die Notwendigkeit, das Bildungssystem auszubauen und zu verbessern, nicht erkannt. Die Bildungsausgaben lagen in den 50er Jahren im Verhältnis zum Sozialprodukt unter denen im ersten Drittel des Jahrhunderts. So geriet die Flexibilität des Beschäftigungssystems in Widerspruch zur Rigidität des Bildungssystems. Immerhin wurden Anfang der 60er Jahre der Bereich der Berufs- und Weiterbildung sowie die Realschulen ausgebaut, am Ende der 60er/Anfang der 70er Jahre dann weiterführende Schulen und Universitäten. Die günstige Wirtschaftslage sorgte außerdem dafür, daß eine genügende Zahl von Ausbildungsplätzen von den Betrieben zur Verfügung gestellt wurde. Die Grenzen dieses Systems zeigten sich im Laufe der 70er Jahre immer deutlicher. Da die Unternehmen letztlich über die Zahl der Ausbildungsplätze und die Qualität der Ausbildung entschieden

Tabelle 8: Bevölkerung und Erwerbstätigkeit 1950–1985

Jahr	Einwohner (Wohnbevölkerung)	Erwerbspersonen	Erwerbsquote [1]	Erwerbstätige [2]				Arbeitslose	Arbeitslosenquote [3]
				insgesamt	darunter beschäftigte Arbeitnehmer				
					Zusammen	Vertriebene, Zugewanderte, Flüchtlinge	Ausländer		
	1000	1000	%	1000	1000	1000	1000	1000	%
1950 [4]	46908	21577	46,0	19997	13674	3800	–	1580	10,4
1955 [4]	49203	23758	48,3	22830	16840	4950	80	928	5,2
1960 [4]	52183	25034	48,0	24799	19010	5850	279	235	1,2
1965	58619	27034	46,1	26887	21757	–	1119	147	0,7
1970	60651	26817	44,2	26668	22246	–	1807	149	0,7
1975	61829	26884	43,5	25810	22014	–	2061	1074	4,7
1980	61567	27217	44,2	26328	23009	–	2018	889	3,7
1985	61024	27844	45,6	25540	22274	–	1568	2304	9,4

Anmerkungen:
(1) Anteil der Erwerbspersonen (Erwerbstätige und Arbeitslose) an der Wohnbevölkerung.
(2) Erwerbstätige, die ihren ständigen Wohnsitz im Bundesgebiet haben.
(3) Anteil der Arbeitslosen an den abhängigen Erwerbspersonen (beschäftigte Arbeitnehmer plus Arbeitslose).
(4) Ohne Saarland und Berlin.

Quellen: Jahresgutachten 1987/88 des Sachverständigenrates zur Begutachtung der gesamtwirtschaftlichen Entwicklung, Wiesbaden 1987, S. 288; Statistisches Jahrbuch der Bundesrepublik Deutschland 1950ff.

und der Einfluß der Berufsschulen gering war, mußte die berufliche Ausbildung unter den Rentabilitätsinteressen der Unternehmen ganz besonders in Krisenzeiten leiden. Die anhaltende Massenarbeitslosigkeit seit Mitte der 70er Jahre hatte eine hohe Zahl fehlender Ausbildungsplätze und eine erneut nachlassende Qualität der beruflichen Ausbildung zur Folge. Im universitären Bereich war es trotz des Ausbaus nicht möglich, genügend Studienplätze zur Verfügung zu stellen.
Hinsichtlich der *Erwerbstätigenstruktur* ergibt sich folgende Veränderung:

Tabelle 9: Erwerbstätigkeit nach Stellung im Beruf 1950–1980 (in %)

Jahr	Selbständige	Mithelfende Familien-angehörige	Beamte und Angestellte (1)	Arbeiter (2)	Insgesamt
1950	14,5	13,8	20,6	51,0	100,0
1955	12,7	10,8	25,1	51,4	100,0
1960	11,4	8,2	32,5	47,8	100,0
1965	11,6	8,4	31,4	48,6	100,0
1970	10,7	6,9	35,1	47,3	100,0
1975	9,2	5,0	42,8	42,9	100,0
1980	8,6	3,4	45,6	42,3	100,0

Anmerkungen:
(1) Einschl. Auszubildende in kaufmännischen und technischen Ausbildungsberufen.
(2) Einschl. Auszubildende in gewerblichen Ausbildungsberufen.

Quelle: Statistisches Bundesamt, Lange Reihen.

Die Zahl der Selbständigen und der mithelfenden Familienangehörigen ging stark, die der Arbeiter etwas weniger stark zurück. Demgegenüber stieg die der Beamten und Angestellten enorm an. Hierin drückt sich nicht nur ein Wandel in der Erwerbstätigenstruktur aus, sondern eine wichtige schichtenspezifische Veränderung. 1987 gab es erstmals in der Geschichte der Bundesrepublik mehr Angestellte als Arbeiter. Die Zahlen werden zur Untermauerung der These von der »nivellierten Mittelstandsgesellschaft« herangezogen. Sie spiegeln die Abhängigkeit eines großen Teils der Beschäftigten vom Staat und – erinnert sei an den Konzentrationsprozeß – von immer größeren und immer wenigeren Unternehmen wider. Außerdem kommt ein Wandel der Produktions- und Beschäftigungsstruktur zum Ausdruck.

Produktions- und Beschäftigungsstruktur

Zunächst soll noch einmal die These vom Weg zur Dienstleistungsgesellschaft aufgegriffen werden. Damit ist die säkulare strukturelle Veränderung von einem zunächst dominanten rohstoffproduzierenden primären Sektor (Land- und Forstwirtschaft, Fischerei) zum warenproduzierenden sekundären (Energie- und Wasserversorgung, verarbeitendes Gewerbe, Baugewerbe) und schließlich zum dienstleistungsproduzierenden tertiären Sektor (Handel, Verkehr, Nachrichtenübermittlung, Kredit- und Versicherungswesen, Gesundheitswesen, Wissenschaft und Bildung, öffentliche Gebietskörperschaften und Sozialversicherung, private Haushalte und private Organisationen ohne Erwerbscharakter) gemeint:

Tabelle 10: Sektorale Veränderung der Produktions- und Beschäftigungsstruktur 1950–1980 (in %)

Indikator		1950	1955	1960	1965	1970	1975	1980
Beitrag zum Bruttoinlandsprodukt								
Primärer Sektor	A	9,0	6,9	4,9	3,6	3,4	3,3	2,9
	B	10,2	8,1	5,8	4,4	3,4	2,9	2,1
Sekundärer Sektor	A	47,1	49,3	50,3	52,1	52,8	50,3	49,8
	B	49,5	52,3	53,5	53,2	52,8	47,7	47,9
Tertiärer Sektor	A	43,9	43,8	44,8	44,3	43,8	46,4	47,3
	B	40,3	39,6	40,7	42,4	43,8	49,4	50,0
Wirtschaft insgesamt	A	100,0	100,0	100,0	100,0	100,0	100,0	100,0
	B	100,0	100,0	100,0	100,0	100,0	100,0	100,0
Erwerbstätigkeit								
Primärer Sektor		24,6	18,5	13,7	10,7	8,5	7,2	5,9
Sekundärer Sektor		42,6	46,6	47,9	49,1	48,8	45,6	44,8
Tertiärer Sektor		32,8	34,9	38,4	40,2	42,7	47,2	49,3
Wirtschaft insgesamt		100,0	100,0	100,0	100,0	100,0	100,0	100,0

Anmerkungen:
A = in Preisen von 1970
B = in jeweiligen Preisen

Quellen: H. Winkel, Die Wirtschaft im geteilten Deutschland 1945–1970, Wiesbaden 1974, Tabelle 26; G. Voss, Trend zur Dienstleistungsgesellschaft oder Re-Industrialisierung? Zu einer Fragestellung der Strukturberichte, in: aus politik und zeitgeschichte B 22/82, S. 40.

Statistische und methodische Probleme erschweren zwar eine eindeutige Abgrenzung der Sektoren, die Entwicklung des nominalen Anteils am Sozialprodukt (B) und der Beschäftigtenanteile bestätigen aber die zunehmende Dominanz des tertiären Sektors. Die Expansion der Dienstleistungen sowohl bei der Produktion als auch besonders bei der Beschäftigung wurde vom Ausbau der staatlichen Dienstleistungen getragen, vor allem von denen in den Bereichen Bildung und Gesundheit und Militärwesen. Inzwischen ist fast jeder sechste Arbeitsplatz von einem öffentlichen Bediensteten besetzt, im tertiären Bereich sogar jeder dritte. Die Entwicklung des realen Bruttoinlandsprodukts (A) stützt die These vom Trend zur Dienstleistungsgesellschaft nur noch bedingt. Nach einem geringfügigen Anstieg des Anteils des tertiären Sektors in den 50er Jahren nahm er in den 60er Jahren ab und stieg erst mit der Krise der 70er Jahre wieder an. Die unterschiedliche Entwicklung des nominalen und realen Anteils erklärt sich daraus, daß die Preise tertiärer Leistungen überdurchschnittlich stiegen. Dies hat seine Ursache wiederum in der unterdurchschnittlichen Produktivitätsentwicklung des tertiären Sektors. So konnte die steigende Nachfrage nach privaten und öffentlichen Dienstleistungen lange Zeit nur über eine größere Anzahl von Erwerbstätigen befriedigt werden. Seit den 70er Jahren war man allerdings verstärkt bemüht, den Produktivitätsrückstand auszugleichen. Die Folge war, daß der tertiäre Sektor seither weniger Arbeitsplätze aufnehmen konnte als zuvor.

Für die Wirtschaft der Bundesrepublik war aber nicht der dominierende Dienstleistungssektor besonders charakteristisch, sondern der hohe Anteil des sekundären Sektors. Er nahm noch zu einer Zeit zu, als er in anderen Ländern mit vergleichbarem Entwicklungsniveau schon deutlich zurückging. Erst seit den 70er Jahren verlor die Industrie in der BRD ihre überragende Bedeutung. Von 1965 bis 1986 nahm die Zahl der Erwerbstätigen im warenproduzierenden Gewerbe um 2,65 Mio. ab. Angesichts dieses langanhaltenden Übergewichts des sekundären Sektors war zeitweilig von einer »Überindustrialisierung« der Bundesrepublik die Rede.

Das deutsche »Wirtschaftswunder« basierte zumindest bis Mitte der 60er Jahre auf der *Industrie*. Die aufgestaute Nachfrage nach Konsumgütern regte die daraus abgeleitete Nachfrage nach Investitionsgütern an, die ihrerseits wieder die Grundstoffindustrie beeinflußte. Auch die zunehmende Auslandsnachfrage stärkte in erster Linie die Grundstoff- und Investitionsgüterindustrie. Mit Ausnahme des Bergbaus, der seit 1957/58 in eine anhaltende Strukturkrise geriet, wuchs daher die Grundstoff-, vor allem die Investitionsgüterindustrie am schnellsten. Dies kommt nicht nur in den Wachstumsraten der Produktion, sondern auch im wachsenden

Tabelle 11: a) Index der industriellen Produktion 1950–1985 (1950 = 100)

Jahr	Gesamt-industrie	Bergbau	Grundstoff-industrie	Investitions-güterindustrie	Verbrauchs-güterindustrie	Nahrungs- und Genußmittelindustrie
1950	100	100	100	100	100	100
1955	176	128	176	216	167	158
1960	248	132	254	323	235	219
1965	327	135	348	423	304	286
1970	431	131	497	571	386	341
1975	440	115	502	580	397	382
1980	526	111	601	708	467	443
1985	542	101	595	800	444	461

b) Anteil einzelner Industriezweige an der Gesamtbeschäftigung und am Gesamtumsatz der Industrie 1950–1985 (in %)

	Bergbau		Grundstoff-industrie		Investitions-güterindustrie		Verbrauchs-güterindustrie		Nahrungs- und Genußmittelindustrie	
	Beschäftigte	Umsatz	Beschäftigte	Umsatz	Beschäftigte	Umsatz	Beschäftigte	Umsatz	Beschäftigte	Umsatz
1950	11,6	5,5	22,4	27,4	29,0	22,3	27,3	24,8	6,8	18,2
1955	9,5	4,8	21,1	29,9	33,4	28,9	26,3	19,3	6,1	14,3
1960	7,6	4,3	21,0	30,3	37,6	31,8	24,1	17,6	6,0	13,0
1965	4,9	3,6	22,3	31,8	42,9	38,8	23,8	19,4	6,4	14,9
1970	3,5	2,7	21,3	30,7	45,9	38,1	23,9	16,2	6,4	12,5
1975	3,2	2,3	21,0	30,4	48,2	39,9	20,9	15,1	6,7	13,2
1980	3,0	2,4	20,2	31,9	49,4	39,4	20,7	14,5	6,4	11,9
1985	3,1	1,0	19,7	28,9	51,9	57,5	18,9	8,8	6,5	3,7

Quellen: W. Fischer, Art.: Bergbau, Industrie und Handwerk 1914–1970, in: Handbuch der deutschen Wirtschafts- und Sozialgeschichte, hrsg. v. H. Aubin und W. Zorn, Stuttgart 1976, S. 837; R. Krengel u. a., Produktionsvolumen und -potential, Produktionsfaktoren des Bergbaus und des Verarbeitenden Gewerbes in der Bundesrepublik Deutschland, 23. Folge 1970–1980, hrsg. vom DIW, Berlin 1981; Jahresgutachten 1987/88 des Sachverständigenrates zur Begutachtung der gesamtwirtschaftlichen Entwicklung, Wiesbaden 1987, S. 334f.

Anteil an der Gesamtbeschäftigung und am Gesamtumsatz der Industrie zum Ausdruck (siehe Tabelle 11).

Innerhalb der einzelnen Industriezweige gab es allerdings erhebliche Unterschiede. Die höchsten Zuwachsraten erzielten Kunststoffverarbeitung, Chemiefaserherstellung, Automobilbau, Elektrotechnik, wobei im letzteren aber z. B. die Rundfunk-, Fernseh- und Phonoherstellung, also ein Konsumgüterzweig, am stärksten wuchs. Im Bereich der Grundstoffindustrie nahmen Erdöl- und Erdgasgewinnung und Mineralölverarbeitung besonders stark zu.

Dieses Entwicklungsmuster änderte sich auch in den 70er Jahren nicht wesentlich. Vor allem die Produktion von Investitionsgütern – elektronische Investitionsgüter, Datenverarbeitung, Maschinenbau, schwere Fahrzeuge etc. – erholte sich nach einer vorübergehenden Investitionsschwäche Mitte der 70er Jahre wieder. Demgegenüber gingen die Anteile der Verbrauchsgüterindustrie zurück. Das gleiche galt für die Nahrungs- und Genußmittelindustrie. Neben der konjunkturbedingten Nachfrageschwäche machten sich hier offensichtlich eine gewisse Sättigung und die harte Auslandskonkurrenz bemerkbar. Ein gutes Beispiel hierfür ist die japanische Exportoffensive bei der Unterhaltungselektronik.

In den 80er Jahren konnte nur noch die Investitionsgüterindustrie ihre Produktion deutlich steigern. Entsprechend stieg ihr Anteil an der industriellen Beschäftigung leicht und am Umsatz sprunghaft an. Demgegenüber verloren die Grundstoff- und Verbrauchsgüterindustrien geringfügig und die Nahrungs- und Genußmittelindustrie stark an Boden.

Die Wirtschaft der Bundesrepublik befindet sich seit den frühen 70er Jahren in einem ausgeprägten Strukturwandel. Das hat eine Vielzahl von Gründen, angefangen von Veränderungen der außenwirtschaftlichen Rahmenbedingungen über demographische und gesellschaftliche Einflüsse bis hin zu technologischen Entwicklungen. Ob sich der Strukturwandel gegenüber den 50er und 60er Jahren beschleunigt hat, sei dahingestellt. In jedem Fall hat die deutsche Wirtschaft nicht die Dynamik und Flexibilität entfalten können, die angesichts der tiefgreifenden Veränderungen in den Produktions- und Absatzbedingungen gefordert gewesen wären und die sie in den 50er und 60er Jahren besessen hat.

Zu den sektoralen Strukturproblemen traten in den 80er Jahren regionale. Strukturstarke und -schwache Regionen hatte es immer gegeben; das sich seit den 70er Jahren herausbildende Nord-Süd-Gefälle besitzt aber eine neue Dimension. Der Unterschied zwischen den »reichen« süddeutschen und den »armen« norddeutschen Ländern kann an zahlreichen volkswirtschaftlichen Indikatoren festgemacht werden, am eindrucksvollsten vielleicht an den Arbeitslosenzahlen.

Weltmarktzusammenhang

Bis Anfang der 50er Jahre mußte Westdeutschland, um den Wiederaufbau zu sichern, mehr Waren einführen, als es ausführen konnte. Die Kapitalhilfe aus dem Marshallplan wurde vor allem für den Import von Rohstoffen und Nahrungsmitteln verwendet. Die Liberalisierung der außenwirtschaftlichen Beziehungen und die durch den Korea-Boom verstärkte Auslandsnachfrage führten dazu, daß die bundesrepublikanische Wirtschaft relativ schnell in die Weltwirtschaft integriert wurde. Vorteilhaft wirkte sich dabei für die deutsche Industrie aus, daß sie ihre Kapazitäten sehr schnell ausweiten und kurze Lieferfristen anbieten konnte. Bereits 1952 erzielte die Bundesrepublik einen Exportüberschuß.

Tabelle 12: Einfuhr und Ausfuhr 1950–1985

Jahr	insgesamt in Mrd. DM		je Einwohner in DM		Verhältnis zum Bruttosozialprodukt in %	
	Einfuhr	Ausfuhr	Einfuhr	Ausfuhr	Einfuhr	Ausfuhr
1950	11,4	8,4	232	170	11,6	8,5
1955	24,5	25,7	476	500	13,5	14,2
1960	42,7	47,9	771	865	14,1	15,8
1965	70,4	71,7	1194	1214	15,3	15,6
1970	109,6	125,3	1781	2035	16,0	18,3
1975	184,3	221,6	2981	3584	17,8	21,4
1980	341,4	350,3	5545	5690	22,9	23,5
1985	463,8	537,2	7600	8803	25,1	29,1

Quellen: H. Winkel, Die Wirtschaft im geteilten Deutschland 1945–1970, Wiesbaden 1974, Tab. 38; Gutachten 1987/88 des Sachverständigenrates zur Begutachtung der gesamtwirtschaftlichen Entwicklung, Wiesbaden 1987, S. 350.

Von 1952 an blieb die westdeutsche Handelsbilanz durchgehend positiv, wobei die Exportüberschüsse besonders nach 1966 trotz mehrfacher DM-Aufwertungen enorme Ausmaße annahmen. Während des gesamten hier behandelten Zeitraums stieg der Anteil des Exports und Imports am Sozialprodukt an. Seit den 70er Jahren betrug der Anteil der Auslandsnachfrage an der gesamten Nachfrage über ein Viertel. Verteilt man die verschiedenen Ausfuhr- und Einfuhrgüter auf die Warengruppen der Außenhandelsstatistik, so ergibt sich folgende Zusammensetzung der Handelsbilanz:

Tabelle 13: Ausfuhr und Einfuhr nach Warengruppen 1950–1985 (in %)

Jahr	Güter der Ernährungswirtschaft		Güter der gewerblichen Wirtschaft						Insgesamt
			Rohstoffe		Halbwaren		Fertigwaren		Einfuhr
	Einfuhr	Ausfuhr	Einfuhr	Ausfuhr	Einfuhr	Ausfuhr	Einfuhr	Ausfuhr	Ausfuhr
1950	44,1	2,3	29,6	13,9	13,8	18,8	12,9	64,8	100
1955	31,2	2,6	29,8	6,1	20,1	12,7	19,0	78,5	100
1960	26,3	2,3	21,7	4,5	18,9	10,4	32,2	82,4	100
1965	23,9	2,7	17,2	3,6	15,3	8,7	43,5	84,5	100
1970	19,1	3,5	14,5	2,5	16,1	7,6	50,0	85,8	100
1975	16,9	4,6	16,4	2,4	15,0	7,2	50,4	85,0	100
1980	12,7	5,2	17,3	1,9	17,6	8,7	51,2	83,4	100
1985	12,5	5,2	12,4	1,6	18,7	7,6	54,8	84,9	100

Quelle: Jahresgutachten 1987/88 des Sachverständigenrates zur Begutachtung der gesamtwirtschaftlichen Entwicklung, Wiesbaden 1987, S. 352 f

Bei der Interpretation dieser Prozentzahlen muß darauf geachtet werden, daß ihnen nicht Mengen, sondern DM-Werte zugrunde liegen. Der Anteil der Güter der Ernährungswirtschaft nahm bei den Einfuhren in den letzten 30 Jahren kontinuierlich ab. Das galt bis Anfang der 70er Jahre auch für die Rohstoffe, allerdings stieg ihr Anteil durch die Ölpreiserhöhungen seit 1973 wieder leicht an. Der rückläufige Trend setzte sich in den 80er Jahren fort. Insgesamt blieben diese Güter im Rahmen der gesamten Einfuhr von geringer Bedeutung. Hinter den Zahlen verbirgt sich das besondere Verhältnis von Entwicklungsländern und Industrienationen, von dem auch die Bundesrepublik profitierte. Kontinuierlich gestiegen ist der Anteil der Fertigwaren an der gesamten Einfuhr. Berücksichtigt man zudem, daß die Fertigwaren bei den Ausfuhren seit den 50er Jahren eine überragende Rolle spielten, so wird deutlich, daß die Bundesrepublik den größten Teil ihres Außenhandels mit anderen Industrieländern abwikkelt. Hieran hat sich seit den 50er Jahren nichts geändert.
Die Gründe für die Überschußentwicklung der Handelsbilanz sind vielfältig. Als Folge des Korea-Krieges stellte ein Teil der Industrie der angelsächsischen Staaten die Produktion erneut auf Kriegsgüter um. Die dadurch entstehende zusätzliche Nachfrage eröffnete der deutschen Wirtschaft neue Absatzmöglichkeiten. Neben der Starthilfe durch den Korea-Boom basierte das schnelle Wachstum der deutschen Exporte auf strukturellen Faktoren. Am wichtigsten war eine auf die Importwünsche der Nachbarländer ausgerichtete Exportstruktur. Die Nachfrage nach Erzeugnissen der Grundstoff-, Produktions- und Investitionsgüterindustrien stieg im Wachstumsprozeß sowohl der Industrie- als auch der Ent-

wicklungsländer überdurchschnittlich. Außerdem wurde der Export durch gezielte staatliche Maßnahmen gefördert. Hinzu kam, daß die Liberalisierung des Außenhandels durch den Abbau von Handelsschranken den Export der Bundesrepublik begünstigte, weil sich diese Maßnahmen hauptsächlich auf Industriegüter bezogen. Die Gründung der EWG und die Herstellung der Konvertibilität (freier Umtausch) der DM im Winter 1958/59 waren weitere begünstigende Faktoren. Vor allem aber blieb die DM bis Anfang der 70er Jahre stark unterbewertet, da die Wechselkurse konstant waren und die Preise in der Bundesrepublik im Vergleich zu anderen Ländern langsamer stiegen. Die Wechselkursfreigabe 1973 führte zwar zu einem gewissen Ausgleich, die Preissteigerungen der deutschen Exportwaren blieben aber auch seit den 70er Jahren im Vergleich zu anderen Ländern niedrig. Das für die Industrienationen so günstige Austauschverhältnis zwischen Rohstoffen und Fertigwaren muß noch einmal betont werden: Während die Rohstoffpreise im Verhältnis zu denen der industriellen Fertigwaren kontinuierlich sanken – eine Ausnahme machte vor allem Öl –, nahmen die Preise der industriellen Fertigwaren im Verhältnis zu denen der Rohstoffe ebenso stetig zu. Das bedeutete, daß mit dem Export der gleichen Menge an Industriegütern immer mehr Rohstoffe gekauft werden konnten.

Die Handelsbilanzüberschüsse trugen dazu bei, andere defizitäre Unterbilanzen der Zahlungsbilanz auszugleichen (siehe Tabelle 14). Solche Defizite entwickelten sich bei der Dienstleistungs- und bei der Übertragungsbilanz. Bei den Dienstleistungen spielte der Reiseverkehr eine wichtige Rolle. Mit zunehmender Reiselust gaben die Deutschen immer

Tabelle 14: Zahlungsbilanz 1950–1986 (in Mill. DM)

	Handelsbilanz cif/cob	Dienstleistungsbilanz	Übertragungsbilanz	Kapitalbilanz	Statistisch nicht aufgliederbare Transaktionen	Ausgleichsbedarf der Deutschen Bundesbank	Devisenbilanz
1950	– 3012	570	2065	637	– 774	–	– 564
1955	1245	2073	– 834	– 640	256	–	1851
1960	5223	3235	– 3488	1272	1964	–	8019
1965	1203	– 607	– 6377	2142	2798	–	– 1283
1970	15670	– 1127	– 9759	15113	3616	738	22650
1975	37276	– 9334	– 16683	– 13282	1039	5480	3260
1980	8947	– 14252	– 22590	1761	– 1175	2164	– 25730
1986	112619	– 3525	– 27619	– 68966	– 5624	– 3150	2814

Quelle: Jahresgutachten 1987/88 des Sachverständigenrates zur Begutachtung der gesamtwirtschaftlichen Entwicklung, Wiesbaden 1987, S. 346f.

mehr Geld im Ausland aus; 1950 waren es 50, 1986 27882 Mio. DM. Allerdings erwirtschaftete die Bundesrepublik durch Dienstleistungen an Ausländer ebenfalls immer mehr Devisen. Die Bilanz der Übertragungen erfaßt hauptsächlich Überweisungen der ausländischen Arbeitskräfte und Transfers an internationale Organisationen, z. B. an die EG. Hier ergab sich 1986 das gewaltige Defizit von 27619 Mio. DM. Auch bei der Kapitalbilanz entstanden gerade in den letzten Jahren hohe negative Posten.
Wie sind diese Handelsbilanzüberschüsse zu beurteilen? Positive Aspekte ergeben sich auf der wachstums- und beschäftigungspolitischen Ebene. Die Überschüsse erhöhten nicht nur das Bruttosozialprodukt, sie regten auch das Wirtschaftswachstum an. Die Betriebe konnten ihre Anlagen erweitern und kostengünstiger produzieren. Neben der Bedeutung als generellem Wachstumsfaktor erfüllte die Auslandsnachfrage eine konjunkturelle Ausgleichsfunktion. Als der gesamte Weltmarkt in den 70er Jahren in eine Krise geriet und die bis dahin bestehende zeitliche Verschiebung von Konjunktur und Krise in der Bundesrepublik und auf dem Weltmarkt nicht mehr bestand, verlor sie allerdings für kurze Zeit ihre kompensierende Wirkung. Außerdem ermöglichte der Handelsbilanzüberschuß den Aufbau eines Devisenpolsters, mit dessen Hilfe Unwägbarkeiten in der Welthandelsentwicklung – wie etwa der Ölschock im Herbst 1973 – leichter aufgefangen werden konnten. Neben den positiven ergaben sich aber auch negative Aspekte. Jeder Überschuß bedeutete einen realen Wohlstandsverlust, da im Inland produzierte Güter ins Ausland verkauft wurden. Damit war eine Gefahr für die Preisstabilität im Inland verbunden, denn dem verminderten Gütervolumen stand ein erhöhtes Geldvolumen gegenüber. Verteilungspolitisch begünstigten die Ausfuhrüberschüsse die Unternehmergewinne. Außerdem stieg mit wachsender Integration der westdeutschen Wirtschaft in die Weltwirtschaft ihre Abhängigkeit vom Weltmarkt. Dies wurde in der Weltwirtschaftskrise seit Mitte der 70er Jahre deutlich, weil ein Drittel aller Arbeitsplätze in der Bundesrepublik direkt oder indirekt vom Export abhängig waren. Allerdings trug die Außenwirtschaft selbst in der Krise eher dazu bei, Arbeitsplätze zu sichern als abzubauen.

Ergebnisse

Vom Wirtschaftswunder zur Stagnation – mit dieser knappen Feststellung wurde der Abschnitt begonnen. Es blieb offen, ob das stetig abnehmende Wirtschaftswachstum als Stagnation des kapitalistischen Systems, als Auf- und Abschwung eines langfristigen Zyklus oder als Rückkehr zu einem normalen Entwicklungspfad zu interpretieren ist. In jedem Fall darf die Wirtschaftsentwicklung der Bundesrepublik nicht einseitig aus dem Blickwinkel der Krise der 70er Jahre gesehen werden. Man muß ebenso die besonderen Verhältnisse nach dem Zweiten Weltkrieg berücksichtigen.

So begünstigte die Struktur des Produktionsfaktors *Kapital* zweifellos den schnellen Wiederaufbau. Die Produktionsanlagen waren zum großen Teil erhalten geblieben bzw. wenig zerstört, sie waren relativ jung und konnten mit wenigen Ersatzinvestitionen wieder in Gang gesetzt werden. Die Kapitalproduktivität war hoch. Hierzu trug auch der sozioökonomische, insbesondere technische Rückstand gegenüber den USA bei. Es war ein großes Potential für eine nachholende Wirtschaftsentwicklung vorhanden. Außerdem entsprach die Produktionsstruktur den Bedürfnissen einer auf Rekonstruktion und Wirtschaftswachstum ausgerichteten Weltwirtschaft. In den 60er Jahren begann die Produktivität zu sinken. Immer mehr Kapital war notwendig, um das gleiche Produktionsergebnis zu erzielen. Verstärkte Investitionsanstrengungen und ein hohes Maß an technischem Fortschritt konnten noch einen Ausgleich schaffen. Noch stimmte auch die Produktionsstruktur mit der inländischen und internationalen Nachfragestruktur überein. Es gab aber bereits Anzeichen für eine Veränderung und für verstärkte ausländische Konkurrenz. Dies zeigte sich in den folgenden Jahren immer deutlicher. Die 70er Jahre waren dann durch Investitionsschwäche und mangelnde Innovationsideen, durch nicht ausgelastete Kapazitäten und steigende Rationalisierung gekennzeichnet. Die beschleunigte Anwendung neuer, in hohem Maße arbeitssparender Technologien führte dazu, daß durch Neuinvestitionen immer weniger zusätzliche Arbeitsplätze geschaffen und durch Ersatzinvestitionen immer mehr Arbeitsplätze vernichtet wurden. Da Wirtschaftswachstum und Strukturwandel sich in ihrem Tempo wechselseitig beeinflussen, fiel es der deutschen Wirtschaft seither wesentlich schwerer, den notwendigen Strukturwandel zu vollziehen.

Auch beim Produktionsfaktor *Arbeit* war die Ausgangssituation nach dem Krieg relativ günstig. Es gab viele und gut qualifizierte Arbeitskräfte. Die Flüchtlinge aus der DDR sorgten dafür, daß dem westdeutschen Arbeitspotential auch in den 50er Jahren weiter z. T. hochqualifizierte Arbeitskräfte zugeführt wurden. In den 60er Jahren waren dann die deutschen Arbeitskraftreserven in qualitativer und quantitativer Hinsicht erschöpft. Der Zustrom ausländischer Arbeitskräfte konnte zwar einen mengenmäßigen Ausgleich schaffen, Qualifikationsreserven wurden damit aber nicht eröffnet. Zugleich zeigte sich, daß das Bildungssystem den Ansprüchen einer dynamischen Wirtschaft nicht gewachsen war. Seit den 70er Jahren herrschte trotz hoher Arbeitslosigkeit Mangel an qualifizierten Arbeitskräften. Die Arbeitsproduktivität nahm deutlich langsamer zu als in den 60er Jahren. Da sie seit Anfang der 60er Jahre dennoch schneller stieg als das Wirtschaftswachstum, verminderte sich das Arbeitsvolumen. Dies führte in den 70er Jahren neben der struktur- zu wachstumsbedingter Arbeitslosigkeit, da die bis dahin wirkenden Kompensationsfaktoren – Rückgang der Arbeitszeit und der Erwerbstätigenzahl – keine Rolle mehr spielten. In den 80er Jahren verschlechterte sich die Situation weiter, da die Zahl der Erwerbspersonen erneut anstieg. Zugleich setzte allerdings wieder ein verstärkter Rückgang der Arbeitszeit ein; ob daraus zusätzliche Arbeitsplätze entstehen, ist umstritten.

Die günstige *Struktur* der westdeutschen Wirtschaft, insbesondere der große Anteil des sekundären Sektors mit seiner hohen Produktivität förderte lange Zeit das Wirtschaftswachstum. Außerdem zog die Bundesrepublik in den 50er und 60er Jahren einen erheblichen Wachstumsgewinn daraus, daß anfangs noch relativ viele Menschen im primären Sektor beschäftigt waren. Durch die Abwanderung aus der Landwirtschaft in die Industrie entstand ein Struktureffekt, der seine Wirkung hinsichtlich Modernisierung und Wachstum erst in den 60er Jahren verlor. Aber auch die Bundesrepublik konnte sich – wenn auch im Vergleich zu anderen Industrieländern relativ spät – einem grundsätzlichen Strukturwandel nicht entziehen. Durch das Vordringen des produktivitätsschwachen tertiären Sektors mußte sich das gesamtwirtschaftliche Wachstum verlangsamen. Außerdem nahm die Fähigkeit des tertiären Sektors, die vom primären und sekundären Sektor freigesetzten Arbeitskräfte aufzunehmen, seit dem Ende der 60er Jahre ab. Dies war ein weiterer Grund für die strukturelle Arbeitslosigkeit der 70er Jahre. Einer der Strukturfaktoren, die das westdeutsche Wirtschaftssystem instabiler werden ließen, war außerdem die zunehmende Konzentration. Die Preisbeeinflussung durch Marktmacht – und nicht durch Angebot und Nachfrage – führte zu Verzerrungen der Ertragsstruktur, die ihrerseits Störungen des Marktprozesses auslösten.

Unternehmer produzieren nur dann, wenn *Nachfrage* nach ihren Produkten besteht. Eine wesentliche Ursache für die immer geringere Produktionszunahme lag im immer geringeren Nachfragezuwachs. Bis weit in die 60er Jahre hinein herrschte bei den Deutschen ein erheblicher Nachholbedarf an kurz- und langlebigen Konsumgütern. Da die Bedarfsentwicklung bei steigendem Wohlstand und zunehmender Marktsättigung nicht mehr so leicht abzuschätzen war, mußten traditionelle Marktinvestitionen zurückgestellt werden; die Nachfragestruktur veränderte sich wesentlich. Die deutsche Wirtschaft begann erst in den 70er Jahren zögernd, ihre Produktionsstrukturen umzustellen.

Besonders günstige Wachstumsbedingungen ergaben sich aus der positiven Entwicklung der *Weltwirtschaft* nach dem Zweiten Weltkrieg. Die Integration Westeuropas förderte ebenfalls die bundesdeutsche Wirtschaft. Das Auseinanderbrechen des Weltwährungssystems und die protektionistischen Tendenzen seit den 70er Jahren haben ihr bisher wenig geschadet.

Angesichts des hohen Anteils der Exporte an der Gesamtnachfrage war die bis Anfang der 70er Jahre bestehende Unterbewertung der DM von Bedeutung. Dadurch hatte die westdeutsche Wirtschaft zwei Jahrzehnte lang Wettbewerbsvorteile auf dem Weltmarkt, die erst mit der Freigabe der Wechselkurse 1973 endgültig beseitigt wurden. Eine Reihe deutscher Unternehmen war damit auf dem Weltmarkt nicht mehr konkurrenzfähig. Sie versuchten teilweise, ihre Wettbewerbssituation durch Verlagerung ihrer Produktion in Niedriglohnländer, meist in Entwicklungsländer, zu verbessern. So wurden in der Dritten Welt Arbeitsplätze geschaffen, die in der Bundesrepublik verlorengingen. Auch dies macht deutlich, daß ein hoch entwickeltes Land wie die Bundesrepublik nur in technologisch fortgeschrittenen Bereichen wettbewerbsfähige Arbeitsplätze schaffen kann. Diese Tatsache setzt sich aber im Bewußtsein der Menschen und in der Realität der Wirtschaft erst seit den 70er Jahren durch.

Wachstumsfördernd wirkte bis 1973 sicherlich die unbegrenzte und billige Verfügbarkeit über Öl. Die Verknappung und Verteuerung danach trug zu der schwierigen Situation in den 70er und 80er Jahren bei.

Bei dieser Auflistung der wachstumsfördernden bzw. -hemmenden Faktoren blieb der politische Bereich ausgeklammert. Auf ihn wird im folgenden eingegangen.

Um zu einem abschließenden Urteil zu kommen: Vieles spricht dafür, daß sich die westdeutsche Wirtschaft nach dem Krieg in einer außerordentlich günstigen Situation befand und daß das abflachende Wirtschaftswachstum einen Prozeß der Normalisierung darstellte und nicht den Weg in die endgültige Stagnation.

Wirtschaftsordnung und Wirtschaftspolitik

Von der Mangelbewirtschaftung zur kapitalistischen Restauration: die 40er Jahre

Die Wirtschaftspolitik der Alliierten und der deutschen Selbstverwaltung

Nach der Kapitulation übernahmen die *Alliierten* zunächst die alleinige Staatsgewalt in Deutschland. Ihre Politik war in der unmittelbaren Nachkriegszeit darauf gerichtet, Deutschland zu entmilitarisieren, abzurüsten und die Kriegsindustrie zu zerschlagen. In Anlehnung an den amerikanischen Morgenthau-Plan sollten vor allem die Landwirtschaft und eine auf das unbedingt Notwendige beschränkte Friedensindustrie die deutsche Wirtschaftsstruktur bestimmen. Die Zunahme des Ost-West-Gegensatzes sowie eigene wirtschaftliche Zwänge und Interessen führten bereits 1946/47 auf seiten der Amerikaner und Briten zu einer Änderung dieser restriktiven Politik. Von da ab war das Ziel ein möglichst schneller wirtschaftlicher Wiederaufbau auf der Basis eines einheitlichen westlichen Besatzungsgebietes.
Die Grundlage dieser neuen Politik bildete die Direktive JCS 1779 der amerikanischen Militärregierung vom Juli 1947. Bereits sie bestimmte wesentliche Elemente des zukünftigen Wirtschaftssystems: Verbot von Kartellen, Dekonzentration von Großunternehmen, staatliche Regelung von Preisen dort, wo Wettbewerb nicht möglich war, Zulässigkeit von Genossenschaften, Gewerkschaften und Betriebsräten, von Tarifverträgen über Löhne, Arbeitszeit und Arbeitsbedingungen. Entscheidend war, daß die gegebenen Besitzverhältnisse nicht angetastet wurden. Diese Politik der positiven Präjudizierungen des sozialökonomischen Systems wurde mit besatzungsrechtlichen Interventionen zur Entflechtung, Dekartellisierung und Durchsetzung der Gewerbefreiheit fortgesetzt. Zur negativen Präjudizierung kam es durch die Verhinderung von Sozialisierungen, von konsequenten Maßnahmen zum Lastenausgleich und von weitergehenden Ansätzen zur Bodenreform in einzelnen Ländern. So blieb unter der Prädominanz der amerikanischen Besatzungsmacht das kapitalistische System erhalten. Daran änderten auch die Montanmitbestimmung und Dekonzentrationsversuche nichts.
Seit 1947 gewann die *deutsche Selbstverwaltung* auf der zweizonalen Ebene des britischen und amerikanischen Besatzungsgebietes an Bedeutung. Als parlamentarisches Organ entstand der Wirtschaftsrat in Frankfurt, der als Vorläufer des Bundestages angesehen werden kann. Auch die Gesetzgebung des Wirtschaftsrates, in dem eine Koalition aus CDU/CSU

und FDP die Politik bestimmte, hatte präjudizierenden Charakter. Man kann seine gesetzgeberischen Aktivitäten auf dem Gebiet des gewerblichen Rechtsschutzes und des Wirtschaftsstrafrechts bis Mitte 1948 zwar noch nicht mit einem bestimmten Wirtschaftsordnungstyp identifizieren, mit der Währungsreform und den damit erlassenen Gesetzen im Sommer 1948 legte er sich dann aber eindeutig auf das marktwirtschaftliche System fest. Er beseitigte das Bewirtschaftungssystem und gab die Preise frei. Er ermöglichte ein DM-Bilanzgesetz, das den Unternehmen bei der Eröffnung ihrer Bilanzen weitgehende Freiheiten ließ. Er verabschiedete schließlich – an Stelle eines Lastenausgleichs – ein Soforthilfegesetz, das keine wirkliche Umverteilung der Vermögen brachte. Dies waren einige besonders wichtige Maßnahmen in einem Komplex von Gesetzen und Verordnungen, die darauf abzielten, ein bestimmtes Wirtschaftssystem zu etablieren, und zwar einen »sozialen Kapitalismus«, der die privatmarktwirtschaftliche Ordnung nicht in Frage stellte, den überkommenen Kapitalismus aber mit sozialen Korrekturen versehen wollte. Wie präzise die Vorstellungen in dieser Hinsicht waren, zeigte das »Leitsätzegesetz« zur Währungsreform, in dem auf programmatische Weise die Errichtung eines Systems der sozialen Marktwirtschaft gefordert wurde.

Das Konzept der Sozialen Marktwirtschaft

Unter ›Wirtschaftsordnung‹ versteht man die Gesamtheit aller für den organisatorischen Aufbau und für den Ablauf der Volkswirtschaft geltenden Regeln sowie aller wirtschaftlichen und wirtschaftsgestaltenden Institutionen. Dabei muß zwischen dem gedanklichen Konzept einer Wirtschaftsordnung und der tatsächlichen Wirtschaftsordnung unterschieden werden. Im Rahmen des *Neoliberalismus* gab es nach dem Krieg unterschiedliche Ansätze. Politische Bedeutung erlangte das Konzept der Sozialen Marktwirtschaft, mit dem nicht nur eine theoretische Position formuliert, sondern auch realitätsbezogen die spezifische Situation der Nachkriegszeit erfaßt wurde. Die Ziele des sozial-marktwirtschaftlichen Konzepts und die zu ihrer Erreichung einzusetzenden Mittel lassen sich im Sinne der Begründer Ludwig Erhard und Alfred Müller-Armack wie folgt formulieren: 1. Verwirklichung eines möglichst großen wirtschaftlichen Wohlstands durch Errichtung einer Wettbewerbsordnung, bewußte Wachstumspolitik mit marktkonformen Mitteln, weitgehende Begrenzung des Staatsinterventionismus, Sicherung der Vollbeschäftigung ebenfalls mit marktkonformen Mitteln, Gewährleistung der Außenhandelsfreiheit; 2. Errichtung einer funktionsfähigen Geldordnung, insbesondere zur Sicherung der Stabilität des Preisniveaus durch eine unab-

Ludwig Erhard, »Vater der Sozialen Marktwirtschaft«, 1949–1963 Wirtschaftsminister, 1963–1966 Bundeskanzler.

hängige Zentralbank, Stabilität der öffentlichen Finanzen, Zahlungsbilanzausgleich und außenwirtschaftliches Gleichgewicht; 3. soziale Sicherheit, soziale Gerechtigkeit und sozialer Fortschritt durch Wirtschaftswachstum bzw. Maximierung des Sozialprodukts und staatliche Korrektur der ursprünglichen Einkommens- und Vermögensverteilung.
Kernstück dieses Konzepts ist der *Wettbewerb*. Ihm traut man als zentralem Steuerungselement fast alles zu: Er sorgt nicht nur für die beste Verteilung der Produktionsfaktoren und der produzierten Güter, sondern verhindert auch die Entstehung wirtschaftlicher Macht und sichert die höchste Leistung. Dabei besitzt das sozial-marktwirtschaftliche Konzept allerdings keine eindeutige Wettbewerbskonzeption. Wie eine funktionsfähige Wettbewerbsordnung nach dem Krieg wiederhergestellt und erhalten werden konnte, blieb ebenfalls unklar. Während ein Teil der Neoliberalen mit einer radikalen staatlichen Antimonopolpolitik Kapital- und Vermögenskonzentrationen auflösen wollte, vertrauten die Verfechter der Sozialen Marktwirtschaft eher auf die individuelle Moral des Unternehmers. Eigentumsrechtlich wird der Wettbewerb jedenfalls nicht abgesichert. In den Vordergrund rückt vielmehr die wirtschaftliche Leistungsfähigkeit des Systems, womit auch Kapitalkonzentrationen in Form von Großbetrieben und Konzernen durchaus positiv beurteilt werden. Unvollständiger Wettbewerb wird durch hohes Wachstum legitimiert. Nicht nur die Sicherung des Wettbewerbs gerät in Konflikt mit dem Ziel der höchsten Effizienz. *Sozial* ist die Soziale Marktwirtschaft nach der Auffassung ihrer Propagandisten schon wegen ihrer überlegenen wirtschaftlichen Leistungsfähigkeit. Eine expansive, auf hohe Wachstumsraten ausgerichtete Wirtschaftspolitik gilt zugleich als die beste Sozialpolitik. Insgesamt ist das Soziale somit kein integratives, gleichgewichtiges Element einer sozialökonomischen Gesamtordnung, sondern dient lediglich dazu, die unsozialen Folgen eines auf bloßen Ökonomismus ausgerichteten Systems auszugleichen. Die konkreten Vorschläge zur Veränderung der ursprünglichen Einkommens- und Vermögensverteilung gingen daher über Sozialhilfeleistungen, Renten, Ausgleichszahlungen, Wohnungsbauzuschüsse, Förderung der Vermögensbildung etc. nicht hinaus. Die den gesamten Ansatz beherrschende Problematik, die darin besteht, daß die marktwirtschaftliche Ordnung gleichzeitig als gesellschafts- und wirtschaftspolitisches Ziel und als Instrument zur Erreichung dieser Ziele angesehen wird, bestimmt auch die Vorstellung vom *Staatsinterventionismus*. Man erkennt zwar die Notwendigkeit staatlicher Eingriffe an, diese Eingriffe müssen aber marktkonform sein, d. h., sie dürfen den Wettbewerbsmechanismus nicht stören. Die Fehlentwicklungen des Marktes sollen korrigiert werden, aber nur mit Mitteln, die dem Markt entsprechen. Hierin liegt ein Widerspruch, der nicht auflösbar ist.

Mit der Sozialen Marktwirtschaft wurde nicht nur eine Wirtschaftsordnung konzipiert, die eine Alternative zum überkommenen Kapitalismus und zum Sozialismus bot, sondern damit verbunden war eine *politische Dimension*. Durch die Konfrontation des Modells der zentralen Verwaltungswirtschaft mit dem der freien Verkehrswirtschaft wurden gesellschaftliche, politische und wirtschaftliche Ordnung auf das engste miteinander verbunden. Jede Art von wirtschaftlicher Planung und Lenkung galt als gleichbedeutend mit gesellschaftlichem Zwang und politischer Unfreiheit, während die liberale Wettbewerbswirtschaft – nach Auffassung ihrer Vertreter – die notwendige Voraussetzung oder Ergänzung einer freiheitlichen Gesellschaftsordnung darstellte.
Wenn an dieser Stelle weder auf alternative Ordnungsvorstellungen innerhalb der Unionsparteien – Stichwort: christlicher Sozialismus – noch auf sozialistische Alternativen in den Gewerkschaften und in der SPD eingegangen wird, so bedeutet das nicht, daß es kein Gegenkonzept zur Sozialen Marktwirtschaft gegeben hätte. Das sozial-marktwirtschaftliche Modell war aber dasjenige, das entscheidend die Wirtschaftspolitik der Bundesrepublik prägte. Welche Anziehungskraft es auch auf die Sozialdemokratie ausübte, zeigte sich bereits 1952 bei der Formulierung ihres Aktionsprogramms. Je mehr sich dann der wirtschaftliche Aufschwung in den 50er Jahren konsolidierte, desto mehr wurde die Marktwirtschaft als effizientes System auch von der SPD akzeptiert.

Recht und Wirtschaftsordnung

Ebenso wie bei der Wirtschaftsordnung gibt es auch bei der ›Wirtschaftsverfassung‹ den Unterschied von Norm und Realität. Die normative Wirtschaftsverfassung bezeichnet die rechtlichen Ordnungsentscheidungen, wobei zwischen einem engeren, an verfassungsrechtlichen Ordnungsentscheidungen orientierten und einem weiteren, auch an außerbzw. unterverfassungsrechtlichen Ordnungsentscheidungen orientierten Begriff zu unterscheiden ist. Die reale Wirtschaftsverfassung umschreibt dagegen die tatsächliche Gegebenheit der Wirtschaft, wie sie sich in der Wirklichkeit auf der Grundlage der normativen Wirtschaftsverfassung entwickelt hat.
Durch die Besatzungsmächte und den Wirtschaftsrat waren wichtige Entscheidungen bereits gefällt worden, so daß der Parlamentarische Rat – selbst, wenn er es gewollt hätte – mit dem Grundgesetz keine radikale Wende mehr hätte vollziehen können. Er beabsichtigte es aber auch gar nicht; das Grundgesetz sollte hinsichtlich der zukünftigen Wirtschafts- und Sozialordnung relativ offen bleiben.

Selbst wenn im Grundgesetz auf eine ordnungspolitisch geschlossene Wirtschaftsverfassung verzichtet wird, so bleibt es wirtschaftsverfassungsrechtlich doch nicht völlig ambivalent. Mit den Grundrechten und dem Prinzip des Rechts- und Sozialstaates ist ein Rahmen geschaffen worden, der durch konkrete wirtschaftsordnende Verfassungsnormen ergänzt wird. Wirtschaftliche Grundfreiheiten ergeben sich aus der allgemeinen Handlungsfreiheit (Art. 2 Abs. I), dem Gleichheitsgrundsatz (Art. 3), der Vereinigungs- und Koalitionsfreiheit (Art. 9 Abs. I und III), der Freizügigkeit (Art. 11), der Berufs-, Arbeits- und Gewerbefreiheit (Art. 12) und der Eigentumsgarantie (Art. 14). Die wichtigste Rolle spielen die Grundrechte aus Art. 12 und 14. Sie werden durch die ebenfalls wirtschaftlich relevante Handlungsfreiheit aus Art. 12 Abs. I ergänzt, mit der sich Berufs-, Gewerbe- und Eigentumsfreiheit zur allgemeineren Gewährleistung der gewerblichen und beruflichen Betätigungsfreiheit, der unternehmerischen Entfaltungs- und Dispositionsfreiheit, der wirtschaftlichen Vertrags- und Wettbewerbsfreiheit sowie der Freiheit zur wirtschaftlichen Nutzung und zum wirtschaftlichen Erwerb des Eigentums verbinden. Die Garantie der Freizügigkeit sichert auch die berufliche und gewerbliche Mobilität, und aus der Vereinigungsfreiheit kann das Recht auf Verbindung von Unternehmen abgeleitet werden.

Alle diese wirtschaftlichen Grundfreiheiten sind keine absoluten Freiheiten. Teilweise werden sie bereits innerhalb der einzelnen Artikel relativiert. So sichert Art. 14 zwar das Privateigentum, verpflichtet aber den Eigentümer zur sozialen Eigentumsnutzung. Art. 15 sieht außerdem unter bestimmten Bedingungen eine Überführung von Grund und Boden, Naturschätzen und Produktionsmitteln in Gemeineigentum vor. Eine zentrale Rolle spielen die Prinzipien von Rechtsstaatlichkeit und Sozialstaatlichkeit (Art. 20 und 28). Der damit verbundene rechts- und sozialstaatliche Ordnungsauftrag ermächtigt den Staat, sowohl wirtschaftslenkend als auch wirtschaftsfördernd einzugreifen. Er soll für eine gerechtere Verteilung, für Chancengleichheit, Kontrolle wirtschaftlicher Übermacht und breite wirtschaftliche Entfaltungsmöglichkeiten sorgen. Für diese Aufgaben steht dem Gesetzgeber ein weiter Ermessensspielraum zur Verfügung. Wo die Grenzen des Staatsinterventionismus letztlich liegen, bleibt offen. Auch in der Wahl der Interventionsmittel ist der Gesetzgeber grundsätzlich frei. Ihr Einsatz richtet sich generell nach der Zweckmäßigkeit. Grenzen setzen nur die rechtsstaatlichen Grundsätze, namentlich das Gebot des erforderlichen und verhältnismäßigen Eingriffs in die freie Wirtschaftsbetätigung (wobei »frei« zu definieren wäre).

Neben dem Grundgesetz gibt es eine Vielzahl von Gesetzen mit Wirtschaftsverfassungscharakter, die als Rechtsgrundlage die Wirtschafts- und Sozialordnung der Bundesrepublik prägen: das Gesetz gegen Wettbe-

werbsbeschränkungen, das Kreditwesengesetz, das Tarifvertragsgesetz, das Außenwirtschaftsgesetz, die Sozialversicherungsgesetze, die landwirtschaftlichen Marktordnungsgesetze etc. Besonders erwähnt werden soll das Gesetz über die Deutsche Bundesbank. Die Bundesbank ist danach unabhängig – selbst wenn sie die Wirtschaftspolitik der Bundesregierung grundsätzlich unterstützen soll – und für die Geldwertstabilität und die Geldversorgung der Volkswirtschaft verantwortlich.
Freiheitliche Grundrechte und Sozialstaatsprinzipien ergeben insgesamt einen Ordnungsrahmen, innerhalb dessen die Wirtschaftsverfassung offen ist. Zwar kann man davon ausgehen, daß sowohl das Modell einer völlig freien Marktwirtschaft wie das einer total geplanten Zentralverwaltungswirtschaft mit dem Grundgesetz nicht vereinbar wäre, für die politische Realität war und ist dies allerdings bedeutungslos. Von Bedeutung aber war, daß die »Nicht-Verfassung« für den wirtschaftlichen Bereich den Status quo und damit vor allem die Unternehmer- und Eigentümerfreiheit bestätigte. Der weite Gestaltungsspielraum, den der Parlamentarische Rat 1948/49 geschaffen hatte, wurde einseitig für eine Wirtschaftspolitik genutzt, die zwar dem privaten Kapitaleigner einen möglichst großen Freiraum gewährte, den Sozialstaatsauftrag des Grundgesetzes aber vernachlässigte. Es entstand eine reale Wirtschaftsverfassung, in der nicht nur die soziale Komponente des liberalen Systems unterentwickelt blieb, sondern die auch jede weitergehende wirtschaftliche Einflußnahme der abhängig Beschäftigten in den Unternehmen verhinderte. Der staatliche Interventionismus blieb trotz einer Vielzahl von Gesetzen und Verordnungen insofern begrenzt, als das Grundgesetz wirtschaftsverfassungsrechtlich eine andere Rollenverteilung zwischen Staat und Markt zugelassen hätte.

Zusammenfassung

Die kapitalistische Restauration nach dem Ende des Nationalsozialismus und vor Gründung der Bundesrepublik vollzog sich auf drei Ebenen: auf einer besatzungs- und selbstverwaltungspolitischen, auf einer programmatischen und auf einer verfassungsrechtlichen. Vor allem die Amerikaner waren bemüht, ein privat-marktwirtschaftliches System zu etablieren. Eine Reihe wichtiger Regelungen im Rahmen des Besatzungsrechts zeigte dies ebenso wie das Verbot von Regelungen, die im Rahmen der deutschen Selbstverwaltung in den Ländern erlassen wurden. Die Maßnahmen der deutschen Selbstverwaltung, die ebenfalls ein marktwirtschaftliches System begünstigten, fanden dagegen die Unterstützung der Militärregierung. Besonders die Gesetzgebung und die Politik des bizo-

nalen Wirtschaftsrates, in dem die Unionsparteien und die FDP die Mehrheit besaßen, wirkten in diese Richtung.
Auf programmatischer Ebene gewann der Neoliberalismus gegenüber dem Sozialismus einen Vorsprung, da mit dem Konzept der Sozialen Marktwirtschaft ein geschlossenes Programm und eine tatsächliche Alternative zum bestehenden Bewirtschaftungssystem vorlag. Politische Relevanz erlangte dieses Konzept, weil es ab Mitte 1948 als theoretische Grundlage der Wirtschaftspolitik des Wirtschaftsrates diente und von den Unionsparteien noch vor den Bundestagswahlen 1949 als offizielles Parteiprogramm übernommen wurde.
Auf verfassungsrechtlicher Ebene trug das Grundgesetz nur insofern zur kapitalistischen Restauration bei, als es neben dem Modell eines »demokratischen Sozialismus« eben auch das eines »sozialen Kapitalismus« zuließ, hinsichtlich der zukünftigen Wirtschaftsordnung also relativ offen blieb. Das Grundgesetz entstand aber in einer Zeit, in der die politische Realität diese Offenheit bereits zur Fiktion werden ließ, in der die amerikanische Besatzungsmacht und die Mehrheit des Wirtschaftsrates die entscheidenden Weichen schon gestellt hatten.

Von der Politik der Kapitalbildung zur Ordnungspolitik: die 50er Jahre

Die Wirtschaftspolitik als Förderung privater Kapitalbildung

Es war in den ersten Nachkriegsjahren allgemein akzeptiert, daß es vor allem darum gehen mußte, die unmittelbare Not zu lindern, die Millionen Flüchtlinge in die Wirtschaft zu integrieren, d. h. Arbeitsplätze zu schaffen und die lebensnotwendige Infrastruktur herzurichten. Die Wirtschaft sollte ganz einfach wieder »in Gang« gebracht werden. Für die Unionsparteien und die erste Bundesregierung bedeutete das im Rahmen des sozial-marktwirtschaftlichen Konzepts: Förderung der privaten Kapitalbildung und Beseitigung von Engpaßsektoren, die den wirtschaftlichen Aufschwung gefährdeten. Die wichtigen Entscheidungen fielen noch vor der Bundestagswahl im Herbst 1949. Die Währungsreform begünstigte die Besitzer von Produktionsmitteln insofern, als sie deren Sachwerte nicht antastete, sie im Gegenteil von 90% ihrer Verbindlichkeiten befreite, während den Lohnabhängigen lediglich 60 DM gegeben wurden. Außerdem wurden mit der Währungsreform viele Preisbindungen aufgehoben, der Lohnstopp dagegen erst im November 1948; die dazwischen liegenden Preissteigerungen waren zugleich Gewinnsteigerungen. Der Lastenausgleich wurde nicht verwirklicht. Statt dessen wurde im August 1949 ein Soforthilfegesetz erlassen, mit dem aber wie mit dem späteren

Die Währungsreform vom 20. 6. 1948 begünstigte die Besitzer von Produktionsmitteln und Sachwerten. Der »kleine Mann« erhielt ein »Kopfgeld« (DM 40,–). Ausgabe des neuen Geldes in einer Hamburger Schule.

Lastenausgleichsgesetz von 1952 keine echte Umverteilung der Vermögen beabsichtigt war. Mit dem zweiten Steuerneuordnungsgesetz vom Frühjahr 1949 wurden zwar nicht die hohen Steuersätze der Einkommensteuer gesenkt, dafür boten aber die in das Einkommensteuergesetz eingeführten »Siebener Paragraphen« umfangreiche Möglichkeiten der Steuerersparnis. Für Unternehmen wurde das Investieren steuerlich begünstigt. Das Gesetz zur DM-Eröffnungsbilanz vom Herbst 1949 ermöglichte ihnen weitgehende Aufwertung und damit erneute Abschreibung der alten Anlagen.

Der Wirtschaftsrat leitete mit diesen Maßnahmen eine Politik ein, die von der ersten Bundesregierung konsequent fortgesetzt wurde: Ganz im Sinne des sozial-marktwirtschaftlichen Konzepts beeinflußte sie den wirtschaftlichen Wiederaufbau nicht durch direkten staatlichen Interventionismus, sondern durch eine Veränderung des gesetzlichen, vor allem steuerrechtlichen Rahmens, um auf diese Weise die Voraussetzungen der privaten Kapitalbildung zu verbessern und den wirtschaftlichen Wachstumsprozeß zu stärken. Die verschiedenen Novellierungen zum Einkommensteuergesetz, das Kapitalmarktförderungsgesetz und andere Maßnahmen dienten Anfang der 50er Jahre dazu, die Selbstfinanzierung der Unternehmen zu begünstigen und die Fremdfinanzierung zu erleichtern. Die gesamtwirtschaftlichen Daten zeigen, daß diese Politik erfolgreich war. Der Anteil des privaten Verbrauchs am Sozialprodukt ging in den 50er Jahren ebenso wie der des Staatsverbrauchs zurück, während sich die Investitionsquote erhöhte. Das bedeutet, daß der wirtschaftliche Aufschwung durch einen staatlichen, vor allem aber einen privaten Konsumverzicht erreicht wurde. Gestützt und gefördert wurde diese Politik durch die zurückhaltenden Lohnforderungen der Gewerkschaften.

Daß das liberale Postulat einer marktkonformen Wirtschaftspolitik kein Dogma war, zeigte sich ebenfalls bereits Anfang der 50er Jahre. Mit dem Investitionshilfegesetz von 1952 sollten Engpässe im Kohlebergbau, in der Eisen- und Stahlindustrie, bei der Bahn und in der Energiewirtschaft beseitigt werden, in Bereichen also, die durch Krieg, Demontagen, alliierte Investitionskontrollen, Produktionsbeschränkungen und vor allem durch Preisbindungen beeinträchtigt worden waren. Die gesamte gewerbliche Wirtschaft wurde verpflichtet, eine Milliarde DM aufzubringen, die in den Engpaßbereichen investiert wurde. Diese Umleitung von Investitionsmitteln, die auf den ersten Blick wie eine Selbsthilfe der deutschen Industrie aussah, war in Wirklichkeit eine direkte staatliche Intervention und damit nach liberaler Auffassung systemfremd. Die Bundesregierung verteilte die aufgebrachten Mittel, bestimmte die einzelnen Unternehmen, die die Zuwendungen erhalten sollten, und deren Höhe. Ähnlich verhielt es sich mit der Kreditanstalt für Wiederaufbau. Ihre wesentliche Aufgabe bestand darin, über gelenkte Kredite Investitionen in Engpaßsektoren anzuregen. Die Regierung konnte auf diese Weise, unabhängig von der ihr nicht unterstellten Zentralbank und deren Politik, der Wirtschaft investive Mittel gezielt zuführen.

Insgesamt war die Politik der 50er Jahre aber durch das liberale Ordnungsmodell geprägt. So wurde in der Finanz- und Konjunkturpolitik antizyklische Fiskalpolitik abgelehnt, da man sie als einen ersten Schritt in den Dirigismus ansah. Trotz einzelner konjunkturpolitisch motivierter Maßnahmen blieb die Haushaltspolitik grundsätzlich in orthodoxen Vorstellungen verhaftet. Mit den wachsenden Staatseinnahmen wurde zwischen 1954 und 1956 sogar ein Reservefonds – der sogenannte Juliusturm – angelegt. In der Geldpolitik dominierte das Ziel der Preisstabilität, d. h. die monetäre Konjunkturpolitik, die es durchaus gab, diente vor allem der Preisniveaustabilisierung. Allerdings setzte sich selbst in diesem zentralen Bereich einer freien Marktwirtschaft das liberale Postulat nicht umfassend durch. Die Lenkungsfunktion des Kapitalmarktzinses im marktwirtschaftlichen Sinne wurde bis 1952 durch den staatlich festgelegten Höchstzins von 5 % beeinträchtigt; die Bindung der Soll- und Habenzinsen der Banken an den Diskontsatz dauerte bis Mitte der 60er Jahre. Der Aufbau einer neuen Außenwirtschaftsordnung wurde durch den Willen zum Freihandel geprägt. Als 1958 die freie Konvertibilität der DM eingeführt wurde, waren bereits 95 % aller Einfuhren aus OECD-Ländern liberalisiert – mehr als bei den meisten anderen Staaten. Die Grundregeln für den Außenhandel wurden im Außenwirtschaftsgesetz von 1961 festgelegt. Es bestimmte, daß der Waren-, Dienstleistungs-, Kapital-, Zahlungs- und sonstige Wirtschaftsverkehr mit fremden Wirtschaftsgebieten grundsätzlich frei sein sollte. Insgesamt schien der Wachstumsprozeß ungebrochen, und selbst die zyklischen Konjunktureinbrüche 1958 und 1963 waren noch von hohen Wachstumsraten gekennzeichnet. Die Illusion von einem krisenfreien Kapitalismus breitete sich aus.

Die Politik der ordnungspolitischen Korrekturen

Die Politik zur Förderung der Kapitalbildung, so wie sie seit Ende der 40er Jahre betrieben wurde, hatte eine starke Vermögens- und Kapitalkonzentration zur Folge. Gerade aber das widersprach dem neoliberalen Ordnungsbild einer wettbewerblich strukturierten, mittelständischen Wirtschaft, in der Einkommen und Vermögen breit gestreut sein sollten. In der zweiten Hälfte der 50er Jahre versuchte man daher ordnungspolitische Korrekturen vorzunehmen.

Von besonderer Bedeutung waren das »Gesetz gegen Wettbewerbsbeschränkungen« (GWB) und Ansätze zur »Vermögensbildung in Arbeitnehmerhand«. Ursprünglich sollte eine funktionsfähige Wettbewerbsordnung das Kernstück des sozial-marktwirtschaftlichen Systems darstellen. Die alliierten Dekonzentrations- und Dekartellisierungsgesetze unmittelbar nach dem Krieg schienen die Chance zu bieten, dieses Ordnungsprinzip durchzusetzen. Es blieben aber nicht nur diese alliierten Maßnahmen wirkungslos, die sich tatsächlich vollziehende Vermögens- und Kapitalkonzentration machte eine nachträgliche Korrektur um so unwahrscheinlicher, je länger ein entsprechendes deutsches Gesetz verzögert wurde. Als man es endlich 1957 im Bundestag verabschiedete, war der ursprüngliche Entwurf weitgehend entschärft. Übrig geblieben war ein prinzipielles Kartellverbot mit zahlreichen Ausnahmen. Für Fusionen bestand von einer bestimmten Größe an lediglich Meldepflicht. Sanktionen gegen Zusammenschlüsse selbst waren nicht vorgesehen; das Bundeskartellamt, das mit dem Gesetz geschaffen wurde, konnte nur den Mißbrauch einer marktbeherrschenden Stellung untersagen. Der Kommunikations-, Verkehrs- und Energiesektor sowie die Landwirtschaft wurden gar nicht erst in die Wettbewerbsordnung einbezogen. Die Entstehungsgeschichte des GWB und das Gesetz selbst, das nach Erhards Vorstellung ein »wirtschaftliches Grundgesetz« darstellen sollte, macht deutlich, daß das zentrale Anliegen der neoliberalen Theoretiker und Politiker, den kapitalistischen Konzentrationsprozeß mit gesetzlichen Mitteln aufhalten zu wollen, gescheitert war. Daran änderten auch die späteren Novellierungen des GWB nichts. Das Problem der marktbeherrschenden Unternehmen und der Fusionen von Unternehmen rückte zwar in den Mittelpunkt der Antikonzentrationspolitik, der Konzentrationsprozeß als solcher konnte damit aber nicht gebremst werden.

Auch die Versuche, die den Prozeß der Kapitalbildung begleitende Vermögenskonzentration zu korrigieren, scheiterten. Vor dem Hintergrund einer breiten Diskussion – über Investivlohn, Sozialfonds, Leber-Plan etc. – wurden folgende Maßnahmen beschlossen: Erstens wurden bundeseigene Unternehmen (1959 die Preussische Bergwerks- und Hütten-AG, 1961 das Volkswagenwerk und 1965 die Vereinigte Elektrizitäts- und Bergwerks-AG) »privatisiert«, indem ein Teil des Aktienkapitals als »Volksaktien« ausgegeben wurde. Den unteren Einkommensbeziehern sollte damit eine Beteiligung am Produktivvermögen eröffnet werden. Zweitens wurden Vermögensbildungsgesetze (1961 und 1965) erlassen, mit denen das Sparen kleiner Summen begünstigt wurde, ebenso wie beim Bausparen und beim »Prämiensparen«. Drittens sollte durch Belegschaftsaktien und sog. Volksaktien die Beteiligung an Kapitalgesellschaften beim breiten Publikum als Anlageform popularisiert werden; außerdem führte man 1965 die »Kleinaktien« im Aktiengesetz ein. Propagiert wurde ein »Volkskapitalismus«. Eine echte Korrektur der ungleichen Vermögensverteilung wurde mit diesen Maßnahmen jedoch nicht erreicht.

Zusammenfassung

Die theoretische Grundlage der angestrebten und verwirklichten Wirtschaftsordnung und -politik bildete seit Ende der 40er Jahre der Neoliberalismus, das Konzept der Sozialen Marktwirtschaft. Von der freien Verfügung über die Produktionsmittel versprach man sich die höchste Leistungsbereitschaft und damit wirtschaftliches Wachstum. Soziale Sicherheit und Wohlstand sollten nicht durch eine andere Verteilung des Sozialprodukts, sondern durch dessen Expansion gewährleistet werden. Eine Wirtschaftspolitik, die das Wachstum förderte, war nach dieser Auffassung zugleich die beste Sozialpolitik. In der Anfangsphase konzentrierte sich die Wirtschaftspolitik auf die Förderung der privaten Kapitalbildung und auf die Umverteilung investiver Mittel in Engpaßsektoren, die den Wachstumsprozeß behinderten. Auf einkommens-, vermögens- und strukturpolitische Korrekturmaßnahmen verzichtete man weitgehend. So kam es, daß durch diese an sich liberale Politik liberale Ordnungsprinzipien immer mehr in Frage gestellt wurden. Mit der Förderung der Kapitalbildung wurde zugleich die Kapitalkonzentration und die einseitige Vermögensbildung gestützt. Die ordnungspolitischen Korrekturen vermochten daran nichts zu verändern. Das Gesetz gegen Wettbewerbsbeschränkungen von 1957 war viel zu inkonsequent formuliert, als daß es den Konzentrationsprozeß hätte steuern können. Die Maßnahmen zu einer breiteren Vermögensbildung waren ebenfalls unzureichend; eine wirkliche Vermögensnivellierung wurde damit nicht erreicht. Der liberale Antimonopolismus konnte der realen Kapitalakkumulation und -konzentration nicht nur nicht standhalten, es spricht vielmehr einiges dafür, daß die Politik in den 50er Jahren die ursprüngliche Ungleichverteilung des Vermögens noch verstärkt hat. Die Wirtschaftspolitik im ersten Jahrzehnt nach Gründung der Bundesrepublik war insgesamt trotz bestimmter Ausnahmen ausgesprochen liberal. Der staatliche Interventionismus hielt sich in engen Grenzen.

Von der neoliberalen zur keynesianischen Wirtschaftspolitik: die 60er Jahre

Steuerungsprobleme der neoliberalen Wirtschaftspolitik

Obwohl die konjunkturellen Einbrüche 1958 und 1963 noch von hohen Wachstumsraten gekennzeichnet waren, gab es bereits Anzeichen dafür, daß die außergewöhnliche Konsolidierungsphase beendet war, daß sich der Wachstumsprozeß veränderte: sinkende gesamtwirtschaftliche Wachstumsraten, steigende Kapitalintensität bei sinkender Kapitalproduktivität, Überakkumulation und Überproduktion, Disproportionalitäten der Produktionsstruktur (Steinkohlebergbau, Textilindustrie, Landwirtschaft), Infrastrukturdefizite, Arbeitskräftemangel und unzureichende Qualifikationen, erhöhte Inflationsraten.
Besonders die Preissteigerungen zeigten die Problematik der bisherigen Stabilitätspolitik. Sie reduzierte sich auf geldpolitische Maßnahmen und seit der zweiten Hälfte der 50er Jahre auf »Maßhalteappelle« an die Bevölkerung. Mit der Konvertibilität der DM wurde eine wirkungsvolle Geldpolitik zunehmend schwieriger, da bei fixen Wechselkursen eine außenwirtschaftliche Absicherung nicht gegeben war.

Während es beim Inflationsproblem in den 50er Jahren um die Verstetigung der kurzfristigen konjunkturellen Schwankungen ging, verlangten die sich andeutenden Strukturprobleme langfristig angelegte Eingriffe. Anfang der 60er Jahre entdeckte man die »technologische Lücke« zu den USA. Das Bildungsdefizit und damit die Möglichkeit, durch »Bildungsökonomie« die Qualität der Arbeit bewußt zu steuern, rückte ins Blickfeld der Wirtschaftspolitiker. Die Tatsache, daß das wirtschaftliche Wachstum mit volkswirtschaftlichen Kosten – z. B. verstärkter Umweltbelastung – verbunden war, trat ebenso ins Bewußtsein wie die Mängel an öffentlichen Leistungen. Bei einzelnen Wirtschaftszweigen wie Landwirtschaft oder Bergbau und bei regionalen Ungleichgewichten entdeckte man ebenfalls einen staatlichen Handlungsbedarf.
Neben den Konjunktur- und Strukturproblemen kam mit dem abgeschwächten Wirtschaftswachstum eine weitere Belastung auf das marktwirtschaftliche System zu. Da das wirtschaftliche Wachstum ein Mittel sein sollte, um Verteilungskonflikte zu lösen, mußten die Verteilungsprobleme bei abnehmendem Wirtschaftswachstum diese Integrationsformel in Frage stellen. Dies war um so mehr der Fall, als die Gewerkschaften verstärkt darauf drängten, daß ihre in der Aufbauphase zurückgestellten Forderungen nach größerer Einkommens- und Verteilungsgerechtigkeit endlich erfüllt werden sollten.
Insgesamt setzte sich in diesen Jahren nicht nur bei den Kritikern, sondern auch bei den Befürwortern des sozial-marktwirtschaftlichen Systems die Erkenntnis durch, daß das Gesamtsystem in seiner grundsätzlichen Struktur nur dann gesichert werden konnte, wenn die Interventionsmöglichkeiten des Staates sowohl quantitativ als auch qualitativ erweitert wurden.

Die Reform des neoliberalen Konzepts und das Konzept der keynesianischen Globalsteuerung

Alfred Müller-Armack, Erfinder des Begriffs Soziale Marktwirtschaft und Staatssekretär im Bundeswirtschaftsministerium, forderte selbst eine *Zweite Phase der Sozialen Marktwirtschaft*. Auf zwei Ebenen – der gesellschafts- und der wirtschaftspolitischen – sollte das ursprüngliche Konzept weiterentwickelt werden. Zwar war er der Überzeugung, daß die Soziale Marktwirtschaft hinsichtlich der materiellen Güterversorgung und des Lebensstandards große Fortschritte erzielt hatte, zugleich kritisierte er aber, daß es nicht gelungen sei, ein neues integrierendes gesellschaftspolitisches Leitbild zu entwickeln. Das ursprüngliche sozial-marktwirtschaftliche Konzept hatte letztlich auf der Pluralität der Interessen und dem

gesellschaftsbezogenen Verhalten des einzelnen aufgebaut. Nachdem durch die Soziale Marktwirtschaft selbst das Entstehen mächtiger Gruppeninteressen möglich geworden war, sollten diese nun dem Gemeinwohl der *Formierten Gesellschaft* untergeordnet werden. Nach Erhards Auffassung waren es vor allem die mächtigen Verbände, die die (Preis-)Stabilität der Wirtschaft bedrohten. Seiner Meinung nach ging es in erster Linie darum, die Gewerkschaften – die »nur konsumierenden« Verbände – auf das ›Gemeinwohl‹ zu verpflichten. Zurückhaltung bei den Lohnansprüchen wurde gefordert, um von dieser Seite den Preisauftrieb zu dämpfen. Diese zumindest in Ansätzen geforderte korporativistische Auflösung des Widerspruchs von Kapital und Arbeit bedeutete, daß es nicht gelungen war, die gesellschaftspolitischen Voraussetzungen der Sozialen Marktwirtschaft allein durch Wirtschaftswachstum zu schaffen.
Auf der wirtschaftspolitischen Ebene wurden die Funktionsdefizite der Sozialen Marktwirtschaft vor dem Hintergrund der konkreten Probleme klar erkannt. Zwar sollte am Wettbewerb als marktwirtschaftlichem Koordinations- und Lenkungsprinzip festgehalten werden, der Wettbewerb wurde aber noch weniger als bisher als ausschließliches Gestaltungsprinzip akzeptiert. Das wirtschaftspolitische Instrumentarium sollte durch antizyklische Fiskalpolitik ergänzt und die Haushaltspolitik insgesamt langfristiger angelegt werden. Mit Blick auf die veränderten Wachstumsbedingungen forderte Müller-Armack mehr Infrastrukturinvestitionen, eine längere und bessere Ausbildung, stärkere Beachtung von Umweltproblemen etc. Auch im wirtschaftspolitischen Bereich trat damit ein bemerkenswerter Sinneswandel ein. Das Postulat des möglichst weitgehenden Verzichts auf direkte staatliche Eingriffe und Maßnahmen wurde zwar nicht aufgegeben, die Notwendigkeit weitergehender wirtschaftspolitischer Interventionen aber anerkannt.
Ebenso wie sich die neoliberalen Vertreter der Sozialen Marktwirtschaft zur Erkenntnis durchringen mußten, daß das Prinzip der wettbewerblichen Selbststeuerung nur bedingt funktionierte, so mußten umgekehrt die Wirtschaftsexperten in der SPD und den Gewerkschaften erkennen, daß es nicht vollkommen versagte. Beim Versuch, plan- und marktwirtschaftliche Elemente miteinander zu verbinden, hatte sich im Laufe der 50er Jahre das Gewicht immer mehr zugunsten des Wettbewerbs verschoben. Die von Karl Schiller geprägte Formel »Wettbewerb so weit wie möglich, Planung so weit wie nötig« deutete dies bereits an. Es ging darum, auf der Grundlage des marktwirtschaftlichen Systems Steuerungsmechanismen zu entwickeln, durch die der Wirtschaftsprozeß stabilisiert und an langfristigen Zielen ausgerichtet werden konnte. Es sollte das »System einer gelenkten Marktwirtschaft« geschaffen werden.
Den theoretischen Ausgangspunkt hierfür bildete der *Keynesianismus*.

J. M. Keynes hatte in der Weltwirtschaftskrise einen Ansatz entwickelt, nach dem das marktwirtschaftliche System nicht nur zu konjunkturellen Schwankungen tendiert, sondern auch zur dauerhaften Unterbeschäftigung. Angebot und Nachfrage brauchen danach durchaus nicht übereinzustimmen, d. h. der Marktmechanismus kann die Vollbeschäftigung nicht garantieren. Aufgabe der Wirtschaftspolitik ist es, durch globale Maßnahmen entweder das Angebot der Nachfrage oder umgekehrt die Nachfrage dem Angebot anzupassen. Zur Überwindung einer von Unterauslastung vorhandener Produktionskapazitäten gekennzeichneten Krise soll die gesamtwirtschaftliche Nachfrage erhöht werden. Dadurch sollen die Produzenten zu erhöhter Produktion angeregt werden, was neues Einkommen und neue Nachfrage schafft, was wiederum über steigenden Absatz, zunehmende Kapazitätsauslastung und höhere Profite eine erhöhte Investitionstätigkeit zur Folge hat. Die Fiskalpolitik soll durch eine vornehmlich am Zins orientierte, ebenfalls antizyklisch angelegte Geldpolitik unterstützt werden.

Dies ist der Ausgangspunkt des vor allem von Schiller entwickelten Konzepts der *Globalsteuerung*. Der Staat soll mit Hilfe der Finanzpolitik die schwankende Nachfrage beeinflussen, um auf diese Weise die Schwankungen im Auslastungsgrad des gesamtwirtschaftlichen Produktionspotentials, der Investitionen und letztlich der Beschäftigung auszugleichen. Neben der kurzfristigen Stabilisierung der Konjunkturen soll der langfristige Wachstumsprozeß durch Rahmenplanung und strukturpolitische Interventionen oder indirekte Investitionslenkung verstärkt gesteuert werden. Schließlich sollen durch regionale Wirtschaftspolitik schlecht genutzte Wirtschaftspotentiale einzelner Räume aktiviert und die Raumstrukturen systematisch gestaltet werden. Das Schwergewicht der Wirtschaftspolitik sollte also von der bisher praktizierten Ordnungspolitik auf die direkte Steuerung der Nachfrage und auf eine planmäßige Strukturpolitik verlagert werden.

Da das wettbewerbspolitische Leitbild des Neoliberalismus mit der Globalsteuerung nur schwer vereinbar war, mußte zugleich die Funktion des Wettbewerbs neu bestimmt werden. Bereits im sozial-marktwirtschaftlichen System hatte ein Spannungsverhältnis zwischen dem Anspruch auf vollständige Konkurrenz zwischen kleinen und mittleren Unternehmen und der auf Leistung und Wachstum orientierten Sozialen Marktwirtschaft bestanden. Mit dem Konzept des *»funktionsfähigen Wettbewerbs«* wird der Wettbewerb nun endgültig auf eine leistungssteigernde, dynamische Aufgabe festgelegt. Nicht mehr viele kleine Unternehmen versprechen danach die höchste Wettbewerbsintensität, sondern wenige mittlere oder große, in denen der technische und wirtschaftliche Fortschritt schneller durchgesetzt werden kann. Der Markt wird überschaubarer, und die Marktteilnehmer können sich besser abstimmen, was dem Konzept der Globalsteuerung entgegenkommt. Die Schwierigkeit dieses neuen wettbewerbspolitischen Leitbildes besteht darin, daß es einerseits zwar das klein- und mittelständische Wettbewerbskonzept und seine extreme Planungsfeindlichkeit ablösen will, andererseits aber am Wettbewerb als wichtigstem Koordinationsmechanismus festhalten muß, um der Marktwirtschaft nicht die Grundlage zu entziehen. Die verschiedenen Stellungnahmen der Bundesregierung und die Novellen zum Wettbewerbsgesetz zeigen, daß das neue Wettbewerbskonzept die Grundlage der offiziellen Antikonzentrationspolitik seit der Mitte der 60er Jahre darstellte.

Schiller war es auch, der den Entwurf der »Mündigen Gesellschaft« dem der »Formierten Gesellschaft« entgegenstellte. Im Gegensatz zu Erhards Vorstellungen sollten die gesellschaftlichen Interessengruppen oder Verbände nicht staatlicherseits eingebunden und einem zu definierenden Gemeinwohl untergeordnet werden, sondern auf höchster Ebene zusammen mit dem Staat diskursiv einen Interessenausgleich finden. Schiller nannte diese Gesprächsrunde »Konzertierte Aktion«.

Mit dem Konzept der Globalsteuerung glaubte die SPD, die anstehenden Konjunktur-, Struktur- und Verteilungsprobleme besser lösen zu können. Die Wirtschaft sollte nicht mehr sich selbst überlassen bleiben, sondern bewußter als bisher geplant und gelenkt werden. Das marktwirtschaftliche System wurde damit nicht in Frage gestellt; die privatkapitalistische Grundlage blieb erhalten. Da der autonome Handlungsspielraum des einzelnen Unternehmers nicht angetastet wurde, konnte auch eine keynesianisch orientierte Wirtschaftspolitik nur versuchen, die allgemeinen Bedingungen der privaten Produktion zu verbessern, die Produktion als solche aber nicht beeinflussen. Die Grenzen dieses Konzepts waren damit bereits vorgezeichnet.

Die Globalsteuerung als praktische Wirtschaftspolitik

Die Zeit war somit reif für eine neue Wirtschaftspolitik. Die CDU/CSU-FDP-Regierung unter Erhards Führung beschloß im Frühjahr 1964, gesetzliche Maßnahmen für eine stärkere Beeinflussung der konjunkturellen Entwicklung vorzubereiten. Anfang 1966 kam das *Gesetz zur Förderung der Stabilität und des Wachstums der Wirtschaft* (Stabilitätsgesetz) als Vorlage in den Bundestag. Preissteigerungen und Haushaltsdefizite waren die Probleme, die ursprünglich mit Hilfe des Gesetzes beseitigt werden sollten. Als es dann 1967 unter der Großen Koalition, in der Schiller Wirtschaftsminister war, verabschiedet wurde, hatte sich die Zielrichtung geändert: Es sollte die umfassende gesetzliche Kodifizierung des Keynesianismus in der Bundesrepublik sein. Bereits im ersten Paragraphen des Gesetzes werden Bundesregierung und Landesregierungen zu einer Wirtschafts- und Finanzpolitik verpflichtet, die so beschaffen sein soll, daß die ergriffenen Maßnahmen »im Rahmen der marktwirtschaftlichen Ordnung gleichzeitig zur Stabilität des Preisniveaus, zu einem hohen Beschäftigungsstand und außenwirtschaftlichem Gleichgewicht bei stetigem und angemessenem Wirtschaftswachstum beitragen«. Diese vier Ziele wurden von da ab als das »magische Viereck« der Wirtschaftspolitik bezeichnet; sie stellen gemeinsam das »gesamtwirtschaftliche Gleichgewicht« dar. Die zur Erreichung dieser Ziele durch das Gesetz bereitgestellten Instrumente umfassen drei Bereiche: 1. Steuerung der gesamtwirtschaftlichen Nachfrage, 2. außenwirtschaftliche Absicherung, 3. Verhaltensabstimmung der großen Interessengruppen.

Die Instrumente zur Steuerung der gesamtwirtschaftlichen Nachfrage – die der klassischen keynesianischen Finanzpolitik – konzentrieren sich auf die antizyklische Beeinflussung der öffentlichen und privaten Haushalte und der Kosten der Unternehmen:

- Variation der Einkommen- (Lohn-) und Körperschaftsteuersätze und Beeinflussung der Bedingungen der Kreditaufnahme,
- Beeinflussung der Nachfrage der öffentlichen Hand durch Konjunkturausgleichsrücklagen, durch mehrjährige Investitionsprogramme im Rahmen einer neu eingeführten mittelfristigen Finanzplanung, durch erweiterte Verschuldungsmöglichkeiten,
- Koordination der Kreditaufnahmen und Ausgaben der öffentlichen Haushalte von Bund, Ländern und Gemeinden.

Außerdem soll die Bundesregierung internationale Koordinierungen anstreben und Maßnahmen zur außenwirtschaftlichen Absicherung der Konjunkturpolitik ergreifen.

Auch die von Schiller propagierte Konzertierte Aktion wurde im Gesetz verankert. In ihr soll ein abgestimmtes stabilitätsgerechtes Verhalten der Gebietskörperschaften, Gewerkschaften und Unternehmerverbände anhand von »Orientierungsdaten« des Wirtschaftsministers erreicht werden, wobei es in erster Linie um die Einkommenspolitik geht.

Das Stabilitätsgesetz stellt den sinnfälligsten Ausdruck des Konzepts der Globalsteuerung dar. Zwar gab es einen Teil der Instrumente, die das Gesetz enthält, schon vorher, doch erst mit der Verabschiedung des Stabilitätsgesetzes wurden aufgrund der Einschränkung der Finanzhoheit der Länder und Gemeinden Möglichkeiten geschaffen, die Gebietskörperschaften zu einer gemeinsamen konjunkturgerechten Ausgabenpolitik zu zwingen.

Die Globalsteuerung schien bereits bei ihrem ersten Einsatz großen Erfolg zu erzielen. Die Konjunktur- und Strukturprogramme in den Jahren 1966 und 1967, die Politik des »leichten Geldes« der Bundesbank und die Einkommenspolitik der Konzertierten Aktion bestärkten die Öffentlichkeit in der Überzeugung, daß die Krise nur deshalb so schnell überwunden worden war, weil mit der Globalsteuerung ein effizientes wirtschaftspolitisches Konzept zur Verfügung stand.
Allein die Überzeugung, daß die Regierung willens und in der Lage war, Krisen mit dem neuen wirtschaftspolitischen Instrumentarium zu verhindern, dürfte 1967 und in den Jahren danach Vertrauen bei den Unternehmern in den weiteren Wachstumsprozeß geschaffen und damit die Wirtschaft stabilisiert haben. Entscheidend waren somit nicht die wirklich ergriffenen fiskalpolitischen Maßnahmen. Auch die Arbeitnehmer trugen durch ihre zurückhaltende Lohnpolitik im Rahmen der Konzertierten Aktion wesentlich dazu bei, die Gewinnsituation der Unternehmen zu verbessern und auf diese Weise die Investitionen anzuregen. Es kam zu verstärkter Rationalisierung und zu erheblichen Produktivitätsfortschritten. Vor allem aber stieg die Auslandsnachfrage erneut an und kompensierte die nachlassende inländische Nachfrage.

Zusammenfassung

Nach der Phase des Wiederaufbaus und der Konsolidierung zeigte sich am Ende der 50er Jahre, daß sich in Westdeutschland das Wirtschaftswachstum nicht problemlos fortsetzte. Die Wachstumsraten nahmen ab und die Inflationsraten zu, es entstanden Strukturprobleme, und auch der Verteilungskampf verschärfte sich. 1966/67 kam es zur ersten wirklichen Wirtschaftskrise der Nachkriegszeit. Seit dem Ende der 50er Jahre wurde immer deutlicher, daß das sozial-marktwirtschaftliche Konzept in seiner ursprünglichen Form nur in einer schnell wachsenden Wirtschaft funktionsfähig war. Die Wirtschaftsprobleme der 60er Jahre konnte es nicht lösen. Dies erkannten nicht nur seine Kritiker, sondern auch diejenigen, die es konzipiert hatten. Die Reformvorschläge, die gemacht wurden, zielten darauf ab, über die Ordnungspolitik hinaus das wirtschaftspolitische Instrumentarium des Staates zu erweitern, um die Wirtschaftsentwicklung unter konjunktur- und wachstumspolitischem Blickwinkel stärker als bisher bewußt steuern zu können. Während der Neoliberalismus das teilweise Versagen des marktwirtschaftlichen Systems und damit des eigenen Konzepts erst eingestehen mußte, war der Keynesianismus vom Ansatz her darauf ausgerichtet, das als instabil angesehene kapitalistische System durch eine Beeinflussung der gesamtwirtschaftlichen Nachfrage zu lenken. In Verbindung mit einer längerfristig angelegten Konjunkturpolitik und einer konzertierten Einkommenspolitik entstand so das von der SPD vertretene Konzept der Globalsteuerung, das im Stabilitätsgesetz kodifiziert und zum ersten Mal in der Krise 1966/67 angewendet wurde. Mit der Globalsteuerung war kein Bruch mit der marktwirtschaftlichen Ordnung verbunden. Das gleiche System brachte in verschiedenen Perioden unterschiedliche Probleme hervor, deren Lösung ein neues Instrumentarium erforderte. Daß aber auch mit der Globalsteuerung kein Konzept zur dauerhaften Stabilisierung der wirtschaftlichen Entwicklung gefunden worden war, sollte sich bald zeigen.

Von der nachfrage- zur angebotsorientierten Wirtschaftspolitik: die 70er und die erste Hälfte der 80er Jahre

Der Funktionsverlust der Globalsteuerung

Bereits Anfang der 70er Jahre wurde deutlich, daß die Globalsteuerung weder die sich beschleunigende Inflation zu bremsen noch die konjunkturellen Schwankungen zu verhindern vermochte. Im Gegenteil, die keynesianisch orientierte Stabilitätspolitik wirkte nicht anti-, sondern vor allem prozyklisch.

Woran lag es nun, daß die Politik der Globalsteuerung offenbar so viel wirkungsloser blieb, als es die Fülle der zur Verfügung stehenden Instrumente eigentlich erwarten ließ? Bereits die unterschiedlichen Zielsetzungen – Preisstabilität, Vollbeschäftigung, außenwirtschaftliches Gleichgewicht, Wachstum – erschwerten eine klare Ausrichtung der Politik. Das Dilemma des Mittelkonflikts wurde besonders 1973 deutlich. Auf der einen Seite hätte die gesamtwirtschaftliche Nachfrage in der Phase des beginnenden wirtschaftlichen Abschwungs stimuliert werden müssen, um die Vollbeschäftigung zu sichern. Auf der anderen Seite hätte sie gedrosselt werden müssen, um Preisstabilität zu erreichen. Das Unvermögen, Vollbeschäftigung und Preisstabilität gleichzeitig zu verwirklichen, beherrschte die Wirtschaftspolitik der 70er Jahre. Ein weiteres Problem bestand darin, daß der Staat viele Aufgaben zu erfüllen hatte, die nicht alle den Zielen des »magischen Vierecks« untergeordnet werden konnten: z.B. im Bereich der Sozialpolitik, der öffentlichen Sicherheit, der Bildungspolitik, des Gesundheitswesens, des Umweltschutzes etc. Die Verbindung von antizyklischer Konjunkturpolitik und längerfristig angelegter Gesellschaftspolitik schuf ein Inflationsproblem. Expansive Geld- und Fiskalpolitik bleiben nur dann inflationsneutral, wenn kurze Zeit später eine restriktive Phase folgt. Werden sie dagegen in den Dienst der

Wachstums- oder Sozialpolitik gestellt, so führen permanente oder sogar kumulative Haushaltsdefizite – wie in den 70er Jahren – zur Inflation. Generell war eine konjunkturgerechte Anpassung der öffentlichen Ausgaben, besonders ihre Drosselung in der Hochkonjunktur, ohnehin in nur sehr begrenztem Maße möglich. Schätzungen gehen davon aus, daß nur 10% der Staatsausgaben durch längerfristige gesetzliche Regelungen nicht gebunden sind. Außerdem waren die Wirtschaftsprobleme der 70er Jahre nur bedingt konjunkturell verursacht. Bei regionalen und sektoralen Strukturkrisen, bei Inflationsimpulsen, die durch eine Verteuerung der Rohstoffe erzeugt werden, und bei mangelnder Mobilität der Arbeitskräfte kann eine Konjunkturpolitik, die lediglich auf die Beeinflussung der gesamtwirtschaftlichen Nachfrage gerichtet ist, nur wenig bewirken. Zwar war man in der zweiten Hälfte der 70er Jahre verstärkt bemüht, die Wirtschaftspolitik strukturpolitisch auszurichten, der Erfolg hinsichtlich einer mittelfristigen Stabilisierung des Wirtschaftsprozesses blieb aber aus. Problematisch waren außerdem die Wirkungsverzögerungen bei den geld- und fiskalpolitischen Maßnahmen. Zwischen dem Eintreten einer gesamtwirtschaftlichen Störung und dem Erkennen dieser Störung vergeht ebenso Zeit wie zwischen der Diagnose, der politischen Diskussion über die zu ergreifenden Maßnahmen und der Verabschiedung eines wirtschaftlichen Programms. Als Folge dieser Verzögerungen können Maßnahmen, die antizyklisch angelegt sind, letztlich prozyklisch wirken. Eng damit verbunden ist der politische Widerstand, der einzelnen Maßnahmen entgegengebracht wird: Man kann sagen, daß das Stabilitätsgesetz in seiner ganzen Wirkungsbreite bisher noch gar nicht angewandt werden konnte. Hinter dem politischen Widerstand einzelner Gruppen und Gebietskörperschaften stand ein grundsätzlicher Vertrauensverlust in die Machbarkeit der Entwicklung. Dieser Erosionsprozeß ergriff im Laufe der 70er Jahre immer größere Teile der wirtschaftsrelevanten Öffentlichkeit. Es schienen sich die Zweifel zu bestätigen, die auf (ordo)liberaler und sozialistischer/marxistischer Seite schon immer erhoben worden waren: Stößt eine Politik, mit der marktwirtschaftliche Prozesse gesteuert werden sollen, nicht sehr schnell an objektive Grenzen, da sie auf die mikroökonomischen Entscheidungen in den Unternehmen nur sehr indirekt Einfluß nehmen kann? Läuft eine solche Politik, falls sie unternehmerische Entscheidungen tatsächlich steuern könnte, nicht Gefahr, den Mechanismus der kapitalistischen Krisenbereinigung zu blockieren und strukturelle Anpassungsprogramme zu verzögern?

Hinter dem Vertrauensverlust in diesen speziellen Politiktyp stand letztlich das Auseinanderbrechen des gesellschaftlichen Konsenses – des »Wachstumspaktes« –, der die Wirtschaftspolitik der 50er und 60er Jahre getragen hatte. Parteien, Unternehmer und Gewerkschaften kündigten

ihre Mitarbeit auf. Der Austritt der Gewerkschaften aus der Konzertierten Aktion 1977 war nur eine Folge unter anderen.
Die hohen Erwartungen, die mit dem Stabilitätsgesetz verbunden waren, erfüllten sich somit nicht. Die Ziele: Vollbeschäftigung, Preisstabilität, außenwirtschaftliches Gleichgewicht und stetiges Wachstum wurden nicht nur nicht erreicht, die bundesrepublikanische Wirtschaft entfernte sich immer weiter vom angestrebten gesamtwirtschaftlichen Gleichgewicht. Auch in der zweiten Hälfte der 70er Jahre war das keynesianische Stabilisierungskonzept nicht erfolgreicher. Allerdings veränderten sich der konzeptionelle Ansatz und die Mittel der Stabilisierungspolitik deutlich.

Monetarismus und restriktive Geldpolitik

Von Anfang an wurde von neoliberaler oder neoklassischer Seite Kritik am Keynesianismus geübt. Diese Kritik verschärfte sich und gewann in dem Maße an Boden, in dem das Dilemma der keynesianisch orientierten staatlichen Wirtschaftspolitik, Vollbeschäftigung und Preisstabilität nicht gleichzeitig verwirklichen zu können, immer offensichtlicher wurde. Der theoretische Ansatz, der hinter dieser Kritik stand, heißt *Monetarismus* und basiert auf folgenden Annahmen: Das privatmarktwirtschaftliche System neigt zur Stabilität. Es besteht eine »natürliche Rate der Arbeitslosigkeit«, die auch durch staatliche Globalsteuerung nicht beseitigt werden kann. Eine antizyklisch angelegte Geld- und Fiskalpolitik stabilisiert die Wirtschaftsentwicklung nicht, sondern erzeugt erst Krisen. Da die Geldpolitik einen stärkeren Einfluß auf die Wirtschaftsentwicklung ausübt als die Fiskalpolitik, soll sich die staatliche Wirtschaftspolitik darauf konzentrieren, eine langfristig angelegte, stetige Geldmengenpolitik zu betreiben. Die Finanzpolitik soll ebenfalls verstetigt werden.
Hinter diesem »neuen« Ansatz steht weitgehend der alte liberale Glaube an die Funktionsfähigkeit der Märkte und die Stabilität des privatkapitalistischen Systems. Originär sozialmarktwirtschaftliche Vorstellungen kommen wieder zum Tragen. Von Ordnungspolitik ist zwar nicht die Rede, aber auch im monetaristischen Konzept soll der Staat nicht direkt und ad hoc intervenieren, sondern seine Interventionen möglichst begrenzen. Auf wirtschaftspolitischer Ebene war es zunächst die Bundesbank, die den neuen geldtheoretischen Ansatz in die Praxis umsetzte. Seit 1973 versuchte sie mit einer mittelfristig angelegten, insgesamt restriktiv wirkenden Geldmengenpolitik die Inflation zu bekämpfen. Auch wenn sie diese Politik nicht konsequent verfolgte, so wirkte sie damit – zumindest zeitweilig – eher krisenverschärfend und unterlief die Fiskalpolitik.

Angebotsorientierte Fiskalpolitik und Haushaltskonsolidierung

Während die Geldpolitik sehr bald vom Keynesianismus zum Monetarismus umschwenkte, vollzog die Finanzpolitik eine Wende von der antizyklisch angelegten Steuerung der Nachfrage zur mittelfristig angelegten Beeinflussung des Angebots eher zögernd und halbherzig. Bis 1982 regierte die sozialliberale Koalition, und die Finanzpolitik blieb grundsätzlich keynesianisch orientiert. Verschiedene Konjunktur-, Stabilitäts-, Wachstums-, Beschäftigungs- und sonstige Programme – »Programme zur Förderung von Beschäftigung und Wachstum bei Stabilität« – lösten einander ab. In den 70er Jahren wurden diese Programme zunächst verstärkt regional und sektoral differenziert, dann vornehmlich darauf gerichtet, durch Abbau von Wachstumshemmnissen und durch wachstumsfördernde Maßnahmen die längerfristigen Bedingungen des wirtschaftlichen Wachstums zu verbessern. Hierin kam die inhaltliche Akzentverschiebung der Wirtschaftspolitik ebenso zum Ausdruck wie in den zahlreichen Ausgabenkürzungen zur Verbesserung der Haushaltsstruktur. Die Finanzpolitik wurde immer stärker durch folgende Tatbestände gekennzeichnet: Die Einkommen aus Unternehmertätigkeit und Vermögen wurden steuerlich entlastet und die Unternehmen subventioniert (direkte Subventionen, Investitionszulagen, Lohnzuschüsse etc.). Demgegenüber wurden die Arbeitnehmereinkommen belastet. Die Staatsausgaben wurden umstrukturiert. Man legte den Schwerpunkt auf Infrastrukturinvestitionen und kürzte in den sozialen Bereichen. Insgesamt ging es dabei um zwei grundsätzliche Ziele: Erstens sollte nicht mehr die Nachfrage gesteuert, sondern die Rentabilität der privaten Investitionen – die sogenannte Angebotsseite – verbessert werden. Zweitens sollte der Zuwachs des Staatsanteils am Sozialprodukt zurückgeschraubt werden und der Staatsanteil als solcher nicht mehr kurzfristigen konjunkturellen, sondern mittelfristigen wachstumspolitischen Zwecken dienen. Dabei stand die Finanzpolitik zunehmend unter dem »Diktat« der Haushaltskonsolidierung.

Das Bestreben, durch steuerliche Erleichterungen von Unternehmen und mittleren Einkommensbeziehern, Abbau von arbeitsrechtlichen Schutzbestimmungen und sozialen Leistungen, die Produktionsbedingungen der Unternehmen zu verbessern und die allgemeine Leistungsbereitschaft zu fördern, verstärkte sich nach 1982, nachdem die sozialliberale von der konservativ-liberalen Regierung abgelöst worden war. Die »Konsolidierung« der öffentlichen Haushalte wurde noch intensiver betrieben, was allerdings nicht verhindern konnte, daß es zeitweilig zu einer wieder ansteigenden Neuverschuldung kam. Hinter diesen Maßnahmen stand der grundlegende Anspruch einer ordnungspolitischen Neuorientierung der Wirtschaftspolitik im liberalen Verständnis. Erneut drückte sich der wirtschaftspolitische Paradigmawechsel in einem Wechsel der Regierung aus. Mehr Markt und weniger Staat, Abbau des »Subventionsdschungels«, Deregulierung und Entbürokratisierung waren die Schlagworte. Allerdings hatte die Politik der 80er Jahre nur bedingt etwas mit der Umsetzung einer angebotstheoretischen in eine angebotspolitische Konzeption zu tun. Dazu waren die ergriffenen Maßnahmen zu inkonsequent angelegt. Der propagierte Rückzug des Staates aus der Wirtschaft fand bisher nicht statt, selbst wenn die Staatsquote – das Verhältnis der Staatsausgaben zum Sozialprodukt oder Produktionspotential – geringfügig zurückging.

Zum einen implizierte eine solche Politik eine Entscheidung für mehr private Güter, in erster Linie wohl langlebiger Konsumgüter. Damit verbunden war eine Entscheidung gegen ein vermehrtes Angebot öffentlicher oder sozialer Güter, wie sozialer Wohnungsbau, soziale Dienste, öffentliche Verkehrsmittel oder Umweltschutz. Zum anderen waren die Erfolgschancen dieser Strategie nicht sehr groß. In einer Situation chronischer Unterauslastung der Produktionskapazitäten führte eine Verbesserung der Gewinnsituation der Unternehmen mittels Subventionen und steuerlicher Entlastung vornehmlich zu Rationalisierungsinvestitionen, die nur bedingt neue Arbeitsplätze schufen. Der private Verbrauch ging wegen der stärkeren Belastung der Arbeitereinkommen und der hohen Arbeitslosigkeit zurück, was die Unternehmer in ihren Absatzerwartungen noch pessimistischer stimmte. Ein Zurückdrängen des staatlichen Bereichs setzte keine bisher unterdrückten Wachstumsimpulse im privaten Sektor frei.

Ob die Rückgewinnung der Preisstabilität ein Erfolg dieser Politik ist, sei dahingestellt. Die Erwerbstätigkeit ging in den 80er Jahren jedenfalls zurück, und die Arbeitslosigkeit war in den letzten Jahren so hoch wie nie zuvor in der Bundesrepublik (mit Ausnahme der Jahre 1950/51). Auch der Trend der fallenden Wachstumsraten konnte in der ersten Hälfte der 80er Jahren nicht gebrochen werden, selbst wenn die Krise Anfang der 80er Jahre überwunden wurde.

Zusammenfassung

Sowohl die Ziele als auch die Mittel der Wirtschaftspolitik veränderten sich im Laufe der 70er Jahre. Bei den Zielen verlagerte sich der Schwerpunkt von der Bekämpfung der Arbeitslosigkeit zu der der Inflation. Bei den Mitteln versuchte man im Rahmen der Finanzpolitik immer weniger, über eine antizyklische Ausgabenpolitik das Niveau der gesamtwirt-

schaftlichen Nachfrage zu steuern und auf diese Weise Vollbeschäftigung zu sichern. Statt dessen wollte man die erwarteten und realisierten Gewinne der Unternehmen durch steuerliche Erleichterungen, Subventionen und Verbesserungen der allgemeinen Produktionsbedingungen erhöhen, um so von der Angebotsseite her die Investitionen anzuregen und Arbeitsplätze zu schaffen. Angesichts der zunehmenden Verschuldung der öffentlichen Haushalte trat außerdem das Ziel der Haushaltskonsolidierung immer mehr in den Vordergrund. Damit ging eine monetaristisch geprägte, restriktive Geldpolitik einher. Mit der neuen Ausrichtung der Wirtschaftspolitik nahm man von den Vorstellungen Abschied, daß Vollbeschäftigung bei Geldwertstabilität im Kapitalismus politisch machbar sei. Der zunehmende Funktionsverlust der keynesianischen Globalsteuerung war mit dem Wiederaufleben neoliberaler Vorstellungen und mit der Forderung verbunden, das Verhältnis von Markt und Staat neu zu ordnen. Dennoch war die Politik bis 1982 noch stark am Keynesianismus orientiert, an einem Keynesianismus allerdings, der zunehmend struktur- und wachstumspolitische Probleme berücksichtigte.
Erst nach dem Regierungswechsel 1982 dominierten erneut neoliberale, angebotsorientierte Vorstellungen. Allerdings wurde nicht, wie in der zweiten Hälfte der 60er Jahre, der Versuch unternommen, ein theoretisches in ein politisches Konzept umzusetzen. Es ging vornehmlich um eine erneute Umverteilung, um die sozialen Lasten der Krise auf die Arbeitnehmer abzuwälzen.

Ergebnisse

Die grundlegenden Elemente des kapitalistischen Systems in Deutschland änderten sich nach dem Zweiten Weltkrieg im Vergleich zur Zeit vor 1933 nicht. Privates und in geringem Maß auch öffentliches und gemischtes Eigentum an Produktionsmitteln, weitgehende Autonomie der privaten Unternehmen und Haushalte, Organisationsfreiheit und Tarifautonomie der Wirtschaftsverbände und Gewerkschaften, Entscheidungskoordination durch Marktbeziehungen, Wettbewerb und Verhandlungen, sozial- und wirtschaftspolitische Steuerung mit marktkonformen Mitteln durch den Staat waren weiterhin die charakteristischen Merkmale. Allerdings kam es zu deutlichen Akzentverschiebungen. Der Wettbewerb wurde als Ordnung aufgefaßt und gesetzlich geschützt. Das soziale Leistungssystem wurde ausgebaut und die Mitbestimmung auf betrieblicher Ebene erweitert. Die liberale Prämisse, nach der der Staat möglichst wenig permanente Aufgaben übernehmen sollte, galt zwar weiter, dennoch entstanden allgemeine rahmensetzende, Fehlverhalten bekämpfende

Regelungen, die für die gesamte Wirtschaft gelten, und branchenspezifische, die den Kern der unternehmerischen Disposition berühren und von technischen Überwachungen bis zu detaillierten Kontrollen der Produkte reichen. Demgegenüber wurde die Außenwirtschaftsordnung liberalisiert. Die Finanzverfassung modifizierte man wiederum dahingehend, daß der Staat seither größere Eingriffsmöglichkeiten besitzt. Insofern ist es weder möglich, die Wirtschaftsordnung der Bundesrepublik ausschließlich im historischen Entwicklungskontext der Zeit vor 1933 zu sehen, noch sie als einmaligen rechtsschöpferischen Akt darzustellen. In einigen Bereichen übernahm man die von den Nationalsozialisten geschaffenen Regelungen, in anderen kehrte man zu den Verhältnissen vor 1933 oder sogar vor 1918 zurück. Einzelne Elemente wurden bewußt neu geschaffen. Außerdem erfolgte die Fortsetzung bestimmter Entwicklungen oder die Rekonstruktion früherer Ordnungselemente in so veränderter und komplexer Form, daß kaum zu entscheiden ist, ob etwas Neues oder nur Altes in neuer Gestalt entstand. Im übrigen ist die bundesdeutsche Wirtschaftsordnung nichts Statisches; sie wurde über viele Jahre aufgebaut und veränderte sich – wenn auch nicht in ihrer Grundstruktur – permanent.

Bereits die Wirtschaftspolitik der Alliierten und der deutschen Verwaltung vor Gründung der Bundesrepublik zielte darauf ab, das kapitalistische System und seine Institutionen so schnell wie möglich zu restaurieren. Durch eine Politik der systemerhaltenden Präjudizierungen und des Verbots von systemverändernden Präjudizierungen wurden schon 1948 Tatsachen geschaffen, die das Ziel des Parlamentarischen Rates, die Frage der zukünftigen Wirtschaftsordnung verfassungsrechtlich offenzuhalten, zur Fiktion werden ließen. Die wirtschaftstheoretische Grundlage bildete in dieser Zeit und in den 50er Jahren das neoliberale Konzept der Sozialen Marktwirtschaft.

Ebenso wie die Wirtschaftspolitik des bizonalen Wirtschaftsrats war die der ersten deutschen Bundesregierung darauf gerichtet, den wirtschaftlichen Aufbau durch eine bevorzugte Förderung der Unternehmen voranzutreiben. Die Politik der Begünstigung privater Kapitalbildung – darauf beschränkte sich die staatliche Wirtschaftspolitik Anfang der 50er Jahre im wesentlichen – und die zurückhaltende Lohnpolitik der Gewerkschaften hatten einen starken Umverteilungsprozeß bei den Einkommen zugunsten der Unternehmer und eine schnelle Vermögenskonzentration zur Folge. Seit der zweiten Hälfte der 50er Jahre versuchte man daher, dieser Entwicklung durch ordnungspolitische Maßnahmen entgegenzuwirken. Das Gesetz gegen Wettbewerbsbeschränkung sollte den Konzentrationsprozeß aufhalten, Privatisierungen öffentlicher Unternehmen und Vermögensbildungsgesetze sollten die

ungleiche Vermögensverteilung korrigieren. Ein Erfolg war beiden nicht beschieden.
Seit dem Ende der 50er Jahre zeigte sich immer deutlicher, daß sich das hohe Wirtschaftswachstum nicht fortsetzte, daß Konjunktur-, Struktur- und Verteilungsprobleme auftauchten, die es in dieser Form bis dahin nicht gegeben hatte. Es setzte sich die Überzeugung durch, daß weder der Markt allein noch in Verbindung mit dem beschränkten wirtschaftspolitischen Instrumentarium, das das sozial-marktwirtschaftliche Konzept zur Verfügung stellte, in der Lage war, die anstehenden Probleme zu lösen. Das auf dem Keynesianismus aufbauende, von der SPD vertretene Konzept der Globalsteuerung setzte sich durch. Danach sollten konjunkturelle Schwankungen und strukturelle Ungleichgewichte durch staatliche Wirtschaftspolitik gezielt ausgeglichen werden. Dieses neue wirtschaftspolitische Konzept, mit dem das marktwirtschaftliche System nicht in Frage gestellt, sondern gefestigt werden sollte, wurde im Stabilitätsgesetz 1967 kodifiziert. Praktisch angewandt wurde der empfohlene antizyklische und koordinierte Einsatz von Geld-, Fiskal-, Struktur- und Einkommenspolitik zum ersten Mal in dem bis dahin schwersten konjunkturellen Einbruch der Nachkriegszeit 1966/67.
Zwar wurde diese Wirtschaftskrise schnell überwunden, daß dies aber kein Beweis für die Funktionsfähigkeit der Globalsteuerung war, zeigte sich sehr bald. Auch der keynesianisch orientierten Wirtschaftspolitik gelang es nicht, das grundlegende Dilemma der 70er Jahre, Inflation bei gleichzeitiger Arbeitslosigkeit, wirksam zu bekämpfen. Ob dies am theoretischen Ansatz, d. h. am grundsätzlichen Problem, den Kapitalismus zu steuern, an der falschen Anwendung der Mittel oder daran lag, daß die gesetzlichen Möglichkeiten des Stabilitätsgesetzes nicht in vollem Umfang genutzt wurden, bleibt offen.
Als Folge dieses Versagens gewann ein neues wirtschaftspolitisches Konzept an Boden, das wieder stärker der Selbststeuerung der Marktwirtschaft vertraute. Das kapitalistische System neigt danach zur Stabilität, und es sind gerade die wirtschaftspolitischen Eingriffe, die die marktwirtschaftliche Ordnung destabilisieren. Dieser Ansatz beeinflußte die Wirtschaftspolitik seit Mitte der 70er Jahre immer stärker: Die Bundesbank orientierte sich am monetaristischen Konzept, d. h. sie stellte ihre bis dahin antizyklisch ausgerichtete Politik auf eine mittelfristig angelegte restriktive Geldmengenpolitik um. Die Bundesregierung war im Rahmen der Fiskalpolitik verstärkt bemüht, die sog. Angebotsseite zu beeinflussen, d. h. die Unternehmen kostenmäßig zu entlasten und die Struktur- und Wachstumsbedingungen zu verbessern. Gleichzeitig versuchte man die Expansion der Neuverschuldung zu bremsen, was dazu führte, daß staatliche Investitionen und soziale Ausgaben zurückgeschraubt wurden.

Das Ziel einer Verbesserung der Beschäftigungssituation und einer Stabilisierung des Preisniveaus wurde zwar nicht aufgegeben, am Ende der sozialliberalen Koalition am Anfang der 80er Jahre hatte sich die wirtschaftliche Lage in dieser Hinsicht gegenüber 1969 aber verschlechtert. Erst mit der konservativ-liberalen Koalition dominierten endgültig angebotsorientierte Vorstellungen. Der angekündigte Paradigmawechsel in der Wirtschaftspolitik wurde zwar nicht vollzogen, dafür aber die sozialen Lasten der stagnativen Wirtschaftsentwicklung zugunsten der Arbeitgeber umverteilt. Der Prozeß der Machtverschiebung vom öffentlichen zum privaten Sektor, von den Arbeitnehmern zu den Unternehmern, der in der zweiten Hälfte der 70er Jahre eingesetzt hatte, beschleunigte sich.

Literatur

Werner Abelshauser, Wirtschaftsgeschichte der Bundesrepublik Deutschland, Frankfurt am Main 1983

Elmar Altvater, Jürgen Hoffmann, Willi Semmler, Vom Wirtschaftswunder zur Wirtschaftskrise. Ökonomie und Politik in der Bundesrepublik, Berlin 1979

Gerold Ambrosius, Die Durchsetzung der Sozialen Marktwirtschaft in Westdeutschland 1945–1949, Stuttgart 1977

Reinhard Blum, Soziale Marktwirtschaft. Wirtschaftspolitik zwischen Neoliberalismus und Ordoliberalismus, Tübingen 1969

Deutsche Bundesbank (Hrsg.), Währung und Wirtschaft in Deutschland 1876–1975, Frankfurt a. M. 1976

Werner Glastetter, Die wirtschaftliche Entwicklung der Bundesrepublik Deutschland im Zeitraum 1950 bis 1975. Befund und Aspekte, Berlin, Heidelberg, New York 1977

G. Gutmann, W. Klein, S. Paraskewopoulos, H. Winter, Die Wirtschaftsverfassung der Bundesrepublik Deutschland, Stuttgart, New York 1979

Handbuch der deutschen Wirtschafts- und Sozialgeschichte, hrsg. von Hermann Aubin, Wolfgang Zorn, Bd. 2, Stuttgart 1976

Karl Hardach, Wirtschaftsgeschichte Deutschlands im 20. Jahrhundert, Göttingen 1976

Hans-Hermann Hartwich, Sozialstaatspostulat und gesellschaftlicher Status quo, Opladen 1977

Johannes Kremer, Neue Strategie für unsere Wirtschaftspolitik (Dargestellt am Beispiel der Bundesrepublik Deutschland), Düsseldorf 1987

Heinz Lampert, Die Wirtschafts- und Sozialordnung der Bundesrepublik Deutschland, München 1978

Materialien zum Bericht zur Lage der Nation im geteilten Deutschland 1987, hrsg. vom Bundesministerium für innerdeutsche Beziehungen, Berlin 1987

Frank Pilz, Das System der Sozialen Marktwirtschaft. Politisch-ökonomische Grundlegung der Konzepte, Prinzipien und Strategien, München 1981

Harald Scherf, Enttäuschte Hoffnungen – vergebene Chancen. Die Wirtschaftspolitik der Sozial-Liberalen Koalition 1969–1982, Göttingen 1986

Gustav Stolper, Karl Häuser, Knut Borchardt, Deutsche Wirtschaft seit 1870, Tübingen 1964
Marianne Welteke, Theorie und Praxis der Sozialen Marktwirtschaft. Einführung in die politische Ökonomie der BRD, Frankfurt am Main, New York 1976
Harald Winkel, Die Wirtschaft im geteilten Deutschland 1945–1970, Wiesbaden 1974

Chronik

1946

26.3. Industrieplan des Alliierten Kontrollrats für Deutschland behandelt Deutschland als wirtschaftliche Einheit, sieht Reduzierung der Industrieproduktion auf rd. die Hälfte des Vorkriegsstandes, Zerstörung der Kriegsindustrie und Verbot der Herstellung von Schiffen, synthetischem Benzin und bestimmten Chemikalien vor (Demontage von 1800 Industrieanlagen).

10.4. Kontrollratsgesetz Nr. 22 zur Betriebsverfassung.

3.5. Vorläufiger Demontagestopp in der amerikanischen Zone.

1.12. Volksentscheid in Hessen über den Sozialisierungsartikel der hessischen Verfassung.

1947

1.1. Vereinigung der amerikanischen und britischen Zone zur Bizone (Vereinigtes Wirtschaftsgebiet).

5.6. US-Außenminister Marshall kündigt das European Recovery Program (ERP) an (Marshallplan).

25.6. Revidierter Industrieplan der Amerikaner und Briten für die Bizone erlaubt erhöhtes Wirtschaftspotential und Verbesserung der Ernährungslage.

16.10. Neue Demontagelisten für das Vereinigte Wirtschaftsgebiet werden bekannt (Verringerung der Demontagen von 1336 auf 682 Anlagen).

1948

1.3. Errichtung der Bank Deutscher Länder (Zentralbank der drei Westzonen).

3.4. Marshallplan-Gesetz.

10.4. Preisgesetz.

20.6. Währungsreform.

24.6. Gesetz über Leitsätze für die Bewirtschaftung und Preispolitik nach der Geldreform.

6.8. Gesetz zur Sozialisierung des Kohlebergbaus vom Landtag in Nordrhein-Westfalen verabschiedet (von der britischen Besatzungsmacht verhindert).

1.9. Einschränkung der Demontagen in der US-Zone.

7.10. Gesetz gegen Preistreiberei.

3.11. Gesetz zur Aufhebung des Lohnstopps.
10.11. Gesetz Nr. 75 der Militärregierung zur Umgestaltung des Kohlebergbaus und der Eisen- und Stahlindustrie.

1949

9.4. Tarifvertragsgesetz.
13.4. Neuer Industrieplan für die westlichen Besatzungszonen.
28.4. Unterzeichnung des Abkommens über die Internationale Ruhrbehörde.
26.7. Wirtschaftsstrafgesetz.
21.8. DM-Bilanzgesetz.
8.10. »Frankfurter Abkommen« über den Interzonenhandel zwischen der Bundesrepublik (einschl. Berlin-West) und der DDR (einschl. Berlin-Ost).
31.10. Beitritt der Bundesrepublik zur OEEC (= Organization for European Economic Cooperation).
22.11. Unterzeichnung des Petersberger Abkommens, das u. a. Verringerung der Demontagen vorsieht.
30.11. Beitritt der Bundesrepublik zum Abkommen über die internationale Ruhrkontrolle (Ruhrstatut), das seit 22.4.1948 in Kraft ist.
15.12. (1. Internationales) Abkommen der Bundesrepublik mit den USA über wirtschaftliche Zusammenarbeit verpflichtet die BRD zur Verwendung der Marshallplanhilfe beim wirtschaftlichen und landwirtschaftlichen Wiederaufbau.

1950

8.2. Bekanntgabe eines Arbeitsbeschaffungsprogramms von 3,4 Mrd. DM, zum größten Teil für den Sozialen Wohnungsbau, durch die Bundesregierung.
7.3. Gesetz zur Förderung der Wirtschaft Berlins (Berlinhilfe-Gesetz).
31.3. Beendigung der Ausgabe von Lebensmittelkarten.
29.4. Steueränderungsgesetz zur Förderung der privaten Kapitalbildung.
9.5. Schumanplan eines Pools der deutschen und französischen Kohle- und Stahlproduktion.
17.5. Verkündung des AHK-Gesetzes zur Umgestaltung des deutschen Kohlenbergbaus und der deutschen Stahl- und Eisenindustrie (Dekartellisierung).
7.6. Verkündung des Haushaltsgesetzes 1949.
29.6. Gesetz über den Bundesfinanzhof.
19.9. Gründung der Europäischen Zahlungsunion (EZU) durch die Organisation für europäische Zusammenarbeit (OEEC).
4.11. Erstes landwirtschaftliches Marktordnungsgesetz (Getreidegesetz). Preisfestsetzung, Marktintervention und Einfuhrlenkung bringen ein System staatlicher Eingreifbefugnisse zur Sicherung der Versorgung der Bevölkerung und zur Erhaltung der Existenzfähigkeit der Landwirtschaft. Ähnliche Gesetze folgen für die Zuckerwirtschaft (5.1.51), die Milch- und Fettwirtschaft (28.2.51), die Vieh- und

Fleischwirtschaft (25.4.51), die Fischwirtschaft (31.8.55) und die Weinwirtschaft (29.8.61).

1951

Jan. Alliierte Hohe Kommission erklärt Demontageprogramm für beendet.

18.4. Gründung der Europäischen Gemeinschaft für Kohle und Stahl (EGKS), der Montanunion.

9.5. Freigabe des Wechselkurses der D-Mark.

21.5. Montan-Mitbestimmungsgesetz.

20.9. Regelung des Handelsverkehrs zwischen der Bundesrepublik und der DDR im sog. »Interzonenhandels-Abkommen« (Berliner Abkommen).

1.10. Die Bundesrepublik wird Mitglied des General Agreement on Tariffs and Trade (GATT).

14.11. 200-Mio-DM-Sofortprogramm zur Arbeitsbeschaffung.

1952

10.1. Gesetz über die Investitionshilfe der gewerblichen Wirtschaft in Kraft (Zweck: Verlagerung von 1 Mrd. DM innerhalb der gewerblichen Wirtschaft auf Engpaßbereiche).

2.8. Beitritt der Bundesrepublik zum Internationalen Währungsfonds (IWF).

14.8. Lastenausgleichsgesetz.

15.12. Kapitalmarktförderungsgesetz.

1953

27.2. Londoner Schuldenabkommen.

31.8. ERP-Verwaltungsgesetz legt Status und Aufgaben des ERP-Sondervermögens fest.

17.9. Gesetz zur Handwerksordnung.

1955

1.1. Beginn des freien Kapitalmarktes in der Bundesrepublik durch Außerkraftsetzen des Kapitalmarktförderungsgesetzes.

5.9. Landwirtschaftsgesetz (Grüner Plan u. a. m.).

1957

27.5. Gesetz gegen Wettbewerbsbeschränkung (GWB) tritt in Kraft (Novellierungen 14.6.1973, 4.4.1974, 2.7.1976, 26.4.1980).

26.7. Gesetz über die Deutsche Bundesbank.

1958

1.1. Beginn der Europäischen Wirtschaftsgemeinschaft (EWG).

11.8. Erste Maßnahmen der Bundesregierung zur Verbesserung der Absatzlage des Steinkohlenbergbaus.

29.12. An die Stelle der Europäischen Zahlungsunion tritt das Europäische Währungsabkommen (EWA); freie Konvertibilität der D-Mark.

1959

24.3. Einleitung der Privatisierung von Teilen des industriellen Bundesvermögens durch die Ausgabe der ersten Volksaktien der Preussag.

5.5. Gesetz über die Gewährung von Prämien für Sparleistungen zur Förderung der Vermögensbildung tritt in Kraft.

5.7. Abschluß der wirtschaftlichen Angliederung des Saarlandes an die Bundesrepublik (politische schon am 1.1.1957).

7.12. Gesetz zur Förderung der Beschäftigung in der Bauwirtschaft.

1960

23.6. Gesetz über den Abbau der Wohnungszwangswirtschaft und über ein soziales Miet- und Wohnrecht.

29.6. Gesetz zur Privatisierung des Volkswagenwerkes.

16.8. Modifizierung des Berliner Abkommens zum Interzonenhandel; Erleichterung langfristiger Lieferverträge.

1961

6.3. Aufwertung der D-Mark mit kontraktiven Auswirkungen auf die Wirtschaftsentwicklung.

28.4. Außenwirtschaftsgesetz.

10.7. Gesetz über das Kreditwesen und Errichtung des Bundesaufsichtsamtes für das Kreditwesen in Berlin.

12.7. Gesetz zur Förderung der Vermögensbildung (312-Mark-Gesetz).

1962

14.1. Beginn des europäischen Agrarmarktes durch die Verabschiedung der ersten Marktordnungen.

1963

29.7. Gesetz zur Förderung der Rationalisierung im Steinkohlenbergbau. Abbau der Wohnungszwangswirtschaft; das soziale Wohn- und Mietrecht wird verkündet.

14.8. Gesetz über die Bildung eines Sachverständigenrates zur Begutachtung der wirtschaftlichen Entwicklung.

1965

24.5. Im Rahmen der Privatisierung von Bundesvermögen beginnt die Zeichnung von VEBA-Volksaktien.

1.7. Zweites Vermögensbildungsgesetz.

12.8. Gesetz zur Förderung des Absatzes im Steinkohlenbergbau.

20.12. Haushaltssicherungsgesetz beschließt Außerkraftsetzung ausgabenwirksamer Gesetze.

1967

14.2. 1. Gespräch der »Konzertierten Aktion«.

23.2. Verabschiedung des ersten konjunkturpolitischen Investitionsprogramms des Bundes.

29.5. Mehrwertsteuergesetz wird verkündet.
8.6. Durch Grundgesetzänderung werden Bund und Länder verpflichtet, bei ihrer Haushaltswirtschaft den Erfordernissen des gesamtwirtschaftlichen Gleichgewichts Rechnung zu tragen.
14.6. Das Gesetz zur Förderung der Stabilität und des Wachstums der Wirtschaft (StWG) tritt in Kraft.
6.7. Zweites Konjunkturprogramm des Bundes mit einem Eventualhaushalt von 5,3 Mrd. DM.

1968

1.1. Mehrwertsteuer wird erhoben.
15.5. Gesetz zur Anpassung und Gesundung der deutschen Steinkohlenbergbaugebiete (Kohleanpassungsgesetz).
8.11. Herstellung der Freizügigkeit der Arbeitnehmer in der Europäischen Gemeinschaft.
27.11. Gründung der Ruhrkohle AG.
30.11. Gesetz über Maßnahmen zur außenwirtschaftlichen Absicherung sieht Exportsteuer von 4 % vor.

1969

10.6. Verordnung über die Bildung von Konjunkturausgleichsrücklagen durch Bund und Länder.
25.6. Arbeitsförderungsgesetz.
16.7. Unterzeichnung des Gesellschaftsvertrages zur Gründung der »Deutschen Erdölversorgungsgesellschaft GmbH.-Deminex«.
22.7. Haushaltspolitische Maßnahmen zur Konjunkturdämpfung.
14.8. Verkündung des Berufsbildungsgesetzes.
30.9. Freigabe des Wechselkurses.
6.10. Gesetz über die Gemeinschaftsaufgabe »Verbesserung der regionalen Wirtschaftsstruktur«.
27.10. Aufwertung der D-Mark um 9,3 %.

1970

22.1. Bundesregierung beschließt ein binnenwirtschaftliches Stabilisierungsprogramm (Haushaltssperren, Konjunkturausgleichsrücklagen).
27.6. 3. Vermögensbildungsgesetz (624-Mark-Gesetz).
23.7. Gesetz über die Erhebung eines rückzahlbaren Konjunkturzuschlags zur Lohn-, Einkommen- und Körperschaftsteuer bis zum 30.6.71.

1971

9.5. Freigabe des Wechselkurses der D-Mark und Stabilisierungsprogramm der Bundesregierung.
Bundesregierung beschließt umfassendes konjunkturpolitisches Stabilitätsprogramm.
29.6. 1. Rahmenplan der Gemeinschaftsaufgabe »Verbesserung der regionalen Wirtschaftsstruktur«.

18.12. Festlegung neuer Leitkurse zwischen den Währungen des Zehnerblocks (»Smithsonian-Agreement«).

1972

29.6. Bundesbank setzt Mindestreservesätze für Inlandsverbindlichkeiten herauf; nochmals am 13.7.

27.10. Bundesregierung beschließt, Steuermehreinnahmen zur Reduzierung der Nettokreditaufnahme zu verwenden.

1973

1.1. Erweiterung der Europäischen Gemeinschaft zur »Gemeinschaft der Neun«.

5.2. Verschärfte Maßnahmen gegen Devisenzuflüsse.

12.2. Durch US-Dollar-Abwertung wird DM um 11,1 % aufgewertet.

17.2. Stabilitätsprogramm (Stabilitätszuschlag, Herabsetzung der Investitionszulagen u. a. m.).

11.3. Freigabe der DM und anderer Währungen gegenüber Dollar, aber europäisches »Block-Floating«.

9.5. 2. Stabilitätsprogramm der Bundesregierung zur Bekämpfung der inflationären Wirtschaftsentwicklung.

14.6. Novellierung des GWB: u.a. vorbeugende Fusionskontrolle für Großunternehmen.

26.6. Steueränderungsgesetz (u. a. Erhebung von Stabilitätszuschlag und Investitionsteuer).

29.6. Erneute Aufwertung der D-Mark um 5,5%.

9.11. Energiesicherungsgesetz.

23.11. Anwerbestopp für ausländische Arbeitnehmer.

19.12. Aufhebung einzelner stabilitätspolitischer Maßnahmen aus dem Stabilitätsprogramm vom Mai 1973.

1974

6.2. Sonderprogramm von Bund und Ländern für Gebiete mit besonderen Strukturproblemen.

4.4. Schaffung der Monopolkommission zur Begutachtung der Unternehmenskonzentration.

25.4. Abkommen mit der DDR über nichtkommerziellen Zahlungs- und Verrechnungsverkehr.

18.10. Sonderprogramm zur Belebung der Konjunktur in Höhe von 950 Mill. DM.

12.12. Programm zur Förderung von Beschäftigung und Wachstum bei Stabilität in Höhe von 1,73 Mrd. DM.

1975

24.2. Investitionszulagengesetz.

27.8. Bundesregierung beschließt Programm zur Stärkung von Bau- und anderen Investitionen in Höhe von 5,75 Mrd. DM.

19.9. Vorlage eines Haushaltsstrukturgesetzes mit weitreichenden Sparvorschlägen.

1976

21.1. Arbeitsbeschaffungsprogramm und Maßnahmen zum Abbau der Jugendarbeitslosigkeit im Umfang von 300 Mill. DM werden von der Bundesregierung beschlossen.

12.3. Novellierung des GWB: u. a. Fusionskontrolle im Pressewesen.

9.4. Verabschiedung des auf 5 Mill. DM begrenzten einjährigen Verlustrücktrags bei der Einkommen- und Körperschaftsteuer.

6.8. Gesetz zur Bekämpfung der Wirtschaftskriminalität (Wucher, Subventionsschwindel u. Kreditgefährdung).

10.11. Verabschiedung eines arbeitsmarktpolitischen Programms durch die Bundesregierung (430 Mill. DM) für Schwerbehinderte.

1977

23.3. Bundesregierung beschließt Programm für Zukunftsinvestitionen zur Modernisierung der Infrastruktur und Verbesserung der Umweltbedingungen, des Verkehrssystems und der Berufsausbildung.

25.5. Bundeskabinett beschließt arbeitsmarktpolitisches Programm zur Bekämpfung der Arbeitslosigkeit.

29.6. Verfassungsbeschwerde der Arbeitgeber gegen das Mitbestimmungsgesetz. Austritt der Gewerkschaften aus der Konzertierten Aktion.

4.11. Gesetz zur Steuerentlastung und Investitionsförderung.

1978

17.2. Programm von Bund und Ländern zur Minderung der Beschäftigungsrisiken von Jugendlichen (1,1 Mrd. DM).

14.6. Nachtragshaushalt zur Förderung des Montanbereichs.

28.7. Kabinettsbeschluß über Maßnahmen zur Stärkung der Nachfrage und zur Verbesserung des Wirtschaftswachstums (nur die Steueränderungen werden mit dem Steueränderungsgesetz 1979 am 17.11.78 vom Bundestag verabschiedet).

1979

13.3. Europäisches Währungssystem (EWS) tritt in Kraft.

16.5. Sonderprogramm zur Bekämpfung der Arbeitslosigkeit vom Kabinett beschlossen.

1980

30.1. Programm der Bundesregierung zur Gewinnung von Energie aus Kohle und zur Erforschung alternativer Energiequellen soll Abhängigkeit vom Öl mindern und Zahlungsbilanz verbessern.

12.6. Steuerreformgesetz mit dem Ziel, Unternehmen zu entlasten.

1981

8.4. Bundesregierung beschließt Kreditprogramm zur Förderung der Investitionen vor allem im Energiebereich.

3.9. »Operation 82« zur Ausgabeneinsparung und Einnahmenerhöhung einschließlich beschäftigungswirksamer Maßnahmen; tritt am 1.1.82 in Kraft.

1982

3.2. Bundesregierung beschließt »Gemeinschaftsinitiative für Arbeitsplätze, Wachstum und Stabilität« mit Einführung einer befristeten Investitionszulage.

14.6. Neufestsetzung der Wechselkurse im EWS, Aufwertung der DM.

27.10. Haushaltsbegleitgesetz 83: Einsparung im sozialen Bereich und Mehrwertsteuererhöhung zur Förderung privater Investitionen.

1983

21.3. Neufestsetzung der Wechselkurse im EWS, Aufwertung der DM.

14.6. Bundesregierung beschließt Beihilfe für die deutsche Stahlindustrie.

29.6. Haushaltsbegleitgesetz 84: Einsparung bei gesetzlichen Leistungen der Gebietskörperschaften und der Sozialversicherungen, Verschiebung der Lohn- und Gehaltserhöhungen im öffentlichen Dienst. Vermögen- und ertragsteuerliche Entlastung der Wirtschaft und Sonderabschreibungen.

1984

1.1. Vermögensbeteiligungsgesetz tritt in Kraft; Förderung von Beteiligungen am Produktivvermögen bis 936 DM.

6.11. Bundesverfassungsgericht erklärt Investitionshilfegesetz, durch das Bezieher höherer Einkommen und Körperschaften 1983 und 1985 eine rückzahlbare, unverzinsliche Abgabe entrichten mußten, für verfassungswidrig.

7.11. Gesetzentwurf über steuerliche Erleichterungen für schadstoffarme Autos, tritt am 1.7.85 in Kraft.

18.12. Bundesregierung beschließt Entwurf eines »Gesetzes zur leistungsfördernden Steuersenkung und zur Entlastung der Familie«.

1985

26.4. Beschäftigungsförderungsgesetz: Abschluß von Arbeitsverträgen befristet auf 18 Monate, Höchstdauerverlängerung bei Arbeitnehmerüberlassung.

24.5. Steuersenkungsgesetz 1986/88: Entlastung bei der Lohn- und Einkommensteuer um über 19 Mrd. DM.

1.7. Bundesregierung beschließt Maßnahmen zur Steigerung der Investitionskraft der Wirtschaft und zur Erleichterung der Anpassungsprozesse im Baugewerbe.

1986

6.4. Neufestsetzung der Wechselkurse im EWS, Aufwertung der DM.

23.10. »Gesetz zur Verbesserung der Rahmenbedingungen für institutionelle Anleger«, »Gesetz über Unternehmensbeteiligungsgesellschaften«: Voraussetzungen zur Kapitalbeteiligung breiter Anlegerschichten an kleinen und mittleren Unternehmen werden erleichtert.

14.11. Zweites Vermögensbeteiligungsgesetz.

1987

12.1. 11. Wechselkursanpassung im EWS, Aufwertung der DM.

1.4. Bundesregierung verabschiedet Entwurf des Steuersenkungs-Erweiterungsgesetzes 1988.

8.9. EG-Notenbankgouverneure vereinbaren Stärkung des EWS.

11.10. Regierungskoalition einigt sich auf einen Maßnahmenkatalog zum »Abbau von Steuersubventionen und Sonderregelungen für ein gerechteres und einfacheres Steuersystem«.

2.12. Bundesregierung beschließt Maßnahmen zur Stärkung des Wachstums, u. a. zusätzliche Darlehen der Kreditanstalt für Wiederaufbau, zusätzliche Investitionen der Bundespost.

Siegfried Mielke und Fritz Vilmar

Die Gewerkschaften

Voraussetzungen, programmatische Entwicklung und Selbstverständnis

Gewohnt, gesellschaftspolitisch-langfristiges, damit auch programmatisches Denken der Sozialdemokratischen (nach 1918 auch: der Kommunistischen) Partei zu überlassen, beschränkte sich die deutsche Gewerkschaftsbewegung bis in die 20er Jahre hinein weitgehend auf tagespolitische Forderungen nach Verbesserung der Lohn- und Arbeitsbedingungen, Verkürzung der Arbeitszeit, nach arbeitsrechtlichen Schutznormen und nicht zuletzt nach Anerkennung des Koalitionsrechts und der gewerkschaftlichen Organisation als legitimer Interessenvertretung (die den Gewerkschaften erst nach 1918 – in den Artikeln 159 und 165 der Weimarer Verfassung – zuteil wurde).

Erst als mit dem Scheitern der Sozialisierungsideen 1918/19 und mit dem Scheitern kommunistischer Politik innerhalb wie außerhalb Deutschlands eine tiefe grundsätzliche Krise des traditionellen marxistisch-revolutionären Konzepts der Gesellschaftstransformation die gesamte deutsche Arbeiterbewegung erfaßte, entwickelte sich im Hauptstrom der deutschen Gewerkschaftsbewegung, im Allgemeinen Deutschen Gewerkschaftsbund (ADGB), ein starkes Bedürfnis, eigenständig eine programmatische Perspektive der Gesellschafts- und vor allem der Wirtschaftsreform zu formulieren.

So wurde 1925 eine Arbeitsgruppe eingesetzt, die unter Leitung von Fritz Naphtali auf dem Hamburger Kongreß des ADGB von 1928 das erste evolutionäre – system-verändernd gemeinte – Programm unter dem Leitbegriff der »Wirtschaftsdemokratie« vorlegte. In Übereinstimmung mit Rudolf Hilferding war Naphtali der Ansicht, daß die wichtigsten wirtschaftlichen Entscheidungen im organisierten Kapitalismus nicht mehr auf Betriebsebene fielen, sondern in überbetrieblichen Zusammenschlüssen. Auf die Demokratisierung dieser Einrichtungen, soweit sie noch nicht gemeinwirtschaftlich verfaßt waren, kam es an, wenn die Wirtschaft im Interesse der Gesamtheit planvoll organisiert werden sollte. Als Instrument dieser »Demokratisierung der Wirtschaftsführung« sollten die Schaffung wirtschaftlicher Selbstverwaltungskörper, die Ausdehnung der öffentlichen Betriebe sowie der Aufbau von Selbsthilfeorganisationen

Auf dem Königsplatz in München verfolgen Zuschauer die Maikundgebung des Jahres 1948.

der Arbeitnehmer fungieren, denen die Qualität zugesprochen wurde, »das kapitalistische Profitprinzip wenigstens partiell auszuschalten bzw. zurückzudrängen«. Als Teilbereich der Wirtschaftsdemokratie galt neben der Forderung nach »Demokratisierung des Bildungswesens« auch die nach »Demokratisierung der Arbeitsverhältnisse«. Allerdings wurde die betriebliche Mitbestimmung begrenzt, sie sollte ergänzt werden durch staatliche Sozialgesetzgebung und kollektive Lohnbildung der gewerkschaftlichen Interessenvertretung. Dieser Begrenzung der betrieblichen Mitbestimmung im Konzept der Wirtschaftsdemokratie lag allerdings nicht allein die Vorstellung über die Entscheidungsstrukturen des organisierten Kapitalismus zugrunde, sie wird erst verständlich, wenn man sich die antigewerkschaftlichen Tendenzen in der Betriebsrätebewegung von 1918/19 vergegenwärtigt.

Rückblickend können wir feststellen, daß die heutigen gewerkschaftlichen Grundsatzprogramme zur Demokratisierung der Wirtschaft zwar konzeptionell und systematisch in Teilstrategien über Naphtalis Konzept einerseits weit hinausgehen (so fehlt bei Naphtali z. B. völlig die Erörterung der geeigneten volkswirtschaftlichen Planungs- und Lenkungsstrategien wie eines umfassenden Mitbestimmungskonzepts). Andererseits hat bereits das 1928 vorgelegte Programm der Wirtschaftsdemokratie wesentliche Forderungen aufgestellt, die in der gewerkschaftlichen Programmatik bis heute aktuell geblieben sind – beispielsweise das Streben nach überbetrieblicher Mitbestimmung oder die Ausdehnung der Zahl der öffentlichen Unternehmen als Mittel, wirtschafts- und gesellschaftspolitisch alternative unternehmenspolitische Instrumente einzusetzen.

Es gehört zu dem gerade in der »Reform-Linken« weitverbreiteten Mangel an historisch-theoretischem (Selbst-)Bewußtsein, daß die Idee der »Wirtschaftsdemokratie« – abgesehen von den ersten Nachkriegsjahren – erst in den 60er Jahren allmählich wieder als Leitbegriff auftauchte, nach Gründung des DGB jedoch in den programmatischen Überlegungen zumindest als integrale Idee, als Inbegriff aller Teilstrategien nicht präsent war, obwohl an der reformpolitischen Strategie und an den meisten Teilforderungen festgehalten wurde.

In den ersten programmatischen Äußerungen der (west-)deutschen Gewerkschaften nach 1945 standen neben Neuordnungsvorstellungen, die hinsichtlich der überbetrieblichen Ebene weitgehend an das Wirtschaftsdemokratie-Konzept des ADGB anknüpften, jedoch mit der Betonung der Betriebsebene und durch die stärkere Einbindung von Sozialisierungsvorstellungen neue Akzente setzten, Forderungen zur Abwehr der Versorgungskatastrophe und der alliierten Demontage-Politik sowie – auch wirtschaftliche – Wiedervereinigungsbestrebungen im Vordergrund. Eine Erklärung der vierten Interzonenkonferenz der Gewerkschaftsbünde aller vier Besatzungszonen und Groß-Berlins im Mai 1947 hob als wesentlichste Punkte zur »Neugestaltung der ökonomischen und sozialen Verhältnisse in Deutschland hervor:

1. Die Wiederherstellung der wirtschaftlichen Einheit Deutschlands.
2. Aufbau eines Systems geplanter und gelenkter Wirtschaft. Vergesellschaftung der für die Lenkung der Gesamtwirtschaft wichtigen Schlüsselindustrien, Kredit- und Versicherungsinstitute.
3. Errichtung eines zentralen deutschen Amtes für Wirtschaftsplanung und -lenkung und Aufbau eines Systems von Organen der wirtschaftlichen Selbstverwaltung. In diesen Organen sowie bei der Kontrolle des zentralen Amtes müssen die Gewerkschaften in voller Gleichberechtigung vertreten sein.
4. Die Erhöhung der Industrieproduktion Deutschlands... Die Demontage von Industrieanlagen... muß eingestellt werden.

5. Die Aufstellung und Durchführung eines Export- und Importplanes... Größere Auslandskredite für Rohstoffe und Lebensmittel...
6. Die Durchführung einer Bodenreform in Verbindung mit der Aufstellung eines einheitlichen Landwirtschaftsplanes zur restlosen Bebauung und besseren Ausnützung der landwirtschaftlichen Nutzflächen. Die Mitwirkung von Selbstverwaltungsorganen der Landwirtschaft unter angemessener Beteiligung der Gewerkschaften ist dabei sicherzustellen...
7. Die Durchführung einer einheitlichen Währungs- und Finanzreform für ganz Deutschland... Mit der Reform muß ein gerechter Lastenausgleich... verbunden werden.«[1]

Die wichtigsten dieser Forderungen finden sich wieder im ersten »Grundsatzprogramm« des Deutschen Gewerkschaftsbundes, das 1949 verabschiedet wurde und das, wenn auch in einer relativ pauschalen Form, die wirtschaftsdemokratische Trias: Volkswirtschaftliche Planung – Kontrolle unternehmerischer Macht (vor allem durch Sozialisierung) – gleichberechtigte Mitbestimmung, enthielt.
In der gewerkschaftlichen Literatur ist vielfach darauf hingewiesen worden, daß dieses Grundsatzprogramm von 1949 noch von der – wahrscheinlich bereits damals utopischen – Vorstellung einer grundlegenden Umgestaltung der Wirtschaft im sozialistischen Sinne ausging, während die folgende Programmentwicklung, im wesentlichen also die Grundsatzprogramme von 1963 und 1981, sich als bloße Reformkonzepte innerhalb einer – als solcher anerkannten – kapitalistischen Wirtschaftsordnung verstanden hätten. Diese Aussage ist richtig und falsch zugleich. Richtig ist zweifellos, daß die Gewerkschaften, unter dem Eindruck der westdeutschen Restauration seit 1949, nicht länger der Illusion nachhängen konnten, als könne es möglich sein, ein grundlegend alternatives wirtschaftspolitisches Konzept durchzusetzen oder auch nur programmatisch zu entfalten. (Allerdings darf nicht übersehen werden, daß auch die frühen Nachkriegsprogramme bereits gemischtwirtschaftlich orientiert waren, d. h. sowohl privat- und unternehmerwirtschaftliche wie planwirtschaftliche und sozialisierte Strukturen verbinden wollten.) Es darf aber nicht übersehen werden, daß auch die späteren Grundsatzprogramme
- an der grundlegenden Trias einer wirtschaftsdemokratischen Neuordnung festhielten, und
- daß diese Programme im Detail ihrer Planungs-, Lenkungs- und Mitbestimmungsforderungen sowie in ihren Ausprägungen eines Instrumentariums zur Kontrolle wirtschaftlicher Macht weitaus konkretere (an-

stelle von bloß ideologisch-pauschalen) und damit im Sinne einer schrittweisen Transformationskonzeption wesentlich operationalere Vorstellungen boten.

Eine Auflistung der Forderungskataloge in dem Programm von 1963 und dem von 1981 zeigt, daß das letzte Grundsatzprogramm in hohem Maße als Bestätigung und »Modernisierung« des 18 Jahre zuvor verabschiedeten wirtschaftsdemokratischen Programms zu sehen ist. Dennoch setzt das Programm von 1981 in einigen Punkten wichtige neue Akzente: Zunächst tritt anstelle der tradierten Haltung der Gewerkschaften, Forderungen und Reformpolitik überwiegend durch Appelle an den Staat durchsetzen zu wollen, die stärkere Betonung der Kraft und Möglichkeiten der Gewerkschaftsorganisation selber und die Hervorhebung ihrer Eigenständigkeit und Unabhängigkeit.

Damit verbinden sich die im Programm von 1981 an den Anfang gestellte Bekräftigung der Arbeitnehmerrechte, mit der insbesondere auf die Angriffe von seiten der Unternehmerschaft auf die Legitimität gewerkschaftlicher Arbeitskampfmaßnahmen reagiert wird, und die gewerkschaftlichen Grundsätze zum Arbeitsverhältnis. Angesichts der Wirtschaftskrise seit Mitte der 70er Jahre und der anhaltenden hohen Arbeitslosigkeit kommen dem Abschnitt »Verwirklichung und Sicherung der Vollbeschäftigung« und dem »Grundsatz der Erhaltung und Schaffung von Arbeitsplätzen bei allen Planungen und Entscheidungen« im 81er Programm ein besonderer Stellenwert zu. Dessen Hauptschwäche ist allerdings, daß dabei das gegenwärtig zentrale Konzept systematischer Arbeitszeitverkürzung nur in einem Nebensatz erwähnt wird.

Hinzuweisen ist auch auf drei neu aufgenommene Abschnitte: Punkt 3, der über die allgemeinen Grundsätze zum Arbeitsverhältnis hinausgehend die Diskussion der letzten Jahre über die Forderung nach »Humanisierung der Arbeit« programmatisch aufnimmt, und die Punkte 14 (Energiepolitik) und 23 (Umweltschutz), die ansatzweise die Kritik an einer ausschließlich wachstumsorientierten Wirtschaftspolitik rezipieren und anhand dieser beiden Problemgebiete einige Akzente hinsichtlich einer ökologisch sinnvolleren Wirtschaftspolitik setzen, ohne allerdings zu einer grundsätzlicheren Neuorientierung zu gelangen.

Wie aus den vier Jahrzehnten der Geschichte der Bundesrepublik hervorgeht, ist von den grundsatzprogrammatischen Vorstellungen der deutschen Gewerkschaften bislang nur wenig verwirklicht worden: Paritätische Mitbestimmung in (schwindenden) Bereichen der Montanindustrie, eine nicht vollparitätische Mitbestimmung in Großunternehmen (mit über 2000 Beschäftigten), ein Ausbau der Mitbestimmung in sozialen, personellen und arbeitsorganisatorischen Fragen aufgrund des neuen Be-

triebsverfassungsgesetzes von 1972 – sowie gewisse Ansätze volkswirtschaftlicher Planung durch die Verabschiedung des Stabilitätsgesetzes (1966), das zum ersten Mal – freilich völlig unzureichende – Elemente volkswirtschaftlicher Gesamtrechnung und globaler Rahmenplanung in die Wirtschaftspolitik einführte.
Die Gewerkschaften erkannten angesichts der Restaurationstendenzen in der Bundesrepublik sehr bald, daß sie unterhalb der Ebene grundsatzprogrammatischer Forderungen zur gesamtwirtschaftlichen Neuordnung programmatische Nahziele entwickeln mußten, sollten sie nicht völlig konzeptionslos als »Lohnmaschinen« der bloßen Tagespolitik ausgeliefert sein. Der DGB und seine Gewerkschaften gingen daher dazu über, von Zeit zu Zeit (1955, 1965, 1972 und 1979) sogenannte Aktionsprogramme zu verabschieden, in denen solche kurz- und mittelfristigen Zielsetzungen der gewerkschaftlichen wie der allgemeinen Politik formuliert wurden. So enthielt das Aktionsprogramm von 1955 Forderungen nach
- kürzerer Arbeitszeit,
- höheren Löhnen und Gehältern (einschließlich eines Urlaubsgeldes und der Lohnfortzahlung in Krankheitsfällen auch für Arbeiter),
- größerer sozialer Sicherung,
- Ausbau der Mitbestimmung,
- verbessertem Arbeitsschutz.

Das Aktionsprogramm von 1965 enthielt vor allem die Forderung nach
- Zahlung eines 13. Monatsgehaltes,
- vertraglicher Sicherung der sogenannten freiwilligen betrieblichen Sozialleistungen,
- tarifpolitischen Maßnahmen für eine gerechtere Vermögensverteilung,
- vier Wochen Mindesturlaub,
- gesetzlicher Regelung des werksärztlichen Dienstes,
- Herabsetzung der allgemeinen Altersgrenze in der Rentenversicherung,
- ausreichendem gesetzlichen Mieterschutz,
- Einführung des 10. Schuljahres,
- zusätzlich bezahltem Bildungsurlaub.

Das dritte Aktionsprogramm (1972) versuchte bestimmte Elemente des Grundsatzprogramms, z. B. die Forderung nach volkswirtschaftlicher Rahmenplanung, angesichts der sich anbahnenden krisenhaften Wirtschaftsentwicklung auf die Ebene aktueller Wirtschaftspolitik herunterzuholen. Daneben wurden Forderungen einer fortschrittlichen Weiterentwicklung des Arbeits- und Dienstrechts aufgestellt und eine wesentliche

Verbesserung des Personalvertretungsrechts verlangt. Außerdem wurde erstmalig das Recht auf eine menschenwürdige Umwelt, insbesondere auch im Sinne einer humanen Arbeitswelt, als eine aktuelle gewerkschaftspolitische Programmforderung artikuliert.
Rückblickend kann festgestellt werden, daß die grundsatzprogrammatischen Forderungen der westdeutschen Gewerkschaften nur in geringem Maße verwirklicht wurden, im Gegensatz zur Erfüllung wesentlicher Forderungen der Aktionsprogramme: die Durchsetzung der Vierzig-Stunden-Woche; Verbesserung der Mitbestimmungsregelungen; Lohnfortzahlung im Krankheitsfalle auch für Arbeiter; Maßnahmen zur Vermögensbildung in Arbeitnehmerhand; Urlaubsgeld; vier bis fünf Wochen Mindesturlaub; verbessertes Jugendarbeitsschutzgesetz; (schwaches) Berufsausbildungsgesetz; dreizehntes Monatsgehalt; Verbesserung des gesetzlichen Mieterschutzes; Einführung eines gesetzlich geregelten werksärztlichen Dienstes etc.

Man hat aus der Programmentwicklung im DGB, aus der Unterscheidung und der nebeneinander laufenden Entwicklung von Grundsatz- und Aktionsprogrammen eine Doppelfunktion der Gewerkschaften abgeleitet, die Gerhard Beier durch die Zielbegriffe »Aufhebung der Klassengesellschaft« und »Hebung der Klassenlage«[2] bezeichnet hat: einerseits ständige tagespolitische Bemühung um die Verbesserung der (Arbeits-) Situation der abhängig Beschäftigten – andererseits langfristige gesellschaftspolitische Orientierung und Bildungsarbeit in Richtung auf eine wirtschaftsdemokratische Neuordnung der ökonomischen Strukturen insgesamt. Zusammenfassend muß gesagt werden, daß die Gewerkschaften ihrem eigenen gesellschaftspolitischen Anspruch nicht gerecht geworden sind[2a]. Neben diesen mittel- und langfristigen Gestaltungsfunktionen bleiben – für die Alltagsarbeit sogar vorwiegend – die Schutzfunktionen der Gewerkschaften (Arbeitsschutz; kollektive Interessenvertretung innerhalb und außerhalb des Betriebes) maßgebend.
Auseinandersetzungen werden innerhalb, noch mehr aber außerhalb der Gewerkschaften seit längerem über die Methoden der Durchführung ihrer Schutz- und Gestaltungsfunktionen geführt. Von konservativer Seite wurde den Gewerkschaften die gesellschaftsverändernde Zielsetzung und Funktion überhaupt bestritten und die Schreckensvision eines drohenden »Gewerkschaftsstaates« an die Wand gemalt. Von marxistischer Seite wurde die gewerkschaftspolitische Alternative »Ordnungsfaktor oder Gegenmacht«[3] postuliert und den westdeutschen Gewerkschaften der Vorwurf gemacht, sich als Ordnungsfaktor in das »kapitalistische System« integriert zu haben. Im Gegensatz zu dieser Alternative stimmen die meisten gewerkschaftlichen und theoretischen Aussagen[4] darin überein, daß

Gewerkschaftspolitik prinzipiell sowohl Ordnungsfaktor im Sinne emanzipativ-sozialstaatlicher Gestaltungsfunktionen auf dem Boden anerkannter parlamentarischer Demokratie sein muß – wie auch, in diesem verfassungsmäßigen Rahmen, Gegenmacht in Auseinandersetzung mit organisierter Kapitalmacht. Allerdings bleibt zu fragen, ob die Politik der Gewerkschaften in der Bundesrepublik nicht durch mangelnde Aktivierung der gewerkschaftlichen Basis und durch mangelnde Vermittlung der tagespolitischen Aktionen und Forderungen (Schutzfunktionen) mit den gesellschaftspolitischen Zielen ihrer Grundsatzprogramme versäumt, ihren Handlungsspielraum in einer »organisierten Demokratie« angemessen zu nutzen.

Größe und Struktur der Gewerkschaften

Bis zum Ende der Weimarer Republik wurde weder die Spaltung der Gewerkschaftsbewegung in Richtungsgewerkschaften überwunden, noch gelang es innerhalb der jeweiligen Richtungsgewerkschaft, eine einheitliche Organisation der Arbeiter, Angestellten und Beamten zu errichten. Angestellte und Beamte blieben in selbständigen Verbänden organisiert – in der freien, sozialdemokratischen Gewerkschaftsbewegung im *Allgemeinen Freien Angestellten-Bund* (AFA-Bund) und im *Allgemeinen Deutschen Beamtenbund* (ADB), die über Organisationsverträge (1921 bzw. 1923) die Zusammenarbeit mit dem ADGB regelten.
Ein Neuansatz zur Organisationsfrage – sowohl hinsichtlich der Überwindung der Richtungsgewerkschaften als auch bezüglich der organisatorischen Erfassung der Arbeiter, Angestellten und Beamten sowie des Organisationsprinzips (Berufs- und Industrieverbände) – wurde erst infolge der Zerschlagung der Gewerkschaftsbewegung durch den Nationalsozialismus und die damit verbundene Problematisierung der Stellung und Funktion der Gewerkschaften im Nachkriegsdeutschland initiiert. Obwohl die nationalsozialistische Deutsche Arbeitsfront (DAF) die Perversion einer Gewerkschaft darstellte, ist doch ihr formales Organisationsmodell nicht ohne Einfluß auf die geblieben, die in Widerstand und Exil den Neuaufbau der Gewerkschaften planten. Die Erfahrung der faschistischen Verfolgung, die die Funktionäre und Repräsentanten aller Gewerkschaftsrichtungen betraf, die Bestrebungen, die im April 1933 zur Bildung des *Führerkreises der Vereinigten Gewerkschaften* geführt hatten, die teilweise Zusammenarbeit in Widerstand und Emigration, die Auffassung, die Zersplitterung der Gewerkschaften am Ende der Weimarer Republik wäre die Hauptursache der Niederlage der Gewerkschaften gewesen, und insbesondere die sozialen und ökonomischen Rahmenbedin-

Tabelle 1: Abhängig Beschäftigte und Mitgliederzahlen des DGB. Entwicklung und Organisationsgrad seit 1950

Jahr[1]	Mitglieder[2] insgesamt	Veränderung gegenüber Vorjahr absolut	in %	Organisationsgrad in % der abhängig Erwerbstätigen brutto	Frauen
1950	5278585	–	–	35,9	840712
1951	5912125	+ 633540	+ 12,0	38,6	1011436
1952	6004476	+ 92351	+ 1,6	38,0	1028713
1953	6051221	+ 46745	+ 0,8	36,9	1046148
1954	6103343	+ 52122	+ 0,9	35,9	1055213
1955	6104872	+ 1529	+ 0,0	34,0	1047805
1956	6124547	+ 19675	+ 0,3	32,9	1043241
1957	6244386	+ 119839	+ 2,0	32,6	1077652
1958	6331735	+ 87349	+ 1,4	32,7	1089521
1959	6273741	– 57994	– 0,9	31,8	1070762
1960	6378820	+ 105079	+ 1,7	31,4	1093607
1961	6382036	+ 3216	+ 0,1	30,8	1078257
1962	6430428	+ 48392	+ 0,8	30,5	1058453
1963	6430978	+ 550	+ 0,0	30,2	1033842
1964	6485471	+ 54493	+ 0,9	30,1	1022052
1965	6574491	+ 89020	+ 1,4	30,1	1030185
1966	6537160	– 37331	– 0,6	29,9	1014833
1967	6407733	– 129427	– 2,0	30,2	976793
1968	6375972	– 31761	– 0,5	29,8	971590
1969	6482390	+ 106418	+ 1,7	29,7	984074
1970	6712547	+ 230157	+ 3,6	29,7	1027150
1971	6868662	+ 156115	+ 2,3	30,4	1050488
1972	6985548	+ 116886	+ 1,7	30,9	1115266
1973	7167523	+ 181975	+ 2,6	31,3	1179762
1974	7405760	+ 238237	+ 3,3	32,7	1284500
1975	7364912	– 40848	– 0,6	33,5	1313021
1976	7400021	+ 35109	+ 0,5	33,7	1353958
1977	7470967	+ 70946	+ 1,0	33,9	1402643
1978	7751523	+ 280556	+ 3,8	34,8	1482349
1979	7843565	+ 92042	+ 1,2	34,6	1540832
1980	7882527	+ 38962	+ 0,5	34,3	1596274
1981	7957512	+ 74985	+ 1,0	34,8	1650773
1982	7849003	– 108509	– 1,4	35,0	1649399
1983	7745913	– 103090	– 1,3	35,1	1644770
1984	7660346	– 85567	– 1,1	34,7	1654508
1985	7719468	+ 59122	+ 0,8	34,7	1705131
1986	7764697	+ 45697	+ 0,6	–	1753963
1987	7757039	– 7658	– 0,1	–	1788361

Anmerkungen:
(1) Stichtag ist bis 1959 der 30.9., danach der 31.12. eines Jahres
(2) Bundesgebiet einschließlich West-Berlin; ab 1957 mit Saarland; seit 1978 mit GdP.
(3) Bis zu 25 Jahren.
(4) 1950 bis 1959 ohne Berlin, Angaben einschließlich Soldaten.

Von der Gesamtzahl der Mitglieder sind

Jugend(3)	Arbeiter	Angestellte	Beamte	abhängig Beschäftigte in 1000(4)
	4389028	546845	342712	13963
	4924314	626998	360813	14580
	4982564	647632	374280	15055
	5011175	645201	394845	15645
	5052366	641001	409976	16280
	5042365	642340	420167	17160
	5042822	648469	433196	17805
	5113016	675213	456157	18317
	5171657	690724	469354	18519
	5092154	691476	490111	18865
	5144452	721658	512710	20257
	5129706	724200	528130	20730
	5131124	756767	542537	21032
	5107985	767110	555883	21261
	5126073	789829	569569	21484
	5157290	835202	581999	21758
	5084552	861160	591448	21765
	4922721	878982	606030	21054
	4863591	896492	615889	21183
	4926943	930233	625214	21752
962870	5088713	986112	637722	22246
994939	5153000	1065550	650112	22606
1033070	5188890	1140803	655855	22633
1153070	5286964	1206152	674407	22906
1203190	5416282	1313586	675892	22640
1213234	5310435	1381774	672703	22014
1232700	5265983	1435724	698314	21939
1278302	5289361	1483241	698365	22029
1341686	5370488	1548947	832088	22264
1369328	5387356	1609960	846249	22663
1153402	5376454	1658121	847952	23009
1229653	5410578	1703449	843485	22869
1189470	5319430	1701657	827916	22436
1142261	5212191	1710876	822846	22057
1122165	5140260	1699945	820141	22070
1160394	5181681	1719860	817927	22237
1159975	5191313	1755078	818306	–
1147345	5183850	1767867	805322	–

Quellen: Reinhard Jühe, Horst-Udo Niedenhoff, Wolfgang Pege, Gewerkschaften in der Bundesrepublik Deutschland, Köln 1982², S. 354f.; Statistisches Taschenbuch 1980, Tab. 2.5.; Die Quelle, Heft 5, 1981, S. 317. Statistisches Jahrbuch 1986, S. 100. 1988; Horst-Udo Niedenhoff, Wolfgang Pege, Gewerkschaftshandbuch, Köln 1987, S. 248f.; Die Quelle Heft 5, 1988.

gungen gewerkschaftlicher Tätigkeit nach 1945 führten zur Überwindung der Richtungsgewerkschaften und zur Gründung mehr oder weniger zentralistisch ausgerichteter Einheitsgewerkschaften sowie zur Gründung von Industrieverbänden.

Die entscheidenden Weichenstellungen für die organisatorische Entwicklung und die Organisationsstruktur des DGB erfolgten in den Jahren 1945–1949. Umstritten waren insbesondere die folgenden Fragen:

- Zentralistische Einheitsgewerkschaft (mit untergeordneten Industrieverbänden) oder Einheits-Gewerkschaftsbund mit autonomen Industrieverbänden? Diese Frage wurde insbesondere aufgrund des Einflusses der Besatzungsmächte, des *Weltgewerkschaftsbundes* (WGB), der ausländischen Gewerkschaften, vor allem des britischen *Trades Union Congress* (TUC), der *American Federation of Labor* (AFL) und des *Congress of Industrial Organizations* (CIO), und aufgrund der Erfahrungen der Industriegewerkschaften mit der zentralistischen Gewerkschaftsführung der *Allgemeinen Gewerkschaft Niedersachsens* bzw. des *Bayerischen Gewerkschaftsbundes* und nicht zuletzt wegen demokratietheoretischer, aber auch pragmatischer Erwägungen, um weitere Verzögerungen beim Gewerkschaftsaufbau zu vermeiden, zugunsten des Prinzips der Einheitsgewerkschaft in Form des Dachverbandes (»Bund«) mit autonomen Industriegewerkschaften entschieden.
- Industriegewerkschaftsprinzip oder Gründung selbständiger Angestelltenverbände? Diese Frage wurde nicht eindeutig entschieden: Begünstigt durch die Anordnungen der Militärregierung, aufgrund der auf seiten der Angestellten entwickelten Statusfurcht (Angst vor Positionsverlusten und Verproletarisierungstendenzen), aufgrund bürokratischer Eigeninteressen und ideologischer Differenzen der führenden Funktionäre der Industriegewerkschaften und der *Deutschen Angestelltengewerkschaft* (DAG) kam es zur Abspaltung der DAG vom *Deutschen Gewerkschaftsbund* (DGB) der britischen Besatzungszone und im April 1949 zur Gründung der DAG auf trizonaler Ebene. Gleichzeitig präsentierten sich die Industriegewerkschaften und die Gewerkschaften des öffentlichen Dienstes mit zunehmendem Erfolg (Tabelle 1) auch als Interessenvertreter der Angestellten (und Beamten!).
- Die Frage der Kompetenzverteilung zwischen Bund und Einzelgewerkschaften wurde auf dem Gründungskongreß des DGB zugunsten der Industriegewerkschaften entschieden, womit lediglich dem seit 1946 feststellbaren Prozeß zugunsten einer Stärkung der Position der Einzelgewerkschaften Rechnung getragen wurde.
- Die Frage der untersten Organisationsstufe – Betriebs- oder Ortsverein – war lediglich im Industrieverband Bergbau und in der IGM heftig umstritten. Alle übrigen Einzelgewerkschaften entschieden sich ohne

große Auseinandersetzung von Anfang an für den Ortsverband als unterste Organisationsebene.

Nach der Gründung des DGB war das zentrale Thema in der Diskussion um die Organisationsform das Verhältnis der Einzelgewerkschaften zum Dachverband. Begünstigt durch die 1949 erfolgte Verteilung der Kompetenzen zugunsten der Einzelgewerkschaften erhielten die großen Einzelgewerkschaften und nicht der Dachverband den größten Einfluß auf die wichtigsten gewerkschaftspolitischen Entscheidungen. Weder eine 1962 erfolgte Satzungsänderung, die die Position des geschäftsführenden Bundesvorstandes stärkte, noch der dritte außerordentliche DGB-Bundeskongreß, der die Frage der Kompetenzverteilung verhandelte, konnten die strittige Frage der Machtverteilung zwischen DGB und Einzelgewerkschaften zugunsten einer Stärkung des Dachverbandes einer Lösung näherbringen.

Die Organisationsstruktur des DGB

Der DGB als Dachorganisation und die in ihm vereinigten 17 Einzelgewerkschaften sind organisatorisch ähnlich strukturiert. Mit Ausnahme der GEW umfassen die übrigen 16 Mitgliedsgewerkschaften des DGB alle gewerkschaftlich organisierten Arbeitnehmer eines bestimmten Wirtschafts- oder Dienstleistungsbereichs und sind in der Regel nach folgendem Schema aufgebaut: Unterste Organisationsstufe der Einzelgewerkschaften ist der Ortsverein, dessen Mitglieder- bzw. Delegierten- oder Vertreterversammlung die ehrenamtlichen und hauptamtlichen Vorstandsmitglieder der Ortsverwaltung wählen. Die hauptamtlichen Mitglieder des Verwaltungsstellenvorstandes haben eine Doppelstellung inne. »Sie sind einerseits Vertreter der Verwaltungsstellen nach außen und gegenüber den höheren gewerkschaftlichen Gremien, andererseits als Angestellte des Hauptvorstandes dessen Weisungen unterworfen und verpflichtet, die Anordnungen bei der Mitgliederschaft durchzusetzen.«[5] Der den Verwaltungsstellen verbleibende Anteil an den Beiträgen (zwischen 12 und 25%) läßt jedoch Spielraum für ein gewerkschaftliches Eigenleben der Verwaltungsstellen.
Richtet sich das Netz der Verwaltungsstellen der Einzelgewerkschaften nach dem Standort und der Größe der jeweiligen Industrie bzw. Branche, die von einer Gewerkschaft erfaßt wird, so folgen die DGB-Kreise, die

Folgende Doppelseite: Organisationsschema des Deutschen Gewerkschaftsbundes. Stand: Oktober 1987.

Organisationsschema des Deutschen Gewerkschaftsbundes

Stand: Okt. '87

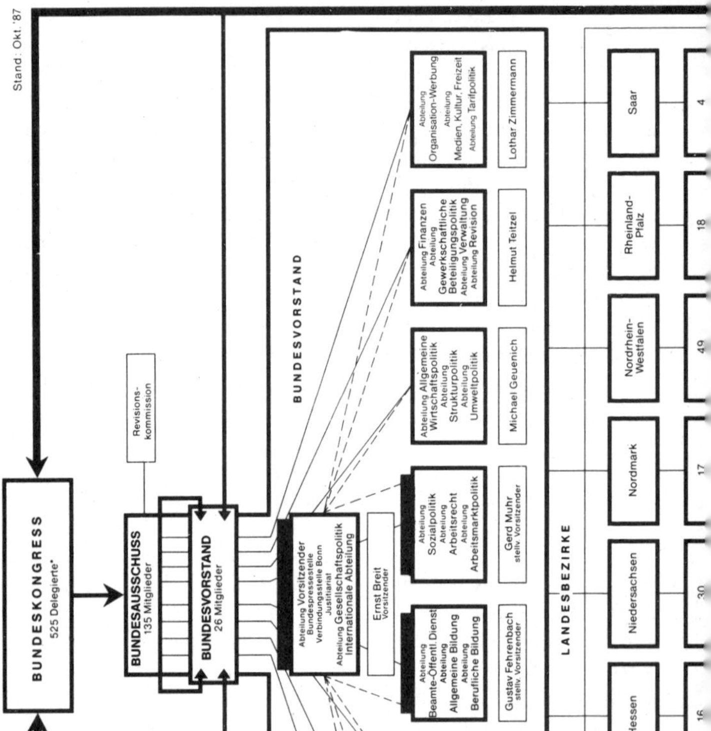

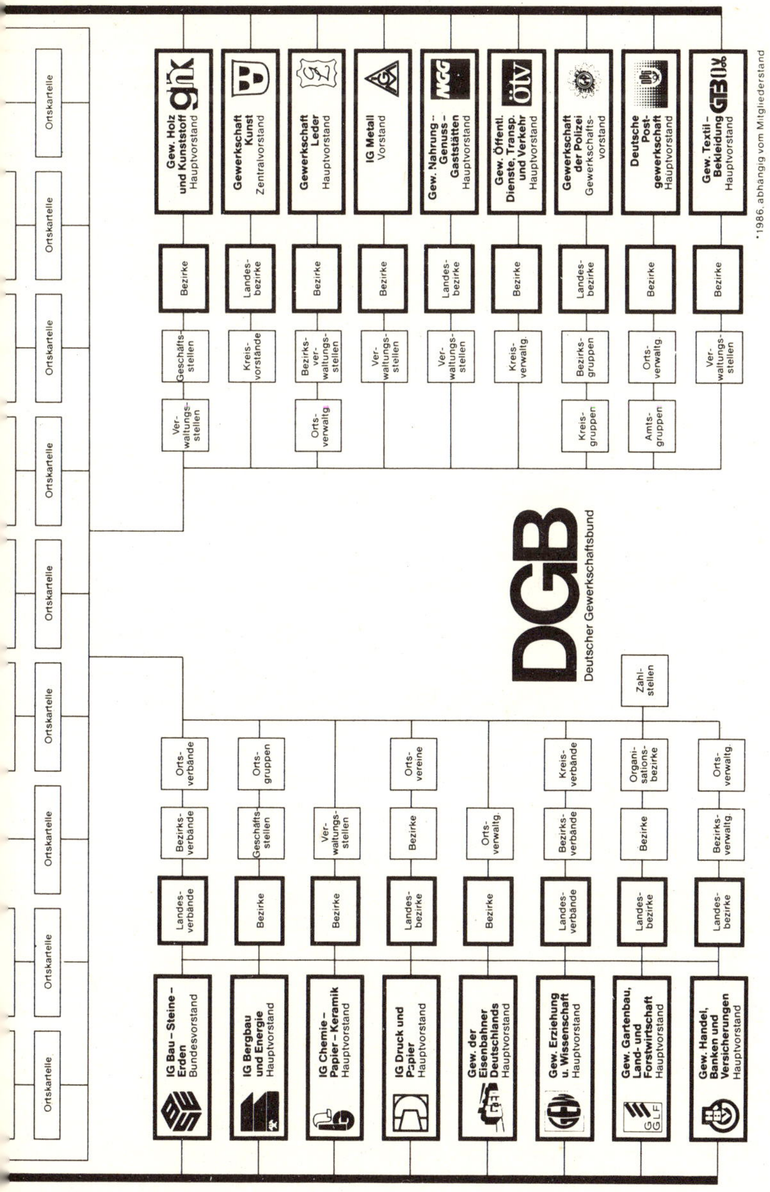
Gew. Holz und Kunststoff Hauptvorstand
Bezirke
Geschäftsstellen
Verwaltungsstellen
Gewerkschaft Kunst Zentralvorstand
Landesbezirke
Kreisvorstände
Gewerkschaft Leder Hauptvorstand
Bezirke
Bezirksverwaltungsstellen
Ortsverwaltg.
IG Metall Vorstand
Bezirke
Verwaltungsstellen
Gew. Nahrung – Genuss – Gaststätten Hauptvorstand
Landesbezirke
Verwaltungsstellen
Gew. Öffentl. Dienste, Transp. und Verkehr Hauptvorstand
Bezirke
Kreisverwaltg.
Gewerkschaft der Polizei Gewerkschaftsvorstand
Landesbezirke
Bezirksgruppen
Kreisgruppen
Deutsche Postgewerkschaft Hauptvorstand
Bezirke
Ortsverwaltg.
Amtsgruppen
Gew. Textil – Bekleidung Hauptvorstand
Bezirke
Verwaltungsstellen
*1986, abhängig vom Mitgliederstand
DGB
Deutscher Gewerkschaftsbund
IG Bau – Steine – Erden Bundesvorstand
Landesverbände
Bezirksverbände
Ortsverbände
IG Bergbau und Energie Hauptvorstand
Bezirke
Geschäftsstellen
Ortsgruppen
IG Chemie – Papier – Keramik Hauptvorstand
Bezirke
Verwaltungsstellen
IG Druck und Papier Hauptvorstand
Landesbezirke
Bezirke
Ortsvereine
Gew. der Eisenbahner Deutschlands Hauptvorstand
Bezirke
Ortsverwaltg.
Gew. Erziehung u. Wissenschaft Hauptvorstand
Landesverbände
Bezirksverbände
Kreisverbände
Gew. Gartenbau, Land- und Forstwirtschaft Hauptvorstand
Landesbezirke
Bezirke
Organisationsbezirke
Zahlstellen
Gew. Handel, Banken und Versicherungen Hauptvorstand
Landesbezirke
Bezirksverwaltg.
Ortsverwaltg.
Ortskartelle

unterste Ebene des Dachverbandes (Okt. 1987: 215), vornehmlich der Kreiseinteilung der Bundesländer. Um die Betreuung der Mitglieder, insbesondere in den ländlichen Räumen sicherzustellen, haben eine Reihe von DGB-Kreisen hauptamtlich besetzte Zweigbüros (1986: 47) eingerichtet. Daneben können die Kreisvorstände im Einvernehmen mit dem Landesbezirksvorstand Ortskartelle bilden (1986: 1262). Diesen kommt nach den Richtlinien des DGB-Bundesvorstandes vom 7. September 1976 die Aufgabe der Werbung und Betreuung der Mitglieder im Wohnbereich zu; ferner sollen sie Einfluß auf den kommunalpolitischen Bereich im Sinne gewerkschaftlicher Interessenvertretung nehmen und insbesondere in Orten, in denen keine einzelgewerkschaftlichen Ortsverwaltungen existieren, die Arbeit der Einzelgewerkschaften und die Personengruppenarbeit unterstützen und eigene Bildungsarbeit betreiben.

Die Verwaltungsstellen der Einzelgewerkschaften werden von den Bezirken, die räumlich nicht mit den Landesbezirken des DGB identisch sind, koordiniert und kontrolliert. Da die Tarifverhandlungen von den Bezirken aus über eigenständige Tarifkommissionen, die sich in der Regel überwiegend aus Betriebsräten und den hauptamtlichen Funktionären der Verwaltungsstellen und des Bezirks zusammensetzen, abgewickelt werden, kommt der Bezirksebene bei den Einzelgewerkschaften organisationspolitisch große Bedeutung zu. Während in einigen Einzelgewerkschaften der Bezirksvorstand ohne Mitwirkung des Hauptvorstandes von der Bezirksversammlung, die sich aus den in den Verwaltungsstellen gewählten Delegierten zusammensetzt, gewählt wird, bedarf er in anderen Gewerkschaften der Bestätigung des Hauptvorstandes. Bei Konflikten zwischen einem Bezirksleiter und seinem Hauptvorstand gilt im Zweifel »das vom jeweiligen Vorstand repräsentierte Gesamtinteresse der Organisation gegen jeglichen Bezirks- und Lokalegoismus«[6].

Im DGB haben die Landesbezirke – ihre Organe sind der Landesbezirksvorstand und die Landesbezirkskonferenz – ähnliche Funktionen wie die Bezirke bei den Einzelgewerkschaften. Die Delegierten der Landesbezirkskonferenzen werden von den Einzelgewerkschaften gewählt. Den Landesbezirkskonferenzen und insbesondere dem Landesbezirksvorstand obliegen die Vertretung der allgemeinen gewerkschaftlichen Interessen im Landesbezirk, die Durchführung der Weisungen des Bundesvorstandes, die Unterstützung und Koordinierung der Arbeiten der DGB-Kreise, das Vorschlagsrecht für die Wahl der Kreisvorsitzenden und die Bestätigung der Kreisvorstände.

Höchstes Organ aller Einzelgewerkschaften ist der Gewerkschaftstag, dessen Delegierte nach einem bestimmten Schlüssel für die einzelnen Bezirke in den Verwaltungsstellen gewählt werden, wobei einen erheblichen Anteil der Delegierten hauptamtliche Funktionäre stellen. Zwischen den

Gewerkschaftstagen ist das höchste beschlußfassende Organ der Beirat, der in der Regel von hauptamtlichen Funktionären dominiert wird. Der Gewerkschaftstag wählt die hauptamtlichen Vorstandsmitglieder der Gewerkschaften und formuliert die Richtlinien und Aufgaben der Gewerkschaftspolitik bis zum nächsten Gewerkschaftstag. Die Zusammensetzung der Delegierten der Gewerkschaftstage läßt, soweit bekannt, vermuten, daß die Kontrolle der Amtsführung der Vorstände der Einzelgewerkschaften eher begrenzt ist. Die eigentlichen Machtträger in den Einzelgewerkschaften sind die Vorstände, die sich in einen geschäftsführenden hauptamtlichen und einen ehrenamtlichen Vorstand gliedern. Dem Vorstand obliegt die Anleitung und die Kontrolle aller nachgeordneten Organisationsebenen, die Führung von Tarifauseinandersetzungen, die Öffentlichkeitsarbeit und Repräsentanz der Gewerkschaften gegenüber der Öffentlichkeit, die gewerkschaftliche Bildungsarbeit und anderes mehr.

Der Bundeskongreß des DGB, der nach 1949 zunächst alle zwei Jahre zusammentrat, seit 1978 nur noch alle vier Jahre gewählt wird, wird von den großen Einzelgewerkschaften dominiert. Die drei größten, die IG Metall, die ÖTV und die IG Chemie-Papier-Keramik, stellen eine deutliche Mehrheit der Delegierten. Der Anteil der hauptberuflichen Gewerkschaftsfunktionäre ist beträchtlich; d. h. das »Parlament der Arbeit« wird in erheblichem Umfang durch die Vertreter der gewerkschaftlichen Exekutive kontrolliert. Das gilt in besonderem Maße auch für den DGB-Bundesausschuß, das höchste Organ des DGB zwischen den Bundeskongressen.

Die vielfältigen Aufgabenbereiche des DGB-Bundesvorstandes und insbesondere des geschäftsführenden Bundesvorstandes verdeutlicht das Organisationsschema mit seiner großen Anzahl von Abteilungen. Daneben nimmt der Bundesvorstand eine Vielzahl von Repräsentationsverpflichtungen wahr und beschickt zahlreiche Beiräte der Ministerien.

Vom Standpunkt des innergewerkschaftlichen Willensbildungsprozesses aus betrachtet, verlief im Vergleich zu den Gründungsjahren nach 1945 die Entwicklung eher negativ. Der Anteil der daran beteiligten Gewerkschaftsmitglieder hat sich beträchtlich verringert und das Gewicht der zentralen Ebenen und das der hauptamtlichen Funktionäre insgesamt wurde immer weiter verstärkt (Aufhebung von Verwaltungsstellen, Streichung des Antragsrechts von DGB-Kreisen an den Bundeskongreß, Verlängerung der Wahl- und Sitzungsperioden u. a. mehr).

Mitgliederentwicklung

Art. 9 Abs. 3 des Grundgesetzes umfaßt die individuelle und kollektive Koalitionsfreiheit. Er schließt die in den angelsächsischen Ländern bekannten negativen Organisationsrechte, wie z. B. das Prinzip des closed shop oder union shop, aus. Formen der Zwangsmitgliedschaft wurden ernsthaft lediglich in der Gründungsphase der Bundesrepublik, insbesondere 1945, diskutiert, hatten jedoch nicht zuletzt aufgrund des Einflusses der Besatzungsmächte keine Chance zur Verwirklichung. Nach 1949 wurden vereinzelt lediglich die Forderungen nach der Einführung von Solidaritätsbeiträgen laut. Besonders in den frühen 60er Jahren hat eine Reihe von Einzelgewerkschaften, vor allem die IG Bau-Steine-Erden und die Gewerkschaft Textil-Bekleidung, versucht, tarifvertragliche Sonderregelungen für Organisierte durchzusetzen (Differenzierungsklausel), um so ihre institutionellen Rekrutierungsbedingungen zu verbessern – jedoch ohne Erfolg. Diese Versuche scheiterten nicht so sehr am Widerstand der Arbeitgeber, als vielmehr an den Arbeitsgerichten, die hierin einen Verstoß gegen die negative Koalitionsfreiheit erblickten (Entscheidung des Bundesarbeitsgerichts vom 29. 11. 1967). Auch die Bestrebungen des DGB – siehe den Beschluß des 10. Ordentlichen DGB-Kongresses über eine Novellierung des Tarifvertragsgesetzes, um Differenzierungsklauseln zu ermöglichen – haben bisher zu keinem Erfolg geführt.
Neben den genannten institutionellen bzw. organisatorischen Bedingungen wurden die Entscheidungen über die Mitgliedschaft in einer Gewerkschaft bzw. die Organisierungs- oder Rekrutierungsmöglichkeiten der Gewerkschaft insbesondere auch von ihrem Stellenwert im politischen und gesellschaftlichen System der Bundesrepublik, von der politischen Großwetterlage und den Veränderungen im gesellschaftlichen Bewußtsein der abhängig Erwerbstätigen bestimmt.
Der gewerkschaftliche Organisationsgrad der 22,2 Millionen abhängig Erwerbstätigen in der Bundesrepublik lag 1985 bei 38,2 %. Im DGB waren zu diesem Zeitpunkt 33,91 % der abhängig Erwerbstätigen organisiert (7 719 468 = 82,8 % der Organisierten), während der Deutsche Beamtenbund (DBB) 3,5 % Mitgliederanteil (796 254 = 8,54 %), die DAG 2,25 % (500 922 = 5,37 %) und der Christliche Gewerkschaftsbund Deutschlands (CGB) 1,38 % (307 075 = 3,29 %) verzeichnen konnten.
Wirtschafts- und sozialstrukturelle Bedingungen, insbesondere Veränderungen in der Beschäftigungsstruktur wie schnelle oder langsame Zunahme der Gesamtzahl der Arbeitnehmer, Zunahme der Angestellten und Beamten bzw. anderer schwer organisierbarer Gruppen (Gastarbeiter, Frauen)[7], dürften eine wesentliche Bedeutung für die Entwicklung der Organisation und des Organisationsgrades haben. Daraus lassen sich

Tabelle 2: Mitgliederstand der Einzelgewerkschaften des DGB am 31. 12. 1987, aufgegliedert nach Personengruppen

Gewerkschaft	1986	1987	davon Arbeiter	Angestellte	Beamte	in %
IG BSE	485055	475575	436547	39028		6,1
IG BE	355201	347528	300646	46608	274	4,5
IG CPK	653776	655776	527669	128107		8,5
IG Drupa	143384	145054	108444	36610		1,9
GdED	351408	340095	162862	11236	165997	4,4
GEW	192519	188861		50088	138773	2,4
GGLF	42865	43253	37547	3082	2624	0,6
HBV	376498	385166	50245	334921		5,0
GHK	142954	143139	133454	9685		1,8
Kunst	28134	28440		28440		0,4
Leder	48332	47659	45107	2552		0,6
IG Metall	2598323	2609247	2213179	396068		33,6
NGG	266008	267555	213410	54145		3,4
ÖTV	1198567	1202629	576914	541969	83746	15,5
GdP	162552	158888	8988	16357	133543	2,0
DPG	463152	463757	143264	40128	280365	6,0
GTB	255969	254417	225574	28843		3,3
Insgesamt	7764697	7757039	5183850	1767867	805322	100,0*
Veränderungen gegenüber dem Vorjahr	45229	–7658	–7463	12789	–12984	

* Durch interne Rundungen der Stellen hinter dem Komma ergibt die Addition nicht immer genau 100,0 Prozent

zwei sehr unterschiedliche, scheinbar gegensätzliche statistische Tatbestände erklären: Einerseits kann der DGB, der bei weitem wichtigste Gewerkschaftsbund, von wenigen Unterbrechungen abgesehen (vor allem in der ersten Rezession 1966–68) bis zu Beginn der 80er Jahre eine ununterbrochene Erfolgskurve bei der Organisierung aufweisen, die in 30 Jahren von 5,3 (1950) zu 7,9 (1980) Millionen Mitgliedern geführt hat (Tab. 1). Andererseits ist der Organisationsgrad im ersten Jahrzehnt nach 1950 um 4,5 % gesunken, im zweiten stagnierte er praktisch, im dritten ist er wieder um 4,6 % gestiegen; in den 80er Jahren hat er sich nur unwesentlich verändert. Diese Entwicklungsphasen kann man richtig nur deuten, wenn man sie in Beziehung setzt zu den völlig unterschiedlichen Entwicklungen der Gesamtzahl der Arbeitnehmer in der BRD: im ersten Jahrzehnt stürmische Zunahme um fast 6 Millionen, 1960–70 nur noch mäßige Zunahme um 2 Millionen – im dritten Jahrzehnt leichter Rückgang!

Diese sehr verschiedenen Relationen bieten wahrscheinlich plausiblere Erklärungsgründe als die sonst in der Literatur (durchaus kontrovers) diskutierten. Während z. B. die einen insbesondere die Regierungsübernahme der sozialliberalen Koalition und Maßnahmen der Gewerkschaften seit Mitte der 60er Jahre zur Straffung und Rationalisierung ihrer Organisation als Erklärungsgründe für die positive Entwicklung des Organisationsgrades in den 70er Jahren hervorheben, betonen andere die Einflüsse der ökonomischen Zyklen und den Zusammenhang zwischen Entwicklung des Organisationsgrades und der Veränderung des gewerkschaftlichen Bewußtseins der abhängig Erwerbstätigen.

Obwohl der Anteil der Arbeiter an den Erwerbstätigen zwischen 1970 und 1987 kontinuierlich und nahezu identisch mit ihrem Anteil im DGB zurückging, bildete sie 1987 mit über 66,8 % der Gewerkschaftsmitglieder weiterhin die tragende Säule des DGB.

Das entscheidende Rekrutierungsproblem der Zukunft stellt sich bei den Angestellten. Zwischen 1960 und 1987 wuchs ihr Anteil an den abhängig Beschäftigten in der Bundesrepublik von 28,7 auf über 50%. Wie die Entwicklung des prozentualen Anteils der Personengruppen im DGB erkennen läßt, stieg zwar der prozentuale Anteil der Angestellten im DGB in den letzten 10 Jahren kontinuierlich auf inzwischen (1987) 22,8 %. Das ist sowohl absolut als auch relativ der höchste Anteil, den die Angestellten an der Gesamtmitgliedschaft des DGB jemals gestellt haben. Der Organisationsgrad der Angestellten blieb dennoch erheblich unter dem der Gesamtarbeitnehmerschaft, wobei die DGB-Gewerkschaften im Vergleich zur DAG deutlich besser abschnitten. Hatte die DAG noch 1960 etwa 38 % aller organisierten Angestellten vertreten, so ging ihr Anteil bis 1985 zugunsten des DGB bis auf 21,9 % zurück.

Auch eine früher kritische Mitgliedergruppe, die Frauen, konnte in den letzten Jahren einen weit überproportionalen Zuwachs verbuchen und 1980 erstmals die 20 %-Marke an der Gesamtmitgliedschaft überschreiten. Ende 1987 ist der Frauenanteil im DGB auf 23,1 % angestiegen (vgl. Tabelle 3). Diese positive Entwicklung bei den Frauen bewirkte bei einem gleichbleibenden Rückgang der gewerkschaftlich organisierten Männer eine vergleichsweise stabile Entwicklung der Mitgliederzahlen insgesamt.

Der Anteil der jugendlichen Mitglieder ist dagegen eher rückläufig. Möglicherweise machen sich hier auch bei den Gewerkschaften verstärkt Tendenzen der Abwendung der Jugendlichen von den »etablierten« Organisationen bemerkbar.

Tabelle 3: Anteile der Frauen in den Einzelgewerkschaften des DGB und an der Gesamtmitgliedschaft (1973 und 1987)

	1973		1987	
	absolut	in %	absolut	in %
IG BSE	6123	1,2	32772	6,9
IG BE	5287	1,4	7307	2,1
IG CPK	113032	17,5	126377	19,3
IG Drupa	27412	17,1	34816	24,0
GdED	19363	4,4	31265	9,2
GEW	56766	42,9	100246	53,1
GGLF	1952	4,9	6561	15,2
HBV	102323	48,7	226811	58,9
GHK	11471	8,5	19532	13,6
Kunst	4965	13,9	10784	37,9
Leder	23164	39,4	20876	43,8
IG Metall	302005	12,3	390978	15,0
NGG	74693	29,7	91468	34,2
ÖTV	184209	18,5	380327	31,6
GdP			14188	8,9
DPG	89434	22,3	148249	32,0
GTB	157563	53,3	145804	57,3
Gesamt	1179762		1788361	
DGB-Gesamtmitgliederzahl	7167523		7757039	
Anteil Frauen		16,5		23,1
Steigerung Gesamtmitgliederzahl				8,2
Steigerung weibliche Mitglieder				51,6

Gewerkschaften und betriebliche Vertretungsorgane

Das Ergebnis des jahrzehntelangen Kampfes der Gewerkschaften und der Arbeitnehmerschaft um betriebliche Vertretungsorgane ist eine dualistische Betriebsverfassungsstruktur, die durch ein nicht immer spannungsfreies Neben- bzw. Miteinander von betrieblicher Gewerkschaftsvertretung und Betriebsräten gekennzeichnet ist. Grundlegend für das Verhältnis von betriebsbezogener Gewerkschaftsvertretung einerseits und innerbetrieblicher Interessenvertretung andererseits ist die Tatsache, daß die institutionalisierte, durch hauptamtliche Funktionäre getragene Gewerkschaftsorganisation sowohl in der Weimarer Republik wie in der

Bundesrepublik ihre Basis bislang nicht im Betrieb hatte, sondern sich auf der lokalen, der regionalen und der nationalen Ebene etablierte.

Betriebsrätebewegung

Zu den zentralen Forderungen der Betriebsräte, die 1918 im Rahmen der Rätebewegung entstanden und sich nur zum Teil aus den älteren Arbeiter- und Angestelltenausschüssen – den freiwilligen Arbeitervertretungen der Gewerbeordnung von 1891, den obligatorischen Arbeiterausschüssen der Novelle zum Allgemeinen Preußischen Berggesetz (1905), den Arbeiter- und Angestelltenausschüssen des Vaterländischen Hilfsdienstgesetzes (1916) – bildeten, gehörten eine weitgehende Mitbestimmung bei allen sozialen Entscheidungen und eine umfassende Demokratisierung der Wirtschaft, wobei die Betriebsräte wesentliche Träger einer solchen demokratischen Wirtschaftsverfassung sein sollten.[8]

Tabelle 4: Ergebnisse der Betriebsratswahlen von 1975 bis 1984 (nach Angaben des Instituts der deutschen Wirtschaft)

Betriebsrats-mitglieder	Wahl-jahr	DGB %	DAG %	CGB %	ULA %	Son-stige %	Unorgani-sierte %
gesamt	1984	63,9	8,9	0,8	0,3	0,7	25,7
	1981	63,2	8,5	3,7	0,4	0,9	23,3
	1978	58,6	14,6	0,8	2,8		23,3
	1975	67,9	10,4	2,6	1,6		17,5
Arbeiter	1981	88,2	0,9	2,4	0,0	1,9	6,6
	1978	78,3	5,6	0,8	3,8		11,6
	1975	87,1	–	3,1	1,3		8,5
Angestellte	1981	62,5	22,3	1,6	0,5	1,1	12,0
	1978	43,3	21,6	0,8	2,1		32,3
	1975	43,9	22,2	2,2	2,8		28,9
Betriebsrats-vorsitzende	1984	75,1	6,8	0,4	0,04	0,87	17,0
	1981	79,9	5,2	0,5	0,5	3,4	10,5
	1978	71,8	14,4	0,1	0,7		13,1
	1975 (1)	78,8	2,6	0,0	0,0		1,5

Anmerkung:
(1) Bei 17,1 % der befragten Betriebsratsvorsitzenden lagen 1975 keine Angaben zur gewerkschaftlichen Mitgliedschaft vor.

Quellen: Jühe u. a., a. a. O., 1982, S. 195; Horst-Udo Niedenhoff, Die Betriebsräte von 1981–1984, Beiträge zur Gesellschafts- und Bildungspolitik, Nr. 69 (9/81), Köln 1981.

Diese Forderungen stießen auf den Widerstand der Gewerkschaftsführungen, die die Verselbständigung und Zentralisation der Betriebsräte zu konkurrierenden Organisationen befürchteten. Nicht ganz ohne Grund, denn innerhalb der KPD und der revolutionären Rätebewegung wurde das Ziel verfochten, die Gewerkschaften durch eine eigenständige Betriebsräteorganisation überflüssig zu machen. Diese zum Teil auf Zerschlagung der Gewerkschaften gerichteten Bestrebungen trugen wesentlich dazu bei, daß das Gros der dem ADGB angeschlossenen Gewerkschaften während der Weimarer Republik stets eine reservierte Haltung gegenüber der Betriebsrätebewegung einnahm und weder 1919 noch später Aktivitäten entfaltete, um die Rechte der Betriebsräte zu sichern bzw. sogar auszubauen. Das Betriebsrätegesetz (BRG) von 1920 machte dies ebenso deutlich wie das vom ADGB entwickelte Wirtschaftsdemokratiekonzept.

Das BRG, das die Einrichtung von Betriebsräten in privaten und öffentlichen Betrieben mit mindestens 20 Beschäftigten vorsah, wobei zur Vertretung der jeweiligen besonderen wirtschaftlichen Interessen Angestellten- und Arbeiterräte zu bilden waren (§ 6), übertrug den Betriebsvertretungen lediglich einige wenige Mitwirkungs- und Mitbestimmungsrechte im sozialen Bereich. Von besonderer Bedeutung war das Mitbestimmungsrecht des Betriebsrates bei Entlassungen, wenn auch Massenentlassungen, z. B. bei Betriebsstillegungen, nicht der Mitbestimmung unterlagen.[9] Die wirtschaftliche »Mitbestimmung« des Betriebsrates (§§ 70–73) beschränkte sich auf das Recht zur Finanzeinsicht und auf die Entsendung von höchstens zwei Vertretern in den Aufsichtsrat; die Verfügungsgewalt der Unternehmer über die Produktionsmittel blieb unangetastet.

Das Ziel der Gewerkschaften, eine Verselbständigung der Betriebsrätebewegung zu verhindern und die Betriebsräte vielmehr zum »verlängerten Arm« der Gewerkschaften im Betrieb zu machen, wurde weitgehend erreicht. Dies verdeutlicht z. B. eine Übersicht über die Ergebnisse der Betriebsrätewahlen von 1930. Von den in 46299 Betrieben mit 5,9 Millionen Arbeitnehmern gewählten 156145 Betriebsräten waren 86,9 % bei den Freien Gewerkschaften, 7,2 % in Christlichen und 1 % in Hirsch-Dunckerschen Gewerkschaften, 2,2 % bei syndikalistischen und kommunistischen Organisationen, 2,2 % bei sonstigen Gewerkschaften organisiert; lediglich 2,7 % waren gewerkschaftlich nicht organisiert.[10] Instrumente, mit denen den Gewerkschaften die Unterordnung der Betriebsräte gelang – sieht man einmal von kurzen Phasen, insbesondere zu Zeiten ökonomischer Schwierigkeiten ab, in denen unter kommunistischem und syndikalistischem Einfluß die Unabhängigkeitstendenzen der Betriebsräte zunahmen –, waren vor allem das Tarifvertragsmonopol der Gewerkschaften und ihre Schulungskompetenzen. Das heißt, die Gewerkschaften verfügten über Instrumente, die für die Betriebsräte, die keine entsprechenden Möglichkeiten besaßen, zur effektiven Erfüllung ihrer Aufgabe unentbehrlich waren.

Nicht zuletzt zeigte sich die Einbindung der Betriebsräte in die Gewerkschaften und die Verankerung der Gewerkschaften in den Betrieben an den Ergebnissen der letzten Betriebsrätewahlen im Frühjahr 1933, bei denen den Nationalsozialisten in den meisten Betrieben kein Durchbruch gelang. Nach der Machtergreifung wurden die freigewerkschaftlichen und kommunistischen Betriebsräte entlassen und mit dem »Gesetz zur Ordnung der nationalen Arbeit« (AOG) die Betriebsräte durch Vertrauensräte ersetzt, denen unter dem Vorsitz des »Betriebsführers«, des Unternehmers, lediglich beratende Funktion zukam, und die deshalb in der Regel nicht die Funktion einer Interessenvertretung der Arbeitnehmer auszufüllen vermochten. Dies ist u. a. auch ein Grund für das weitgehende Scheitern der von der Führung der Kommunistischen Partei verfolgten Taktik des Trojanischen Pferdes, die darauf abzielte, in der Nationalsozialistischen Betriebszellen-Organisation (NSBO), der Deutschen Arbeitsfront (DAF) und den Vertrauensräten Arbeitnehmerinteressen zu vertreten.

Angesichts des Beitrages der Betriebsräte für den Gewerkschaftsaufbau und des weitgehenden Fehlens legaler Organe oberhalb der Betriebsebene in der unmittelbaren Zeit nach dem Zusammenbruch des NS-Systems und angesichts der Tatsache, daß die überbetriebliche Ebene zunächst der uneingeschränkten Kompetenz der Besatzungsmächte unterlag, schätzten die Gewerkschaften die Chancen einer Neuordnung auf Betriebsebene besonders hoch ein. Zur Orientierung auf die Betriebsebene zwang sie auch die Politik der britischen und amerikanischen Besatzungsmacht. Diese versuchten die Gewerkschaften zu zwingen, ihre Organisationen von unten, aus den Betrieben heraus, aufzubauen und nicht entsprechend den in der Illegalität entwickelten Vorstellungen den Aufbau gleichzeitig von unten und oben zu vollziehen, um das günstige Kräfteverhältnis zu ihren Gunsten zu nutzen. Dies führte immerhin dazu, daß die Betriebsräte in der unmittelbaren Nachkriegsphase einen bedeutenden Machtfaktor darstellten und auch im damaligen wirtschaftsdemokratischen Konzept der Gewerkschaften eine wesentliche Rolle spielten. Wie sehr diese Entwicklung sich gegen den Willen der Militärregierung vollzog, die in den Betriebsräten lediglich Übergangsorgane bis zum endgültigen Aufbau der Gewerkschaftsorganisationen sahen, lassen die zahlreichen Anordnungen der örtlichen britischen Militärbehörden erkennen, die den Betriebssprechern zunächst nur unwesentliche Mitwirkungsrechte in sozialen und personellen Fragen zustanden. Ziel der Betriebsräte war es jedoch, eine direkte Einflußnahme auf Betriebs- und Unternehmensentscheidungen zu erlangen. Die Gewerkschaften haben zwar, unterstützt von den Militärregierungen, stets die Abhängigkeit der Betriebsräte von der Gewerkschaftsbewegung betont – Artikel 7 des Kontrollratsgesetzes Nr. 22 (1946) legte z. B. fest: »Die Betriebsräte üben ihre Aufgaben in Zusammenarbeit mit den anerkannten Gewerkschaften aus.« Sie haben sich jedoch in der Anfangsphase 1945/46 für weitgehende Mitbestimmungsrechte der Betriebsräte eingesetzt und bereits vor Erlaß des Kontrollratsgesetzes an der Ausarbeitung neuer Betriebsrätegesetze gearbeitet. Auf der Basis dieses Kontrollratsgesetzes haben sie in der britischen Zone noch vor ihrem offiziellen Zusammenschluß auf Zonenebene ein Muster für eine Betriebsvereinbarung ausgearbeitet, in der es u. a. heißt: »Die Betriebsleitung hat vierteljährlich dem Betriebsrat über Lage und Gang des Unternehmens und Gewerbes im allgemeinen und über die Leistungen des Betriebes Bericht zu erstatten. Dabei sind alle Produktionsabsichten und sonstigen Planungen dem Betriebsrat mitzuteilen und mit ihm gemeinsam zu beschließen.« Mit wachsender Basisferne und Verfestigung der Gewerkschaftsorganisationen und der Herausbildung zentraler Regierungs-, Verwaltungs- und parlamentarischer Instanzen einerseits und zunehmender Stabilisierung des kapitalistischen Systems andererseits ließ jedoch auch das Gewerkschaftsinteresse an der Betriebsebene nach und wandte sich verstärkt der Gestaltung der Unternehmens- und der überbetrieblichen Ebene zu. 1947–1949 wurde noch von den Gewerkschaften über die Landesverfassungen und in einzelnen Landesbetriebsratsgesetzen die Absicherung und Ausfüllung des Kontrollratsgesetzes betrieben. Einerseits wurde dabei an die Tradition des Betriebsrätegesetzes von 1920 angeknüpft, andererseits wurde den Betriebsräten eine gewichtigere Rolle zugestanden. Das zeigen z. B. die wirtschaftlichen Mitbestimmungsrechte in den Betriebsrätegesetzen von Südbaden und Hessen. Die entsprechenden Bestimmungen wurden in Hessen jedoch bis zum 1.4.1950 von der amerikanischen Militärregierung suspendiert.

1950/51 war die Bundesregierung, die die Unterstützung der Gewerkschaften für die Realisierung ihrer Schumanplanpolitik und ihrer Interessen bei der Neuordnung der Eisen- und Stahlindustrie benötigte, nach einer massiven Streikdrohung der IG Metall und der IG Bergbau bereit, den Gewerkschaften die Absicherung der Montanmitbestimmung einzuräumen (paritätische Vertretung der Arbeitnehmer im Aufsichtsrat, Arbeitsdirektor, der nicht gegen die Stimmen der Mehrheit der Arbeitnehmervertreter im Aufsichtsrat bestellt werden darf usw.). »Das Ergebnis dieser Verhandlungen wurde von Beteiligten und von Beobachtern überwiegend als uneingeschränkter Sieg der Gewerkschaften beurteilt. Dabei wird allerdings übersehen, daß dieses Ergebnis nur deshalb zustande kommen konnte, weil sich die Gewerkschaften als Gegenleistung zu einer stillschweigenden Unterstützung wesentlicher Aspekte der Wirtschafts-, Außen- und Verteidigungspolitik der Bundesregierung bereit erklärten... In Verhandlungen mit der DGB-Führung gelang es der Bundesregierung, die Gewerkschaften so lange hinzuhalten, bis sich die politische und wirtschaftliche Situation der Bundesrepublik weiter stabilisiert hatte...« Das Scheitern der Gewerkschaften im Kampf gegen das Betriebsverfassungsgesetz im Juli 1952 war damit vorprogrammiert.[11] Das Betriebsverfassungsgesetz (BetrVG) von 1952 knüpfte in seinen organisatorischen Bestimmungen an das Betriebsrätegesetz von 1920 an. Einerseits ließ es in wichtigen Einzelpunkten eine deutliche Einengung erkennen (absolute Friedenspflicht, ausdrückliches Arbeitskampfverbot, politische Neutralität, vertrauensvolle Zusammenarbeit mit dem Unternehmer) und wandte sich gezielt gegen die in der Weimarer Republik von den Gewerkschaften betriebene und nach 1945 von den Militärregierungen unterstützte Unterordnung der Betriebsräte unter die Gewerkschaften. Andererseits etablierte es erstmalig klar definierte Mitbestimmungsrechte, die in Form einer paritätisch besetzten, verbindlich entscheidenden Einigungsstelle einklagbar sind; allerdings wurde diese »echte« Mitbestimmung (§ 52 BetrVG von 1952 = § 87 im novellierten BetrVG von 1972) nur in »zweitrangigen« sozialen Fragen gewährt (z. B. Arbeitsordnung; Frage der Arbeits- und Urlaubszeiten; Entlohnungsgrundsätze, soweit nicht tariflich geregelt u. ä.). In personellen und wirtschaftlichen Fragen kann der Betriebsrat, von wenigen Ausnahmen abgesehen, nur mitberaten, nicht mitbestimmen.

Die Antwort der Gewerkschaften auf die vom Betriebsverfassungsgesetz von 1952 gewollte Neutralität des Betriebsrates war der Aufbau des Systems der Vertrauensleute. Denn die allgemeinen betrieblichen Interessenvertretungen, die Betriebsräte, reichten aufgrund der gesetzlichen Begrenzung ihrer Handlungsmöglichkeiten und wegen ihrer Funktion als Vertretungsorgan der Organisierten und Unorganisierten nicht aus, die Interessen und die Politik der Gewerkschaften im Betrieb zu vertreten.

Das Betriebsverfassungsgesetz von 1972 erweiterte die Mitbestimmungsrechte des Betriebsrates in sozialen Angelegenheiten (§ 87) und verstärkte in personellen Angelegenheiten das Mitwirkungsrecht des Betriebsrates bei Kündigungen (§ 102). Ferner wurde ein wichtiges neues Mitbestimmungsrecht etabliert in Fragen menschengerechter Arbeitsorganisation, allerdings mit einschränkenden Klauseln. Bei Betriebsänderungen kann der Betriebsrat nun die Aufstellung eines Sozialplanes erzwingen (§ 112). Die unterparitätische Regelung des Gesetzes von 1952 – nur ein Drittel der Arbeitnehmer im Aufsichtsrat – blieb bestehen.

Tabelle 5: Gesamtergebnisse der Betriebsratswahlen von 1975 bis 1987 (1)

		1975 (2)	1978	1981	1984	1987
Wahlbeteiligung Gesamt		79,1	81,3	79,9	83,68	83,30
Wahlbeteiligung Arbeiter		82,6	81,9	79,9	82,59	82,50
Wahlbeteiligung Angestellte		72,7	80,8	79,3	82,53	83,60
Wiederwahl	BR-Mitglied	72,3	72,8	65,6	70,28	68,38
	BR-Vorsitzender	69,9	75,9	75,4	73,11	71,51
Neuwahl	BR-Mitglied	27,8	27,2	34,4	29,72	31,62
	BR-Vorsitzender	30,1	24,1	24,6	26,89	29,44
Organisationsgrad:						
DGB	BR-Mitglied	67,9	58,6	63,2	63,9	65,39
	BR-Vorsitzender	78,8	71,84	79,9	75,10	74,81
DAG	BR-Mitglied	10,4	14,6	8,5	8,9	5,56
	BR-Vorsitzender	2,6	14,38	5,2	6,81	3,56
CGB	BR-Mitglied	2,6	0,7	3,7	0,8	1,04
	BR-Vorsitzender	0,0	0,06	0,5	0,14	0,26
ULA	BR-Mitglied	*	*	0,4	0,3	0,14
	BR-Vorsitzender	*	*	0,5	0,04	0,01
Sonstige	BR-Mitglied	1,6	2,8	0,9	0,7	0,36
	BR-Vorsitzender	0,6	0,66	3,4	0,87	1,22
gar nicht	BR-Mitglied	17,5	23,3	23,3	25,4	27,51
organisiert	BR-Vorsitzender	1,5	13,06	10,5	17,04	20,09

(1) *Quelle:* Gewerkschaftsreport 1988.
(2) *Quelle:* Horst-Udo Niedenhoff, Betriebsratswahlen 1985, Beiträge zur Gesellschafts- und Bildungspolitik, Nr. 3/1976, Köln 1976.
* In der IW-Untersuchung noch nicht erfaßt.

Auch das Mitbestimmungsgesetz von 1976, das die paritätische unternehmerische Mitbestimmung in der Großindustrie (ab 2000 Beschäftigte) bringen sollte, blieb hinter den Forderungen der Gewerkschaften zurück. Die Parität im Aufsichtsrat wurde nicht erreicht. Das Gesetz ermöglicht es den Arbeitgebern, einen Arbeitsdirektor ihrer Wahl durchzusetzen (wovon auch Gebrauch gemacht wird), und enthält Sonderrechte für die leitenden Angestellten, die eine Zusammenfassung der Interessen der Belegschaft erschweren.

Im Gesetz von 1972 wurden die Zugangsmöglichkeiten der Gewerkschaftsvertreter zu den Betrieben und Betriebsversammlungen wesentlich verbessert, allerdings unterliegen sie auch hier noch gewissen Restriktionen. Der im Vergleich zu Weimar höhere Anteil von gewerkschaftlich Unorganisierten unter den Betriebsräten (das gilt insbesondere für die Klein- und Mittelbetriebe) läßt erkennen, daß die von zahlreichen Unternehmen betriebene anti-gewerkschaftliche Politik betrieblicher »Integration« keineswegs erfolglos blieb. Dabei läßt die Tabelle 6 erken-

Tabelle 6: Einfluß der Betriebsgröße auf den Organisationsgrad der Arbeiter- und Angestelltenvertreter im Betriebsrat 1984 (in Prozent)

Betriebs-größe	Arbeitervertreter DGB	CGB	unabh.	Angestelltenvertreter DGB	DAG	CGB	ULA	sonst.	unabh.
5– 20	21,31	4,01	74,68	8,34	5,02	1,01	0,0	0,01	85,62
21– 50	22,09	0,91	77,00	7,91	9,03	0,09	0,0	0,0	82,97
51– 150	34,13	0,0	65,87	8,99	0,91	0,0	0,0	0,0	90,10
151– 300	49,93	1,04	49,03	29,73	7,91	0,01	0,0	0,0	62,35
301– 600	78,92	0,72	20,36	47,94	29,00	0,23	0,07	0,55	22,21
601– 1000	88,83	0,93	10,24	64,59	13,38	0,52	0,14	1,19	20,18
1001– 2000	92,86	1,35	5,79	56,34	17,02	0,28	0,82	1,35	24,19
2001– 3000	94,62	1,26	4,12	68,27	10,43	0,61	0,70	1,75	18,24
3001– 4000	89,70	3,98	6,32	55,66	16,79	1,13	0,75	0,38	25,29
4001– 5000	84,99	6,11	8,91	57,99	18,75	0,69	0,0	0,0	22,57
5001– 7000	92,82	3,23	3,95	61,08	17,30	1,62	4,86	1,89	13,29
7001– 9000	72,62	0,24	27,14	35,71	30,95	1,90	5,00	1,00	25,44
9001–12000	71,01	0,91	28,08	43,73	20,10	0,91	1,94	0,67	32,65
12001–15000	80,12	0,31	19,57	43,48	21,79	0,91	0,73	0,72	32,92
15000 u. mehr	77,62	9,79	12,59	54,12	26,80	3,61	0,70	1,36	13,41

Quelle: Horst-Udo Niedenhoff, Wolfgang Pege, Gewerkschaftshandbuch, Köln 1987, S. 416.

nen, daß die Gewerkschaften insbesondere in den kleinen und mittleren Betrieben bis 300 Arbeitnehmer Probleme haben, »Fuß zu fassen«.
Die von der Bundesregierung geplante Änderung des BetrVG, die u. a. eine Verstärkung des Minderheitenschutzes bei Betriebsratswahlen und die Einrichtung von Sprecherausschüssen für die leitenden Angestellten vorsieht, wird zumindest die Fähigkeit der Betriebsräte, einheitliche Positionen gegenüber den Kapitalvertretern einzunehmen, erschweren. Von daher kann es nicht überraschen, daß der DGB und einige Einzelgewerkschaften für den Herbst 1988 Protestaktionen gegen die im Regierungsentwurf geplanten Änderungen angekündigt hatten. Von den zu 75–80% gewerkschaftlich organisierten Betriebsräten beteiligen sich insbesondere die Freigestellten aktiv an der innergewerkschaftlichen Willensbildung und haben zahlreiche ehrenamtliche Funktionen in den Gewerkschaften übernommen. Eine Studie über die IG Chemie–Papier–Keramik kommt sogar zu dem Ergebnis, daß in allen untersuchten Verwaltungsstellen die Funktionen im Verwaltungsstellenvorstand weitgehend von freigestellten Betriebsräten der Großbetriebe besetzt waren.

Die innerbetriebliche Gewerkschaftsorganisation: Das System der Vertrauensleute

Die antigewerkschaftliche Stoßrichtung des Betriebsverfassungsgesetzes von 1952, die formal den Gewerkschaften die Möglichkeit nahm, die Betriebsräte zu gewerkschaftlichen Organen betrieblicher Interessenvertretung auszubauen, und die ökonomischen Krisen – insbesondere 1966/67 und seit 1974 – führten zur Aktivierung eines bereits am Ende des 19. Jahrhunderts entstandenen betrieblichen Funktionärstyps, des »Vertrauensmannes«. Während die einen, so z. B. die IG Metall, bereits während der Beratungen des BetrVG (1952) »erste bundesweite Initiativen zum konzentrierten Aufbau ihrer Vertrauenskörper ergriffen – die Betriebsräte dabei allerdings nicht aus dem Auge verloren – begannen andere Verbände, wie etwa die GdED oder DPG erst zwei Jahrzehnte später mit der gezielten Einrichtung von Vertrauensleute-Systemen, oder sie stützen sich, wie z. B. die IG Bau, Steine, Erden und die Gewerkschaft Gartenbau, Land- und Forstwirtschaft, auch heute noch (Anfang der 80er Jahre) ausschließlich auf Betriebsräte«. Der Vertrauensmann bzw. die Vertrauensfrau soll von den gewerkschaftlich Organisierten einer Arbeitsgruppe oder »Nachbarschaftsgruppe« in Betrieben und Verwaltungen gewählt werden. (De facto wird er, wo dies nicht funktioniert, recht häufig von der örtlichen Gewerkschaftsorganisation für die verschiedenen Bereiche eines Betriebes eingesetzt bzw. auf außerbetrieblichen Versammlungen gewählt.) Die Vertrauensmänner (oder -frauen) eines Betriebes bilden den betrieblichen »Vertrauenskörper«; in den großen Unternehmen staffelt sich dieses System noch durch zwischengeschaltete »Abteilungs-Vertrauenskörper«.

Obwohl auf Gewerkschaftstagen immer wieder Vorstöße von Delegierten gemacht werden mit dem Ziel, mehr Handlungskompetenzen für diese betriebliche Interessenorganisation in den Satzungen zu verankern, haben sich die meisten Gewerkschaftsverwaltungen in der Bundesrepublik bislang mit ihrer Politik durchgesetzt, diesen betrieblichen Vertretungen so gut wie keinen autonomen Handlungs- oder Verhandlungsspielraum zuzugestehen. Sie arbeiten vielmehr als verlängerter Arm der örtlichen, regionalen oder Bundes-Gewerkschaftsorganisation – dienen als Vermittler von betrieblichen Interessen, Meinungen und Forderungen zur Organisation und haben im übrigen Handlungsspielraum nur insofern, als sich dieser unterhalb der Schwelle von Streiks und Tarifvertragsverhandlungen bzw. (den Betriebsräten vorbehaltenen) Betriebsvereinbarungen abspielt.

Nur sehr langsam ist es den Gewerkschaften gelungen, ihre betriebliche Vertrauensleuteorganisation in der Auseinandersetzung mit der unter-

nehmerischen Politik als ein legitimes Instrument gewerkschaftlicher Politik durchzusetzen; lange Jahre hindurch haben große Teile der Unternehmerseite versucht, die Vertrauensleute als eine Art »fünfte Kolonne« zu diskriminieren. Inzwischen gibt es bereits Tarifverträge, die die Anerkennung der Vertrauensleuteorganisation beinhalten, und es gibt sogar ein arbeitsgerichtliches Urteil, in dem entschieden wurde, »daß tarifliche Regelungen über die zeitweilige Freistellung gewerkschaftlicher Vertrauensleute oder über einen besonderen Kündigungsschutz zulässig sind« (Arbeitsgericht Kassel v. 5. 8. 1976).
Da im Gegensatz zur Situation in anderen Ländern (vgl. die Shop Stewards in England, die Delegati in Italien) in der Bundesrepublik die Institution des Betriebsrates wesentlich stärker und sicherer als die der Vertrauenskörper verankert ist und da die überbetrieblichen, insbesondere die zentralen Gewerkschaftsorganisationen ihren betrieblichen Interessenvertretern bislang kaum autonomen Handlungsspielraum zugestanden haben, spielt die Vertrauensleuteorganisation in der Bundesrepublik nur in einigen Großunternehmen eine wirklich aktive Rolle als kollektive Gegenmacht – in den meisten Unternehmen und Verwaltungen dagegen ist es oft schwer, geeignete Gewerkschaftsmitglieder für die Funktion der Vertrauensleute zu gewinnen, und die Vertrauenskörper spielen bestenfalls die Rolle von Hilfsorganisationen für die Betriebsräte und die gewerkschaftliche Meinungs- und Willensbildung.

Arbeitgeber und Gewerkschaften

Das wechselvolle Verhältnis zwischen Gewerkschaften und Arbeitgebern bzw. deren Verbänden wird im wesentlichen durch ihre Beziehungen als Tarifvertragsparteien bestimmt. Die Zeit vor dem Ersten Weltkrieg ist durch die Weigerung der Arbeitgeber, die Gewerkschaften als gleichberechtigte Verhandlungspartner anzuerkennen, gekennzeichnet. In Kreisen der Schwerindustrie und ihrer Mitstreiter wurde in dieser Phase nicht nur ein Verhandeln auf gleichberechtigter Basis abgelehnt, sondern die Vernichtung der Gewerkschaften angestrebt. Nachdem der jahrzehntelange Versuch, dieses mit politischen Mitteln durch Druck auf den Reichstag, die Regierung und Verwaltung zu erreichen, nicht zum gewünschten Erfolg geführt hatte, gingen die Arbeitgeberverbände mit den Mitteln schwarzer Listen, mit persönlichen Verpflichtungen, die den Arbeitnehmern den Verzicht auf einen Gewerkschaftsbeitritt abverlangten, und mit unparitätischen Arbeitsnachweisen verstärkt zur »Selbsthilfe« über, um die Position der Gewerkschaften zu unterminieren. Nach der Jahrhundertwende, in der Phase der Hochkonjunktur bis 1913, die auch die Zeit der Entwicklung der Gewerkschaften zur Massenbewegung war, griffen die Arbeitgeber verstärkt zum Mittel der Aussperrung. Neben die Aussperrung und das Einstellungsverbot für Streikende trat die Förderung der wirtschaftsfriedlichen, Kampfmaßnahmen ablehnenden »gelben Werkvereine«, die verstärkte Heranziehung von Arbeitswilligen und die Absicherung der von Streiks betroffenen Unternehmen durch die Entwicklung eines Streikentschädigungssystems.

Tarifverhandlungen wurden vor 1914 nicht nur von Arbeitgeberseite abgelehnt, sondern auch von einem großen Teil der Freien Gewerkschaften. Während die Buchdrucker bereits 1848 den Abschluß eines Reichstarifs anstrebten und 1873 den ersten gültigen Reichstarif durchsetzen konnten, wurden noch zu Beginn der 90er Jahre des 19. Jahrhunderts Tarifverträge von den meisten Gewerkschaften als »Harmonieduselei« und Verrat am Klassenkampf abgelehnt.[12] Die Hirsch-Dunckerschen Gewerkvereine und die christlichen Gewerkschaften, die jedes Klassenkampfdenken ablehnten und für die Anerkennung der bestehenden Gesellschaftsordnung eintraten, versuchten in der Regel sehr viel früher zum Abschluß von Tarifverträgen zu kommen.

Eine deutliche Zäsur in den Beziehungen zwischen Arbeitgebern und Gewerkschaften bahnte sich im Ersten Weltkrieg mit der Einbeziehung der Gewerkschaften in die Kriegswirtschaft an (Vaterländisches Hilfsdienstgesetz vom Dezember 1916, Aufhebung des Paragraphen 153 der Gewerbeordnung, der z. B. eine strafrechtliche Verfolgung der Aufstellung von Streikposten als »groben Unfug« vorsah). Erst der Zusammenbruch des Kaiserreichs und die Errichtung des parlamentarisch-sozialstaatlichen Weimarer Systems verhalfen dem Gedanken kollektivrechtlicher Gestaltung der Arbeits- und Wirtschaftsbedingungen zum Durchbruch. Vor 1918 galten kollektive Tarifverträge als rein private Abmachung zwischen Arbeitgebern und Arbeitnehmern, die nicht einklagbar waren, d. h. ihre Geltung hing von der Fähigkeit ab, durch organisatorische Stärke und Kampfkraft notfalls die Einhaltung zu erzwingen. Das zwischen den führenden Organisationen der Gewerkschaften und der Arbeitgeber geschlossene Abkommen über die Zentralarbeitsgemeinschaft vom 15. November 1918 erbrachte u. a. folgende für das Verhältnis zwischen Gewerkschaften und Arbeitgebern wichtige Änderungen:

- Die Arbeitgeber erkennen die Gewerkschaften als »berufene Vertretung« der Arbeitnehmer an.
- Die Beschränkung der Koalitionsfreiheit der Arbeitnehmer ist unzulässig.
- Die Arbeitgeber verzichten auf eine Unterstützung der Werkvereine.
- Den Gewerkschaften wird paritätische Verwaltung des Arbeitsnachweises zugestanden.

- Die Arbeitsbedingungen für alle Arbeitnehmer sind durch Kollektivvereinbarungen festzulegen.
- Gewerkschaften und Arbeitgeber einigen sich auf die Einrichtung von Arbeitsausschüssen in Betrieben mit mindestens 50 Beschäftigten und die Bildung paritätisch besetzter Schlichtungsausschüsse.
- Die Errichtung des Zentralausschusses seitens der beteiligten Arbeitnehmer- und Arbeitgeberorganisationen zur Durchführung dieser Vereinbarung wird beschlossen.[13]

Der Rat der Volksbeauftragten machte mit der Verordnung über Tarifverträge, Arbeiter- und Angestelltenausschüsse und Schlichtung von Arbeitsstreitigkeiten vom 23. Dezember 1918 die wichtigsten Bestimmungen zu staatlichem Recht. Dieses führte zu einer raschen Ausweitung der durch Tarifverträge abgesicherten Arbeitsverhältnisse. Als wichtigste Etappen des Ausbaus des kollektiven Arbeitsrechtes in der Weimarer Republik sind neben der verfassungsmäßigen Absicherung der Koalitionsfreiheit und der kollektivrechtlichen Gestaltung durch gleichberechtigte Organisationen ferner zu nennen:
- die Schlichtungsverordnung vom 30. Oktober 1923,
- das Arbeitsgerichtsgesetz vom 23. Dezember 1926,
- das Gesetz über Arbeitsvermittlung und Arbeitslosenversicherung vom 16. Juli 1927.[14]

Diese rechtliche Ausgestaltung, die formal die Lage der Gewerkschaften und die Arbeitsbeziehungen grundlegend veränderte, wurde am Ende der Inflation, 1923, während des Ruhreisenstreits, 1928, und in der Weltwirtschaftskrise in Frage gestellt: Ein Teil der Unternehmer versuchte zu einem Zeitpunkt, als sich das gesellschaftliche Kräfteverhältnis wieder eindeutig zu ihren Gunsten verschoben hatte, insbesondere die Zwangsschlichtung des Staates abzuschaffen. Ursprünglich als Ausnahme gedacht, war die Zwangsschlichtung schließlich zur Regel geworden. Zwischen 1924 und 1932 kam es zu 76000 Verfahren mit 4000 Verbindlichkeitserklärungen, die in der Regel eine arbeitnehmerfreundliche Tendenz hatten. Das Schlichtungswesen wurde 1933 aufgehoben, und 1934 wurde die Festsetzung der Arbeitsbedingungen den »Treuhändern der Arbeit« übertragen. Der Einfluß der Pseudoorgane der Arbeitnehmerschaft (DAF, Vertrauensräte) blieb auf der Grundlage der Ideologie der Volksgemeinschaft, die den Interessenkonflikt zwischen Kapital und Arbeit zu beseitigen vorgab, minimal.
In der Bundesrepublik sind »Arbeitsrecht und Arbeitskampfrecht«, wie Hans-Hermann Hartwich konstatiert, »auf der Basis der in der Weimarer Zeit geschaffenen gesetzlichen Einrichtungen und Prinzipien sowie der

dort begonnenen Rechtsauslegung fort- und nicht neu entwickelt worden«[15].
Ein wesentlicher Unterschied zur Weimarer Republik ist aber im Verzicht auf die Zwangsschlichtung zu sehen. Grundlage des Tarifvertragssystems bilden das mehrfach novellierte Tarifvertragsgesetz des Wirtschaftsrates vom 9. April 1949 und Art. 9 Abs. 3 des Grundgesetzes. Dieser Artikel garantiert nicht nur die Koalitionsfreiheit, sondern nach einem Urteil des Bundesverfassungsgerichts von 1954 auch die Koalition als solche und die Institution eines gesetzlich geregelten Tarifvertragssystems.
Durch die Anerkennung der Tarifautonomie und des Arbeitskampfes als eines legitimen Mittels im Rahmen dieser Tarifautonomie ermöglicht der Staat – zumindest formal – die autonome kollektiv-rechtliche Gestaltung eines zentralen Bereichs der Wirtschafts- und Sozialverfassung. Über Rechtsstreitigkeiten zwischen den Tarifvertragsparteien entscheiden die Arbeitsgerichte, Landesarbeitsgerichte und das Bundesarbeitsgericht in Kassel, das mit seinen Grundsatzentscheidungen allerdings mehrfach zu einer restriktiven Verrechtlichung der Tarifauseinandersetzungen beigetragen hat. So entwickelte es seit 1955 die Lehre von der »Sozialadäquanz« des Streiks, wonach ein gewerkschaftlicher Arbeitskampf nur dann als legal anzusehen sei, wenn zuvor alle anderen Möglichkeiten der Konfliktlösung – Verhandlungen, Schlichtungsversuche – ausgeschöpft wurden und gescheitert sind. Ferner dekretierte das Bundesarbeitsgericht 1971: »Im Rahmen des Prinzips der Verhältnismäßigkeit sind nicht nur Streiks der Arbeitnehmer, sondern auch als Kampfmaßnahme der Arbeitgeber Aussperrungen zulässig.«[16] So hat das Bundesarbeitsgericht die Arbeitskampfentwicklung in der BRD wesentlich eingegrenzt.
Das Ergebnis dieser Entwicklung, die kontrollierte Konfliktaustragung zwischen Gewerkschaften und Arbeitgeberverbänden, hat neben der jahrzehntelangen Zusammenarbeit von Gewerkschaften und Arbeitgebern in den zahlreichen Beiräten (z. B. der Bundesministerien), auf Betriebs- und Unternehmensebene usw. zweifellos dazu beigetragen, den prinzipiellen Antagonismus von Gewerkschaften und Arbeitgebern abzubauen und eine Hinwendung zur Sozialpartnerschaft in der gewerkschaftlichen Praxis zu fördern. »Wir verlangen«, so führte Georg Leber auf dem 6. Gewerkschaftstag der IG Bau-Steine-Erden vom 24.–26. Juni 1963 in Berlin aus, daß an die Stelle der dualistischen »Denkvorstellungen das Positive tritt, das den anderen nicht nur duldet, weil er eben da ist, solange man ihn als Gegenspieler hat, sondern wir verlangen das Den-anderen-Anerkennen und sein Dasein als einen elementaren und unseren gesellschaftlichen Vorstellungen entsprechenden Tatbestand aufzufassen mit dem Willen, mit ihm zusammen an der Gestaltung wichtiger und not-

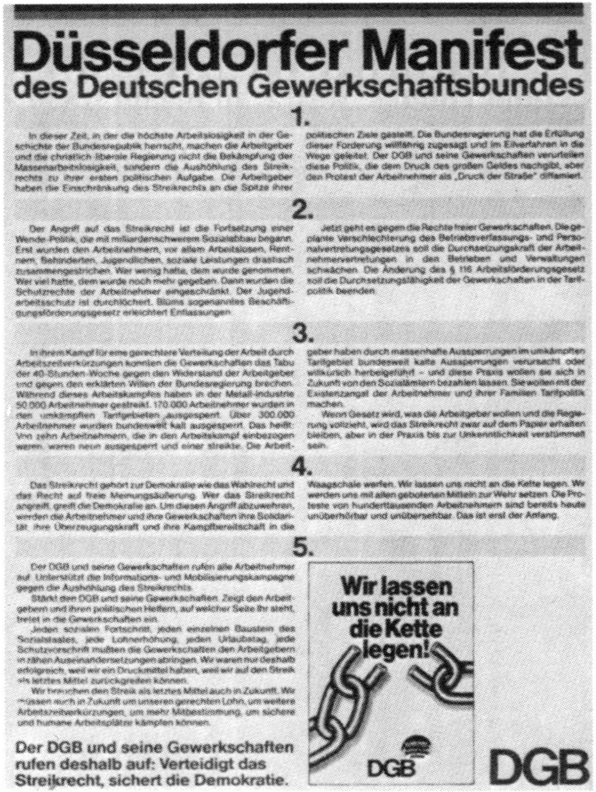

Düsseldorfer Manifest
des Deutschen Gewerkschaftsbundes

1.

In dieser Zeit, in der die höchste Arbeitslosigkeit in der Geschichte der Bundesrepublik herrscht, machen die Arbeitgeber und die christlich-liberale Regierung nicht die Bekämpfung der Massenarbeitslosigkeit, sondern die Aushöhlung des Streikrechts zu ihrer ersten politischen Aufgabe. Die Arbeitgeber haben die Einschränkung des Streikrechts an die Spitze ihrer politischen Ziele gestellt. Die Bundesregierung hat die Erfüllung dieser Forderung willfährig zugesagt und im Eilverfahren in die Wege geleitet. Der DGB und seine Gewerkschaften verurteilen diese Politik, die dem Druck des großen Geldes nachgibt, aber den Protest der Arbeitnehmer als „Druck der Straße" diffamiert.

2.

Der Angriff auf das Streikrecht ist die Fortsetzung einer Wende-Politik, die mit milliardenschwerem Sozialabbau begann. Erst wurden den Arbeitnehmern, vor allem Arbeitslosen, Rentnern, Behinderten, Jugendlichen, soziale Leistungen drastisch zusammengestrichen. Wer wenig hatte, dem wurde genommen. Wer viel hatte, dem wurde noch mehr gegeben. Dann wurden die Schutzrechte der Arbeitnehmer eingeschränkt. Der Jugendarbeitsschutz ist durchlöchert. Blüms sogenanntes Beschäftigungsförderungsgesetz erleichtert Entlassungen.

Jetzt geht es gegen die Rechte freier Gewerkschaften. Die geplante Verschlechterung des Betriebsverfassungs- und Personalvertretungsgesetzes soll die Durchsetzungskraft der Arbeitnehmervertretungen in den Betrieben und Verwaltungen schwächen. Die Änderung des § 116 Arbeitsförderungsgesetz soll die Durchsetzungsfähigkeit der Gewerkschaften in der Tarifpolitik beenden.

3.

In ihrem Kampf für eine gerechtere Verteilung der Arbeit durch Arbeitszeitverkürzungen konnten die Gewerkschaften das Tabu der 40-Stunden-Woche gegen den Widerstand der Arbeitgeber und gegen den erklärten Willen der Bundesregierung brechen. Während dieses Arbeitskampfes haben in der Metall-Industrie 50.000 Arbeitnehmer gestreikt. 170.000 Arbeitnehmer wurden in den umkämpften Tarifgebieten „ausgesperrt". Über 300.000 Arbeitnehmer wurden bundesweit kalt ausgesperrt. Das heißt: Von zehn Arbeitnehmern, die in den Arbeitskampf einbezogen waren, waren neun ausgesperrt und einer streikte. Die Arbeitgeber haben durch massenhafte Aussperrungen im umkämpften Tarifgebiet bundesweit kalte Aussperrungen verursacht oder willkürlich herbeigeführt – und diese Praxis wollen sie sich in Zukunft von den Sozialämtern bezahlen lassen. Sie wollen mit der Existenzangst der Arbeitnehmer und ihrer Familien Tarifpolitik machen.

Wenn Gesetz wird, was die Arbeitgeber wollen und die Regierung vollzieht, wird das Streikrecht zwar auf dem Papier erhalten bleiben, aber in der Praxis bis zur Unkenntlichkeit verstümmelt sein.

4.

Das Streikrecht gehört zur Demokratie wie das Wahlrecht und das Recht auf freie Meinungsäußerung. Wer das Streikrecht angreift, greift die Demokratie an. Um diesen Angriff abzuwehren, werden die Arbeitnehmer und ihre Gewerkschaften ihre Solidarität, ihre Überzeugungskraft und ihre Kampfbereitschaft in die Waagschale werfen. Wir lassen uns nicht an die Kette legen. Wir werden uns mit allen gebotenen Mitteln zur Wehr setzen. Die Proteste von hunderttausenden Arbeitnehmern sind bereits heute unüberhörbar und unübersehbar. Das ist erst der Anfang.

5.

Der DGB und seine Gewerkschaften rufen alle Arbeitnehmer auf: Unterstützt die Informations- und Mobilisierungskampagne gegen die Aushöhlung des Streikrechts.

Stärkt den DGB und seine Gewerkschaften. Zeigt den Arbeitgebern und ihren politischen Helfern, auf welcher Seite ihr steht, tretet in die Gewerkschaften ein.

Jeden sozialen Fortschritt, jeden einzelnen Baustein des Sozialstaates, jede Lohnerhöhung, jeden Urlaubstag, jede Schutzvorschrift mußten die Gewerkschaften den Arbeitgebern in zähen Auseinandersetzungen abringen. Wir waren nur deshalb erfolgreich, weil wir ein Druckmittel haben, weil wir auf den Streik als letztes Mittel zurückgreifen können.

Wir brauchen den Streik als letztes Mittel auch in Zukunft. Wir müssen auch in Zukunft um unseren gerechten Lohn, um weitere Arbeitszeitverkürzungen, um mehr Mitbestimmung, um sichere und humane Arbeitsplätze kämpfen können.

Der DGB und seine Gewerkschaften rufen deshalb auf: Verteidigt das Streikrecht, sichert die Demokratie.

Wir lassen uns nicht an die Kette legen!

DGB

DGB

wendiger gemeinsamer Aufgaben zu wirken. Es ist das Anerkennen, daß der andere im eigenen Ordnungsbild von der Gesellschaft auch seine Rolle hat und man selber von der Art, wie er sie wahrnimmt, in seiner eigenen Position mitbeeinflußt wird. Es ist die Einsicht, daß in einer demokratischen Gesellschaft eben auch der andere zu respektieren ist, auch wenn man sich ständig mit ihm in der Auseinandersetzung befindet über die Ordnung, in der man zu leben wünscht. So gesehen ist auch Ordnung nicht ein Sich-Abfinden mit dem, was ist, sondern eine immerwährend gestellte Gestaltungsaufgabe.«[17]

Obwohl zu dieser Zeit Otto Brenner noch vehement eine konfliktorische Strategie für die Gewerkschaften forderte, bestimmte die von Georg Leber postulierte kooperative Gewerkschaftspolitik das Handeln des DGB in stärkerem Maße. In den 70er Jahren verstärkten sich allerdings, auch im Zusammenhang mit der anhaltenden wirtschaftlichen Stagnation und dem Abbau sozialstaatlicher Errungenschaften, wieder die kritischen Gewerkschaftspositionen, die höhere Konfliktbereitschaft forderten. Dazu trug nicht zuletzt auch die Politik der Arbeitgeberorganisationen (z. B. Tabu-Katalog, Mitbestimmungsklage vor dem Bundesverfassungsgericht) bei, die – an der Aufrechterhaltung des gesellschaftlichen Status quo interessiert – jede gewerkschaftliche Forderung, die über die Ausübung der Schutzfunktion hinausreicht, als Angriff auf das nach ihrer Auffassung existierende Kräftegleichgewicht zwischen Kapital und Arbeit oder gar als Streben nach gewerkschaftlicher »Übermacht« bzw. nach dem »Gewerkschaftsstaat« hochspielt.

Gewerkschaften und Parteien: Repräsentation im Bundestag

Im Unterschied zu den Auseinandersetzungen vor dem Ersten Weltkrieg, bei denen die SPD das Recht zur Bestimmung der Richtlinien der Politik aller Arbeitsorganisationen für sich in Anspruch nehmen und zum Teil auch durchsetzen konnte, blieb während der Weimarer Republik die Eigenständigkeit der ADGB-Gewerkschaften gewahrt. Es gelang ihnen sogar bei wichtigen sozialdemokratischen Entscheidungen, z.B. in der Frage der Zusammenarbeit von MSPD und USPD, bei der Formulierung des Heidelberger Programms von 1925, bei der Entwicklung der Wirtschaftsdemokratie-Konzeption, beim Bruch der Großen Koalition von 1930, bei der Reaktion der SPD auf den »Preußenschlag« von 1932, d. h.

Linke Seite: Im »Düsseldorfer Manifest« protestiert der DGB gegen die Änderung des § 116 Arbeitsförderungsgesetz (AFG), Winter 1985.

der widerrechtlichen Absetzung der preußischen Regierung des Ministerpräsidenten Otto Braun durch den Reichskanzler von Papen, erheblichen Einfluß geltend zu machen.
Auch in der christlichen Gewerkschaftsbewegung war die Frage des Verhältnisses zu den politischen Parteien heftig umstritten. Während z. B. der *Gewerkverein christlicher Bergarbeiter* für konfessionell und parteipolitisch neutrale Gewerkschaften eintrat, setzte sich der *Christliche Textilarbeiterverband* für gewerkschaftliche Organisationen auf konfessioneller Grundlage unter Anschluß an die Zentrumspartei ein. Das Schwergewicht des parteipolitischen Engagements christlicher Gewerkschaften lag ohne Zweifel beim Zentrum. Von den 14 Mitgliedern des Reichstags, die vor dem Ersten Weltkrieg aus der christlichen Gewerkschaftsbewegung kamen, gehörten 11 der Zentrumsfraktion an, ein Abgeordneter der Wirtschaftlichen Vereinigung und einer der Nationalliberalen Partei. Unter Einschluß des Deutschnationalen Handlungsgehilfen-Verbandes (DHV) umspannten die dem christlich-nationalen Deutschen Gewerkschaftsbund (DGB) angeschlossenen Organisationen bis in die Endphase der Weimarer Republik das Spektrum der Parteien rechts von der SPD, bei besonders intensiven Kontakten und personellen Verflechtungen mit dem Zentrum. Über den DHV bestanden in der Endphase der Weimarer Republik enge personelle Verflechtungen mit der NSDAP. Vertreter der DGB-Gewerkschaften gehörten im Reichstag zum Teil den Fraktionen der Regierungsparteien, zum Teil denen der Oppositionsparteien an, was häufig zu Konflikten über Zweckmäßigkeit und Zulässigkeit einer Verquickung von gewerkschaftlicher und politischer Arbeit führte.
Die Überwindung der Richtungsgewerkschaften nach 1945 verbesserte die Grundlage für eine Politik parteipolitischer Unabhängigkeit der Gewerkschaften, wobei Unabhängigkeit keineswegs politische Neutralität bedeutet, sondern – nach Auffassung des ehemaligen Vorsitzenden des DGB, Heinz Oskar Vetter – folgende Elemente enthält:

»– keine Weisungen von Parteizentralen für die gewerkschaftliche Arbeit,
– keine – auch keine stillschweigende – Unterordnung unter parteipolitische Zielsetzungen,
– keine – auch keine unausgesprochene – Arbeitsteilung, wonach die oder einige Parteien die politische Arbeit und die Gewerkschaften die tarifvertragliche Arbeit leisten,
– keine wechselseitigen finanziellen Abhängigkeiten«.[18]

Die Entwicklung der SPD von einer Arbeiterpartei zur Volkspartei, die nicht nur die Interessen der Gewerkschaften zu vertreten vermag, hat einerseits die Grundlage für die Einlösung der genannten Elemente parteipolitischer Unabhängigkeit der Gewerkschaften verstärkt. Die im Vergleich zur Nachkriegsphase größere programmatische Differenz zwischen CDU und DGB-Gewerkschaften und die im Vergleich zur KPD in den Jahren 1945–1949 weniger offenkundige Bedeutung der DKP haben andererseits die engen personellen Verflechtungen zwischen SPD und DGB-Gewerkschaften noch weiter verstärkt. Insofern gibt es de facto doch parteipolitische Bindungen, die die Autonomie der Gewerkschaften beeinträchtigen.

1986 gehörten über 80 % der Spitzenfunktionäre des DGB der SPD an, der Rest war CDU-Mitglied. Der Geschäftsführende Bundesvorstand des CGB bestand nur aus CDU/CSU-Mitgliedern, während bei der DAG sechs SPD- und drei CDU-Mitglieder den Vorstand bildeten. Nur im Deutschen Beamtenbund war neben der CDU/CSU und der SPD auch die FDP mit einem Mitglied auf der Ebene der Geschäftsführung vertreten.

Die enge personelle Verflechtung zwischen SPD und DGB-Gewerkschaften verdeutlicht die folgende Tabelle über Gewerkschafter im 11. Deutschen Bundestag.

Tabelle 7: Gewerkschafter im 11. Deutschen Bundestag
Mitgliederanteil von DGB, DAG, CGB und DBB am Bundestag und seinen 4 Fraktionen (Stand 9. 2. 1987)

	Gesamt		CDU/CSU		FDP		SPD		Grüne	
	abs.	in %	abs.	in %	abs.	in %	abs.	in %	abs.	in %
Abgeordnete	519	100,00	234	100,00	48	100,00	193	100,00	44	100,00
davon organisiert in										
DGB	223	42,96	17	7,26	0	0,00	187	96,89	19	43,18
DAG	7	1,34	5	2,13	1	2,08	1	0,51	0	0,00
CGB	10	1,92	10	4,27	0	0,00	0	0,00	0	0,00
DBB	35	6,74	28	11,96	4	8,33	1	0,51	2	4,54
insgesamt	275	52,96	60	25,53	5	10,41	189	97,91	21	47,72

Eigene Zusammenstellung und Berechnungen auf der Grundlage von: Die Quelle, Heft 3, 1987, S. 146.

Von 193 SPD-Abgeordneten gehörten im Februar 1987 nicht weniger als 187 (ca. 97 %) einer DGB-Gewerkschaft an; bei den Grünen waren es immerhin mehr als 40 %, bei der CDU/CSU lediglich 7 % der Abgeordneten. Mit dem Hinweis auf die gewerkschaftliche Mehrheit der Bundestagsabgeordneten (1981 304 von 519, 1987 275 von 519) ist denn auch von den Kritikern der Gewerkschaften der Versuch unternommen worden, die Existenz bzw. die Gefahr des Entstehens eines »Gewerkschaftsstaates« in der Bundesrepublik zu begründen. Das Abstimmungsverhalten der Gewerkschaftsmitglieder im Bundestag verdeutlicht die Unzulässigkeit, von der bloßen Gewerkschaftsmitgliedschaft auf eine aktive und dauerhafte Identifizierung mit den Zielen der Gewerkschaftsführung zu schließen. Entscheidungsanalysen der Gesetze, die für die Gewerkschaften von außerordentlicher Bedeutung sind, z. B. das Mitbestimmungsgesetz von 1976, zeigen, daß der Loyalität der Abgeordneten gegenüber ihrer Partei und Fraktion bzw. der Rücksichtnahme auf die Koalition deutlich größere Bedeutung als der bloßen Gewerkschaftsmitgliedschaft beizumessen ist. Auch die Differenzen (1988) zwischen dem stellvertretenden SPD-Vorsitzenden Oskar Lafontaine und den DGB-Gewerkschaften über eine Arbeitszeitverkürzung ohne Lohnausgleich für Besserverdienende zeigen, daß der Grad der personellen Verflechtung für sich allein kein ausreichender Indikator für das Verhältnis von SPD und DGB-Gewerkschaften ist. Betrachtet man lediglich die Verbandsvertreter im engeren Sinne, d. h. für die Gewerkschaften alle ehemaligen und amtierenden hauptamtlichen und ehrenamtlichen Funktionäre und läßt damit die zahllosen »Papiersoldaten« außer Betracht, die vor vielen Jahren ihr Gewerkschaftsbuch während ihrer Tätigkeit als Arbeitnehmer erhielten, aber kein Engagement für die Gewerkschaftsbelange an den Tag legen, dann reduziert sich z. B. für den 7. Deutschen Bundestag die Zahl von 54,1 % (aller Gewerkschafter) auf 16,4 %. Während die Anzahl der Gewerkschaftsmitglieder von der ersten Legislaturperiode bis 1976 stetig angestiegen ist[19], wobei insbesondere die Gewerkschaften des öffentlichen Dienstes (ÖTV, GEW, DPG, Eisenbahner) eindeutig dominieren, ist der Anteil der aktiven hauptamtlichen Gewerkschaftsführer seit längerem und seit 1980 auch der Prozentsatz der gewerkschaftlich organisierten Bundestagsabgeordneten (vgl. Tabelle 7) eher rückläufig.[20]

Soweit die Gewerkschaften im Kaiserreich eine klassenkampforientierte Position bezogen, lehnten sie die direkte Repräsentation in den Führungsgremien des Staates (Positionen, die für sie aufgrund der Politik der herrschenden Machteliten ohnehin nicht erreichbar waren) ab. Mit der Integration der Gewerkschaften in die Kriegspolitik des Deutschen Reiches während des Ersten Weltkrieges begann die Berücksichtigung gewerkschaftlicher Funktionäre in Regierungsämtern. Der ersten parlamentarischen Regierung der Weimarer Republik gehörten mehrere führende Funktionäre der Generalkommission bzw. des ADGB und der christlichen Gewerkschaften an. Die Reaktion auf die starke gewerkschaftliche Repräsentanz im Kabinett Gustav Bauers war »nicht Jubel, sondern der am 6. Juli 1919 vom Bundesausschuß (der Freien Gewerkschaften) gefaßte Beschluß, daß Angehörige des Bundesvorstandes poli-

tische Mandate künftig nur mit Zustimmung des Bundesausschusses annehmen dürften«.[21]
Nach dem Kapp-Putsch von 1920, der in erster Linie am Generalstreik scheiterte, fiel der Führung der Generalkommission bzw. des ADGB vorübergehend eine förmliche Vetoposition bei der Besetzung der Reichsregierungen zu. Im Unterschied zum beträchtlichen Einfluß der Gewerkschaften auf die Zusammensetzung der Reichsregierungen erlangten sie aber keinerlei Einfluß auf die staatliche Bürokratie. Die Übernahme von Gewerkschaftsfunktionären in den Staatsdienst blieb die große Ausnahme. Eine Bestandsaufnahme vom Sommer 1921 über die Besetzung von Referentenstellen durch Mehrheitssozialdemokraten und Gewerkschafter ergab ein »ausgesprochen dürftiges Bild«.[22] Dieses hat sich auch nach 1949 lediglich graduell etwas zugunsten der Gewerkschaften verändert. Auf der Ebene der Bundesregierung kann nur für die ersten Jahre der Kanzlerschaft von Helmut Schmidt von einer engeren personellen Verflechtung von Gewerkschaften und Bundesregierung (Leber, Arendt, Gscheidle, Matthöfer, Ehrenberg) gesprochen werden.
Zweifellos ist die von verschiedenen politischen Standpunkten aus geübte Kritik an einer zu starken sozialdemokratischen »Schlagseite«[23] und demzufolge einer mangelnden Autonomie und Kritik, insbesondere gegenüber sozialliberaler Regierungspolitik, nicht von der Hand zu weisen. Gleichwohl wird, insbesondere von links-orthodoxen Kritikern, dieser Tatbestand allzu umstandslos und ohne empirischen Beleg zu der pauschalen These weiterentwickelt, die westdeutschen Gewerkschaften ließen sich, insbesondere seit der 1966 erfolgten Institutionalisierung einer regierungs-offiziellen Gesprächsrunde (»Konzertierte Aktion« gem. § 3 des »Stabilitätsgesetzes«) in die staatliche Sozialpolitik, insbesondere die Einkommenspolitik, »einbinden«.
Die Gewerkschaften der BRD – wie etwa auch die Österreichs und Skandinaviens – sind weniger konfliktorientiert, sie verhalten sich stärker legalistisch und sind verhandlungsorientierter als etwa die Gewerkschaften der romanischen Länder. Aber sowenig der vor allem auch verbale Radikalismus in den letztgenannten Gewerkschaften darüber hinwegtäuschen darf, daß auch sie in Verhandlungen bzw. durch Parteieinfluß mit den anderen korporierten Mächten der Gesellschaft »kooperieren« müssen, um in einer demokratischen Staatsordnung Erfolge erzielen zu können, so wenig wären die Erfolge der westdeutschen Gewerkschaften ohne betriebliche und außerbetriebliche Konfliktstrategien denkbar gewesen. Erwähnt seien aus der Nachkriegszeit nur die Streikdrohung der IG Metall und IG Bergbau (Ende 1950/Anfang 1951) zur Durchsetzung der Montan-Mitbestimmung, der sechzehnwöchige Streik der IG Metall in Schleswig-Holstein 1956/57 zur Erkämpfung der Lohnfortzahlung auch

für Arbeiter im Krankheitsfall (Wegfall der Karenztage), die spontanen Streiks in verschiedenen Großunternehmen im Herbst 1969, der Streik der IG Metall 1973 für den sog. Humanisierungs-Tarifvertrag, 1978 (erfolglos) für Arbeitszeitverkürzung in der Stahlindustrie und 1984 für den »Einstieg« in die 35-Stunden-Woche. Freilich erhellt aus dieser Bilanz auch die Ausnahme-Rolle der IG Metall; nur 1984 streikte auch die IG Druck und Papier (für das gleiche Ziel).
Da die tariflichen Einkommenssteigerungen, die die Gewerkschaften der Bundesrepublik zwischen 1950 und 1980 erzielten, zu den höchsten in der westlichen Welt zählen, kann schwerlich empirisch belegt werden, daß eine »Einbindung« oder Disziplinierung durch staatliche Politik stattgefunden habe, die sich nachteilig auf die Arbeitnehmerschaft ausgewirkt hat. Allerdings ist wenig Konfliktfähigkeit an der »Basis« entwickelt worden.

Schwerpunkte gewerkschaftlicher Tätigkeit

Im Verlaufe ihrer mehr als hundertjährigen Geschichte sind den deutschen Gewerkschaften immer neue Aufgaben- und Tätigkeitsbereiche zugewachsen, deren Ensemble eine fortschreitende – aber durchaus nicht »passive« – Integration der deutschen (bzw. westdeutschen) Gewerkschaften in das bestehende Sozialsystem anzeigt. Zu den wichtigsten Bereichen gewerkschaftlicher Tätigkeit gehören die Tarifpolitik, die Durchführung von Arbeitskämpfen, der Rechtsschutz für Mitglieder und die Informations- und Bildungsarbeit.

Tarifpolitik

Nach wie vor bleibt die sich jährlich wiederholende Auseinandersetzung der Gewerkschaften mit den Arbeitnehmerverbänden um die Verbesserung der Arbeitnehmer-Einkommen die bei weitem wichtigste Organisationsaufgabe – in der BRD wie in allen anderen Ländern. Das in der Verfassung und in Gesetzen festgelegte Recht der Gewerkschaften, ohne staatliche Bevormundung in Verhandlungen, notfalls nach »Tarifkämpfen«, mit den Vertretern der Unternehmen und Verwaltungen Einkommenssteigerungen und Verbesserungen der Arbeitsbedingungen zu vereinbaren, kann als eines der wichtigsten Kriterien einer demokratischen Grundordnung gelten. Einschränkungen dieses autonomen Verhandlungs- und Arbeitskampfrechts – wie etwa auch die Tendenzen zur Einschränkung des Streikrechts durch höchstrichterliche »Rechtsschöpfung«

des Bundesarbeitsgerichts – stellen immer auch Gefährdungen der freiheitlich-demokratischen Grundordnung dar.
Nach herrschender Rechtslehre umfaßt das Grundrecht der Koalitionsfreiheit (Grundgesetz Art. 9 Abs. 3: »Das Recht zur Wahrung und Förderung der Arbeits- und Wirtschaftsbedingungen Vereinigungen zu bilden, ist für jedermann und für alle Berufe gewährleistet«) auch die Tarifhoheit, d. h. das autonome Recht der Gewerkschaften und Unternehmerverbände, Kollektivverträge über Einkommen und Arbeitsbedingungen zu vereinbaren. Dieses seit 1918 den deutschen Gewerkschaften zuerkannte (vom NS-Staat wie in der DDR-Realität aber liquidierte) Recht hat bereits vor dem Ersten Weltkrieg, zwischen Inflation und Weltwirtschaftskrise (1923–1929), vor allem seit Bestehen der Bundesrepublik zu bedeutenden vertraglich (später z. T. auch gesetzlich) abgesicherten Verbesserungen der Lohn- und Arbeitsbedingungen der deutschen Arbeiter, Angestellten und Beamten geführt; freilich haben die beiden Weltkriege, die ihnen folgenden Geldentwertungen, vor allem aber die Weltwirtschaftskrise und die Vernichtung der Gewerkschaftsbewegung durch das NS-Regime immer wieder wesentliche Errungenschaften gewerkschaftlicher Tarifpolitik zunichte gemacht; so wurde erst nach 1928 wieder das Lohnniveau von 1913 erreicht, und erst 1951 wieder das von 1938.
Insgesamt aber gelang es der gewerkschaftlichen Tarifpolitik im vergangenen Jahrhundert, bedeutende Einkommensverbesserungen, Arbeitszeitverkürzungen und Verbesserungen in den Arbeitsbedingungen durchzusetzen; dies gilt insbesondere für die Jahre 1950 bis 1980. Wie die Tabelle 8 zeigt, haben sich die Realeinkommen zwischen 1950 und 1980 mehr als verdreifacht – anhaltende Krise, Massenarbeitslosigkeit und die infolgedessen wesentlich schwächer werdende Verhandlungs- und Kampfposition der Gewerkschaften führten freilich zu bedeutenden Reallohnverlusten (1983: 96 % von 1980!) in der ersten Hälfte der 80er Jahre – insgesamt zu einer Stagnation der Reallohnentwicklung (vgl. die Grafik »Reallohn-Index« Seite 122) bei gleichzeitig weit überdurchschnittlich steigenden Gewinnen.

Arbeitszeitverkürzung – Umverteilung der Arbeit

Eine Analyse der langfristigen Gesamt-Arbeitszeitverkürzungen in diesem Jahrhundert (vgl. Tab. 10) zeigt, daß sich seit der Zeit vor dem Ersten Weltkrieg die Jahresarbeitszeit fast (1978: 54,1 % von 1918) und die Lebensarbeitszeit mehr als halbiert hat: In der Zeit nach dem Zweiten Weltkrieg betrug die (tatsächliche) Wochenarbeitszeit 1955: 49,0, 1965: 45,1 und 1975: 41,2 Stunden.
Ab Mitte der 70er Jahre wurde in der wirtschafts- und gewerkschaftspoli-

Tabelle 8: Entwicklung der Nominal- und Reallöhne
Index der durchschnittlichen Bruttowochenverdienste
der Industriearbeiter (1980 = 100)

Jahr	Nominal	Real
1950	11,4	28,6
1960	22,5	46,9
1965	34,7	63,0
1970	49,6	80,4
1975	72,6	87,9
1980	100,0	100,0
1981	104,4	98,2
1982	108,1	96,5
1983	111,0	96,0
1984	114,7	96,9
1985	118,5	98,0
1986	122,2	101,2

Quelle: Statistisches Bundesamt (Hrsg.), Datenreport 1987, aktualisierter Nachdruck 1988, Bonn 1988, S. 307.

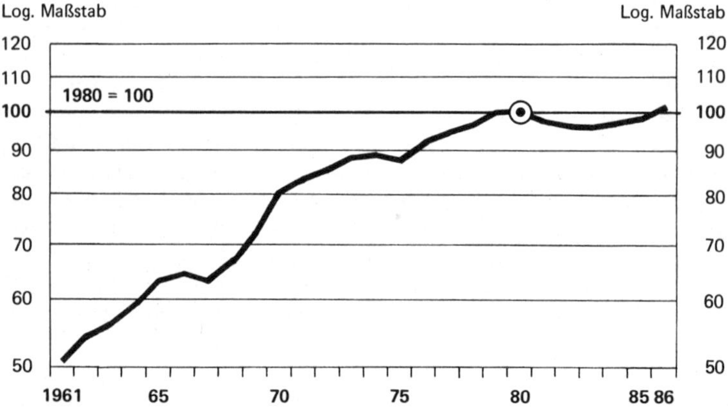

Reallohn-Index. *Quelle:* Datenreport 1987, hrsg. vom Statistischen Bundesamt, Bonn 1987, S. 308.

tischen Diskussion zunehmend deutlich[24], daß bei langfristig abnehmenden Wachstumsraten der Wirtschaft die durch den Rationalisierungsprozeß arbeitslos Werdenden nur noch teil- und zeitweise mit Hilfe beschäftigungspolitischer Maßnahmen – z. B. erhöhter Staatsausgaben – wieder Arbeit finden können. *Umverteilung der Arbeit* ist seitdem eine zentrale

Tabelle 9: Bruttojahresverdienste von (vollbeschäftigen) Arbeitern in der Industrie und Angestellten in Industrie, Handel, Kreditinstituten und im Versicherungsgewerbe in DM

Berufliche Stellung	Geschlecht	1971	1981	1986
Arbeiter	insgesamt	15987	33454	39638
	Männer	17298	35515	41999
	Frauen	11068	24402	29034
Angestellte	insgesamt	18529	42707	50747
	Männer	22151	49035	58640
	Frauen	13396	31392	37106

Quelle: s. Tabelle 8, a. a. O., S. 304.

Forderung, die vor allem auch der gewerkschaftlichen Tarifpolitik zur Arbeitszeitverkürzung außergewöhnliche gesellschaftspolitische Bedeutung verleiht: Arbeitsmarktforscher stellen fest, daß allein die – relativ zügige – Einführung der 35-Stunden-Woche 1,2 bis 1,5 Millionen Arbeitsplätze sichern bzw. neu schaffen würde.

Tabelle 10: Arbeitszeitvergleich

	vor 1918	1978
1. Arbeitstage je Jahr		
Kalendertage je Jahr	365	365
./. Sonntage	52	52
./. Samstage	–	52
./. gesetzliche Feiertage	6	11
= mögliche Arbeitstage	307	250
./. Arbeitsausfälle		
durch Krankheit	5	12,6
tariflicher Urlaub	–	25,4
Sonstiges	2	9
= geleistete Arbeitstage	300	203
2. Arbeitsstunden		
je Arbeitstag	10	8
je Jahr	3000	1624
3. Lebensarbeitszeit		
Arbeitsjahre	45	38
Arbeitsstunden	135 Tsd.	61,7 Tsd. = 45,7 %

Quelle: Informationen für die Beratungs- und Vermittlungsdienste der Bundesanstalt für Arbeit vom 20. 3. 1980, nach einer Studie von Huppert, FAZ vom 11. 12. 1979.

Leider muß konstatiert werden, daß die gewerkschaftliche Tarifpolitik auf diesem Sektor weitgehend versagt hat: Eine einheitliche Strategie kam nicht zustande, Vor-Ruhestandsregelungen einiger Gewerkschaften und der konservativen Regierung (seit 1983) zeigten kaum spürbare Ergebnisse, die IG Metall ließ sich nach dem abgebrochenen Stahlarbeiterstreik im Januar 1979 ein fünfjähriges (!) Moratorium in der Arbeitszeitverkürzungsfrage aufzwingen, und seit 1984 (nach einem harten Streik) wurde die schrittweise Einführung von 39, 38 ½ und, in einem weiteren Tarifvertrag (1986), 37 ½ Stunden pro Woche (ab 1.4.1987) vereinbart. Nur die IG Druck und Papier und – mit Verspätung (1988!) – die Gewerkschaft ÖTV folgten der IG Metall auf diesem Weg der ohnehin sehr kleinen und arbeitsmarktpolitisch wenig wirkungsvollen Schritte zur 35-Stunden-Woche. Größere Schritte werden nicht zuletzt durch die Festlegung auf den »vollen Lohnausgleich« für *alle* (statt nur für die *unteren* Einkommensgruppen) verhindert – eine entsolidarisierende Politik im (kurzfristigen) Interesse der Arbeitsplatz-Besitzenden gegenüber den -Nichtbesitzenden zeichnet sich hier ab.

Weitere tarifpolitische Bereiche

In Fragen der Arbeitsbedingungen sowie der arbeits- und sozialrechtlichen Besserstellung wurden durch Tarifpolitik beachtliche Fortschritte erkämpft, die sich teilweise auch in Gesetzesverbesserungen niederschlugen; erwähnt seien hier nur Lohnfortzahlung für Arbeiter im Krankheitsfall, die Sicherung der Funktion und Arbeit der gewerkschaftlichen Vertrauensleute im Betrieb, die Ausdehnung des Urlaubs (1980 betrug der tarifliche Urlaub in der Bundesrepublik bereits 5–6 Wochen), Kündigungsschutz sowie Einkommenssicherung für ältere Arbeitnehmer, Vergrößerung der Arbeitspausen, die Einrichtung zusätzlicher Unterstützungskassen (IG Textil: für Erwachsenenbildung; IG Bau: für wetterbedingte Arbeitsausfälle) etc.

In den 80er Jahren haben sich die Gewerkschaften zunehmend bemüht, tarifvertragliche Vereinbarungen zur sozialen Absicherung von Arbeitnehmern bei technologischem Wandel zu erreichen.

Vertragstechnisch ist zur Tarifpolitik der westdeutschen Gewerkschaften noch anzumerken, daß es prinzipiell zwei Arten von Tarifverträgen gibt: Die Lohn(Rahmen)-Tarifverträge, in denen vorwiegend – meistens für ein Jahr – Höhe und Berechnungsgrundsätze der Arbeitnehmer-Einkommen festgelegt werden, und »Manteltarife«, die, oft längerfristig, andere Arbeitsbedingungen regeln. (Die Bezeichnungen und Einteilungen sind allerdings nicht völlig einheitlich.) Während der Laufzeit eines Tarifver-

trages sind die Gewerkschaften verpflichtet, keine Arbeitskämpfe wegen im Vertrag vereinbarter Bestimmungen durchzuführen (»Friedenspflicht«). Für die meisten Tarifverträge wurde nach dem Zweiten Weltkrieg von den Tarifkontrahenten ein freiwilliges Schlichtungsverfahren vereinbart (diese Verfahren traten an die Stelle der vor 1933 vorherrschenden staatlichen Zwangsschlichtung).
Formaliter gelten die tarifvertraglichen Leistungen nur für die Gewerkschaftsmitglieder (und die den jeweiligen Arbeitgeberverbänden angeschlossenen Unternehmen). Nach herrschender Lehre stehen aber diese Leistungen allen im Tarifgebiet Beschäftigten zu. Bestrebungen der Gewerkschaften, durch tarifvertraglich ausgehandelte – in seltenen Fällen mit erheblichen Streikkosten erkämpfte – Leistungen Gewerkschaftsmitglieder besserzustellen als Unorganisierte (»Trittbrettfahrer«), wurden durch höchstarbeitsgerichtliche Entscheidungen durchkreuzt, mit dem sehr umstrittenen – Argument, eine solche Ausschließlichkeit zwinge die Unorganisierten zum Eintritt in die Gewerkschaften.

Arbeitskämpfe

Wie Abbildung auf Seite 128 zeigt, gab es in den vergangenen zwei Jahrzehnten nur drei Jahre mit erheblichen Arbeitskämpfen, darunter zwei Streiks der IG Metall um Arbeitszeitverkürzung. Dagegen gab es im ersten Jahrzehnt der Republik fünf Jahre (nämlich 1951, 1953, 1954, 1956 und 1957) mit erheblichen Streiks (1000–1600 verlorene Arbeitstage).
Bekanntlich gehört die Bundesrepublik bislang zu den demokratischen Industrieländern mit der geringsten Zahl von Streiks. Dies hängt sowohl mit den obrigkeitlichen Traditionen zusammen, die auch in der Arbeiterbewegung mangelnde Konfliktfähigkeit und übertriebenen »Legalismus« hervorgerufen haben –, wie aber auch mit der vergleichsweise größeren Kompromißbereitschaft des Managements in der Bundesrepublik, denen sozialpartnerschaftliches Verhalten paradoxerweise in der NS-Zeit (»Betriebsgemeinschaft«), aber mehr noch in der durch ihre erhebliche Legitimitätskrise (Kollaboration mit Hitler!) mitgeprägten Nachkriegszeit nahegelegt wurde. Nicht zuletzt aber hat die außergewöhnliche, über ein Vierteljahrhundert (1948–1973) anhaltende Prosperitätsphase der westdeutschen Wirtschaft der Kapitalseite (wie auch der öffentlichen Hand) Konzessionen an den »Tarifpartner« erleichtert.
Hinzu kommen freilich arbeitsrechtliche Behinderungen einer autonomen Arbeitskampfpolitik. Verwiesen sei z. B. auf die Lehre von der unabdingbaren »Sozialadäquanz« des Streiks, d. h. der Unzulässigkeit von

Samstags gehört Vati mir
1. MAI
DEUTSCHER GEWERKSCHAFTSBUND

Plakate zum Thema Arbeitszeit. Links ein Plakat zum 1. Mai 1956; rechts zur Arbeitszeitverkürzung 1983.

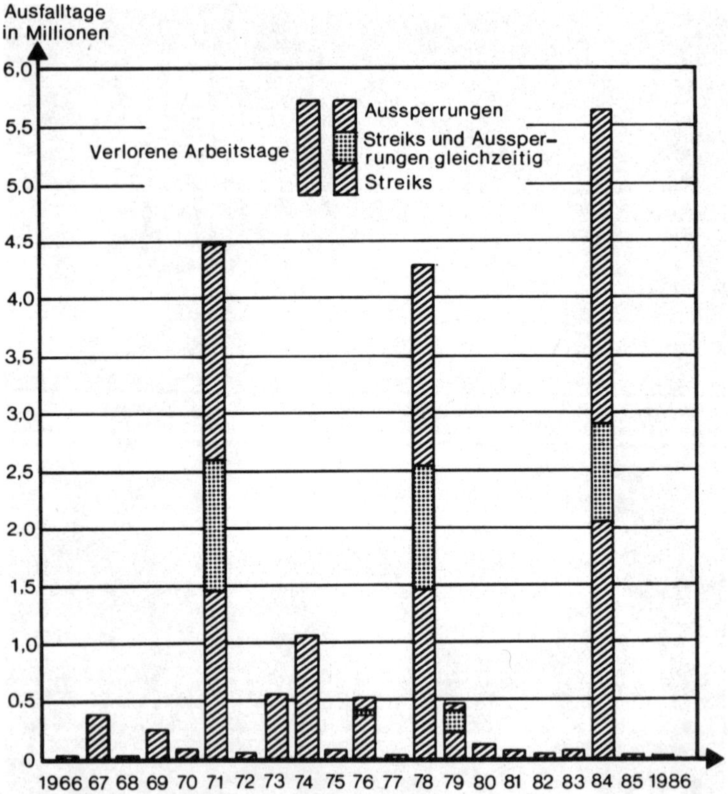

Durch Arbeitskämpfe verlorene Arbeitstage, 1966–1986
Quelle: Datenreport 1987, a. a. O., S. 163

Streikaktionen, wenn nicht zuvor alle Schlichtungsmöglichkeiten ausgeschöpft wurden. Darüber hinaus hat das Bundesarbeitsgericht auch alle nicht von gewerkschaftlichen Organisationen ausgerufenen, sogenannten »wilden« Streiks, also auch alle »spontanen Arbeitsniederlegungen« für unzulässig erklärt, weil es nicht angehe, »das Streikrecht Personen oder Gruppen anzuvertrauen, bei denen nicht die Gewähr dafür bestehe, daß sie nur in dem vertretbaren (!) Umfang davon Gebrauch machen« (Bundesarbeitsgerichtsurteil v. 20. 12. 1963). Die Gewerkschaften haben (insbesondere auf der Tagung der IG Metall »Streik und Aussperrung« im

September 1973) inzwischen – wohl auch unter dem Eindruck zunehmender spontaner Arbeitsniederlegungen – zum Ausdruck gebracht, daß sie nicht bereit sind, sich von der Rechtsprechung in die Rolle drängen zu lassen, ein »Streikmonopol« zu verwalten.

Es ist sicher, daß eine derartige Kriminalisierung vieler Streikformen die Tendenz der Aushöhlung des Arbeitskampfrechts in sich birgt. Nicht weniger restriktiv wirkt die Legalisierung der (in den meisten demokratischen Ländern unbekannten und z. B. von der hessischen Verfassung ausdrücklich verbotenen) Aussperrung – ein Kampfmittel der Kapitalseite, durch das im Prinzip gewerkschaftliche Arbeitskämpfe mit für die gewerkschaftlichen Streikkassen untragbaren Kostenlawinen unmöglich gemacht werden können.

Die Entscheidung zum Streik vollzieht sich in urdemokratischen Formen: Sie verlangt nicht nur einen Beschluß des Gewerkschaftsvorstandes, sondern eine Urabstimmung aller betroffenen Gewerkschaftsmitglieder, die zu mindestens 75 % in geheimer Abstimmung für den Streik gestimmt haben müssen. (Wird gegen oder ohne den Beschluß des Vorstandes gestreikt, so entfällt das Recht auf Zahlung der gewerkschaftlichen Streikunterstützung.) Auch die Beendigung des Streikes bedarf einer Mindestzustimmung (häufig jedoch nur 25 %) in einer Urabstimmung.

Gewerkschaftlicher Rechtsschutz

Gerade angesichts der im Kern berechtigten Kritik an den westdeutschen Gewerkschaften, sie seien im betrieblichen Alltag der Organisierten nicht genügend präsent, erlangen der Rechtshilfe-Service und die arbeits- und sozialrechtliche Beratung und Vertretung der Organisierten eine große Bedeutung. Der DGB – in größeren Städten auch die Einzelgewerkschaften – unterhalten »Rechtsstellen«, von denen die Mitglieder unentgeltlich beraten und vertreten werden. Rechtsberatung und Rechtsschutz stellen die wichtigste individuelle und direkte Hilfe dar, die den organisierten Arbeitnehmern von ihren Gewerkschaften geboten wird. Gleichzeitig versuchen allerdings die Gewerkschaften recht erfolgreich, für Mitglieder durch gewisse Zusatzversicherungen, z. B. eine Reiseunfallversicherung und Altersgelder attraktiv zu werden, Versicherungsleistungen, die im Mitgliedsbeitrag inbegriffen sind.

Informations- und Bildungsarbeit

Gewerkschafts- und gesellschaftspolitisch weitaus wichtiger sind freilich die Aktivitäten der Gewerkschaften, die – nicht zuletzt zur Korrektur der überwiegend unpolitisch bzw. besitzbürgerlich orientierten Zeitungen – die Gewerkschaftsmitglieder aus der Sicht ihrer Interessenvertretung über die Wirtschafts-, Gesellschafts- und Gewerkschaftspolitik informieren. Die Gesamtauflage der gewerkschaftlichen Presseerzeugnisse beträgt etwa 17 Millionen. Diese große Zahl täuscht jedoch, da viele der gewerkschaftlichen Organe nur wöchentlich, zweiwöchentlich oder gar monatlich erscheinen. (Seit vielen Jahren wird daher – bislang vergeblich – auf Gewerkschaftstagen die Forderung erhoben, anstelle relativ wirkungsschwacher, kostenlos vertriebener und häufig in erheblichem Ausmaße unverteilt bleibender Verbandszeitschriften eine massenwirksame gewerkschaftlich orientierte Tageszeitung zu schaffen.)
Noch wichtiger ist die gewerkschaftliche Bildungsarbeit, die der DGB und die Einzelgewerkschaften in Abendveranstaltungen, Wochenendseminaren und in den ein- bis sechswöchigen Seminaren der 25 Gewerkschaftsschulen durchführen. Hinzu kommen die mehrjährigen Studienmöglichkeiten in den gewerkschaftlichen Hochschulen in Hamburg, Dortmund und Frankfurt.
Da es dem DGB und den Einzelgewerkschaften finanziell und organisatorisch unmöglich ist, gewerkschafts- und gesellschaftspolitische Fortbildungsseminare für die Gesamtheit ihrer sieben Millionen Mitglieder zu realisieren, konzentriert sich die gewerkschaftliche Bildungsarbeit auf die Weiterbildung von »Multiplikatoren«, d.h. von Jugendfunktionären, Vertrauensleuten, Betriebs- und Personalräten, Arbeitsdirektoren sowie allen anderen Gremienmitgliedern, die Rechts- und Fachkenntnisse im Rahmen der betrieblichen Mitwirkung und Mitbestimmung der Arbeitnehmer benötigen. Da die Gesamtzahl der betrieblichen Funktionsträger dieser Art auf etwa 200000 geschätzt werden kann, bleibt auch die Weiterbildung der gewerkschaftlichen Interessenvertreter eine gewaltige, in der Praxis nur sehr bruchstückhaftig realisierbare Aufgabe. Allein durch das »Mitbestimmungsgesetz« für Großunternehmen von 1976 wird die unternehmens- und betriebswirtschaftliche Weiterbildung von etwa 4000 in die Aufsichtsräte zu wählenden Interessenvertretern notwendig.

Anmerkungen

1 Vierte Interzonenkonferenz der Deutschen Gewerkschaften, 6.–8. Mai 1947, Bericht für die Presse.
2 Gerhard Beier, Elemente einer Theorie der gewerkschaftlichen Entwick-

Solidaritätskundgebung von BMW-Arbeitern vor dem Hauptverwaltungsgebäude in München für ihre streikenden Kollegen in Baden-Württemberg nach der Bekanntgabe der Werksleitung, die Produktion dort einzustellen (17. 5. 1984).

lung, Autonomie, Funktion, Struktur und Aktion, in: Ulrich Borsdorf u. a. (Hrsg.), Gewerkschaftliche Politik: Reform aus Solidarität, Köln 1977, S. 204.

2a Vgl. dazu im Detail Fritz Vilmar, Stagnation der Gewerkschaftspolitik und ihre konservativen Wirkungen, in: Themen 3/4/1988

3 Nach Eberhard Schmidt, Ordnungsfaktor oder Gegenmacht, Frankfurt a. M. 1971.

4 Z. B. Heinz Oskar Vetter (Hrsg.), Vom Sozialistengesetz zur Mitbestimmung. Zum 100. Geburtstag von Hans Böckler, Köln 1975; Helga Grebing, Geschichte der deutschen Arbeiterbewegung, München 1973[4]; Gerhard Beier, a. a. O.

5 Horst Föhr, Willensbildung in den Gewerkschaften und Grundgesetz, Berlin 1974, S. 43f.

6 Manfred Wilke, Die Funktionäre. Apparat und Demokratie im Deutschen Gewerkschaftsbund, München 1979, S. 61.

7 Gerhard Kleinhenz, Gewerkschaften II: Aufgaben und Organisation, in: Handwörterbuch der Wirtschaftswissenschaft (34./35. Lieferung), Stuttgart u. a. 1981, S. 665.

8 Hans O. Hemmer, Betriebsrätegesetz und Betriebsrätepraxis in der Weimarer Republik, in: Ulrich Borsdorf u. a., a. a. O., S. 242.

9 Ebenda, S. 258.

10 Christoph Kleßmann, Betriebsräte und Gewerkschaften in Deutschland 1945–1952, in: Heinrich A. Winkler, Politische Weichenstellungen im Nachkriegsdeutschland 1945–1953, Sonderheft 5, Geschichte und Gesellschaft, Göttingen 1979, S. 52.

11 Vgl. Horst Thum, Mitbestimmung in der Montanindustrie. Der Mythos vom Sieg der Gewerkschaften, Stuttgart 1982, S. 146ff.

12 Dieter Schuster, Die deutsche Gewerkschaftsbewegung, DGB, Düsseldorf 1976[5], S. 34.

13 Hans-Hermann Hartwich, Arbeitsmarkt, Verbände und Staat 1918–1933, Berlin 1967, S. 4f.

14 Hans-Hermann Hartwich, Arbeitskämpfe – historische, rechtliche und politische Grundlagen in der Bundesrepublik, in: Gegenwartskunde, Jg. 1973, Heft 4, S. 407.

15 Ebenda, S. 411.

16 Ebenda, S. 415.

17 Hans Limmer, Die deutsche Gewerkschaftsbewegung, München 1973[6], S. 130.

18 Heinz Oskar Vetter, DGB und politische Parteien, in: Gewerkschaftliche Monatshefte, hrsg. vom Bundesvorstand des DGB, 25 (1974), S. 203.

19 Reinhard Jühe, Horst-Udo Niedenhoff, Wolfgang Pege, Gewerkschaften in der Bundesrepublik Deutschland, Köln 1982[2], S. 215.

20 Klaus von Beyme, Gewerkschaften und Arbeitsbeziehungen in kapitalistischen Ländern, München 1977, S. 222.

21 Heinrich Potthoff, Gewerkschaften und Politik zwischen Revolution und Inflation, Düsseldorf 1979, S. 438; Klaus von Beyme, a. a. O., S. 217.

22 Heinrich Potthoff, Gewerkschaften, a. a. O., S. 437.

23 Vgl. Norbert Blüm, Werkstücke. Aufsätze, Reden, Essays 1967 bis 1980, Köln 1980, S. 366f.

24 Exemplarisch dazu Fritz Vilmar, Notwendig: Systematische Arbeitszeitverkürzung, in: M. Bolle (Hrsg.) Arbeitsmarkttheorie und Arbeitsmarktpolitik, Opladen 1976, sowie die Analysen in: Th. Kutsch/F. Vilmar (Hrsg.), Vollbeschäftigung durch Arbeitszeitverkürzung?, Opladen 1983.

Literatur

Gerhard Beier, Schwarze Kunst und Klassenkampf. Geschichte der IG Druck und Papier und ihrer Vorläufer, Frankfurt am Main 1966

Gerhard Beier, Gewerkschaften I: Geschichte, in: Handwörterbuch der Wirtschaftswissenschaft (34./35. Lieferung), Stuttgart u. a. 1981, S. 641–659

Joachim Bergmann (Hrsg.), Beiträge zur Soziologie der Gewerkschaften, Frankfurt am Main 1979

Joachim Bergmann, Otto Jacobi, Walther Müller-Jentsch, Gewerkschaften in der Bundesrepublik, 2 Bde., Frankfurt am Main 1976/77[2]

Klaus von Beyme, Gewerkschaften und Arbeitsbeziehungen in kapitalistischen Ländern, München 1977

Ulrich Borsdorf u. a. (Hrsg.), Gewerkschaftliche Politik: Reform aus Solidarität, Köln 1977

Ulrich Borsdorf, Hans O. Hemmer, Martin Martiny (Hrsg.), Grundlagen der Einheitsgewerkschaft, Köln, Frankfurt am Main 1977

Goetz Briefs, Zwischen Kapitalismus und Syndikalismus. Die Gewerkschaften am Scheideweg, München 1952

Frank Deppe, Georg Füllberth, Jürgen Harrer (Hrsg.), Geschichte der deutschen Gewerkschaftsbewegung, Köln 1977

Ulrich Engelhardt, Nur vereinigt sind wir stark. Die Anfänge der deutschen Gewerkschaftsbewegung 1862/63 bis 1869/70, Bd. 1 u. 2, Stuttgart 1977

Horst Föhr, Willensbildung in den Gewerkschaften und Grundgesetz, Berlin 1974

Helga Grebing, Geschichte der deutschen Arbeiterbewegung, München 1973[4]

Helga Grebing, Gewerkschaften als Ordnungsfaktor oder als Gegenmacht, in: Gewerkschaftliche Monatshefte 24 (1973), S. 393–399

Hans-Hermann Hartwich, Arbeitsmarkt, Verbände und Staat 1918–1933, Berlin 1967

Hans-Hermann Hartwich, Arbeitskämpfe – historische, rechtliche und politische Grundlagen in der Bundesrepublik, in: Gegenwartskunde, Jg. 1973, Heft 4, S. 403–418

Hans O. Hemmer, Betriebsrätegesetz und Betriebsrätepraxis in der Weimarer Republik, in: Ulrich Borsdorf u. a. (Hrsg.), Gewerkschaftliche Politik: Reform aus Solidarität, Köln 1977, S. 241–269

Reinhard Jühe, Horst-Udo Niedenhoff, Wolfgang Pege, Gewerkschaften in der Bundesrepublik Deutschland, Köln 1982[2]

Michael Kittner (Hrsg.), Streik und Aussperrung, Frankfurt am Main 1974

Michael Kittner (Hrsg.), Gewerkschaftsjahrbuch 1984, 1985, 1986, 1987, 1988, Köln 1984–1988

Gerhard Kleinhenz, Gewerkschaften II: Aufgaben und Organisation, in: Handwörterbuch der Wirtschaftswissenschaft (34./35. Lieferung), Stuttgart u. a. 1981, S. 659–676

Christoph Kleßmann, Betriebsräte und Gewerkschaften in Deutschland 1945 bis 1952, in: Heinrich A. Winkler, Politische Weichenstellungen im Nachkriegsdeutschland 1945–1953, Sonderheft 5, Geschichte und Gesellschaft, Göttingen 1979

Arno Klönne, Hartmut Reese, Die deutsche Gewerkschaftsbewegung, Hamburg 1984

Thomas Kutsch, Fritz Vilmar (Hrsg.), Vollbeschäftigung durch Arbeitszeitverkürzung?, Opladen 1983

Gerhard Leminsky, Bernd Otto, Politik und Programmatik des Deutschen Gewerkschaftsbundes, Köln 1974

Hans Limmer, Die deutsche Gewerkschaftsbewegung, München 1973[6]

Erich Matthias (Hrsg.), Einheitsgewerkschaft und Parteipolitik, Düsseldorf 1982

Siegfried Mielke (Hrsg.), Internationales Gewerkschaftshandbuch, Opladen 1983

Walther Müller-Jentsch (Hrsg.), Zukunft der Gewerkschaften. Ein internationaler Vergleich, Frankfurt am Main, New York 1988

Walther Müller-Jentsch, Soziologie der industriellen Beziehungen, Frankfurt am Main, New York 1986

Fritz Naphtali, Wirtschaftsdemokratie, (Berlin 1928) Frankfurt am Main 1966[4]

Horst-Udo Niedenhoff, Wolfgang Pege, Gewerkschaftshandbuch, Köln 1987

Theo Pirker, Die blinde Macht, Bd. 1 u. 2, München 1960

Heinrich Potthoff, Gewerkschaften und Politik zwischen Revolution und Inflation, Düsseldorf 1979

Quellen zur Geschichte der deutschen Gewerkschaftsbewegung im 20. Jahrhundert, Bd. 6, Organisatorischer Aufbau der Gewerkschaften 1945–1949, bearbeitet von Siegfried Mielke, Köln 1987

Dietmar Ross, Gewerkschaften und soziale Demokratie, Diss. Bonn 1975

Eberhard Schmidt, Ordnungsfaktor oder Gegenmacht, Frankfurt am Main 1971

Klaus Schönhoven, Die deutschen Gewerkschaften, Frankfurt am Main 1987

Dieter Schuster, Die deutsche Gewerkschaftsbewegung, DGB, Düsseldorf 1976[5]

Dieter Schuster, Die deutschen Gewerkschaften seit 1945, Stuttgart 1973

Wolfgang Streeck, Gewerkschaften als Mitgliederverbände, in: Joachim Bergmann (Hrsg.), Beiträge zur Soziologie der Gewerkschaften, Frankfurt am Main 1979, S. 72–110

Klaus Tenfelde, Klaus Schönhoven, Michael Schneider, Detlef J. K. Peukert, Geschichte der deutschen Gewerkschaften. Von den Anfängen bis 1945, hrsg. von Ulrich Borsdorf, Köln 1987

Horst Thum, Mitbestimmung in der Montanindustrie. Der Mythos vom Sieg der Gewerkschaften, Stuttgart 1982

Günther Triesch, Gewerkschaftsstaat oder sozialer Rechtsstaat, Stuttgart 1974

Heinz Oskar Vetter (Hrsg.), Vom Sozialistengesetz zur Mitbestimmung. Zum 100. Geburtstag von Hans Böckler, Köln 1975

Fritz Vilmar, Politik und Mitbestimmung, Kronberg 1977
Fritz Vilmar, Karl Otto Sattler, Wirtschaftsdemokratie und Humanisierung der Arbeit, Köln 1978
Fritz Vilmar, Stagnation der Gewerkschaftspolitik und ihre konservativen Wirkungen, in: Themen 3/4/1988 (Vierteljahres-Zeitschrift der Stiftung für Christlich-Soziale Politik und Bildung, Königswinter)
Manfred Wilke, Die Funktionäre, München 1979

Chronik

1944

Dez. General Eisenhower, Oberkommandierender der westalliierten Streitkräfte, verspricht demokratische Gewerkschaften in einem von den Alliierten besetzten Deutschland.

1945

8.2. Erste gewerkschaftliche Kontakte im eroberten Aachen führen am 18.3. zur Gründung eines »Freien Deutschen Gewerkschaftsbundes«.

März–Mai Übernahme innerbetrieblicher Aufgaben durch antifaschistische Aktionsausschüsse (Antifas) in zahlreichen, von alliierten Truppen eingenommenen westdeutschen Städten.

März–Dez. Gründung mehrerer hundert gewerkschaftlicher Organisationen auf lokaler und regionaler Ebene.

14.8. Die US-Militärregierung gibt sechs Vorbedingungen für die Bildung von Gewerkschaften und Betriebsausschüssen bekannt.

30.8. Bekanntmachung der britischen Militärregierung über die Bildung von Gewerkschaften.

1946

2./3.2. Erste Gewerkschaftsdelegiertenkonferenz des Freien Deutschen Gewerkschaftsbundes in Groß-Berlin.

12.–14.3. Erste Gewerkschaftskonferenz der britischen Zone in Hannover-Linden.

3.6. Direktive des Alliierten Kontrollrats Nr. 31 mit Grundsätzen über Errichtung von Gewerkschaftsverbänden überläßt Bildung von zonenweiten Gewerkschaftsverbänden weitgehend dem Zonenbefehlshaber.

7./8.11. Erste Interzonen-Gewerkschaftskonferenz in Mainz.

1947

22.–25.4. Gründungskongreß des DGB in der britischen Besatzungszone.

27.4. Bayerischer Gewerkschaftsbund gegründet.

2.5. Allgemeiner Gewerkschaftsbund Rheinland-Pfalz gegründet.

18.7. Badischer Gewerkschaftsbund gegründet.

1948

10.2. Bildung der Arbeitsgemeinschaft Unabhängige Gewerkschaftsopposition (UGO) in Groß-Berlin.

16.–18.6. Außerordentlicher Bundeskongreß des DGB der britischen Zone in Recklinghausen beschließt Zustimmung zum Marshallplan; Absplitterung durch Differenzen in der Angestelltenfrage.

17.–19.8. 9. und letzte Interzonenkonferenz der Gewerkschaften in Lindau-Enzisweiler; Scheitern der Bemühungen zur Schaffung eines gesamtdeutschen Gewerkschaftsbundes.

1.9. Britische Militärregierung zieht Gesetz zur Sozialisierung der Kohlenindustrie zurück.

12.11. Gegen die Wirtschaftspolitik Erhards organisieren die Gewerkschaften den bislang größten Streik der Nachkriegsgeschichte.

1949

12./13.4. Gründung der Deutschen Angestelltengewerkschaft (DAG) in Stuttgart-Bad Cannstatt.

12.–14.10. Gründungskongreß des Deutschen Gewerkschaftsbundes (DGB) in München; Verabschiedung des ersten Grundsatzprogramms (»Wirtschaftspolitische Grundsätze«).

1950

21.–22.3. Gründung des Deutschen Beamtenbundes.

27.7. Vorlage des »Entwurfs eines Gesetzes zur Neuordnung der Wirtschaft« im Bundestag, durch das paritätische Mitbestimmung in allen größeren Unternehmen eingeführt werden sollte.

29./30.11. Urabstimmung der IG Metall, in der 96% der Gewerkschaftsmitglieder den Vorstand bevollmächtigten, für die Durchsetzung der paritätischen Mitbestimmung in der Montanindustrie (Bergbau und eisenschaffende Industrie) zum Streik aufzurufen.

1951

21.5. Gesetz über die Mitbestimmung der Arbeitnehmer in der Montanindustrie.

1952

Mai/Juni Vergebliche Warnstreiks von Gewerkschaften zur Durchsetzung eines Betriebsverfassungsgesetzes mit echten Mitbestimmungsregelungen.

11.10. DGB-Bundeskongreß in Berlin, auf dem der DGB-Vorsitzende Christian Fette wegen seiner zu nachgiebigen Politik in der Frage des Betriebsverfassungsgesetzes abgewählt wird.

1953

Sommer Wahl-Kampagne und -Aufruf der Gewerkschaften: »Für einen besseren Bundestag« endet mit triumphalem Wahlsieg der Unionsparteien.

1955

1.5. Veröffentlichung eines DGB-Aktionsprogramms der kleinen Schritte (Arbeitszeitverkürzung – Einkommenserhöhungen – Ausbau der Sozialversicherung – Ausbau der Mitbestimmung – Verbesserung des Arbeitsschutzes) angesichts der Erkenntnis, die im Grundsatzprogramm geforderte Wirtschaftsdemokratie nicht realisieren zu können.

5.8. Mit dem Bundespersonalvertretungsgesetz wird im Bereich des öffentlichen Dienstes die Mitbeteiligung an den sozialen innerdienstlichen Angelegenheiten geregelt.

1956

1.10. »Einstieg« in die 40-Stunden-Woche: Die IG Metall erreicht die 45-Stunden-Woche mit vollem Lohn- und Gehaltsausgleich.

24.10. 34000 Metallarbeiter streiken in Schleswig-Holstein für eine dem Versicherungsrecht der Angestellten angeglichene Lohnfortzahlung für Arbeiter im Krankheitsfall und bessere Urlaubsregelungen (Streikende erst am 14.2.1957).

1963

21./22.11. Außerordentlicher DGB-Bundeskongreß verabschiedet das zweite Grundsatzprogramm des DGB, das anerkannte marktwirtschaftliche Funktionen in ein wirtschaftsdemokratisches Gesamtkonzept (volkswirtschaftliche Rahmenplanung – Kontrolle wirtschaftlicher Macht – Vergesellschaftung von Schlüsselindustrien – Mitbestimmung auf allen Ebenen der Wirtschaft) zu integrieren versucht.

1965

23.3. Verabschiedung des zweiten Aktionsprogramms des DGB mit Forderungen nach einem 13. Monatsgehalt, tarifpolitischen Maßnahmen zur gerechteren Vermögensverteilung, vier Wochen Mindesturlaub, Herabsetzung der Altersgrenze in der Rentenversicherung, Ausbau des Mieterschutzes, Einführung des zehnten Schuljahres und eines bezahlten Bildungsurlaubs.

ab 1966

Verstärkte Forderungen und Kampagnen des DGB und der Gewerkschaften zur Durchsetzung verbesserter Mitbestimmungsgesetze.

30.10. Die Kampagne »Notstand der Demokratie«, die sich gegen die Verabschiedung der Notstandsgesetze wendet, wird von wichtigen Gewerkschaften unterstützt, das Mittel des politischen Streiks jedoch abgelehnt.

1967

17.7. DGB-Bundesausschuß lehnt für den Deutschen Gewerkschaftsbund den vorliegenden Entwurf einer Notstandsverfassung ab.

1968

40-Stunden-Woche von den meisten Gewerkschaften erreicht.

Mai/Juni DGB-Bundesvorstand protestiert mehrfach gegen die Annahme der Notstandsgesetze.

1972

15.1. Verabschiedung eines verbesserten Betriebsverfassungsgesetzes durch die sozialliberale Regierung; keine Durchsetzung der gewerkschaftlichen Forderung nach Mitbestimmung in personellen Fragen (Einstellungen, Versetzungen, Entlassungen etc.).

25./30.6. Verabschiedung eines dritten Aktionsprogramms des DGB mit Forderungen nach vorausschauender Arbeitsmarktpolitik auf der Grundlage von volkswirtschaftlicher Rahmenplanung, Reform des Dienstrechts mit dem Ziel, Beamten das Streikrecht zu verschaffen und die Arbeitsbedingungen aller Beschäftigten einander anzunähern, Forderungen nach Humanisierung der Arbeitsbedingungen und nach Verbesserung des Umweltschutzes.

1974

15.3. Neues Bundespersonalvertretungsgesetz stärkt die Unabhängigkeit der Personalräte und die Position der Gewerkschaften.

1976

4.5. Verabschiedung eines Mitbestimmungsgesetzes (Gesetz über die paritätische Mitbestimmung der Arbeitnehmer) für Großunternehmen (über 2000 Beschäftigte), das aber keine vollständige Parität von Kapital und Arbeit durchsetzt.

1978/79

Vergeblicher Stahlarbeiterstreik der IG Metall, Dez. 78/Jan. 79 zum »Einstieg« in die 35-Stunden-Woche.

1981

März Verabschiedung eines dritten Grundsatzprogramms des DGB, das die 1963 erarbeiteten wirtschaftsdemokratischen Forderungen im wesentlichen fortschreibt, aber größeres Gewicht auf Humanisierung des Arbeitslebens und ökologisch verantwortbare Wirtschaftspolitik legt.

1982/1985

Seit Anfang der 80er Jahre rapide wachsende Verschuldung des gewerkschaftlichen Konzerns »Neue Heimat« infolge unvertretbarer Grundstücks- und Immobilien-Käufe auf Kredit. Die Gewerkschaftsführung versucht durch massenhaften Verkauf von Wohnungen den Konkurs abzuwenden.

1984

April/Mai Mehrwöchiger Streik (mit umfangreichen Aussperrungen) der IG Metall und IG Druck und Papier zum »Einstieg« in die 35-Stunden-Woche. Ergebnis war die Einführung der 38,5-Stunden-Woche bis 1986.

1985

Nov. Aktionen der Gewerkschaften gegen die geplante (und später auch realisierte) Neufassung des § 116 des Arbeitsförderungsgesetzes:
Bei Arbeitskämpfen soll danach außerhalb des umkämpften Tarifgebiets im gleichen fachlichen Geltungsbereich kein Kurzarbeitergeld gezahlt werden, wenn »im räumlichen Geltungsbereich des Tarifvertrages, dem der Betrieb zuzuordnen ist, eine Forderung erhoben worden ist, die einer Hauptforderung des Arbeitskampfes nach Art und Umfang annähernd gleich ist«.

1986

Sept. Nach dem Scheitern einer Sanierung der »Neuen Heimat« mit Hilfe von Wohnungsverkäufen versucht die Gewerkschaftsführung sich von den gesamten »Neue Heimat«-Schulden (17 Mrd. DM) durch Verkauf des Konzerns zu einem symbolischen Preis von DM 1,– (an einen Brotfabrikanten) zu befreien. Auch dieser »Sanierungs«-Versuch scheitert, da die Banken die Gewerkschaften nicht aus der schuldnerischen Haftung entlassen.

1987/1988

Die Gewerkschaften müssen den Mehrheitsanteil an der Bank für Gemeinwirtschaft und den Versicherungskonzern »Volksfürsorge« verkaufen, um die Schulden der »Neuen Heimat« bezahlen zu können. Der Verkauf der »Volksfürsorge« stößt auf unerwartete Schwierigkeiten und ist noch 1988 nicht zu bewerkstelligen.
Das Eigentum der »Neuen Heimat« (330000 Wohnungen) wird auf regionaler Basis nach und nach durch Verkauf, meist an die Landesregierungen, versilbert.

Werner Bührer
Unternehmerverbände

Verglichen mit früheren Abschnitten bundesrepublikanischer Geschichte ist es in den letzten Jahren um die Verbände bemerkenswert ruhig geworden. Ging es in den hitzigen Debatten der 50er Jahre noch ganz grundsätzlich um die politische Daseinsberechtigung von Interessengruppen, um die Gefahren, welche der Demokratie von einer »Herrschaft der Verbände« drohten, so vermochte schon die Diskussion der 70er Jahre über ein »Verbändegesetz«, das bestimmte Auswüchse unterbinden sollte, kaum mehr die Gemüter zu erregen. Man mag das nachlassende öffentliche Interesse als Gewöhnung an westlich-demokratische Standards interpretieren – darin auch einen generellen Bedeutungsverlust der Verbände sehen zu wollen, wäre indessen verfehlt. Dies gilt in besonderem Maße für eine der wichtigsten Spezies: die Unternehmerverbände. Wenngleich ihre »Macht« in den vergangenen vier Jahrzehnten gewissen Schwankungen unterworfen war und sich die Verbandsführungen stets beeilen, auf die angeblich weitaus mächtigeren Gewerkschaften zu verweisen, spielen zumindest die größeren Unternehmerorganisationen nach wie vor eine gewichtige Rolle im wirtschaftlichen und politischen Leben der Bundesrepublik.

Eine Darstellung der Organisation, der Politik und des Selbstverständnisses von Unternehmerverbänden wird sich, angesichts einer Gesamtzahl von etwa 1200 regional, bundesweit oder nach Branchen organisierten Interessenvertretungen, schon aus Gründen der Übersichtlichkeit bescheiden müssen. Wenn, wie im folgenden beabsichtigt, auch der Frage nach dem politischen Einfluß solcher Verbände nachgegangen werden soll, verspricht die Konzentration auf die drei Dachorganisationen am ehesten aussagekräftige Ergebnisse. Der »Bundesverband der Deutschen Industrie« (BDI), die »Bundesvereinigung der Deutschen Arbeitgeberverbände« (BDA) und der »Deutsche Industrie- und Handelstag« (DIHT) stellen zweifellos die »Kristallisationszentren der unternehmerischen Verbandsmacht« dar und erhalten deshalb den Vorzug vor einzelnen Branchenvertretungen.[1] Kennzeichnend für alle diese Organisationen ist, daß es sich um Zusammenschlüsse von Unternehmen oder deren Vereinigungen auf freiwilliger, privatrechtlicher Basis handelt. Als Sammelbegriff für diese Art von Interessengruppen hat sich die Bezeichnung »Unternehmerverbände« eingebürgert. Die Industrie- und Handelskam-

mern als – im Gegensatz zu ihrem Dachverband – öffentlich-rechtliche Körperschaften mit gesetzlicher Pflichtmitgliedschaft fallen somit, strenggenommen, nicht unter diesen Oberbegriff, doch sollen auch sie, zumindest bis zur Gründung des DIHT 1949, behandelt werden.
Dieses nach wirtschafts-, sozial- und regionalpolitischen Interessen untergliederte Verbandssystem, für das in der einschlägigen Literatur der Begriff der »drei Säulen« geprägt wurde, hatte sich in Deutschland in der zweiten Hälfte des 19. Jahrhunderts entwickelt und den politischen Systemwechsel vom Kaiserreich zur Weimarer Republik unbeschadet überstanden. Erst nach der Errichtung der nationalsozialistischen Diktatur erfolgten einige einschneidende Eingriffe in die gewachsenen Strukturen. Insbesondere die sozialpolitischen Vertretungsorgane – sie wurden in die »Deutsche Arbeitsfront« eingegliedert – und die Kammern – sie wurden 1943 in ihrer alten Form aufgelöst und entsprechend den kriegswirtschaftlichen Erfordernissen sowie in Anlehnung an den räumlichen Einzugsbereich der NSDAP-Gaue reorganisiert – waren davon betroffen. Aber auch die »Reichsgruppe Industrie« als wirtschaftspolitische Spitzenvertretung paßte sich den neuen Grundsätzen – Ausschließlichkeit, Zwangsmitgliedschaft und Führerprinzip – an.[2] Hinter dieser Verformung des Verbandssystems verbarg sich freilich ein bemerkenswert hohes Maß an personeller und funktioneller Kontinuität, sieht man von der zeitweiligen, kriegswirtschaftlich bedingten Erweiterung des Aufgabengebietes ab. Es war nicht zuletzt die daraus resultierende fachliche Kompetenz, welche die »Macht« der Unternehmerverbände mitbegründete[3] – und die auch nach dem neuerlichen Systemwechsel 1945 gebraucht wurde.

Die Reorganisation des industriellen Verbandswesens

Es war bei Kriegsende keineswegs abzusehen, in welcher Form das »freie« Verbandswesen wiedererstehen würde. Unstrittig war im Westen Deutschlands – im Gegensatz zur Situation in der sowjetisch besetzten Zone[4] – lediglich, daß es erneut solche Verbände geben sollte. Mit der ersten einschlägigen Vorschrift nach dem Krieg, der Technischen Anweisung Nr. 49 vom 30. Juli 1945, verfügten britische Militärbehörden zwar die Abschaffung der Gauwirtschaftskammern und die Suspendierung der Wirtschaftsgruppen, gestatteten aber zugleich die Gründung neuer Organisationen, sofern diese auf Zwangsmitgliedschaft verzichteten und ausschließlich »unpolitische« Aufgaben wahrnahmen.[5]
Die alten oder neugegründeten Industrie- und Handelskammern waren die ersten allgemein anerkannten und arbeitsfähigen unternehmerischen Interessenvertretungen, die sich nach der alliierten Besetzung in den

Westzonen etablieren konnten.[6] Dies lag einmal an ihrem regional begrenzten Wirkungsbereich, der oft mit den Verwaltungsbezirken der Militärregierungen übereinstimmte. Zum anderen hatten die Kammern im nationalsozialistischen Kriegswirtschaftssystem keine exponierte Stellung innegehabt; ihre Funktionäre konnten sich somit den Alliierten als vergleichsweise wenig oder gar nicht belastete Fachleute präsentieren. Die zuständigen amerikanischen, britischen und französischen Offiziere nahmen dieses Angebot in den meisten Fällen dankbar an. Wo die Reorganisation nicht schon aus den Kammern heraus in Angriff genommen worden war, ergriffen sie nicht selten die Initiative. In der britischen und in der französischen Zone behielten die Industrie- und Handelskammern in Anlehnung an die bis 1933/34 geltenden Gesetze ihren öffentlich-rechtlichen Charakter, während sie in der amerikanischen Zone nur als privatrechtliche Vereinigungen mit freiwilliger Mitgliedschaft zugelassen waren. Unabhängig von der jeweiligen Rechtsform und solange »amtliche« deutsche Wirtschaftsverwaltungen noch im Aufbau begriffen waren, kümmerten sie sich im Auftrag und unter Kontrolle der Militärregierungen um die Bewältigung der drängendsten Tagesaufgaben wie die Bewirtschaftung von Gütern und Rohstoffen, die Genehmigung zur Wiederingangsetzung der Betriebe oder die Abwicklung von Kompensationsgeschäften.[7]

Die von alliierter Seite ebenfalls gewünschten Schrittmacherdienste beim Wiederaufbau der Fachverbände konnten die Kammern jedoch nicht in gleicher Weise erfüllen. Insbesondere in solchen Industriezweigen wie Eisen und Stahl, Chemie oder Maschinenbau versuchten die noch intakten Wirtschaftsgruppenleitungen von vornherein mit Erfolg, eine Kontrolle durch die Kammern zu umgehen und an ihnen vorbei direkte Kontakte zu den Besatzungsdienststellen aufzubauen, um sich dort als einzige kompetente Sprecher der jeweiligen Branche zu profilieren.[8] Schon vor Kriegsende hatten manche Wirtschaftsgruppen damit begonnen, ihren Organisationsapparat von Berlin nach Hamburg, Hannover oder München, also in den voraussichtlichen Machtbereich der USA und Großbritanniens, zu verlegen. Auf lokaler oder regionaler Basis setzten die verbliebenen Funktionäre ihre Arbeit über den 8. Mai 1945 hinaus fort. Vor allem an Rhein und Ruhr bildeten sich rasch mehrere informelle Zirkel, die in wechselnder personeller Zusammensetzung nach Wegen zur Überwindung der akuten wirtschaftlichen und technischen Probleme suchten. So konnte die stahlindustrielle Bezirksvertretung bereits am 31. August 1945 ihre erste Mitgliederversammlung abhalten und ungeachtet der noch ausstehenden offiziellen Anerkennung seitens der Militärregierung, die erst im März 1946 erfolgte, die Verbandsorganisation konsolidieren.

Verglichen mit Kammern und Fachverbänden hinkte der Wiederaufbau der dritten »Säule« etwas hinterher.[9] Zwar trieben auch hier ehemalige Verbandsfunktionäre den Neuaufbau voran, doch favorisierten manche Fachverbandsleitungen sowie zuständige Kreise der Militärregierungen und der deutschen Verwaltungen noch bis ins Jahr 1946 hinein eine Zusammenfassung der sozial- und wirtschaftspolitischen Aufgaben in einer einheitlichen Organisation, ehe sich die Verfechter eigenständiger Arbeitgeberverbände schließlich durchsetzten.

Während Briten und Amerikaner die Bildung zonenweiter Verbände schon seit Ende 1945/Anfang 1946 zuließen – die französische Militärregierung folgte diesem Schritt erst 1949 –, blieben branchenübergreifende Zusammenschlüsse weiterhin verboten. Die Bemühungen Fritz Bergs, der als Vorsitzender der »Wirtschaftsvereinigung Eisen-, Blech- und Metallwarenindustrie« die Vertreter von 19 Fachverbänden aus der britischen Zone am 30. August 1946 nach Wuppertal einlud, um die Gründung einer Dachorganisation vorzubereiten, waren deshalb zum Scheitern verurteilt. Der zweite Anlauf, den diese Kreise um die Jahreswende 1947/48 nicht zuletzt deshalb wagten, um gegenüber den besser organisierten Industrie- und Handelskammern nicht zu sehr ins Hintertreffen zu geraten, war erfolgreicher. Nachdem sich bereits im Dezember 1947 die Kammern zur »Arbeitsgemeinschaft der Industrie- und Handelskammern des Vereinigten Wirtschaftsgebietes« zusammengeschlossen hatten, konstituierte sich im Februar 1948 die »Arbeitsgemeinschaft Eisen und Metall« als Vereinigung der Eisen schaffenden und verarbeitenden Sparten bis hin zur elektrotechnischen und optischen Industrie. Die angloamerikanischen Kontrollinstanzen duldeten diese Aktivitäten, obgleich sie eindeutig gegen geltende Vorschriften verstießen.

Den Anfang bei der Errichtung zonenübergreifender Dachorganisationen machten die Arbeitgeberverbände, die sich im Januar 1949 inoffiziell, im April offiziell eine einheitliche Spitzenvertretung unter dem Vorsitz von Walter Raymond gaben. Die wirtschaftspolitischen Verbände gründeten am 19. Oktober in Köln ihren »Ausschuß für Wirtschaftsfragen der industriellen Verbände«; Präsident wurde Fritz Berg. Am 27. Oktober 1949 konstituierte sich schließlich, erstmals auch mit Beteiligung aus der französischen Zone, der DIHT unter Leitung von Alfred Petersen. Damit war, etwa gleichzeitig mit der Gründung der Bundesrepublik, die Reorganisation des unternehmerischen Verbandswesens abgeschlossen. Der Beitritt der wirtschafts- und sozialpolitischen Verbände der französischen Zone sowie die Umbenennungen in BDI im Januar und BDA im November 1950 geriet zur reinen Formsache.[10] Viereinhalb Jahre nach Kriegsende existierten wieder einflußreiche Interessenvertretungen, die im großen und ganzen an die wirtschafts- und sozialpolitischen Traditionslinien der Zwischenkriegszeit anknüpften. Da sich der BDI die Führungsposition sichern konnte, war auch das alte Kräfteverhältnis zwischen den Verbänden bald wiederhergestellt.

Herrschaft der Verbände?

In den 50er Jahren fielen einige grundlegende, Wirtschaft und Politik der Bundesrepublik prägende Entscheidungen, an deren Zustandekommen Verbände unterschiedlichster Art einen großen Anteil hatten. Während die weitgehende Übereinstimmung mit der Außen- und Europapolitik Adenauers besondere Aktivitäten auf diesem Gebiet überflüssig machte, fühlten sich die Verbandsführungen in wirtschafts- und sozialpolitischen Fragen häufig zu Einwänden und Eingriffen veranlaßt. Dabei bedienten sie sich offenbar bisweilen recht rüder, hemdsärmliger Methoden. So beschwerte sich beispielsweise Bundeswirtschaftsminister Erhard im Frühjahr 1950 über den BDI-Geschäftsführer Beutler, weil dessen Briefe und Auftreten im Ministerium den Anschein erweckten, »als ob die Geschäftsführung des BDI berufen sei, das Wirtschaftsministerium zu führen«.[11] Stellt man dann noch den Nachholbedarf im Hinblick auf ein pluralistisches Politikverständnis in Rechnung, wird die aufgeregte Debatte über die »Herrschaft der Verbände« durchaus verständlich.
Die erste große sozialpolitische Kraftprobe in der Bundesrepublik resultierte aus dem Konflikt um die paritätische Mitbestimmung in der Montanindustrie. Von der britischen Militärregierung im Zuge der Entflechtung der Stahlkonzerne 1946/47 eingeführt,[12] war die Regelung nicht nur den Ruhrindustriellen von Anfang an mißliebig. Als im Herbst 1949 Bemühungen um eine bundeseinheitliche Gesetzgebung einsetzten, versuchten diese Kreise, eine Verankerung des Paritätsprinzips zu verhindern. Nachdem zunächst, entsprechend der traditionellen Arbeitsteilung zwischen den Verbänden, die BDA die Verhandlungsführung in den Gesprächen mit den Gewerkschaften übernommen hatte, schob sich im Laufe des Jahres 1950 der BDI immer stärker in den Vordergrund. Während insbesondere Arbeitgeberpräsident Raymond anfangs auf einen Kompromiß im Geiste harmonischer Sozialpartnerschaft hoffte, verteidigten die maßgeblichen Kräfte im BDI und im DIHT die betriebliche Wirtschafts- und Personalhoheit des Unternehmers. Die »roll-back-Strategie« war freilich nur insofern von Erfolg gekrönt, als eine Ausweitung der paritätischen Mitbestimmung auf andere Wirtschaftszweige verhindert werden konnte; in der Frage der Montanmitbestimmung hielt die Bundesregierung jedoch dem Druck aus dem Unternehmerlager stand, weil sie eine Konfrontation mit den Gewerkschaften aus innen- und außenpolitischen Gründen vermeiden wollte.[13]

Mußten sich die Unternehmerverbände in diesem Konflikt also mit einem Teilerfolg begnügen, so bewiesen sie in anderen Fällen, in denen ein ähnlich einflußreicher und entschlossener politischer Gegenspieler fehlte, mehr Durchsetzungsvermögen. Als der amerikanische Hohe Kommissar McCloy im März 1951 vor dem Hintergrund der Korea-Krise von der Bundesregierung staatliche Bewirtschaftungs- und Lenkungsmaßnahmen, Preis- und Devisenkontrollen sowie die Festlegung von Prioritätssystemen für wichtige Im- und Exporte verlangte, sahen die Spitzenverbände die Chance zur Stärkung des eigenen Einflusses.[14] Unter der Parole »Mobilisierung der Selbstverantwortung der Wirtschaft« übernahmen die Verbände hoheitliche Aufgaben und organisierten ein System von Sonderbeauftragten, Beratern und Ausschüssen zur Erledigung der von den Amerikanern gestellten Aufgaben. Zwar waren auch die Gewerkschaften an diesen Maßnahmen beteiligt, doch war die Dominanz der Unternehmerverbände unverkennbar. Sie demonstrierten damit in einer Krisensituation Effizienz und Unentbehrlichkeit und eroberten sich auf diese Weise eine führende Rolle im wirtschaftspolitischen Entscheidungsprozeß, die den Abbau des Lenkungsapparats nach dem Abflauen der Korea-Krise überdauerten.

Ihre Durchsetzungsfähigkeit stellten die Spitzenverbände auch in der Frage der Investitionslenkung unter Beweis. Sollte die 1950/51 einsetzende Rüstungskonjunktur optimal genutzt werden, waren Investitionen in dem bis dahin vernachlässigten schwerindustriellen Sektor unvermeidlich.[15] Die Initiative lag erneut beim BDI, der sich dabei des 1950 gegründeten »Gemeinschaftsausschusses der Deutschen Gewerblichen Wirtschaft«, des Koordinierungsgremiums aller Dachorganisationen mit Ausnahme der landwirtschaftlichen Interessenvertretung, bediente. Zwar bedurfte es einer gesetzlichen Grundlage, um die Aufbringung der »freiwilligen« Umlage in Höhe von 1,2 Milliarden DM zu garantieren, doch spricht es gerade für den Einfluß der Dachverbände, daß dieses »Investitionshilfegesetz« zustande kam. Da die Verbandsbürokratien überdies den zugrundeliegenden Gesetzentwurf formuliert hatten, sicherten sie sich einen beträchtlichen Einfluß auf den staatlichen Entscheidungsprozeß und verschoben das wirtschaftspolitische Machtgefüge zumindest kurzfristig merklich zu ihren Gunsten.[16]

Nicht weniger massiv griffen BDI und DIHT schließlich in die Auseinandersetzungen um ein Gesetz gegen Wettbewerbsbeschränkungen ein, die sich von 1949 bis 1957 hinzogen.[17] Rund 250 Eingaben, Denkschriften und Gutachten zur Wettbewerbsordnung entstanden in diesem Zeitraum. Eingedenk der besonders ausgeprägten Kartelltradition in Deutschland dürfte dieser Widerstand freilich kaum überraschen. Zwar wandte sich auch der BDI gegen einen zügellosen Wettbewerb, doch war er andererseits von dem volkswirtschaftlichen Nutzen von Marktabreden im Falle krisenhafter Entwicklungen überzeugt. Während also die meisten Unternehmerverbände für eine Mißbrauchsregelung votierten, sprach sich Ludwig Erhard, von amerikanischer Seite noch zusätzlich unter Druck gesetzt, für ein Kartellverbot aus. Er lieferte sich mit Berg regelrechte Redeschlachten, war aber bei aller Konfliktfreudigkeit bemüht, eine scharfe Konfrontation mit dem BDI zu vermeiden. Aus dieser Einstellung resultierte auch das Angebot an den Verband, zusammen mit Experten aus dem Bundeswirtschaftsministerium einen Kompromißentwurf auszuarbeiten. Offenbar bemerkte Erhard die verfassungsrechtliche Bedenklichkeit dieses Verfahrens noch rechtzeitig[18], denn im Frühjahr 1954 rückte er von diesem Vorschlag wieder ab. Inzwischen hatte jedoch die einheitliche Front der Industrie Risse bekommen, und einige prominente Unternehmer sprachen sich gegen das Mißbrauchsprinzip aus. Das schließlich im Juli 1957 ratifizierte Kartellgesetz folgte zwar dem Verbotsgrundsatz, ließ aber eine Reihe von Ausnahmen zu, so daß es schwerfällt, einen eindeutigen »Sieger« auszumachen. Daß sich BDI und DIHT nicht wie erhofft durchsetzen konnten, hing sicherlich vor allem mit der Uneinigkeit im Unternehmerlager selbst zusammen.

Zieht man aus heutiger Sicht ein Fazit dieser in exemplarischer Absicht skizzierten Konflikte, erscheinen die Warnungen vor einer »Herrschaft der Verbände« doch stark übertrieben. Im Fall der Montanmitbestimmung konnten weder Unternehmerverbände noch Gewerkschaften – die in die damalige Verbändeschelte ja mit einbezogen wurden – ihre Vorstellungen uneingeschränkt durchsetzen. Der gewiß bemerkenswerte Machtzuwachs der industriellen Interessenvertretungen im Verlauf der Korea-Krise war nur vorübergehender Natur. In der Kartellfrage schließlich mußten BDI und DIHT ebenfalls Abstriche von ihren ursprünglichen Zielsetzungen vornehmen. Verglichen mit dem massiven Auftreten einzelner Verbandsrepräsentanten waren die Erfolge am Ende eher bescheiden. Was in der Öffentlichkeit an erster Stelle für Aufregung gesorgt hatte, das war wohl weniger der Ertrag als die Form praktischer Verbandspolitik. Das Auftreten des BDI-Geschäftsführers, die hemdsärmlige Art, in der Präsident Berg bisweilen sein Amt wahrnahm, seine Nähe zum Bundeskanzler – Anlässe für Kritik und Empörung waren reichlich vorhanden. Die Schwierigkeiten, die es den meisten Verbandsfunktionären bereitete, sich an die »strukturellen Eigenheiten parlamentarischer Entscheidungsprozesse« zu gewöhnen, waren jedenfalls nicht zu übersehen.[19]

Von solchen Problemen war freilich auch die Kritik an der »Herrschaft der Verbände« nicht frei. Insbesondere manche konservativen Staatsrechtslehrer, die in der Tradition von Carl Schmitt die staatliche Autorität

Tagung des Bundesverbandes der Deutschen Industrie (BDI) in München; hier Teilnehmer an der öffentlichen Kundgebung am 8.6.1966: (v.l.n.r.:) BDI-Präsident Fritz Berg, Rolf Rodenstock (Vorsitzender des Landesverbandes der bayerischen Industrie), Gustav Stein (Hauptgeschäftsführer des BDI), Bundeskanzler Ludwig Erhard, der bayerische Ministerpräsident Alfons Goppel und der Landtagspräsident Rudolf Hanauer.

gegen die als »Freibeuter« und »Piraten« abqualifizierten Verbände zu verteidigen suchten, offenbarten ein ähnlich »vorparlamentarisches« Staatsverständnis. Sogar liberale Kritiker empfanden die »unverantwortliche« Politik der Verbände nicht selten als »illegitim« und »freiheitsbedrohend«. Hier rächte sich, daß das Grundgesetz nur die Parteien, nicht jedoch die Verbände als Faktoren des politischen Willensbildungsprozesses anerkannte.[20]

Die Verbände setzten sich gegen diese Angriffe zur Wehr. Der BDI veranstaltete im März 1957 ein »Gespräch« zwischen Wissenschaftlern, Journalisten und Verbandsvertretern.[21] Namhafte Staatsrechtler, unter ihnen auch einer der Wortführer der konservativen Kritiker, Werner Weber, würdigten nunmehr die Arbeit der Verbände, wandten sich aber gegen ihre »Nach-und-Nach-Institutionalisierung« durch den Einbau in den staatlichen Herrschaftsapparat. Die anwesenden BDI-Vertreter – Berg und Beutler fehlten – beteiligten sich erstaunlicherweise nicht an der Debatte. Lediglich BDI-Vizepräsident Carl Neumann meldete sich als Gastgeber zu einer knappen Begrüßung und einer ebenso knappen Schlußansprache zu Wort. Befriedigt registrierte er als Ergebnis der Referate und Diskussionsbeiträge, daß die Notwendigkeit der Verbände allgemein anerkannt werde. Ihre Aufgabe sei es, Interessen wahrzunehmen; weitergehende Ambitionen verneinte er. Ob diese verharmlosende Umschreibung von Sinn und Zweck eines Verbandes dazu angetan war, die Kritiker zu beruhigen, sei dahingestellt. Festzuhalten bleibt, daß die öffentliche Auseinandersetzung gegen Ende der 50er Jahre verstummte, obgleich sich am Sachverhalt – der Einflußnahme auf den politischen Entscheidungsprozeß – nichts geändert hatte. Nach wie vor stellten die Verbände zwar nicht allmächtige, aber doch mächtige Instrumente industrieller Interessenpolitik dar.

Wer waren nun die »Mächtigen« in den Verbänden selbst? Ein Blick auf die internen Strukturen gibt darüber nur unvollkommen Auskunft: An der Spitze steht formal die Mitgliederversammlung, in der die Mitgliedsverbände mit einem nach der Beschäftigtenzahl der einzelnen Branchen gestaffelten Stimmrecht vertreten sind. Sie ist zuständig für alle »Angelegenheiten von grundsätzlicher Bedeutung«, wie es beispielsweise in der Satzung des BDI heißt, wählt den Präsidenten sowie seine Stellvertreter und genehmigt den Haushaltsplan. An zweiter Stelle folgt der Vorstand, der sich aus dem Präsidenten, den Vizepräsidenten und Repräsentanten

Formaler Aufbau eines industriellen Branchenverbandes.
Quelle: Wolfgang Rudzio, Die organisierte Demokratie, Stuttgart 1977, S. 24.

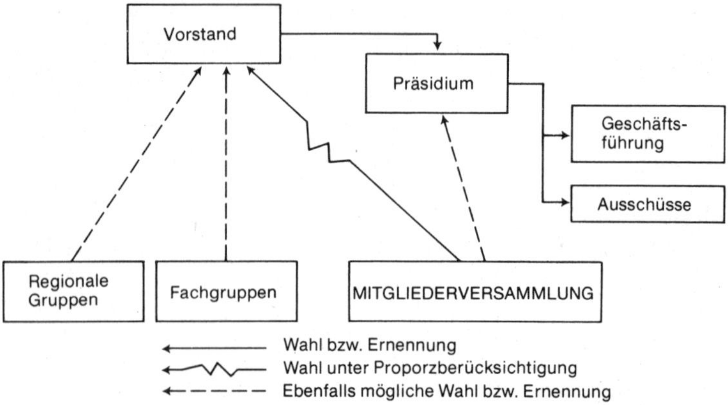

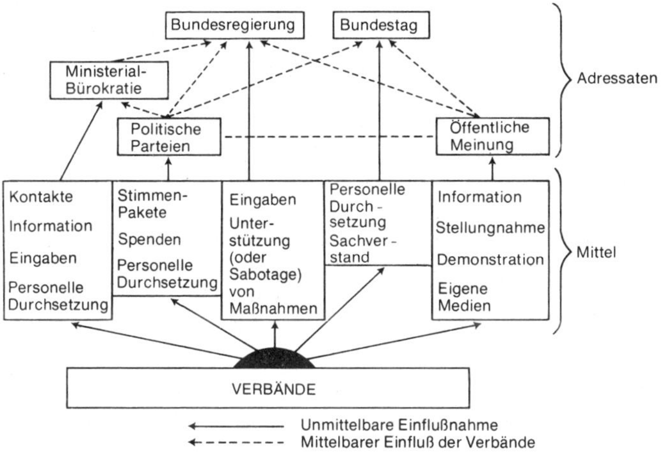

Der Einfluß von industriellen Branchenverbänden – Adressaten und Methoden.
Quelle: Rudzio, a. a. O., S. 41.

aller Mitgliedsverbände und Landesvertretungen zusammensetzt. Er beschließt die Richtlinien der Verbandspolitik. Maßgebliches Gremium, obgleich in der offiziellen Verbandshierarchie z. B. des BDI erst an dritter Stelle rangierend, ist das Präsidium. Dort fallen die wichtigen Entscheidungen, im Falle besonderer Dringlichkeit auch ohne vorherige Billigung der zuständigen Organe. Unterstützt wird das Präsidium dabei von der Geschäftsführung, deren Einfluß schon aufgrund des gelegentlichen Informationsvorsprungs, den sie den eingespielten Kontakten zu den politischen Entscheidungszentren verdankt, gewiß größer ist, als es ihr – unterster – Rang in der Hierarchie vermuten läßt.[22] Zusammen mit einer Handvoll einflußreicher Industrieller aus dem Präsidium dürften die Spitzen der Verbandsbürokratie denn auch zu jenem kleinen, informellen Zirkel gehören, der jenseits formaler Kompetenzen die Grundlinien der Verbandspolitik festlegt.

Die Methoden der Einflußnahme, die sich in den späten 40er und in den 50er Jahren herausgebildet haben, sind bis heute, von gelegentlichen Akzentverschiebungen abgesehen, die gleichen geblieben, auch der Kreis der Adressaten hat sich nicht verändert. Begehrtester Ansprechpartner der Unternehmerverbände war der Bundeskanzler, häufigster die Ministerialbürokratie, an die fast 83 Prozent aller BDI-Eingaben der Jahre 1949 bis 1958 gerichtet waren. Die Verbände versuchten meist schon im Vorbereitungsstadium von Gesetzen ihre Vorstellungen zur

Geltung zu bringen. Die im August 1958 verabschiedete Gemeinsame Geschäftsordnung der Bundesministerien sowie entsprechende Bestimmungen der Bundesregierung, des Bundestages und des Bundesrates zielten darauf ab, die Mitwirkung der Interessengruppen am Entscheidungsprozeß zu kanalisieren und zu normieren. Nach Meinung einiger Kritiker vergrößerte diese Regelung jedoch eher den Einfluß zumindest der Spitzenorganisationen, die auf Kosten der übrigen Verbände privilegiert wurden.[23] Die engen, oft informellen Beziehungen zum Bundeskanzler, derer sich beispielsweise der BDI rühmte, wurden von diesen Vorschriften ohnehin nicht tangiert. Allerdings brachte dieser unmittelbare Kontakt nicht in allen Fällen die erhofften Ergebnisse, da auch der Regierungschef Ressortinteressen oder koalitionspolitische Erfordernisse zu berücksichtigen hatte.

Eines der wirksamsten, freilich auch umstrittensten Mittel politischer Einflußnahme war – und ist – die Parteienfinanzierung. Öffentliche Äußerungen von Verbandsseite über Höhe oder Empfänger von Zahlungen sind deshalb stets mit Vorsicht zu genießen. Immerhin war die »Bonner Landschaft« in jenen Jahren übersichtlicher als zu späteren Zeiten. So flossen über informelle Sammelstellen sowie seit 1954 über die »Staatsbürgerliche Vereinigung«, die eigens zum Zweck der steuerfreien und zentralen Finanzierung gegründet wurde, nach Angaben des BDI-Hauptgeschäftsführers Gustav Stein zwischen 1952 und 1958 jährlich im Durchschnitt etwa 7 Millionen DM an alle »bürgerlichen« Parteien. Anläßlich der Bundestagswahlen 1953 und 1957 kamen noch 5,7 bzw. knapp 20 Millionen DM dazu. Diese Gelder wurden nach folgender Faustregel verteilt: Die CDU/CSU erhielt 50, die FDP 35 Prozent; die restlichen 15 Prozent gingen an die übrigen bürgerlichen Parteien. Eine Unterstützung der SPD als »sozialistische Partei« stand damals nicht zur Debatte. Auch wenn die Wahlsiege der Union zweifellos in erster Linie auf die außenpolitischen und wirtschaftlichen Erfolge der 50er Jahre zurückzuführen waren, dürften die »Einflüsse des Geldes« so gering, wie Stein behauptete, auch nicht gewesen sein.[24] Also war es nur konsequent, wenn die Industrie diesen Kurs, der Grundlage und Bedingung ihres Aufstiegs gewesen war, weiterhin finanziell unterstützte.

Auf dem Weg in die Konzertierte Aktion

Der wirtschaftliche Boom der 50er und frühen 60er Jahre bot für die Unternehmerverbände wenig Veranlassung, ihre bisherige Wirtschafts- und Sozialpolitik zu überprüfen. Auch eine Neubestimmung des Verhältnisses zu den Gewerkschaften erschien unnötig, solange steigender »Wohlstand für alle« gesichert war.

Einer derjenigen, die gerade angesichts der Hochkonjunktur für gewisse wirtschaftspolitische Eingriffe plädierten, war Wirtschaftsminister Ludwig Erhard. Aber weder seine konjunkturpolitischen Vorschläge noch seine Bemühungen, die wachsenden Einkommensunterschiede durch vermögensbildende Maßnahmen wie das 312-Mark-Gesetz oder die Ausgabe von »Volksaktien« zu verringern, fanden die Zustimmung der Verbände. Seine Maßhalteappelle, die nicht zuletzt an die Adresse der »egoistischen« Interessengruppen gerichtet waren, stießen auf taube Ohren.

Der erste Konflikt entzündete sich an der Frage der DM-Aufwertung. Die Exportindustrie, angeführt vom BDI, lehnte einen solchen Schritt wegen zu erwartender Einbußen im Auslandsgeschäft ab. Auf einem eigens einberufenen Treffen im Kanzleramt Anfang August 1960 behielt Fritz Berg gegenüber dem Bundeswirtschaftsminister die Oberhand. Als Erhard daraufhin am 10. August in einem Brief an den Bundeskanzler die Argumente des BDI-Präsidenten noch einmal zurückwies und »vor dieser Art Beratung und Unterstützung« ausdrücklich warnte, gab Adenauer eine Kopie des Schreibens an Berg weiter. Hatte schon diese Indiskretion Empörung hervorgerufen, so gab es in der Presse geradezu einen Proteststurm, als Berg mit seiner bekannten Bemerkung, er brauche »nur einmal zum Kanzler zu gehen und die ganze Aufwertung« sei »endgültig vom Tisch«, der Öffentlichkeit Einblicke in das enge Verhältnis des BDI-Chefs zum Bundeskanzler gewährte.[25] Auch wenn Bergs Äußerung eine gehörige Portion Prahlerei enthielt – schließlich konnte sich Erhard am Ende doch durchsetzen –, sorgte er für eine neuerliche aufgeregte »Verbandsdiskussion«, die dieses Mal freilich schnell wieder verstummte. Es war immerhin deutlich geworden, daß der Einfluß der Industrie und einzelner Spitzenverbände nach wie vor sehr groß und eine effektive Kontrolle mit Hilfe der Geschäftsordnungsregelungen keineswegs gewährleistet war. Die Warnungen zeitgenössischer Kommentatoren, daß Verbandsfunktionäre nicht »regieren« dürften, waren nach diesem Auftritt Bergs nur zu verständlich, wenngleich ein solcher Anspruch von den Verbänden nicht einmal insgeheim erhoben wurde[26] – und, nach allen bis dahin gesammelten Erfahrungen, auch illusionär gewesen wäre.

Zu einer weiteren Kraftprobe kam es in der Frage der »Vermögensbildung in Arbeitnehmerhand«. Aus den Reihen des BDI war schon im März 1961 massive Kritik lautgeworden. Erhards Vorschläge, so hieß es, könnten Strukturwandlungen zur Folge haben, die »letzten Endes in die Sozialisierung einmünden«. Hermann Reusch sah 1963 die Grundlagen des allgemeinen Wohlstands bedroht, und der neue Präsident der BDA und frühere Bundesminister für Atomfragen, Siegfried Balke, befürchtete im Dezember 1964 einen »entscheidenden Schritt in den Kollektivismus«.[27] Als schließlich auch noch der »Deutsche Gewerkschaftsbund« (DGB) in seinem 1963 verabschiedeten Grundsatzprogramm die alte Forderung nach paritätischer Mitbestimmung in den Aufsichtsräten aller Großunternehmen erneuerte, sah Fritz Berg in einer Rede vom Dezember 1964 endgültig den »sozialistischen Monster-Staat« heraufziehen.[28] Jenseits dieser kompromißlosen Rhetorik gab es jedoch, gerade in der BDA, Kräfte, die zur Zusammenarbeit bereit waren. Schon Hans Constantin Paulssen, von 1953 bis 1964 Präsident der Arbeitgeber-Dachorganisation, hatte sich bemüht, das Verhältnis zu den Gewerkschaften zu entkrampfen. Dies war auch das Ziel des von Hanns Martin Schleyer, dem späteren Arbeitgeberpräsidenten, geleiteten BDA-»Arbeitskreises Mitbestimmung«, und der neue DIHT-Präsident Otto Wolff von Amerongen schloß sich dieser Linie ebenfalls an, als er im November 1965 davor warnte, die Atmosphäre zu »verbiestern«. Die Ursachen dieses allmählichen Einstellungswandels mögen teils branchen-, teils generationsbedingt gewesen sein. Jedenfalls entstand nach und nach ein Klima, in dem auf Unternehmerseite die Bereitschaft zum Dialog mit den Gewerkschaften wuchs. Es bedurfte freilich erst noch zweier Schübe – der Rezession von 1966 und der Bildung der Großen Koalition zwischen CDU/CSU und SPD auf Bundesebene im Dezember des gleichen Jahres –, ehe sich der »harte Kern« in den Verbandsleitungen, wenn auch widerstrebend, auf jenes Experiment der institutionalisierten, »tripartistischen« Kooperation von Staat, Spitzenverbänden und Gewerkschaften in Gestalt der »Konzertierten Aktion« einließ.

Einen ersten Versuch zur Einbindung der Interessengruppen in den 60er Jahren startete Ludwig Erhard mit seinem Konzept der »Formierten Gesellschaft«, das er auf dem Düsseldorfer CDU-Parteitag im März 1965 der Öffentlichkeit präsentierte. Aufgrund seiner Erfahrungen gerade mit den Unternehmerverbänden, für deren bisweilen übermäßigen Machtanspruch er seinen Amtsvorgänger mitverantwortlich machte, war Erhard als Bundeskanzler bemüht, die Autorität des Staates und des Parlaments wiederherzustellen und durch einen umfassenden Konsens der gesellschaftlichen Gruppen neu zu begründen.[29] Um die Inkorporierung der organisierten Interessen ging es auch Karl Schiller, dem Wirtschaftsminister der Großen Koalition. Doch im Gegensatz zu Erhards undurchsichtigem volkspädagogischen Programm zeichnete sich seine Politik »sowohl in der Diktion als auch im Ansatz durch einen kühlen, technokratischen Rationalismus« und die Bejahung gesellschaftlicher Konflikte aus. Dem Sozialdemokraten gelang es, mit Hilfe der »Konzertierten Aktion« die »Ära der Globalsteuerung und korporatistischer Manipulationen« einzuleiten.[30]

Trotz der Anerkennung, welche die Unternehmerverbände plötzlich in

Die »Konzertierte Aktion« unter der Leitung von Bundeswirtschaftsminister Friderichs (v. l. n. r.): DGB-Vorsitzender Heinz Oskar Vetter, Hans Friderichs, Bundesbankpräsident Karl Klasen, DIHT-Präsident Otto Wolff von Amerongen, Staatssekretär Otto Schlecht, BDI-Präsident Hans-Günther Sohl und BDA-Präsident Hanns Martin Schleyer (10. 1. 1974 in Bonn).

der SPD genossen, waren jedoch noch heftige Widerstände zu überwinden, ehe sie sich, nach Vorgesprächen mit Schiller, im Februar 1967 zusammen mit den Repräsentanten anderer Spitzenverbände sowie Vertretern des Bundeswirtschaftsministeriums und der Gewerkschaften an einen Tisch setzten. Beteiligt waren u. a. der BDI, die BDA, der DIHT, der »Bundesverband des Privaten Bankgewerbes«, der »Zentralverband des Deutschen Handwerks«, der »Bundesverband des Deutschen Groß- und Außenhandels« sowie der DGB und die Industriegewerkschaft Metall.[31] Die Skepsis der Verbände richtete sich vor allem gegen die de facto verbindlichen Orientierungsdaten und Zielprojektionen, welche die Bundesregierung gemäß dem im Mai 1967 verabschiedeten Stabilitätsgesetz formulierte. So waren beispielsweise die Lohnleitlinien als Eingriff in die Tarifautonomie auch bei den Arbeitgeberverbänden umstritten. Allerdings lernten sie bald die Vorzüge einer gesteuerten Lohnentwicklung – höhere Kalkulierbarkeit der Produktionskosten – schätzen. Insgesamt beurteilten die Verbandsleitungen die Anwendung neuer wirtschaftspolitischer Methoden zunächst jedoch überwiegend positiv.[32] Rückblickend würdigte beispielsweise Hans-Günther Sohl, von 1972 bis 1976 Präsident des BDI, die Konzertierte Aktion »trotz aller Schwächen« als eine »nützliche und erhaltenswerte Einrichtung«. Vor allem die »Möglichkeit des Dialogs« sei für die Funktionsfähigkeit einer modernen Gesellschaft von Bedeutung: »Die Zusammenkünfte üben einen heilsamen Zwang aus, sachlich zu argumentieren und sich mit den Argumenten der anderen Beteiligten auseinanderzusetzen.«[33]

Dieses Lob läßt freilich auch schon erkennen, daß mit der Konzertierten Aktion zwar ein neuer Modus der Zusammenarbeit mit dem Staat und den Gewerkschaften gefunden, aber keine dauerhafte, korporatistische Apparatur etabliert worden war. Schon Anfang der 70er Jahre machten sich im Unternehmerlager erste Anzeichen von Rückzugsabsichten bemerkbar. Die »wachsende Distanzierung der Industrie von Schillers liberal-korporatistischem Experiment«[34] fand ihre Entsprechung auf seiten der Gewerkschaften, wo vor allem an der Basis und in der mittleren Funktionärsschicht die Kritik wuchs. Die Konzertierte Aktion blieb zwar noch bis 1977 als lockere Gesprächsrunde bestehen, doch hatte sie ihre Funktion längst verloren. Die in der Wissenschaft Anfang der 70er Jahre diskutierte Frage eines Funktionswandels der Verbände in Richtung auf eine »Verstaatlichung« wurde somit bald gegenstandslos. In dem sich abzeichnenden »Dilemma zwischen Bewahrung der Handlungsfreiheit und institutioneller Bindung ihrer wirtschaftspolitischen Entscheidungen« zogen die Verbandsführungen die erste Möglichkeit vor, »da sie sonst vermehrt auf das gesamtwirtschaftliche Zielbündel, insbesondere auf die Sicherung der Geldwertstabilität, Rücksicht« hätten nehmen müssen.[35] Die Verbände wahrten ihre Autonomie und bewährten sich zudem aufs neue als »Krisenmanager«. Erhards Versuch, ihren Einfluß zurückzudrängen, überstanden sie unbeschadet, und die Beziehungen zum sozialdemokratischen Wirtschaftsminister ließen sich sogar ausnehmend gut an.

Zwischen Opposition und Kooperation

In den späten 60er Jahren mußten sich die Unternehmerorganisationen nicht nur auf neue Formen korporatistischer Interessenregulierung einstellen, auch im politischen Bereich ergaben sich mehr oder weniger einschneidende Veränderungen.

Die Reaktion auf die Bildung der Großen Koalition war abwartend. Offiziell sicherte BDI-Präsident Berg der Regierung die »loyale und sachliche Mitarbeit« des Verbandes zu; intern dürfte, wie zum Beispiel bei Hans-Günther Sohl, eine ablehnende Haltung vorherrschend gewesen sein.[36]

Die öffentliche Stellungnahme zum Regierungsantritt der sozialliberalen Koalition im Herbst 1969 fiel schon merklich kühler aus: Nun wurde nur noch die von der Bundesregierung »erbetene kritische Partnerschaft« zugesagt.[37] Obwohl Willy Brandt sogleich seine Dialogbereitschaft unter Beweis stellte, gelang es der neuen Bundesregierung lediglich, die ohnehin kooperationswilligen Kräfte im Unternehmerlager zu gewinnen. Die konservative Unternehmerschaft, unfähig oder unwillig, das Verhältnis zur SPD nüchtern zu betrachten, steigerte sich Anfang der 70er Jahre in eine »heute kaum noch verständliche Welle der Hysterie« hinein, die eine zeitgenössische Kommentatorin mit dem Begriff »Belagerungsmentalität« umschrieb. Fritz Berg griff zum Jahresende 1970 die Reformpolitik der Regierung an und klagte, die Stimmung der Industrie sei »noch nie so schlecht wie heute« gewesen.[38] Vor dem Hintergrund dieses selbstentworfenen Krisenpanoramas wagte die Unternehmerschaft die Konfrontation. Unterstützt wurde dieser Kurs nicht allein von der Großindustrie, sondern ebenso von den kleineren und mittleren Unternehmen. Hinter der öffentlich vorgetragenen Sorge um die wirtschaftliche Entwicklung verbarg sich jedoch ein politisches Ziel: die Ablösung der SPD/FDP-Regierung. Nachdem das konstruktive Mißtrauensvotum im April 1972 gescheitert war, setzten diese Kreise alle Hoffnungen in die Bundestagswahl vom Herbst des gleichen Jahres, mußten aber erneut eine deftige Niederlage einstecken.

Nach diesen beiden Rückschlägen waren die Unternehmerverbände gezwungen, wollten sie sich nicht völlig isolieren, ihre Haltung gegenüber der SPD neu zu definieren: »Das Cannae von 1972 ermöglichte den Aufstieg einer bis dahin zurückgedämmten Strömung und Generation, die nicht nur mit einer sozialdemokratisch geführten Regierung und einem linksliberalen Parlamentarismus zu leben wußte, sondern auch mit einer Ausdehnung der Mitbestimmung, des Betriebsverfassungsgesetzes, der Vermögensbildung.«[39] Otto A. Friedrich, seit 1970 BDA-Präsident, und Wolff von Amerongen vom DIHT galten ohnehin als kooperationsbereit, und Hans-Günther Sohl, der neue BDI-Präsident, wußte sich anzupassen. Zumindest nach außen hin arrangierte man sich mit der ungeliebten Regierung. Die SPD hatte ihren Willen zur Zusammenarbeit zuvor schon dadurch signalisiert, daß sie mehrere Verbandsfunktionäre und Manager in die Bundesministerien berief. Daß der »Einzug der Managerelite in den Bonner Machtapparat... erst mit dem Machtantritt der Sozialdemokraten« begonnen habe, wie ein Wirtschaftsblatt 1971 geschrieben hatte, erscheint freilich stark übertrieben, wenngleich Industriekreise die Chance, die angekündigte Reformpolitik schon in der Entstehung zu bremsen, nicht ungenutzt verstreichen ließen.[40]

Die Entkrampfung der Einstellung gegenüber der SPD änderte indessen nichts an der grundsätzlichen Präferenz für die CDU/CSU. Dies läßt sich schon an solchen eher nebensächlichen Dingen wie der Liste der Redner ablesen, die während der Amtszeit Sohls zu den vom BDI unter Ausschluß der Presse veranstalteten Diskussionsabenden eingeladen wurden: Sechs Oppositionspolitikern standen zwei SPD- und drei FDP-Politiker gegenüber, die überdies in ihrer Mehrzahl ausgesprochen wirtschaftsnahe Standpunkte vertraten.[41] Selbst die sozialliberale Ostpolitik und deren wirtschaftliche Impulse wurden reserviert aufgenommen, war doch der BDI davon überzeugt, daß die Gründe für eine Ausweitung beispielsweise des Außenhandels in der Hauptsache ökonomischer Natur und die Aussichten insgesamt ohnehin nicht gerade überwältigend seien.[42] Und im Konflikt mit den Gewerkschaften, den die Unternehmerverbände zunehmend offensiver austrugen, waren die Sozialdemokraten eben doch unzuverlässige Partner. Als Anstifter einer Vielzahl vermeintlich »sozialistischer Experimente« in der Steuer- und Sozialpolitik standen sie ohnehin schon unter publizistischem Beschuß.

Ihre eigene Situation malten die Verbandsleitungen in düsteren Farben, Klagen über die »Machtlosigkeit« der Industrie und ihrer Interessenvertretungen, seit jeher Bestandteil der öffentlichen Rhetorik, nahmen in den 70er Jahren merklich zu. Man fühlte sich als Opfer von Diffamierungskampagnen, das offizielle BDA-Organ sah für die Unternehmer sogar die grundgesetzlich verbrieften Freiheitsrechte gefährdet.[43] Die Verbände beließen es jedoch nicht bei verbalen Attacken gegen die Regierung. So scheint es vereinzelt Versuche gegeben zu haben, aus Protest gegen die Berufsbildungsreform eine Art »Ausbildungsboykott« zu organisieren, also keine neuen Lehrlinge einzustellen.[44] Dem gleichen Muster folgten die mehr oder weniger deutlichen Drohungen mit einem »Investitionsboykott«, mit deren Hilfe die in der SPD diskutierten Pläne für eine zentrale Investitionslenkung konterkariert werden sollten.[45] Der heftigste Konflikt entzündete sich jedoch erneut an der Frage der Mitbestimmung. 1974 legte die Bundesregierung einen Gesetzentwurf zur Neufassung der alten Mitbestimmungsregelung nach dem Betriebsverfassungsgesetz von 1952 vor. Er sah die Parität zwischen Anteilseignern und Arbeitnehmern vor. Anders als beim Mitbestimmungsmodell in der Montanindustrie fehlte in diesem Vorschlag der neutrale elfte Mann, der mögliche Pattsituationen auflösen konnte. Der BDI hielt eine solche Regelung nicht nur für unpraktikabel, sondern auch für verfassungswidrig. Immerhin führte der Widerstand aus dem Unternehmerlager dazu, daß der Aufsichtsratsvorsitzende und damit die Seite der Anteilseigner eine Zweitstimme erhielt. Die BDA strengte 1976 sogar eine Klage beim Bundesverfassungsgericht an, um allen weitergehenden gewerkschaftlichen Forderungen einen Riegel vorzuschieben.[46] Dieser Schritt bedeutete zugleich das endgültige Aus für das einstige Paradestück tripartistischer Kooperation, die Konzertierte Aktion, denn die Gewerkschaften nahmen die Verfassungsklage zum Anlaß, die institutionalisierte Zusammenarbeit mit den Unternehmerverbänden aufzukündigen.

Die Polemik gegen den »Gewerkschaftsstaat«, an der sich Verbandssprecher und industriefreundliche Publizistik nach Kräften beteiligten, nimmt sich nicht nur wegen des allenfalls halben Erfolges der Gewerkschaften in der Mitbestimmungsfrage befremdlich aus, beflügelte aber allem Anschein nach die FDP Mitte der 70er Jahre in ihren Bemühungen um die Verabschiedung eines Verbändegesetzes.[47] Die durch diese Initiative ausgelöste Kontroverse, insbesondere einige der vorgesehenen gesetzlichen Reglementierungen, behagten den Unternehmerverbänden dann aber doch nicht, denn ihre Bewegungsfreiheit wäre ebenfalls eingeschränkt worden. Rolf Rodenstock, Präsidiumsmitglied und von 1978 bis 1984 Präsident des BDI, wies deshalb in einer Rede vom März 1976 ein Verbändegesetz kategorisch zurück. Bedrohlich erschienen ihm erwartungsgemäß ohnehin nur die Gewerkschaften. Die Macht der Unternehmerorganisationen »im Sinne von Durchsetzungsvermögen eigener – vielleicht auch egoistischer – Auffassungen« stufte er hingegen unter Hinweis auf Kartellgesetzgebung und Fusionskontrolle als »nicht sehr durchschlagend« ein. Verstöße gegen den »verantwortungsvollen Umgang mit verbandlicher Macht« – fehlende innerverbandliche Willensbildung, rücksichtslose Durchsetzung eigener auf Kosten anderer Interessen, »Alleinvertretungsansprüche« – könne eine gesetzliche Vorschrift nicht garantieren. »Starke und verantwortungsbewußte Verbände« verstetigten den Wirtschaftsprozeß und stabilisierten die Staats- und Gesellschaftsordnung, sie seien für das »Funktionieren der modernen Massendemokratie eines hochentwickelten Industriestaates unverzichtbar«.[48]

Trotz der unvermeidlichen Kostproben BDI-spezifischen öffentlichen Understatements war das Selbstverständnis des einflußreichen Spitzenverbandes, wie es in der Rede Rodenstocks zum Ausdruck kam, geprägt von einer nüchtern-selbstbewußten Definition der eigenen Rolle im politischen und wirtschaftlichen Leben der Bundesrepublik. Während der BDI seinem Widerpart in diesem Punkt gewiß nicht nachstand, beneideten viele Verbandsfunktionäre den DGB um die von ihm repräsentierte »einheitliche Schlagkraft«. Überlegungen zur Zusammenfassung der sozial- und wirtschaftspolitischen Funktionen in einer Organisation hatte es, wie erwähnt, besonders in der unmittelbaren Nachkriegszeit gegeben, doch hatten sich traditionelle Organisationskonzepte und neue Kompetenzansprüche als stärker erwiesen. Der 1950 gegründete Gemeinschaftsausschuß war nur ein schwacher Ersatz für das von manchen Verbandsstrategen erstrebte schlagkräftige Führungszentrum. Vor allem die

Arbeitsteilung zwischen BDI und BDA erschien angesichts der engen Verzahnung sozial- und wirtschaftspolitischer Probleme eher hinderlich und überholt. Schon um Doppelarbeit zu vermeiden, schlug Hans-Günther Sohl am Ende seiner Amtszeit deshalb eine engere Verflechtung vor. Durch eine Doppelpräsidentschaft sowie eine Personalunion der Präsidialämter sollte die Zusammenarbeit der beiden Spitzenverbände gefördert werden. Zum Präsidenten hatte Sohl den seit 1973 amtierenden BDA-Chef Hanns Martin Schleyer auserkoren, der sein neues Amt zum Jahresbeginn 1977 antrat.[49] Dieses Experiment, das sehr stark auf die Person Schleyers zugeschnitten war, mußte jedoch bereits nach 8 Monaten abgebrochen werden, denn Anfang September wurde der einflußreichste deutsche Industrie- und Verbandsführer von Terroristen entführt und schließlich ermordet.
Zweifellos stellte das Jahr 1977 für viele Unternehmer und Verbandsführer eine Art Zäsur in der Geschichte der Bundesrepublik dar.[50] Bislang höchstens verbalen Angriffen ausgesetzt, mußten zumindest Spitzenfunktionäre und -manager plötzlich fürchten, als Repräsentanten des »kapitalistischen Systems« Opfer physischer Attacken zu werden. Es ist anzunehmen, daß diese Erfahrung mit dazu beitrug, daß sich erneut jene »Belagerungsmentalität« ausbreiten konnte, die schon das politische Klima Ende der 60er, Anfang der 70er Jahre bestimmt hatte. Die daraus resultierende Verhärtung unternehmerischer Standpunkte wirkte sich auch auf das Verhältnis zu den Gewerkschaften und zur Regierung aus, wurde doch letztere von konservativer Seite ohnehin für das Aufkommen terroristischer Bewegungen mitverantwortlich gemacht. Wenngleich genauere Forschungen zu diesem Thema noch ausstehen, ist zu vermuten, daß die Ereignisse des Jahres 1977 den Mentalitätswandel im Unternehmerlager zumindest bremsten und dem »klassenkämpferischen« Flügel neuen Auftrieb gaben.

Rückkehr zur Normalität?

Der Gesprächsfaden zwischen Unternehmerverbänden, Gewerkschaften und Regierung war zwar selbst nach dem Ende der Konzertierten Aktion nicht völlig abgerissen, denn unter dem Vorsitz des Bundeskanzlers traf man sich in wechselnder Besetzung informell zur Fortsetzung des »sozialen Dialogs«, wie das neue Etikett lautete[51]; dennoch nahmen die Konflikte in der Endphase der sozialliberalen Ära unübersehbar an Schärfe zu. Für wirtschaftliche Krisenerscheinungen und steigende Arbeitslosenzahlen wurden in erster Linie die vermeintlich verfehlte Politik der Bundesregierung und gewerkschaftliche »Maßlosigkeit« in der Lohnpolitik verantwortlich gemacht. »Blockierung der Marktkräfte«, »wohlfahrtsstaatliche Bevormundung«, »Unterminierung unternehmerischer Dynamik und Innovationsfähigkeit«, so lauteten die häufigsten Vorwürfe an die Bonner Regierung, die »jahrelang unter dem Rubrum, ›die Belastbarkeit der Wirtschaft zu testen‹, den Substanzverzehr der Unternehmer« vorangetrieben habe.[52] Es mußte deshalb in Unternehmerkreisen wie eine Erlösung wirken, als im Herbst 1982 nach 13 Jahren wieder eine unionsgeführte Regierung die Macht übernahm. Der Regierungswechsel, so kommentierte der DIHT in seinem Jahresbericht, sei ein »willkommener Anlaß, zahlreiche laufende Reformprojekte« zu überprüfen und eine »Gesamtrevision der langjährigen Reformeuphorie« vorzunehmen.[53] Die von der neuen Bundesregierung angekündigte »Wende« in der Wirtschafts- und Sozialpolitik entsprach den Erwartungen der Unternehmerverbände. Die Umsetzung dieser Politik fand indessen nicht deren ungeteilte Zustimmung, manchen Industriellen und Verbandsfunktionären ging die ordnungspolitische »Erneuerung« nicht weit genug. Eine Änderung erprobter Strukturen und Verfahren beispielsweise im tarifpolitischen Bereich lehnte die BDA jedoch ab: »Die Sicherung der eingespielten Tarif- und Konfliktregulierungen – und damit die Rolle der Gewerkschaften als intermediäre Organisationen zwischen Kapital und Arbeit – werden offensichtlich höher eingeschätzt als mögliche kurzfristige Vorteile« durch die besonders von der FDP vorgeschlagene Flexibilisierung und Differenzierung der Tarifpolitik.[54] Zu dem auf seiten der Gewerkschaften gefürchteten Block von Staat und Unternehmen kam es also nicht, im September 1985 knüpften Bundesregierung, Unternehmerverbände und Gewerkschaften mit der Wiederaufnahme des »sozialen Trialogs« sogar an frühere Formen der Interessenvermittlung an. Die »Normalität« der 80er Jahre unterschied sich eben doch von der in den 50er Jahren.

Daß sich, ungeachtet der oft aggressiven Rhetorik der Verbandsverlautbarungen, keine Mehrheit für eine sozialpolitische »roll-back-Strategie« fand, dürfte zum einen mit den Verschiebungen im Verbandsgefüge selbst zusammenhängen. Der BDI, der in früheren Jahren entsprechende Ambitionen gehabt hatte, geriet gleich zweimal in personelle Nöte. Der Bonner Fliesenfabrikant Nikolaus Fasolt hatte 1978 nach nur sechsmonatiger Amtszeit wegen seiner Verstrickung in die Parteispendenaffäre und wirtschaftlichen Schwierigkeiten seines Unternehmens den Hut nehmen müssen. Der Flick-Gesellschafter Eberhard von Brauchitsch, der 1983 Rodenstock ablösen sollte, verzichtete schon vorher, nachdem im Zusammenhang mit der Flick-Affäre ein Ermittlungsverfahren gegen ihn eingeleitet wurde. Die BDA profilierte sich in dieser Zeit im sozialpolitischen Bereich, und Otto Wolff von Amerongen vom DIHT nutzte die personellen »Turbulenzen« beim BDI, um »die Meinung der Wirtschaft zu wichtigen politischen ‚Themen nahezu allein zu artikulieren«.[55] Zum anderen haben mittlerweile Kernkraftgegner und Umweltschützer mit ihrer »Wachstums- und Industriefeindlichkeit« die Gewerkschaften als Hauptkontrahenten der Industrie fast verdrängt. Die neue Generation der Verbandsbosse, die seit Mitte der 80er Jahre die Verantwortung übernommen hat, setzt denn auch auf eine begrenzte, nüchtern kalkulierte Zusammenarbeit mit den Gewerkschaften, um den »Standort Bundesrepublik« zu erhalten. Sofern die Gewerkschaften dazu bereit sind, werden sie in den angestrebten Konsens integriert. Da der BDI ihnen, zusammen mit dem Staat, zugleich aber auch die Hauptverantwortung für die Wettbewerbsfähigkeit des Landes zuweist, stehen die potentiellen Sündenböcke schon bereit.[56] Bei aller Bereitschaft zum »sozialen Dialog« und verbindlicheren Umgang mit den Gesprächspartnern – an ihrer traditionellen Neigung, die Verantwortung für mögliche Fehlentwicklungen anderen Akteuren aufzubürden, halten die Unternehmerverbände offenbar fest.

Das Erscheinungsbild der industriellen Spitzenverbände, das öffentliche Auftreten und der politische Stil der Verbandsführer und -funktionäre am Ende der 80er Jahre unterscheiden sich deutlich von dem der 50er Jahre – deutlicher, als es beispielsweise für die Gewerkschaften zutrifft. Die Hemdsärmligkeit eines Fritz Berg, seine von häufiger Selbstüberschätzung nicht freie Art der Interessenartikulation würde im eher konsensfreudigen Klima der Gegenwart deplaziert wirken. Aus dem verbindlich-kooperativen Stil auf geringeren Einfluß, geringere Durchsetzungsfähigkeit schließen zu wollen, wäre indessen verfehlt. Zwar verlor beispielsweise der BDI in den 70er Jahren seinen privilegierten Zugang zum Kanzler, doch wurden dafür Ersatzlösungen gefunden. Und die Versuche einzelner Unternehmen, ihre Interessen an den Verbänden vorbei zur Geltung zu bringen, sind weder neu noch Indiz für schwindende Verbandsmacht. Wie in den 50er Jahren sind die Unternehmerverbände mächtig, aber nicht allmächtig. Sie konnten ihre Ziele selten vollständig verwirklichen. Das führte bisweilen zu massiver Kritik und Opposition, doch blieb die Opposition zumindest der maßgeblichen Repräsentanten der Verbände stets systemkonform. Bei aller Bereitschaft zu korporatistischen Formen der Interessenregulierung ließen sich die Unternehmerverbände jedoch nie soweit einbinden, daß ihre Autonomie in Gefahr geriet.

Welches war nun ihr spezifischer Beitrag zur Erfolgsgeschichte der Bundesrepublik? Nimmt man den wirtschaftlichen Aufstieg zum Maßstab, so trugen sie dazu zweifellos wesentlich bei. Ihr Einsatz für ein privatkapitalistisch organisiertes Wirtschaftssystem half mit, in der frühen Nachkriegszeit diskutierte Alternativen zu verhindern. Auch wenn ihre Aktivitäten

Verwaltungsgebäude des Bundesverbandes der Deutschen Industrie e. V., Köln.

gelegentlich mit der »reinen Lehre« der Marktwirtschaft in Konflikt gerieten, ihre Prinzipien hielten sie immer hoch.
Nicht ganz so überzeugend fällt die Bilanz unter dem Aspekt der Herausbildung demokratischer Strukturen und Einstellungen aus. Zwar hatten auch die Unternehmerverbände Anteil an der Verankerung pluralistischer Politikmuster, doch war ihr Beitrag eher unfreiwilliger Natur. Intern dominierten autoritäre Konzepte. Eine formale Demokratisierung nach parlamentarischem Vorbild wurde vereinzelt sogar explizit als unerwünscht und unpassend abgelehnt. Als Reservate autoritärer Strukturen und Denkmuster spielten sie zumindest bis in die 70er Jahre hinein eine eher verzögernde Rolle. Der inzwischen vollzogene Anpassungsprozeß berechtigt freilich zu der Hoffnung, daß der Abschied von diesen Traditionen endgültig sein könnte.

Anmerkungen

1 Walter Simon, Macht und Herrschaft der Unternehmerverbände. BDI, BDA und DIHT im ökonomischen und politischen System der BRD, Köln 1976, S. 11. Vgl. auch Jürgen Weber, Die Interessengruppen im politischen System der Bundesrepublik Deutschland, Stuttgart u. a. 1979, bes. S. 87–105.

2 Vgl. Hans-Peter Ullmann, Interessenverbände in Deutschland, Frankfurt a.M. 1988; Ingeborg Esenwein-Rothe, Die Wirtschaftsverbände 1933–1945, Berlin 1965.

3 Vgl. zu den methodischen Schwierigkeiten, den politischen Einfluß der Verbände empirisch zu fassen und zu belegen, zuletzt Ullmann, Interessenverbände, S. 276–279.

4 Vgl. Stefan Doernberg, Die Geburt eines neuen Deutschland 1945–1949, Berlin (DDR) 1959, S. 282f.

5 Vgl. Werner Bührer, Ruhrstahl und Europa. Die Wirtschaftsvereinigung Eisen- und Stahlindustrie und die Anfänge der europäischen Integration 1945–1952, München 1986, bes. S. 28–33.

6 Vgl. dazu die regionalgeschichtliche Studie von Rainer Schulze, Unternehmerische Selbstverwaltung und Politik. Die Rolle der Industrie- und Handelskammern in Niedersachsen und Bremen als Vertretungen der Unternehmerinteressen nach dem Ende des Zweiten Weltkrieges, Hildesheim 1988. Allgemein zur Reorganisation Ingo Tornow, Die deutschen Unternehmerverbände 1945–1950. Kontinuität oder Diskontinuität?, in: Josef Becker u.a. (Hrsg.), Vorgeschichte der Bundesrepublik Deutschland. Zwischen Kapitulation und Grundgesetz, München 1979, S. 235–260.

7 Vgl. Diethelm Prowe, Im Sturmzentrum: Die Industrie- und Handelskammern in den Nachkriegsjahren 1945 bis 1949 und Jürgen Weise, Die Kammergeschäftsführung in der »Stunde Null« – Das Beispiel Köln, beide in: Zur Politik und Wirksamkeit des Deutschen Industrie- und Handelstags und der Industrie- und Handelskammern 1861 bis 1949, hrsg. v. DIHT, Stuttgart 1987, S. 91–122 und 135–142.

8 Vgl. Bührer, a.a.O., S. 31–36; Werner Plumpe, Vom Plan zum Markt. Wirtschaftsverwaltung und Unternehmerverbände in der britischen Zone, Düsseldorf 1987, S. 58–82.

9 Die Reorganisation der Arbeitgeber ist noch am wenigsten erforscht. Gerhard Erdmann, Die deutschen Arbeitgeberverbände im sozialgeschichtlichen Wandel der Zeit, Neuwied und Berlin 1966, S. 223–237, bietet lediglich einen knappen Überblick. Eine Studie über den Wiederaufbau der Arbeitgeberorganisation in Bayern bereitet Eva Moser (München) vor.

10 Vgl. Volker Berghahn, Unternehmer und Politik in der Bundesrepublik, Frankfurt am Main 1985, bes. S. 62–67; Plumpe, a.a.O., S. 209–229, 306–323. Aus Sicht des BDI: Fünf Jahre BDI. Aufbau und Arbeitsziele des industriellen Spitzenverbandes, hrsg. v. BDI, Bergisch-Gladbach 1954, bes. S. 37–53.

11 So das BDI-Präsidiumsmitglied Hermann Reusch an Fritz Berg v. 25.5.1950, Haniel-Archiv 40010145/152. Vgl. auch Fritz-Ullrich Fack, Entwicklungstendenzen des industriellen Lobbyismus in der Bundesrepublik, in: Interdependenzen in Politik und Wirtschaft. Fs. für G. von Eynern, Berlin 1967, S. 483–505.

12 Vgl. Gloria Müller, Mitbestimmung in der Nachkriegszeit. Britische Besatzungsmacht – Unternehmer – Gewerkschaften, Düsseldorf 1987.

13 Der Begriff bei Berghahn, a.a.O., S. 225. Vgl. dazu insgesamt Horst Thum, Mitbestimmung in der Montanindustrie. Der Mythos vom Sieg der Gewerk-

schaften, Stuttgart 1982; Montanmitbestimmung. Das Gesetz über die Mitbestimmung der Arbeitnehmer in den Aufsichtsräten und Vorständen der Unternehmen des Bergbaus und der Eisen und Stahl erzeugenden Industrie vom 21. Mai 1951, bearb. v. Gabriele Müller-List, Düsseldorf 1984.

14 Vgl. die Dokumentation von Werner Abelshauser, Ansätze »korporativer Marktwirtschaft« in der Korea-Krise der fünfziger Jahre, in: VfZ 30 (1982), S. 715–756.

15 Vgl. Heiner R. Adamsen, Investitionshilfe für die Ruhr. Wiederaufbau, Verbände und soziale Marktwirtschaft 1948–1952, Wuppertal 1981.

16 Auf die Kontroverse, ob im Gefolge der Korea-Krise erneut korporatistische Strukturen etabliert werden konnten, sei hier aus Platzgründen nur hingewiesen. Abelshausers einschlägige Thesen (vgl. Anm. 14) stoßen in jüngster Zeit auf teilweise heftige Kritik, so z. B. in: Die Korea-Krise als ordnungspolitische Herausforderung der deutschen Wirtschaftspolitik. Texte und Dokumente, Stuttgart, New York 1986, bes. S. 123–130.

17 Vgl. dazu Rüdiger Robert, Konzentrationspolitik in der Bundesrepublik. Das Beispiel der Entstehung des Gesetzes gegen Wettbewerbsbeschränkungen, Berlin 1976; Berghahn, a. a. O., S. 152–179; Viola Gräfin von Bethusy-Huc, Demokratie und Interessenpolitik, Wiesbaden 1962, bes. S. 36–81.

18 Vgl. Peter Hüttenberger, Wirtschaftsordnung und Interessenpolitik in der Kartellgesetzgebung der Bundesrepublik 1949–1957, in: VfZ 24 (1976), S. 287–307.

19 Berghahn, a. a. O., S. 190.

20 Vgl. hierzu ebenda, S. 197ff.; Wolfgang Rudzio, Die organisierte Demokratie – Parteien und Verbände in der Bundesrepublik, Stuttgart 1977, bes. S. 58–63.

21 Die Beiträge zu dieser Tagung sind veröffentlicht in Wilhelm Beutler u. a. (Hrsg.), Der Staat und die Verbände, Heidelberg 1957.

22 Vgl. Ullmann, a. a. O., S. 242f.

23 Vgl. Wilhelm Hennis, Verfassungsordnung und Verbandseinfluß. Bemerkungen zu ihrem Zusammenhang im politischen System der Bundesrepublik, in: Politische Vierteljahresschrift 2 (1961), S. 23–35; Weber, a. a. O., bes. S. 175–179, 245–279.

24 Vgl. Das demokratische Wirtschaftsgeld. Ein Spiegel-Gespräch mit dem Hauptgeschäftsführer des BDI, Gustav Stein, in: Der Spiegel v. 4. 11. 1959; Gerard Braunthal, The Federation of German Industry in Politics, Ithaca, N.Y., 1965, bes. S. 111–133; Peter Lösche, Wovon leben die Parteien? Über das Geld in der Politik, Frankfurt am Main 1984.

25 Vgl. Daniel Koerfer, Kampf ums Kanzleramt. Erhard und Adenauer, Stuttgart 1987, S. 464–518, die Zitate auf S. 470 und 504.

26 Darauf weist in diesem Zusammenhang Klaus Hildebrand, Von Erhard zur Großen Koalition 1963–1969, Stuttgart, Wiesbaden 1984, S. 164, hin.

27 Vgl. zum folgenden Berghahn, a. a. O., S. 301–311; dort auch die Zitate.

28 Zit. n. ebenda, S. 308.

29 Vgl. Hildebrand, a. a. O., S. 165–167; Volkhard Laitenberger, Ludwig Erhard. Der Nationalökonom als Politiker, Göttingen, Zürich 1986, S. 193–199. Allgemein Albrecht Düren, Ludwig Erhards Verhältnis zu organisierten wirtschaft-

lichen Interessen, in: Ludwig Erhard. Beiträge zu seiner politischen Biographie. Fs. zum 75. Geburtstag, hrsg. v. Gerhard Schröder u. a., Frankfurt am Main u. a. 1972, S. 42–66.

30 Berghahn, a. a. O., S. 296.

31 Vgl. Jörg Huffschmid, Die Politik des Kapitals. Konzentration und Wirtschaftspolitik in der Bundesrepublik, Frankfurt am Main 1970, bes. S. 168–170.

32 Vgl. Hermann Adam, Die Konzertierte Aktion in der Bundesrepublik, Köln 1972, bes. S. 25–28; Georg Friedrich Baur, Die Spitzenverbände der deutschen Wirtschaft. Versuch einer ordnungspolitischen Standortbestimmung, Diss. St. Gallen 1979, S. 275–279; Carola Schulz, Der gezähmte Konflikt. Zur Interessenverarbeitung durch Verbände und Parteien am Beispiel der Wirtschaftsentwicklung und Wirtschaftspolitik in der Bundesrepublik (1966–1976), Opladen 1984, bes. S. 130–135.

33 Hans-Günther Sohl, Notizen, Privatdruck Bochum 1985, S. 279.

34 Berghahn, a. a. O., S. 301.

35 Josua Werner, Funktionswandel der Wirtschaftsverbände durch die Konzertierte Aktion?, in: Erich Hoppmann (Hrsg.), Konzertierte Aktion. Kritische Beiträge zu einem Experiment, Frankfurt am Main 1971, S. 180–199, hier S. 195–196.

36 Vgl. BDI-Jahresbericht 1966/67, S. 10; Sohl, a. a. O., S. 187–188.

37 BDI-Jahresbericht 1969/70, S. 11.

38 Vgl. dazu und zum folgenden Berghahn, a. a. O., S. 316–323; dort auch die Zitate.

39 Ebenda, S. 329.

40 Capital 4/1971, S. 24. Vgl. insgesamt Simon, a. a. O., bes. S. 168–171.

41 Vgl. Sohl, a. a. O., S. 293. Bei den fünf Politikern aus dem sozialliberalen Lager handelte es sich um Georg Leber, Friedhelm Farthmann, Hans Friderichs, Hans-Dietrich Genscher und Otto Graf Lambsdorff.

42 Vgl. Claudia Wörmann, Der Osthandel der Bundesrepublik Deutschland. Politische Rahmenbedingungen und ökonomische Bedeutung, Frankfurt am Main, New York 1982, bes. S. 133–137.

43 Vgl. Heidrun Abromeit, Staat und Wirtschaft. Zum Staatsverständnis der Wirtschaftsöffentlichkeit in der Bundesrepublik, Frankfurt a. M., New York 1981, bes. S. 126–128.

44 Vgl. Claus Offe, Berufsbildungsreform. Eine Fallstudie über Reformpolitik, Frankfurt a. M. 1975, bes. S. 239–242.

45 Abromeit, a. a. O., S. 124–125.

46 Vgl. Sohl, a. a. O., S. 288–290.

47 Vgl. Ulrich von Alemann, Liberaler Korporatismus? Die Diskussion in der FDP um ein Verbändegesetz u. Heinz O. Vetter, Vom »Gewerkschaftsstaat« zum Verbändegesetz, beide in: Ulrich v. Alemann, Rolf G. Heinze (Hrsg.), Verbände und Staat. Vom Pluralismus zum Korporatismus. Analysen, Positionen, Dokumente, Opladen 1979, S. 118–138 u. 205–213.

48 Macht und Verantwortung der Verbände in der Demokratie, in: Rolf Rodenstock, Standortbestimmungen eines Unternehmers, Köln 1977, S. 180–195, die Zitate S. 192–194.

49 Vgl. Sohl, a. a. O., S. 330–331; Simon, a. a. O., S. 75–76.
50 Vgl. Sohl, a. a. O., S. 331–340.
51 Vgl. Klaus Lompe, Sozialstaat und Krise. Bundesrepublikanische Politikmuster der 70er und 80er Jahre, Frankfurt am Main 1987, bes. S. 188–193.
52 DIHT, Bericht 1982, S. 9. Vgl. auch Hans Kastendiek, Hella Kastendiek, Konservative Wende und industrielle Beziehungen in Großbritannien und in der Bundesrepublik, in: Politische Vierteljahresschrift 26 (1985), S. 380–399.
53 DIHT, Bericht 1982, S. 30.
54 Kastendiek/Kastendiek, a. a. O., S. 394; Lompe, a. a. O., S. 221–228.
55 Vgl. Die Zeit, Nr. 22 v. 27.5.1983: »Gesucht: Der Boss der Bosse«; Der Spiegel, Nr. 6 v. 6.2.1984: »Schnell vergessen«.
56 Vgl. Jahrestagung 1988, mit der Rede des BDI-Präsidenten Necker S. 7–21.

Literatur

Heidrun Abromeit, Staat und Wirtschaft. Zum Staatsverständnis der Wirtschaftsöffentlichkeit in der Bundesrepublik, Frankfurt am Main, New York 1981

Hermann Adam, Die Konzertierte Aktion in der Bundesrepublik, Köln 1972

Ders., Der Einfluß der Industrie- und Handelskammern auf politische Entscheidungsprozesse, Frankfurt am Main, New York 1979

Heiner R. Adamsen, Investitionshilfe für die Ruhr. Wiederaufbau, Verbände und soziale Marktwirtschaft 1948–1952, Wuppertal 1981

Ulrich von Alemann, Rolf G. Heinze (Hrsg.), Verbände und Staat. Vom Pluralismus zum Korporatismus. Analysen, Positionen, Dokumente, Opladen 1979

Volker Berghahn, Unternehmer und Politik in der Bundesrepublik, Frankfurt am Main 1985

Viola Gräfin von Bethusy-Huc, Demokratie und Interessenpolitik, Wiesbaden 1962

Gerard Braunthal, The Federation of German Industry in Politics, Ithaca, N. Y. 1965

Rupert Breitling, Die Verbände in der Bundesrepublik. Ihre Arten und ihre politische Wirkungsweise, Meisenheim am Glan 1955

Georg Brodach, Hermann Freiherr von Wolff-Metternich, Der Bundesverband der Deutschen Industrie, Düsseldorf 1987

Edwin Buchholz, Die Wirtschaftsverbände in der Wirtschaftsgesellschaft, Tübingen 1969

Werner Bührer, Ruhrstahl und Europa. Die Wirtschaftsvereinigung Eisen- und Stahlindustrie und die Anfänge der europäischen Integration 1945–1952, München 1986

Bundesverband der Deutschen Industrie (Hrsg.), Fünf Jahre BDI, Bergisch-Gladbach 1954

Gerhard Erdmann, Die deutschen Arbeitgeberverbände im sozialgeschichtlichen Wandel der Zeit, Neuwied und Berlin 1966

Theodor Eschenburg, Herrschaft der Verbände?, Stuttgart 1955

Karl Otto Hondrich, Die Ideologien von Interessenverbänden, Berlin 1963

Walter Huppert, Industrieverbände. Organisation und Aufgaben. Probleme und neue Entwicklungen, Berlin 1973
Deutscher Industrie- und Handelstag (Hrsg.), Zur Politik und Wirksamkeit des Deutschen Industrie- und Handelstags und der Industrie- und Handelskammern 1861 bis 1949, Stuttgart 1987
Ernst Jäkel, Werner Junge, Die deutschen Industrie- und Handelskammern und der Deutsche Industrie- und Handelstag, Düsseldorf 1978 (2., völlig neu bearb. Aufl.)
Klaus Lompe, Sozialstaat in der Krise. Bundesrepublikanische Politikmuster der 70er und 80er Jahre, Frankfurt am Main 1987
Werner Plumpe, Vom Plan zum Markt. Wirtschaftsverwaltung und Unternehmerverbände in der britischen Zone, Düsseldorf 1987
Rüdiger Robert, Konzentrationspolitik in der Bundesrepublik – Das Beispiel der Entstehung des Gesetzes gegen Wettbewerbsbeschränkungen, Berlin 1976
Wolfgang Rudzio, Die organisierte Demokratie, Parteien und Verbände in der Bundesrepublik, Stuttgart 1977
Günter Schmölders, Das Selbstbildnis der Verbände. Empirische Erhebung über die Verhaltensweise der Verbände in ihrer Bedeutung für die wirtschaftspolitische Willensbildung in der BRD, Berlin 1965
Carola Schulz, Der gezähmte Konflikt. Zur Interessenverarbeitung durch Verbände und Parteien am Beispiel der Wirtschaftsentwicklung und Wirtschaftspolitik in der Bundesrepublik (1966 bis 1976), Opladen 1984
Rainer Schulze, Unternehmerische Selbstverwaltung und Politik. Die Rolle der Industrie- und Handelskammern in Niedersachsen und Bremen als Vertretungen der Unternehmerinteressen nach dem Ende des Zweiten Weltkrieges, Hildesheim 1988
Walter Simon, Macht und Herrschaft der Unternehmerverbände. BDI, BDA und DIHT im ökonomischen und politischen System der BRD, Köln 1976
Hans-Günther Sohl, Notizen, (Privatdruck) Bochum 1985
Horst Thum, Mitbestimmung in der Montanindustrie. Der Mythos vom Sieg der Gewerkschaften, Stuttgart 1982
Hans-Peter Ullmann, Bibliographie zur Geschichte der deutschen Parteien und Interessenverbände, Göttingen 1978
Ders., Interessenverbände in Deutschland, Frankfurt am Main 1988
Heinz Josef Varain, Interessenverbände in Deutschland, Köln 1973
Jürgen Weber, Die Interessengruppen im politischen System der Bundesrepublik Deutschland, Stuttgart u. a. 1979

Chronik

1949

28. 1.	Inoffizielle Gründungsversammlung der »Vereinigung der Arbeitgeberverbände« der britischen Zone
19. 10.	Gründung des »Ausschusses für Wirtschaftsfragen der industriellen Verbände«, im Januar 1950 Umbenennung in BDI
27. 10.	Konstituierung des DIHT

1950

9.–10.1. Erste Verhandlungsrunde über Mitbestimmungsfragen in Hattenheim

1951

16.1. BDA und BDI gründen das »Deutsche Industrie-Institut« zur publizistischen Unterstützung der Verbandsarbeit

21.5. Verkündung des Gesetzes über die Montanmitbestimmung

1952

7.1. Bundestag verabschiedet Investitionshilfegesetz

1954

12.7. Treffen kartellfeindlich eingestellter Unternehmer mit Erhard; im Anschluß entsteht ein Offener Brief an Berg

1957

27.3. Tagung des BDI zum Thema »Der Staat und die Verbände«

27.7. Gesetz gegen Wettbewerbsbeschränkungen in Kraft

1958

24.6. Urteil des Bundesverfassungsgerichts zur Parteienfinanzierung

1.8. Gemeinsame Geschäftsordnung der Bundesministerien zur Regelung der Verbandsmitwirkung am Gesetzgebungsprozeß in Kraft

1960

4.8. Konjunkturgespräch im Bundeskanzleramt: Berg blockiert Erhards DM-Aufwertungspläne

1961

6.3. Fünfprozentige Aufwertung der DM in Kraft

12.7. Verkündung des 312-Mark-Gesetzes zur Förderung der Vermögensbildung in Arbeitnehmerhand

1965

31.3. Erhard präsentiert auf dem Düsseldorfer CDU-Parteitag sein Konzept der »Formierten Gesellschaft«

1967

14.2. Erste Sitzung der Konzertierten Aktion

10.5. Stabilitätsgesetz vom Bundestag verabschiedet

1971

26.11. Öffentlicher Aufruf führender Unternehmer zur Änderung der staatlichen Wirtschaftspolitik (»Wir können nicht länger schweigen!«)

1972

14.6. Auf der BDI-Mitgliederversammlung würdigt Bundeskanzler Brandt die Rolle der Unternehmerverbände

1973

25.10. DIHT-Vollversammlung droht mit Rückzug der Industrie- und Handelskammern aus der beruflichen Bildung

1976

4.5. Bundestag beschließt Mitbestimmungsgesetz
19.12. FDP-Kommission legt Gesetz zur Ordnung der Verbände vor

1977

1.1. Hanns Martin Schleyer tritt Doppelpräsidentschaft BDI-BDA an
18.10. Ermordung Schleyers

1979

1.3. Bundesverfassungsgericht weist Verfassungsbeschwerde der Arbeitgeber gegen Mitbestimmungsgesetz zurück

1982

23.2. Bonner Staatsanwaltschaft leitet Ermittlungsverfahren gegen designierten BDI-Präsidenten v. Brauchitsch ein

1984

1.1. Neue Regelung zur Parteienfinanzierung in Kraft

1985

6.9. »Sozialer Trialog« zwischen Bundesregierung, Arbeitgebern und Gewerkschaften

Christoph Buchheim

Die Bundesrepublik in der Weltwirtschaft

Dollarlücke und Bilateralismus als prägende Faktoren des Welthandels in den ersten Nachkriegsjahren

»Die Welt ist infolge der vom Kriege her zurückgebliebenen schweren Mangelwirtschaft derart erschöpft, daß ihr erstes Ziel offenbar eine Produktionssteigerung sein muß.« So schrieb die Bank für internationalen Zahlungsausgleich in ihrem Jahresbericht 1945/46.[1] Tatsächlich war die Produktion von Industrie und Landwirtschaft in den meisten Ländern Europas weit unter ihren Vorkriegsstand abgesunken. Überall fehlte es an Nahrungsmitteln, Rohstoffen und Investitionsgütern. Kurz, der Bedarf an für das Überleben der Bevölkerung sowie für den Wiederaufbau der Volkswirtschaften notwendigen Produkten konnte in Europa aus eigener Kraft nicht gedeckt werden.

Als einzige der großen Wirtschaftsmächte waren die Vereinigten Staaten gestärkt aus dem Krieg hervorgegangen. Ihre Produktion und Produktivität hatten sich enorm erhöht, sie verfügten über all das, woran der Rest der Welt, besonders aber Europa Mangel litt. Es verwundert daher nicht, daß die Nachfrage nach amerikanischen Waren sehr groß war. Jedoch verfügten die europäischen Länder nicht über genügend Dollarmittel, um ihre Einfuhrwünsche zu finanzieren. Einerseits nämlich war ihr in die USA exportierbarer Überschuß wegen ihrer geringen gesamtwirtschaftlichen Produktion und der hohen Ansprüche des amerikanischen Marktes klein. Andererseits hatte schon der Krieg an ihren im Ausland angelegten Kapitalien sowie ihren Währungsreserven gezehrt, so daß sie also nur in sehr begrenztem Maße auf früher akkumulierte Bestände zurückgreifen konnten. Dazu kam, daß sich die USA einer Erhöhung des Dollarpreises von Gold, was angesichts der Inflationierung des amerikanischen Preisniveaus durchaus gerechtfertigt gewesen wäre, widersetzten. Infolgedessen reduzierte sich auch die reale Kaufkraft der Goldreserven Europas noch.

Die von diesen Fakten geprägte weltwirtschaftliche Situation wurde durch das Schlagwort von der »Dollarlücke« treffend gekennzeichnet. Die Dollarlücke definierte den Handlungsspielraum der wirtschaftspolitischen Akteure, und sie erklärt die beiden Grundelemente der damaligen Außenwirtschaftspolitik, nämlich den Strom amerikani-

scher Hilfeleistung vor allem an Europa und das Festhalten am Bilateralismus durch die meisten europäischen und außereuropäischen Staaten.
Es war die Auslandshilfe der USA, die sich schon in den ersten Nachkriegsjahren, also noch vor Anlaufen der Marshallplan-Lieferungen, auf viele Milliarden Dollar belief, mit der der größte Teil der westeuropäischen Importe aus den Vereinigten Staaten bezahlt wurde. Sie zu gewähren, sahen sich die USA schon aus wohlverstandenem Eigeninteresse genötigt. Fürchteten sie doch, daß es in verschiedenen westeuropäischen Ländern zu politischen und sozialen Eruptionen und in der Folge zu deren Abgleiten in das kommunistische Lager kommen könnte, wenn sich das Los ihrer Völker nicht rasch bessern würde. Außerdem waren sie sehr an der Wiederherstellung eines liberalen und multilateralen Welthandelssystems interessiert. Die Grundvoraussetzung dafür stellte jedoch eine Produktionssteigerung und Währungssanierung in den Staaten Westeuropas dar, da nur dann in absehbarer Zeit mit einem Gleichgewicht in ihren Zahlungsbilanzen und dem allgemeinen Übergang zur Währungskonvertibilität gerechnet werden konnte. Eine durchgreifende Produktionsstei-

Der gesamte Geschäftsverkehr der 1946 wiedereröffneten Frankfurter Börse wird anfangs noch mit zwei Telefonen abgewickelt.

gerung schien jedoch ohne größere Einfuhren essentieller Güter aus den USA unmöglich.
Trotz hoher amerikanischer Hilfszahlungen sahen sich die Regierungen der Empfängerländer außerstande, auf die Devisenzwangswirtschaft zu verzichten. Eine strikte Kontrolle war in ihren Augen notwendig, um sicherzustellen, daß die knappen Dollars nur zum Kauf wirklich wichtiger Güter verwendet wurden. Allerdings war es unnötig, ja unvorteilhaft, den Handel mit anderen Weichwährungsländern denselben strengen Restriktionen zu unterwerfen wie den mit den Dollarländern. Denn da die Nachfrage nach Produkten aus Weichwährungsländern weniger drängend war und besser mit den eigenen Verfügungsmöglichkeiten über deren Währungen in Einklang stand, konnte man durch eine Ausweitung des Handels mit diesen Ländern über den Kreis der absolut unentbehrlichen Güter hinaus nur gewinnen. Das führte dazu, daß der gesamte Weichwährungsblock nach dem Krieg sehr schnell in ein engmaschiges Netz bilateraler Handels- und Zahlungsabkommen eingebunden wurde, weshalb diese Jahre zu Recht als eine Epoche des Bilateralismus bezeichnet werden.
In den bilateralen Zahlungsabkommen räumte man sich gegenseitig die Möglichkeit ein, in begrenztem Umfang eigene Währung in die des Partnerlandes einzutauschen. Damit hatte man also das Medium gefunden, Handel zwischen den jeweils beteiligten Ländern zu finanzieren ohne Einsatz von Dollarmitteln und ohne Rückgriff auf rigide Tauschgeschäfte. Und solange der Handelsverkehr einigermaßen ausgeglichen war bzw. entstehende Salden etwa durch Übertragung auf Dritte oder Konsolidierung abgetragen werden konnten, stand einer Ausweitung der bilateralen Transaktionen nichts entgegen. Lag doch die Ratio dieses Systems gerade darin, eine Erhöhung des Warenaustauschs zwischen den Weichwährungsländern zu ermöglichen bei gleichzeitiger Diskriminierung gegen den Dollarraum. Und das ist zweifellos auch gelungen.
Dennoch verloren die Dollarländer als Gruppe gegenüber einem Zustand der Nicht-Diskriminierung nur wenig. Denn die allgemeine Dollarknappheit brachte es mit sich, daß die in den Weichwährungsländern verfügbaren Dollars auf jeden Fall für Käufe im Hartwährungsraum ausgegeben wurden. Die Diskriminierung dieses Raumes diente daher nicht dazu, den Handel mit ihm unter den von der Summe der Finanzmittel vorgegebenen Rahmen zu drücken, sondern vielmehr dazu, den Austausch mit den übrigen Ländern nicht dem Diktat des Dollarmangels unterwerfen zu müssen. Daher fiel es den USA und Kanada relativ leicht, eine solche Diskriminierung ihrer Exporte zu tolerieren, und die Erlaubnis hierzu wurde auch im Gründungsabkommen des GATT für eine Übergangszeit erteilt.

Was für die Dollarländer insgesamt galt, traf jedoch nicht unbedingt auf jedes einzelne Hartwährungsland zu. Den Paradefall hierfür stellte die Schweiz dar. Angewiesen auf den Export gewerblicher Waren, die zu einem großen Teil von den importierenden Ländern nicht als unabdingbar angesehen wurden, schloß die Schweiz zahlreiche bilaterale Abkommen mit Weichwährungsländern. Obwohl ihre Bürger im Verkehr mit dem Dollarraum frei blieben und sie demnach zu den Hartwährungsländern zählte, sah sich die Schweiz zur Eingliederung in das Netzwerk des Bilateralismus gezwungen, um der Diskriminierung zu entgehen. Andernfalls nämlich hätten die Weichwährungsländer die durch ihre Ausfuhr in die Schweiz verdienten Franken überwiegend in Dollars umgetauscht, um damit dann Waren in den USA zu kaufen. Der Export der Schweiz wäre stark geschrumpft und die Schweiz selbst in große wirtschaftliche Schwierigkeiten geraten. Die bilateralen Abkommen hatten für die Schweiz also eminente Bedeutung wegen ihrer Funktion des Exportschutzes, die sie für dieses Land erfüllten. In Westdeutschland dagegen, dessen Außenhandel von den Alliierten unter das Postulat der Dollarklausel gestellt worden war, verhielt es sich genau umgekehrt.

Die Position Westdeutschlands im Geflecht der Weltwirtschaft bis 1949

Im September 1945 verabschiedete der Alliierte Kontrollrat als vorläufig deklarierte Regeln, nach denen der deutsche Außenhandel zonenweise wiederaufgenommen werden sollte. Die beiden wichtigsten Grundsätze waren erstens die Begrenzung des Imports auf den Subsistenzbedarf und zweitens das Erfordernis, daß der deutsche Export von Gütern aus der laufenden Produktion bis auf weiteres von den Empfängerstaaten in Dollars zu bezahlen sei. Damit war es Amerikanern und Briten gelungen, das sogenannte »First-Charge Principle«, wonach die Bezahlung lebenswichtiger Einfuhren mit deutschen Exporterlösen Vorrang vor deutschen Reparationslieferungen aus der Neuproduktion haben sollte, in die Praxis umzusetzen. Mit dem Signum »Dollarklausel« belegt, blieb dieses Außenhandelsregime, infolge der Nichteinigung auf einen gesamtdeutschen Export- und Importplan, in den Westzonen im Prinzip bis 1949 in Kraft.
Gegen die Vorschrift der Bezahlung deutscher Ausfuhren mit Dollars erhob sich in den europäischen Nachbarländern Deutschlands sofort massiver Protest. Dabei berief man sich auf den herrschenden Dollarmangel, aber auch darauf, daß die öffentliche Meinung jener Länder nach allem, was man in der Zeit der deutschen Besatzung erlitten habe, es nun für gerechtfertigt halte, was immer man brauche, einfach aus Deutschland zu

holen. Mit anderen Worten, man wollte deutsche Ausfuhren als Reparationen anerkannt sehen. Und wenn das nicht möglich sei, dann solle man wenigstens die enormen auf Reichsmark lautenden Kredite, die europäische Länder während des Krieges Deutschland zu geben gezwungen wurden, nun durch Güterlieferungen abdecken.
Jedoch verweigerten sich die Besatzungsmächte diesen Wünschen gegenüber. Begründet wurde die Ablehnung damit, daß deutsche Exporte ohne echte Bezahlung de facto Reparationen zu ihren Lasten darstellen würden, solange Deutschland nicht in der Lage sei, seine lebensnotwendigen Einfuhren selbst zu finanzieren. Und da diese Importe überwiegend aus den USA stammten, müsse man eben Dollars für die deutschen Ausfuhren verlangen. Angesichts dieser harten Haltung, die vor allem von Amerikanern und Briten vertreten wurde, blieb den kleineren alliierten Ländern nichts übrig, als sich zähneknirschend zu fügen. Jedoch erscheint es nicht abwegig anzunehmen, daß Deutschland, wäre es nicht vollständig besetzt gewesen, wodurch die Verantwortung für die Ernährung der deutschen Bevölkerung auf die Besatzer übergegangen war, sich den Ansprüchen der Nachbarländer, die zur Koalition der Sieger gehörten, niemals hätte in gleicher Weise entziehen können, was ja im übrigen die wirtschaftlichen Bestimmungen des Versailler Vertrags zur Genüge demonstriert hatten. Insofern muß aber die Dollarklausel, die nur durch die Besatzungsmächte so rigoros durchgesetzt werden konnte, als sehr vorteilhaft für Westdeutschland angesehen werden, verhinderte sie doch den andernfalls unvermeidlichen Abfluß wirtschaftlicher Ressourcen ohne echte Gegenleistung.
Die Konsequenz der Dollarklausel war allerdings, daß gegen den deutschen Export allenthalben wie gegen den eines Dollarlandes diskriminiert wurde, eine Tatsache, woran sich auch heftige deutsche Kritik entzündete. Die Kritiker vergaßen darüber jedoch den enormen Nutzen, den Westdeutschland anfänglich aus der Dollarklausel gezogen hatte. Denn zunächst wäre die Alternative zu ihr nicht die gleichberechtigte deutsche Eingliederung in das System des Bilateralismus gewesen, sondern, wie gesagt, ein großer Aderlaß in Form unentgeltlicher Güterlieferungen. Ja, man kann argumentieren, die sehr bald sich offenbarende Bereitschaft der Nachbarstaaten, mit den Westzonen auf der Grundlage echter bilateraler Abkommen Handel zu treiben, sei nur eine Folge der Dollarklausel gewesen. Vor die Frage gestellt, entweder für deutsche Produkte Dollars zu bezahlen oder Westdeutschland in das Geflecht bilateraler Abkommen zu integrieren, versprachen sie sich nämlich allemal von letzterem den größeren wirtschaftlichen Nutzen.
In dieser Situation zeigte sich dann aber, daß besonders für die Amerikaner die Dollarklausel auch eine Frage des richtigen Prinzips war. Betrach-

teten sie doch die Konvertibilität eventueller Handelsüberschüsse in harte Währung sowie das Postulat, nur Notwendiges zu importieren, als unabdingbare Grundsätze, nach denen ein armes Land sich in seinem Außenhandel zu richten hatte. Darüber hinaus war es in ihren Augen logisch, bei der Einfuhr jeweils den preisgünstigsten Anbietern den Zuschlag für Lieferungen zu geben. All das ist in einem multilateralen System weitgehend erfüllt, widerspricht jedoch fundamental dem Bilateralismus, in dem es gerade darum geht, unter Opferung dieser Grundsätze ein möglichst großes Handelsvolumen und die damit verbundenen Vorteile zu erzielen. Wenn die Amerikaner für Westdeutschland demgegenüber an der Dollarklausel festhielten, so bedeutete dies nicht nur, daß sie damit im Unterschied zur Schweiz auf Exportschutz für viele deutsche Industriewaren verzichteten, sondern auch, daß sie Westdeutschland zeitweise als Speerspitze für die Durchsetzung ihres multilateralen Ideals der Organisation des Welthandels benutzten. Die Folge dieser Politik war, daß einerseits bei der deutschen Ausfuhr im wesentlichen nur die von den Weichwährungsländern als essentiell angesehenen Produkte, vor allem Kohle, andere Rohstoffe und Investitionsgüter, nachgefragt wurden. Und andererseits stammte ein unverhältnismäßig großer Teil der deutschen Importe aus den USA, da diese infolge der allgemeinen Überbewertung der europäischen Währungen lebensnotwendige Güter meist am billigsten zu liefern imstande waren. Letztlich schadete die Dollarklausel also den USA wohl mehr als Deutschland, weil es die Vereinigten Staaten waren, die ihre Kosten durch vermehrte Dollarhilfe zu tragen hatten.

Es wäre jedoch verfehlt, wollte man den sehr niedrigen deutschen Export in den ersten Nachkriegsjahren allein auf die Dollarklausel zurückführen. Vielmehr waren durch die bei vielen der ehemaligen Kriegsgegner fortbestehende Feindhandelsgesetzgebung sowie aus Sicherheitsgründen zunächst auch alle privaten Kontakte von Deutschen mit Ausländern unterbrochen worden. Das wirkte sich natürlich negativ auf den deutschen Außenhandel aus, da deutsche Firmen nicht an ihre ausländischen Kunden herantreten, geschweige denn Verträge mit ihnen abschließen konnten. Der einzige Weg, auf dem es möglich war, eine sehr geringe Zahl von Exportaufträgen abzuwickeln, waren Regierungsgeschäfte. Dabei fungierte die Militärregierung nicht nur formal als Vertragspartner auf der deutschen Seite, sondern sie mußte sich auch bemühen, ausländische Interessenten für die verfügbaren deutschen Exportwaren zu finden, und das Geschäft mit ihnen anbahnen. Da die Militärregierung hierbei ausschließlich auf diplomatische Kanäle angewiesen war, kann man verstehen, daß ein größerer Export sich schon allein aufgrund der Umständlichkeit dieses Verfahrens nicht entwickeln konnte.

Zu grundlegenden Fortschritten kam es in dieser Hinsicht erst im Frühjahr 1947. Damals wurde in verschiedenen wichtigen Ländern das Verbot des Handels mit dem Feind aufgehoben. Auf deutscher Seite trat zudem mit der Gründung der Bizone die »Joint Export Import Agency« (JEIA) als ausführendes alliiertes Außenhandelsorgan in Aktion. Und mit der ersten Anweisung dieser Agentur vom April 1947 wurde die Aushandlung von Ausfuhrverträgen wieder in die Hände des deutschen Exporteurs gelegt und die Einschaltung der Militärregierung auf das Erfordernis der Genehmigung der fertigen Kontrakte durch die JEIA beschränkt.

Allerdings blieb die infolge dieser Maßnahmen erwartete Exportsteigerung von Industriewaren weitgehend aus. Da das auch für Güter, wie etwa Maschinen, galt, nach denen es im Ausland trotz der Dollarklausel eine erhebliche Nachfrage gab, muß die Ursache dafür auf deutscher Seite gesucht werden. Die Erklärung dieses Phänomens liegt in der Tatsache der zurückgestauten Inflation, die erst durch die Währungsreform vom Juni 1948 beseitigt worden ist. Führte der durch die Art der Kriegsfinanzierung entstandene Geldüberhang doch dazu, daß man zu den legalen Preisen gegen Geld fast nur noch in Verbindung mit Bezugsberechtigungen etwas kaufen konnte. Im nicht staatlich reglementierten Segment des zwischenbetrieblichen Handels setzten sich dagegen Kompensationsgeschäfte, also der Tausch von Ware gegen Ware, weitgehend durch. Da aber einerseits ein derartiges Vorgehen im regulären Export aufgrund der staatlichen Kontrolle unmöglich war, andererseits der Exporteur für die ausgeführte Ware im wesentlichen nur den gesetzlichen Inlandspreis in Reichsmark erstattet erhielt, war der Exportanreiz denkbar gering. Nur wenige Firmen waren bereit, sich unter solchen Bedingungen für die Ausfuhr zu engagieren, und wenn sie es taten, dann vor allem im Hinblick darauf, eine behördliche Rohstoffzuteilung für diesen Zweck zu erhalten.

Denn natürlich war den Wirtschaftsverwaltungsinstanzen die Ursache für die Exportunlust nicht verborgen geblieben. Man bemühte sich dementsprechend, durch für die Exportproduktion reservierte Rohstoffsonderkontingente den Stimulus für die Ausfuhr zu erhöhen. Da aber wegen des hohen Verwaltungsaufwands nur wenige Rohstoffe in dieses System einbezogen werden konnten und überdies aufgrund des allgemeinen Rohstoffmangels strenge Kriterien für die Inanspruchnahme der Kontingente aufgestellt werden mußten, änderte sich die unbefriedigende Situation auf diese Weise nur marginal. Etwas mehr richtete demgegenüber die Einführung eines Exportdevisenbonus aus, wonach exportierenden Unternehmen fünf Prozent der Devisenerlöse gutgeschrieben wurden, mit denen sie relativ frei notwendige Einfuhren aus dem Ausland bezahlen konnten.

Den wirklichen Durchbruch brachte schließlich die Währungsreform. Durch sie wurde die in Westdeutschland umlaufende Geldmenge radikal zusammengestrichen, was zur Folge hatte, daß die Firmen mit einem Schlag wieder bereit waren, zu normalen Preisen nur gegen Geld zu verkaufen. Der Kompensationshandel hörte auf, der Exportanreiz war voll wiederhergestellt. Da außerdem im Zusammenhang mit der Währungsreform auch die Bewirtschaftung und Preiskontrolle für die meisten gewerblich hergestellten Produkte aufgehoben und ein einheitlicher Wechselkurs der Mark festgesetzt worden war, waren nun die Voraussetzungen für einen raschen Aufschwung sowohl der Produktion als auch des Exports auf deutscher Seite komplett. Wenn dennoch im Jahre 1949 die Dynamik der deutschen Ausfuhr stark nachließ, so lag das daran, daß die Dollarklausel prinzipiell noch immer galt. Sie wurde erst im Herbst 1949 außer Kraft gesetzt.

Die amerikanische Strategie zur Durchsetzung eines multilateralen Weltwirtschaftssystems

Zunächst strebten die USA ihr Ziel eines weltweit freien Handels- und Zahlungssystems auf dem direkten Weg an. So kam es, ganz wesentlich aufgrund amerikanischer Initiative, schon 1944 zur Konferenz von Bretton Woods, auf der die Grundzüge einer multilateralen Weltwährungsordnung, die auf festen Wechselkursen basieren sollte, vereinbart und die Gründung des Internationalen Währungsfonds (IWF) beschlossen wurden. Und auch bei den Verhandlungen, die 1947 zur Unterzeichnung des »General Agreement on Tariffs and Trade« (GATT) führten, wodurch der Grundstein für liberalen, nicht-diskriminierenden Welthandel gelegt wurde, erwiesen sich die Amerikaner als die treibende Kraft. Darüber hinaus setzten sie nach dem Krieg, wo immer möglich, ihren Einfluß auf andere Länder massiv ein, um konkrete Fortschritte in Richtung ihres Ziels zu erreichen. Ein erster Höhepunkt dieser Strategie war die Verknüpfung der Wirtschaftshilfe an Großbritannien mit der Forderung nach Wiederherstellung der Pfundkonvertibilität. Jedoch wurde auch die Dollarklausel, die den westdeutschen Außenhandel regierte, bewußt in diesem Sinne genutzt.

Nicht zuletzt infolge der tiefen Zahlungsbilanzkrise des Jahres 1947 in Europa, in deren Verlauf auch die Konvertibilität des englischen Pfundes wieder aufgegeben werden mußte, setzte dann aber ein allmählicher Prozeß des Umdenkens innerhalb der amerikanischen Regierung ein. Dabei gewann die Meinung immer mehr Anhänger, wonach ein multilaterales Weltwirtschaftssystem nicht ohne Umweg zu erreichen sein würde. Und dieser Umweg habe darin zu bestehen, daß man sich zunächst auf die Förderung der Liberalisierung des *intra*europäischen Handels- und Zahlungsverkehrs beschränken solle. Durch die Annäherung an dieses Zwischenziel werde der Wettbewerb der europäischen Anbieter untereinander stimuliert, deren Produktivität werde steigen und damit ihre Konkurrenzfähigkeit auf dem Weltmarkt. Und dann würde schließlich auch die Eingliederung der europäischen Länder in ein offenes, weltweites Handelssystem möglich.

Die »Economic Cooperation Administration« (ECA), die zur Durchführung des Marshallplans gegründete Behörde, entwickelte sich, unterstützt vom Außenministerium, zum Hauptvertreter dieser Ansicht in der amerikanischen Regierung. Das war insofern nur konsequent, als es die ECA war, die über die Marshallplan-Gelder verfügte, die, wie sich bald zeigte, hervorragend zur Verfolgung des neuen Zwischenziels eingesetzt werden konnten. Verlangte doch schon das Gesetz, das die Grundlage des »European Recovery Program« (ERP), wie der Marshallplan offiziell hieß, darstellte, als Voraussetzung für die Hilfegewährung die engere Integration der europäischen Empfängerländer.[2] Zu diesem Zweck wurde im Frühjahr 1948 die »Organization for European Economic Cooperation« (OEEC) geschaffen, die die westeuropäischen Staaten, denen die Marshallplan-Hilfe zufloß, vereinigte. Und in deren Satzung ist u. a. festgeschrieben worden, daß die OEEC einen Beitrag zur Befreiung des innereuropäischen Handels von den ihn einengenden Beschränkungen zu leisten habe.[3]

Das erste Mal wurden Marshallplanmittel direkt und förmlich für Zwecke des innereuropäischen Zahlungs- und Handelssystems eingesetzt durch die Entscheidung der amerikanischen Regierung, mit Dollars Ziehungsrechte zu finanzieren, die OEEC-Länder, die im Handel mit anderen OEEC-Ländern voraussichtlich Defizite aufweisen würden, von ihren prospektiven Gläubigern fest eingeräumt wurden. Diese Ziehungsrechte ermöglichten es den jeweiligen Schuldnerländern, ihren Schuldsaldo ohne den Einsatz eigener Devisenreserven zu begleichen. Die Gläubigerländer wurden entschädigt, indem sie einen Anspruch auf bis dahin zurückgehaltene Marshallplan-Hilfe erwarben. Schon im Frühjahr 1949 setzte die ECA die westeuropäischen Staaten aber davon in Kenntnis, daß sie nur dann bereit sei, die Praxis der Abdeckung der Ziehungsrechte mit Dollars weiterzuführen, wenn deren strikte Bilateralität aufgelockert und ein substantieller Teil von ihnen innerhalb Westeuropas multilateral verwendbar gemacht würde. Gegen den Widerstand Großbritanniens, das eine ungeplante eventuelle Einbuße an Dollarmitteln nicht hinnehmen wollte, konnte die ECA mit ihrem Anliegen schließlich durchdringen, was als ein erster Erfolg in Richtung der Multilateralisierung des

innereuropäischen Zahlungsverkehrs gebucht wurde. Da gleichzeitig in der OEEC ein konkreter Beschluß, mit der Liberalisierung auch des innereuropäischen Handels zu beginnen, fiel, bestand Grund für Zufriedenheit auf amerikanischer Seite.
Allerdings drängten die USA bald weiter. Dabei benutzten sie wieder die Marshallplan-Hilfe als Hebel für die Durchsetzung ihrer Wünsche. 600 Millionen Dollar der vom Kongreß für das Jahr 1950/51 bewilligten ERP-Mittel wurden reserviert und sollten nur freigegeben werden, um damit die weitere Liberalisierung des innereuropäischen Zahlungs- und Handelsverkehrs nach amerikanischen Vorstellungen zu fördern. Der wichtigste Vorschlag der Vereinigten Staaten in diesem Zusammenhang war, eine europäische Clearingstelle aufzubauen, die alle Zahlungsüberschüsse und -defizite der OEEC-Länder im Verkehr miteinander verrechnen und deren Nettopositionen feststellen sollte. Nur diese Nettosalden wären dann anteilig durch Gold- oder Dollarzahlung und Kreditgewährung auszugleichen. Damit hätte man faktisch die vollständige Transferabilität der westeuropäischen Währungen untereinander erreicht, womit auch diskriminierende Beschränkungen gegen den Handel einzelner OEEC-Mitglieder weitgehend ihre Basis verloren hätten.
Nach langen und schwierigen Verhandlungen kam es schließlich im September 1950 zur Gründung der »Europäischen Zahlungsunion« (EZU) entsprechend diesen Prinzipien. Gleichzeitig sollte jedes Mitgliedsland der OEEC 60 % seiner Importe aus den anderen Mitgliedsländern liberalisieren, d. h. von allen mengenmäßigen Beschränkungen befreien. Außerdem wurde die Diskriminierung bei der Anwendung der Liberalisierung untersagt. Damit war man einen entscheidenden Schritt bei der Verwirklichung des amerikanischen Zwischenziels vorangekommen, was ganz wesentlich der Instrumentalisierung der Dollarhilfe für diesen Zweck zu verdanken war. Von nun an kam es fast automatisch zur weiteren Liberalisierung des Handels der OEEC-Länder und zur Multilateralisierung ihres Zahlungsverkehrs auch mit Währungsräumen außerhalb der EZU. Die Vorteile dieses Vorgehens kamen allen zugute in Form einer gewaltigen Ausweitung des Welthandels und von wichtigen Impulsen für wirtschaftliches Wachstum. Und damit verschwand im Verlauf der 50er Jahre auch die Dollarlücke. Insgesamt kann man somit feststellen, daß im Unterschied zum direkten Weg der seit 1948/49 von den USA eingeschlagene indirekte Weg zu einer liberalen Weltwirtschaftsordnung über die Befreiung zunächst des innereuropäischen Wirtschaftsverkehrs zum Ziel geführt hat.

Die Rückkehr der Bundesrepublik zu Handelsfreiheit und Währungskonvertibilität

Als ein Mitgliedsland nahm die Bundesrepublik natürlich an der Liberalisierung und Multilateralisierung des intraeuropäischen Handels- und Zahlungsverkehrs im Rahmen der OEEC teil. Spätestens damit wäre auch die Dollarklausel obsolet geworden. Denn weder ließ sich in der Europäischen Zahlungsunion der Grundsatz uneingeschränkter Konvertibilität aller Überschüsse in Dollars aufrechterhalten, war doch ein Teil solcher Überschüsse in jedem Fall der Union zu kreditieren. Noch war das Prinzip der Überprüfung jedes einzelnen Imports auf seine Unentbehrlichkeit mit der Liberalisierung des Handels vereinbar.

Tatsächlich war die Dollarklausel aber schon kurz vor Beginn jener Phase beseitigt worden durch noch unter der Ägide der JEIA abgeschlossene, bilaterale Handelsabkommen mit verschiedenen Ländern, die eine weitgehende Liberalisierung der westdeutschen Einfuhren vorsahen. Im Zuge der Abwendung der US-Administration von dem Ziel der Durchsetzung eines multilateralen Weltwirtschaftssystems auf dem direkten Weg stieg nämlich auch der Druck auf die amerikanische Militärregierung in Deutschland, die Dollarklausel zu modifizieren. Man hatte erkannt, daß der Dollar als Zahlungsmittel im innereuropäischen Handel möglichst ausgeschaltet werden mußte, wenn man dessen Ausweitung und Liberalisierung erreichen wollte. Andernfalls könnte sich dieser Handel dem Diktat der Dollarknappheit nicht entziehen, was die Gefahr seiner Schrumpfung heraufbeschwören würde. Jedoch lag den Amerikanern nichts an einer Abschaffung der Dollarklausel zugunsten einer Eingliederung Westdeutschlands in das System des Bilateralismus. Vielmehr ging es ihnen darum, deren Aufhebung mit Fortschritten bei der Liberalisierung zu verknüpfen, womit sich auch die Militärregierung eher einverstanden erklären konnte.

So kam es denn im August 1949 zum Abschluß eines ersten liberalisierten Handelsabkommens mit der Schweiz, das im Rahmen einer festgelegten Devisenhöchstgrenze die freie Einfuhr gewerblicher Waren vorsah. Anfang September wurde ein noch weitergehender Vertrag mit den Niederlanden unterzeichnet, in dem sogar der Devisenplafond fortfiel. Und in der Folgezeit vereinbarte man ähnliche Regelungen mit anderen westeuropäischen Ländern.

Die Konsequenz sowohl der bilateralen als auch der im Rahmen der OEEC vorgenommenen Liberalisierung war ein enormer Anstieg der deutschen Importe aus Westeuropa. Insbesondere veredelte landwirtschaftliche Produkte und Textilien fluteten nach Westdeutschland herein, Güter also, die zuvor als nicht essentiell durch die Dollarklausel weitgehend von der Einfuhr ausgeschlossen worden waren. Dadurch sowie durch die Welle der Abwertungen europäischer Währungen vom Herbst 1949, die Waren aus Europa und aus währungsmäßig mit Europa verbundenen Gebieten wie etwa den überseeischen Sterlingländern verbilligt hatten, verschob sich die Struktur der deutschen Einfuhren. Der Anteil der Importe, die aus dem OEEC-Gebiet einschließlich der Kolonien europäischer Länder und des gesamten Sterlingraums stammten, erhöhte sich sprunghaft, während der der Einfuhren aus den USA absank. Da die gleichzeitige Halbierung der amerikanischen Auslandshilfe an Westdeutschland mit dieser natürlichen Verlagerung der deutschen Einfuhr zusammenfiel, ging von ihr kein störender Effekt auf die deutsche Versorgungslage und Produktion aus, was unter anderen Umständen zu erwarten gewesen wäre.

Weil im Zuge des Sogs deutscher Importe aus dem OEEC-Gebiet schrittweise die gegen Westdeutschland als Hartwährungsland errichteten, diskriminatorischen Einfuhrbarrieren anderer Mitgliedsländer abgebaut wurden, begannen seit Anfang 1950 auch die deutschen Exporte in dieses Gebiet rasch zu wachsen. Die Zahlungsbilanz der Bundesrepublik mit der Gesamtheit der OEEC-Länder, die vorübergehend negativ geworden war, wurde im Verlauf des ersten Halbjahres 1950 wieder positiv.

Da brach Mitte des Jahres der Koreakrieg aus. Er führte auf den Weltrohstoffmärkten zu einer Einkaufswelle, in deren Gefolge sich auch die Preise massiv erhöhten. Das stürzte die Bundesrepublik in eine Zahlungsbilanzkrise gegenüber dem EZU-Raum, die die Union, kaum daß sie gegründet war, vor eine erste schwere Belastungsprobe stellte. Um die nach Erschöpfung der deutschen EZU-Quote drohende Entliberalisierung ihrer Einfuhr zu verhindern, wurde der Bundesrepublik im November 1950 ein Sonderkredit eingeräumt. Nachdem es aber um die Jahreswende erneut zu einer Preiserhöhungs- und Einfuhrwelle gekommen war, wurde Ende Februar 1951 schließlich doch die Ausgabe weiterer Einfuhrlizenzen durch die Bundesrepublik eingestellt. In dieser kritischen Lage zeigte sich nun aber das Ausmaß an Kooperationsbereitschaft, zu dem man im Rahmen der OEEC bereits gelangt war. Um eine schnelle Rückkehr Westdeutschlands zur Liberalisierung seiner Einfuhr zu ermöglichen, hielten die anderen OEEC-Länder ihre Liberalisierung gegenüber der Bundesrepublik aufrecht. Gleichzeitig wurde für eine Übergangszeit einvernehmlich eine Aufteilung der deutschen Mindesteinfuhr auf Länder und Warenkategorien vereinbart. Infolge dieses Entgegenkommens der anderen Teilnehmerländer wies die Bundesrepublik schon bald wieder Exportüberschüsse mit dem EZU-Raum auf, die ihr Anfang 1952 die Reliberalisierung erlaubten.

Seit dieser Zeit entwickelte sich die Bundesrepublik trotz weiterer Libe-

Deutscher Investitionsgüterexport in den 50er Jahren: Verschiffung einer Lokomotive nach Mozambique. *Quelle:* 12. Bericht der Bundesregierung über die Durchführung des Marshallplanes für die Zeit bis 30. Juni 1952.

ralisierung ihrer Einfuhr und sukzessiver Zolltarifsenkungen zum weitaus größten Gläubiger der EZU. Wegen ihrer dauernden hohen Überschüsse, denen permanente Defizite einiger anderer EZU-Länder gegenüberstanden, wurde sie insbesondere 1957 von den Partnerstaaten heftig kritisiert. Diese Kritik und die mit ihr verbundene Drohung allgemeiner Diskriminierungsmaßnahmen gegen den deutschen Export erscheint bei einer genaueren Analyse der Situation allerdings überzogen, und sie blieb dementsprechend auch ohne Konsequenzen. Erzielten doch die meisten Defizitländer der Europäischen Zahlungsunion, trotz zurückgehender US-Auslandshilfe, in ihrem Leistungs- und Kapitalverkehr mit dem Dollargebiet und dritten Währungsräumen Dollarüberschüsse, mit denen sie nicht nur die fälligen Überweisungen an die Union durchführen, sondern oft auch noch ihre Währungsreserven aufstocken konnten. Insofern hatte sich seit Mitte der 50er Jahre eine echte Multilateralität des Außenwirtschaftsverkehrs Europas nach dem Muster, wie es sich schon im 19. Jahrhundert etabliert hatte, wieder herausgebildet. Dieser Multilateralismus läßt sich in der Weise beschreiben, daß Deutschland mit den Überschüssen, die es in seinem Europahandel verdiente, seine chronischen Defizite mit überseeischen Gebieten, besonders dem Dollarraum, abdeckte, wohingegen der Rest Europas insgesamt Überschüsse in Übersee erzielte. Und tatsächlich wies Westdeutschland in jener Zeit steigende Defizite mit dem Dollarraum auf.

Daß sich dieses Verhältnis wieder einspielen konnte, war dem Verschwinden der Dollarlücke zu verdanken. Und genau hierzu leistete die volle Wiedereingliederung Westdeutschlands in den Europa- und Welthandel einen wichtigen Beitrag. Traditionell war nämlich Deutschland für viele europäische Länder die wichtigste Bezugsquelle von Investitionsgütern. Den fast völligen Ausfall Deutschlands als Exporteur solcher Güter in den ersten Nachkriegsjahren versuchten seine ehemaligen Kunden durch eine verstärkte Hinwendung zu den USA als Lieferant von Maschinen zu kompensieren. Das trug jedoch wesentlich zu dem allgemeinen Dollarmangel bei. Nach der Rückkehr Deutschlands als Anbieter von Investitionsgütern fand auch eine Rückverlagerung der Nachfrage weg von den USA hin zu Deutschland statt. Damit schrumpfte die Dollarlücke; die an ihre Stelle tretende »DM-Lücke«[4] war jedoch infolge der wesentlich höheren Importneigung Westdeutschlands viel kleiner und durchaus handhabbar.

Nachdem die Bundesrepublik 1952 auch die Einfuhr aus den meisten anderen, nicht dem EZU-Raum angehörenden Verrechnungsländern faktisch weitgehend liberalisiert hatte, war eine Unterscheidung zwischen Zahlungen nach Ländern der EZU und nach sonstigen Weichwährungsländern eigentlich unnötig geworden. Aus dieser Tatsache die Konsequenz ziehend wurde im April 1954 die sogenannte »Beschränkt konvertierbare Mark« (Beko-Mark) geschaffen. In Beko-Mark konnten sich beispielsweise Exporteure aus Abkommensländern ihre Ausfuhren in die Bundesrepublik bezahlen lassen. Deren Inhaber waren frei, sie nach Belieben in allen Ländern, mit denen die Bundesrepublik ein Zahlungsabkommen geschlossen hatte, den EZU-Raum miteinbegriffen, zu verwenden. In den folgenden Jahren gelang es der Bundesrepublik zudem, in ihren Zahlungsabkommen auch formal die Abrechnung über Beko-Mark zu verankern. Damit war der Bereich uneingeschränkter Transferabilität der Mark auf den ganzen Weichwährungsraum ausgedehnt worden. Bestimmte Zahlungswege waren nun lediglich noch im Verkehr mit dem Dollarraum vorgeschrieben.

Aber die schrittweise Liberalisierung des Handels machte auch vor den Dollarländern nicht Halt, konnte die Bundesrepublik allfällige Handelsbilanzdefizite mit diesen Staaten doch bequem mit Hilfe von Dollareinnahmen aus der EZU sowie aus Leistungen für die in Westdeutschland stationierten amerikanischen Truppen finanzieren. So setzte die Bundesregierung denn im Februar 1954 eine erste Dollarfreiliste in Kraft, die rund zwei Fünftel der privaten Einfuhr aus dem Dollarraum umfaßte. Und Mitte 1955 waren bereits über 80% dieser Importe faktisch von quantitativen Restriktionen frei. Da zu diesem Zeitpunkt ebenfalls die meisten Beschränkungen des Dienstleistungsverkehrs schon aufgehoben worden waren und zudem die Beko-Mark, wenn auch nicht offiziell, so doch mit einem nur recht geringen Disagio auf freien Devisenmärkten in Dollars eingetauscht werden konnte, war 1955 im Effekt die Eingliederung Westdeutschlands in ein liberales Welthandelssystem sowie die Konvertibilität der D-Mark für laufende Transaktionen weitgehend bewerkstelligt.

Darüber hinaus war zu jener Zeit auch der Kapitalverkehr in erheblichen Teilen freigegeben worden. Die Voraussetzung dafür hatte man durch die Unterzeichnung des Londoner Schuldenabkommens im Jahre 1953 geschaffen. Dadurch wurden die Rückzahlungsmodalitäten der deutschen Vorkriegsschulden geregelt. Dieser gewaltige Block zumeist längst fälliger Verpflichtungen Deutschlands hatte zuvor der Bundesrepublik jeglichen Bewegungsspielraum bezüglich einer Liberalisierung des Kapitalverkehrs genommen. Da es einerseits unmöglich war, all diese Schulden auf einmal zu begleichen, andererseits aber die Alliierten eine selektive Lockerung der Restriktionen für Neuinvestitionen im Kapitalverkehr mit dem Ausland nicht zuließen, blieb weiter nichts übrig, als echte Transaktionen auf Kapitalkonto bis zur Konsolidierung der Vorkriegsschuldenlast zu verschieben. Nachdem aber das im Londoner Schuldenabkommen geschehen war, ging es Schlag auf Schlag. Der Transfer von Gewinnen aus ausländischen Kapitalanlagen in Deutschland nach allen Währungsräumen wurde erlaubt, ebenso die Überweisung von bisher gesperrten ausländischen Guthaben bis zu einer bestimmten Höhe sowie von Auslosungsbeträgen auf deutsche Währung lautender Wertpapiere. Infolge der Freigabe des Eintauschs aller Sperrguthaben in beliebige Devisen von Weichwährungsländern im Jahr 1954 wurde gar der Begriff »Sperrmark« obsolet, und man benannte sie in »Liberalisierte Kapitalmark« (Libka-Mark) um. Wenn sie von Inhabern nicht in ausländische Währungen transferiert wurde, konnte die Libka-Mark für Auslandsinvestitionen in Westdeutschland verwendet werden. Und genauso wie die Beko-Mark war auch die Libka-Mark auf freien Devisenmärkten, teilweise sogar mit einem Agio, in Dollars einwechselbar.

Seit 1954 wurden außerdem Genehmigungen für deutsche Investitionen im Ausland großzügiger erteilt, und in der Folgezeit kam es auch hier zu einem Verzicht auf das Genehmigungserfordernis überhaupt. Am längsten blieben ausländische Kapitalanlagen in der Bundesrepublik unter

Einbringung von Devisen der Pflicht zur Einholung einer Erlaubnis in jedem Einzelfall unterworfen, die im übrigen fast immer versagt wurde. Die potentiellen Investoren wurden statt dessen auf die Libka-Mark verwiesen. Erst Mitte 1958 fiel auch diese Beschränkung gemeinsam mit der Abschaffung der Libka-Mark fort. In dem Zusammenhang ist interessant, daß die Bundesbank ihre harte Haltung in diesem Fall mehr und mehr damit begründete, angesichts der hohen Leistungsbilanzüberschüsse Westdeutschlands, die im Ausland zunehmend kritisch betrachtet würden, sei ein weiterer Devisenzufluß durch ausländische Investitionen höchst unerwünscht. Die Erklärung wirft ein bezeichnendes Licht darauf, wie sehr sich die Situation im Vergleich zum Ende der 40er/Anfang der 50er Jahre geändert hatte: Diente die Devisenzwangswirtschaft damals der Verhinderung von ungewollten Devisenabflüssen, so wurden ihre Reste jetzt zur Abwehr weiterer Devisenzuflüsse eingesetzt.
Die formale Erklärung der Konvertibilität der D-Mark, die die Bundesregierung Ende 1958 abgab, als auch die Mehrzahl der anderen westeuropäischen Länder sich zu diesem Schritt entschloß, hatte jedenfalls nur noch konstatierende Bedeutung. Im Grunde genommen war die Konvertibilität der Mark zu jener Zeit bereits seit einigen Jahren verwirklicht. Dasselbe gilt für die Verabschiedung des Außenwirtschaftsgesetzes im Jahr 1961, durch das die prinzipielle Freiheit des Außenwirtschaftsverkehrs bindend vom Gesetzgeber festgelegt wurde. Am faktischen Zustand des deutschen auswärtigen Handels- und Zahlungsverkehrs änderte sich dadurch nichts mehr. Festzuhalten ist, daß mit dem allgemeinen Übergang zur Konvertibilität in der zweiten Hälfte der 50er Jahre endlich die Weltwirtschaftsordnung so verwirklicht worden ist, wie sie von den Amerikanern schon im Krieg konzipiert worden war.

Grenzen der Liberalisierung

Die Bundesrepublik sieht sich selbst als ein handelspolitisch liberales Land, und sie beruft sich gern auf die in Westdeutschland sehr früh gefallene Grundentscheidung für die Freiheit des Außenhandels und Kapitalverkehrs. Zweifellos spielten bei dieser Entscheidung und der damit einhergehenden Abwendung vom Autarkiedenken der NS-Zeit auch die veränderten Verhältnisse eine Rolle. So war ein akzeptabler Lebensstandard für die auf engem Territorium zusammengedrängte große Bevölkerung, die sich noch durch einen gewaltigen Strom von Vertriebenen und Flüchtlingen vermehrte, sowie, wegen der relativen Rohstoffknappheit, ein ausreichendes Wachstum der Produktion undenkbar ohne große Einfuhren. Deren Finanzierung setzte wiederum ebenso große Ausfuhren

voraus. Hohe Zölle und sonstige Hemmnisse des Außenwirtschaftsverkehrs würden den Import jedoch verteuern, was negative Rückwirkungen auf den Export Westdeutschlands zeitigen mußte, weil sich seine internationale Konkurrenzfähigkeit dadurch verminderte. Dazu kam, daß insbesondere die Amerikaner, die in Fragen des Außenhandels in Westdeutschland bis 1949 das letzte Wort hatten, dessen Eingliederung in ein liberales Weltwirtschaftssystem betrieben und daher auch streng auf ein zu diesem Ziel passendes Verhalten der deutschen Stellen achteten.
Trotz aller Bekenntnisse zur Freiheit des Welthandels gab es jedoch in der Bundesrepublik wie auch in anderen hochentwickelten Industrieländern immer bestimmte Bereiche, die von der Liberalisierung ausgenommen blieben. Bezüglich des deutschen Falles entwickelten sich im GATT, dem die Bundesrepublik 1951 beitreten konnte, heftige Diskussionen hierüber. Obwohl zur Aufrechterhaltung quantitativer Einfuhrrestriktionen aus Devisengründen nicht mehr berechtigt, erklärte die Bundesrepublik 1957 nämlich, derartige Beschränkungen, vor allem für Grundnahrungsmittel und Textilien, nicht beseitigen zu können. Die davon betroffenen Produkte stellten aber fast 20 % der deutschen Gesamteinfuhr. Die anderen GATT-Vertragsparteien reagierten ob dieser protektionistischen Haltung ausgesprochen verärgert. Die Bundesrepublik zeigte sich ihren Argumenten gegenüber jedoch unzugänglich. Schließlich einigte man sich auf eine befristete Ausnahmegenehmigung für die in Frage stehenden Beschränkungen, ohne daß die Bundesregierung fest zusagte, nach deren Auslaufen diese Restriktionen zu beseitigen. Das tat sie denn auch nicht. Resigniert schrieb das GATT in seinem letzten Bericht über die deutschen Einfuhrquoten: Die Mitglieder der zur Überprüfung eingesetzten Arbeitsgruppe »stellten mit Bedauern fest..., daß eine nicht unbeträchtliche Zahl sowohl von gewerblichen als auch von landwirtschaftlichen Produkten nach Erlöschen der Ausnahmegenehmigung weiter Restriktionen unterworfen bleibt«.[5]
Letztlich setzte sich die Bundesrepublik durch. Dabei kam ihr zustatten, daß nach und nach eine Reihe anderer Länder in dieselbe Lage geriet und sich auch genauso verhielt. Das GATT, existentiell abhängig vom Konsens seiner Mitgliedsstaaten, erwies sich gegenüber dieser verbreiteten Durchbrechung seiner Prinzipien machtlos und mußte sich damit abfinden. Zudem verlagerte sich der Konflikt hinsichtlich der wichtigsten nicht-liberalisierten Positionen weg von der nationalen hin auf eine übernationale Ebene. Gingen doch die deutschen Marktordnungsregelungen für landwirtschaftliche Produkte, die faktisch deren Einfuhr limitierten, in EWG-weiten Verordnungen auf, während erstmals 1961 Quoten im Textilbereich durch ein internationales Baumwolltextilabkommen sanktioniert wurden.

Woran lag es aber, daß die vollständige Liberalisierung gerade an den genannten Branchen scheiterte, und zwar nicht nur in Deutschland, sondern in praktisch allen Industrieländern? Für eine Beantwortung dieser Frage muß man zwischen *intra*industriellem und *inter*industriellem Handel unterscheiden. Intraindustrieller Handel liegt immer dann vor, wenn im einzelnen zwar unterschiedliche, aber doch der gleichen Industriegruppe zuzurechnende Güter getauscht werden. Ein klassisches Beispiel ist die Tatsache, daß viele Länder Autos sowohl importieren als auch exportieren. Dabei kommt es demnach zu Spezialisierungen innerhalb bestimmter Branchen. Bei interindustriellem Handel dagegen ergibt sich tendenziell eine Spezialisierung der beteiligten Länder auf unterschiedliche Branchen mit der wahrscheinlichen Folge des Niedergangs anderer Wirtschaftsbereiche. Interindustrieller Handel verursacht also, obwohl gesamtwirtschaftlich gesehen effizienzsteigernd, Anpassungskosten infolge zeitweiser regionaler Arbeitslosigkeit und Entwertung von Kapitalbeständen. Die betroffenen Wirtschaftszweige bilden eine stark motivierte Lobby, die für protektionistische Maßnahmen eintritt, um den Verlust der eigenen Bedeutung aufzuhalten. Und solche Lobbies können sich bei auf demokratische Legitimation bedachten Regierungen oft mit ihren Wünschen durchsetzen.

Die Liberalisierung der 50er Jahre ging so lange relativ problemlos vonstatten, wie es sich um die Beseitigung von Barrieren des intraindustriellen Warenaustauschs handelte, der auch dementsprechend stark zunahm. Durch die Ausweitung dieser Art des internationalen Handels wurde nämlich niemand geschädigt, vielmehr wurden alle Beteiligten von den aus Spezialisierung und Vergrößerung des Absatzes resultierenden Wachstumsimpulsen begünstigt. Bei landwirtschaftlichen Erzeugnissen und Textilprodukten war der Sachverhalt jedoch anders. Hier konkurrierten massiv kostenbegünstigte Anbieter, vielfach aus Entwicklungsländern mit sehr niedrigem Lohnniveau, um die vorhandene Nachfrage mit dem Effekt, daß die Produzenten aus den Industrieländern zu einem großen Teil aus dem Markt gedrängt zu werden drohten. Diese setzten sich dagegen zur Wehr und erreichten eben meist auch die Beibehaltung von Einfuhrrestriktionen.

Dieselbe Erklärung trifft auch zu auf die Überhandnahme protektionistischer Maßnahmen seit den 70er Jahren. Im Unterschied zum alten Protektionismus, für den das Instrument der Zölle typisch war, das dem Preiswettbewerb noch einen gewissen Raum ließ, ist der Neoprotektionismus durch Importquoten, sogenannte freiwillige Selbstbeschränkungsabkommen und Einfuhrmindestpreise gekennzeichnet. Sie zielen darauf ab, den Import von Waren, deren Preise unterhalb eines bestimmten Limits liegen, absolut zu begrenzen oder gar ganz zu verhindern. Wie seit den 50er Jahren schon bei landwirtschaftlichen Produkten und Textilgütern geschieht dies auch heute, damit inländische Produzenten von Stahl und Autos, von Schiffen und Schuhen, von Fernsehapparaten und Computerchips nicht ausscheiden müssen aufgrund wesentlich billigerer Angebote aus anderen Ländern. Und daß die Verhängung solcher Einfuhrhindernisse gerade seit den 70er Jahren so zugenommen hat, resultiert einerseits daraus, daß die zunehmende Industrialisierung bei noch relativ niedrigem Lebensstandard ehemalige Entwicklungs- und Schwellenländer instand setzt, immer mehr Güter wesentlich kostengünstiger als die klassischen Industrieländer zu produzieren. Andererseits aber hat die Sensibilität der Industrieländer gegenüber einer auch nur zeitweisen Erhöhung der Arbeitslosenzahlen angesichts der Beendigung der Phase außergewöhnlichen Wachstums und der erneut zutage getretenen Massenarbeitslosigkeit zugenommen.

Das Problem der Devisenüberschüsse

Bereits 1957 entspann sich eine ziemlich scharfe internationale Debatte über die deutschen Export- und Devisenüberschüsse. Schon damals legten wichtige Partnerländer der Bundesrepublik eine DM-Aufwertung oder die Zulassung verstärkter Preisniveausteigerungen nahe. Und 1960 wurde erheblicher Druck auf Westdeutschland ausgeübt, zum Ausgleich seiner Überschüsse den Kapitalexport wesentlich stärker zu fördern. 1960/61 markiert denn auch den Beginn größerer deutscher Entwicklungshilfeleistungen.

Jedoch führten die hohen Zahlungsbilanzüberschüsse nicht nur zu massiver Kritik des Auslands, sondern auch zu einem gravierenden binnenwirtschaftlichen Inflationspotential infolge der im System fester Wechselkurse damit automatisch einhergehenden Geldmengenausdehnung. Was aber noch schlimmer war, der Handlungsspielraum der Bundesbank bei der Verteidigung der Preisstabilität erwies sich als sehr eingeschränkt. Denn ihre Versuche einer restriktiven Geldpolitik wurden häufig durch um so höhere Kapitalzuflüsse aus dem Ausland unterlaufen.

Auf diese Gefahr wies der Wissenschaftliche Beirat beim Bundeswirtschaftsministerium schon 1957 in einem Gutachten hin, und er empfahl, eine Aufwertung der D-Mark ernsthaft zu erwägen. Damals war jedoch noch eine beträchtliche Mehrheit innerhalb von Bundesregierung und Notenbank gegen einen solchen Schritt. Nach einer Phase der Beruhigung brach das geldpolitische Dilemma zwischen der Notwendigkeit der Bremsung eines binnenwirtschaftlichen Konjunkturaufschwungs und der Unwirksamkeit des Einsatzes der Instrumente der Bundesbank aufgrund von Kapitalimporten 1960 erneut und stärker auf. Auch ein Verzinsungsverbot für ausländische Bankeinlagen konnte hieran nichts ändern. Schließlich schaltete die Bundesbank ostentativ auf eine zahlungsbilanzkonforme Geldpolitik um und senkte, mitten im Boom, die Zinsen. Auch die Bundesregierung kapitulierte, und im März 1961 wurde die D-Mark erstmals um 5 % aufgewertet.

Nach der Aufwertung entspannte sich die Situation zunächst. Die Kapitalbilanz wurde aufgrund des Rückflusses spekulativer Auslandsgelder stark negativ, und die Leistungsbilanz näherte sich für eine gewisse Zeit einem Gleichgewicht. Letzteres lag allerdings nicht etwa an einer durchgreifenden Verringerung der Exportüberschüsse, sondern an einer beträchtlichen Erhöhung des Defizits der Übertragungsbilanz infolge steigender Wiedergutmachungszahlungen sowie daran, daß die Dienstleistungsbilanz wegen der raschen Zunahme der Ausgaben deutscher Reisender im Ausland defizitär wurde. Wie diese Entwicklung zeigte, gab es demnach durchaus Tendenzen zu einer Neutralisierung der Exportüberschüsse durch andere Positionen der Zahlungsbilanz. Als Hauptproblem erschienen hingegen Kapitalzuflüsse im Falle von Spekulationen auf Wechselkursveränderungen.

Selbst das enorm anschwellende Handelsbilanzplus des Jahres 1967 – das Resultat einer auf die Bundesrepublik beschränkten, kurzen Rezession – bedrohte das außenwirtschaftliche Gleichgewicht zunächst nicht. Denn eben aufgrund der Rezession kam es auch zu einem Zinsgefälle zwischen dem Ausland und der Bundesrepublik, was den Kapitalexport anregte und zum Ausgleich der Zahlungsbilanz beitrug. Im Zuge einer Pfund- und insbesondere einer Franc-Schwäche wurde die Bundesrepublik 1968 dann aber wieder von spekulativen Auslandsgeldern überschwemmt. Die Bundesregierung dementierte jegliche Aufwertungsabsicht. Gleichzeitig nahm man jedoch eine Art Ersatzaufwertung vor, indem die deutschen Exporte mit einer Sondersteuer in Höhe von 4 % belastet und die Importe um den gleichen Satz entlastet wurden. Zwar flossen die spekulativen Gelder daraufhin noch einmal ab, aber die Situation erwies sich von nun an als äußerst instabil. Zu deutlich war die »Ersatzaufwertung« lediglich eine Aushilfsmaßnahme, um eine echte Aufwertung zu vermeiden, als daß sich die Spekulation hierauf dadurch lange eindämmen ließ, zumal sich immer klarer zeigte, daß die Regierung in dieser Frage tief gespalten war. So kam es, wie es kommen mußte, und nach der Bundestagswahl vom Herbst 1969 wurde die D-Mark erneut, dieses Mal um gut 9 %, aufgewertet. Die Anpassungsinflation war jedoch zu dem Zeitpunkt bereits in vollem Gang. Die monatelang währende Unfähigkeit der Bundesbank, die Geldmengenentwicklung unter Kontrolle zu bringen und so die nach 1967 mehr und mehr überschäumende Konjunktur zu dämpfen, hatte zu einer Gewinnexplosion in den deutschen Unternehmen geführt. Das löste seinerseits im September 1969 wilde Streiks und eine gewaltige Lohnerhöhungswelle aus. Infolgedessen nahmen die Preissteigerungsraten trotz Aufwertung rasch zu.

Die Zahlungsbilanz- und insbesondere die Exportüberschüsse der Bundesrepublik werden in der Literatur vielfach unter Hinweis auf eine angebliche Unterbewertung der D-Mark seit dem Ende der 50er Jahre erklärt.[6] Das habe, so folgert man dann, zu ungesunden Verzerrungen der deutschen Wirtschaftsstruktur geführt, die sich in einer Überausdehnung des exportorientierten Industriesektors und in der künstlichen Erhaltung an sich international nicht mehr konkurrenzfähiger Betriebe geäußert hätten. Nach Aufhören der Phase der Unterbewertung in der ersten Hälfte der 70er Jahre sei daraus ein besonderer Bedarf an Strukturwandel entstanden, der zu den damaligen wirtschaftlichen Problemen Westdeutschlands beigetragen habe.

Demgegenüber zeigt jedoch der Vergleich der Exportpreisniveaus verschiedener Länder, daß die Bundesrepublik sich noch 1960 keineswegs durch besondere Billigkeit ihrer Ausfuhrgüter vor ihren europäischen Hauptkonkurrenten auszeichnete. Entsprechend kann man wohl nicht behaupten, die Aufwertung von 1961 habe eine Unterbewertung der D-Mark korrigiert. Bis 1969 scheint sich dann allerdings tatsächlich eine gewisse Diskrepanz in der Preisentwicklung Westdeutschlands im Vergleich zum Ausland herausgebildet zu haben, vor allem deshalb, weil die Bundesrepublik, anders als ihre Partnerländer, 1967 eine leichte wirtschaftliche Rezession erlebt hatte. Daß diese Preisdivergenz jedoch die Hauptursache für die auch damals anhaltenden Exportüberschüsse gewesen sein soll, ist zu bezweifeln. Wie verschiedene Studien übereinstimmend feststellen, änderte nämlich die Aufwertung von 1969 daran nichts Grundsätzliches.[7] Man muß also wohl nach einer anderen Erklärung für die permanenten deutschen Handelsbilanzüberschüsse in den 50er und 60er Jahren suchen, die These von der Unterbewertung der Mark reicht hierzu offensichtlich nicht aus. Dabei hilft die Beobachtung weiter, daß nach der Koreakrise der Jahre 1950 und 1951 die deutschen Einfuhrpreise bis zum Anfang der 70er Jahre im Durchschnitt tendenziell abnahmen, während die Exportpreise anstiegen. Wären die Preise dagegen auf ihrem Stand von 1951 geblieben, dann hätte sich rein rechnerisch 1970 statt eines Exportüberschusses ein beträchtlicher Importüberschuß ergeben. Die Überlegung zeigt also, daß die unterschiedliche Bewegung der deutschen Export- und Importpreise ganz wesentlich an der Entstehung des Handelsbilanzüberschusses beteiligt war.

Die Frage ist nun aber, warum die deutschen Ausfuhrpreise im Vergleich zu den Importpreisen so ansteigen konnten, was in anderen Industrielän-

Auf der Hannover-Messe präsentiert sich die hochentwickelte deutsche Industrie.

dern keineswegs der Fall war. Die Antwort lautet: Die deutsche Exportstruktur mit ihrem Übergewicht von Investitions- und dauerhaften Konsumgütern brachte es mit sich, daß die Nachfrage nach den Ausfuhrgütern der Bundesrepublik besonders einkommenselastisch war und infolge des weltweit starken Wirtschaftswachstums schnell anstieg. Das eröffnete den deutschen Unternehmen einen weiten Spielraum für relative Preiserhöhungen, ohne daß damit ihr Absatz Einbußen erlitt. Die deutschen Handelsbilanzüberschüsse waren also großenteils strukturell bedingt.

Die Exportüberschüsse bedeuteten aber nicht zwangsläufig auch hohe Devisenüberschüsse. Es gab durchaus Phasen, in denen sie durch negative Posten in Leistungs- und Kapitalbilanz weitgehend oder gar vollständig kompensiert wurden. Demnach ist auch die Aussage nicht richtig, es seien primär die Exportüberschüsse gewesen, die periodisch zu Aufwertungsdruck für die D-Mark führten. Die Ursache dafür ist vielmehr vor

allem in den spekulativen Kapitalzuflüssen zu sehen. Und hierin zeigte sich ein grundlegender Konstruktionsfehler des Systems fester, nur in Ausnahmesituationen änderbarer Wechselkurse. Für eine Aufwertungsspekulation existiert in diesem System nämlich praktisch keinerlei Verlustrisiko, da angesichts enormer Kapitalimporte das aufwertungsverdächtige Land allenfalls versuchen kann, seinen Wechselkurs stabil zu halten, während eine Abwertung unter derartigen Bedingungen niemals in Frage kommt. Eine der wenigen Möglichkeiten, mit dem Problem fertigzuwerden, besteht für ein solches Land darin, umfangreiche Kapitalverkehrskontrollen aufrechtzuerhalten.
In der Tat gehörte die Liberalisierung des Kapitalverkehrs ausdrücklich nicht zu den in Bretton Woods formulierten Zielen. Diese erwies sich jedoch als ein fast zwangsläufiger Schritt, wenn man die Devisenbewirtschaftung für laufende Transaktionen vollständig beseitigen wollte. Denn damit eröffnete man auch dem Kapitalverkehr zahlreiche zwar eigentlich illegale, aber dennoch wahrscheinlich vielbenutzte Wege. Es lag also sehr nahe, die Kontrolle der Kapitalbewegungen ebenfalls abzuschaffen und so zusätzlich in den Genuß der Vorteile eines freien internationalen Kapitalverkehrs zu gelangen. Im Rückblick ist allerdings klar, daß und warum ein solches Vorgehen nicht mit dem in Bretton Woods vereinbarten Festkurssystem vereinbar ist. Lange Zeit jedoch waren flexible Wechselkurse weithin undenkbar. Erst die zunehmende Dollarschwemme und sich häufende Währungskrisen brachten hier eine Wende.

Der Zusammenbruch des Systems fester Wechselkurse und der Ölpreisschock

Die Ruhe an der Währungsfront währte nach 1969 nicht lange. Hatten sich doch seit dem Ende der 50er Jahre durch ständige, aus dem Kapitalexport herrührende Defizite in der amerikanischen Zahlungsbilanz enorme Dollarbestände im Ausland angesammelt, die die amerikanischen Goldreserven bei weitem überstiegen. Insofern stand die Goldeinlösepflicht des Dollars nur noch auf dem Papier. Und obwohl diese schon 1968 formell auf den Verkehr der Zentralbanken untereinander beschränkt worden war und die meisten ausländischen Staaten von einem Umtausch ihrer Dollarreserven in Gold aus übergeordneten politischen und wirtschaftlichen Gründen absahen, gefährdete das doch immer stärker das Vertrauen in die Stabilität des Dollars. Dazu kam, daß in der zweiten Hälfte der 60er Jahre in den USA im Zuge einer durch den Vietnamkrieg angeheizten Wirtschaftskonjunktur die Inflation zunahm und schließlich, neben dem hohen Defizit der Kapitalbilanz, auch die amerikanische Leistungsbilanz negativ wurde. Da sich die Geldpolitik der USA aber weiterhin vor allem an binnenwirtschaftlichen Erfordernissen orientierte, waren neue Währungskrisen geradezu vorprogrammiert, die vor allem den Dollar und die D-Mark betrafen.

Eine erste Dollarwelle, gespeist aus Kapitaltransaktionen, rollte denn schon 1970/71 auf die Bundesrepublik zu. Nachdem erneut spekulative Einflüsse die Oberhand gewonnen hatten und sich eine wahre Dollarsturzflut über Westdeutschland ergoß, wurde im Mai 1971 schließlich der Wechselkurs der Mark freigegeben. Dadurch war die Bundesbank, als sich nach der endgültigen Aufhebung der Goldeinlösepflicht des Dollars im August jenen Jahres die Dollarbestände wieder in Bewegung setzten, von der Notwendigkeit, zur Stützung des Dollars auf dem Devisenmarkt zu intervenieren, befreit.

Statt dessen stieg nun der Markkurs an. Im Dezember 1971 wurden nach langwierigen internationalen Verhandlungen die Währungsparitäten neu festgesetzt, wobei erstmals in der Nachkriegszeit der Dollar selbst abgewertet worden ist, und die Wechselkurse mit einer vergrößerten zulässigen Schwankungsbreite von plus/minus 2¼% wieder fixiert. Dieses »Smithsonian Agreement« war jedoch nur von kurzer Dauer. Die Kapitalzuflüsse in die Bundesrepublik beruhigten sich nur selten, obwohl die Bundesbank die Zinsen kontinuierlich senkte und die Bundesregierung zusätzliche administrative Barrieren gegen sie errichtete. Im März 1973 ging die Bundesrepublik daraufhin zusammen mit anderen Ländern zum Floating über, nachdem Großbritannien und die Schweiz diesen Schritt aus unterschiedlichen Gründen schon zuvor unternommen hatten. Damit war das System weltweit fester Wechselkurse zusammengebrochen.

Allerdings ließ man die D-Mark nicht gegenüber allen Währungen frei schwanken, blieb doch die »Europäische Währungsschlange« im Prinzip intakt. Schon im Frühjahr 1972 hatte der EG-Ministerrat nämlich beschlossen, die Bandbreiten der europäischen Währungen untereinander im Vergleich zu den im Smithsonian Agreement vereinbarten zu halbieren, so daß sich ein festerer Wechselkursverbund ergab, der auch nach 1973 weiterbestand. Jedoch waren ihm Großbritannien und Italien von vornherein nicht beigetreten, und Frankreich schied nach einer gewissen Zeit wieder aus. 1978 gelang mit der Gründung des »Europäischen Währungssystems« (EWS) dann ein neuer Anlauf zu verstärkter europäischer Währungsintegration, wenn auch Großbritannien weiterhin abseits stand. Die Paritäten innerhalb des EWS wurden grundsätzlich fixiert. Bei tiefgehenden Ungleichgewichten sollten aber einvernehmlich Änderungen vorgenommen werden, was seither auch schon verschiedentlich geschehen ist. Dennoch war die Stabilität des europäischen Kurssystems

relativ groß. Und da die D-Mark die dominierende Währung des EWS ist, ging von der deutschen Geldpolitik ein disziplinierender Einfluß auf die anderen Verbundwährungen aus.
Mit Errichtung des EWS wurde zudem eine europäische Währungseinheit, der ECU, geschaffen. Dabei handelt es sich um eine Korbwährung, in deren Definition die am EWS beteiligten Währungen je nach ihrem Gewicht eingehen. Ursprünglich diente der ECU vor allem als Rechnungsgröße, inzwischen spielt er jedoch auch schon eine recht beträchtliche Rolle als Emissionswährung öffentlicher und privater Schuldverschreibungen. Es erscheint durchaus nicht ausgeschlossen, daß man einmal das EWS als Vorstufe zu einer echten europäischen Währungsunion und den ECU als Vorläufer eines tatsächlich ausgegebenen Europa-Geldes betrachten wird.
Das Floating zwischen den großen Währungen der Welt wurde Anfang 1976 vom Internationalen Währungsfonds durch eine Änderung seiner Statuten legalisiert. Vorbereitet worden war diese Änderung auf dem ersten Weltwirtschaftsgipfel vom November 1975 in Schloß Rambouillet bei Paris, an der die Staats- und Regierungschefs der Bundesrepublik, Frankreichs, Großbritanniens, Italiens, Japans und der Vereinigten Staaten teilnahmen. Diese Runde, später um Kanada und die EG-Kommission erweitert, traf sich von nun an jedes Jahr und entwickelte sich zu einem Gremium, auf dem immer wieder Anstöße zu einer Koordination der Wirtschaftspolitik der beteiligten Länder gegeben wurden. Damit war aber auch klargestellt, daß man diese globale Abstimmung nicht allein den Märkten, und dabei insbesondere den Devisenmärkten, überlassen wollte.
Nach dem Übergang zum Floating schlug die Bundesrepublik sofort eine restriktive Geldpolitik ein, die durch fiskalische Stabilisierungsmaßnahmen ergänzt wurde. Es gelang damit, die Konjunktur zu dämpfen. Da brach im Oktober 1973 im Nahen Osten der Jom-Kippur-Krieg aus, und die arabischen Ölländer setzten Erdöl als Waffe ein. Die Ankündigung von Rohölförderkürzungen, der Ölboykott bestimmter Länder, die als israelfreundlich eingestuft wurden, und erste relativ moderate Preiserhöhungen verunsicherten die Ölmärkte. Es kam zu Hamsterkäufen, die den Preis nach oben schnellen ließen. Die Golfstaaten zogen mit Steigerungen ihrer Richtpreise nach, und am Jahresende hatte sich der Ölpreis gegenüber seinem Stand von vor Ausbruch dieses Nahostkrieges vervierfacht.
Der Ölpreisschock verschärfte weltweit die Inflation und löste starke rezessive Tendenzen aus. Die Stagflation war geboren. Jetzt zeigte sich aber auch, daß das System flexibler Wechselkurse eine unabdingbare Voraussetzung zur Bewältigung dieser Situation ohne gewaltige Schrumpfung

des Weltwirtschaftsverkehrs war. Ermöglichte dieses System doch eine relativ friktionslose Anpassung an von Land zu Land höchst unterschiedliche Preissteigerungsraten und das erfolgreiche Recycling der zunächst nicht voll verausgabten Ölmilliarden von den Öländern nach Industrie- und Entwicklungsländern, die dringend auf Kapitalimporte zur Finanzierung ihrer gewachsenen Zahlungsbilanzdefizite angewiesen waren. Eine wichtige Vermittlerrolle spielte dabei das internationale Bankensystem. Allerdings liegt hier auch der Keim zur Schuldenkrise der 80er Jahre.

Für die Bundesrepublik brachte die Aufwertung der floatenden Mark den zusätzlichen Vorteil einer Abschwächung der Kostensteigerung für Öl, da dieses in Dollar abgerechnet wurde. Das trug seinerseits dazu bei, daß die westdeutsche Inflationsentwicklung am unteren Ende des Spektrums unterschiedlicher Geldentwertungsraten verharrte. Daraus entstehende Wettbewerbsvorteile der deutschen Ausfuhrindustrie dürften jedoch durch einen Anstieg des Wechselkurses der D-Mark weitgehend ausgeglichen worden sein. Diese Höherbewertung wurde dadurch akzentuiert, daß die Mark infolge der Unsicherheit bezüglich des Dollars mehr und mehr in die Rolle einer zweiten Reservewährung hineinwuchs. Betrug der DM-Anteil an den Devisenreserven der IWF-Mitgliedsländer 1970 erst 2%, so stieg er bis 1978 auf 10% und stand 1988 bei 14%.[8] Dennoch verdoppelte sich der deutsche Exportüberschuß zwischen 1972 und 1974 noch einmal und hielt sich dann bis 1978 auf beträchtlicher Höhe. Das trug jedoch zu den Zahlungsbilanzproblemen des Auslandes nur in geringem Maße bei, da zunächst hohe Kapitalexporte und dann auch größere Defizite in der Dienstleistungs- und Übertragungsbilanz für den Ausgleich sorgten. Zwar scheint es so, daß die deutschen Exporteure, um ein solches Ergebnis zu erzielen, erstmals ihre Gewinnspanne etwas einschränken mußten.[9] Aber dennoch läßt sich sagen, daß es nach wie vor primär andere Faktoren als der Preis waren, die die Ausfuhr derart ansteigen ließen. Ein gutes Beispiel dafür bot der deutsche Handel mit den OPEC-Staaten. Diese nutzten nämlich den Dollarsegen, um ihre Industrialisierung voranzutreiben, was entsprechende Importe notwendig machte. Und als Lieferant bot sich aufgrund ihres Exportsortiments ganz besonders die Bundesrepublik an. Demgemäß schwoll die deutsche Ausfuhr in jene Ländergruppe nach 1973 stark an, und 1977 übertraf sie, trotz der Ölpreiserhöhung, bereits die Einfuhr von dort.

Nach einer Phase relativer Stärke des Dollars in der Mitte der 70er Jahre begann er im Herbst 1977 wieder schnell an Wert zu verlieren. Dazu trug nicht unwesentlich ein hohes amerikanisches Leistungsbilanzdefizit bei, dessen Ursache insbesondere in Erdölimporten lag. Verstärkt durch spekulative Devisenbestandsumschichtungen kam es im zweiten Halbjahr 1978 geradezu zu einem »freien Fall« der amerikanischen Währung auf den Devisenmärkten. Seinen vorläufigen Tiefstand erreichte der Dollar gegenüber der D-Mark Ende Oktober 1978 mit einem Kurs von nur wenig mehr als 1,70 DM. Erst die Verkündung und Durchführung überzeugender Stabilisierungsmaßnahmen durch die amerikanische Regierung im November des Jahres, wozu die Bundesrepublik und andere währungsstarke Länder den USA für Devisenmarktinterventionen hohe Kredite einräumten, führte zu einem Ende des Dollarverfalls. Da kam es 1979 zur iranischen Revolution, zu erneuten Panikkäufen auf den Ölmärkten und zu einer nochmaligen Verdopplung bis Verdreifachung des Ölpreises.

Versuche zu verstärkter internationaler Koordination der Währungs- und Wirtschaftspolitik bei flexiblen Wechselkursen

Der zweite Ölpreisschock heizte die Inflation weltweit wieder gewaltig an. Die Bundesbank verschärfte ihren seit Ende 1978 für nötig gehaltenen geldpolitischen Restriktionskurs, die USA und andere Länder zogen nach. Das sowie die Notwendigkeit struktureller Anpassung der Wirtschaft an die steigenden Ölpreise, die in der Bundesrepublik in dem höchst ungewöhnlichen Faktum hoher Leistungsbilanzdefizite klaren Ausdruck fand, löste zu Beginn der 80er Jahre die tiefste Weltwirtschaftskrise der Nachkriegszeit aus. Nachdem das reale Bruttosozialprodukt in Westdeutschland 1981 stagniert hatte, sank es 1982. Im selben Jahr überstieg die Zahl der registrierten Arbeitslosen die Grenze von zwei Millionen, die Arbeitslosenquote erreichte mehr als 9%. Zu allem Überfluß hatte sich in den öffentlichen Haushalten, nicht zuletzt aufgrund der expansiven Fiskalpolitik während der Rezession um die Mitte der 70er Jahre, ein großer Konsolidierungsbedarf ergeben, der eine Nachfragestimulierung durch den Staat weitgehend ausschloß. Aber es erschien auch zunehmend zweifelhaft – und zwar nicht nur in der Bundesrepublik –, ob ausgabensteigernde Maßnahmen überhaupt noch zu größeren realen Effekten führen oder vielmehr infolge der Antizipierung davon erwarteter beschleunigter Inflation weitgehend verpuffen würden.
Die seit Oktober 1979 sehr kontraktive amerikanische Geldpolitik ließ das Dollarzinsniveau stark ansteigen. Einerseits trug das zur Umkehr der Entwicklung des Dollarkurses bei. Die Aufwertung des Dollars ab 1980 machte es anderen Ländern aber unmöglich, wenigstens geldpolitisch der Rezession gegenzusteuern, ohne wiederum die Inflationsgefahr zu vergrößern. An diesem Beispiel zeigte sich demnach, daß in einer interdependenten Welt auch flexible Wechselkurse keine völlige Unabhängigkeit der Wirtschaftspolitik verbürgen können. Andererseits erschwerte das hohe Zinsniveau die Verschuldungssituation vieler Entwicklungsländer

Das dritte Weltwirtschafts-Gipfeltreffen fand in Bonn statt. Hier die Regierungschefs Giulio Andreotti (Italien), Takeo Fukuda (Japan), Jimmy Carter (USA), Helmut Schmidt (BRD) und Valéry Giscard d'Estaing (Frankreich), 16. 7. 1978.

noch, die schon durch den Finanzierungsbedarf für aufgrund des neuerlichen Sprungs der Ölpreise dramatisch angewachsene Leistungsbilanzdefizite äußerst angespannt war. Mitte 1982 wurde denn auch die Zahlungsunfähigkeit Mexikos offenbar. Sie löste einen Schock aus, zumal weitere lateinamerikanische Staaten bald in die gleiche Lage gerieten. Das Gespenst von Bankzusammenbrüchen analog denen in der Bankenkrise Anfang der 30er Jahre ging um, was wegen der damit verbundenen raschen Schrumpfung der Geldmenge zu einer enormen Vertiefung der wirtschaftlichen Depression geführt hätte.

Angesichts dieser Lage verwundert es nicht, daß sowohl von Industrie- als auch Entwicklungsländern heftig Kritik an der amerikanischen Wirtschaftspolitik, die man für die Höhe der Dollarzinsen verantwortlich machte, geübt wurde. Dabei waren den Kritikern besonders die seit dem Amtsantritt Präsident Reagans Anfang 1981 rasch steigenden US-Budgetdefizite ein Dorn im Auge, eine Folge von dessen Angebotspolitik, die neben Deregulierungsmaßnahmen auch Steuersenkungen umfaßte, bei gleichzeitiger Ausgabensteigerung vor allem für die Verteidigung. Die aus expansiver Fiskal- und relativ restriktiver Geldpolitik im Verlauf der 80er Jahre resultierenden gewaltigen Kapitalimporte der USA trieben zudem den Wechselkurs des Dollars immer weiter in die Höhe. Allerdings – und dies gehört zu einer richtigen Beurteilung der amerikanischen Politik hinzu – geriet die amerikanische Leistungsbilanz im Zuge von Dollaraufwertung und Konjunkturaufschwung seit 1983 in Defizite in bisher nie dagewesener Größenordnung. Und den Gegenposten dazu bildeten Export- und Leistungsbilanzüberschüsse anderer Länder, besonders aber von Japan und der Bundesrepublik. Auf diese Weise wurde also ein erheblicher Teil der in den USA initiierten Expansionskräfte ins Ausland umgeleitet, wo sie entscheidend zur Wiederankurbelung des Wirtschaftswachstums beitrugen. Und hiervon hat nicht zuletzt die Bundesrepublik profitiert.

Im Februar 1985 erreichte der Dollar das Niveau von 3,47 DM. Im amerikanischen Kongreß gewannen aufgrund des immer höheren Leistungsbilanzdefizits protektionistische Stimmen zunehmend an Boden. Da schlug die Dollarkursentwicklung erneut um. Die Gründe dafür waren wohl im wesentlichen immanenter Art. Aufgrund der Leistungsbilanzdefizite gelangten nämlich Milliardenbeträge an Dollars in die Hände von Ausländern, die einer weiteren Aufwertung tendenziell entgegenwirkten. Außerdem war der Dollar, gemessen an den Kaufkraftparitäten, eindeutig überbewertet, was die Devisenmärkte einen baldigen Rückschlag erwarten ließ, zumal der amerikanische Konjunkturaufschwung allmählich an Dynamik zu verlieren schien. Im weiteren Verlauf gaben die USA auch ihre bisherige Haltung des »benign neglect« gegenüber dem Wechselkurs des Dollars auf. Im September 1985 wurde in einer Verlautbarung zu dem Treffen der Finanzminister und Notenbankgouverneure der fünf wichtigsten Industrieländer im La Plaza-Hotel in New York gesagt, daß eine weitere Aufwertung der Nicht-Dollarwährungen erwünscht sei und daß man zu diesem Zweck enger zusammenarbeiten wolle.[10] Tatsächlich intervenierten die Zentralbanken daraufhin längere Zeit in abgestimmter Weise auf den Devisenmärkten, was das Absinken des Dollarkurses besiegelte.

1986 drang dann in der Bundesrepublik bereits wieder die Meinung vor, der Dollar habe sich genügend abgewertet. Angesichts ihres weiter zunehmenden Leistungsbilanzdefizits – eine mehr technische Reaktion auf die mit dem Dollarverfall steigenden amerikanischen Importpreise, weil sich die Güterströme erst nach einer gewissen Zeit anpassen – waren die USA jedoch noch nicht bereit, den Fall des Dollars abzubremsen. Vielmehr forderten sie besonders von Japan und der Bundesrepublik stärker expansive wirtschaftspolitische Maßnahmen, damit deren Einfuhren schneller steigen und sie die USA als Welt-Konjunkturlokomotive ablösen würden. In diesem Sinne kam es in der Folge zu koordinierten Zinssenkungen in verschiedenen Ländern, Japan unternahm ein Stimulierungsprogramm und die Bundesregierung erweiterte ihre geplante Steuerreform. Im Februar 1987 wurde dann auf einem neuerlichen Treffen von Vertretern der größten Industriestaaten im Louvre verkündet, daß die Wechselkurse nach Auffassung der Beteiligten jetzt mit den wirtschaftlichen Grundtatbeständen übereinstimmten.[11] Damals stand der Dollar bei ungefähr 1,80 DM. Es gelang, diesen Kurs über mehrere Monate hinweg in etwa zu halten. Dazu bedurfte es allerdings sehr erheblicher Interventionen der Notenbanken auf den Devisenmärkten, nun zugunsten des Dollars, der sich einem weiteren Vertrauensverlust der Anleger gegenübersah, zumal das amerikanische Leistungsbilanzdefizit immer noch nicht schrumpfte. In dieser ohnehin labilen Situation wurde vom amerikanischen Finanzminister James Baker Mitte Oktober aus Verärgerung besonders über einen deutschen Zinsanstieg der Fortbestand des Louvre-Abkommens in Frage gestellt. Das war der Auslöser für den Kurssturz an der New Yorker Börse am 19. Oktober 1987, dem »Schwarzen Montag«, der sämtliche Aktienmärkte der Welt mit sich riß. Daraufhin gab es für den Dollar ebenfalls kein Halten mehr. Er fiel und erreichte am Jahresende 1987 seinen bisherigen historischen Tiefstand von 1,58 DM.

Die Börsenkrise von 1987 weckte verbreitet Erinnerungen an jene des Jahres 1929, die der sichtbare Ausgangspunkt der damaligen Weltwirtschaftskrise war. Im Unterschied zu damals war die Weltkonjunktur 1987 jedoch recht robust. Außerdem schaltete die Geldpolitik sofort nach den Turbulenzen an den Finanzmärkten auf Expansionskurs um, so daß sich der vorübergehende Zinsanstieg bald wieder beruhigte. Es kam zu keinem Konjunktureinbruch, ja verschiedene Volkswirtschaften, darunter die der Bundesrepublik, belebten sich sogar stärker als erwartet. Eine Verschiebung des Zentrums dynamischer Auftriebskräfte weg von den USA hin zu anderen Ländern gelang bis zu einem gewissen Grade und der weltweite Aufschwung setzte sich somit fort. Ein offensichtliches Zeichen dafür war, daß sich das amerikanische Leistungsbilanzdefizit nun endlich langsam zurückbildete. Gleichzeitig stabilisierte sich der Dollar auf einem etwas höheren Niveau.

Die Entwicklung der letzten Jahre hat zu einer weiteren Zunahme der weltwirtschaftlichen Interdependenz geführt, der die Bundesrepublik als

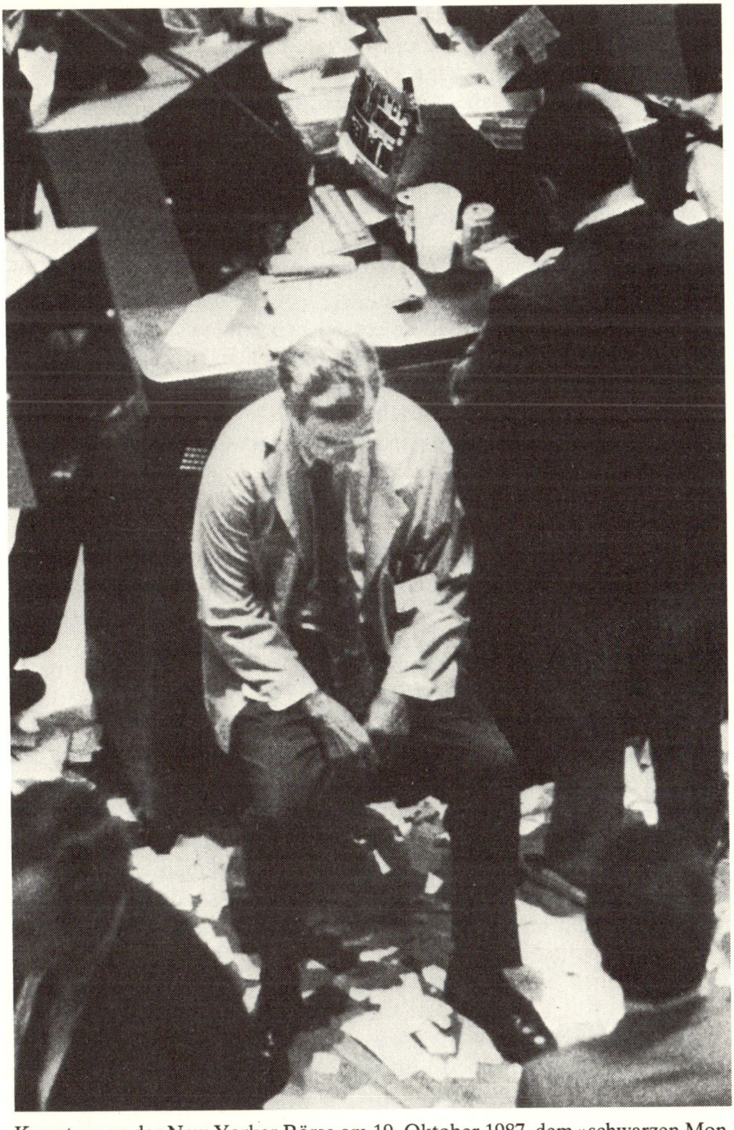

Kurssturz an der New Yorker Börse am 19. Oktober 1987, dem »schwarzen Montag«, der sämtliche Börsen der Welt mit sich riß. Ein verzweifelter Börsenmakler angesichts des Debakels.

ein stark mit den Weltmärkten verflochtenes Land sich keinesfalls entziehen kann. Selbst die USA können das weniger denn je, wozu ohne Zweifel gerade die Flexibilität des Wechselkurses beigetragen hat. Denn diese brachte es mit sich, daß auch das Land, dessen Währung weithin als Reservemedium genutzt wird, nicht mehr eine Wirtschaftspolitik unabhängig von Zahlungsbilanzgesichtspunkten treiben und die Anpassungslast anderen Ländern aufbürden kann. Vielmehr findet die jeweilige Wirtschaftspolitik ihre Entsprechung in einer Abwertung oder Aufwertung des Wechselkurses, die ihrerseits unweigerlich binnenwirtschaftliche Konsequenzen in Form von Inflation oder Verlust der eigenen Wettbewerbsfähigkeit haben. Man muß demnach die paradox anmutende Erscheinung konstatieren, daß wegen der Flexibilität der Wechselkurse der wirtschaftspolitische Koordinierungsbedarf eher gewachsen als gesunken ist, wobei die Anpassungszwänge nun besser verteilt sind. Die einzige Möglichkeit, sich dem zu entziehen, bestünde darin, umfangreiche Kontrollen des internationalen Waren- und Kapitalverkehrs, d. h. eine weitgehende Devisenzwangswirtschaft, wieder einzuführen. Aufgrund der in diesem Fall zu erwartenden enormen Wachstumshemmungen schreckt jedes Land davor letztlich aber doch zurück.

Es ist also keineswegs ein Zufall, daß im Zuge der geschilderten Entwicklung neue Institutionen wie die Weltwirtschaftsgipfel oder die Treffen der Finanzminister und Zentralbankpräsidenten der größten Wirtschaftsmächte entstanden sind. Dienen doch diese Gremien explizit der Abstimmung der gegenseitigen Politik. Ebensowenig ist es ein Zufall, daß die USA nach ihren Erfahrungen zunächst mit dem extremen Kursverfall des Dollars am Ende der 70er und sodann mit seinem nicht weniger extremen Wiederanstieg in der ersten Hälfte der 80er Jahre seit der La Plaza-Übereinkunft offenbar ernsthaft an globaler wirtschaftspolitischer Koordination interessiert sind, zu der an erster Stelle natürlich die Stabilisierung der Wechselkurse gehört. Jedoch, das machte die Börsenkrise vom Herbst 1987 ganz klar, kann eine derartige Kursstabilisierung auf Dauer nicht durch gegen die Marktkräfte vorgenommene Interventionen der Zentralbanken erreicht werden. Vielmehr sind dafür tiefer ansetzende wirtschaftspolitische Maßnahmen, konkret am Ende der 80er Jahre der zügige Abbau der amerikanischen Budgetdefizite und damit der Notwendigkeit zu Kapitalimporten sowie die zusätzliche Stimulierung auch der deutschen Wirtschaft, vorzugsweise durch konsequente Angebotspolitik, erforderlich. Werden diese ergriffen, kommt es also zu effektiver Koordinierung, dann werden die Wechselkurse von selbst stabiler. Ohne das aber werden sie auch mit noch so viel kurzfristigen Interventionen und Überredungskunst nicht in bestimmten vorgegebenen Zielzonen gehalten werden können.

Die außenwirtschaftliche Entwicklung Westdeutschlands im Spiegel seiner Zahlungsbilanz

Die Bundesrepublik erzielte im Warenaußenhandel seit 1951 immer Exportüberschüsse, die häufig sogar ziemlich hoch waren. Dabei nahm die Verflechtung der deutschen Industrie mit dem Weltmarkt, gemessen als Anteil des Auslandsumsatzes am Gesamtumsatz, enorm zu. Betrug doch diese so definierte Exportquote 1950 erst gut 8%, Mitte der 80er Jahre aber fast 30%, und die Exportquote der Investitionsgüterindustrie allein erreichte gar 40%. Hieran zeigt sich also ebenfalls die Spezialisierung Westdeutschlands auf die Ausfuhr von Maschinen und Ausrüstungen. Gleichzeitig wuchs auch die Einfuhr von gewerblichen Fertigwaren kräftig, was sich in einem starken Anstieg ihrer Quote am deutschen Gesamtimport von 13% 1950 auf 66% 1987 niederschlug. Zwei Drittel der Einfuhr des Industrielandes Bundesrepublik bestehen also heute aus Industrieprodukten, worin sich die Ausdehnung vor allem des intraindustriellen Handels in der Nachkriegszeit widerspiegelt. Dementsprechend nahm die Bedeutung des Handels mit nicht zur Gruppe der westlichen Industrieländer gehörenden Staaten seit den 50er Jahren ab, ein Prozeß, der nach 1973 allerdings für ein Jahrzehnt dadurch unterbrochen worden ist, daß die OPEC-Länder infolge des Ölpreisanstiegs eine wesentlich größere Rolle als Importeure und Exporteure im Handel mit der Bundesrepublik spielten. Von heute aus gesehen, war das jedoch nur eine Zwischenphase. Dauerhafter scheinen hingegen die Anteilsgewinne zu sein, die die Schwellenländer seit zwei Jahrzehnten an der deutschen Einfuhr erzielen. Auch daran zeigt sich wieder, daß der Handel zwischen industrialisierten Ländern meist am intensivsten ist, wobei über kurz oder lang die Einfuhren der Schwellenländer aus Westdeutschland gewiß ebenfalls rasch zunehmen werden. Dagegen blieb der Warenaustausch mit den Staatshandelsländern, berücksichtigt man deren großes Wirtschaftspotential, dauerhaft relativ gering – eine Folge der den internationalen Handel nicht begünstigenden Wirtschaftsordnung jener Länder.

Im Unterschied zur Handelsbilanz befand sich die Dienstleistungsbilanz ab den 60er Jahren durchweg im Defizit. Verantwortlich dafür waren vor allem die Ausgaben deutscher Reisender im Ausland, die seit der vollen Liberalisierung des Erwerbs von Reisedevisen im Jahr 1956 sprunghaft zunahmen. 1987 betrugen sie 42 Milliarden DM und lagen damit gut dreimal so hoch wie die entsprechenden Einnahmen Westdeutschlands. Einen großen Posten auf der Habenseite der Dienstleistungsbilanz stellen hingegen die Einnahmen von ausländischen militärischen Dienststellen dar. In den 50er Jahren spielten diese sogenannten Truppendollars zeitweise sogar eine wichtige Rolle beim Ausgleich der deutschen Dollarbilanz. Interessant ist noch, daß von der Mitte der 70er Jahre an der Saldo der Kapitalerträge meist positiv, zuvor hingegen fast immer negativ war. Darin kommt die durch zunehmenden Kapitalexport gewachsene Gläubigerstellung der Bundesrepublik zum Ausdruck.

Eine bedeutende Position in der westdeutschen Zahlungsbilanz haben die Übertragungen, also die unentgeltlichen Leistungen, inne. In den ersten Nachkriegsjahren waren sie von ihrem Volumen her sogar dominierend. Das wird verständlich, wenn man bedenkt, daß damals der wirtschaftliche Verkehr Westdeutschlands mit Ausländern ganz wesentlich von den deutschen Reparations- und Besatzungslasten einerseits und von der gewährten Hilfe andererseits geprägt worden ist. Da ersteres dem feststellbaren Dollarwert nach letzteres zunächst überwog, war die Übertragungsbilanz 1945 bis 1947 negativ. Ab 1948 folgten dann einige Jahre, in denen diese Teilbilanz meist Überschüsse aufwies. Mit dem Rückgang der Auslandshilfe war sie seit 1953 aber kontinuierlich im Defizit. Zwar hatten die Reparationsleistungen im engeren Sinne zu jener Zeit längst aufgehört, jedoch stiegen jetzt die auf deutscher Gesetzgebung beruhenden Wiedergutmachungszahlungen rasch an und stellten bis Mitte der 60er Jahre den Hauptposten der Übertragungsbilanz. Als solcher wurden sie in der Folge verdrängt von den Heimatüberweisungen ausländischer Arbeitnehmer. Auf diese Weise schlug sich die Vollbeschäftigung der deutschen Wirtschaft, die zur Arbeitsaufnahme von immer mehr Gastarbeitern in der Bundesrepublik führte, unmittelbar in der Zahlungsbilanz nieder in bis 1973 rapide wachsenden Überweisungen dieser Arbeiter. Danach brachte aber der Anwerbestopp für ausländische Arbeitnehmer eine Stagnation und ab der Mitte der 80er Jahre sogar einen Rückgang dieses Postens. Seitdem wird er vom deutschen EG-Beitrag übertroffen. Im Vergleich zu den erwähnten Positionen der Übertragungsbilanz spielten die Zuwendungen an Entwicklungsländer in all den Jahren nur eine untergeordnete Rolle.

Die deutsche Kapitalbilanz wurde zunächst durch die Tilgungen im Rahmen des Londoner Schuldenabkommens etwas geprägt. Eine neue Entwicklung war dann aber die schnelle Zunahme ausländischer Direktinvestitionen seit dem Ende der 50er Jahre, seit der EWG-Gründung also. Die deutschen Direktinvestitionen im Ausland begannen dagegen erst in den ausgehenden 60er Jahren rascher zu wachsen. Inzwischen übersteigen letztere erstere aber ganz gewaltig.

Tabelle 1: Die westdeutsche Zahlungsbilanz in ausgewählten Jahren (in Milliarden DM, wenn nicht anders angegeben)

	1947	1950	1960	1970	1980	1987
Warenausfuhr (fob)*	0,32 Mrd. $	8,4	47,9	125,6	331,1	496,2
Wareneinfuhr (fob)	0,87 Mrd. $**	10,7	39,7	104,7	316,8	373,7
Saldo der Handelsbilanz***	−0,55 Mrd. $	−2,3	8,4	20,8	18,4	126,4
Saldo der Dienstleistungsbilanz	0,03 Mrd. $	−0,1	0,7	−6,3	−20,1	−17,2
Saldo der Übertragungsbilanz	−0,78 Mrd. $	0,9	−3,5	−9,8	−23,5	−28,3
Saldo der Leistungsbilanz	−1,3 Mrd. $	−1,5	5,6	4,8	−25,1	80,8
Saldo der Bilanz des langfristigen Kapitalverkehrs		0,5	−0,1	−0,9	5,8	−23,6
Saldo der Kapitalbilanz insgesamt		0,6	2,3	16,7	−0,4	−44,0
Veränderung der Netto-Auslandsaktiva der Bundesbank (Devisenbilanz; Zunahme: +)		−0,6	8,0	22,6	−25,7	31,9

* Free on board, d. h. der Verkäufer der Ware trägt die Beförderungskosten bis einschließlich der Verladung an Bord.
** Vermutlich cif-Wert (cost, insurance, freight), d. h. der Verkäufer trägt zusätzlich Versicherung und Frachtkosten über See.
*** Einschließlich Transithandel.

Quelle: Deutsche Bundesbank (Hrsg.), 40 Jahre Deutsche Mark. Monetäre Statistiken 1948–1987, Frankfurt 1988, S. 254ff.; für 1947 und die Neuberechnung der Übertragungsbilanz 1950 siehe C. Buchheim, Die Wiedereingliederung Westdeutschlands in die Weltwirtschaft 1945–1958 (erscheint demnächst).

Anmerkungen

1 Bank für internationalen Zahlungsausgleich, 17. Jahresbericht, Basel 1946, S. 16.
2 Europa-Archiv 3, 1948, S. 1391.
3 Ebd., S. 1345.
4 Ludwig Erhard (Hrsg.), Deutschlands Rückkehr zum Weltmarkt, Düsseldorf ²1954, S. 15.
5 GATT, Basic Instruments and Selected Documents, 11th Suppl., S. 229 (Übers. d. Verf.).
6 Vgl. etwa Otmar Emminger, D-Mark, Dollar, Währungskrisen. Erinnerungen

eines ehemaligen Bundesbankpräsidenten, Stuttgart 1986, S. 104ff.; Klaus Hinrich Hennings, West Germany, in: Andrea Boltho, The European Economy, Oxford u. a. 1982, S. 487ff.

7 Michael C. Deppler, Some Evidence on the Effects of Exchange Rate Changes on Trade, in: IMF Staff Papers 21, 1974, S. 623ff.; Alfred Steinherr/Colette Morel, The Reaction of Prices and of the Balance of Payments to Revaluation of the Deutsche Mark, in: Weltwirtschaftliches Archiv 115, 1979, S. 425ff.

8 Helmut Schlesinger, Von der Dollarlücke zum Dollarüberschuß, in: Knut Borchardt, Franz Holzheu (Hrsg.), Theorie und Politik der internationalen Wirtschaftsbeziehungen. Hans Möller zum 65. Geburtstag, Stuttgart u. a. 1980, S. 156; Zitat von Karl Otto Pöhl in: Mehr Interesse am Sonderziehungsrecht, Süddeutsche Zeitung vom 27. 9. 1988.

9 Jahresgutachten 1978/79 des Sachverständigenrats zur Begutachtung der gesamtwirtschaftlichen Entwicklung, S. 93.

10 Geschäftsbericht der Deutschen Bundesbank für das Jahr 1985, S. 68.

11 Geschäftsbericht der Deutschen Bundesbank für das Jahr 1986, S. 67.

Quellen und Literatur

Leicht zugängliche statistische Quellen zur deutschen Außenwirtschaft:

Deutsche Bundesbank (Hrsg.), 40 Jahre Deutsche Mark. Monetäre Statistiken 1948–1987, Frankfurt am Main 1988

Statistische Jahrbücher für die Bundesrepublik Deutschland

Laufende Berichterstattung zur Außenwirtschaft:

Bank für Internationalen Zahlungsausgleich, Jahresberichte

General Agreement on Tariffs and Trade (GATT), International Trade

Geschäftsberichte der Deutschen Bundesbank

Statistisches Bundesamt, Wirtschaft und Statistik

Werner Abelshauser, Wirtschaftsgeschichte der Bundesrepublik Deutschland 1945–1980, Frankfurt am Main 1983

Andrea Boltho (Hrsg.), The European Economy. Growth and Crisis, Oxford 1982

Christoph Buchheim, Die Wiedereingliederung Westdeutschlands in die Weltwirtschaft 1945–1958 (erscheint demnächst)

Otmar Emminger, Deutsche Geld- und Währungspolitik im Spannungsfeld zwischen innerem und äußerem Gleichgewicht, 1948–1975, in: Deutsche Bundesbank (Hrsg.), Währung und Wirtschaft in Deutschland 1876–1975, Frankfurt am Main 1976, S. 485ff.

Wolfram Engels, Armin Gutowski, Henry C. Wallich (Hrsg.), Internationale Kapitalbewegungen, Verschuldung und Währungssystem, Mainz 1984

Ludwig Erhard (Hrsg.), Deutschlands Rückkehr zum Weltmarkt, Düsseldorf ^{2}1954

Werner Glastetter, Die Stellung der Bundesrepublik Deutschland in der Weltwirtschaft. Eine Bestandsaufnahme, Köln 1973

Helga Haftendorn, Sicherheit und Stabilität. Außenbeziehungen der Bundesrepublik zwischen Ölkrise und NATO-Doppelbeschluß, München 1986
C. Randall Henning, Macroeconomic Diplomacy in the 1980s. Domestic politics and international conflict among the United States, Japan and Europe, London u. a. 1987
Friedrich Jerchow, Außenhandel im Widerstreit. Die Bundesrepublik auf dem Weg in das GATT 1949–1951, in: Heinrich August Winkler (Hrsg.), Politische Weichenstellungen im Nachkriegsdeutschland 1945–1953, Göttingen 1979, S. 254ff.
Ders., Der Außenkurs der Mark 1944–1949, in: Vierteljahrshefte für Zeitgeschichte 30, 1982, S. 256ff.
Ders., Deutschland in der Weltwirtschaft 1944–1947. Alliierte Deutschland- und Reparationspolitik und die Anfänge der westdeutschen Außenwirtschaft, Düsseldorf 1978
Harald Jürgensen, Entwicklungsperspektiven der Weltwirtschaft im Konjunktur- und Wachstumsverbund der USA, Japans und Europas, in: Jahrbuch für Sozialwissenschaft 39, 1988, S. 25ff.
Rudolf Kühne, Die Regelungen für den Außenwirtschaftsverkehr unter Geltung der besatzungsrechtlichen Devisenbewirtschaftungsgesetze, Mai 1945 bis August 1961, o. O. o. J.
Ernest Mandel, Die Krise. Weltwirtschaft 1974–1986, Hamburg 1987
Hubert G. Schmidt, The Liberalization of West German Foreign Trade, 1949–1951, hrsg. v. Historical Division, Office of the US High Commissioner for Germany, o. O. 1952
Hermann van der Wee, Der gebremste Wohlstand. Wiederaufbau, Wachstum und Strukturwandel der Weltwirtschaft seit 1945, München 1984

Chronik

1945

Frühjahr — Nach der Besetzung Deutschlands werden die Militärregierungsgesetze Nr. 53 und Nr. 161 in Kraft gesetzt, die, vorbehaltlich einer Genehmigung von Fall zu Fall, jegliche Devisentransaktion zwischen Deutschen und Ausländern sowie jeden Außenhandel verbieten.

23.9. — Der Alliierte Kontrollrat beschließt vorläufige Regelungen für den deutschen Außenhandel, die in ihrer Substanz die Dollarklausel darstellen.

1946

2.12. — Wiederzulassung eines eingeschränkten geschäftlichen Postverkehrs zwischen Deutschland und dem Ausland.

1947

1.1. — Gründung der Bizone; in der Folge Aufbau der Joint Export Import Agency (JEIA) als alliiertes Außenhandelsamt.

4.3. — Unter der britischen und amerikanischen Feindhandelsgesetzgebung wird eine allgemeine Genehmigung für Transaktionen mit Deutschen erteilt.

8.4. Die JEIA-Anweisung Nr. 1 legt die Ausfuhr wieder in die Hände deutscher Exporteure, die JEIA selbst beschränkt sich auf die Kontrolle und Genehmigung der Exportkontrakte.

1948

3.4. In den USA tritt der »Foreign Assistance Act«, die gesetzliche Grundlage für den Marshallplan, in Kraft.

16.4. Gründung der »Organization for European Economic Cooperation« (OEEC) durch die am Marshallplan teilnehmenden Länder.

15.5. Für die Bizone wird ein einheitlicher Wechselkurs von 30 Dollarcents für eine Mark festgesetzt.

20.6. Währungsreform in den Westzonen.

16.10. Erstes umfassendes »Abkommen über den Innereuropäischen Zahlungs- und Verrechnungsverkehr«.

18.10. Verschmelzung der Außenhandelsabwicklung von Bizone (JEIA) und französischer Besatzungszone (Oficomex – Office du Commerce Extérieur).

1949

27.8. Abschluß des ersten liberalisierten Handels- und Zahlungsabkommens zwischen Westdeutschland und der Schweiz.

28.9. Abwertung der D-Mark um 20,6%, so daß der Dollar von jetzt ab 4,20 DM entspricht.

25.10. Beitritt der Bundesrepublik zur OEEC.

3.11. In Ausführung des OEEC-Ratsbeschlusses vom 13.8.49 tritt eine erste deutsche Liberalisierungsliste in Kraft.

28.11. Die Zuständigkeit für Wirtschaftsverhandlungen mit dem Ausland geht von der JEIA auf die Bundesregierung über.

15.12. Abkommen über wirtschaftliche Zusammenarbeit zwischen der Bundesrepublik Deutschland und den Vereinigten Staaten von Amerika.

1950

25.6. Ausbruch des Korea-Kriegs.

19.9. Gründung der »Europäischen Zahlungsunion« (EZU).

28.9. Beginn der Zollrunde von Torquay im Rahmen des GATT unter erstmaliger Beteiligung der Bundesrepublik. Sie endet am 21.4.51.

4.11. Erstes landwirtschaftliches Marktordnungsgesetz (Getreidegesetz), in dem u. a. eine Einfuhr- und Vorratsstelle zur Regulierung der Getreideimporte vorgesehen ist.

1951

21.2. Beschluß der Bundesregierung über die Einstellung der Lizenzausgabe für Einfuhren aus dem EZU-Raum und damit die Aussetzung der Liberalisierung.

16.8. Zolltarifgesetz.
1.10. Beitritt zum GATT.

1952

1.1. Erneut tritt eine Freiliste für Einfuhren aus dem OEEC-Raum in Kraft.
14.8. Beitritt zu Internationalem Währungsfonds und Weltbank.

1953

27.2. Londoner Schuldenabkommen unterzeichnet.

1954

12.2. Erster Liberalisierungsschritt gegenüber dem Dollarraum.
1.4. Schaffung der »Beschränkt konvertierbaren Mark« (Beko-Mark).
1.5. Generelle Freigabe von Dienstleistungsimporten aus allen Währungsgebieten.
16.9. Beseitigung der Sperrmark, Schaffung der »Liberalisierten Kapitalmark« (Libka-Mark).

1957

24.8. Deutsche Auslandsinvestitionen sind in jeder Höhe genehmigungsfrei.

1958

29.12. Ende der EZU, Übergang der D-Mark zur auch formalen Konvertibilität zusammen mit den wichtigsten anderen europäischen Währungen.

1961

3.3. Aufwertung der D-Mark um 5%; ein Dollar entspricht 4 DM.
1.9. Das Außenwirtschaftsgesetz tritt in Kraft, das grundsätzlich die Freiheit des Außenwirtschaftsverkehrs vorsieht.

1964

4.5. Beginn neuer Zollverhandlungen im GATT (»Kennedy-Runde«); Dauer bis 30.6.67; im Ergebnis werden Zollsenkungen für Industrieerzeugnisse von rund 35% vereinbart.

1967

14.6. Das »Gesetz zur Förderung der Stabilität und des Wachstums der Wirtschaft« tritt in Kraft. Unter den zu fördernden Zielen wird das außenwirtschaftliche Gleichgewicht genannt.

1968

1.12. Das »Gesetz über Maßnahmen zur außenwirtschaftlichen Absicherung« tritt in Kraft. Dadurch wird die Ausfuhr mit einer Sonderumsatzsteuer belastet, die Einfuhr um den gleichen Satz entlastet (»Ersatzaufwertung«).

1969

27.10. Aufwertung der D-Mark um 9,3%; der Dollar ist jetzt 3,66 DM wert.

1971

10.5. Die Freigabe des Wechselkurses der D-Mark führt zu dessen Anstieg.

15.8. Beschluß der amerikanischen Regierung, die Goldkonvertibilität des Dollars aufzuheben.

18.12. »Smithsonian Agreement«: Neufestsetzung der Wechselkurse; ein Dollar entspricht 3,22 DM.

1972

24.4. Bildung der »Europäischen Währungsschlange« durch Halbierung der Bandbreiten von 4,5 auf 2,25% für Schwankungen einiger europäischer Währungen untereinander; am 13.3.79 Ersatz der Währungsschlange durch das »Europäische Währungssystem«.

1973

19.3. Die Freigabe der Wechselkurse der D-Mark, des Franc und weiterer europäischer Währungen gegenüber dem Dollar markiert den endgültigen Zusammenbruch des Systems fester Wechselkurse.

6.10. Der Ausbruch des Jom-Kippur-Krieges im Nahen Osten führt zum ersten Ölpreisschock.

1975

11.2. Beginn erneuter Verhandlungen im Rahmen des GATT; diese »Tokio-Runde« dauert bis 12.4.79. Vereinbart werden u. a. Zollreduktionen der Industrieländer auf gewerbliche Waren um ein Drittel sowie gewisse Verhaltensregeln im Bereich nicht-tarifärer Handelshemmnisse.

15.11. Die Staats- und Regierungschefs der wichtigsten Industrieländer kommen zum ersten Weltwirtschaftsgipfel auf Schloß Rambouillet bei Paris zusammen.

1976

7./8.1. Die Konferenz des IWF auf Jamaika legalisiert das Wechselkurs-Floating.

1978

30.10. Der Dollar fällt unter 1,73 DM.

1979

Zweiter Ölpreisschock im Gefolge der iranischen Revolution.

1982

August Drohende Zahlungseinstellung Mexikos macht die internationale Schuldenkrise offenbar.

1985

26.2. Der Dollar steigt auf ein Maximum von 3,47 DM.

22.9. Die Finanzminister und Notenbankgouverneure der fünf wichtigsten Industrieländer treffen sich im La Plaza-Hotel in New York. Die nach der Konferenz veröffentlichte Erklärung läßt eine neue Qualität der Koordination der Währungs- und Wirtschaftspolitik der beteiligten Länder deutlich werden.

1986

27.10. Beginn der »Uruguay-Runde« im Rahmen des GATT.

1987

19.10. »Schwarzer Montag«: Der Kurssturz an der New Yorker Aktienbörse löst eine weltweite Baisse aus.

31.12. Der Dollar fällt auf 1,58 DM, seinen bisherigen historischen Tiefstand.

Ludolf Herbst

Die Bundesrepublik in den Europäischen Gemeinschaften

Die Voraussetzungen

Deutschland spielte in der europäischen Wirtschaft von jeher eine wichtige Rolle. In der Zwischenkriegszeit war das Reich vor allem aufgrund seiner hohen Bevölkerungszahl und der Importabhängigkeit seiner Wirtschaft der größte Abnehmer von Rohstoffen und Nahrungsmitteln in Kontinentaleuropa. So nahm der deutsche Markt 1928 etwa 20% der Rohstoffe, halbfertigen Waren und Nahrungsmittel auf, die die europäischen Länder exportierten, und etwa 7% der Fertigwaren. Für die meisten europäischen Länder war das Reich zudem der wichtigste Lieferant von Industrieprodukten. Als Importeur und Exporteur war Deutschland also eng mit den anderen europäischen Ländern verflochten. Insgesamt kamen 1928 51,5% seiner Importe aus Europa und gingen 75,4% seiner Exporte dorthin. Besonders eng war die außenwirtschaftliche Verflechtung mit seinen hochentwickelten Nachbarländern. So entfielen 1928 allein auf die Benelux-Staaten, Dänemark, Frankreich, Großbritannien, Italien, Österreich, die Schweiz und die Tschechoslowakei 33,6% der deutschen Importe und 51,3% der deutschen Exporte. Diese Länder waren zugleich in besonderer Weise auf den deutschen Markt angewiesen. Das Reich war für sie der wichtigste oder der zweitwichtigste Handelspartner. So setzten die Benelux-Staaten 1928 18,5%, Dänemark 20,7%, Frankreich 10,8%, Großbritannien 5,7%, Italien 12,6%, Österreich 18,4%, die Schweiz 17,8% und die Tschechoslowakei 22% ihres Gesamtexports auf dem deutschen Markt ab.[1]
Durch den Zweiten Weltkrieg, der die Volkswirtschaften dieser Staaten mit Ausnahme der britischen zwangsweise an die deutsche Wirtschaft anschloß oder sie auf sie ausrichtete, war diese enge wechselseitige Verflechtung noch verstärkt worden. Am Ende des Krieges kam es zur Unterbrechung dieser Wechselbeziehungen, und die Siegermächte ließen in den ersten Jahren der Besatzungszeit nur spärliche Kontakte der deutschen Wirtschaft mit dem Ausland zu. Deutschland sollte erst entmilitarisiert und demokratisiert werden, ehe es wirtschaftlich wieder erstarkte. Doch dieser »Fahrplan« geriet 1947 gründlich durcheinander. Die Konfrontation zwischen Ost und West veranlaßte die USA, den wirtschaftlichen Wiederaufbau Westeuropas, der 1947 in einer kritischen Phase steckte,

forciert zu unterstützen, um den sowjetischen Einfluß einzudämmen. Wegen der engen Verflechtung der deutschen Volkswirtschaft mit den europäischen Nachbarvolkswirtschaften war dies aber nicht ohne die Einbeziehung Westdeutschlands möglich. »Die gesamte europäische Wirtschaft«, so berichtete Herbert Hoover im März 1947 Präsident Truman nach einer Europareise, »ist durch den Austausch von Rohstoffen und Fertigwaren eng mit der deutschen Wirtschaft verbunden. Die Produktivität in Europa kann nicht wiederhergestellt werden, ohne Deutschlands Fähigkeit, zu dieser Produktivität beizutragen, wiederherzustellen.«[2]
Der Marshallplan, mit dem Washington den westeuropäischen Staaten in den Jahren 1948 bis 1951 wirtschaftlich unter die Arme griff, und der sie befähigen sollte, ökonomisch auf eigenen Füßen zu stehen, bezog Westdeutschland daher von vornherein ein. »Ein erfolgreicher wirtschaftlicher Wiederaufbau Westeuropas«, so ließ Außenminister Marshall am 19. Juni 1947 den amerikanischen Militärgouverneur in Deutschland, General Clay, wissen, »bedarf der Hilfe Westdeutschlands, was wiederum ein erhebliches Maß an Aufbauarbeit in Deutschland erfordert.« Die amerikanische Regierung handelte nach dieser Maxime und sorgte dafür, daß Westdeutschland zum viertgrößten Empfänger von Marshallplanhilfe nach Großbritannien, Frankreich und Italien wurde.[3]
Diese Politik warf eine, vor allem für die Sicherheitsinteressen seiner Nachbarn, ernste Frage auf. Konnte Westdeutschland am Marshallplan teilnehmen, ohne auf diesem Wege erst wirtschaftliche und dann auch politische Macht zurückzugewinnen? Diese Frage stellte sich mit noch größerer Dringlichkeit, als die Vereinigten Staaten, Frankreich, Großbritannien und die Benelux-Staaten sich im Juni 1948 darauf einigten, einen westdeutschen Staat zu errichten, der über eine relativ starke Zentralgewalt verfügen würde. Hatte man der deutschen Gefahr damit nicht erneut den Boden bereitet? Wie sollte Deutschland in die Lage versetzt werden, seine ökonomische Rolle in Europa zu spielen, ohne sein überlegenes Wirtschaftspotential zur Rückgewinnung einer hegemonialen Stellung nutzen zu können?
Die Frage war nicht erst 1947/48 aufgekommen und sie schien nicht unbeantwortbar. Bereits im Juli 1944 hatten sich Widerstandskämpfer aus Dänemark, Frankreich, Italien, Norwegen, den Niederlanden, Polen, der Tschechoslowakei, Jugoslawien und Deutschland bei einem Treffen in der Schweiz auf eine gemeinsame Position geeinigt. Der Friede, so stellten sie fest, könne in Zukunft nur gesichert werden, wenn es den europäischen Staaten gelänge, »das Dogma der absoluten Staatssouveränität abzustreifen« und eine gemeinsame »Bundesordnung« zu schaffen. Nur ein solcher föderativer Zusammenschluß werde »die Teilnahme des deutschen Volkes am europäischen Leben gestatten, ohne daß es zur Gefahr

für andere Völker« würde. Als die europäische föderalistische Bewegung sich im September 1946 in Hertenstein am Vierwaldstättersee traf, knüpfte sie an dieses Ergebnis an: Das Deutschland-Problem könne nur durch Eingliederung in die Europäische Union gelöst werden, und auch der Wiederaufbau Deutschlands müsse im Rahmen einer »europäischen Rekonstruktion« erfolgen.

Der Gedanke wurde von vielen Parteien und Politikern in Westeuropa aufgenommen und konkretisiert. Die föderalistische Bewegung selbst variierte ihn auf ihrem Kongreß in Montreux im August 1947 in zukunftsträchtiger Weise: Die Schlußresolution empfahl die »Verwertung« des deutschen Industriepotentials und der deutschen Bodenschätze »zum Nutzen der europäischen Gemeinschaft«. Das Potential der Saar und der Ruhr sollte den Ausgangspunkt für eine europäische Gesamtlösung bilden, die nach und nach auch die anderen europäischen Staaten einbeziehen würde. Als Motor der Vereinigung stellte man sich eine Wirtschaftsbehörde vor, an die ein Teil der staatlichen Souveränitätsrechte abgegeben werden sollte, und die zugleich als erster Schritt auf dem Wege zu einer umfassenden Föderation verstanden wurde.[4]

Der Gedanke, einen engen europäischen Zusammenschluß herbeizuführen, um ein ökonomisch wiedererstarktes Westdeutschland dauerhaft an den Westen zu binden und seine Politik in friedliche Bahnen zu lenken, gewann auch in den USA rasch an Boden. Die Kongreßmehrheit verknüpfte die Marshallplanhilfe nicht zuletzt aus diesem Grund mit Fortschritten in der europäischen Einigung, und die amerikanische Regierung drängte die Europäer, das Eisen zu schmieden, solange es heiß war. Am präzisesten hat George F. Kennan, der Vordenker der amerikanischen Regierung, die Zusammenhänge zwischen Deutschland-Problem und europäischer Integration in einer Reihe von Denkschriften im Frühjahr 1949 formuliert. Er meinte, die europäischen Staaten könnten mit den Deutschen nicht als voneinander isolierte Nationalstaaten fertig werden, sondern nur, wenn es ihnen gelänge, eine europäische Gemeinschaft zu bilden und Deutschland fest in sie einzufügen. Die Regierung der Vereinigten Staaten müsse dies unterstützen, allerdings könne die Initiative nur von den Europäern selbst ausgehen. Washington solle aber eine Bedingung stellen: Der westdeutsche Staat müsse in die europäische Gemeinschaft als gleichberechtigter Partner aufgenommen werden. Sicherheit könne nicht durch einen Minus-Status der Deutschen, sondern nur durch die Struktur der Gemeinschaft erreicht werden. Sie müsse so beschaffen sein, daß jedes Land – insbesondere aber Westdeutschland – wirksam daran gehindert werde, aus ihr auszubrechen.[5]

Mißt man die europäische Entwicklung an dieser vernünftigen, diesseits und jenseits des Atlantiks auf breite Zustimmung stoßenden Maxime, so reichte der Stand der europäischen Integration im September 1949, als Konrad Adenauer die erste Bundesregierung bildete und der neue Staat ein mithandelnder Faktor in der europäischen Politik wurde, nicht aus, um die Bundesrepublik wirksam zu binden. Die wirtschaftliche Zusammenarbeit der westeuropäischen Staaten, die durch den Marshallplan auf eine neue Grundlage gestellt wurde, vollzog sich im Rahmen der Organization for European Economic Cooperation (OEEC). Trotz weiterreichender amerikanischer Forderungen arbeiteten die Europäer in der OEEC auf rein kooperativer Basis zusammen. Keiner der beteiligten Staaten war bereit, Souveränitätsrechte abzugeben, und auch der Bundesrepublik wurden sie nicht abverlangt, als sie am 25. Oktober 1949 vollberechtigtes Mitglied der OEEC wurde. Das neue Mitglied machte sich vielmehr, nicht zuletzt unter amerikanischem Druck, die von der OEEC betriebene Politik der Handelsliberalisierung zu eigen, die den langfristigen deutschen Exportinteressen entsprach und – Erfolg vorausgesetzt – geeignet schien, dem bereits eingeleiteten Aufschwung der deutschen Wirtschaft Dauer und Durchschlagskraft zu verleihen.

Die politische Zusammenarbeit vollzog sich im Europarat, dessen Statut am 5. Mai 1949 von zehn westeuropäischen Staaten unterzeichnet worden war. Auch diese Einrichtung arbeitete auf rein kooperativer Basis. Die ursprüngliche Idee, eine Europäische Verfassung, ein direkt gewähltes Parlament und einen gemeinsamen Markt zu schaffen, die der französische Außenminister George Bidault im Juni 1948 proklamiert hatte, war bis zur Unkenntlichkeit verstümmelt worden. Vor allem die Briten hatten unter Hinweis auf ihre Commonwealth-Interessen deutlich gemacht, daß sie irgendwelchen Einschränkungen ihrer Souveränität nie zustimmen würden. Zum institutionellen Kern des Europarats wurde daher der Außenministerrat, während die von europäischen Parlamentariern gebildete Beratende Versammlung nur Empfehlungen aussprechen konnte.

Weder die OEEC noch der Europarat waren ihrer organisatorischen Struktur nach supranational und in der Lage, die Bundesrepublik wirksam zu binden, vielmehr schienen sie eher geeignet zu sein, zum Vehikel einer raschen wirtschaftlichen und politischen Emanzipation des neuen Staates zu werden. Sollte die Idee einer Kontrolle der Deutschen mit Hilfe der Europäischen Integration noch Wirklichkeit werden, so mußte nun schnell gehandelt werden. Noch war nicht alles verloren, denn die Bundesrepublik Deutschland war 1949 nicht als souveräner Staat entstanden. Vielmehr behielten sich die Alliierten wesentliche Kompetenzen vor, ließen aber erkennen, daß sie diese bei entsprechendem Wohlverhalten der Bundesregierung nach und nach abtreten würden. Zu einem der Kriterien dieses Wohlverhaltens machten sie eine aktive Unterstützung des Europagedankens durch die Bundesregierung. Adenauer, der diesem

Gedanken bereits seit 1945 aufgeschlossen gegenüberstand, zögerte denn auch nicht, sich sofort zu ihm zu bekennen, als er Bundeskanzler geworden war. Hierzu nötigte ihn im übrigen auch die Präambel des Grundgesetzes, die die Bundesrepublik darauf verpflichtete, »als gleichberechtigtes Glied in einem vereinten Europa dem Frieden der Welt zu dienen«.[6]
Ebenso wie sich einerseits Adenauer darüber klar war, daß die Souveränität der Bundesrepublik nur über eine aktive deutsche Europapolitik zu erreichen war, bekundeten andererseits die Westalliierten ihre Entschlossenheit, Souveränitätszugeständnisse an die deutsche Seite von Integrationsfortschritten abhängig zu machen. »Das Ziel der Westmächte«, so formulierte Dean Acheson auf der Pariser Außenministerkonferenz im November 1949 unter dem Beifall seines britischen und französischen Kollegen, »muß die Herstellung gänzlich neuer Beziehungen zu Deutschland sein. Deutschland muß einem geeinten Westeuropa als Bestandteil eingegliedert werden.«[7]
Wie hoch freilich der europapolitische Preis sein würde, den die Bundesrepublik für die Gewinnung von Souveränitätsrechten zu zahlen hatte, hing weitgehend von der Fähigkeit der Europäer ab, sich auf eine supranationale Organisation für das Vereinte Europa zu einigen. Nur sie würde es auf Dauer verhindern, daß die Bundesrepublik ihre volle Handlungsfreiheit zurückgewann, allerdings mußten die europäischen Regierungen zu diesem Zweck in den sauren Apfel eigener Souveränitätsverzichte beißen.
Schon seit den Verhandlungen über die organisatorische Struktur der OEEC und des Europarats war klar, daß eine supranationale Organisation nur von wenigen europäischen Ländern akzeptiert werden würde. Unter ihnen befand sich Frankreich. Daher überrascht es nicht, daß die amerikanische Regierung Paris seit Oktober 1949 ermunterte, die Führungsrolle in der Frage der europäischen Einigung zu übernehmen, die Großbritannien offenbar nicht zu spielen bereit war.[8] Frankreich hatte sein Ziel 1948/49 nicht erreicht, eine kleine, festgefügte wirtschaftliche und politische Gemeinschaft in Westeuropa zu bilden, bevor die Bundesrepublik gegründet wurde und sein Sicherheitsproblem gegenüber dem Nachbarn im Osten auf diese Weise zu lösen. Aber die Erfahrungen, die im Scheitern gemacht wurden, gingen offensichtlich in die Neuformulierung der französischen Integrationspolitik der 50er Jahre ein. Nun griff ein gewisser Pragmatismus Platz: Die französische Regierung gab den umfassenden politisch-konstitutionellen Anspruch preis und löste das Gesamtkonzept der wirtschaftlichen Union in Einzelschritte auf. Zugleich wandte sie sich jetzt vorrangig an diejenigen Staaten, die bisher Integrationsbereitschaft hatten erkennen lassen: an die Benelux-Staaten, die Bundesrepublik und Italien.

Die Montanunion

Am 9. Mai 1950 verkündete der französische Außenminister Robert Schuman den nach ihm benannten Plan, die Gesamtheit der französischen und deutschen Montanindustrie unter eine gemeinsame Oberste Aufsichtsbehörde (Haute Autorité) zu stellen, deren Entscheidungen für die Regierungen der Mitglieder bindend sein sollten. Die Behörde würde also eine supranationale Struktur haben und den anderen europäischen Ländern zudem zum Beitritt offenstehen. Dieser »Schumanplan« verfolgte vor allem politische Ziele: die Montanbehörde sollte der Sicherung des Friedens in Europa dienen und dazu beitragen, »daß der Jahrhunderte alte Gegensatz zwischen Frankreich und Deutschland ausgelöscht wird«. Paris wollte über die wirtschaftliche Zusammenarbeit im Kohle- und Stahlbereich die »erste Etappe« einer europäischen Föderation verwirklichen, dem »Bruderkrieg« der ehemaligen »Erzfeinde« ein für allemal einen Riegel vorschieben und Frankreich den Kohlebezug aus Deutschland sichern. Die »Solidarität der Produktion«, so hieß es in der Erklärung, werde den Krieg zwischen Frankreich und Deutschland »nicht nur undenkbar, sondern materiell unmöglich« machen. Neben diesem sicherheitspolitischen Hauptzweck hatte Paris auch wirtschaftliche Ziele im Auge wie die Modernisierung der Produktion, die Exportsteigerung und die Angleichung der Lebensbedingungen der Arbeiter.[9]
Die Bundesregierung reagierte auf den französischen Vorschlag uneingeschränkt positiv. Auch Adenauer betrachtete die deutsch-französische Verständigung als Angelpunkt des Europaproblems. Bereits 1945 hatte er vorgeschlagen, das französische Sicherheitsinteresse durch eine »wirtschaftliche Verflechtung« Westdeutschlands, Frankreichs und der Benelux-Staaten zufriedenzustellen.[10] 1950 kamen freilich noch andere Gesichtspunkte hinzu: Im Kohle- und Stahlbereich war die Bundesrepublik von der Souveränität besonders weit entfernt. Am 28. Dezember 1948 hatten die Westalliierten ein »Ruhrstatut« geschaffen, auf dessen Grundlage sie eine »Ruhrbehörde« errichteten. Ihr gehörten neben den drei Siegermächten die Benelux-Staaten an. Die Bundesrepublik trat der Ruhrbehörde am 22. November 1949 im Gegenzug gegen alliierte Zugeständnisse bei: Sie mäßigten ihre Demontagepolitik und erlaubten der Bundesrepublik, konsularische Beziehungen mit dem Ausland anzuknüpfen. Dafür war die Bundesregierung nun Mitglied einer Behörde, in der sie jederzeit majorisiert werden konnte und die bedeutende Eingriffsrechte in die deutsche Montanindustrie besaß. Sie konnte bestimmen, welche Mindestmenge an Kohle, Koks und Stahl die Bundesrepublik exportieren mußte, und sie besaß eine fakultative Eingriffs- und Entscheidungsbefugnis, die sich auf Verkehrstarife, Preise, Kontingente und Zölle

Konrad Adenauer im Gespräch mit Robert Schuman am Rande der Gründungskonferenz der Montanunion in Paris (April 1951).

bezog. Da neben der Ruhrbehörde noch ältere alliierte Kontrollrechte bestanden, befand sich die deutsche Montanindustrie in einem eng gewobenen Netz alliierter Eingriffsmöglichkeiten, die von der Leitung, Geschäftsführung, Produktion und den Finanzen der Einzelbetriebe über Verteilungs-, Dekartellisierungs- und Entflechtungsfragen bis zu den Exportquoten reichte. Für die deutsche Wirtschaft war diese Situation gänzlich unerträglich.

Da der Schumanplan den Deutschen die Gleichberechtigung verhieß und mithin die Beseitigung dieses Kontrollsystems versprach, war er in Bonn im Prinzip willkommen, auch wenn man sich im Wirtschaftsministerium und in einigen Konzern- und Verbandsleitungen noch der Hoffnung

hingab, die Kontrollen loswerden zu können, ohne sich der Hohen Behörde unterwerfen zu müssen. Die Alliierten erlaubten Bonn freilich eine solche Politik nicht, und Adenauer, dem es vor allem auf den politischen Nutzen der Montanunion ankam, hat in den Verhandlungen, die am 20. Juni 1950 in Paris begannen, auch gar nicht erst finassiert. Dennoch wurde das Prinzip der Supranationalität, das im Verdacht stand, erneut zum Einfallstor dirigistischer Eingriffe zu werden, im Laufe der Verhandlungen abgeschwächt. Die Briten hatten es sowieso abgelehnt, unter dieser Prämisse am Verhandlungstisch Platz zu nehmen. Aber auch die Verhandlungspartner, die Benelux-Staaten und Italien, blieben skeptisch. Vor allem Belgien und Holland setzten bereits in der ersten Verhandlungsphase bis zum Juli 1950 die Schaffung eines Ministerrats durch, der – nach dem Prinzip kooperativer Regierungsarbeit konzipiert – der supranationalen Hohen Behörde die Balance halten sollte. Seine Kompetenzen wurden in der zweiten Verhandlungsphase bis Mitte Dezember 1950 ausgedehnt, so daß ihm schließlich beinahe die gleiche Bedeutung zukam wie der Hohen Behörde.
Der Vertrag über die Gründung der »Europäischen Gemeinschaft für Kohle und Stahl« (EGKS), den die sechs Mächte am 18. April 1951 unterzeichneten, sah neben der Hohen Behörde als dem Exekutivorgan und dem Ministerrat als dem Organ mit der Richtlinien- und Legislativkompetenz noch die Schaffung einer gemeinsamen Versammlung als parlamentarischem Erörterungs- und Kontrollorgan und eines Gerichtshofs zur »Wahrung des Rechts bei der Auslegung und Anwendung« des Vertrages vor. Diese Organisationsstruktur gewann Modellcharakter für alle späteren Einigungsbestrebungen.[11]
Träger des Prinzips der Supranationalität war vor allem die *Hohe Behörde*. Sie bestand aus neun Mitgliedern, acht wurden »im gemeinsamen Einvernehmen der Regierungen der Mitgliedsstaaten« für sechs Jahre ernannt, wobei nicht mehr als zwei aus einem Land stammen durften. Der neunte wurde mit der Stimmenmehrheit der Mitglieder hinzugewählt. Artikel 9 des EGKS-Vertrages regelte die Unabhängigkeit der Hohen Behörde von den Regierungen und schrieb das Prinzip der Supranationalität fest: »Die Mitglieder der Hohen Behörde üben ihre Tätigkeit in voller Unabhängigkeit im allgemeinen Interesse der Gemeinschaft aus. Sie dürfen bei der Erfüllung ihrer Pflichten weder Anweisungen von einer Regierung oder einer anderen Stelle einholen noch solche Anweisungen entgegennehmen. Sie haben jede Handlung zu unterlassen, die mit dem überstaatlichen Charakter ihrer Tätigkeit unvereinbar ist. Jeder Mitgliedstaat verpflichtet sich, diesen überstaatlichen Charakter zu achten.«
Der Zweck der EGKS war die Errichtung eines gemeinsamen Marktes für Kohle und Stahl. Die Ein- und Ausfuhrzölle innerhalb der Gemein-

schaft sowie alle mengenmäßigen Beschränkungen des Warenverkehrs sollten aufgehoben, Diskriminierungen beseitigt und Subventionen abgeschafft werden. Um dieser Zweckbestimmung gerecht zu werden, verfügte die Hohe Behörde über eine Reihe von Eingriffsmöglichkeiten, die zuvor ausschließlich der nationalen Zuständigkeit unterlagen. Nachdem die Gremien der EGKS sich im letzten Quartal des Jahres 1952 konstituiert hatten, wurde am 10. Februar 1953 der gemeinsame Markt für Kohle, am 15. März 1953 für Schrott, am 1. Mai 1953 für Stahl und am 1. August 1954 für Edelstahl errichtet.

Die Bundesrepublik hat von der EGKS sowohl wirtschaftlich als auch politisch profitiert. Am 18. April 1951, d. h. vier Wochen nach Abschluß der Verhandlungen und am Tage der Unterzeichnung des Vertrages, sicherte der französische Außenminister Schuman dem deutschen Bundeskanzler Adenauer schriftlich zu, daß die Ruhrbehörde spätestens mit der Errichtung des gemeinsamen Stahl- und Kohlemarktes aufgelöst werde. Am 19. Oktober 1951 wurde diese Zusage durch eine Drei-Mächte-Erklärung bestätigt. Noch vor Konstituierung der Hohen Behörde wurden alle Beschränkungen der deutschen Stahlproduktion aufgehoben. Die EGKS schuf zudem die Voraussetzungen dafür, daß die Entflechtung der Ruhrkonzerne relativ glimpflich ablief und daß seit 1954 die allmähliche Rückverflechtung Gestalt annahm. Der gemeinsame Markt für Kohle und Stahl begünstigte die deutsche Montanindustrie, die nun ihre Standortvorteile und ihre überlegenen Produktionsmöglichkeiten zum Tragen bringen konnte.

Noch wichtiger waren die politischen Wirkungen der EGKS. Mit der Montangemeinschaft war eine völlig neuartige Form internationaler Zusammenarbeit geschaffen worden. Sie war als überstaatliche Organisation selbst Völkerrechtssubjekt und besaß eine eigene Rechtspersönlichkeit. Zusammen mit der Geltungsdauer des Vertrages von 50 Jahren schuf dies eine Klammer zwischen den alten Rivalen Deutschland und Frankreich, wie sie in der Zwischenkriegszeit nicht bestanden hatte. Es ist nicht übertrieben, wenn man den EGKS-Vertrag im Hinblick auf die deutsch-französischen Beziehungen als vorgezogenen Friedensvertrag bezeichnet.[12] Er bewirkte einen dauernden Interessenausgleich, entschärfte das Saarproblem und schuf eine irreversible Bindung. Zugleich wirkte das Zustandekommen des EGKS-Vertrages positiv stimulierend auf die Rückgewinnung von Souveränitätsrechten: Am 6. März 1951 erhielt die Bundesrepublik die Kompetenz, auswärtige Politik zu betreiben und ein eigenes Außenministerium zu errichten; am 26. Mai 1952 wurde der Deutschlandvertrag unterzeichnet, der das alliierte Besatzungsregime in Westdeutschland beenden sollte.

Über die Teilintegration zur Gesamtintegration

Der Schumanplan war aus der Perspektive seiner französischen und deutschen Promotoren als Startschuß für die europäische Einigung gedacht. Man war sich darüber im klaren, daß die Integration nur eines Sektors der Industrie auf lange Sicht ökonomisch nicht sinnvoll sein konnte und die Teilintegration zur Gesamtintegration fortentwickelt werden mußte. Tatsächlich beschäftigte sich der Ministerrat der OEEC schon im Juli 1950 – parallel zu den Schumanplanverhandlungen – mit der Erweiterung der Gemeinschaft. Man diskutierte den Stikker-Plan für die Reorganisation der europäischen Industrie, den Pella-Plan für ein europäisches Zollsystem und den Petsche-Plan für die Schaffung einer europäischen Investitionsbank. Bereits im August 1950 erörterte der Europarat den Vorschlag Churchills, eine europäische Armee mit deutscher Beteiligung zu schaffen und am 24. Oktober 1950 trat der französische Ministerpräsident René Pleven mit dem von der französischen Nationalversammlung im Prinzip gebilligten Plan an die Öffentlichkeit, eine analog zum Modell der Montanunion organisierte Europäische Verteidigungsgemeinschaft unter Einschluß der Bundesrepublik zu schaffen. Weitere Pläne und vorbereitende Maßnahmen für den Ausbau der Europäischen Gemeinschaften folgten: Ende Dezember 1950 nahm eine Studienkommission für die Organisierung der europäischen Agrarmärkte ihre Tätigkeit auf, im April 1951 veröffentlichte die französische Regierung einen Plan für eine europäische Agrarunion und im März 1952 fand in Paris eine Vorkonferenz hierüber statt. Die Agrarunion sollte wie die Montanunion organisiert sein. Im Juni desselben Jahres begannen von Paul Henri Spaak in Gang gebrachte Erörterungen über die Schaffung einer politischen Gemeinschaft, die nach der Konstituierung der gemeinsamen Versammlung der EGKS durch die Arbeit eines Verfassungsausschusses (»Ad hoc-Versammlung«) unter dem Vorsitz von Heinrich von Brentano vorangetrieben wurden. Während die Verfassung für die Europäische Politische Gemeinschaft Gestalt annahm, berieten die Verkehrsminister über eine »Verkehrsunion«, die Gesundheitsminister über eine »Gesundheitsunion«, legte die niederländische Regierung den Plan für eine umfassende Zollunion vor und begannen schließlich in der Ad hoc-Versammlung die Beratungen über einen umfassenden Gemeinsamen Markt. Westeuropa schien im Begriff zu sein, um den Nucleus der Montan-Sechser-Gemeinschaft herum eine umfassende politische, militärische und wirtschaftliche Union zu errichten.

Wie man die Durchschlagskraft dieser »Europapolitik« auch im einzelnen einschätzen mag, die Ereignisse des Jahres 1954 zeigten, daß man sich offensichtlich übernommen hatte. Die militärische Integration wurde zum Stein des Anstoßes: Am 30. August 1954 beschloß die französische Nationalversammlung, die Debatte über den in den anderen Ländern der Sechsergemeinschaft bereits ratifizierten Vertrag über die Europäische Verteidigungsgemeinschaft (EVG) fristlos zu vertagen. Das Scheitern der EVG zog die anderen Einigungsbemühungen mit in den Abgrund. Die Europapolitik stand vor einem Scherbenhaufen. Für die Anhänger der Europaidee war der 30. August »ein schwarzer Tag«, wie Adenauer in seinen Memoiren schrieb.[13] Niemand hätte damals vorauszusagen gewagt, daß die in der Montanunion zusammengeschlossenen Länder kaum drei Jahre später eine Europäische Wirtschaftsgemeinschaft (EWG) begründen würden.

Aus der Perspektive der Bundesrepublik hatte das Scheitern der EVG und des damit verbundenen »Europapakets« zwei Seiten. Einerseits mochte man es bedauern, daß es nicht gelungen war, eine umfassende Europäische Union zu schaffen. Sie hätte die politische Lage der Bundesrepublik konsolidieren, zusätzlich Sicherheitsgarantien schaffen, die Unabhängigkeit Europas von den Amerikanern erhöhen und ökonomisch

Jugendliche demonstrieren an der deutsch-luxemburgischen Grenze für eine konsequente Europapolitik (1954).

vorteilhafte Wirkungen entfalten können. Andererseits brachte die nun einsetzende Entwicklung manche Vorteile. Der Eintritt der Bundesrepublik in die NATO fand zu günstigeren Konditionen statt, als sie der EVG-Vertrag vorsah, und die Beendigung der Besatzungsherrschaft erfolgte durch einen neu und besser ausgehandelten Generalvertrag, der der Bundesrepublik jetzt auch dem Begriff nach die Souveränität einräumte.
Auch ökonomisch schien die Bundesrepublik auf den Ausbau der Sechsergemeinschaft zu einem umfassenden gemeinsamen Markt verzichten zu können. Die Benelux-Staaten, Frankreich und Italien waren zwar wichtige Handelspartner der Bundesrepublik, aber die gemessen am Deutschen Reich sehr viel größere strukturelle Exportabhängigkeit der westdeutschen Nachkriegswirtschaft verwies sie sowieso auf den Weltmarkt. Die alle westeuropäischen Länder umfassende OEEC entsprach dieser Weltmarktorientierung da schon mehr, zumal es ihr durch die Gründung der Europäischen Zahlungsunion im September 1950 und durch eine erfolgreiche Liberalisierungspolitik gelungen war, die Zahlungs- und Handelsbarrieren in Westeuropa abzubauen. Zudem strahlte diese Liberalisierungspolitik auf den Handel mit den assoziierten Ländern der Dritten Welt sowie mit dem Dollarraum aus und war durch das General Agreement on Tariffs and Trade (GATT) weltweit abgesichert. Der Außenhandel der Bundesrepublik verzeichnete nicht zuletzt aufgrund dieser Liberalisierungsbestrebungen hohe Zuwachsraten. Man befand sich Mitte der 50er Jahre in einem Exportboom, der die Industrieproduktion stimulierte und wesentlich zum sogenannten Wirtschaftswunder beitrug. Zwischen 1950 und 1960 wuchs das Exportvolumen jährlich im Durchschnitt um 15,8 % und das Bruttosozialprodukt um jährlich 7,6 %.[14]

Die Europäische Wirtschaftsgemeinschaft

Auf dem Hintergrund dieser Entwicklung wird es verständlich, daß der deutsche Wirtschaftsminister Ludwig Erhard aus wirtschaftspolitischen Überlegungen heraus keinen Handlungsbedarf erkennen konnte, als Mitte der 50er Jahre der Gedanke in den europäischen Hauptstädten erörtert wurde, die Sechser-Gemeinschaft mittels einer Zollunion in einen umfassenden gemeinsamen Markt zu verwandeln. Aus der Perspektive der weltweiten Exportpolitik der Bundesrepublik barg eine solche Union erhebliche Gefahren. Würde sie nicht dazu neigen, sich durch einen hohen Außenzoll vom Weltmarkt abzuschirmen und die positiven handelsschaffenden Wirkungen im inneren Warenverkehr durch erhebliche Störungen im Welthandel mehr als zunichte machen? Es waren daher nicht ökonomische, sondern politische Gründe, die die Regierung

Adenauer bewogen, den Weg zur Europäischen Wirtschaftsgemeinschaft nicht nur mitzugehen, sondern ihn sehr wesentlich mitzubestimmen. Als die Außenminister der Sechser-Gemeinschaft im Juni 1955 in Messina beschlossen hatten, erneut den Weg der Europäischen Einigung zu beschreiten, begriff der Bundeskanzler dies vor allem politisch. Es sei »Richtlinie« bundesdeutscher Politik, den Beschluß von Messina »entschlossen und unverfälscht« durchzuführen, teilte er am 19. Januar 1956 seinen Bundesministern in einem Rundschreiben mit. »Noch stärker als bisher muß der politische Charakter dieses Beschlusses beachtet werden, der nicht allein eine technische Kooperation aus fachlichen Erwägungen, sondern eine Gemeinschaft herbeiführen soll, die – auch im Interesse der Wiedervereinigung – die gleiche Richtung des politischen Willens und Handelns sichert. Der OEEC-Rahmen genügt dafür nicht. In den Dienst dieser politischen Zielsetzung müssen alle fachlichen Erwägungen treten.«[15]

Der Messina-Beschluß hatte zwei Richtungen gewiesen, er schlug einerseits die Fortsetzung der mit der Montanunion begonnenen sektoralen Integration durch eine neu zu errichtende Verkehrs-, Energie- und Atombehörde vor und legte sich andererseits auf die Errichtung eines gemeinsamen Marktes mittels einer Zollunion fest. Hinter diesen unterschiedlichen Integrationsmethoden standen unterschiedliche Interessen. Die Fortsetzung der Integration mittels der sektoralen Methode, ursprünglich von Jean Monnet in die Diskussion gebracht, wurde vor allem von der französischen Regierung verfochten. Die Benelux-Staaten dagegen waren vorrangig an der Errichtung einer Zollunion interessiert und die Bundesregierung schlug sich auf ihre Seite. In Frankreich verband man aufgrund der mangelnden Konkurrenzfähigkeit der heimischen Industrie lange Zeit Befürchtungen mit dem gemeinsamen Markt und wollte die Integration begrenzt wissen. Der Atom- und Energiesektor erschien aus französischer Perspektive besonders interessant, weil die Integration hier erneut die Funktion erfüllte, die Entwicklung in Westdeutschland auf diesem technologisch ebenso interessanten wie gefährlichen Gebiet unter Kontrolle zu halten. Den Benelux-Staaten ging es vor allem darum, einen erweiterten Absatzmarkt für ihre Produkte zu schaffen und ihre wichtigsten Handelspartner in einer Zollunion zusammenzufassen. Sie bestanden daher lange Zeit auf der Einbeziehung Großbritanniens in die neue Gemeinschaft. Dies lag auch im wirtschaftlichen Interesse der Bundesrepublik. Die Bundesregierung war zudem für den gemeinsamen Markt, weil er von beiden Lösungen die bei weitem attraktivste darstellte und die heimische Industrie die ausländische Konkurrenz im gemeinsamen Markt nicht fürchten mußte.

Der Dualismus der Integrationsmethoden konnte und durfte nicht zugun-

sten der einen oder der anderen Seite entschieden werden, so einigte man sich darauf, beide Wege parallel weiter zu verfolgen. Der Spaak-Bericht vom 21. April 1956, der die Beratungen der Fachleute zusammenfaßte, zerfiel daher in zwei Teile. Teil I behandelte den gemeinsamen Markt, der binnen zwölf Jahren schrittweise hergestellt werden sollte, und Teil II befaßte sich vor allem mit der Europäischen Atombehörde und nur noch am Rande mit der Errichtung einer Energie- und Verkehrsbehörde. Der Spaak-Bericht erwies sich als tragfähige Basis. Im Mai 1956 akzeptierten ihn die Außenminister der Montanunionsländer als Grundlage der Regierungsverhandlungen, die am 26. Juni 1956 in Brüssel begannen und manche Klippe zu umschiffen hatten. Ein schwieriges Problem stellte die von Frankreich erhobene Forderung dar, seine Kolonialgebiete in den gemeinsamen Markt einzubeziehen. Die Frage konnte schließlich positiv entschieden werden. Im Gegenzug gelang es der Bundesregierung im Protokoll über den innerdeutschen Handel, die Handelsgrenze gegenüber der DDR offenzuhalten. Eine besonders harte Nuß war die Einbeziehung der Landwirtschaft in den gemeinsamen Markt. Die Lösung fiel schließlich protektionistischer aus, als ursprünglich vorgesehen. Auch in der Frage der militärischen Verwendung der Nukleartechnik gab es Streit. Frankreich setzte sich schließlich durch und behielt freie Hand für die atomare Aufrüstung. Am 9. März 1957 konnten die Regierungsverhandlungen erfolgreich abgeschlossen werden.
Daß es gelang, die bestehenden Sachdifferenzen zu überbrücken, hatte wesentlich damit zu tun, daß in Frankreich ebenso wie in der Bundesrepublik schließlich politische Erwägungen den Ausschlag gaben. In der Mitte der 50er Jahre hatte sich das weltpolitische Klima gewandelt. Die beiden Supermächte, USA und UdSSR, waren 1955 vom Konfrontationskurs des Kalten Krieges auf einen Kurs vorsichtiger Entspannungspolitik umgeschwenkt. Die Außenminister der vier Großmächte einigten sich im April auf den österreichischen Staatsvertrag, und die Regierungschefs trafen sich im Juli in Genf zu einer Gipfelkonferenz. Adenauer partizipierte selbst am Entspannungsprozeß, reiste im September nach Moskau und bahnte die Aufnahme diplomatischer Beziehungen zur UdSSR an. Dies war auf dem Hintergrund der Nichtexistenz bundesrepublikanisch-sowjetischer Beziehungen eine kleine Sensation und bedurfte der vorsichtigen diplomatischen Abfederung. Schließlich war die Rapallo-Politik der Zwischenkriegszeit noch frisch im Gedächtnis. Um diesem Rapallo-Komplex zu begegnen, war nichts geeigneter als eine aktive Europapolitik, die die Bundesrepublik mit umfassenden wirtschaftlichen Bindungen an den Westen kettete. Auch legte die wachsende Befürchtung, die Großmächte könnten sich über den Kopf der Bundesrepublik hinweg einigen, Adenauer dies zusätzlich nahe.

Die deutsch-französischen Beziehungen gingen seit 1955 besseren Zeiten entgegen. Hierzu trug neben Adenauers psychologischem Geschick vor allem die Lösung der leidigen Saarfrage bei, die die deutsch-französischen Beziehungen in der Nachkriegszeit belastet hatte. Der wirtschaftliche Aufschwung der Bundesrepublik hatte seinen Eindruck an der Saar nicht verfehlt. Längst waren die Zeiten vorbei, als Frankreichs ökonomische Situation der Saarbevölkerung eine enge Anlehnung an Paris empfahl. Im Gegenteil: Frankreich war in der Mitte der 50er Jahre nicht nur ökonomisch hinter der Bundesrepublik zurückgeblieben, sondern es wurde auch immer schwerer, die saarländische Kohle und die Produkte der saarländischen Eisen- und Stahlindustrie auf dem französischen Markt unterzubringen. Politische Ungeschicklichkeiten der Saar-Regierung unter Johannes Hoffmann taten ein übriges, den Blick der Saarbevölkerung nach Osten zu lenken. Meinungsumfragen bestätigten den Wandel, und so konnte es niemanden mehr wundern, daß die Saarbevölkerung am 23. Oktober 1955 das Saar-Statut mit großer Mehrheit (67,7 %) ablehnte. Adenauer war dies übrigens gar nicht so recht, denn er befürchtete negative Auswirkungen auf die deutsch-französischen Beziehungen. Überraschenderweise blieben diese aber aus. Paris ließ den Rücktritt der Regierung Hoffmann geschehen, und am 18. Dezember 1955 führten Wahlen zu einer katastrophalen Niederlage der bisherigen Regierungsparteien, die nur noch 28 % der Stimmen erhielten.
Frankreich hatte große Schwierigkeiten in Nordafrika, und der Regierung schien es ratsamer, im Gegenzug gegen die Freigabe des Saarlandes wirtschaftliche Konzessionen von der Bundesrepublik zu erwirken, als die Saarbevölkerung gegen ihren Willen vom Anschluß an die Bundesrepublik fernzuhalten. Am 4. Juni 1956 einigten sich Adenauer und der französische Ministerpräsident Guy Mollet über die Angliederung der Saar an das Bundesgebiet. Sie wurde auf der Basis des deutsch-französischen Abkommens vom 27. Oktober 1956 zum 1. Januar 1957 vollzogen. Damit waren die deutsch-französischen Beziehungen von der schwersten Last befreit. Eine der wichtigsten Voraussetzungen für den Ausbau der Europäischen Gemeinschaft war geschaffen.

Am 25. März 1957 wurden in Rom zwei Verträge unterschrieben, der »Vertrag über die Gründung der Europäischen Atomgemeinschaft« (Euratom) und der »Vertrag über die Gründung der Europäischen Wirtschaftsgemeinschaft« (EWG). Euratom war der Rest, der vom Konzept der Teilintegration übriggeblieben war. Von den beiden großen Bereichen Verkehr und Energie, die Monnet ursprünglich im Auge gehabt hatte, war die Nutzung der Atomenergie nun allein geregelt worden. Man hielt sie für besonders wichtig, weil man meinte, daß sie die dritte indu-

Am 25. März 1957 unterzeichneten die Außenminister Belgiens, Frankreichs, Italiens, Luxemburgs, der Niederlande und der Bundesrepublik die Römischen Verträge.

strielle Revolution stimulieren oder gar gestalten würde. »Die Entwicklung der Atomenergie zu friedlichen Zwecken eröffnet binnen kurzem die Aussicht auf eine neue industrielle Revolution von ungleich größerem Ausmaß als jene der letzten hundert Jahre«, hatte es in der Schlußresolution der Messina-Konferenz geheißen. Nur wenn Europa in der Atomwirtschaft den Anschluß finde, so war immer wieder argumentiert worden, könne es sich gegenüber den »beiden Kolossen« USA und UdSSR behaupten.[16]

Die Suez-Krise zeigte zudem, wie empfindlich die Energieversorgung Westeuropas war: Der Suezkanal, die Schlagader der Ölzufuhr, konnte selbst mit der vereinten militärischen Macht Englands und Frankreichs nicht mehr unter Kontrolle gehalten werden. Vor allem für Frankreich, das weder über eigene Ölreserven noch über ausreichende Kohlevorkommen verfügte, bot die Atomenergie die einzige Aussicht auf eine unabhängige nationale Energieversorgung.

Euratom hat freilich wenig greifbare Erfolge erzielt und ist, gemessen an ihren Zielen, gescheitert.[17] So gelang es nicht, einen gemeinsamen Markt für die Atomindustrie zu schaffen. Die Mitgliedsstaaten behielten die Kontrolle über ihre Atomindustrie. Lediglich in der Forschung kam es zu einer gewissen Kooperation. Sie beschränkte sich aber auf Fragen der Reaktorsicherheit und der Fusionsforschung. Daneben überwacht die Kommission – so wurde die Hohe Behörde bei Euratom genannt – die Vorschriften über den Strahlenschutz und trägt zu deren Harmonisierung bei.

Der EWG-Vertrag[18] bezeichnete es als Aufgabe der Gemeinschaft, »durch die Errichtung eines gemeinsamen Marktes und die schrittweise Annäherung der Wirtschaftspolitik der Mitgliedsstaaten eine harmonische Entwicklung innerhalb der Gemeinschaft, eine beständige und ausgewogene Wirtschaftsausweitung, eine größere Stabilität, eine beschleunigte Hebung der Lebenshaltung und engere Beziehungen zwischen den Staaten zu fördern.« Grundlage der Gemeinschaft sollte eine Zollunion sein, die sich auf den gesamten Warenverkehr erstreckte und nicht mehr – wie in der EGKS – auf einen Sektor begrenzt war. Die Binnenzölle und »Abgaben gleicher Wirkung« sowie die mengenmäßigen Beschränkungen im Handel zwischen den Mitgliedsstaaten waren schrittweise zu beseitigen. Hierfür wurde eine Übergangszeit von 12 Jahren vorgesehen. Dritten Ländern gegenüber war ein gemeinsamer Zolltarif einzuführen und eine gemeinsame Handelspolitik zu betreiben. Die Liberalisierung des Warenverkehrs sollte durch die »Beseitigung der Hindernisse für den freien Personen-, Dienstleistungs- und Kapitalverkehr zwischen den Mitgliedsstaaten« ergänzt werden.

Der EWG-Vertrag bezog die Landwirtschaft und den Handel mit landwirtschaftlichen Erzeugnissen in den gemeinsamen Markt ein und sah auch eine gemeinsame Agrarpolitik der Mitgliedsstaaten vor. Ziel der gemeinsamen Agrarpolitik sollte es sein, die Produktivität der Landwirtschaft zu steigern, der in der Landwirtschaft arbeitenden Bevölkerung eine »angemessene Lebenshaltung« zu gewährleisten, die »Märkte zu stabilisieren«, die »Versorgung sicherzustellen« und »für die Belieferung der Verbraucher zu angemessenen Preisen Sorge zu tragen«. Allerdings trug man der Tatsache Rechnung, daß die Agrarwirtschaft in allen Mitgliedsstaaten besonderen Marktordnungen unterworfen war und sah daher die Errichtung einer Europäischen Marktordnung vor, die ermächtigt wurde, Preisfestsetzungen zum Schutze des Einkommens der Landwirte vorzunehmen, Subventionen für die Erzeugung und die Verteilung der Erzeugnisse zu zahlen, Einlagerungs- und Ausgleichsmaßnahmen zu treffen, sowie – wie es euphemistisch hieß – »gemeinsame Einrichtungen zur Stabilisierung der Ein- und Ausfuhr« zu bilden. Agrarwirtschaft und Agrarhandel wurden also nicht der sonst verbindlichen Liberalisierung unterworfen.

Der EWG-Vertrag sollte darüber hinaus die Voraussetzungen für eine gemeinsame Wirtschaftspolitik schaffen. Neben der gemeinsamen

Agrarpolitik sah er eine gemeinsame Verkehrspolitik, eine gemeinsame Wettbewerbspolitik, eine Koordinierung der Wirtschaftspolitik der Mitgliedsstaaten, namentlich ihrer Konjunktur-, Währungs-, Handels- und Sozialpolitik, eine Angleichung der innerstaatlichen Rechtsvorschriften, die Schaffung eines Europäischen Sozialfonds und die Errichtung einer Europäischen Investitionsbank vor. Die nationale Wirtschaftspolitik der Mitgliedsstaaten wurde zudem auf das »magische Viereck« verpflichtet: »Jeder Mitgliedsstaat betreibt die Wirtschaftspolitik, die erforderlich ist, um unter Wahrung eines hohen Beschäftigungsstands und eines stabilen Preisniveaus das Gleichgewicht seiner Gesamtzahlungsbilanz zu sichern und das Vertrauen in seine Währung aufrechtzuerhalten.«
Wie im Spaak-Bericht bereits vorgesehen, wurde die institutionelle Struktur der Montanunion auch auf die EWG übertragen. Es gab erneut vier Organe: die Versammlung, den Ministerrat, die Kommission und den Gerichtshof. Die Kommission entsprach der Hohen Behörde der Montanunion und besaß dieselbe Struktur. Allerdings hatten sich die Gewichte verschoben, die Kommission büßte an Bedeutung gegenüber dem Ministerrat ein. Diesmal hatte Frankreich sich dem Prinzip der Supranationalität entgegengestellt und die nationale Komponente über den Ministerrat stärker zum Tragen gebracht. Die »Entscheidungsbefugnis« war zwischen Ministerrat und Kommission geteilt, lag aber überwiegend beim Ministerrat. Er hatte zudem die Wirtschaftspolitik der Mitgliedsstaaten aufeinander abzustimmen. Allerdings sah der Vertrag im Ministerrat Mehrheitsbeschlüsse vor. Die Kommission war demgegenüber in weiten Aufgabenbereichen darauf beschränkt, Stellungnahmen abzugeben und Empfehlungen auszusprechen.
Aus heutiger Perspektive markieren die Römischen Verträge den wohl entscheidenden Entwicklungsabschnitt der westeuropäischen Integration. Einige der Mithandelnden waren während der Ereignisse bereits davon überzeugt, den Durchbruch geschafft zu haben, andere blieben skeptisch. Adenauer fühlte sich an den Prozeß der Einigung Deutschlands im 19. Jahrhundert erinnert: »Ich mußte immer wieder daran zurückdenken, wie im vorigen Jahrhundert Deutschland in eine große Anzahl von Staaten zerfallen war, und wie allmählich der Zollverein eine wirtschaftliche und schließlich eine politische Einheit oder Einigung herbeigeführt hatte. Ich glaubte, eine derartige Entwicklung durfte man auch von dem Vertragsabschluß erwarten, der am 25. März 1957 in Rom vollzogen wurde.«[19]

Als die Römischen Verträge am 1. Januar 1958 in Kraft traten, waren die Perspektiven freilich sehr viel düsterer. Frankreich stand am Rande des Chaos. Die Regierung Guy Mollet, die die Römischen Verträge ausgehandelt und unterschrieben hatte, war längst gestürzt, in Algerien tobte der Krieg, der Franc war schwach und die wirtschaftliche Lage höchst unsicher. Würde Frankreich, das dem gemeinsamen Markt ohnehin skeptisch gegenüberstand, die Verträge unter diesen Umständen überhaupt mit Leben füllen können oder wollen? Unklar war auch, ob die Begrenzung der Verträge auf die sechs Montanunion-Staaten überhaupt tragfähig war. Weder die Benelux-Staaten noch die Bundesrepublik hatten ursprünglich eine Gemeinschaft ohne Großbritannien gewollt und sie gingen nach wie vor davon aus, daß die Briten hinzukommen müßten. Neben naheliegenden wirtschaftlichen Gründen sprachen aus der Perspektive der Benelux-Staaten auch sicherheitspolitische Erwägungen dafür. Würde die Bundesrepublik ohne Großbritannien überhaupt unter Kontrolle zu halten sein? Man verhandelte daher im Rahmen der OEEC mit den Briten, doch ein Durchbruch war nicht erzielt worden. Neben diesen großen Fragen würde es zahlreiche praktische Probleme bei der Etablierung der Zollunion und der Agrarmarktordnung geben, die jedem Mitgliedsland jederzeit einen Vorwand liefern konnten, das Ganze zu Fall zu bringen.

Daß der europapolitische Elan gleichwohl anhielt und die Probleme pragmatisch gelöst wurden, hatte zahlreiche Gründe. Große Bedeutung erlangte die Machtübernahme General de Gaulles am 1. Juni 1958. Er versetzte Frankreich durch die Lösung des Algerienproblems und durch seine Politik der inneren Konsolidierung überhaupt erst in die Lage, an der Realisierung der Römischen Verträge zu partizipieren. Zugleich beschnitt er die Ambitionen der Gemeinschaft. Großbritannien wurde am 14. November 1958 durch ein französisches Veto bis auf weiteres aus der Gemeinschaft ausgegrenzt. Es reagierte mit der Gründung der Europäischen Freihandelszone (EFTA), die am 3. Mai 1960 in Kraft trat. Einerseits war dies ein Schlag gegen die Interessen und Absichten der anderen Partner, andererseits hätte eine frühe Mitgliedschaft Großbritanniens in der Gemeinschaft die Schwierigkeiten der Realisierung der Gemeinschaft vermutlich bis über die kritische Grenze hinaus erhöht. De Gaulle ging freilich auch von einem anderen Europakonzept aus, als es dem Geist der Römischen Verträge entsprach. Nach seiner Auffassung sollte die Gemeinschaft als »Europa der Vaterländer« Gestalt annehmen, und das hieß kooperative und nicht supranationale Strukturen haben. Er hielt das Prinzip des Mehrheitsbeschlusses daher in engen Grenzen, auch wenn der Luxemburger Beschluß vom Januar 1966 es nicht völlig suspendierte, wie immer wieder fälschlich behauptet wird.[20]

Dem engen Zusammenspiel zwischen de Gaulle und Adenauer war es schließlich zu danken, daß das Grundprinzip der Römischen Verträge erhalten blieb, daß Westeuropa zusammenstehen müsse, um sich politisch, militärisch und wirtschaftlich zwischen den Kolossen USA und UdSSR zu behaupten. Adenauer sah dies durch eine Entente zwischen Deutschland und Frankreich garantiert, während de Gaulle ursprünglich vorhatte, die Sechser-Gemeinschaft unter französischer Hegemonie zu einer politischen Union weiterzuentwickeln. Diese Pläne, im Sommer 1960 lanciert und verbunden mit dem Namen des französischen Diplomaten Christian Fouchet, scheiterten Ende 1962 am Widerstand der anderen Partner, die eine politische Gemeinschaft ohne Großbritannien nicht akzeptieren wollten, und an den inneren Widersprüchen der französischen Politik, bei der die machtpolitischen Ambitionen zu deutlich unter dem Deckmantel der Europaidee hervorsahen. In dieser Konstellation und unter diesen Bedingungen war die Politische Gemeinschaft nicht zu etablieren. De Gaulle blieb schließlich nichts anderes übrig, als mit Adenauer allein abzuschließen. Der deutsch-französische Konsultativvertrag vom 22. Januar 1963, der hieraus hervorging, wurde in der Bundesrepublik von der Regierung und vom Parlament zum Anlaß genommen, die Notwendigkeit einer Erweiterung der Gemeinschaft durch den Beitritt Großbritanniens zu betonen – in latentem Gegensatz übrigens zur immer mehr in die Isolierung geratenden Politik des Kanzlers.

Der wichtigste Grund für die Verwirklichung der Römischen Verträge ist wohl in der wirtschaftlichen Lage zu erblicken. Westeuropa befand sich seit Anfang der 50er Jahre im Boom. Die EWG hatte hiermit zunächst nichts zu tun, aber es gelang ihr, an diesen Erfolg anzuknüpfen. Der Einigungsgedanke war ja älter und hatte in Gestalt der OEEC, des Europarats und der Montanunion nicht unerheblich zur politischen und ökonomischen Stabilisierung Westeuropas beigetragen. Nachdem die Realisierungsphase der Zollunion und des gemeinsamen Marktes einmal begonnen hatte, wurde es, zumal der Boom anhielt, immer wahrscheinlicher, daß die EWG ebenfalls positive Wirkungen hatte, ja sie kam unversehens in den Genuß einer reichen Ernte, für die sie nicht gesät hatte. Gegen die EWG zu argumentieren, wurde immer schwerer, zumal ihre europäische Konkurrenz, die EFTA, sich sehr viel schwerer tat.

Die Zollunion

Die Verwirklichung der Zollunion kam als erstes in Gang.[21] Bereits nach einem Jahr, am 1. Januar 1959, wurde die erste Senkung der Binnenzölle um 10 % und eine Aufstockung der Warenkontingente wirksam. Im Februar 1960 einigte man sich im Ministerrat prinzipiell auf die Modalitäten eines gemeinsamen Außenzolltarifs, und am 1. Januar 1961 trat die erste Teilangleichung der nationalen Zollsätze in Kraft. Am 1. Juli 1968, zwei

Jahre früher als in den Römischen Verträgen vorgesehen, konnte die Zollunion vollendet werden: Die letzten Binnenzölle wurden abgeschafft, und die EWG verfügte nun über einen gemeinsamen Außenzolltarif. Ministerrat und Kommission hatten dieses Tempo vorgelegt, um die Gemeinschaft möglichst rasch zu konsolidieren. Zugleich bemühte man sich darum, den Anschluß an die allgemeine Liberalisierungspolitik der OEEC und des GATT zu finden und eine handelspolitische Konfrontation zu vermeiden. Dies war geraten, um Befürchtungen zu begegnen, die sich in den europäischen Nichtmitgliedsstaaten, aber auch in den USA mit der Zollunion verbanden. Zollunionen entfalten ja zweierlei Wirkung: Der Abbau der Binnenzölle wirkt »handelsschaffend«, während der Außenzolltarif prinzipiell »handelsumlenkend« wirkt und Produkten aus Drittländern den Zugang zum gemeinsamen Markt erschwert.[22] Wie protektionistisch eine Zollunion ist, hängt von der Höhe des Außentarifs ab. Die EWG führte einen mittleren Außenzolltarif ein, der für die Bundesrepublik eine Erhöhung, für Frankreich aber eine Verringerung des Zollsatzes brachte. Zugleich war die EWG darum bemüht, ihre Zollpolitik den allgemeinen Zollsenkungen des GATT anzupassen.
Die Wirkungen der Zollunion sind nicht exakt und methodisch einwandfrei zu erfassen. Die Kommission äußerte sich 1969 sehr vorsichtig: »Zweifellos besteht ein Zusammenhang zwischen der fortschreitenden Integration der Märkte und den Gesamtergebnissen, die als globales Wachstum erreicht wurden. Die globalen Leistungsindikatoren erlauben aber nicht, die Art dieses Zusammenhangs festzustellen. Sie zeigen nicht, auf welchem Wege diese Ergebnisse erreicht wurden.« Die Ausweitung des Warenaustauschs zwischen den Ländern der Gemeinschaft habe sich nicht auf Kosten der Beziehungen zur übrigen Welt vollzogen: »Im Verhältnis zum Inlandsprodukt der Gemeinschaft ist der Umfang der Einfuhr aus den Drittländern gleichgeblieben.«[23] 1969 war es noch schwer, zwischen den Wirkungen der in der OEEC und im GATT betriebenen allgemeinen Liberalisierungspolitik, die zweifellos sehr erfolgreich war, und den Wirkungen des gemeinsamen Marktes zu unterscheiden. Betrachtet man die Trends für einen längeren Zeitraum einmal aus der Perspektive der Bundesrepublik, so erscheint die Bilanz positiv und das Urteil gerechtfertigt, daß es durch die EWG gelungen ist, nicht nur den Anschluß an die Liberalisierungspolitik der 50er Jahre zu finden, sondern die begonnene Entwicklung auch zu stabilisieren und erheblich zu intensivieren. Inzwischen hatte sich die Gemeinschaft ausgedehnt: Am 1. Juli 1977 war die Zollunion auch im Rahmen der Neuner-Gemeinschaft (Frankreich, BRD, Italien, Benelux-Staaten, Großbritannien, Dänemark, Irland) verwirklicht worden. Dies verbesserte die Wirksamkeit der Gemeinschaft gerade auch für die Bundesrepublik. Der Außenhandelsboom

der 50er Jahre setzte sich mit steilen Zuwachsraten fort: Der bundesdeutsche Export stieg von 48 Milliarden DM im Jahre 1960 auf 432 Milliarden DM im Jahre 1983 und der Import von 43 auf 390 Milliarden DM. Die Exportquote – das Verhältnis der Ausfuhr zum Sozialprodukt – erhöhte sich in diesen Jahren von 16% auf 26% und die Importquote von 14% auf 23%. Seit 1955 konnte die Bundesrepublik stets einen Handelsbilanzüberschuß erzielen. Er belief sich 1955 auf 1,2 Milliarden DM und im Jahre 1982 auf 51,3 Milliarden DM.[24]
Nachhaltig wirkte sich die Zollunion auch auf die Struktur des bundesdeutschen Außenhandels aus: Der Anteil des innergemeinschaftlichen Handels stieg und der des außergemeinschaftlichen fiel. Der Anteil des bundesdeutschen Exports in die Länder der Gemeinschaft (Daten der Neuner-Gemeinschaft plus Griechenland) stieg von 35,9% 1958 auf 48,1% 1982 an, der des Imports von 35,2% auf 49,1%. Während dies beim Import der durchschnittlichen Entwicklung in der Gemeinschaft entsprach, bewahrte sich die Bundesrepublik beim Export einen größeren Weltmarktanteil als der Durchschnitt der EWG-Länder. Insgesamt profitierte die Bundesrepublik nicht mehr, in manchen Fällen sogar weniger von der Zollunion als andere Länder der Gemeinschaft. So erzielte Frankreich beim Export in die Gemeinschaft größere Zuwachsraten als die Bundesrepublik. Die Zollunion ist zudem nicht allein für die Steigerungen im Außenhandel der Bundesrepublik verantwortlich: Der Welthandel dehnte sich insgesamt aus, Zollsenkungen im Rahmen des GATT brachten bedeutende globale Liberalisierungseffekte, die bundesdeutsche Wirtschaft erwies sich als besonders dynamisch und die DM war in den 60er Jahren tendenziell unterbewertet, was den Export begünstigte.

Der Agrarmarkt

Die Errichtung des in den Römischen Verträgen vereinbarten Agrarmarktes traf von Anfang an auf sehr viel mehr Schwierigkeiten als die Verwirklichung der Zollunion. Dies lag nicht zuletzt daran, daß in den Mitgliedsstaaten unterschiedliche Marktordnungen in Kraft waren. So bedurfte es im Juli 1958 eines zweiten Anlaufs, der Landwirtschaftskonferenz in Stresa, um die ersten Grundsätze für eine gemeinsame Agrarpolitik zu entwickeln. Während die Römischen Verträge den Vertragspartnern noch die Freiheit gelassen hatten, die Organisation der Agrarmärkte »je nach Erzeugnis« durch »gemeinsame Wettbewerbsregeln«, eine »Koordinierung der verschiedenen einzelstaatlichen Marktordnungen« oder eine »Europäische Marktordnung« vorzunehmen, lief die Entwicklung bereits in Stresa auf den Aufbau einer strenge Regulierungen erlaubenden Europäischen Marktordnung zu.

In der Übergangsphase der Jahre 1962 bis 1967 kristallisierten sich drei Grundprinzipien der gemeinsamen Agrarpolitik heraus: 1. Innerhalb der Gemeinschaft sollten die Zölle und mengenmäßigen Beschränkungen sowie die nichttarifären Handelshemmnisse beseitigt, also die Grundlagen eines gemeinsamen Marktes geschaffen werden. 2. Im Unterschied zum allgemeinen Warenmarkt wurde der Agrarmarkt aber nicht am Weltmarkt ausgerichtet, sondern wurde als »Präferenzgemeinschaft« konzipiert. Die in den Mitgliedsstaaten erzeugten Agrarprodukte sollten auf dem Binnenmarkt Priorität vor den Produkten dritter Länder genießen. 3. Dies zwang zu ständigen Interventionen in das Preisgefüge und verursachte Kosten, die seither durch den EG-Haushalt abgedeckt werden müssen.

Im Jahre 1984 entfielen von den im Haushaltsplan der EG-Kommission ausgewiesenen Interventionsmitteln 75% auf den Agrarbereich. Der hohe von den Partnern zu leistende finanzielle Beitrag hat die Krisenanfälligkeit der ohnehin schon komplizierten Agrarpolitik der Gemeinschaft erheblich verstärkt. So gelang die Etablierung der ersten gemeinsamen Marktordnungen für Getreide, Schweinefleisch, Eier, Gemüse und Wein 1962 erst nach langwierigen Verhandlungen. 1964 bedurfte es des sogenannten Agrarmarathons, um eine Vereinbarung über den gemeinsamen Getreidepreis zu erzielen, und 1966/67 stürzte der Versuch, bei den Entscheidungen des Ministerrats über die Agrarpolitik vom Einstimmigkeitsprinzip zum Mehrheitsprinzip überzugehen, die Gemeinschaft in die größte Krise ihrer Geschichte. Die Agrarsubventionen blieben in den 70er und 80er Jahren im Mittelpunkt der Finanzdiskussionen der Gemeinschaft und waren für mehr als eine Krise gut.

Die Vielzahl der Marktordnungen und der mit ihnen verbundenen Preisregulierungen, Subventionen und Zolltarife ist kaum mehr zu überblikken.[25] Man kann davon ausgehen, daß heute der Absatz von etwa 90 bis 95% der Agrarprodukte durch Marktordnungen reguliert ist. Zwei vorwaltende Typen sind zu unterscheiden: 1. In etwa 25% der Fälle – etwa bei Blumen, Reis, Eiern und Geflügel – begnügt sich die Gemeinschaft mit dem Schutz der Produkte durch Außenzölle. 2. In etwa 75% der Fälle werden die Preise der Agrarprodukte zusätzlich durch obligatorische Interventionen – z. B. bei Getreide, Zucker, Milch, Rindfleisch – oder durch fakultative Interventionen – z. B. bei Schweinefleisch, Tafelwein, Obst und Gemüse – gestützt, wenn die Preise ein definiertes Mindestniveau zu unterschreiten drohen. Daneben wird in einigen Fällen mit Ergänzungsbeihilfen zu den Erzeugnissen – z. B. bei Hartweizen, Olivenöl und Tabak – oder mit Pauschalbeihilfen – z. B. bei Flachs, Hanf, Saatgut und Seidenraupen gearbeitet.

Dieses komplizierte System von Marktordnungen erfüllte verschiedene

Zwecke. Es etablierte ein einheitliches Preissystem für Agrarprodukte und schuf damit die Basis für einen gemeinsamen Agrarmarkt. Die Absicherung der Preise erfolgte auf relativ hohem Niveau, nicht zuletzt, um den in der Agrarwirtschaft Beschäftigten angemessene Einkommen zu sichern. Da das Preisniveau in der Gemeinschaft auf diese Weise über dem Weltmarktniveau lag, mußte der Agrarbinnenmarkt vom Weltmarkt abgeschirmt werden. Dies trug der EG nicht nur den Vorwurf des Agrarprotektionismus ein, sondern führte zu einer ungeahnten Kostenexplosion. Für Ausfuhrerstattungen und Interventionen auf dem Binnenmarkt, sogenannte »Garantie«-Ausgaben, wurden 1965 303 Millionen Rechnungseinheiten (RE) ausgegeben. 1971 waren es bereits 1,6 Milliarden RE; 1973 3,7 Milliarden RE; 1977 6,7 Milliarden RE. Allein zwischen 1980 und 1985 stiegen die Ausgaben für den Garantiefonds der Landwirtschaft von 11,3 Milliarden ECU auf 19,8 Milliarden ECU an. Den Löwenanteil machten, wie die folgende Tabelle zeigt, die Mittel für den Milch-, den Rindfleisch-, den Getreide- und Zuckermarkt aus:

Tabelle 1: EG-Haushaltsausgaben
für ausgewählte Marktordnungsprodukte, 1980 und 1985

EG-Haushaltsposten	Mill. ECU 1980	%	Mill. ECU 1985	%
Haushalt insgesamt	16290		28099	
davon Garantiefonds für die Landwirtschaft	11315	100,0	19843	100,0
Getreide	1669	14,8	2310	11,6
Zucker	557	5,1	1804	9,1
Olivenöl	318	2,8	926	3,5
Öle und Fette	369	3,3	1111	5,6
Milcherzeugnisse	4752	42,0	5933	29,9
Rindfleisch	1363	12,0	2786	14,0
Sonstige Marktordnungen	2269	20,0	5207	26,2

Quelle: Peter Hrubesch, 30 Jahre EG-Agrarmarktsystem. Entstehungsgeschichte – Funktionsweise – Ergebnisse, in: Aus Politik und Zeitgeschichte, B 18/87, S. 44.

Ein wesentlicher Grund für diese ängstlich protektionistische Agrarpolitik ist darin zu suchen, daß man – orientiert an den Erfahrungen der Vergangenheit – die strukturelle Anpassungsfähigkeit der Agrarwirtschaft zu gering einschätzte und die nahezu revolutionäre Produktivitätssteigerung der Agrarwirtschaft nicht voraussah. Da die Eingriffe in den Markt die selbsttätige Regulierung von Angebot und Nachfrage über den Preis suspendierten und das künstlich hochgehaltene Preisniveau für Agrarprodukte auf dem Binnenmarkt stimulierend wirkte, kam es in steigendem Maße zur Überproduktion:

Tabelle 2: Selbstversorgungsgrad und Interventionsbestände bei ausgewählten Agrarerzeugnissen in der EG

Erzeugnis	Selbstversorgungsgrad in % Wirtschaftsjahr		Lagerbestand (1) in 1000 Tonnen am Ende des Jahres	
	1974/75	1984/85	1980	1986
Getreide (ges.)	94	128	6900	15000
darunter				
Weichweizen	116	145	4900	11000
Zucker	87	132	250	2200
Wein	90	114	70000 (2)	99000 (2)
Rindfleisch	101	112	314	750
Milcherzeugnisse (ges.)	102	114	–	–
darunter				
Butter	109	130	200	1400
Magermilchpulver	105	117	400	800
Käse	95	104	.	390

(1) Öffentliche und private Lagerhaltung.
(2) 1000 Hektoliter.

Quelle: Peter Hrubesch, EG-Agrarmarktsystem. S. 43.

Die Bundesrepublik hatte vollen Anteil an den »Erfolgen« der europäischen Landwirtschaftspolitik. Die Entwicklung ihrer Agrarwirtschaft wurde dabei einerseits durch eine enorme Leistungssteigerung und andererseits durch eine tiefgreifende Strukturveränderung geprägt: Obgleich sich die Zahl der Landwirtschaftsbetriebe zwischen 1950 und 1979 halbierte und die Zahl der Vollarbeitskräfte sich von 3,9 auf 1,1 Millionen verringerte, verdoppelte sich die Nahrungsmittelproduktion. Die Produktivität stieg auf das Fünfeinhalbfache an, während sie in der übrigen Wirtschaft »nur« auf das Dreieinhalbfache stieg. Der Selbstversorgungsgrad der Bundesrepublik liegt inzwischen weit höher als jener des Dritten Reiches, obgleich die traditionellen Agrarüberschußgebiete als Folge des verlorenen Krieges abgetrennt worden sind. Ohne die Verwendung importierten Viehfutters betrug der Selbstversorgungsgrad 1983 81 %, mit ihr 97 %. Trotz dieser »Beinahe-Autarkie« ist die Bundesrepublik immer noch der größte Importeur von Nahrungsmitteln in der Welt und hat ihre Importe von 11,2 Milliarden DM im Jahre 1960 auf 49,2 Milliarden DM im Jahre 1983 gesteigert. 1983 kamen etwa 45 % dieser Importe aus Drittländern. Zugleich hat die Bundesrepublik in diesem Zeitraum aber auch ihre Nahrungsmittelexporte explosionsartig gesteigert, nämlich von 1,1 auf 23,1 Milliarden DM. Das Defizit im Agraraußenhandel hat sich also weit mehr als verdoppelt.[26]

Eine Gewichtung der Vor- und Nachteile des gemeinsamen Agrarmarktes für die Bundesrepublik wirft unlösbare methodische Probleme auf und hängt von der Perspektive des jeweils Betroffenen ab. Sichere Vergleichsmaßstäbe gibt es nicht, doch lassen sich plausible Einschätzungen vornehmen. Bei den Inhabern landwirtschaftlicher Betriebe profitierten offenbar vorwiegend die Inhaber von Großbetrieben, während die mittleren Betriebe sich schwer taten, und die kleineren Betriebe zugrunde gingen oder zu Nebenerwerbsbetrieben wurden. Im Jahre 1982/83 lag das durchschnittliche Gesamteinkommen der Vollerwerbsbetriebe bei 33791 DM, das oberste Viertel dieser Betriebe erwirtschaftete aber ein durchschnittliches Jahresreineinkommen von 56988 DM und das unterste Viertel von nur 2810 DM.[27] Für den Steuerzahler brachte der Agrarmarkt Belastungen; denn die Bundesrepublik gehört zusammen mit Großbritannien und Italien zu den Nettozahlern der Gemeinschaft, die mehr in den Agrarhaushalt hineinzahlen als sie an Subventionen herausbekommen. Da kaum anzunehmen ist, daß sich ein annähernd aufwendiges Subventionssystem auf nationalstaatlicher Basis hätte durchsetzen lassen, mag hier ein Nachteil des Agrarmarktes ausgemacht werden können. Andererseits ist der Steuerzahler zugleich Verbraucher, und dem stand seit der Gründung des gemeinsamen Marktes ein mengenmäßig und qualitativ ständig wachsendes, reichhaltiges und für deutsche Verhältnisse relativ preisgünstiges Warenangebot zur Verfügung, das ohne den Agrarmarkt wohl kaum erreicht worden wäre.

Doch selbst wenn man zu dem Urteil gelangen sollte, daß die Bundesrepublik beim Agrarmarkt lange Zeit draufgezahlt hat, so hätte dies eine gewisse innere Logik; denn der Agrarmarkt wurde schon bei den Verhandlungen über die Römischen Verträge vor allem im Interesse Frankreichs konzipiert, während erwartet wurde, daß die Bundesrepublik mehr von der allgemeinen Zollunion und dem marktwirtschaftlichen System profitieren würde, dem sie in der Sechser-Gemeinschaft zum Durchbruch verhalf. Die eine Bilanz darf also nicht ohne die andere betrachtet werden.

Der Ausbau des institutionellen Systems

Das Nebeneinander dreier gleichstrukturierter Gemeinschaften – Montanunion, Euratom und EWG – legte die Fusion nahe. Sie wurde in zwei Schritten realisiert. Parallel zu den Römischen Verträgen wurde am 25. März 1957 ein Abkommen unterzeichnet, das die Schaffung eines gemeinsamen Gerichtshofs und einer gemeinsamen Versammlung verfügte. Am 1. Juli 1967 wurde dann auch die Hohe Behörde der Montanunion mit den Kommissionen von Euratom und EWG zu einem einheitlichen Exekutivorgan fusioniert, der »Kommission der Europäischen Gemeinschaften«. Analog verfuhr man mit den Ministerräten. Am 1. Juni 1977 wurde schließlich ein gemeinsamer Rechnungshof gegründet. Die Fusion beschränkte sich allerdings auf die Institutionen. Die Gemeinschaften blieben getrennte Rechtspersönlichkeiten und die Verträge wurden weiterhin getrennt angewandt.

Die Fusion von 1967 war der einzige institutionelle Fortschritt, der während der Regierungszeit de Gaulles noch erzielt werden konnte. Nach seinem Rücktritt im Jahre 1969 kam die Europapolitik wieder in Bewegung. Anfang Dezember 1969 trafen sich die Staats- und Regierungschefs in Den Haag und »bekräftigten ihren Willen, den für die Stärkung der Gemeinschaft... erforderlichen weiteren Ausbau beschleunigt voranzutreiben«. Im Laufe des folgenden Jahres sollte »ein Stufenplan für die Errichtung einer Wirtschafts- und Währungsunion« (WWU) ausgearbeitet werden.[28] Der Ministerrat legte dann tatsächlich fest, daß die WWU in drei Stufen bis zum Jahre 1980 errichtet werden sollte. Eine Wirtschafts- und Währungsunion, die diesen Namen verdient, setzte voraus, daß es wirklich gelingen würde, einen Wirtschaftsraum mit freiem Personen-, Güter-, Dienstleistungs- und Kapitalverkehr zu schaffen und einen Währungsraum herzustellen, in dem vollständige und irreversible Konvertibilität der Währungen herrscht und ein gemeinschaftliches Zentralbankensystem besteht. Zudem mußten den Gemeinschaftsorganen Befugnisse übertragen werden, die sie in die Lage versetzten, eine einheitliche Wirtschafts- und Währungspolitik zu betreiben. All dies war nicht erreichbar. Lediglich die Grundfreiheiten der Freizügigkeit der Arbeitnehmer und die Niederlassungsfreiheit waren seit 1968 in Geltung, konnten aber in der Praxis nur sehr schwer und nicht ohne erhebliche Einschränkungen verwirklicht werden. Weiter gelangte man jedoch nicht. Die WWU scheiterte Ende 1977, weil sie in die Strudel der Ölkrise und der ihr folgenden weltwirtschaftlichen Rezession geriet und die Widerstände in der Gemeinschaft gegen supranationale Strukturen noch viel zu groß waren. Auch fehlte die Bereitschaft und die Einsicht in die Notwendigkeit, erneut einen großen Schritt nach vorne zu tun wie 1950/52 oder 1956/57.

Statt dessen gab es einige kleinere Schritte in Richtung auf eine Wirtschafts- und Währungsunion. Der wichtigste Fortschritt wurde im Bereich der Währungspolitik erzielt. Seit 1971 waren in der Gemeinschaft verschiedene Formen des Wechselkursverbundes unter den EG-Währungen (»Währungsschlange«) und ihres Verhältnisses zum Dollar (»Währungstunnel«) praktiziert worden, ehe es am 13. März 1979 gelang, das Europäische Währungssystem (EWS) zu etablieren. Das EWS war als relativ frei floatender, regional begrenzter Wechselkursverbund mit festen, aber anpassungsfähigen Paritäten konzipiert worden. Es ging einen Schritt weiter als die Währungsschlange, war aber von einer Wirtschafts- und Währungsunion noch weit entfernt.[29]

Begrenzte Fortschritte wurden in den 70er Jahren auch in der Koordinierung der Außenpolitik erzielt, allerdings hatten sie mit dem Vertragswerk der Gemeinschaft nichts mehr zu tun. 1970 wurde die Europäische Politische Zusammenarbeit (EPZ) eingerichtet. Durch eine enge Zusammenarbeit der für die Außenpolitik der Mitgliedsstaaten verantwortlichen Ministerien sollte die Gemeinschaft in die Lage versetzt werden, außenpolitisch »mit einer Stimme« zu sprechen. 1974 wurde der Europäische Rat eingerichtet, eine periodische Zusammenkunft der Staats- und Regierungschefs der Mitgliedsstaaten. EPZ und Europäischer Rat setzten die lange Tradition relativ lockerer intergouvernementaler Kooperation fort, die mit der Gründung der OEEC 1948 begonnen hatte, im Europarat fortgesetzt worden war und durch die Politik de Gaulles in den 60er Jahren enormen Auftrieb erhielt. Die Versuche, im Zuge der Montanunion und der Europäischen Wirtschaftsgemeinschaft zu supranationalen Formen der europäischen Integration vorzustoßen, blieben dagegen auf halbem Wege stecken. Die Regierungen der Mitgliedsländer konnten sich nicht dazu entschließen, weitere Souveränitätsrechte abzugeben. Andererseits war durch die wirtschaftliche Zusammenarbeit in Westeuropa ein Integrationsprozeß in Gang gekommen, der infolge immer enger werdender wechselseitiger Verflechtung und Interdependenz zu praktischen Souveränitätseinbußen führte, und die Frage, ob dieses System nun supranational oder kooperativ konstruiert ist, immer mehr zur Farce werden läßt.

Von der Sechser-Gemeinschaft zur Gemeinschaft der Zwölf

Mit dem Rücktritt General de Gaulles kam 1969 auch die territoriale Erweiterung der Sechser-Gemeinschaft wieder in Gang. Großbritannien, Irland, Dänemark und Norwegen hatten sich 1961 bereits um die EG-Mitgliedschaft beworben, waren aber am 14. Januar 1963 an de Gaulles

Erstes Treffen der Staatschefs der erweiterten EG in Paris. Die deutsche Delegation unter Führung von Finanzminister Helmut Schmidt, Bundeskanzler Willy Brandt, Außenminister Walter Scheel und der Parlamentarischen Staatssekretärin Katharina Focke (20.1.1972).

»Nein« gescheitert. Im Sommer 1967 unternahmen die vier abgewiesenen Staaten einen zweiten Anlauf, der aber erneut auf die französische Bedingung stieß, Großbritannien müsse seine Wirtschaft erst in Ordnung bringen, ehe es der EG beitreten könne. Die Frage der »Norderweiterung« der EG war damit erneut auf Eis gelegt.[30] Erst der Nachfolger im Amt des französischen Präsidenten, Georges Pompidou, gab am 10. Juli 1969 auf einer Pressekonferenz grünes Licht. Er habe nichts gegen eine Erweiterung der EG, allerdings sollten sich die Sechs zuvor erst über die Bedingungen einig werden, die sie neuen Mitgliedern stellen wollten; denn bisher seien die internen Schwierigkeiten hinter dem französischen Veto versteckt worden. Dessenungeachtet brachte das Treffen der Regierungschefs in Den Haag auch in der Frage der EG-Erweiterung den Durchbruch. Am 8. Dezember 1969 gab der Ministerrat die Instruktion, ein Positionspapier für den Beginn der Verhandlungen auszuarbeiten. Am 30. Juni 1970 begannen die Verhandlungen, die binnen eines Jahres abgeschlossen werden konnten. Nachdem das Britische Parlament zugestimmt hatte, war der Weg zum Vertrag von Brüssel frei. Er wurde am 22. Januar 1972 unterschrieben. Zum 1. Januar 1973 trat die EG-Mitgliedschaft Großbritanniens, Irlands und Dänemarks in Kraft. In Norwegen hatte sich die Bevölkerung im September 1972 gegen die EG-Mitgliedschaft entschieden. Auch in Großbritannien kam es wegen der EG-Mitgliedschaft noch zu Irritationen. Die neugewählte Labour-Regierung fühlte sich ihren Wählern gegenüber verpflichtet, am 1. April 1974 Neuverhandlungen für den Beitritt zu fordern, weil sie in der Oppositionszeit gegen die EG-Mitgliedschaft gewesen war. Mit dem Referendum vom 5. Juni 1975 wurde die EG-Mitgliedschaft Großbritanniens endgültig positiv entschieden.

Artikel 237 des EWG-Vertrages, der jedem europäischen Staat das Recht zuerkennt, »Mitglied der Gemeinschaft zu werden«, übte nicht nur auf die nordeuropäischen Staaten Anziehungskraft aus. Im Juni 1975 beantragte Griechenland die EG-Mitgliedschaft, im März 1977 Portugal und im Juli desselben Jahres Spanien. Die Verhandlungen mit Griechenland, die am 27. Juli 1976 eröffnet wurden, zogen sich bis zum Mai 1979 hin. Ähnlich wie später bei Portugal und Spanien gestalteten sich die Verhandlungen außerordentlich schwierig. Griechenland, Portugal und Spanien befanden sich im Vergleich zu den hochentwickelten Volkswirtschaften der Mitglieder der Sechser-Gemeinschaft, Großbritanniens und Dänemarks eher im Zustand von Entwicklungsländern. Ihre Mitgliedschaft mußte die ohnehin schon schwierigen Probleme des Agrarmarktes noch komplizierter machen. In der Integrationstheorie dominierte zudem die These, daß nur Staaten mit vergleichbarem Entwicklungsstand und homogener Struktur integrationsfähig sein würden. Die Süderweiterung drohe also den ohnehin schon stagnierenden Integrationsprozeß lahmzulegen. Gegner der Süderweiterung besaßen eine Vielzahl von Argumenten, und diese waren für den Fortgang der Verhandlungen nicht günstig. Gleichwohl wurden Griechenland am 1. Januar 1981, Spanien und Portugal am 1. Januar 1986 Mitglied der EG. Über den Erfolg oder Mißerfolg der Süderweiterung sind heute noch keine Aussagen möglich.

Frankreich hatte während der Verhandlungen über die Römischen Verträge Wert darauf gelegt, für seine überseeischen Gebiete eine Assoziierungsregelung zu schaffen. Artikel 131 des EWG-Vertrages dehnte diese Assoziierungsregelung auf alle außereuropäischen Länder und Hoheitsgebiete aus, mit denen Belgien, Frankreich, Italien und die Niederlande »besondere Beziehungen« unterhielten. Ziel der Assoziierung sollte »die Förderung der wirtschaftlichen und sozialen Entwicklung« dieser Länder

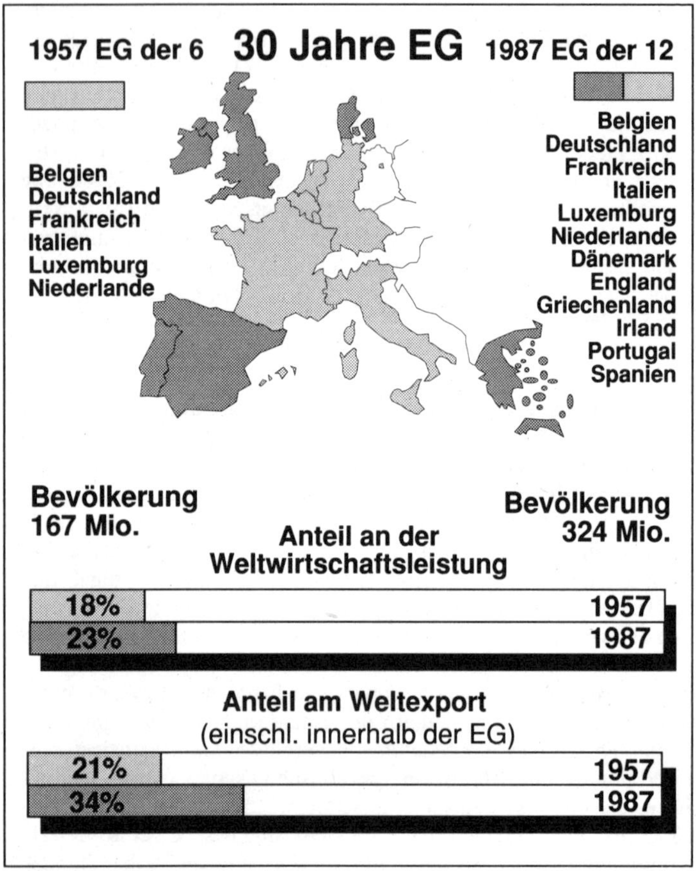

30 Jahre Europäische Gemeinschaft: 1957–1987.

sowie die »Herstellung enger Wirtschaftsbeziehungen zwischen ihnen und der gesamten Gemeinschaft« sein. Obgleich diese Regelung dem Vertragstext nach »in erster Linie den Interessen der Einwohner« dieser Länder »dienen und ihren Wohlstand fördern« sollte, benutzte Frankreich die Gelegenheit, einen Teil der Dekolonisationskosten auf die Gemeinschaft abzuwälzen: Es wurde für die Jahre 1958 bis 1962 ein europäischer Entwicklungsfonds in Höhe von 581 Millionen RE geschaffen, der von der Gemeinschaft aufzubringen war. Ein zweiter und dritter Entwick-

lungsfonds in Höhe von 730 Millionen RE und 900 Millionen RE folgten.[31] Nachdem die meisten Kolonien ihre Unabhängigkeit erlangt hatten, wurden 1964 und 1971 Assoziierungsabkommen geschlossen, die aber nicht auf die ehemaligen Kolonien beschränkt blieben. Die Abkommen regelten die den Entwicklungsländern zu gewährende finanzielle und technologische Unterstützung und sahen die Schaffung einer Freihandelszone mit der Europäischen Gemeinschaft vor. Als Großbritannien Mitglied der Gemeinschaft wurde, dehnte sich das System der Assoziierungsverträge erst auf 46, später auf 64 Länder Afrikas, der Karibik und des Pazifiks (sogenannte AKP-Staaten) aus und wurde durch die Abkommen von Lomé in vielen Punkten zugunsten der Entwicklungsländer fortentwickelt. Die Bedeutung der Zusammenarbeit der EG mit den Entwicklungsstaaten mag durch zwei Ziffern verdeutlicht werden: Der fünfte europäische Entwicklungsfonds erreichte eine Höhe von 4,5 Mrd. RE, und die Staaten der Europäischen Gemeinschaft finanzieren auf nationaler Basis oder über die EG 33 % der weltweiten Entwicklungshilfe und 53 % der Entwicklungshilfe für Afrika.
Aus der Perspektive der extrem exportabhängigen Bundesrepublik ist die territoriale Erweiterung der EG überwiegend positiv beurteilt worden; denn sie führte die wichtigsten europäischen Handelspartner der deutschen Wirtschaft in einem Markt zusammen. Beinahe ebenso wichtig wurde es freilich für die Bundesrepublik, daß Österreich, die Schweiz und Schweden Assoziierungsverträge mit der EG abschlossen, und daß die EG an der weltweiten Liberalisierung des Handels mit Industriegütern partizipierte.

Anmerkungen

1 Statistisches Handbuch von Deutschland 1928–1944, hrsg. vom Länderrat des Amerikanischen Besatzungsgebiets, München 1949, S. 410f.; Herbert Gaedicke/Gert v. Eynern, Die produktionswirtschaftliche Integration Europas. Eine Untersuchung über die Außenhandelsverflechtung der europäischen Länder, Berlin 1933, S. 145, 154ff.

2 Zit. bei Ernst H. van der Beugel, From Marshall Aid to Atlantic Partnership. European Integration as a Concern of American Foreign Policy, New York 1966, S. 39; vgl. Alan S. Milward, The Reconstruction of Western Europe 1945–51, London 1984, S. 1ff.

3 Marshall an Clay u. Murphy, 19. Juni 1947, NA 840.00/6-1947; Erich Ott, Die Bedeutung des Marshallplans für die Nachkriegsentwicklung in Westdeutschland, in: Aus Politik und Zeitgeschichte, B 4/1980, S. 19ff.

4 Europa. Dokumente zur Frage der europäischen Einigung, hrsg. im Auftrag des AA Bonn 1962, Bd. 1, S. 103ff., 116; vgl. Walter Lipgens, Die Anfänge der Europäischen Einigungspolitik 1945–1950, Teil I, Stuttgart 1977, S. 302ff.

5 Denkschriften vom 7. Februar und 8. März 1949, in: FRUS 1949, III, S. 90ff. und 96ff.
6 Vgl. Mangoldt/Klein/Stark, Das Bonner Grundgesetz. Kommentar, Bd. 1: Präambel, Artikel 1 bis 5, München 1985, S. 16ff.
7 Record of a meeting held at Quai d'Orsay on 9th November 1949, in: Horst Lademacher, Walter Mühlhausen (Hrsg.), Sicherheit, Kontrolle, Souveränität. Das Petersburger Abkommen vom 22. November 1949. Eine Dokumentation, Kassel 1985, S. 374f.
8 Dean Acheson an Robert Schuman, 30. Oktober 1949, FRUS 1949, III, S. 622ff.
9 Text in: Europa. Dokumente, Bd. 2, S. 680ff.
10 Zu Adenauers Politik vgl. vor allem Hans-Peter Schwarz, Die Ära Adenauer 1949–1957, Stuttgart 1981.
11 Europa. Dokumente, Bd. 2, S. 702ff.
12 Für diese Auffassung vgl. Alan S. Milward, The Reconstruction of Western Europe 1945–1951, London 1984, S. 418ff.
13 Konrad Adenauer, Erinnerungen 1953–1955, Stuttgart [4]1984, S. 289.
14 Eckard Minx, Von der Liberalisierungs- zur Wettbewerbspolitik, Berlin 1980, S. 293.
15 Konrad Adenauer, Erinnerungen 1955–1959, Stuttgart [3]1982, S. 253ff. Vgl. zur Vorgeschichte der EWG Hanns Küsters, Die Gründung der Europäischen Wirtschaftsgemeinschaft, Baden-Baden 1982.
16 Europa. Dokumente, Bd. 3, S. 1240ff.
17 Vgl. Peter Weilemann, Die Anfänge der Europäischen Atomgemeinschaft, Baden-Baden 1982.
18 Europa. Dokumente, Bd. 3, S. 1248ff.
19 Konrad Adenauer, Erinnerungen 1955-1959, Stuttgart [3]1982, S. 253ff.
20 Vgl. Rolf Lahr, Die Legende vom Luxemburger Kompromiß, in: Europa-Archiv 1983, S. 223ff.
21 Vgl. Hans von der Groeben, Aufbaujahre der Europäischen Gemeinschaft, Baden-Baden 1982.
22 Vgl. Jacob Viner, The Customs Union Issue, New York 1950; James E. Meade, The Theory of Customs Unions, Amsterdam 1955.
23 Dritter Gesamtbericht über die Tätigkeit der Gemeinschaften 1969, Brüssel 1970, S. 30ff.
24 Bernhard May, Kosten und Nutzen der deutschen EG-Mitgliedschaft, Bonn [2]1985, S. 93.
25 Vgl. Peter Hrubesch, 30 Jahre EG-Agrarmarktsystem. Entstehungsgeschichte – Funktionsweise – Ergebnisse, in: Aus Politik und Zeitgeschichte B 18/87, S. 34ff.
26 May, Kosten, S. 72.
27 Ebenda, S. 71.
28 Kommuniqué der Konferenz der Staats- und Regierungschefs der Mitgliedstaaten der Europäischen Gemeinschaft in Den Haag am 1. und 2. Dezember 1969, in: Bulletin, Nr. 148 vom 4. Dezember 1969.
29 Vgl. Hans-Eckart Scharrer, Wolfgang Wessels (Hrsg.), Das Europäische Währungssystem. Bilanz und Perspektiven eines Experiments, Bonn 1983.

30 Vgl. Francis Nicholson, Roger East, From the Six to the Twelve: The Enlargement of the European Communities, Harlow 1987.
31 May, Kosten, S. 144ff.

Literatur

William Diebold, The Schuman-Plan. A Study in Economic Cooperation 1950–1959, New York 1959
Pierre Gerbet, La Construction de l'Europe, Paris 1983
Hans von der Groeben, Aufbaujahre der Europäischen Gemeinschaft, Baden-Baden 1982
Ludolf Herbst, Option für den Westen. Vom Marshall-Plan zum deutsch-französischen Vertrag, München 1989
Hanns Jürgen Küsters, Die Gründung der Europäischen Wirtschaftsgemeinschaft, Baden-Baden 1982
Bernhard May, Kosten und Nutzen der deutschen EG-Mitgliedschaft, Bonn [2]1985
Alan S. Milward, The Reconstruction of Western Europe 1945–1951, London 1984
Frances Nicholson, Roger East, From the Six to the Twelve: The Enlargement of the European Communities, Harlow 1987
Reinhardt Rummel, Wolfgang Wessels (Hrsg.), Die Europäische Politische Zusammenarbeit. Leistungsvermögen und Struktur der EPZ, Bonn 1978
Hans-Eckhard Scharrer, Wolfgang Wessels (Hrsg.), Das Europäische Währungssystem. Bilanz und Perspektiven eines Experiments, Bonn 1983
Hans-Peter Schwarz, Die Ära Adenauer, 2 Bde., Stuttgart 1981, 1983
Peter Weilemann, Die Anfänge der Europäischen Atomgemeinschaft. Zur Gründungsgeschichte von Euratom 1955-1957, Baden-Baden 1982

Chronik

1947

5.6. Der amerikanische Außenminister kündigt den Marshallplan an.

1948

16.4. Abkommen über die OEEC (Organization for European Economic Cooperation) wird unterzeichnet.

1949

25.10. Die Bundesrepublik wird als vollberechtigtes Mitglied in die OEEC aufgenommen.

1950

9.5. Erklärung der französischen Regierung über eine gemeinsame deutsch-französische Montanbehörde (Schumanplan).

20.6. Beginn der Schumanplan-Verhandlungen in Paris.

19.9. Unterzeichnung des Abkommens über die European Payments Union (EPU).

24.10. Regierungserklärung des französischen Ministerpräsidenten René Pleven über die Beteiligung deutscher Kontingente an einer europäischen Armee (Plevenplan).

1951

6.3. Revision des Besatzungsstatuts.

18.4. Unterzeichnung des Vertrages über die Europäische Gemeinschaft für Kohle und Stahl (»Montanunion«).

1952

25.7. Der Vertrag über die Europäische Gemeinschaft für Kohle und Stahl tritt in Kraft. Am 10. August nimmt die Hohe Behörde ihre Tätigkeit auf, erster Präsident wird Jean Monnet.

1953

10.2. Errichtung des gemeinsamen Marktes für Kohle, Eisenerz und Schrott.

1.5. Errichtung des gemeinsamen Marktes für Stahl.

19.3. Der Bundestag ratifiziert den Vertrag über die Europäische Verteidigungsgemeinschaft.

1954

30.8. Der EVG-Vertrag scheitert in der französischen Nationalversammlung.

1955

1.-3.6. Konferenz der Außenminister der Montanunion in Messina.

17.-23.7. Genfer Gipfelkonferenz der vier Großmächte.

9.-13.9. Moskau-Reise Adenauers.

1956

11.-12.2. Außenministerkonferenz der Montanunion-Staaten in Brüssel: Euratom und Gemeinsamer Markt sollen gleichzeitig angestrebt werden.

6.5. Der »Spaak-Bericht« wird den Außenministern der Sechs überreicht.

27.10. Unterzeichnung des deutsch-französischen Vertrages über die Regelung der Saar-Frage in Luxemburg.

1957

1.1. Eingliederung des Saarlandes in die Bundesrepublik Deutschland.

19./20.2. Abschluß der am 26.2.1956 begonnenen Regierungsverhandlungen über den Gemeinsamen Markt und Euratom.

25.3. Unterzeichnung der »Römischen Verträge«.

1958

1.1. Die Römischen Verträge über die EWG und Euratom treten in Kraft.

3.-12.7. Konferenz von Stresa: Grundlagen der gemeinsamen Agrarpolitik entwickelt.

14.11. Die französische Regierung legt Veto gegen weitere Erörterung der Freihandelszone im Rahmen der OEEC ein.

1959

1.1. Die Mitgliedstaaten der EWG senken die Binnenzölle um zehn Prozent.

1960

4.1. Unterzeichnung des Abkommens über die Europäische Freihandelszone, das am 3. Mai 1960 in Kraft tritt.

1961

10./11.2. Die Regierungschefs und Außenminister der EWG beraten in Paris über die von de Gaulle vorgeschlagene engere Zusammenarbeit. Einsetzung der Fouchet-Kommission.

10.8. Die britische Regierung richtet ein förmliches Gesuch an den Ministerrat der EWG, in die Wirtschaftsgemeinschaft aufgenommen zu werden.

1962

14.1. EWG-Ministerrat einigt sich über erste Agrarmarktordnungen.

1963

14.1. Pressekonferenz de Gaulles, in der er dem Wunsch Großbritanniens, der EWG beizutreten, eine definitive Absage erteilt.

22.1. Elysée-Vertrag über deutsch-französische Zusammenarbeit in Paris unterzeichnet.

29.1. Abbruch der Beitrittsverhandlungen Großbritanniens zur EWG.

29.7. Unterzeichnung des Abkommens von Jaunde (Kamerun): Assoziationsabkommen der EWG mit 17 afrikanischen Staaten und Madagaskar.

1964

4.5. EWG tritt im Rahmen der Zollverhandlungen der Kennedy-Runde mit gemeinsamer Position auf.

15.12. Einigung über gemeinsame Getreidepreise.

1965

8.4. Fusion der Exekutivorgane (Ministerrat, Kommission bzw. Hohe Behörde) der drei Gemeinschaften.

1967

10.5. Großbritannien stellt zweiten Antrag auf EG-Mitgliedschaft.

1968

1.7. Zollunion verwirklicht: Binnenzölle in der EG abgeschafft, gemeinsamer Außenzolltarif.

8.11. Freizügigkeit der Arbeitnehmer geregelt, begegnet in der Praxis aber Hindernissen.

1969

10.7. Präsident Georges Pompidou deutet an, daß Frankreich Opposition gegen Mitgliedschaft Großbritanniens in EG aufzugeben bereit ist.

29.7. 2. Jaunde-Abkommen über Zusammenarbeit der EG mit 18 afrikanischen Staaten unterzeichnet.

1./2.12. Gipfelkonferenz der Staats- und Regierungschefs der Sechser-Gemeinschaft in Den Haag: Aufnahme der Verhandlungen mit beitrittswilligen Drittländern, Einführung einer Währungs- und Wirtschaftsunion in drei Stufen bis 1980.

1970

19.11. Im Rahmen der EPZ finden erste außenpolitische Konsultationen statt.

1971

1.7. Zollpräferenzen zugunsten von 91 Entwicklungsländern eingeführt.

1972

22.1. Beitrittsverträge mit Dänemark, Irland und Großbritannien in Brüssel unterzeichnet.

25.9. Bevölkerung Norwegens lehnt mit 53,5 Prozent »Nein«-Stimmen EG-Mitgliedschaft ab.

1973

1.1. Beitrittsverträge mit Dänemark, Irland und Großbritannien treten in Kraft. Die Gemeinschaft erhält die Kompetenz, eine gemeinsame Außenhandelspolitik zu betreiben.

1974

1.4. Britische Labour-Regierung präsentiert Forderung nach Neuverhandlungen der Beitrittsbedingungen.

10./11.12. Die Staats- und Regierungschefs der EG beschließen, sich dreimal jährlich als Europäischer Rat zu konstituieren.

1975

28.2. Unterzeichnung des ersten Lomé-Abkommens zwischen EG und 46 Entwicklungsländern Afrikas, der Karibik und des Pazifiks (AKP-Staaten).

5.6.	Bevölkerung Großbritanniens votiert für den Verbleib in der EG.
12.6.	Antrag Griechenlands auf EG-Mitgliedschaft.
	1977
28.3.	Antrag Portugals auf EG-Mitgliedschaft.
27.7.	Antrag Spaniens auf EG-Mitgliedschaft.
31.12.	Übergangszeit für Dänemark, Großbritannien und Irland beendet, Zollunion der Neun verwirklicht.
	1979
12./13.3.	Europäischer Rat beschließt, das Europäische Währungssystem zum 13. März 1979 in Gang zu setzen.
28.5.	Unterzeichnung des Beitrittsvertrages mit Griechenland.
7.-10.6.	Erste Direktwahl zum Europäischen Parlament.
31.10.	2. Lomé-Abkommen mit 58 AKP-Staaten unterzeichnet.
	1981
1.1.	Griechenland wird Mitglied der EG.
	1983
17./18.10.	Die Gemeinschaft einigt sich auf Marktorganisationen für Südfrüchte, Gemüse und Oliven.
	1985
12.6.	Spanische und portugiesische Beitrittsverträge unterzeichnet.
	1986
1.1.	Spanien und Portugal werden Mitglieder der EG.

Uwe Burghardt
Verkehr

Mit der großen Beweglichkeit haben sich für uns viele Lebensverhältnisse verändert, Alltag, Arbeitswelt, soziale Beziehungen, Erlebnishorizont und Urlaub. Die starke funktionale Differenzierung der Siedlungsgliederung in Großstädten und Ballungsräumen hat zu einem Auseinanderrücken von Wohnort und Arbeitsort geführt und damit zu immer mehr Bewegungen zwischen beiden Orten. Mobilität ist zu einem guten Teil durch solche gewollten Veränderungen erzwungen. Die zunehmende persönliche Reichweite hat die Arbeitsmärkte vergrößert, und damit sind wiederum die Entfernungen zwischen Wohnung und Arbeitsplatz gewachsen. Mobilität ist dabei im wesentlichen zu Automobilität geworden, mit der sich das Verhalten bei Alltagsobliegenheiten wie dem Einkauf verändert hat. Das Wachstum der Hypermärkte am Stadtrand und das Sterben der kleinen Einzelhandelsläden haben damit zu tun.
Mobilität erlaubt es, verwandtschaftliche Bindungen und Freundschaften über große Entfernungen aufrechtzuerhalten. Die Wohnumgebung, früher zu Fuß oder mit dem Rad durchstreift, hat sich vergrößert. Für Jugendliche sind die *Balzreviere* attraktiver und zahlreicher geworden; Diskothek, Kino, Music Hall: es sind viele Leute da, und die Auswahl ist groß. Insbesondere das Auto wird in diesem Zusammenhang als rituelles Mittel eingesetzt. Wo Mobilität Enge erzeugt, in der Großstadt, kann man sich durch Mobilität entziehen. Doch die kleinen Fluchten führen nicht mehr an Orte einsamen Nachdenkens, die Landgasthäuser sind voll, der zweite Blick auf eine schöne Landschaft enthüllt kranke Natur und auf den Berg haben sie eine Seilbahn gebaut. Auch die großen Fluchten haben sich verändert. Urlaub, Regeneration, Erholung: Ein wesentlicher Teil des Individualverkehrs entsteht aus dem Bedürfnis, den Auswirkungen des Individualverkehrs zu entfliehen.
Was passiert, wenn die öffentlichen Verkehrsmittel eine Weile ausfallen, zeigte sich im September 1988 bei einem Streik der Eisenbahner und der Beschäftigten der öffentlichen Verkehrsbetriebe in Paris. Weil Bahnen und Busse nicht fuhren, erstickte die Stadt im Autoverkehr. Immense Verspätungen in den Betrieben und eine Lähmung des normalen Lebens waren die Folge. Ähnliches ist bei einem plötzlichen Wintereinbruch zu erleben, wenn im Individualverkehr nichts mehr geht (obwohl hier eine

Milderung der Auswirkungen durch die Reserven des öffentlichen Verkehrs eintritt).
Das Phänomen der Mobilität begann mit der Eisenbahnära. Für den einzelnen wurde das Lebensgeschehen dichter, sein Gesichtsfeld erweiterte sich, unmerklich veränderte sich der Zeitbegriff, rückten die Orte näher aneinander, als wäre der geographische Raum kleiner geworden. Mit der Eisenbahn konnte jeder reisen, und zwar schneller und weiter als je zuvor (was einen Spätabsolutisten wie den König von Hannover veranlaßte, gegen das neue Verkehrsmittel zu opponieren: »Ich will keine Eisenbahn, ich will nicht, daß jeder Bauer so schnell fährt, als wie ich«).
Gegen Ende des 19. Jahrhunderts ergab sich mit dem raschen Wachstum industrieller Ballungsräume das Problem des Nahverkehrs. Die Eisenbahnen konnten da nur unzureichend dienen. Pferde- und Straßenbahnen waren eine erste Lösung, aber ihr Netz war viel zu weitmaschig. Die Lücken schloß das Fahrrad, und mit diesem Vehikel begann die Geschichte des individuellen Massenverkehrs. Auch wenn für gehobene Kaufkraft in den 20er Jahren ein Motor an das Zweirad kam, blieb – neben dem öffentlichen Personennahverkehr – »der Radfahrerverkehr von außerordentlicher Bedeutung«[1]. Die Zahl der Automobile nahm zwar zu, aber zu einer Massenmotorisierung kam es nicht. Das Auto behielt den Charakter eines Verkehrsmittels der Privilegierten. Für Fernreisen nahmen in der Zwischenkriegszeit alle Schichten – nach Komfortklassen getrennt – die Eisenbahn. Fliegen? Das war etwas für ganz Reiche und ganz Eilige.

Lebenssituation und Mobilität in der Nachkriegszeit

In der tristen Gegenwart des Jahres 1945 war von Reisefreuden nicht zu träumen. Die Eisenbahn taugte höchstens für regionale Hamsterfahrten und den Berufspendelverkehr, auf Trittbrettern, Puffern oder Wagendächern – die Waggons ohne Fensterscheiben. Durch die Zerstörung der meisten großen Fluß- und Talbrücken waren vom Eisenbahnnetz nur noch Inselbetriebe übriggeblieben. Die Großstadtbahnhöfe lagen in Trümmern und die Eisenbahnknotenpunkte glichen Ruinenfeldern. Vierzig Prozent der Produktionskapazität der Automobilindustrie waren zerstört. Wer Glück hatte, verfügte über einen zusammengeflickten Kübelwagen, ein Uraltmodell aus der Weimarer Zeit (mit noch mehr Glück hatte er auch Treibstoff) oder ein Holzgasgeneratorauto.
Die westdeutsche Wirtschaft begann 1945 nicht bei Null. Im Vereinigten Wirtschaftsgebiet (der Bizone) war der Brutto-Anlagenwert trotz Kriegszerstörungen und -verschleiß etwa 20 Prozent höher als 1936. Abnutzung,

»Hamsterfahrten« in überfüllten Eisenbahnen (1946).

Demontagen und zu niedrige Neuinvestitionen führten bis 1948 zu einer Verminderung dieses Bestandes um etwa zehn Prozent. Erst ab 1949 (Marshallplan) wuchs das Anlagevermögen in der Industrie wieder.[2] An dieser Entwicklung hatte die schwierige Verkehrssituation entscheidenden Anteil.

Tabelle 1: Kriegsverluste der Deutschen Reichsbahn

	Bizone		franz. Zone	
	absolut	%	absolut	%
Gleise (km)	3521	5,7	570	
Weichen (Anzahl)	13018	8,3	3200	
Eisenbahnbrücken	2472[1]	12,4	677[2]	14,9
davon: beschädigt	733			
zerstört	1739[3]			
Bahn-Straßenbrücken	407	10,9	163	15,5
Tunnel	30	12,0	31	
davon: beschädigt	7			
zerstört	23			
Signale	4500		4130	
Stellwerke	1500	18,0	887	45,0
Bahngebäude (Bhf., Werkst.)		29,0		38,0
Von den 1945 vorhandenen waren betriebsbereit (in %):				
Lokomotiven		39,1		38,8
Güterwagen		70,0		
Vom Bestand am 31. 12. 1936 waren noch vorhanden (in %):				
Lokomotiven		~ 65		
Personenwagen		~ 40		
Güterwagen		~ 75		

Quelle: Ralf Rossberg, Neubeginn in Trümmern, in: Zug der Zeit, Zeit der Züge – Deutsche Eisenbahn 1835–1985, Berlin 1985, Bd. 2, S. 739–740.

1 Davon 895 durch Bombenschäden, 1577 durch Wehrmachtsprengungen.

2 10 Rhein-, 10 Donau-, 9 Nahe-, 7 Kinzig-, 6 Mosel-, 5 Lahn-, 12 große Talbrücken in Hunsrück und Eifel, 9 im Schwarzwald.

3 Alle 14 Rhein-, alle 11 Weser-, alle 13 Donau-, 23 Main- und 2 Elbbrücken.

Der Krieg hatte sich in der letzten Phase weniger gegen die Produktionsanlagen gerichtet als gegen die Infrastruktur. Es war daher leichter, die Fahrzeugproduktion wieder in Gang zu bringen, als hernach mit den Fahrzeugen auch zu fahren. Das VW-Werk nahm bereits Ende Mai 1945 als *Wolfsburg Motor Works* den Reparaturbetrieb für die britischen

Streitkräfte auf. Bald wurden auch erneut Autos produziert, vorerst für die britische Militärregierung, zumeist Kübelwagen, die im wesentlichen in Handarbeit gefertigt wurden, dann auch Käfer als »Behelfslieferwagen« für die Reichspost. Obwohl die meisten der 6000 Beschäftigten noch mit Aufräumungsarbeiten beschäftigt waren, lief am 14. Oktober 1946 der 10000. Nachkriegskäfer vom Band, versehen mit Kommentaren der Belegschaft, die einen Eindruck von den Arbeitsbedingungen und der Ernährungssituation des Jahres 1946 hinterließen.
Ein großer Teil der Fabrikhallen war zerstört oder beschädigt, die fehlenden Fenster und Tore waren durch Planen ersetzt worden. Die Belegschaft war starken Fluktuationen unterworfen gewesen. Nach der Rückkehr der meisten Fremd- und Zwangsarbeiter, KZ-Häftlinge und Kriegsgefangenen in ihre Heimat hatten sich in Wolfsburg durch den Krieg nomadisierte Arbeiter, viele »Displaced Persons«, Vertriebene und Abwanderer aus der sowjetischen Besatzungszone versammelt.
Ähnlich war die Wiederaufnahme der Produktion auf dem Waldhof im Mannheimer LKW-Werk der Daimler-Benz AG verlaufen. Etwa 40 Prozent der Produktionsgebäude lagen in Trümmern, viele Maschinen – oft noch brauchbar – lagen darunter. Schon im Juni konnte der Bau von Dreitonnern wieder beginnen, vorwiegend für den Bedarf der amerikanischen

14. Oktober 1946: Der 10000. »Käfer«.

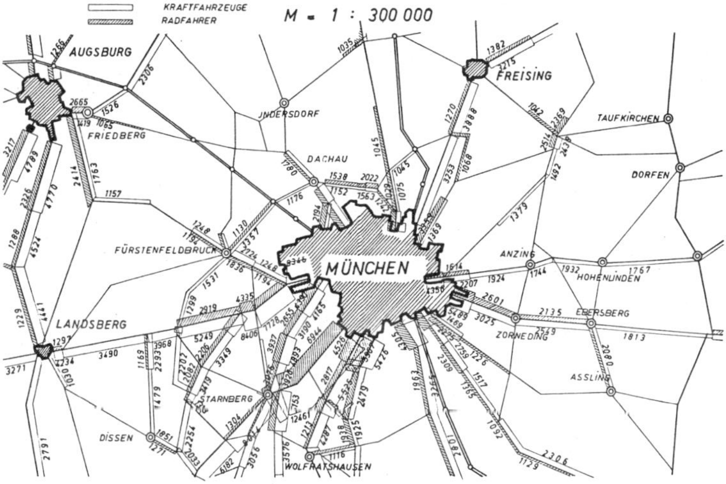

Im Jahre 1955 wurden sonntags viele Münchner Ausfallstraßen stärker von Radfahrern als von von Automobilisten befahren.
Quelle: H. J. Schacht, Radwege, Bielefeld 1956.

Besatzungsmacht. Der Engpaß war in Mannheim die Bereifung. Im August 1946 standen auf dem Werksparkplatz 600 auf Ziegelsteinen aufgebockte LKW und warteten auf Reifen.

Die meisten Arbeiter, die sich 1945/46 zur Arbeit auf dem Waldhof einfanden, kamen aus dem Nordbadischen. Seit der Sprengung der Neckar- und Rheinbrücken durch die Wehrmacht war das Mannheimer Stadtgebiet geteilt und die Stadt von Ludwigshafen getrennt. Außerdem war ein Drittel der Einwohner Mannheims auf der Flucht vor den Bombenangriffen und unter dem Eindruck des Versorgungsmangels in das ländliche Umland übergesiedelt, und bei dieser Abwanderung war es geblieben, weil die Besatzungsmacht eine Zuzugssperre für das Stadtgebiet erlassen hatte. 1925 pendelten etwa 10000 Menschen nach Mannheim ein; 1949 wurden rund 17000 Berufspendler aus Nordbaden gezählt.[3] Das Paradoxe an dieser Situation: In einer Zeit äußerst beschränkter Verkehrsmöglichkeiten war der Bedarf an Verkehrsleistungen gewachsen, weil die vergrößerte Entfernung zwischen städtischem Arbeitsplatz und ländlichem Fluchtloch wegen der Wohnungs- und Ernährungsschwierigkeiten im Stadtbereich nicht verringert werden konnte.

Verkehr hat drei wesentliche Funktionen: eine konsumtive (die in der Nachkriegszeit mit ihren zahlreichen Verkehrsbeschränkungen unwichtig war), eine produktive und eine integrative. Die produktive Funktion von Verkehr umfaßt die Bereitstellung einer optimalen Auswahl und Überlappung der Verkehrsträger und der Leistungsangebote. Die integrative Funktion besteht in wirtschaftlicher Hinsicht in der Schaffung eines bestmöglichen Verkehrsmarktes (möglichst große Wahlmöglichkeiten, Markttransparenz und optimaler Ausgleich von Angebot und Nachfrage), in der Speicherung von Rohstoffen und Halbzeug sowie in der schwankungsdämpfenden Pufferung von Teilproduktionen. In sozialer und politischer Hinsicht dient Verkehr als materielle Klammer einer Gemeinschaft oder Gesellschaft.

In bezug auf die produktive und die integrative Funktion von Verkehr stand die Regierung bei der Gründung der Bundesrepublik vor großen Schwierigkeiten, weil die räumliche Orientierung der Verkehrssysteme der Struktur des gerade entstandenen Staates nicht entsprach und weil die Zerrissenheit der Verkehrssysteme in Inselnetze die Anfuhr von Rohstoffen und den Abtransport von Fertigprodukten behinderte und einzelne Regionen von einer gemeinsamen Entwicklung abschnitt. In der Konsolidierungsphase des jungen Staates zielte die Verkehrspolitik daher vorrangig auf die Wiederherstellung der Nord-Süd-Verbindungen und auf die Wiederverknüpfung der Teilnetze der Eisenbahn.

Das politische Auseinanderdriften der sowjetischen und der westalliierten Besatzungszonen, Währungsreform und Berlinblockade und schließlich die Gründung der Bundesrepublik und der DDR wurden begleitet durch das Zerreißen der 18 Ost-West-Verbindungen von überregionaler Bedeutung im Streckennetz der früheren Reichsbahn. In der 1949 im Bereich der Bundesbahn nunmehr gefragten Nord-Süd-Richtung verliefen (und verlaufen) aber nur vier Eisenbahnlinien, die bis zu diesem Zeitpunkt zwar wieder in Betrieb gesetzt worden waren, deren Kapazitäten aber bei weitem nicht ausreichten.

Da Mittel für Neubaustrecken oder für den Einbau zusätzlicher Gleise nicht vorhanden waren, bemühte sich die Bundesbahn, mit Mitteln der Signaltechnik und durch den Einbau von Streckenweichen, die Kapazität der bestehenden Verbindungen zu erhöhen. Diese Maßnahmen zielten darauf ab, die unterschiedliche tageszeitliche Auslastung der beiden Fahrtrichtungen für die jeweils verkehrsreichere Fahrtrichtung durch zweigleisigen Parallelbetrieb nutzbar zu machen (dabei boten die Streckenweichen die Möglichkeit zur Überholung langsam fahrender Züge).

Zur Beseitigung der Kapazitätsengpässe im Nord-Süd-Verkehr förderte die Bundesregierung den LKW-Fernverkehr durch Tarifgestaltung und Straßenbau. Gleichzeitig mußte die Bahn die Wiederherstellung ihrer Betriebsanlagen aus eigener Kraft finanzieren. Diese Belastung verzö-

Sonntagsausflug 1954.

gerte Neu- und Ausbauaktivitäten im Streckenbereich (Einbau dritter und vierter Gleise), behinderte die Umorientierung des Netzes und verlangsamte die Erneuerung des rollenden Materials. Währenddessen konnte das Güterkraftgewerbe einen guten Teil neu nachgefragter Verkehrsleistungen an sich ziehen. Diese Entwicklung hat zu einer heftigen Debatte über die ausgewogene Verteilung der Wegekostenlast der verschiedenen Verkehrsträger geführt, die 1954 einen gewissen Höhepunkt erreichte.[4]

Der im Juni 1950 ausgebrochene Koreakrieg markierte einen Wendepunkt in der westdeutschen Nachkriegsgeschichte. Bisher war die Bundesrepublik Deutschland ein Provisorium gewesen; die Probleme, die im Bereich des Verkehrs auf dem neuen Staatsgebiet bestanden, zeigen das deutlich. Nun fiel die Entscheidung für die Westintegration. Im Maschinen- und Fahrzeugbau drangen deutsche Unternehmen auf Märkte vor, die von amerikanischen Firmen zwecks Belieferung ihrer Regierung mit Kriegsmaterial verlassen worden waren. 1951/52 erhöhten sich die meisten Produktionskennziffern (z. B. Stahl + 30%) und das Verkehrsvolumen ganz frappierend, die Handelsbilanz war 1952 erstmals positiv. Entsprechend dem schwerindustriellen Boom konnte die Binnenschiffahrt besonders zulegen. Die »Korea-Konjunktur« war der Ausgangspunkt des westdeutschen »Wirtschaftswunders«.

Die Republik auf Rädern

Das Wachstum der Automobilbranche war atemberaubend. Die Produktionszahlen schossen nach oben und rissen alles mit. Kultfilm war nicht mehr der »Orient Express«, sondern etwa der Autofilm »Denn sie wissen nicht was sie tun«. Als die Bundesrepublik 1955 nach der Ratifizierung des im Vorjahr geschlossenen Pariser Vertrages die Verkehrshoheit wiedererlangte, durfte an den Autobahnen weitergebaut werden. Im neuen Medium Fernsehen trat in regelmäßigen Abständen der Bundesverkehrsminister Seebohm auf – der Minister mit der Schere – und eröffnete Autobahnteilstücke. Während des ersten Vierjahresplans (1959–1962) wurden vor allem die Nord-Süd-Verbindungen fertiggestellt: die seit 1925 geplante HAFRABA (Hamburg–Frankfurt–Basel) und die rechtsrheinische Strecke zwischen Köln und Frankfurt. Vergleichbar der Expansion der Eisenbahn in der zweiten Hälfte des 19. Jahrhunderts entfalteten die Automobilindustrie, der Straßenbau und der motorisierte Individualverkehr gestaltende Wirkung für die wirtschaftliche Gesamtentwicklung.

Es ist bisweilen eine *Automobilisierung des Bewußtseins* durch die Nationalsozialisten behauptet worden (KdF-Wagen, Autobahnbau).[5] Nur be-

Auf dem Weg zur Massenmobilisierung (1956).

kam das Volk den *Volks*-Wagen nicht, und die Autobahnen hatten vor allem ideologische Funktion – als Bauwerk, nicht als Verkehrsweg. Automobilbegeisterung als Massenphänomen – das gab es erst Anfang der 50er Jahre, als ein Angebot an PKW entstand, das mit der Kaufkraft der meisten Einkommen tatsächlich erworben werden konnte. Mobilität hatte jahrelang Massentransporte bedeutet, Flucht, Heimkehr, Hamstern, hatte Einschränkung und überfüllte Straßenbahnen, lange Fußwege und Radfahren bei Wind und Wetter bedeutet. Waren die Autos auch aus Sperrholz und Plastik (»Wer den Tod nicht scheut, fährt Lloyd«), glichen überdachten Motorrollern auf vier Rädern (Heinkel) oder besaßen keinen Rückwärtsgang (BMW-Isetta), so boten sie dennoch alles, was Automobilität so reizvoll macht (die Straßen waren ja noch leer): autonome Routenwahl, kürzeste Verbindungen, freigewählte Fahrzeiten.
Mit den steigenden Einkommen der 50er Jahre kam die konsumtive Funktion von Verkehr zum Tragen. Fritz Voigt hat, um diesen Aspekt genauer beschreiben zu können, den Begriff der »Verkehrswertigkeit« eingeführt.[6] Um die Leistungsfähigkeit eines Verkehrssystems zu messen, werden Faktoren wie Benutzerkosten, Netzbildungsfähigkeit, Zuverlässigkeit, Schnelligkeit, Benutzerbelastung, Komfort, also die Qualitätsmerkmale einer Verkehrsart festgestellt. Die Einrechnung der volkswirtschaftlichen Kosten ergibt die potentielle Verkehrswertigkeit. In Sachen

Tabelle 2: Verkehrsdichte auf den Bundesautobahnen

Jahr	Kfz/24h	Jahr	Kfz/24h
1947	1400	1960	10360
1952/53	4578	1980	29739
1956	8185	1983	30360
1958	9291	1986	33731

Zuverlässigkeit ist von allen Verkehrssystemen die Bahn vorne. Die Netzbildungsfähigkeit stellt eines der wichtigsten Qualitätsmerkmale dar. Hier ist das Auto anderen Verkehrsträgern überlegen – solange es nicht zu Verkehrsstauungen kommt. Die Bewegungsfreiheit im Straßennetz bildete in einer Zeit, in der durch Straßenbau neuer Verkehrs*raum* geschaffen wurde (der landschaftliche Raum bot noch Möglichkeiten), den wohl wichtigsten Anreiz zum Umsteigen auf das Auto. Sein Kostennachteil fiel weniger ins Gewicht: war es einmal angeschafft, wurden bei Preisvergleichen in der Regel nur die Treibstoffkosten mit den Fahrpreisen der anderen Verkehrsträger verglichen. Die Bahn war hingegen gezwungen, über den Fahrpreis Anteile an allen Ausgabengruppen zu kassieren, Abschreibungen, Versicherungen, Wegekosten, Service und Finanzierung. Dieses Beispiel verdeutlicht, in welchem Ausmaß sich die Verkehrswertigkeit in eine meßbare Wertgröße und einen nur statistisch zu ermittelnden subjektiven Ausdruck aufspaltet.

In der Zeit der Industrialisierung vor dem Ersten Weltkrieg waren viele schnell wachsende Städte in die Nachbargemeinden im Umland »übergelaufen«. In der Zwischenkriegszeit kam es zu einer flächenhaften Expansion der Kernstädte solcher Agglomerationen, die durch Eingemeindung die zuvor aufgefüllten Umlandsiedlungen aufsogen. Erstmals führten stadtplanerische Maßnahmen in den 20er Jahren zur Auflockerung und Gliederung dieser Großstadtstrukturen. Der funktionale Charakter verschiedener Stadtbereiche wurde stärker betont – das Geschäftsviertel in der Innenstadt, ein Grüngürtel, Wohnsiedlungsbereiche oder Industriezonen. Die einzelnen, stärker auf bestimmte Bedürfnisse konzentrierten Gebiete waren durch verbesserte, verzweigtere und verdichtete öffentliche Verkehrsmittel miteinander verbunden worden.

Als nach dem Zweiten Weltkrieg in den kriegszerstörten Städten die gröbsten Aufräumungsarbeiten erledigt waren und die Stadtverwaltungen an die Planung des Wiederaufbaus gingen, wurde die Gliederung der Stadt nach funktionalen Gesichtspunkten zu so etwas wie *der* Leitidee. Die räumliche Trennung verschiedener Lebensbereiche zwang zu Mobilität. An einem Ort arbeiten, an einem anderen wohnen, an einem dritten einkaufen und an einem vierten die Behördengänge erledigen – das erforderte leistungsfähige Verkehrsmittel. Doch sollte der Stadtverkehr beim Wiederaufbau, nach amerikanischem Vorbild (dazu mußte man die eigene Geschichte vergewaltigen) und nach den in der Zwischenkriegszeit diskutierten Ideen der »neuen Stadt« nicht mehr durch den als unflexibel geltenden öffentlichen Verkehr, sondern durch den Individualverkehr getragen werden. Die Städteplaner verlangten kategorisch eine neue städtische Verkehrspolitik. Der Verkehr (wer sonst?) verlange breitere Straßen, vermehrte Parkeinrichtungen und eine ganz neue Planung von Wohnvierteln – so 1953 der Oberbürgermeister von Mannheim.[7] Er war nicht der einzige, der das Schlagwort von der autogerechten Stadt prägte.

Die autogerechte Stadt: Das Beispiel Hannover

Die Innenstadt soll durch die Verbreiterung einiger Hauptverkehrsstraßen und durch die Anlage zentral gelegener Parkplätze für den individuellen Kraftfahrzeugverkehr erschlossen werden. Gleichzeitig sollen Maßnahmen getroffen werden, um Verkehrsballungen in der Innenstadt zu verhindern und den Durchgangsverkehr aus dem Stadtzentrum herauszuhalten. Durch entsprechende Bebauung soll die Zahl der Verkehrsziele in der Innenstadt möglichst klein gehalten werden...
Um den durchgehenden Fernverkehr und den Verkehr von einem Stadtteil in den anderen aus der Innenstadt herauszunehmen, wurde ein System von Schnellstraßen entwickelt, die als »Tangenten« das geschlossene, bebaute Stadtgebiet umgehen...

HANNOVER – die Stadt in der wir leben, hrsg. von der Stadtverwaltung, Hannover 1960.

Diese Forderung war schon in den 20er Jahren erhoben worden. Le Corbusier, der Architekt der *neuen Stadt*, stellte die Diagnose: »Die Hauptstädte haben keine Arterien, sondern nur Kapillaren. Wachstum bedeutet ihre Krankheit oder ihren Tod.« Als Therapie empfahl er: »Wohin eilen die Automobile? Ins Zentrum! Es gibt keine befahrbare Fläche im Zentrum. Man muß das Zentrum abreißen.«[8] In der »Charta von Athen« forderte er die *funktionale Stadt*: Arbeiten, Wohnen, Erholung, Fortbewegung, die Takte des urbanen Lebensrhythmus, sollten »als autonome Wesenheiten« voneinander getrennt sein. So erzeugen Stadtplaner Verkehr. Auch mit dem Abriß des Zentrums ist es vorangegangen.

Tabelle 3: Bevölkerungsrückgang in den zentralen Stadtgebieten

Ort	Innenstadtfläche km²	Bevölkerungsanzahl 1939	1967
Hannover	2,18	42000	16000
Frankfurt	2,55	51000	20500
Hamburg	2,74	65000*	22000
Köln	11,07	262000	142900
Nürnberg	1,42	22700	7000

*1938

Mit der neuen Stadt entstand eine neue Stadtflucht. In den 60er Jahren zogen eigenheimbauwillige und zahlungskräftige Städter (in einer Größenordnung von bis zu hunderttausend) aus Städten wie Düsseldorf, Frankfurt oder Stuttgart ins Umland, ohne damit das soziale Feld oder den Arbeitszusammenhang der Kernstadt zu verlassen. Arbeitsplätze, Dienstleistungen, kulturelle Veranstaltungen, Sportereignisse, Kaufhausbesuche, Freßmeilen, das waren die Angebote der urbanen Verdichtungszone, Wohnen und Erholung (vom Streß des dichtgedrängten Stadtlebens) fanden draußen statt.
Die Entstehung und die Existenz von Großstädten waren (und sind) nur möglich, solange ein leistungsfähiges Verkehrssystem es einer großen Zahl von Menschen ermöglichte, auf engem Raum zusammenzuleben. Das Verkehrswesen war (und ist) insofern ein wesentlicher Faktor, um Gemeinwesen zusammenzufügen und zusammenzuhalten, und gab als Führungssektor in bestimmten historischen Situationen die entscheidenden Impulse für die wirtschaftliche Entwicklung einer Stadtregion.
Mit der Massenmotorisierung der Städte zeichnete sich Infarktgefahr für den Stadtverkehr ab. In den Innenstädten verminderte sich die Wohnbevölkerung, während Stadtflucht und die weiter anhaltende Entleerung wirtschaftlich benachteiligter Regionen zu einem anhaltenden Wachstum der Mantelbevölkerung führte, so daß die Pendelwanderungen zu den Arbeitsplätzen innerhalb der Kernstadtgrenzen weiter zunahmen.[9]
Parallel zur Einrichtung der autogerechten Stadt kam es zu einer bedrückenden Einschränkung des öffentlichen Personennahverkehrs. Das Streckennetz der Straßenbahnen verminderte sich von 3500 km (Anfang der 50er Jahre) auf knapp 2000 km (1970). Zum 1. Februar 1958 erhöhte die Bundesbahn die Tarife im Schüler- und Berufsverkehr um 50 Prozent. Das Anwachsen der Einnahmen infolge dieser Maßnahme war nur von kurzer Dauer. Ein nicht geringer Teil dieser Benutzergruppe wurde dem Individualverkehr zugetrieben. Die Kernbereiche der Städte wurden

Tabelle 4: Hannover: Stadt- und Mantelbevölkerung

Jahr	Stadtbevölkerung Mill. Einwohner	Mantelbevölkerung* Mill. Einwohner
1925	0,43	0,02
1939	0,47	0,02
1950	0,44	0,05
1961	0,58	0,19
1967	0,54	0,26
1980	0,53	0,34
1987	0,50	0,33

Quelle: 1925–1967, 1980 (Schätzung): Friedrich Lehner, Zur Erinnerung an Friedrich Lehner und seine Arbeit für den öffentlichen Nahverkehr, Hannover 1982, S. 138. 1987: Stadtverwaltung Hannover, vorläufige Ergebnisse der Volkszählung, eigene Berechnung.
* Mantelbevölkerung: Arbeitsplätze innerhalb der Stadtgrenze mal Erwerbsquote (Anteil der Erwerbstätigen an der Bevölkerung) minus Stadtbevölkerung.

Ende der 50er Jahre häufiger und in wachsendem Gebietsumfang durch Verkehrsstockungen erfaßt. Ein Zahlenvergleich, um den Flächenfraß innerstädtischer Straßen zu verdeutlichen: die Stadtbahnlinie der Berliner S-Bahn fuhr 1939 im 1,5-Minuten-Takt, also 40 Züge pro Stunde, von denen jeder 1200 Plätze hatte. Die Transportkapazität betrug also 48 000 Personen pro Stunde und Gleis. Um die gleiche Transportleistung mit dem Auto zu erbringen, bräuchte man 20 Stadtautobahnspuren (in eine Fahrtrichtung!) oder 30 Stadtstraßenspuren.
Die ungeheuren Investitionen in den Städte- und Straßenbau haben das Leben mit dem Auto zu einem historischen Erbe für die Gegenwart werden lassen. Hatte der motorisierte Individualverkehr (PKW, Kombi, Motorrad und Moped) 1950 ein Drittel der Verkehrsleistungen im Personenverkehr erbracht, so waren es 1966 drei Viertel.
Führende Verkehrswissenschaftler – wie Fritz Voigt und Friedrich Lehner – wiesen bereits Mitte der 60er Jahre auf die stadtzerstörenden Folgen von Parkraumnot, Staus, stoßartigem Berufspendelverkehr und Verkehrslärm hin, doch die Stadtverwaltungen kümmerten sich wenig um die negativen Rückwirkungen der *autogerechten Stadt* auf die Qualität urbanen Lebens. Auch für das Stadtsäckel ging die Rechnung nicht auf.
»Hätten Sie gedacht, ... daß für den Bau der B 326 200 Gebäude abgerissen werden müssen, daß 74 Gewerbebetriebe verlagert und 764 Ersatzwohnungen beschafft werden müssen?« beschrieb die Stadtverwaltung Duisburg 1970 (nicht ohne Stolz) die Kosten einer Schnellfahrschneise. Dazu kamen Ausgaben für die Verkehrspolizei und für Ampelsysteme, die Unfallkrankenhäuser mußten ausgebaut werden, die Verluste der städtischen Verkehrsunternehmen nahmen zu, die Verkehrskriminalität

Tabelle 5: Vergleich Flächenbedarf S-Bahn – Straße

	Beispiele Hamburg 1962*	London 1984				
Durchschnittsgeschwindigkeit in km/h	5,8	13,5	25,0	30,0	60,0	80,0
Verkehrslänge [Betrag ½ Tacho in m plus 10 m Fahrzeuglänge / Sicherheit] in m	12,9	16,8	22,5	25,0	40,0	50,0
Verkehrsdichte [1000 m : Verkehrslänge] Kfz / 1000 m	77,5	59,7	44,4	40,0	25,0	20,0
Kfz-Kapazität [Durchschnitts-geschwindigkeit · Verkehrs-dichte] Kfz / h	451	806	1111	1200	1500	1600
Transportkapazität 1962+ [Kfz-Kapazität · Beset-zung] Pers. / h	902	(1612)	2222	2400	3000	3200
Transportkapazität 1984+ Kfz-Kapazität · Beset-zung] Pers. / h	(676)	1209	1667	1800	2250	2400
Fahrspurbedarf 1962+ [48000 Pers. / h (S-Bahn-Kapa-zität) : Kfz-Kapazität]	53	(30)	22	20	16	15
Fahrspurbedarf 1984+ [48000 Pers. / h (S-Bahn-Kapa-zität) : Kfz-Kapazität]	71	40	29	27	21	20

* zwischen Dammtor und Berliner Tor, werktags 17 Uhr
+ 1962 waren PKW mit 2,0, 1984 mit 1,5 statistischen Personen besetzt.

wuchs. Das Ergebnis war eine Fortsetzung der Stadtflucht, und zwar vorwiegend der zahlungskräftigen Bevölkerung. Damit wurde zusätzlicher Verkehrsbedarf erzeugt. Die neue Straße war bald so überfüllt wie die alte, und die Stadt blieb bei abnehmenden Steuereinnahmen auf den Schulden für den Straßenneubau sitzen. Die ökologischen Folgekosten und die Probleme des Energieverbrauchs waren noch keine Themen der Verkehrsdiskussion der Seebohm-Ära.

Tabelle 6: PKW-Dichte in der Bundesrepublik

Jahr	PKW/1000 Einwohner	PKW/1000 Haushalte
1950	12	36
1955	33	99
1960	81	235
1965	157	448
1970	230	634
1975	289	770
1980	377	935
1984	412	990

Quelle: Straße und Wirtschaft 2/1986, S. 9.

Tabelle 7: Personenverkehr

Jahr	Personen-Km Milliarden				Personen-Km %-Anteile			
	EB	ÖP	LV	IVA	EB	ÖP	LV	IV
1950	31	24		27	38	29		33
1955	38	37	1	74	26	25		49
1960	41	49	2	148	17	21	1	62
1965	41	52	3	267	11	14	1	74
1970	39	60	7	351	9	13	1	77
1975	40	70	8	405	8	13	2	78
1980	41	76	11	470	7	13	2	79
1981	42	78	11	446	7	14	2	77
1982	41	76	11	461	7	13	2	78
1983	40	75	11	474	7	13	2	79
1984	40	72	12	484	7	12	2	80
1985	44	64	13	482	7	11	2	80
1986	42	63	13	510	7	10	2	81

EB = Eisenbahn
ÖP = übriger Öffentlicher Personenverkehr
LV = Luftverkehr
IV (IVA) = V Individualverkehr mit Kraftfahrzeugen
Quelle: Verkehr in Zahlen, 1972, 1987

Bis zur durchgehenden Fertigstellung der Nord-Süd-Autobahnen (1961 Hamburg–Basel) nahm der organisierte Bahntourismus Jahr für Jahr zu. Besonders beliebt war der Alpen-See-Expreß. Nach dem Höchststand von 1963 (835000) ging es stetig abwärts (1982 war noch ein Drittel von diesem Kundenkreis übrig). Einige Mutige waren schon in den 50er

Jahren mit der Isetta über den Brenner gefahren. Als nun immer mehr Autofahrer die gleiche individuelle und autonome Zielpunktentscheidung trafen, kam es im Urlaubsreiseverkehr Anfang der 60er Jahre zu den ersten größeren Autobahn-Staus, die ein ganz ungewohntes Kollektiverlebnis vermittelten.

Die Lufthansa war 1954 neu gegründet worden und hatte im Frühjahr 1955 den Linienverkehr aufgenommen. Ab 1960 wurde ihre Flotte auf Düsenflugzeuge umgestellt. Für doppelt so hohe Geschwindigkeiten und eine Erhöhung des Platzangebotes mußten überproportional steigende Treibstoffkosten und eine erheblich steigende Lärmbelästigung hingenommen werden. Zunächst führte die Umrüstung – die parallel zur Lufthansa ja auch die meisten anderen Fluggesellschaften vornahmen – zu schnell wachsenden Überkapazitäten und hohen Betriebsverlusten. Auch im Bereich der Flugsicherung verursachten die hohen Geschwindigkeiten der Strahlflugzeuge (um die 900 km/h) Schwierigkeiten und Kosten. Ab 1963 wuchs die Zahl der Reisenden im Luftverkehr rasch und ermöglichte eine Überwindung der Überkapazitätskrise. Preissenkungen seitens der Lufthansa und Fahrpreiserhöhungen der Bundesbahn um 20 Prozent (1963) hatten zu dieser Entwicklung ebenso beigetragen wie die Nutzung der zusätzlichen Kapazitäten durch den Ausbau des Luftfrachtverkehrs. Vergleichbar der Veränderungswirkung des schnellaufenden Ottomotors gab das Strahltriebwerk den Anstoß zur Wandlung des Flugzeugs zu einem Massenverkehrsmittel.

In der Zeit zwischen 1950 und 1965 ging der Anteil der Schiene an der Verkehrsleistung sowohl im Personen- als auch im Güterverkehr drastisch zurück. Die Bundesbahn bemühte sich, dieser Entwicklung mit einem Bündel verschiedener Rationalisierungsmaßnahmen zu begegnen.

Zur Steigerung der Wettbewerbsfähigkeit wurde die Belegschaft – insbesondere im Werkstätten- und Rangierdienst – vermindert. Zwei Güterbahnhöfe (Duisburg-Wedau und Kornwestheim) waren zu diesem Zweck teilautomatisiert worden: mit Dehnungsmeßstreifen wurde das Gewicht, mit Radar die Geschwindigkeit der einzelnen Wagen gemessen. Die elektronische Steuerung einer Gleisbremse wertete diese Meßdaten aus und stellte die Bremswirkung so ein, daß jeder Wagen eine angemessene individuelle Geschwindigkeit erhielt. Eine Ablaufautomatik speicherte die Ablaufwege in der Reihenfolge der einzelnen Wagen eines Zuges und stellte die Weichen entsprechend. Streckenstillegungen und der Wegfall des Heizers auf Elektro- bzw. Diesellokomotiven (Einsatz vor allem im Rangierbetrieb und als Schienenbus auf Nebenstrecken) beschleunigten die Verkleinerung der Belegschaft.

Zwischen 1959 und 1965 schloß die Bundesbahn die Elektrifizierung der Nord-Süd-Strecken ab. Im Vergleich zum Dampflokomotivbetrieb

Tabelle 8: Länge des Schienennetzes der Deutschen Bundesbahn

Jahr	Betriebsstrecken in 1000 km	davon elektrifiziert in 1000 km	in %
1950	30,5	1,7	5,6
1955	30,5	2,1	6,7
1960*	30,7	3,7	12,1
1965	30,4	6,5	21,4
1970	29,5	8,6	29,2
1975	28,8	10,0	34,7
1980	28,5	11,2	39,3
1985	27,6	11,4	41,3
1986	27,5	11,4	41,5

* Eingliederung der Eisenbahnen im Saargebiet.

Quellen : Fritz Voigt, Verkehr, Berlin 1965, Bd. II. 1, S. 597 (1950 – 1962); Verkehr in Zahlen, Bonn 1987, S. 50f. (1965 – 1986)

brachte die elektrische Traktion drei entscheidende Vorteile: mit dem höheren Wirkungsgrad sank der spezifische Energieverbrauch, die höhere Zugkraft (Bildung längerer Zugeinheiten) und die höheren Reisegeschwindigkeiten (Steigerung der Zugfrequenz) führten zu einer größeren Streckenkapazität. Auf den 1965 zu gut einem Fünftel elektrifizierten Linien wurde mit knapp einem Drittel der Lokomotiv-Kilometer über die Hälfte der Transportleistungen der Bahn erbracht. Der Güterverkehr wurde durch die Anschaffung von Spezialwagen verbessert, der Umschlag durch die Gründung eines Paletten-Pools (Österreich, Schweiz, skandinavische und EG-Länder) beschleunigt.

Das Kanalbauprogramm der 50er Jahre war *schwerindustriell* geprägt. Wasserstraßen galten als raumgestaltend, insofern sie die Ansiedlung rohstoffintensiver Industrien begünstigten. Daneben hatten Flüsse und Kanäle große Bedeutung für Betriebe, die größere Wassermengen als Kühlmittel, Roh- oder Prozeßstoff benötigen (z. B. dienen zwei Drittel des Volumens des Rhein-Herne-Kanals als Brauchwasser für die anliegenden Industrien).

In der Hoffnung auf die Herausbildung eines schwerindustriellen Zentrums und auf die Verbesserung der Wasserverhältnisse in der brauchwasserarmen Industrieregion Mittelfranken hatte die Bayerische Staatsregierung die Fortsetzung der 1920 begonnenen Bauarbeiten an der Rhein-Main-Donau-Wasserstraße eingefordert. Ähnliche schwerindustrielle Motive, nämlich das Interesse an einer *Stahlachse* zwischen lothringischem Minette-Erz und Koks aus dem Ruhrgebiet, waren entscheidend für den deutsch-französischen Vertrag über die Mosel-Kanalisisierung gewesen.

Krisenjahre

Der Ruhrbergbau hatte sich in den Jahren nach der Konjunkturabschwächung des Jahres 1958 nicht wieder erholen können. Seitdem waren jährlich vier Millionen Tonnen Steinkohlenabsatz durch Mineralöl substituiert worden. Im Frühjahr 1966 spitzte sich die Lage zu. Bis Ende 1968 wurden im Ruhrrevier 17 Zechen mit einer Jahresförderkapazität von 16,8 Millionen Tonnen Steinkohle pro Jahr stillgelegt. Diese Krise signalisierte neben der Umstrukturierung des Primärenergieverbrauchs vor allem das Ende des schwerindustriellen Wiederaufbaus der westdeutschen Wirtschaft. Die Verschiebungen zwischen Kohle und Öl trafen in erster Linie die Eisenbahn, weil für den Rohöltransport seit 1958 Pipelines genutzt wurden, während Kohle zum größten Teil über die Schiene verfrachtet worden war (die Binnenschiffahrt hatte anderweitig Ersatz gefunden; einen guten Teil trug dazu die Beförderung von Mineralölprodukten bei).

Der *Leber*-Pfennig brachte um 1970 eine Entlastung der Güterbahn auf Kosten des Werksfernverkehrs auf der Straße. Für den gewerblichen Güterfernverkehr stellte diese Maßnahme allerdings kein Hindernis dar. Eine letzte Atempause erhielt die Bahn durch die Erhöhung der Treibstoffkosten, die dem Ölboykott der arabischen Ölförderstaaten von 1973 folgte. Seit 1975 kam es zu einem anhaltenden Wachstum des LKW-Verkehrs, das nur in der Zeit der Konjunkturabschwächung von 1981/82 etwas schwächer ausfiel. Für diese Entwicklung haben drei Vorgänge die wesentlichen Impulse gegeben. Zum einen sind die Fernstraßen ausgebaut, vor allem weitere Nord-Süd-Verbindungen fertiggestellt worden. Die LKW-Dichte stieg auf den Autobahnen daher nicht mehr so schnell wie in den 60er Jahren, obwohl die Transportleistung stärker wuchs. Zweitens ist das zulässige Gesamtgewicht von 38 auf 40 Tonnen erhöht worden, so daß größere Nutzlasten ohne zusätzliche Investitionen in Straßen oder LKW transportiert werden konnten. Zum dritten gelang auf Grund erheblicher Rationalisierungserfolge im Speditionsgewerbe eine Erhöhung der durchschnittlichen Zuladung von knapp 8 (1975) auf etwa 11 Tonnen (1985) pro LKW.

Ende der 60er Jahre wurde der Verkehrsnotstand in den Großstädten und Ballungsgebieten immer unerträglicher. Zur Rettung des Individualverkehrs mußte der öffentliche Personenverkehr ausgebaut werden – als *Überdruckventil*. Den ersten Schritt dazu machte die Regierung der Großen Koalition mit dem Steueränderungsgesetz von 1966: die Mineralölsteuer wurde um drei Pfennig pro Liter erhöht, zweckgebunden für den Ausbau der Verkehrsstrukturen von Bahn und Bus. Seit Mai 1967 konnten sogar 40 Prozent des Mineralölsteueraufkommens in Investitionen

Tabelle 9: Tägliche Lkw-Verkehrsdichte auf Autobahnen

Jahr	Lkw/Tag	Jahr	Lkw/Tag
1960	2624	1973	4636
1963	3338	1975	3776
1965	4092	1978	4543
1968	4194	1980	4697
1970	4298	1985	4833

Quelle: Verkehr in Zahlen, 1987

fließen, die der Schaffung großräumiger Verbundnetze in den Ballungszentren dienten. Dieses Provisorium, das auf einer durch den Bundesrat gedeckten Regierungsverordnung beruhte, wurde durch die soziallibe-rale Koalition mit Wirkung vom 1. Januar 1971 als Gemeindeverkehrsfinanzierungsgesetz verankert. Die Beteiligung der Bundesregierung erleichterte die Finanzierung von neuen Verkehrswegen im Bereich S-Bahn/Stadtbahn, von Umsteigeknoten, Verknüpfungen mit dem Bus, Park&Ride-Einrichtungen und Betriebshöfen der Verkehrsträger. Diese Maßnahmen leiteten eine Trendwende im öffentlichen Nahverkehr ein.

Die Straßenbahnen erhielten eigene Gleiskörper, in den Innenstadtbereichen wurde ihre Trasse unter die Erde verlegt, auf Überlandstrecken wurden sie zu Schnellbahnen ausgebaut. Wesentlich war, daß komplette Verbundnetze entstanden (auch der Komfort kam nicht zu kurz: zwischen Duisburg und Düsseldorf verkehrt seitdem die einzige Stadtbahnlinie mit Bordkneipe). Wohl verminderte sich das Gesamtstreckennetz der Straßenbahnen weiter. Neben Stillegungen von Restbetrieben in mittleren Großstädten handelte es sich aber nunmehr im wesentlichen um das Abwerfen von Strecken, die durch Untergrund-, Stadt- oder Schnellbahnen ersetzt worden waren.

Der erste *Großraum*verkehrsverbund war 1970 nach den Rote-Punkt-Aktionen gegen Fahrpreiserhöhungen in Hannover entstanden (der älteste *städtische* Verbundtarif bestand seit den 20er Jahren in Berlin, seit 1965 gab es ihn in Hamburg). Wenig später folgten die Großräume München (1972 anläßlich der Olympischen Spiele), Frankfurt/Rhein-Main (1974) und Stuttgart/Mittlerer Neckar (1978). Die nach dem Ölboykott der arabischen OPEC-Staaten seit Ende 1973 steigenden Benzinpreise und die an den autofreien Sonntagen erfahrene Verletzlichkeit der Auto-Mobilität gaben den neu entstehenden Nahverkehrsverbünden zusätzlichen Auftrieb. Der Münchener Verbund ist inzwischen so erfolgreich, daß von den Einpendlern zwei Drittel die Bahn, nur ein Drittel das

»Parken-brutal« in München-Schwabing. *Quelle:* Bode/Hamberger/Zängl, Alptraum Auto, München 1986.

Auto benutzen (wer Raserei, Staus und rücksichtsloses Parken in München kennt, wird staunen).

Im Luftverkehr standen Ende der 60er Jahre zwei Neuentwicklungen zur Wahl: Übergröße oder Überschall. Kostengründe gaben den Ausschlag für die Entscheidung der Fluggesellschaften zugunsten der Großraumflugzeuge (der *Jumbo*-Jet B 747 brachte es in der Charterversion auf 500 Plätze). Die rasche Umrüstung der wichtigsten Flotten verursachte eine erneute Überkapazitätskrise, die durch den gleichzeitig einsetzenden Preisschub für Treibstoff noch zusätzlich verschärft wurde. Im Gegensatz zu den mit dem Einsatz von Düsenmaschinen auftauchenden Problemen gab es diesmal für die Luftüberwachung keine größeren Schwierigkeiten, da die Kapazitätserweiterung zunächst keine zusätzlichen Flugbewegungen verursachte. Dagegen trat eine Überlastung der Abfertigungseinrichtungen ein. Die Flughafengesellschaften reagierten mit Neu- und Umbauten, die auf die Verlegung der Abfertigung in unmittelbare Nähe des Flugzeugs und auf die Vermehrung der Andockungsanlagen abzielten. Der im Bau befindliche Flughafen *München II* wird beispielsweise zwei parallel verlaufende *Abfertigungsstangen* erhalten, die über ein Zentralgebäude miteinander in Verbindung stehen werden. Mit dem Großraumjet entpuppte sich das Flugzeug endgültig als Massenverkehrsmittel (die Fluggesellschaften versuchten durch die Einführung einer besonders auf-

Eine Abfertigungshalle des Frankfurter Rhein-Main-Flughafens.

wendig betreuten Flugpreisklasse zahlungskräftigeren Passagieren das Gefühl von Exklusivität zurückzugeben), insbesondere im Charterverkehr. Das Flugerlebnis schwand fast vollständig, um der schnellen Ortsveränderung Platz zu machen. Von der Urlaubs*reise* blieb nicht mehr als der Urlaub übrig.

Staus, Smogalarm, vor allem ein neuer Ölpreisschub stellten in der zweiten Hälfte der 70er Jahre in Frage, was bis dahin als unumstößlich gegolten hatte: das Automobil als *Motor des Fortschrittes*. In dieser Funktion hatte es durch Stadtplanung und Verkehrspolitik eine optimierende *Förderung* erfahren. Erstaunlicherweise hatten die Ergebnisse der Weichenstellung durch Politik und industriellen Lobbyismus stets die Erwartungen der Weichensteller übertroffen, wie deren in der Regel zu niedrig schätzende Studien verdeutlichen (z. B. Shell 1961, 1973). Offensichtlich war die *Erzeugung* von Automobilität durch Hegemonie des PKW *nicht* einfach auf eine Verschwörung von Industrie und Politik zurückzuführen. Vielmehr paßte das Automobil als *privates Verkehrsmittel* in besonderem Maße in den Rahmen der *privaten Gesellschaft*.[10]

In der Krise von 1981 schien der durch dieses Phänomen verursachte Trend jedoch gebrochen, der Autoboom zu Ende, der Abschied vom Leitbild Wachstum notwendig. Die Zuwachsrate der PKW-Dichte war in den Jahren zuvor erheblich gesunken, der schon seit längerem zu beobachtende Rückgang der Fahrleistung hatte sich beschleunigt und bei der Entwicklung neuer Autos zeichnete sich eine Tendenz zu kleineren Wagen mit geringem Benzinverbrauch ab.

Die Goldgräbermentalität der 80er Jahre

Der motorisierte Individualverkehr war in einen Wirbel von Widersprüchen geraten. Das Auto bot im Vergleich zu konkurrierenden Verkehrssystemen die höchste zeitliche und räumliche Verfügbarkeit, die vielseitigste Nutzbarkeit und den größten Komfort. Es bot die Möglichkeit zu individuellem Handeln, zur Beteiligung am Sozialprestige und an den Mythen von Technik, Wachstum und Autonomie. Doch diese Vorteile wurden durch überproportional steigende Kosten belastet, die sowohl dem Autofahrer selbst entstanden, als auch der ganzen Gesellschaft: gesundheitliche Allgemeinlasten durch Lärm, Abgase, Bremsen- und Reifenabrieb, Unfallfolgen, wachsende ökologische Schäden, wachsender Anteil des Kfz-Verkehrs am Energieverbrauch.

Entscheidend war, daß es mit Komfort und Individualität in dem Maße dahin ging, in dem sich viele *autonom* für dasselbe Ziel entschieden. Das Institut für Straßenwesen an der Technischen Hochschule Aachen hat für die Jahre 1982 bis 1985 die Rundfunkverkehrsmeldungen der dritten Programme ausgewertet. In diesem Zeitraum haben die Staus um 50 Prozent zugenommen. Zähflüssiger Verkehr, Parkraumnot und wachsende Aggressivität der Verkehrsteilnehmer drohten, das ganze System ad absurdum zu führen.

Tabelle 10: Energieverbrauch in der Bundesrepublik und West-Berlin

In Petajoule [1 PJ = 29,308 SKE (Steinkohleeinheiten)]

Jahr	Industrie	Haushalte	Verkehr	Summe	Anteil Verkehr %	Energieverbrauch/ Verkehr Schiene %	Straße %*
1965	2307	2207	884	5398	16,4	19,8	73,2
1970	2661	2934	1158	6753	17,1	10,2	80,8
1975	2462	3042	1355	6859	19,8	5,8	85,2
1980	2582	3282	1666	7530	22,1	4,4	86,9
1981	2482	3130	1610	7222	22,3	4,5	86,5
1982	2254	3016	1618	6888	23,5	3,6	87,8
1983	2222	3045	1651	6918	23,9	3,5	88,1
1984	2285	3207	1702	7194	23,7	3,4	88,0
1985	2287	3390	1712	7398	23,1	3,5	87,4
1986	2207	3535	1805	7547	23,9	3,3	87,6

Quelle: Verkehr in Zahlen, Bonn 1987, S. 263.
* Ohne landwirtschaftliche Kfz, Bundeswehr und BGS.

Die Verkehrspolitik der Wende setzte an diesen Tatsachen an. Die steuerliche Begünstigung von Katalysatorautos zielte auf zweierlei: auf die Senkung der Emissionen von Blei, Kohlenmonoxyd und Stickoxyden *und* auf die Befreiung der Autofahrerschaft vom schlechten Gewissen, das ökologische Kritik, der eigene Blick auf die lädierte Umwelt und eine entsprechende Umorientierung bei den Interessenverbänden (HUK, ADAC) gefördert hatten. Es ging um die Wiederherstellung der Bejahung des Individualverkehrs, um die Erzeugung eines erneuerten automobilen Selbstbewußtseins, zwecks Mobilisierung der Reserven des Marktes.

An der weiteren Erhöhung des PKW-Bestandes waren Arbeiterhaushalte mit mittlerem und geringem Einkommen beteiligt. Förderlich wirkten sich Veränderungen der Altersstruktur aus: Die in den 80er Jahren ins Rentenalter kommenden Menschen hatten in vergleichsweise großer Zahl zuvor ein automobiles Leben geführt und verfügten über höhere Einkommen als frühere Rentnergenerationen. Auf der anderen Seite

Autobahn A 8 zwischen München und Salzburg im Jahre 1959 und 1983.

setzte sich bei den Jugendlichen der Trend zum Absinken des Führerscheinerwerbsalters fort. Der Zweitwagen breitete sich von den oberen in die mittleren Einkommensschichten aus, und das bedeutete eine Zunahme der Beteiligung von Frauen am Straßenverkehr. Schlechter verdienende Arbeiterhaushalte, Alte, Junge, Frauen – Gruppen also, die als gesellschaftliche Randgruppen behandelt worden waren, trugen den Autoboom der Wende, der auf der individuellen Seite der Angelegenheit somit eine emanzipatorische Komponente enthielt.

Frauen am Steuer – 1986

Es sind von den	weiblich
FührerscheinbesitzerInnen	48 %
AutofahrerInnen	43 %
Fahrleistungen im Jahr	37 %
KraftfahrzeughalterInnen	20 %
Unfallbeteiligten (Sachschaden)	23 %
Unfallbeteiligten (Personenschaden)	28 %
PunktesammlerInnen in Flensburg	15%

Geschlechtsspezifische Häufungen bei bestimmten Unfallursachen

Weiblich	Männlich
Fehler beim Abbiegen	Abenteuerliches Überholen
Blechschäden beim Einparken	Zu schnelles Fahren
Falsches Einordnen	Auffahrunfälle
Mißachtung der Vorfahrt	Alkohol am Steuer

Die Automobilhersteller haben mit einer Forschungsinitiative auf die Bedrohungen der Automobilität reagiert. Als wichtigstes Projekt der 90er Jahre entstand in diesem Zusammenhang das europäische Forschungsvorhaben *Prometheus*, das die Entwicklung des *Zukunftsautomobils* zum Ziel hat. Andererseits verkümmern mangels finanzieller Förderung alternative Lösungen, die zur Produktionsreife entwickelt werden müßten, um der immer krisenhafteren Destabilisierung der Verkehrsabläufe rascher begegnen zu können.

So hat das Rheinisch-Westfälische Elektrizitätswerk einen stadtverkehrstauglichen Elektro-PKW entwickelt, mit allerdings noch bescheidener Reichweite. Wenn ein solches Fahrzeug auch noch nicht konkurrenzfähig ist, so wären doch die Erfahrungen aus dem Einsatz im Normalbetrieb von größtem Interesse. Warum nicht ein subventionierter Verkauf einer größeren Zahl solcher Elektroautos an Private? Warum keine durch die

Bundesregierung subventionierten abgasfreien Innenstadtzonen, in denen nur mit Elektrohybridfahrzeugen im Elektrobetrieb gefahren werden darf (der Prototyp von VW hat eine Reichweite von 200 km)[11], wobei der Einsatz des von ASEA-Brown-Boveri weiterentwickelten Comprex-Laders[12] die Rußemissionen des Dieselteils auf ein Prozent des Ausstoßes eines Normaldiesels reduzieren könnte.

Währenddessen erreichte die Verallgemeinerung des Privaten in den großen Städten die Schmerzgrenze. Als Mitte November 1988 der Winter verfrüht hereinbrach, sank in München die Reisegeschwindigkeit im Straßenverkehr während der *rush hour* unter vier Stundenkilometer – zu Fuß wäre man ebenso schnell vorangekommen. Ein zweiter Aspekt: Mit der Eroberung der Stadt durch das Automobil stieg die Zahl der verunglückten Kinder – 1984 wurden 45 Prozent der Todesfälle der Ein- bis Fünfjährigen durch einen Verkehrsunfall verursacht, 70 Prozent bei den Sechs- bis Zehnjährigen. Drittens: die funktionale Zersplitterung der Stadt erreichte groteske Höhepunkte: Wohncenter, Baucenter, Möbelcenter, Einkaufscenter, Computercenter, Centre d'amour. Am kurzen Freitag strömen die Fahrzeuge schon mittags aus der Stadt heraus, besetzt mit Umlandpendlern, Fernpendlern, Kurzurlaubern, Stadtflüchtigen. Am langen Samstag strömen die Fahrzeuge in die Stadt hinein, der zentralen Fußgängerzone zu. Warum nahm der individuelle Stadtverkehr in den 80er Jahren so stark zu?

Als die Theoretiker der Stadtarchitektur schon begonnen hatten, Thesen zur Reintegration der funktionell zerstückelten Stadt zu formulieren, trieben die Stadtverwaltungen und mit ihnen die Städte noch im Teufelskreis der Funktionalisierung. Die Kernbevölkerung verminderte sich fortlaufend, die Mantelbevölkerung wuchs weiter. Je mehr Siedlungsbrei um die Städte herum entstand, desto stärker mußte der Verkehr dieser – der Kernstadt weiter verhafteten – Umlandbevölkerung in die Stadt hinein werden.[13] Eine weitere Ursache für das immer häufigere Kollabieren des Stadtverkehrs war die Verkehrsberuhigung: mit der Kappung der Schleichwege vergrößerte sich der Verkehrsstrom auf den Hauptzirkulationsflächen. Das Automonopol wirkte sich negativ auf den öffentlichen Restverkehr aus. 1985 betrug nach einer Untersuchung des Instituts für Energie- und Umweltforschung in Heidelberg der Auslastungsgrad im Öffentlichen Personennahverkehr nur noch 16 Prozent. Die Situation behagt nicht mehr.

Nach Untersuchungen des Bundesverkehrsministeriums (1978 und 1986) wanderten 50 Prozent der Fahrgäste nach Stillegung einer Straßenbahnlinie zum *motorisierten Individualverkehr* ab. Dem Busersatzverkehr verblieben nur 20 bis 30 Prozent der ehemaligen Straßenbahnfahrgäste (die übrigen 20 bis 30 Prozent gingen zu Fuß, fuhren mit dem Fahrrad oder

Tabelle 11: Günstigste Verkehrsmittel in der Stadt

Stadtbewohner-Umfrage 1985 Verkehrsart	Nennungen in %
zu Fuß	13
Fahrrad	34
PKW	48
Bahnen und Busse	23
Summe	118

Quelle: EMNID 1985.
Mehrfachnennungen waren möglich.

benutzten Taxis). Der Grund dafür war die viel zu niedrige Reisegeschwindigkeit der Busse, die in den Spitzenzeiten zusammen mit den PKW im Stau steckenblieben. Über den ganzen Tag gerechnet erreichten sie das gleiche Tempo wie die Berliner Pferdeeisenbahn 1880. Die Kunden, die dem Busverkehr verblieben, waren vom Autofahren ausgeschlossene ältere Leute, (Schul-)Kinder, Behinderte und Mütter aus Familien, die keinen Zweitwagen bezahlen konnten. Bis auf den Verkehrsverbund der Region München sind alle übrigen Tarifbünde stark defizitär und weisen stagnierende Fahrgastzahlen auf. Besonders gebeutelt ist der Verkehrsverbund Rhein-Ruhr (VRR). Trotz immenser Investitionen in neue S-Bahn-Linien will das Verkehrsaufkommen nicht zunehmen.
Der Bau von Stadt- oder U-Bahnen war hier noch Jahre nach der Stillegung der letzten Zechen in der Hellwegzone (dem urbanisierten Bereich zwischen Dortmund, Bochum, Essen und Duisburg) durch die anhaltenden Setzungsbewegungen des Steinkohlengebirges blockiert. Der unterirdische Trassenbau wurde deshalb hier viel später als anderwärts begonnen. Einmal in Angriff genommen, kamen die Baumaßnahmen nur langsam voran, weil den Kommunen und dem Land Nordrhein-Westfalen die Finanzmittel für einen zügigen Ausbau fehlten; der Bevölkerung sind die Stadtbahnprojekte vorwiegend als Dauerbaustellen ein Begriff, die den Verkehr mit dem inzwischen angeschafften Auto behindern. Dem Verkehrsverbund fehlen damit die wichtigen nord-südlichen Netzmaschen. Mit der fortgesetzten Stillegung von Straßenbahnlinien in den Randzonen des Reviers (Beispiel Herten: 1939 über 191 km Streckennetz, 1982 vollständig stillgelegt) wurden die für das Wachstum der S-Bahn-Stammlinien notwendigen Wurzeln gekappt. Wer braucht schon Punkt-Ziel-Verbindungen von Bochum Hbf nach Dortmund Hbf.?
Die Landesregierung hatte den VRR in der Absicht gegründet, die »negativen Auswirkungen (des Individualverkehrs) auf die gewachsenen

innerstädtischen Strukturen« zu beseitigen und die Mobilität derer zu erhöhen, »die nicht auf den eigenen PKW zurückgreifen konnten oder wollten«.[14] Diese Absicht hat nicht verwirklicht werden können, weil der Verkehrsverbund des Reviers nicht die für seine polyzentrische Struktur im Bereich des Schienenverkehrs erforderliche Engmaschigkeit erhielt. Auch die Vernetzung mit anderen Verkehrssystemen ist unterentwickelt: die Ausstattung der Gemeinden des Ruhrgebietes mit Radwegen ist vergleichsweise gering; es gibt viel zu wenig Park&Ride-Parkplätze.
Das Fahrrad erlebt als Verkehrsmittel eine Renaissance. Im Nahverkehr nimmt sein Verkehrsanteil zu. Viele Städte haben Investitionsprogramme für den Radwegebau geschaffen (unter den Großstädten über eine halbe Million Einwohner liegen sowohl in bezug auf den Bestand der Radwegenetze als auch hinsichtlich der Ausbauprogramme Bremen und Hannover vorn). Verschiedene Landkreise sind an die Einrichtung von Radwanderwegen gegangen (oft werden dafür die Trassen stillgelegter Bahnstrecken genutzt, z. B. Leer–Aurich).

Tabelle 12: Radwegebestand 1979 in Prozent der Länge der Straßen

Hamburg	16,7	Ratingen	23,2
Hannover	26,7	Flensburg	25,5
Bremen	32,4	Neumünster	24,9
Duisburg	25,1	Delmenhorst	25,0
Mannheim	18,8	Norderstedt	47,8
Kiel	23,0	Lüneburg	31,9
Mainz	27,6	Bergkamen	35,0
Oldenburg	20,3	Waiblingen	56,9
Erlangen	48,4		

Quelle: Gruppe Radwegebau, Tätigkeitsbericht 1979, Wuppertal 1980, o. S.

In vielen kleineren Städten und Gemeinden im S-Bahnbereich der Ballungsgebiete erreicht das Fahrrad in der wärmeren Jahreszeit als Zubringerverkehrsmittel einen ähnlich hohen Verkehrsanteil wie das Auto. Ein paar kleine Veränderungen an der Aufteilung und Einrichtung der S-Bahnen – und eine größere Zahl von Fahrrädern könnte in die Kernstadt mitpendeln, z. B. wenn in jedem der beiden Kopfwagen einer dreiteiligen Zuggarnitur ein Sitzabteil wegfiele; nach Schweizer Vorbild unter der Decke installierte Fleischerhaken und eine bewegliche Sicherung würden dann die Mitnahme von zwei mal sechs Fahrrädern erlauben.
Seit Beginn der Industrialisierung ist zunehmender Grundstoffverbrauch das Kennzeichen für wirtschaftliches Wachstum gewesen. Diese Korrelation hat im letzten Jahrzehnt in Japan sowie in den Industriestaaten West-

Tabelle 13: Motorisierter und Nichtmotorisierter Verkehr 1976/82

Verkehrsart	1976 Anteile in %	1982
zu Fuß	33,8	29,8
Fahrrad	8,6	10,2
PKW-Fahrer	33,3	36,3
PKW-Mitfahrer	11,7	10,7
Öff. Schiene	11,0	11,0
Öff. Straße	1,7	1,9
Luftverkehr	0,0	0,1

Quelle: Verkehr in Zahlen, Bonn 1987, S. 190f.

europas und Nordamerikas ihre Gültigkeit verloren. Die Wirtschaft dieser Länder expandiert, und gleichzeitig nimmt die Nachfrage nach den meisten Grundstoffen ab. Dieser Wandel hat im wesentlichen vier Ursachen. Produkte mit relativ niedrigem Materialaufwand substituieren herkömmliche Werkstoffe. Konstruktive Verbesserungen senken den Grundstoffverbrauch. Die Märkte traditioneller Grundstoffe tendieren zur Sättigung. Neue Märkte öffnen sich nicht mehr den alten Grundstoffen, sondern neuen Produkten mit niedrigerem Materialaufwand.[15] Die nachlassende Nachfrage unterminiert zunehmend die Produktion der betreffenden Grundstoffe im industriellen Inland. Von diesem anhaltenden Trend wurden bedeutende Verkehrsleistungsanteile der Güterbahn erledigt. Ein Beispiel: der größte Einzelkunde der Bahn ist das Volkswagenwerk; mit jedem Kilo, das die Konstrukteure einer neuen Golfgeneration abspecken, gehen der DB Tausende Tonnenkilometer Verkehrsleistung verloren. Diese Tendenz – und nicht irgendwelche staatlichen Interventionen zugunsten des Kraftverkehrs – war *in der Hauptsache* für den Rückgang des Anteils der Bahn am Gütertransport verantwortlich.
Dazu kamen Umstrukturierungen des Güterverkehrsmarktes. Für den wachsenden Marktanteil der Kurierverkehre war die Bahn nicht der geeignete Verkehrsträger (um die einzig mögliche Marktnische hatte sich die DB mit dem IC-Kurier gekümmert). Merkwürdig aber, daß die Bahn nicht stärker vom *Just-in-Time*-Prinzip profitieren konnte. Mit diesem Schlagwort wird die Nutzung der Transportmittel als rollendes Vorratslager bezeichnet. Die Bundesbahn bietet für diesen Zweck den Vorteil der Allwettertauglichkeit und der größeren Sicherheit bei Gefahrguttransporten.
Ähnlich wie beim Bahngüterverkehr wirkte sich die Abnahme der Grundstoffproduktion auf die Binnenschiffahrt aus. Zwar gab es staatliche Hilfen für die Partikuliere (die Familienbetriebe in diesem Trans-

Tabelle 14: Güterverkehrsleistungen

Jahr	Tonnenkilometer Milliarden						Tonnenkilometer %-Anteile					
	EB	BS	GF	PL	LF	GN	EB	BS	GF	PL	LF	GN
1950	44	17	7			7	56	24	10			10
1955	53	29	17			14	47	26	15			12
1960	57	40	23	3		18	38	29	17	2		14
1965	58	44	33	9		30	34	25	19	5		17
1970	72	49	42	17		36	33	23	19	8		17
1975	55	48	59	15		37	26	22	28	7		17
1980	65	51	80	14		44	26	20	31	6		17
1981	62	50	80	13		42	25	20	33	5		17
1982	58	49	80	11		40	24	21	34	4		17
1983	56	49	85	11		40	23	20	35	4		17
1984	60	52	88	10		41	24	21	35	4		16
1985	64	48	92	11		41	25	19	36	4		16
1986	61	52	96	10		43	23	20	37	4		16
1987	59	50	99	10	1	43	22	19	39	4		16

EB = Eisenbahn
BS = Binnenschiffahrt
GF = Güterfernverkehr
PL = per Pipeline
LF = Luftfracht
GN = Güternahverkehr
Vor 1960 ohne Saar und West-Berlin.
Quelle: Voigt, Verkehr, Berlin 1973, Bd. I.2, S. 818; Verkehr in Zahlen, 1972, 1987.

portzweig). Um so größere Schwierigkeiten entstanden den Flottenbetrieben, deren unergründlicher Optimismus nicht unerheblich zu den Überkapazitäten beigetragen hatte. Die seit 1969 laufende Abwrackaktion (2,5 Millionen Tonnen vernichteter Schiffsraum, 200 Millionen DM Prämien) wird der wohl teuerste Subventionsflop in der Geschichte der Bundesrepublik gewesen sein. Die Abwrackprämien dienten praktisch als Modernisierungsfonds: die vernichtete Tonnage durfte munter durch Neubauten ersetzt werden und wurde das auch. Unter den so gezüchteten Überkapazitäten litten auch die Frachtraten der Bahn. Findige Schiffer kamen daher auf die Idee, der Deutschen Bundesbahn einen zunächst unglaublich klingenden Vorschlag zu unterbreiten. Die Bahn sollte die 1,5 Millionen Tonnen Überkapazität der internationalen Rheinschiffahrt für 600 Millionen DM aufkaufen und verschrotten. Wenn die Frachtraten dann um eine Mark stiegen, hätte sich die »Investition« nach zwei Jahren amortisiert. Die Rechnung war nicht falsch, aber überaus schlitzohrig.

Auch der Gebäudeverkehr hat sich seit 1945 stark verändert. Die *Pater-*

noster sind bis auf wenige Ausnahmen verschwunden. Mit der Höhe der Gebäude haben die Zahl und – mit den wachsenden Kapazitätsanforderungen im öffentlichen Bereich – die Fahrgeschwindigkeiten der *Personenaufzüge* zugenommen. Trotz des konstruktiv bedingten hohen Reparaturaufwandes ist die Zahl der *Rolltreppen* ganz erstaunlich gewachsen (übrigens zahlt nach Auskunft der Münchener Stadtwerke jeder Benutzer der U-Bahn von den Betriebskosten her die eine Hälfte des Fahrpreises für das U-Bahn-Fahren, die andere für das Rolltreppenfahren).

Die Wiederherstellung lebensfähiger Städte

Das amerikanische Worldwatch-Institut hat 1988 eine Studie zur Rolle des Automobils veröffentlicht.[16] Eine der wichtigsten Thesen lautet: »Autofahren ist noch viel zu billig« – die Gründe dafür werden aufgezählt. Die globalen Rohölreserven vermindern sich rapide. Größere Reserven werden sich bald nur noch auf den Nahen und Mittleren Osten konzentrieren. Die politische Instabilität dieser Region birgt hohe Risiken. Wissenschaftler der Universität von Kalifornien schätzen die Zahl der Toten durch Benzin- und Dieselabgase allein in den USA auf 30000 jährlich. In der Umwelt tragen die Abgase entscheidend zum sauren Regen bei, der für das Waldsterben, die Schädigung von Gewässern und des Getreideanbaus verantwortlich gemacht wird. Die Kohlenoxydemissionen führen zum Treibhauseffekt, von dem Klimaforscher einschneidende und baldige Veränderungen des Wetters voraussagen. Würden die gesellschaftlichen Kosten (die politischen, wirtschaftlichen und sozialen Risiken nicht gerechnet) in die Benzinpreisbildung eingehen, müßte der Liter zwei bis drei Mark kosten. Daraus werden mehrere Forderungen abgeleitet:

- Verringerung des Treibstoffverbrauchs als Sofortmaßnahme; Entwicklung alternativer Treibstoffe und Antriebe für das Automobil.
- Ausbau der Systeme des öffentlichen Personenverkehrs.
- Umdenken in der Stadtplanung.

Statt die individuelle Mobilität zu gewährleisten, endet der Traum von automobiler Autonomie im Stau, der »urbanen Thrombose, ... die den Städten langsam ihr Lebensblut raubt«. In London ist die Durchschnittsgeschwindigkeit im motorisierten Individualverkehr bereits auf acht Meilen pro Stunde (13,5 km/h) gesunken. Statt funktionaler Differenzierung der Stadtstrukturen muß eine *neue Integration* Platz greifen, die Befriedigung wichtiger Lebensbedürfnisse in einem Stadtteil: »kurze Wege zwischen Arbeitsplatz, Wohnung und Dienstleistungen – *urbane Integration*«

könne das bewirken, »ohne daß größere Wege zurückgelegt werden müssen«.
Der Deutschen Bundesbahn werden schwere Zeiten vorausgesagt. Im Güterverkehr wird selbst der Erhalt der Marktanteile von 1984 nur durch eine aktive Marktpolitik und flankierende Maßnahmen der staatlichen Verkehrspolitik möglich sein.[17] Von zwei Faktoren wird die weitere Entwicklung der Güterbahn abhängen: von der (den Konkurrenten LKW betreffenden) Entwicklung der Ölpreise und vom Maß des Laissez-faire der Bundesregierung – denn der Güterverkehrsmarkt gehorcht anderen Gesetzen als der Personenverkehrsmarkt. Daher ist »unter den Bedingungen der geltenden Verkehrspolitik eine Sanierung der Bundesbahn auszuschließen«.[18] Denn, so der Vorstandssprecher der DB, Dr. Reiner Gohlke, »die Krise im Montanbereich, der Trend zu kleineren, leichteren, zeitabhängigen Beförderungsmengen, der Druck auf die Preise, das alles wird so bleiben«.
Besser sehen die Chancen der Bahn im Personenverkehr aus. Die Neubaustrecken und die Hochgeschwindigkeitszüge sind Attraktionen, die der Bundesbahn vielleicht zu einem neuen Mythos verhelfen werden. Ohne einige Luxuszuggarnituren wird das nicht abgehen. Ähnlich beim Interregio (dem künftigen D-Zug-Ersatz) und bei den Experimenten mit den Frühstückspendlerzügen (Siegburg–Köln) setzt die DB auf eine Pri-

»Huckepack«-Verkehr der Deutschen Bundesbahn.

vatisierung des Reisens durch Komfort und besseren Service – was nach dem Befund über die Grundlagen der Automobilität der richtige Weg sein könnte.

Anmerkungen

1 Verwaltungsbericht der Stadt Mannheim, 1933–1937, S. 141.
2 Werner Abelshauser, Neuanfang oder Wiederaufbau? Zu den wirtschaftlichen und sozialen Ausgangsbedingungen der westdeutschen Industrie nach dem Zweiten Weltkrieg, in: Technikgeschichte 53 (1986), S. 261–274.
3 Christian Peters, Räumliche Mobilität vor der »Automobilisierung« – Fortbewegung in Mannheim 1945–1953, in: Räder, Autos und Traktoren, Mannheim 1986, S. 168.
4 Die wesentlichen Positionen dieser Auseinandersetzung in: Wiss. Beirat des BMV (Hrsg.), Grundsätze für die Aufbringung der Kosten der Verkehrswege, Bielefeld 1954.
5 Wolfgang Zängl, Auto-Bahn und Auto-Wahn, in: Peter Bode, Sylvia Hamberger, Wolfgang Zängl (Hrsg.), Alptraum Auto, München 1986, S. 125–131. Christian Peters, Räumliche Mobilität vor der »Automobilisierung« – Fortbewegung in Mannheim 1945–1953, in: Räder, Autos und Traktoren, Mannheim 1986, S. 158–173. Heidrun Heimann, Massenmotorisierung, ein historischer Prozeß, in: Gesellschaft und Automobil, S. 19–32.
6 Fritz Voigt, Verkehr, Bd. I/1, Berlin 1973, S. 69ff.
7 Hermann Heimerich, Gestalt- und Strukturwandel der deutschen Städte, Mannheim 1953.
8 Le Corbusier, Urbanisme, Paris 1925 (dt.: Urbanität, Stuttgart 1929, S. 6, 101).
9 G. Albers, W. Wortmann, Städtebau, in: Handwörterbuch der Raumforschung und Raumordnung, Bd. III, Hrsg.: Akademie für Raumforschung und Landesplanung, Hannover 1970, S. 3116–3165.
10 Werner Polster, Günter Seiler, Klaus Voy, Auto – das individuelle Allgemeine, in: Kommune 6 (1988) 2, S. 6–12.
11 Eine Reihe von Verbesserungen haben Hans K. Asper, Hansjörg Riesen und Johann Widmer von der ETH Zürich vorgeschlagen.
12 VDI-Nachrichten, Nr. 21, 27. Mai 1988, S. 31.
13 »Die Krisen der schrumpfenden Stadt«: Hans Nokielski, Uta Renn, Verkehrsberuhigung und Sozialraumgestaltung im Wohngebiet, Opladen 1985, S. 104–109.
14 Erster Verbundbericht 1980. Hrsg. vom VRR, Gelsenkirchen 1981, S. 6.
15 Eric D. Larson, Marc. H. Ross, Robert H. Williams, Grundstoffindustrie ohne Wachstum: Beginn einer neuen Ära? in: Spektrum der Wissenschaft, August 1986, S. 36–47.
16 Michael Renner, Rethinking the Role of the Automobile, Washington D. C. 1988.
17 M. Gaidzig, H. Kurz, M. Zachcial, Gütertransport 2000, in: AET 35 (1980), S. 19.

18 Manfred Zachcial, Das Ende eines Monopols – Eisenbahn und Kraftverkehr, in: Zug der Zeit, Zeit der Züge – Deutsche Eisenbahnen 1835–1985, Berlin 1985, Bd. 2, S. 666.

Literatur

Dieter Apel, Umverteilung des städtischen Personenverkehrs. Aus- und inländische Erfahrungen mit einer stadtverträglichen Verkehrsplanung, Berlin 1984

Peter Bode, Sylvia Hamberger, Wolfgang Zängl, Alptraum Auto, München 1986

Tilman Bracher, Konzepte für den Radverkehr, Bielefeld 1987.

Der Deutsche und sein Auto. Spiegel-Umfrage, Der Spiegel, Heft 53, Jg. 1971.

Jutta Franke, Illustrierte Fahrradgeschichte, Berlin 1987

Deutsche Lufthansa AG (Hrsg.), Geschichte der Deutschen Lufthansa, Köln 1984

Gesellschaft und Automobil. Chancen und Handlungserfordernisse (Verkehrswissenschaftliches Seminar, 23.–24. Oktober 1986, Frankfurt), Frankfurt am Main 1986

Gerd Wolfgang Heinze, Detlef Herbst, Ulrich Schühle, Verkehr im ländlichen Raum, Hannover 1982

Helmut Holzapfel, Klaus Traube, Otto Ullrich, Autoverkehr 2000, Karlsruhe [2]1988

Le Corbusier, Charta von Athen. Texte und Dokumente, hrsg. von Thilo Hilper, Braunschweig 1984

Friedrich Lehner. Zur Erinnerung an Friedrich Lehner und seine Arbeit für den öffentlichen Nahverkehr, hrsg. von der Friedrich-Lehner-Stiftung, Hannover 1982

Martin Limpf, Das Motorrad – seine technische und geschichtliche Entwicklung, München 1983

Rainer Neumann, Manfred Zachcial (Hrsg.), Verkehrssysteme im Wandel, Berlin 1980

Hans Nokielski, Uta Renn, Verkehrsberuhigung und Sozialraumgestaltung im Wohngebiet, Opladen 1985

Räder, Autos und Traktoren, Mannheim 1986

Walter Rathjen, Luftverkehr, München 1984

Curt Riess, Jedes Jahr ins Paradies – das Geschäft mit dem Urlaub, Hamburg 1973

Wolfgang Sachs, Die Liebe zum Automobil, Reinbek 1984

Hellmuth Seidenfus (Hrsg.), Verkehr zwischen wirtschaftlicher und sozialer Verantwortung, Göttingen 1984

Verkehr in Zahlen. Hrsg. durch den Bundesminister für Verkehr, Bonn 1987

Verkehrspolitik in der Bundesrepublik Deutschland. Bonn–Bad Godesberg 1961 (Schriftenreihe des Bundesministers für Verkehr, Heft 22)

Fritz Voigt, Verkehr, 4 Bände, Berlin 1965, 1973

Fritz Voigt, Hermann Witte, Integrationswirkung von Verkehrssystemen und ihre Bedeutung für die EG, Berlin 1985

Zug der Zeit, Zeit der Züge – Deutsche Eisenbahnen 1835–1985, 2 Bände, Berlin 1985

Die Bundesbahn
Eisenbahntechnische Rundschau
Internationales Verkehrswesen
VDI-Nachrichten

Chronik

1945

8.5. Automobilfabriken und Zulieferer sind zu 80 Prozent betriebsunfähig. Beschädigung oder Zerstörung der großen Fluß- und Talbrücken haben das Netz der Eisenbahnen in eine Vielzahl von betrieblichen Inseln zerlegt. Die Lufthansa hat aufgehört zu existieren. Die Binnenschiffahrt wird durch Brückentrümmer behindert oder durch Schäden an Schleusenanlagen und die Zerstörung von Kanalüberführungen lahmgelegt.

19.7. Eisenbahnbetriebsleitung für die US-Zone in Frankfurt.

1.8. Détachement d'occupation des chemins de fer (DOCF), Eisenbahnverwaltung für die französische Zone in Speyer.

20.8. Reichsbahngeneraldirektion für die britische Zone in Bielefeld.

Wichtigste Verkehrsmittel der Deutschen sind Fahrräder, überfüllte Straßenbahnen und Pendelzüge von Hindernis zu Hindernis.

1946

Frühjahr In der Fahrzeugindustrie laufen die Montagebänder an; zuvor waren neben den Aufräumungsarbeiten die ersten Nachkriegsautos in Handarbeit gefertigt worden.

1.10. Gemeinsame Eisenbahnverwaltung für die britische und die amerikanische Zone in Bielefeld (ab 11.12.1947 in Offenbach).

Reparationsabgabe von rollendem Eisenbahnmaterial an Frankreich und Belgien. 46 Prozent des Wagenbestandes, durch die Reichsbahn während des Krieges von fremden Bahnen »entliehen«, gehen bis 1950 an die Eigentümer zurück.

1947

1.1. Gründung der »Betriebsvereinigung südwestdeutscher Eisenbahnen« (Sitz in Speyer).

26.3. Produktionsplan (Alliierter Kontrollrat): 40000 PKW, 10400 Motorräder pro Jahr.

1.4. Ausgliederung der Bahnen im Saarland.

29.8. In der Bizone wird als Produktionsobergrenze für die meisten Industriezweige das Volumen des Jahres 1936 festgelegt.

1947/48 Im Laufe dieses und des folgenden Jahres kommen 51000 beladene nach Frankreich und Belgien disponierte Güterwagen nicht wieder zurück.

1948

20.6.	Währungsreform in den Westzonen und in West-Berlin.
24.6.	Berlinblockade durch die Sowjetunion; die Westalliierten reagieren mit einer Luftbrücke zwischen Westdeutschland und West-Berlin.
Herbst	Neue Reiselust: DER, ABR, Hapag Lloyd und das Reisebüro Degener (Ruhpolding) unterzeichnen einen Kooperationsvertrag (1951 geht daraus die Touropa hervor). Die Lebensmittelversorgung der westdeutschen Großstädte wird zumeist noch mit Militär-LKW der Besatzungsstreitkräfte durchgeführt.

1949

22.4.	Inkrafttreten des »Ruhrstatuts«: internationale (Westalliierte plus Beneluxstaaten) Kontrolle der Stahlproduktion und der Kohlenförderung des Ruhrreviers.
12.5.	Ende der Berlinblockade.
2.9.	Güterfernverkehr-Änderungsgesetz: Aufhebung des Einzelgenehmigungsverfahrens für LKW-Transporte.
7.9.	Gründung der Deutschen Bundesbahn für den Bereich der britischen und der amerikanischen Zone mit Sitz in Offenbach (am 1.10.53 nach Frankfurt verlegt).
Sommer	Der erste DER-Ferienexpreß trifft nach 22 Stunden dauernder Fahrt aus dem Ruhrgebiet kommend in Ruhpolding ein.

1950

1.1.	Deutsche Schiffe dürfen wieder Auslandsfahrten durchführen. Dieser Souveränitätsgewinn ist insbesondere für die Rhein- und Küstenschiffahrt von großer wirtschaftlicher Bedeutung.
Juni	Mit dem Koreakrieg beginnt die Westintegration der Bundesrepublik. In den folgenden Jahren kommt es zu einem Boom für die westdeutsche Wirtschaft (Besetzung von zuvor durch die USA beherrschten Fertigwarenmärkten, insbesondere des Maschinen- und des Fahrzeugbaus, Ausbau der Kapazitäten in der Stahlindustrie).

1951

25.5.	Das »Büro Bongers« wird Keimzelle der neuen Lufthansa; Bongers war Verkehrsleiter der alten Lufthansa. Bundesverkehrsminister Seebohm erteilt ihm den Auftrag, die Voraussetzungen für die Gründung einer Luftverkehrsgesellschaft zu klären.
14.7.	Eröffnung des Fährverkehrs Großenbrode-Kai–Gedser (Dänemark).
1.10.	Die BRD erhält die Selbständigkeit in Außenhandel und Zollwesen; GATT-Beitritt.
9.11.	Gründung des »Vorbereitungsausschusses Luftverkehr«.
18.12.	Mit dem Bundesbahngesetz kommen die südwestdeutschen Eisenbahnen an die DB.

Am Jahresende gibt es in der Bundesrepublik 26 Automobilhersteller (Auto Union, BMW, Borgward, Büssing, Champion, Daimler-Benz, Faun, Ford, Goliath, Gutbrod, Hanomag, Henschel, Kaelble, KHD, Krauss-Maffei, Lloyd, MAN, Opel, Porsche, Südwerke, Vidal & Co., VW und vier kleinere Nutzfahrzeughersteller, 1988 existieren davon noch neun, drei [FIAT, IVECO und Alpine] sind hinzugekommen).

1952

26.9. Beschluß der Bundesregierung, eine deutsche Luftverkehrsgesellschaft zu gründen.

Herbst Gründung der »Gruppe Radwegebau« durch den Verband der Fahrrad- und Motorradindustrie und den Fachverband Fahrradteile, die bis Ende 1980 so besteht.

17.10. Güterkraftverkehrsgesetz: Gründung einer Bundesanstalt für den Güterfernverkehr, die zuständig wird für die Genehmigung von Unternehmen des Güterkraftverkehrs und für die Festlegung der Tarifbandbreite im Güterfernverkehr.

1953

6.1. Gründung der »AG für Luftverkehrsbedarf« (Luftag), Vorläufer der neuen Lufthansa.

20.3. Sechs Hamburger Reisebüros schließen sich zu den Hummel-Reisen zusammen.

Frühjahr Der Käfer erhält größere Fenster ohne Mittelsteg (damit VW-Fahrer auf der Autobahn die Lichthupe schnellerer Wagen besser mitbekommen).

Mai Indienststellung der ersten Liegewagen III. Klasse; zuvor schlief man in dieser Wagenklasse in Hängematten.

26.6. Bestellung von vier Lockheed Super Constellation für die Luftag. Beginn der Pilotenausbildung bei der englischen Air Training Services Ltd.

6.8. Mit dem Bundesfernstraßengesetz wird ein einheitliches Wegerecht geschaffen und die Straßenverkehrsordnung überarbeitet.

1.10. »Gesetz über den gewerblichen Binnenschiffsverkehr«: Liberalisierung des Werkverkehrs per Binnenschiff.

1954

6.8. Aus der Luftag wird die Deutsche Lufthansa AG, Köln mit 600 Beschäftigten (zum Vergleich: 1984 werden 36600 Mitarbeiter beschäftigt).

1955

1.4. Die Lufthansa nimmt den Linienverkehr im Inland mit vier C 340 auf; bis Oktober werden sie von amerikanischen Piloten geflogen.

5.5. Die Bundesrepublik erlangt durch Inkrafttreten der Pariser Verträge die meisten Souveränitätsrechte (darunter die Verkehrs- und Lufthoheit).

ab Mai Die seit 1949 (bei voller Trassierung) mit zwei Spuren gebauten etwa 50 km »Autobahnfortsetzung« erhalten in der Folgezeit die zweite Fahrbahn.

15.5. Die Lufthansa startet den Europaverkehr mit Flügen nach London, Paris und Madrid.

1.6. Erster Überseeflug von Hamburg über Düsseldorf, Shannon und Gander nach New York; gesteuert werden die Super Constellation (bis März 1956) von TWA-Piloten.

1956

Mai Gründung der Deutschen Verkehrsfliegerschule in Bremen.

27.10. Vertragliche Vereinbarung der Moselkanalisierung mit Frankreich.

Mit 2,5 Millionen erreicht der Bestand an Krafträdern seinen Höchststand (1974: 182000). Die Hälfte der Automobilproduktion wird exportiert.

1957

1.1. Mit der Rückgliederung des Saarlandes gehen die Saarbahnen an die DB über.

1.3. In 800 Betrieben gilt die 45-Stunden-Woche. Der Freizeitverkehr nimmt zu.

5.7. Der Bundestag nimmt die EWG- und die EURATOM-Verträge an. Die römischen Verträge schreiben eine schrittweise Integration des Verkehrs der Mitgliedsstaaten vor.

16.11. Das Schubschiff Wasserbüffel (Raab-Karcher) erscheint mit vier 1310-t-Leichtern als erster Schubverband von Rotterdam kommend auf dem Rhein.

1958

1.2. Die Bundesbahn erhöht die Preise im Schüler- und Berufsverkehr um 50 Prozent (die übrigen Fahrkarten um 25 Prozent). Mehreinnahmen kommen nur kurzfristig herein; ein großer Teil dieser Benutzergruppe wird dem Individualverkehr zugetrieben.

1.4. Fertigstellung der kanalisierten Neckar-Wasserstraße bis zum Stuttgarter Hafen.

17.11. Abschluß der Elektrifizierung der linksrheinischen Eisenbahnlinie Mainz–Köln.

1959

1.1. Beginn des ersten Vierjahresplanes für den Autobahnbau.

11.1. Der Absturz einer Lufthansamaschine (beim Anflug auf Rio) fordert 36 Todesopfer.

5.5. Aufnahme des viergleisigen Eisenbahnverkehrs über die neue Hohenzollernbrücke in Köln; Zusammenschluß der Elektrifizierungsinseln Süddeutschland und Ruhrgebiet.

21.5. (Gescheiterter) Versuch der Gründung einer europäischen Airline durch Air France, Alitalia, Lufthansa und Sabena.

4.12. Die letzte von der Bundesbahn bestellte Dampflokomotive, 023105, wird von der Firma Jung abgeliefert.

1960

17.3. Mit der Auslieferung der ersten Boeing 707 beginnt bei der Deutschen Lufthansa die Ära der Düsenflugzeuge.

10.11. Fertigstellung der Großschiffahrtsstraße Mittelweser von Bremen nach Minden für 1000-t-Schiffe.

Die Automobilindustrie beschäftigt 400000 Menschen. Die Produktion hat sich im Vergleich zu 1950 versechsfacht, der Automobilbestand hat sich verachtfacht. Umsatz und Beschäftigtenzahl haben sich seit 1950 verdoppelt.

1961

13.8. Berlinkrise, Mauerbau. Damit endet der Westberliner Vorortverkehr an den Grenzen der Westsektoren zur DDR.

1.9. Die Lufthansa nimmt den Nachtluftpostverkehr (mit Propellerflugzeugen) auf.

Herbst Mit Inbetriebnahme der letzten Streckenabschnitte bei Hannover und in Baden wird die bereits 1925 geplante HAFRABA fertig, die Autobahn Hamburg–Frankfurt–Basel.

1962

Frühjahr Baubeginn am Kanalabschnitt Bamberg–Nürnberg der Rhein-Main-Wasserstraße.

27.5. Fertigstellung der elektrischen Oberleitung auf der rechtsrheinischen (Güterzug-)Strecke Köln–Wiesbaden.

1963

13.5. Eröffnung der Vogelfluglinie mit der Fehmarnbrücke und der nur noch 67 km langen Fährlinie von Puttgarden nach Rødby-Fårge.

20.11. »Übereinkommen zur Revision der revidierten Rheinschiffahrtsakte« zwischen Belgien, der Bundesrepublik, Frankreich, Großbritannien und der Schweiz: Aufhebung der Akte von Mannheim 1868, der Bestimmungen des Versailler Vertrages und weitgehende Liberalisierung des Rheinverkehrs für die Signatarmächte.

Dez. Passierscheinabkommen zwischen dem Westberliner Senat und der DDR; Westberliner können an bestimmten Feiertagen ihre Verwandten im Osten Berlins besuchen. Weitere solche Abkommen folgen im September 1964 sowie im November 1965 und 1966.

31.12. Die Lufthansa hat erstmals einen Betriebsgewinn erwirtschaftet.

1964

Apr. Die Lufthansa stellt die Europa- und Nahostlinien auf Düsenflugzeuge um.

26.5. Einweihung der Mosel-Wasserstraße Koblenz–Thionville durch Adenauer und de Gaulle.

1965

6.4. Intelsat 1 wird gestartet. Damit beginnt die Telekommunikation über Satellit. Die Telekommunikation (bisweilen dem Verkehr zugerechnet) ist verkehrsvermeidend: das Telefon substituiert die Briefpost, Fernsehen mit Verkehr verbundene Aktivitäten.

Mai Erster elektrischer Zugbetrieb auf der Nord-Süd-Magistrale Würzburg–Hamburg.

14.5. Die elektrifizierte Ruhr-Sieg-Linie Frankfurt–Hagen wird dem Verkehr übergeben.

Nov. Die Lufthansa erhält die ersten Düsenfrachter.

29.11. Erster städtischer Nahverkehrsverbund der Bundesrepublik im Großraum Hamburg.

1966

Die Strukturkrise im Bergbau hat Auswirkungen auf den Anteil der Bundesbahn und der Binnenschiffahrt an der Güterverkehrsleistung.

1967

Mai Aufnahme des Containerverkehrs bei der Deutschen Bundesbahn. Eine Regierungsverordnung erlaubt die Verwendung von bis zu 40 % der Mineralölsteuer für den Verkehrswegebau des öffentlichen Personennahverkehrs.

6.10. Außerdienststellung der letzten Lockheed Super Constellation bei der Lufthansa. Dieser Flugzeugtyp hatte in den 50er Jahren den Atlantikverkehr getragen.

Konjunkturrückgang: es werden fast 20 Prozent weniger Autos produziert als 1966.

1968

4.2. Übernahme des ersten »City-Jet« B-737 durch die Lufthansa.

6.5. Aufnahme der Bauarbeiten am (bis zum 15.6.1976 fertiggestellten) Elbeseitenkanal.

30.5. Verabschiedung der Notstandsgesetze, Erlöschen der alliierten Vorbehalte. Im Notstandsfall kann der motorisierte Verkehr zwangsbewirtschaftet werden.

11.6. Die DDR führt den Visum- und Paßzwang für Westdeutsche ein.

Okt. Sozialliberale Koalition SPD-FDP. Die Koalitionsvereinbarung sieht eine neue Verkehrspolitik, insbesondere die Förderung des öffentlichen Verkehrs vor.

1969

Mai Verfassungsbeschwerde des Straßenverkehrsgewerbes gegen den »Leberpfennig«, eine kurz zuvor erlassene Beförderungsteuer (1 Pfg. pro tkm für den gewerblichen, 3 bis 5 Pfg. pro tkm für den Werkfernverkehr). Die starke Belastung des Werkverkehrs stabilisiert für kurze Zeit die Lage der Bundesbahn im Güterfernverkehr.

1970

1.1. Scharnow, Hummel und Touropa gründen die Touristik Union International (TUI).

30.3. Die Lufthansa erhält den ersten Jumbo-Jet B-747.

Planungsbeginn für Neu- und Ausbaustrecken für höhere Geschwindigkeiten mit dem »Ausbauprogramm 1970« der Deutschen Bundesbahn.

Beginn der Motorradrenaissance; Verdoppelung der Neuzulassungen (gegenüber dem Minimum von 1967) und der Auflage der Fachzeitschrift »Das Motorrad«, die Unfallziffer verdreifacht sich; japanische Marken erreichen fast 50 % Marktanteil.

1971

März Die Lufthansa stellt die letzte Turbopropellermaschine außer Dienst.

Sept. Das Viermächteabkommen über Berlin ermöglicht Verkehrsverhandlungen zwischen der Bundesrepublik und der DDR.

11.11. Luftverkehrsabkommen mit der Sowjetunion.

Nov. Die Lufthansa erhält ihren ersten Großraum-Luftfrachter B-747.

Dez. Transitabkommen mit der DDR: Verbesserung der Grenzabfertigung, pauschale Ablösung der Autobahngebühren durch die Bundesregierung.

1972

1.1. Großbritannien, Irland und Dänemark treten der EG bei.

Frühjahr Beginn der Neuentwicklung des Zugtyps ICE für den Hochgeschwindigkeitsverkehr.

13.3. Gemeindeverkehrsfinanzierungsgesetz: der Öffentliche Personen-Nahverkehr erhält erhebliche Bundeszuschüsse, v. a. zur Finanzierung des S- und U-Bahnbaus.

April Die Lufthansa fliegt sechsmal pro Woche Fracht zwischen Frankfurt und New York.

3.6. Transitabkommen zwischen der BRD und der DDR. Neubau der Autobahn Marienborn–Berlin, Paßkontrolle im fahrenden Zug.

23.9. Fertigstellung der Kanalstrecke Bamberg–Nürnberg der Main-Donau-Wasserstraße.

18.10. Verbesserungen im Eisenbahnverkehr durch das Eisenbahngrenzabkommen zwischen der Bundesrepublik und der DDR.

1973

19.4. Weitgehend automatisiertes Frachtterminal der Lufthansa auf dem New Yorker John-F.-Kennedy-Flughafen.

1.5. Verbesserte Tarife im Eisenbahnverkehr zwischen Westdeutschland und West-Berlin.

21.6. Grundlagenvertrag mit der DDR, durch den zahlreiche Verkehrsverbesserungen nach West-Berlin und in die DDR möglich werden.

Aug. Baubeginn an der Neubaustrecke Würzburg–Hannover der Bundesbahn.

Okt.	»Ölpreisschock«: Durch die Drosselung der Produktion seitens der arabischen Förderländer steigt der Ölpreis von 2,70 $/Barrel (159 Liter) auf 9,96 $/Barrel am Jahresende.
Herbst	Erstmals müssen die Bundesbürger an den autofreien Sonntagen im Gefolge der Ölkrise auf die Benutzung des Autos verzichten.
	1974
20.11.	Dritter Totalverlust der Lufthansa: Der Absturz eines Jumbos nach dem Start in Nairobi kostet 59 Menschen das Leben, es gibt 97 Überlebende.
	Rückgang der Automobilproduktion um rd. 20% infolge der Benzinpreissteigerungen und des Konjunkturrückganges.
	1975
	Der Auslastungsgrad der Verkehrsmittel im öffentlichen Personennahverkehr ist von 26,2% 1960 auf 19,4% zurückgegangen.
	1976
19.2.	Die Lufthansa erhält den ersten Airbus A-300.
30.5.	Eröffnung des Bahnhofs Wannsee für D-Züge im Verkehr zwischen Berlin und Hannover, Frankfurt und München.
20.9.	START, das automatische Buchungssystem von Lufthansa, DB und TUI geht in Betrieb.
26.9.	Auf dem Bhf. Spandau können D-Züge im Verkehr zwischen Berlin und Hamburg halten.
	1977
10.3.	Ein Teil des Frachtgeschäftes der Lufthansa wird auf die neugegründete Tochter German Cargo übertragen.
13.5.	Aufnahme des Nonstop-Flugbetriebs Frankfurt–Los Angeles mit der Langstreckenversion des »Jumbo« B-747; Flugzeit: 11.45 Stunden
7.7.	Inbetriebnahme des Nord-Süd-Systems des Rangierbahnhofs Maschen (südlich von Hamburg), Beschleunigung des Güterverkehrs ab Hamburg.
13.10.	Kaperung der B-737 Landshut, die am 18.10. in Mogadischu durch eine Kommandoeinheit der GSG-9 aus der Gewalt der Entführer befreit wird.
26.10.	Einstellung der Dampftraktion bei der Deutschen Bundesbahn mit einem Güterzugpaar auf der Strecke Rheine–Emden.
	1978
1.11.	Luftfahrtabkommen mit den USA: Liberalisierung der Tarife; neue Strecken der Lufthansa in den USA.
	1979
Mai	Der nordrhein-westfälische Minister für Ernährung, Landwirtschaft und Forsten, Diether Deneke (SPD), tritt aus Protest gegen einen Ka-

6.7.	binettsbeschluß zum Bau der Autobahn Dortmund–Kassel durch das Rothaargebirge von seinem Amt zurück. Einführung des IC-Verkehrs II. Klasse im Stundentakt im Netz der Bundesbahn.
Juli	Der Ölpreis erreicht mit rd. 30 $/Barrel seinen bisherigen Höchststand.
26.7.	Absturz des Lufthansa-Frachters Essen nach dem Start in Rio; die drei Besatzungsmitglieder kommen ums Leben.
Aug.	Drastischer Anstieg der Flugbenzinpreise (gegenüber Januar um 70 % in Frankfurt, um 100 % in New York).
27.9.	Gründung des Allgemeinen Deutschen Fahrrad-Clubs (ADFC).
	1980
1.1.	Im größten Ballungsgebiet der Bundesrepublik nimmt der Verkehrsverbund Rhein-Ruhr (VRR) den Betrieb auf. In seinem Einzugsgebiet wohnen 12 Millionen Menschen.
7.7.	Beschleunigung des Bahngüterverkehrs nach Norden: Einweihung des Süd-Nord-Systems des Rangierbahnhofs Hamburg-Maschen.
28.9.	Die Deutsche Reichsbahn legt nach einem Eisenbahnerstreik die S-Bahn in West-Berlin still.
Okt.	Die Lufthansa stellt in größerem Umfang unrentable Strecken ein. Mit 1,6–1,7 Fahrten pro Tag erreicht die motorisierte Mobilität in der Bundesrepublik einen Sättigungsgrad, der in den 80er Jahren stabil bleibt. Es wird die Rekordzahl von 4,74 Millionen Fahrrädern verkauft.
	1981
16.4.	Der Bayerische Verwaltungsgerichtshof verhängt einen Baustopp gegen den Großflughafen München II bei Freising.
Mai	Vereinigung von Bahn- und Postbusnetz. Erstmals seit 1945 ist der Individualverkehr mit dem PKW rückläufig. Die Zahl der Tankstellen in der BRD hat sich seit 1969 (Maximum) um 47 % auf knapp 25000 vermindert; ca. 80 % der Zapfsäulen sind auf Selbstbedienung umgestellt.
	1982
März	Inbetriebnahme des Lufthansa-Airport-Expreß Frankfurt–Köln/Bonn–Düsseldorf. Im Laufe des Jahres kommt es zu mehreren heftigen Demonstrationen gegen den Bau der (3.) Startbahn West auf dem Flughafen Frankfurt.
	1983
4.2.	Eine interministerielle Arbeitsgruppe unter Leitung des Bundesinnenministeriums beschließt das »Programm zur Umweltentlastung durch Förderung des Fahrradverkehrs«.
27.3.	Auf der Lufthansa-Route Hamburg–München wird der 2-Stunden-Takt eingeführt.

1984

1.1. In West-Berlin nimmt die S-Bahn den Betrieb in (Westberliner) BVG-Regie auf.

12.4. Inbetriebnahme der umstrittenen (3.) Startbahn West des Flughafens Frankfurt.

28.5. Einrichtung des Projektes HGV (Hochgeschwindigkeitsverkehr) bei der Deutschen Bundesbahn.

31.12. Das letzte Kleinraum-Düsenflugzeug der Lufthansa vom Typ B-707 wird ausgemustert.

1985

8.3. Der Bayerische Verwaltungsgerichtshof erlaubt die Fortsetzung der Bauarbeiten am Flughafen München II im Erdinger Moos; im Mai wird 3,5 km vom Zentrum der Kreisstadt Freising entfernt der Baubetrieb aufgenommen.

26.11. Vorstellung des Prototyps einer integrierten Zugeinheit des Hochgeschwindigkeitszuges ICE (InterCity-Experimental).

1986

Starkes Absinken der Ölpreise (von rd. 28 $/Barrel auf rd. 14 $/Barrel).

1987

Febr. Übergabe des neuentwickelten S-Bahn-Triebwagens der Baureihe ET480 mit Nutzbremse und Drehstromantrieb an die Berliner BVG. Die Baureihe gilt als »neue Generation« für den elektrischen Schienennahverkehr.

7.2. In der hessischen Stadt Herborn explodiert ein mit Benzin beladener Tank-LKW, dessen Bremsen an einer Gefällstrecke versagten. Fünf Menschen sterben in den Flammen, 33 werden verletzt, 40 Einwohner aus 17 Haushalten werden obdachlos, in 12 Häusern bricht Feuer aus, acht davon brennen nieder. Die Versicherungen nennen als untere Schadensgrenze 30 Millionen DM. Die Katastrophe löst eine scharfe Debatte über die Verkehrsart und die Beaufsichtigung von Gefahrguttransporten aus.

1988

1.5. Der InterCity-Experimental stellt auf der Neubaustrecke Hannover–Würzburg mit 406,9 km/h einen neuen Weltrekord für Schienenfahrzeuge auf.

Mai Die Deutsche Bundesbahn nimmt den Abschnitt Würzburg–Fulda der Neubaustrecke Würzburg–Hannover in Betrieb.

Sept. Beschluß der Verkehrsminister Italiens, der Schweiz und der Bundesrepublik über den Bau eines neuen Gotthardt Basistunnels für die Eisenbahn (»Y-Lösung« mit Anfahrt von Basel/Zürich und von Lindau/Chur her).

15.11. Submission für den Bau von Auslauf- oder Fluchtgassen an der in die Stadt Herborn führenden langen Gefällstrecke (vergleichbar Vorbildern aus der Schweiz oder vom Zirler Berg auf der Strecke Mittenwald–Innsbruck).

Anton Kehl
Die Arbeitswelt

Die öffentliche Diskussion über die Arbeitswelt ist häufig noch von Klischeebildern geprägt, da die historische Betrachtung der Innenwelt der Fabriken seit dem Kriegsende etwas vernachlässigt wurde. Obgleich die Arbeit einen zentralen Teil im Leben eines jeden einzelnen darstellt und obwohl es unbestritten ist, daß die Arbeitssphäre ein bestimmendes Element für den Charakter und das Erscheinungsbild einer Gesellschaft ist, enden Erörterungen über die Entwicklung der Bundesrepublik Deutschland meist an den Fabriktoren. Im Mittelpunkt der Auseinandersetzungen über die Arbeitswelt stehen vorwiegend gesellschaftspolitische Themen, wie etwa das Problem der Mitbestimmung oder lohn- und beschäftigungspolitische Fragen. Die umwälzenden Veränderungen der Arbeitsplätze in den vergangenen Jahrzehnten, die Leben und Bild des Arbeiters entscheidend gewandelt haben, sind bisher nur am Rande behandelt worden.

In letzter Zeit sind jedoch globale Entwicklungen in den Vordergrund gerückt, die man unter dem Stichwort »Trend zur Dienstleistungsgesellschaft« zusammenfassen kann. Dieses Schlagwort markiert eine Bedeutungsverlagerung zwischen den einzelnen Wirtschaftssektoren in den letzten dreißig Jahren. Noch 1950 verdiente sich ein Viertel der erwerbstätigen Bevölkerung den Lebensunterhalt in der Landwirtschaft, während der Großteil in der Industrie beschäftigt war. Im Jahre 1989 bietet sich ein völlig verändertes Bild: im Dienstleistungssektor arbeiten mehr Menschen als in den Fabriken, und die Landwirtschaft ist, gemessen an der Zahl der Beschäftigten, ein unbedeutender Bereich geworden. Diese Entwicklung ist, neben der Ausdehnung der Handels- und Verwaltungsbereiche und der Freizeitsphäre, vor allem das Resultat einer stetigen Verbesserung und Effektivierung der Produktionstechnik, die die notwendige menschliche Arbeit in Industrie und Landwirtschaft reduzierte. Darüber hinaus setzte sie auch den Prozeß der wirtschaftlichen Konzentration in Gang. Das bekannteste »Opfer« der billigeren und effektiveren Massenfertigung ist der einst bedeutende Bereich des Handwerks, der von der übermächtigen industriellen Konkurrenz in eine Randposition gedrängt wurde.

Hinter diesen globalen Veränderungen verbirgt sich jedoch mehr als nur eine Umschichtung der Arbeitskräfte. Hält man sich vor Augen, daß in

Tabelle 1: Entwicklung der Wirtschaftssektoren – Anteil der Erwerbstätigen in den einzelnen Sektoren in % der Beschäftigten

	1950	1960	1970	1979	1986
primärer Sektor: Landwirtschaft	23,2	14,1	8,5	6,0	5,2
sekundärer Sektor: Industrie	42,3	47,8	48,8	44,9	40,9
tertiärer Sektor: Dienstleistungen und öffentlicher Dienst	32,3	37,1	42,7	49,1	53,9

Tabelle 2: Veränderung der Berufsstruktur – Anteile der Erwerbstätigen in den einzelnen Tätigkeitsbereichen in % der Beschäftigten

	1950	1960	1970	1979	1986
Arbeiter	51,0	49,7	46,6	42,3	39,5
Angestellte/Beamte	20,6	28,1	36,2	45,2	47,8
Selbständige	14,5	12,4	10,4	8,3	9,4
mithelfende Familienangehörige	13,8	9,8	6,7	3,6	3,3

Quellen: Bernhard Schäfers, Sozialstruktur und Wandel der Bundesrepublik Deutschland, München 1980; Statistisches Bundesamt (Hrsg.), Daten-Report 3, Stuttgart 1987.

den letzten dreißig Jahren die Arbeit von Drehern, Buchhaltern, Bäckern, Händlern immer mehr von Maschinenbedienern, Arbeitsvorbereitern, Programmierern, Elektrotechnikern und Industriekaufleuten ausgeführt wurde, so kann man erahnen, wie tief der Wandel in den konkreten Arbeitsplatz selbst eingegriffen haben muß. In der arbeitssoziologischen Diskussion wird dieser Vorgang als »Professionalisierung« bezeichnet, d.h. das Wissen über das konkrete Produkt tritt immer mehr hinter die optimale Beherrschung und Verfeinerung technischer Mittel zurück. Der Begriff der »Dienstleistungsgesellschaft« meint in diesem Zusammenhang nicht nur einen Wandel zwischen den Wirtschaftssektoren, sondern auch, daß industrielle Arbeit zur »Dienstleistungsarbeit« an Maschinen geworden ist.

Für den Arbeiter war dies nicht nur ein Problem der Aneignung neuartiger technischer Fähigkeiten, sondern bedeutete für ihn eine tiefgreifende Umstellung im Verhältnis zur Arbeit. Der folgende Beitrag versucht nun die Auswirkungen dieses Umbruchs an den Arbeitsplätzen für den einzelnen Arbeiter zu beschreiben. Im Mittelpunkt steht dabei der grundlegende Wandel der Arbeitsmoral und des Selbstverständnisses des Arbeiters. Die Darstellung beschränkt sich auf den Bereich der industriellen Arbeit, obwohl man ähnliche Entwicklungen in der Angestelltenarbeit und im Dienstleistungssektor feststellen kann. In der Fabrik wird jedoch eindringlicher die Radikalität dieses Veränderungsprozesses sichtbar, der dem Begriff »Arbeit« eine neue Bedeutung gegeben hat.

Die Nachkriegsphase: Chaos und Reorganisation

Unter dem Eindruck der zerstörten Städte wird unmittelbar nach dem Ende des Krieges das Ausmaß der Schäden an den industriellen Anlagen stark überschätzt. Die Bombardierungen der Alliierten hatten vor allem das Ziel, die Moral der deutschen Bevölkerung zu brechen und sollten erst in zweiter Linie die Wirtschaftskraft schwächen, so daß die Luftangriffe vorwiegend gegen Wohngebiete geflogen wurden. So beträgt der Schaden am Brutto-Anlagevermögen in den Westzonen 1945 nur ca. 20 %, wodurch es, wegen der hohen Investitionen während des Krieges, immer noch 20 % über dem Wert von 1936 liegt. Dennoch ist in dem allgemeinen Chaos und in der allgemeinen Not eine geregelte Produktionsaufnahme noch eine Zeitlang nicht möglich. Die zur Wiederinbetriebnahme der Anlagen notwendige Zuteilung von Rohstoffen und Gütern wird behindert durch die Abschottung der einzelnen Besatzungszonen, die den notwendigen Warenaustausch erschwert, durch eine Zwangsbewirtschaftung, die mehr bürokratische Engpässe als eine geregelte Versorgung schafft und durch das stark beschädigte Transport- und Verkehrssystem, an dessen Überresten in der französischen und der sowjetischen Zone die Militärbehörden auch noch Raubbau treiben.
Hinzu kommt die mangelnde Ausstattung der deutschen Stellen mit exekutiven Befugnissen bei der Verteilung und ein Mangel an Arbeitskräften. Auch nach der Verschmelzung der amerikanischen und britischen Zone zu einem einheitlichen Wirtschaftsgebiet verhindern langanhaltende Kompetenz- und Verwaltungsprobleme zunächst eine gesicherte Versorgung.
Die Stimmung in der Bevölkerung ist in dieser Situation vom Gefühl der Ohnmacht und Hilflosigkeit gegenüber den Maßnahmen der Sieger geprägt; viele haben den Eindruck, als sollte die wirtschaftliche Not Deutschlands »verewigt« werden. Auch die angeordneten Produktionsbeschränkungen und Demontagen schaffen ein angespanntes psychologisches Klima, obwohl der materielle Schaden letztlich gering bleibt (die Demontagen reduzieren die Produktionskapazität im Endeffekt, der frei-

lich erst in den 50er Jahren sichtbar wird, nur um 5 % des Wertes von 1945). In der allgemeinen Unsicherheit versuchen mancherorts die Arbeiter, parallel zu den behördlichen Maßnahmen durch Eigeninitiative den Wiederaufbau der Fabriken voranzutreiben. Der Betriebsrat eines westfälischen Stahlwerks schildert den Alltag der Arbeiter in dieser Zeit: »Wir arbeiteten acht bis zehn Stunden pro Tag in der Fabrik, wir mauerten, und wir bauten die Maschinen wieder auf, die uns noch geblieben waren. Wir hatten leere Mägen in diesen Tagen. Wir arbeiteten manchmal für eine einzige Zigarette am Tag. Dann gingen wir nach Hause, und wir arbeiteten weitere sechs Stunden am Abend, um unsere Häuser wiederaufzubauen. Drei unserer Leute verunglückten tödlich, weil sie keine Erfahrung im Häuserbau hatten.«[1] Für die Arbeiter ist die Wiederherstellung der Fabriken eine Art Überlebensgarantie, so daß neben den vielfältigsten individuellen Aktivitäten zur Überwindung der eigenen materiellen Not auch eine gemeinsame Anstrengung zum Aufbau funktionierender Produktionsbedingungen in den Vordergrund rückt.

Im Mittelpunkt des Produktionsgeschehens steht in der Anfangsphase die Kohleförderung. Während im ganzen Land die industriellen Anlagen langsam wieder instand gesetzt werden, fahren im Ruhrgebiet die Bergleute bereits ihre ersten Förderschichten. Die Bergwerke haben nur geringen Schaden genommen, so daß unmittelbar nach dem Ende des Krieges mit dem Abbau der Kohle begonnen werden kann. Kohle stellt die einzige verfügbare Energiequelle dar und ist zudem das primäre Exportgut in der Nachkriegszeit (wobei der Export aber von den Alliierten kontrolliert wird, die die Kohle weit unter dem Weltmarktpreis verkaufen). Um die Förderung zu steigern, starten die Behörden einen Werbefeldzug für die Arbeit unter Tage und führen 1947 ein Punktesystem ein, das den Bergleuten Vorteile bei der Versorgung mit Nahrung, Kleidung und Genußmitteln garantiert. Die Kampagne wird ein großer Erfolg, und die Kapazitäten der Zechen zur Unterbringung der vielen Arbeitswilligen sind bald ausgeschöpft. Die Privilegien der Bergarbeiter, die bei einer Fehlschicht schon wieder entzogen werden können, stellen allerdings nur einen geringfügigen Ausgleich für die harten Tag- und Nachtschichten in den immer wieder von Streckeneinbrüchen bedrohten Stollen dar. Zudem gibt es Spannungen mit den Militärregierungen, die die Abbauleistung bemängeln und eine fortwährende Erhöhung der Fördermenge verlangen, um die bedrohliche Unterversorgung an Kohle zu überwinden. Diese resultiert jedoch vorwiegend aus der mangelhaften Ausstattung der veralteten Bergwerksanlagen und dem katastrophalen Zustand des Transportsystems und nicht aus dem fehlenden Einsatz der Bergleute, die ihre Arbeit vielfach als Pioniertätigkeit zur Herstellung geordneter Verhältnisse begreifen. So heißt es etwas pathetisch in einem »Bergmanns-Brevier« aus dem Jahre 1950: »Schwer ist die Arbeit. Sie ist Dienst, ist härtester Einsatz einer Front, die von keinem zerstörenden Willen beherrscht wird, sondern von guten, starken, gewaltigen Kräften zu Frieden und Aufbau. Wer möchte es wagen, verächtlich von dieser Arbeit zu sprechen? Gefährliche und schmutzige Arbeit? O ja! Arbeit für bedauernswerte Menschen? Nein! Mag sie hart sein und schwer, aber sie ist stark und gut, diese Arbeit, und schafft freie und gläubige Herzen... Dieser Beruf will Männer, Kerle mit harten Fäusten und mutigen Herzen.«[2]

Industriearbeit Anfang der 50er Jahre – ein »physisches Drama«

Dem Aufbauwillen und der spezifischen Arbeitsmoral der Nachkriegszeit korrespondieren Produktionstechniken, die auf der Erfahrung und dem persönlichen Einsatz des einzelnen Arbeiters gründen. Als nach dem »Petersberger Abkommen« Ende 1949 die Produktionsbeschränkungen weitgehend aufgehoben werden und die industrielle Produktion wieder vollständig aufgenommen wird, überwiegen in den Fabriken handwerklich und manuell orientierte Fertigungsprozesse. Die Arbeit spielt sich oft noch im handwerklichen Rahmen ab und erfordert eine gewisse Perfektion, wie etwa der Arbeitsgang in einer Glasfabrik: »Der Arbeitsjunge (Kölbelmacher) holt mit seinem langen Blasrohr so viel flüssiges, glühendes Glas aus dem Ofen, wie der Geselle ungefähr braucht. Dieser bläst einen runden Kolben zur Vorform, erhitzt ihn noch einmal und reicht ihn dann dem Gehilfen, der dem Kolben noch etwas mehr Form gibt, um ihn dann in eine eiserne Form zu senken und so lange in seine Pfeife hineinzublasen, bis sich das Glas dem Innern der Form angepaßt hat. Dann kommt das rohe Produkt in den Kühlraum, von dort in die Schleiferei zur Veredelung.«[3] Flinke Hände und Geschicklichkeit verlangen auch die vergleichsweise weniger anspruchsvollen Arbeitsplätze an den Fließbändern, da beispielsweise in der Elektroindustrie beim Montieren und Löten von Radioteilen noch mehrere Arbeitsgänge auf einmal erledigt werden müssen. Im allgemeinen erfordert der Grad der Mechanisierung des Arbeitsprozesses, trotz vieler neuartiger Anlagen, eine gewisse individuelle Kunstfertigkeit und Erfahrung bei den einzelnen Arbeitsgängen.
Der betriebliche Ablauf ist noch sehr unvollkommen organisiert, so daß die Abwicklung der Arbeit großteils von den Arbeitern selbst übernommen werden muß. Es gehört oft zum Alltag von Automobilfabriken, daß die Schweißer ihre Karosserieteile eigenhändig zusammentragen oder daß das Arbeitsmaterial mit Schubkarren geholt wird. Die körperlich

harte Handarbeit fungiert auch an industriellen Großanlagen als »Scharnier« der Fertigung. In chemischen Werken werden die Schwefelverbrennungsanlagen von Hand beliefert und ätzende Substanzen über Loren weitertransportiert – am Arbeitsplatz regiert die Muskelkraft. Das Bild der Blechwalzwerke prägen breitschultrige Muskelmänner, die sogenannten »Umwalzer«, die in blechbeschlagenen Holzschuhen und dicken Lederschürzen mit langen Zangen das heiße Eisen von einem Arbeitsgang zum anderen befördern. Das Zusammenspiel der schwitzenden Arbeiter dirigiert mittels Pfiff und Zuruf der Walzmeister, im Jargon »Tanzmeister« genannt, um die Walzstraße in Fluß zu halten. Die Arbeit ist eine Art »physisches Drama« mit Gefahrenmomenten und Bewährungsproben für den einzelnen. Beim Hochofenabstich muß jeder Schmelzer, von der Preßlufthammerbedienung bis zum Rinnenausbau seine Aufgabe »im Griff haben«, damit im entscheidenden Moment der rasende Strahl des glühenden Eisens seinen richtigen Weg nimmt. Typisch für den Charakter der Arbeit ist dabei die symbolische Anwesenheit des Schmelzmeisters, der auch bei perfekt eingespielten Teams diesen Vorgang, mit einer gewissen rituellen Feierlichkeit abseits stehend, beobachtet. Er verkörpert einen irrationalen Rest der Industriearbeit bei der Meisterung schwieriger Aufgaben.

Diese zentrale Stellung des Arbeiters im Produktionsprozeß und das Bewußtsein von der Bedeutung des individuellen Könnens für den Arbeitsablauf schaffen die Grundlage für das ausgeprägte Berufsethos dieser Zeit. Eine als selbstverständlich empfundene Verantwortung für den Arbeitsplatz und der Ehrgeiz, die Aufgabe perfekt zu beherrschen, sind maßgebende Triebfedern der Arbeitsleistung. Das Organ der IG Druck und Papier enthält eine regelmäßige Kolumne des »Technischen Ratgebers«, der ausführliche Tips zur optimalen Bedienung neuartiger Setzmaschinen oder zu Techniken des Farbmischens für besonders schöne Farbkombinationen gibt, verbunden mit Appellen an die Sorgfalt der Setzer: »Haltet die Setzmaschinen in allen Teilen sauber und trocken! Wie das Blei das Blut, so ist das Magazin das Herz der Maschine! Wenn die trockenen Matrizen hellschlagend durch die verschiedenen Herzkammern jagen, dann ist es eine Freude, die Maschine zu bedienen. Also Mahnung und Forderung: Pflegt und hegt das Herz der Maschine!«[4] In diesen beschwörenden Worten artikuliert sich noch ein unproblematisches Verhältnis zur Maschine, deren Funktionieren von der sicheren Hand des qualifizierten Arbeiters abhängt, der ihre Tücken kennt und sie beherrscht.

Durch dieses Engagement und die hohe körperliche Belastung wird das Leben des Arbeiters in diesen Jahren vollkommen von der Arbeit, die etwas Zwangsläufiges und Notwendiges an sich hat, vereinnahmt. Der

Typische Industrielandschaft der späten 50er Jahre.

Arbeiter ist an einen festen Rhythmus gefesselt, der den Spielraum zwischen Arbeit und physisch notwendiger Bettruhe klein hält. Die Freizeit dient vornehmlich der Wiederherstellung der in der Fabrik verbrauchten Kräfte, Brieftaubenzucht und Gartenarbeit sind Lieblingsbeschäftigungen des deutschen Industriearbeiters. Die ausgeprägte Arbeitsmoral bedeutet aber keineswegs automatische Unterordnung unter gesellschaftliche und betriebliche Verhältnisse. Gerade das Bewußtsein der Arbeiter von ihrer körperlichen Leistung stiftet eine ausgeprägte soziale Identität und ist die Basis für die Anmeldung gesellschaftlicher Ansprüche: »Die Arbeiterschaft hat etwas zu bieten, das dem Kapital – dem ›toten Kapital‹ – zumindest ebenbürtig, wenn nicht überlegen ist: die Arbeit – die ›menschliche Arbeit‹. Sie wird verstanden als körperliche Arbeit, d. h. diejenige menschliche Tätigkeit, die am ›sinnfälligsten‹ Arbeit ist; als produktive Arbeit, d. h. eine unmittelbar wertschaffende Leistung als primäre Arbeit; d. h. eine Funktion, die für die anderen, für die Gesellschaft, eine fundamentale Voraussetzung ihrer Existenz schafft.«[5]

Die »Explosion« der Produktivitätsrate in den 60er Jahren

Der Umfang der industriellen Produktion hat im Jahre 1955 durch den enormen Arbeitseinsatz den Stand von 1936 bereits um das Eineinhalbfache überschritten. Die Produktivität der Arbeit, d. h. die zur Herstellung eines Produkts notwendige Arbeitszeit, befindet sich jedoch immer noch auf dem Vorkriegsniveau. Die rasche Ausdehnung des Produktionsvolumens basierte hauptsächlich auf dem vermehrten Einsatz von Betriebsmitteln des alten technologischen Standards, der Ausschöpfung des durch ehemalige Landarbeiter und durch Flüchtlinge stark angewachsenen Arbeitskräftepotentials und der hohen körperlichen Beanspruchung der Belegschaften. Erst nach Abflauen des »Korea-Booms« und der Sättigung des Arbeitsmarkts setzt Ende der 50er Jahre und vor allem im Laufe der 60er Jahre ein ungeheurer Maschinisierungs- und Rationalisierungsprozeß ein, der die Fabrikarbeit gründlich umgestaltet. Durch die Ausdehnung des Mechanisierungsgrades der industriellen Fertigung wird die extensive von der intensiven Form der Produktionsausweitung abgelöst – mit einem geringeren Aufwand an menschlicher Arbeitskraft lassen sich mehr und billigere Produkte herstellen.
Das Ausmaß dieses technischen Umbruchs dokumentiert die Steigerung der Arbeitsproduktivität: während sich die Zahl der Beschäftigten im industriellen Bereich zwischen 1950 und 1965 von 8,5 Millionen auf 13 Millionen erhöht, vervielfacht sich in diesem Zeitraum die Summe der hergestellten Waren von 63 Milliarden auf 240 Milliarden DM (zu Preisen von 1962). Mußten 1950 noch 203 Arbeitsstunden zur Erzeugung von Industriewaren im Werte von 1000 DM geleistet werden, so sind es 1965 nur noch 80.[6]

Technischer Wandel der Arbeitsplätze: Bedeutungsverlust von Muskelkraft und handwerklicher Geschicklichkeit

In der Phase der Hochmechanisierung werden durch den Einsatz von effektiveren, technisch verbesserten Produktionsanlagen und durch die gezielte Anwendung rationellerer Verfahrensweisen einerseits körperlich schwere und damit störanfällige Tätigkeiten maschinell ersetzt und andererseits von Hand ausgeführte komplexe Arbeiten zerlegt und Maschinenfunktionen zugeführt. Bereits Mitte der 50er Jahre erledigen in den Walzwerken die Aufgaben der »Muskelmänner« maschinelle Anlagen, die aus einer hochgelegenen Steuerkanzel gefahren werden. Der Kraftakt in der Tiefe des Walzraumes wird übertragen in die Handhabung von

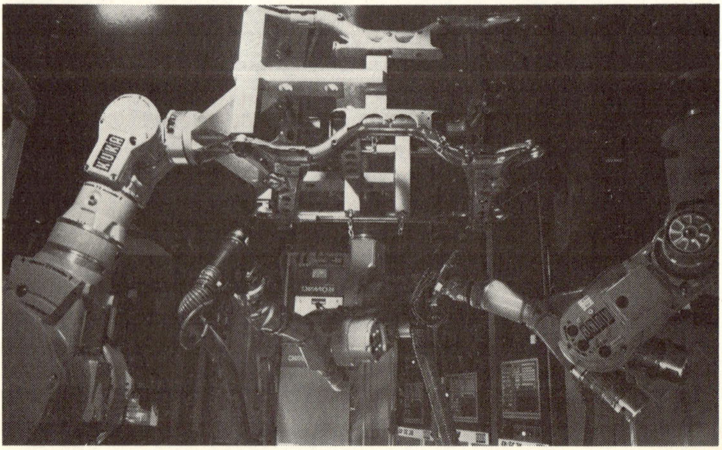
KUKA

Steuerknüppeln und in die Beobachtung von Meßinstrumenten. Die in ihrer gläsernen Kabine über der Hitze und dem Lärm des Arbeitsgangs thronenden Arbeiter müssen mit sicherem Auge und technischer Sensibilität für die Anlage das Walzgut zuleiten und die Walzen öffnen und schließen. Statt Kraft und körperlicher Zähigkeit benötigen die Walzer jetzt geistige Aufmerksamkeit und Feingefühl, um das oft 100 km/h schnelle Eisen zu dirigieren.
Die beginnende Phase der Hochmechanisierung führt langsam zur Auflösung der traditionellen Facharbeitertätigkeit. Diese Entwicklung läßt sich an der Veränderung der Arbeit des Drehers veranschaulichen, einem der traditionsreichsten Berufe in der metallverarbeitenden Industrie, der auch in der Nachkriegszeit noch Bestand hatte. Der Dreher war ursprünglich ein hochqualifizierter Fachmann, dessen Kunstfertigkeit und Kenntnis über die Beschaffenheit des Stahls und der Drehbank entscheidend für den Erfolg der Arbeit war. Anhand einer Zeichnung bereitete er sein Werkstück selbst vor, bestimmte die Reihenfolge der Arbeitsgänge und berechnete die Schnittgeschwindigkeit.
An den neuartigen Drehautomaten sind die technischen Kalkulationen vom Konstruktionsbüro vorgegeben; die vorrangige Aufgabe des Drehers besteht vor allem darin, die Maschinen mit Material zu versorgen und gelegentlich die vorgeschriebene Einstellung nachzuprüfen. Dies sind Aufgaben für einen »angelernten« Arbeiter, der mehrere Apparate gleichzeitig bedienen kann. Der Höhepunkt dieser Entwicklung ist die Einführung der numerisch gesteuerten Werkzeugmaschinen (NC-Maschinen) Mitte der 60er Jahre. NC-Maschinen sind mittels Lochstreifen auf verschiedene Arbeitsgänge (Bohren, Schleifen, Drehen, etc.) programmierbar; dadurch wird auch die Mechanisierung kleinerer Produktionsserien rentabel. Der Arbeitsgang an diesen Apparaten erfordert nicht mehr die andauernde Konzentration des Arbeiters, da die fachliche Kompetenz des Drehers in einem Lochstreifen komprimiert ist. Die Anlage bestimmt Reihenfolge und Tempo der Arbeitsabläufe, bei denen der Arbeiter nur noch eine Randposition einnimmt, die weder langjährige Berufserfahrung noch spezifisches persönliches Geschick verlangt. Diese Qualitäten sind für die Steigerung der Produktivität nicht mehr bedeutsam: für die Arbeitsleistung eines einzigen Arbeiters an den Drehautomaten wären 1950 noch 30 Dreher an den herkömmlichen Drehbänken notwendig gewesen. Die ursprüngliche Dreherarbeit ist fortan nur noch in den Reparaturabteilungen der Betriebe und in Werkstätten zur Herstellung von Spezialwerkzeugen gefragt.

Linke Seite: Technischer Wandel der industriellen Arbeit: Handarbeit – Fließband – Automation.

Der Einzug der Automaten – Maschinenarbeit und das Warten auf den Störungsfall

Den Umstrukturierungsprozeß der industriellen Fertigung in den 60er Jahren markiert, vor allem für die Großbetriebe, die Erstellung komplexer Produktionsaggregate, die verschiedene Teilarbeiten zu einem geschlossenen Produktionsvorgang vereinigen, ohne daß eine menschliche Hand eingreifen muß. Maschinenarbeit in ihren verschiedensten Erscheinungsformen wurde die dominierende Form industrieller Arbeit. Es vermehrten sich die Positionen der Maschinenbeschicker und der Maschineneinrichter, die Anlage und Material für den Produktionsablauf präparieren; vor allem die Funktion des Maschinenführers, der an oft hundert Meter langen Aggregaten die Produktion überwacht, Materialfluß und Maschinengeschwindigkeit reguliert und die Anlage gegen mögliche Störungsquellen präventiv absichert, wurde vorherrschend. Ein Schritt zur »Vollautomation« war in einigen Branchen die Einführung der sogenannten »Transferstraßen«, an denen bei automatischem Transport die verschiedenen Arbeitsgänge (etwa zur Herstellung von Motorblöcken, Textilien oder auch Backwaren) der Reihe nach von Automaten erledigt werden. Der Arbeiter beeinflußt den Fertigungsprozeß nur noch indirekt: ein Steuermann an einer Karosseriestraße ruft mittels Knopfdruck die verschiedenen Bauteile aus »Bahnhöfen« ab, um sie dem Zusammenbau in der Transferstraße zuzuführen; in der Backwarenfabrik löst er nach einer Zahlenkombination die Automatik aus, ohne zu wissen, ob gerade Russisches Brot oder gefüllte Waffeln hergestellt werden. Der Schwerpunkt der Arbeitsaufgaben verlagerte sich immer mehr auf den Störungsfall: Zeigt die Meßvorrichtung beispielsweise bei der Zylinderblockfertigung in der Automobilindustrie eine falsche Bohrung an, so wird die Straße automatisch gestoppt; von einem Kontrollarbeiter wird die Einstellung korrigiert oder in schweren Fällen die Reparaturabteilung benachrichtigt.

Die Konzentration der industriellen Arbeit auf die Bewältigung möglicher Notfälle spiegelt sich in der Tätigkeit, die zum Sinnbild für die Arbeit der Zukunft wird – im Beruf des »Meßwarts«. Diese steht im Mittelpunkt der chemischen Industrie und der Mineralölraffinerien, wo durch vollautomatisierte Syntheseverfahren der menschliche Eingriff weitgehend überflüssig gemacht wird. Mit fortschreitender Automation ist diese Funktion auch in anderen Bereichen der Verarbeitung flüssiger Stoffe anzutreffen. Die zur Kontrolle des Prozeßverlaufs notwendigen Meß-, Signal- und Bedienungseinrichtungen sind in den »Meßwarten« zentralisiert, neonbeleuchteten Räumen, die Pilotenkanzeln gleichen und in denen das Summen der Meßanlagen den Maschinenlärm abgelöst hat. Industrielle Arbeit findet

Arbeiten mit Schaltern und Symbolen: Meßstand zur Kontrolle der chemischen Produktion bei der Hoechst AG.

hier nicht mehr im unmittelbaren Kontakt mit dem Produktionsprozeß statt, die Kontrolle wird zur Fernkontrolle über die Zahlen und Symbole der Armaturen. Die Aktivitäten des Arbeiters beschränken sich auf die Beobachtung der Instrumente, gelegentliche Korrekturen des Prozeßverlaufs und die Bereitschaft, im Störungsfall selbst oder durch Mitteilung an die Instandhaltungsarbeiter einzugreifen.

Polarisierung der Qualifikationsanforderungen

Die Technisierung der Arbeitsplätze löst eine Wende in den Anforderungen der industriellen Arbeit aus: Der Facharbeiter muß seinen Produktionsapparat besser kennen als das Produkt, das er herstellt. Die qualifizierten Arbeitsplätze der Maschinenführung und -steuerung verlangen neben Kenntnissen in der Maschinenschlosserei oder der Elektrotechnik

analytisches und technisches Denkvermögen, um dem abstrakten Signal oder einer Störung sofort die konkrete Veränderung im Produktionsvorgang zuordnen zu können. Die Dominanz der Technik durch immer komplizierter werdende Einrichtungen zeigt die Ausdehnung der Reparaturabteilungen und die wachsende Zahl der Instandhaltungsarbeiter, die in regelmäßigen Kontrollgängen die Anlagen überprüfen und im Störungsfall den Fehler beheben. Der Bedeutungszuwachs analytischer Fähigkeiten und die zunehmende Unmöglichkeit, die Leistung des Arbeiters über einen konkreten Produktionsausstoß zu bestimmen, läßt nun die traditionelle Unterscheidung zwischen Arbeitern und Angestellten, die auch angesichts einer Verantwortung für Millionenwerte nicht mehr zeitgemäß ist, langsam verschwinden. Dieser Tatsache tragen 1960 die BASF-Werke Rechnung, als sie den Großteil ihrer Arbeiter zu sogenannten »Werks-« bzw. »Ehrenangestellten« mit verbessertem Kündigungsschutz und ausgedehnter Lohnfortzahlung im Krankheitsfall, befördern.
Die Kehrseite der technischen Entwicklung ist andererseits die Vermehrung angelernter und ungelernter Tätigkeiten durch die Zunahme der repetitiven Teilarbeit, d. h. der stetigen Wiederholung des gleichen Handgriffs in kurzen Zeitabständen. Vor allem in den Montagebereichen der Automobil- und der elektro-technischen Industrie nahm die Fließbandarbeit, der »Lückenbüßer der Mechanisierung«, bei schwer automatisierbaren Teilarbeiten weiter zu. Doch auch die Automation beseitigt nicht zwangsläufig jede unqualifizierte Tätigkeit, sondern schafft im Gegenteil auch neue Formen reduzierter Arbeit. Ein Automatenkontrolleur in einer Weberei, der etwa 40 automatische Webstühle zu betreuen hat, pendelt fortwährend zwischen den immer wieder stillstehenden Apparaten, um die aufgetretenen Fadenbrüche zu beheben. In Form von einfachen, sich wiederholenden Transportarbeiten oder der Beseitigung von Ausschuß an einem automatischen Band existiert die Handarbeit in eingeschränkter Form weiter. Im Gegensatz zur traditionellen Facharbeit, die gedankliche Durchdringung und Konzentration auf die Aufgabe erfordert, ist es bei dieser Arbeit wichtiger, die eigene Aufmerksamkeit abzuschalten, um die Handgriffe in »Fleisch und Blut« übergehen zu lassen.

Arbeit nach dem Baukastenprinzip – die Systeme vorbestimmter Zeiten

Diese Schematisierung der Arbeit wird auch an der gewandelten Form der Zeitfestsetzung für den Akkordlohn sichtbar. Zur Festsetzung der Arbeitssollzeiten wurde an den dafür geeigneten Arbeitsplätzen die gängige Methode der Zeitnahme am jeweils spezifischen Arbeitsplatz durch

die aus den USA kommenden »Systeme vorbestimmter Zeiten« wie MTM (Methods Time Measurement) und »Work Factor« ersetzt. Bei diesen Verfahren zerlegt man die Arbeitsvorgänge in einfache Grundbewegungen wie Hinlangen, Bringen, Greifen, Loslassen etc., denen durch Hochgeschwindigkeitskameras ermittelte feste Zeitwerte auf die tausendstel Sekunde genau zugeordnet werden. Daraus addieren sich dann die Sollzeiten für die jeweiligen Arbeitsgänge, wobei im System »Work Factor« noch zusätzliche Variablen wie etwa »Richtungsänderung« oder »Gewicht des Werkstücks« berücksichtigt werden. Voraussetzung für die Anwendung dieser Systeme ist, daß die individuelle Gestaltung des Arbeitsplatzes und das persönliche Engagement für die Arbeit keinen produktiven Wert mehr darstellen. Da die Anordnung der Maschine weitgehend bestimmt, wann etwa ein Werkstück genommen werden muß und wo es wieder hingelegt werden soll, ist die Zerlegung in einfache Handgriffe möglich. Die Anwendung persönlicher Tricks oder eigener Ideen zur Verbesserung des Arbeitsgangs, um sich Zeitpuffer für die Akkorderfüllung zu schaffen, sind weder möglich noch nötig, da die Arbeitsplanung den Bewegungsablauf bereits detailliert festgelegt hat. Der einzelne Arbeiter ist an einem solchen Arbeitsplatz von jeglicher Eigeninitiative befreit. Er benötigt statt dessen die Fähigkeit, die Bewegungselemente über acht Stunden hinweg in der geforderten Form zu kombinieren.
Die Zeitwerte finden besonders in der Massenfertigung Anwendung und stellen eine präzise Grundlage für die Rationalisierung der Arbeitsgebiete dar. Von der Gründung der »Deutschen MTM-Vereinigung« im Jahre 1962 an verzehnfachte sich bis Anfang 1970 die Zahl der beigetretenen Unternehmen auf 260, sie repräsentierten etwa 2 Millionen Belegschaftsmitglieder.[7]

Umstellungsprobleme und der Wandel der Arbeitsmoral

An den neuen Arbeitsplätzen entstand ein Mißverhältnis zwischen den Fertigkeiten und Einstellungen der 50er Jahre und den Anforderungen einer technisierten Arbeitswelt. Die technische Entwicklung reduzierte im allgemeinen die Möglichkeit des Arbeiters, Menge und Qualität der Produktion zu beeinflussen und verengte seinen persönlichen Handlungsspielraum durch die notwendige Anpassung an den maschinellen Rhythmus. Dieser Verlust der zentralen Position im Arbeitsablauf zwang die Arbeiter zur grundlegenden Umorientierung. In der Anfangsphase stellten die Betriebsleitungen die alten Facharbeiter an die neuen Maschinen, um sich deren Produkterfahrung für die Einarbeitung zunutze zu machen, so daß etwa gelernte Bäcker ihre Nachfolger, die Waffelautomaten, beaufsichtigten. Das Ergebnis waren häufige Produktionsverzögerungen und Ausschußware, weil die Facharbeiter alten Typs der Konfrontation mit der ständig produzierenden, nicht mehr konkret durchschaubaren Anlage nicht gewachsen waren. Zudem irritierte die körperliche Arbeit gewohnten Arbeiter die »untätige« Situation, weshalb sie oft aus Neugier und Handlungsbedürfnis in den Produktionsablauf eingriffen. In der Jungfernphase der maschinellen Steuerung der Walzproduktion registrierte man, als Folge der ungewohnten Arbeitssituation in einer engen Kabine und isoliert vom eigentlichen Produktionsgeschehen, Nervenzusammenbrüche der ehemaligen Umwalzer hinter den Steuerpulten. Bei einigen Firmen wurden sogar die gesamten Anlagen demoliert, weil das überforderte Personal die Walzen nicht mehr im richtigen Moment öffnete.[8]

Der Wandel von körperlicher Beanspruchung zu nervlicher Anspannung erschütterte die Arbeitswerte der 50er Jahre. Die traditionellen Attribute der Arbeiterschaft – Muskelkraft und Fleiß – wurden überholt durch Eigenschaften, die es ermöglichten, bei hoher Verantwortung buchstäblich nichts zu tun: Geduld, Ruhe und Ausdauer. In der Mentalität der älteren Facharbeiter hatte man aber nur etwas geleistet, wenn man abends mit naßgeschwitztem Hemd nach Hause kam. Industriepsychologen beobachten bei Arbeitern, die aus körperlich harten Tätigkeiten in die Automationsarbeit wechselten, einen Schuldkomplex aufgrund der erzwungenen Untätigkeit. Sobald der Meister auftaucht, werden sie von einem ziellosen Tätigkeitsdrang überfallen. Die Werksärzte diagnostizieren, vor allem an reinen Automationsarbeitsplätzen, eine neue Berufskrankheit, die Unterbeanspruchung. Die Kehrseite der Entlastung von Lärm und Anstrengung und dem Gefühl, am Arbeitsplatz sein eigener Herr zu sein, sind die aufkommenden Langeweile-Symptome wie Kreislaufbeschwerden, Reizbarkeit, Appetitmangel. Um zumindest ein Minimum an Bewegung zu gewährleisten, verzichten deshalb chemische Werke oft auf den Einbau von Fahrstühlen oder installieren die Toiletten weitab von der Meßwarte. Scheinbeschäftigungen, wie das Aufzeichnen bedeutungsloser Meßwerte, sollen zusätzlich dem Gefühl individueller Entbehrlichkeit gegensteuern. In den Leitständen symbolisiert die Wohnzimmereinrichtung, wie wenig die Arbeit noch mit der herkömmlichen Vorstellung von Mühsal und Anstrengung zu tun hat, Ledersessel und Klimaanlagen sollen das Nichtstun verschönern. Einige Chemiewerke gestatten ihrem Personal sogar, die Arbeitszeit mit Tischtennisspielen und privater Fischzucht zu füllen.

Der Arbeitsprozeß verlangt jetzt eine Einstellung, wie sie der Leiter des Instituts für Sicherheit in Bergbau, Industrie und Verkehr, Wilhelm Lejeune, Anfang der 60er Jahre formulierte: »Der Automationsarbeiter darf kein aktiver Handlungstyp sein, sondern muß ein Mensch mit gemäßigtem Temperament sein, dem nichts entgeht. Seine Arbeit besteht im rechtzeitigen Erkennen von Produktionspannen.« Überspitzt formuliert sei am besten der Typus des »Wilddiebs, der im Wald das Wild und den Förster förmlich riecht«[9] geeignet. Lejeune, der automatisierte Unternehmen bei der Personaleinstellung beriet, erregte in der Öffentlichkeit großes Aufsehen, als er einem Walzwerk als idealen Steuermann einen Arbeiter empfahl, der vor dem Zweiten Weltkrieg von den Franzosen wegen Untergrundarbeit verurteilt worden war und dann in die Fremdenlegion ging. Im Verständnis der Nachkriegszeit wäre dieser Mann die Unberechenbarkeit in Person gewesen. Doch die fachliche Gleichgültigkeit gegenüber der Apparatur, verbunden mit zäher Ausdauer und einem durch Lebenserfahrung erworbenen »siebten Sinn« sah Lejeune als Vorteil gegenüber der Sorgfalt und der Gründlichkeit des traditionellen Arbeiters, dessen Arbeitseifer kein Ventil mehr hatte und deshalb hinderlich war. Das Ideal der Zuverlässigkeit begann sich zu wandeln und mit ihm Begriff und Sinn der Arbeit, wodurch das alte Arbeitsethos geradezu auf den Kopf gestellt wurde. Auf einer Vortragsveranstaltung 1964 konstatierte der Automationsexperte der Bahlsen-Werke: »Ich bin von Natur aus faul, und ich bin sogar stolz darauf. Ich glaube, daß es gut ist, wenn es möglichst viele Menschen gibt, die ›körperlich‹ faul sind, denn nur von ihnen kann eine Arbeitserleichterung kommen.«[10] Innere Bindung an die Arbeit steht dem Fortschritt im Wege und ist weder an einem Automations- noch an einem MTM-Arbeitsplatz erforderlich.

Ist der deutsche Arbeiter faul geworden?

Die Umstrukturierung der industriellen Arbeit war von einem breiten Umschichtungsprozeß begleitet, der in der Öffentlichkeit ein nachhaltiges Echo fand. Ausgelöst durch die Freisetzung von jährlich 1,5 Millionen Arbeitskräften als Folge der Rationalisierungsmaßnahmen und der Notwendigkeit, die Arbeitsplätze technisch qualifiziert zu besetzen, setzte in den 60er Jahren eine wahre Völkerwanderung zwischen den Betrieben ein. Jährlich wechselten fünf Millionen Arbeitskräfte die Betriebe, die Fluktuationsrate erreichte streckenweise Werte von 25 % der Beschäftigten pro Jahr und verursachte den Unternehmen hohe Kosten. Diese Entwicklung löste in der Öffentlichkeit Alarmstimmung über die deutsche Arbeitsmoral aus und schuf einen öffentlichen Feind des Wirtschaftswunders: den »Drachen Fluktuation«. Denn anders als etwa in den USA flankierte den Automationsprozeß in der Bundesrepublik ein überproportionales Wachstum der Industrieproduktion, so daß zwischen 1962 und 1967 faktisch Vollbeschäftigung herrschte (in diesem Zeitraum lag die Arbeitslosenzahl immer unter 200000). Man beklagte nun die Hochkonjunktur als vermeintlichen Verführer zur Betriebsuntreue, der die Arbeiter durch Aussicht auf bessere Bezahlung wählerisch gemacht hätte. Tatsächlich nahm der Arbeitskräftemangel so extreme Formen an, daß Firmen »Kopfprämien« für die Anwerbung von Arbeitskräften zahlten. Durch diese Entwicklung schienen die deutschen Arbeitstugenden aus der Zeit des Wiederaufbaus zu schwinden und das Gütezeichen der Wertarbeit »made in Germany« galt als gefährdet. Es häuften sich Berichte über schlampiges und gleichgültiges Arbeiten, über Aufsässigkeit und Arbeitsunwilligkeit der Belegschaften, über leichtfertiges Krankfeiern und wachsende Konsumorientierung. Die Industrieverbände warnten dramatisch vor dem Verlust der Leistungsfähigkeit der Betriebe, der Bundeswirtschaftsminister sah die kulturellen Fundamente der Demokratie im Wanken und Bundeskanzler Erhards Reden enthielten regelmäßig Aufrufe zu höherer Arbeitsmoral. Die Frage, ob der deutsche Arbeiter faul geworden sei, wurde so häufig gestellt, daß im April 1966 in Südwürttemberg sogar Metallarbeiter in den Ausstand traten, als die BILD-Zeitung mit

Schichtwechsel bei der Zeche »Waltrop« (im Ruhrgebiet), die inzwischen geschlossen worden ist.

der Schlagzeile erschien: »Gastarbeiter fleißiger als Deutsche?«[11] Die andere Seite der Entwicklung war nämlich, daß noch nie so viele Überstunden wie in diesen Jahren gemacht wurden und daß die deutsche Ärzteschaft in ihrem Informationsdienst Anzeichen krankhafter Arbeitswut feststellte, die weniger körperliche als nervliche Folgen hatte.

Was war also wirklich geschehen? Die Untersuchungen über die Gründe der Fluktuation stellten übereinstimmend fest, daß nur ein Drittel der Betriebswechsel auf materielle Motive zurückzuführen seien. Der Rest ging auf das Konto schlechter Betriebsverhältnisse, die von der steigenden Veränderung der Arbeitsplätze und der Bewältigung der Folgen der Mechanisierung herrührten. Das durch die schwierigen Umstellungsprobleme gespannte Betriebsklima förderte die Bereitschaft, sich einen geeigneteren oder zumindest besser bezahlten Arbeitsplatz zu suchen. Das Loyalitätsgefühl gegenüber »seinem« Betrieb reduzierte sich in demselben Maße, wie der Einfluß des Arbeiters und seine individuelle Bedeutung im Produktionsprozeß abnahmen. So steckt in der Aufregung um einen Anpassungsprozeß an veränderte Produktionsbedingungen das Wissen um einen sozialen Umbruch: die Arbeitsmoral der 50er Jahre mit ihren Merkmalen des Pflichtbewußtseins und der Dienstbereitschaft wurde abgelöst durch die Maximen des modernen Leistungsprinzips, nach denen sich die Bereitstellung der eigenen, austauschbarer gewordenen Arbeitsleistung am möglichen Entgelt orientiert, ohne daß dies die individuelle Leistungsbereitschaft beeinträchtigt. Dies führte zu einem langsamen Wandel der Prioritäten. Die Arbeit wurde zunehmend als notwendige Leistung zur Erweiterung des konsumtiven Lebensstandards begriffen. Die Arbeit ordnete sich, wie der gesamte Produktionsprozeß, dem ökonomischen Prinzip, mit dem geringsten Aufwand die größtmögliche Wirkung zu erzielen, unter. Bei der Arbeitsmotivation schob sich ein neuer Wert in den Vordergrund, wie ihn 1966 ein Kommentator der Frankfurter Allgemeinen Zeitung formuliert: »Arbeit sollte nicht einfach absolviert werden. Es steckt in ihr auch ein jeweils winziges Stück ›unternehmerischer Leistung‹. Indem diese hervorgehoben wird, wird der Arbeit etwas zurückgegeben von der Würde und dem Ansehen, das sie mit dem Arbeitsethos früherer Zeiten hatte.«[12] Die »Eigenverantwortlichkeit« ist nun das Stichwort in der Arbeitswelt; die Möglichkeit der selbständigen Organisierung des Arbeitsprozesses nach rationellen Gesichtspunkten auch auf den unteren Ebenen der Betriebshierarchie sollte an die Stelle der Arbeitsmoral der Vergangenheit treten.

Die veränderte Stellung des Meisters – Von der fachlichen Kompetenz zur Menschenführung

In den Nachkriegsjahren erfolgte die Organisation der Arbeit noch nach dem Meister-System, in dem die Regelung und Kontrolle des Arbeitsablaufs einer Werkstatt (Vorgabezeitermittlung, Arbeitsvorbereitung etc.) dem Werkmeister oblag. Er war der »Herr« des Produktionsablaufs, der seine Arbeiter einteilte und anwies. Ein Meister in einer Werkzeugmaschinenfabrik faßte die Anforderungen kurz und prägnant zusammen: »Der Meister mußte einfach ein Fachmann sein. Er mußte alles besser können als die, die ihm beigegeben waren. Auf Menschenführung wurde kein Wert gelegt, weil der Mensch in der Fabrik ein Untertan war.«[13] Der Meister war eine unbestrittene Autorität am Arbeitsplatz gewesen. Seine disziplinierenden Aufgaben entsprangen den Anforderungen handwerklich orientierter Produktion wie Sorgfalt und Genauigkeit, wobei sich die Menschenführung unmittelbar aus seiner betrieblichen Position ergab. Der Umgangston war zwar bisweilen ruppig und grob, aber der Meister war auch für Beschwerden und Probleme der Arbeiter immer unmittelbar ansprechbar. Mit der Technisierung des Arbeitsplatzes verlor er seine universale Funktion im Arbeitsprozeß.

Was wann und in welcher Weise zu tun ist, schreibt den Untergebenen die technische Anlage vor, über die sich Disziplin und Kontinuität der Arbeitsleistung vermitteln. Außerdem erfordert die technische Komplexität der Arbeitsgänge in zunehmendem Maße ein solches Spezialwissen, daß die einzelnen Arbeiter über den konkreten Ablauf zwangsläufig besser Bescheid wissen als der Meister. Durch diese Verlagerung der Produktionskenntnisse erweist es sich auch als effektiver, wenn etwa bei Störungen der offizielle Dienstweg umgangen wird und der Arbeiter sich selbst an die Ersatzteil- oder Reparaturabteilung wendet. Der Meister übernimmt die Position eines Organisators, der den Arbeitsfluß zwischen den Abteilungen überwacht, Personalfragen klärt und bei technischen Umstellungen zu Rate gezogen wird. Diese Aufgaben erfordern einen anderen Umgangston zwischen Vorgesetzten und Untergebenen, da die richtige Behandlung des Arbeiters Voraussetzung für dessen Bereitschaft zur Übernahme von Eigenverantwortung und zu präziser Aufgabenerfüllung auch ohne direkte Aufsicht ist. Der Arbeiter kann den Arbeitsgang zwar nicht mehr gestaltend beeinflussen, aber durch Vernachlässigung seiner präventiven Aufgaben Störungen verursachen, die in dem komplexen maschinellen Produktionsvorgang nicht mehr einer bestimmten Person angelastet werden können. Der Erfolg der Bemühungen des Meisters, das ihm gesetzte Produktionsziel zu erreichen, hängt weitgehend von der freiwilligen Bereitschaft seiner Untergebenen ab, mit ihm zusammenzuarbeiten. Bereits 1960 beschwerten sich deshalb die Werkmeister auf einer Tagung des DGB, daß »sich die Führungsaufgaben des Werkmeisters vom Fachlich-Handwerklichen zum Organisatorisch-Pädagogischen verlagert hätten«.[14]

Der Beginn des Zeitalters der Betriebspsychologie

Auf dem Hintergrund versachlichter Arbeitsbeziehungen führten die Betriebe Schulungen in »richtiger Menschenführung« durch, um den alten, eher patriarchalischen durch einen kooperativen Führungsstil zu ersetzen. Die sozialen Bedürfnisse der Arbeiter betrachtete man nun als einen eigenständig zu fördernden Produktionsfaktor, um durch eine Art »äußere« Anerkennung der individuellen Leistung und durch betontes Akzeptieren des Arbeiters als Person Arbeitszufriedenheit im Betrieb zu erreichen und die Lücke der fehlenden inneren Anteilnahme am Arbeitsprozeß zu schließen. Mit der Fluktuation im Hintergrund fand die Betriebspsychologie breites Interesse in den Betrieben. »Betriebsklima« und »Motivationsförderung« waren die neuen Schlagworte, mit denen die wachsende Zahl der Unternehmensberater operierte. Die Arbeiter wurden nicht nur aus Effektivitätsgründen zu Rate gezogen, sondern auch um sie in die betriebliche Sozialwelt einzubinden.
Die Verfahren trieben vielfältigste Blüten, im buchstäblichen Sinne des Wortes. Die *Zeit* berichtete von Betrieben, die in regelmäßigen Abständen sogenannte »Frühlingswochen« durchführten: »In dieser Zeit liefen alle Werksangehörigen mit einem Kunstblumensträußchen im Knopfloch umher, das den Aufruf symbolisieren sollte: ›Laßt Ideen blühen.‹ Wer in dieser Zeit Ideen zur Produktionsverbesserung einreichte, wurde besonders prämiert und unter der Belegschaft herausgestellt. Der Betrieb berichtete, daß in ›blütenreichen Ideenzeiten‹ kein Werksangehöriger ausfällt.«[15]
Die Bedeutung dieser Verfahren stieg in jenem Maße, wie der Anreizcharakter des Leistungslohns, insbesondere des Akkordlohns, abnahm. Bei starker maschineller Durchdringung des Arbeitsprozesses läßt sich immer weniger zwischen menschlichem und maschinellem Anteil am fertigen Produkt differenzieren, die »abstrakt« gewordene Arbeitsleistung ist keinem spezifischen Produktionsergebnis mehr zuzuordnen und die individuelle Leistung ist kaum mehr variierbar. Deshalb wurde der Leistungslohn durch die Einführung von Prämienlöhnen spezifiziert, die sich an betrieblichen Größen wie Umsatz, Gewinn etc. orientieren und den Arbeiter ins Betriebsziel einbinden, um die individuelle Verantwortungsbereitschaft zu stärken.

Die Humanisierung der Arbeitswelt

In den 70er Jahren setzte sich die Berücksichtigung des Produktionsfaktors »Mensch« und seine betriebliche »Pflege« unter dem Stichwort »Humanisierung der Arbeitswelt« fort. Neben Verbesserungen von Rahmenbedingungen der Produktion, wie etwa durch den Einbau verbesserter Belüftungsanlagen in den Fabriken, konzentrierte sich diese Aktion vor allem auf die Reduzierung der Fließbandarbeit. Die fortschreitende Zergliederung der Arbeitsprozesse an den Bändern und die kontinuierliche Steigerung des Arbeitstempos verschärften die Arbeitsbedingungen und damit die innere Gleichgültigkeit der Arbeiter gegenüber dem herzustellenden Produkt. Der Produktionserhöhung standen deshalb steigender innerbetrieblicher Leerlauf durch hohen Krankenstand und starke Fluktuation, schlechte Warenqualität und sogar heimliche Sabotageakte gegenüber. Die Forderung nach Verkürzung der Taktzeiten war 1973 bei Ford in Köln und in der Metallindustrie Württembergs sogar Gegenstand von Arbeitskämpfen. Im Frühjahr 1974 rief das Bundesforschungsministerium zusammen mit dem Bundesarbeitsministerium das Forschungsprogramm »Humanisierung der Arbeitswelt« ins Leben, durch das betriebliche Umstellungen zur Auflösung extremer Formen der Arbeitsteilung finanziell und wissenschaftlich gefördert werden. Die bekanntesten Versuche sind die Montageinseln bei VW und den Bosch-Werken, in denen statt der Fließbandmontage komplexe Arbeitsgänge von Arbeitsgruppen in eigener Regie durchgeführt werden. Eine breitere Anwendung findet diese Arbeitsweise in der Produktion kleinerer Serien, wo neben dem geringeren Ausschuß durch größere Arbeitszufriedenheit die Kosteneinsparung durch die Möglichkeit der schnelleren Produktionsumstellung ins Gewicht fällt.

Der Reformeifer, der diese Projekte begleitete, verschwand jedoch im Laufe der Jahre. Die Gewerkschaften zogen allmählich ihre Unterstützung zurück, da die Ersetzung schwerer und belastender Arbeit durch verbesserte Produktionsanlagen zwangsläufig Arbeitskräfte freisetzen mußte und so die Unternehmen die Maßnahmen zur verstärkten Rationalisierung ausnutzen konnten. Ökonomische und soziale Interessen deckten sich nur dort, wo durch die »Sinngebung« bei reduzierten Tätigkeiten durch Delegierung von Eigenverantwortung ein erhöhter Produktionsausstoß ausgelöst wurde.

Das Vordringen der Mikroelektronik und der Industrieroboter

In der Phase der »Hochmechanisierung« in den 60er Jahren entstanden vor allem vielfältige Formen der Maschinenarbeit. Demgegenüber machten klassische Automationsarbeiten, wie die des Meßwarts oder auch des Instandhaltungsarbeiters noch den kleineren Teil der Arbeitsplätze aus. Es dominierten einerseits die unqualifizierten Tätigkeiten in Form der Automatenkontrolleure oder der Maschinenbeschicker und andererseits die Steuer- und Führungsarbeiten. Diese Entwicklung fand vor allem in den industriellen Großbetrieben statt; in kleineren Unternehmen waren wegen der Kostspieligkeit technischer Anlagen noch häufig die traditionellen industriellen Tätigkeiten anzutreffen.
Einen Sprung nach vorne machte die Entwicklung der Automation in den 70er Jahren, als mit der Verkleinerung der integrierten Schaltkreise die Mikroelektronik für breite Anwendungsbereiche rentabel wurde. Neben der Perfektionierung der automatischen Steuerung flüssiger Prozesse in den Grundstoff- und Nahrungsmittelindustrien bewirkte diese Entwicklung ein starkes Vordringen der Automation in die Bereiche der Verbrauchs- und Investitionsgüterindustrien. Komplizierte Arbeitsgänge lassen sich mit der Anwendung von Industrierobotern billig und technisch einfach ausführen. Die sehr teueren, numerisch gesteuerten Werkzeugmaschinen können durch billigere computergesteuerte Anlagen ersetzt werden, die bei einem Drittel der bisherigen Arbeitszeit wesentlich präziser arbeiten. Diese Entwicklung beginnt vor allem die Maschinenführungsarbeit zu reduzieren, deren Kontroll- und Steuerungsfunktionen durch selbststeuernde Regelkreise effektiver erledigt werden.
Zusätzlich zur Verbesserung der Produktionstechniken verursacht das Vordringen der miniaturisierten Schaltkreise einen radikalen Wandel in Industriezweigen, die Produkte mit mechanischen Bauteilen herstellen. Die benötigten Teile der komplizierten und arbeitsintensiven Montage von Uhren, Büromaschinen oder Registrierkassen lassen sich auf ein Minimum reduzieren und mit ihnen die notwendige qualifizierte Arbeit. Ein exemplarisches Beispiel dafür ist die Arbeit in der Uhrenindustrie. Die Montage einer nur noch aus fünf Teilen bestehenden Quarzuhr, gegenüber 1000 Teilen einer mechanischen Uhr, erfordert geringe Vorkenntnisse und läßt sich um ein Vielfaches schneller durchführen. Dadurch reduzierte sich in der Uhrenindustrie des Schwarzwaldes die Beschäftigungszahl von 32000 Anfang der 70er Jahre auf 18000 Ende 1977.
Ins öffentliche Bewußtsein rückte der Einbruch der Mikroelektronik ins Arbeitsleben, als im Arbeitskampf der Druckindustrie im Winter 1977/78 die Maschinensetzer gegen die Auflösung ihres Berufsstands streikten. Die durch die Umstellung von maschinellem Bleisatz auf computerisier-

Industrie-Roboter bei der »Arbeit«: automatischer Batterieeinbau in einem Automobilwerk.

ten Lichtsatz bedrohten Setzer erreichten noch einmal einen achtjährigen Aufschub ihrer Ablösung. Doch der Satz, die Korrektur und der Umbruch von Druckvorlagen erfolgt zunehmend am Bildschirm, die entsprechenden Arbeitsgänge können von angelernten Kräften mit Grundkenntnissen im Maschinenschreiben erledigt werden. Der Übergang zu Monitor-Arbeitsplätzen, wie sie auch für Stahl- und Walzwerke typisch werden, symbolisiert die Zukunftsaussichten der industriellen Arbeit: das Verschwinden von lauten, schweren und schmutzigen Arbeitsplätzen und die Annäherung der Arbeitsverhältnisse von Werkhalle und Büro.
Der Einzug der Industrieroboter in die Fabrikhallen bildet den vorläufigen Höhepunkt des Wandels der industriellen Arbeit der letzten dreißig Jahre in der Bundesrepublik. Diese Entwicklung reduzierte entscheidend den gestaltenden Anteil des arbeitenden Menschen am Arbeitsprozeß und ließ die »Körperlichkeit« der Arbeit in vielen Bereichen als dominierendes Merkmal verschwinden. Das Bild des Arbeiters verlor in diesem Prozeß seine klaren Konturen. Aus dem schuftenden und zupackenden Proletarier der 50er Jahre ist eine Art profilloser Verwalter und Kon-

trolleur technischer Apparaturen geworden, dessen Aufgaben sich oft kaum noch von denen eines Angestellten unterscheiden.
Der fehlende »tiefere Sinn« der Arbeit wurde durch ein »hierarchisches Bewußtsein« ersetzt, das den sozialen Status an der Intensität der Arbeitsbelastung orientiert. Was früher der Ausgangspunkt des Selbstbewußtseins des Arbeiters war, die körperlich anstrengende, schmutzige Arbeit, wird heutzutage eher als Makel empfunden, der das eigene Prestige mindert. An den übriggebliebenen »harten« industriellen Arbeitsplätzen findet man heute vorwiegend ausländische Arbeitskräfte. So bietet der Hochofenabstich des Jahres 1979 folgendes Bild: »Sieben Uhr zehn auf Gießbühne drei. Mit einem Schwebekran wird die Gießpfanne sieben über die leeren Kokillen gehievt. Ein deutscher Arbeiter liftet über die elektrische Steuerung den Ausgußstopfen der Pfanne. Glühend heißer Stahl fließt aus, flüssige Schlacke sprüht auf. Je näher man an die Kokillen kommt, um so unerträglicher wird die Hitze. Drei Türken, zwei Griechen und ein Spanier, die Gießmannschaft, hieven die Abdeckmasse auf die Feuerglut. Ein zweiter Spanier läßt durch ein Stahlrohr Kühlwasser auf die Glut fließen. Wasserdampf taucht uns in einen gespenstischen Nebel.«[16]

Ende der Arbeitsteilung?

Der Wandel der industriellen Arbeitswelt in der Bundesrepublik in den letzten 40 Jahren hat nachhaltig das Bild des Arbeiters und dessen Selbstverständnis verändert. Mindestens ebenso bedeutsam sind darüber hinaus auch die Konsequenzen für die industrielle Arbeitsorganisation. In der ersten Hälfte der 80er Jahre kam es zu einer breiten Diskussion über die Neuorganisation industrieller Arbeitsplätze, die deutlich machte, daß die Technisierung und Automatisierung der Industriearbeit zu einem grundlegenden Umbruch in der Struktur der Industriebetriebe geführt hat. Dabei wurden wieder Elemente aus der Diskussion um die Einführung der Betriebspsychologie und aus der Auseinandersetzung um die Humanisierung von Arbeitsplätzen aufgegriffen. Der Unterschied war, daß die Forderungen nach einer Neugestaltung industrieller Arbeitsaufgaben nunmehr auch aus wirtschaftlicher Sicht geboten schienen.
Jede Veränderung der industriellen Arbeit in den letzten 80 Jahren hat sich an demselben Schema orientiert, am Prinzip der Verschärfung der Arbeitsteilung. In dieser Perspektive wird jede Arbeitsaufgabe um so produktiver ausgeführt, je mehr sie sich in einfache Teilarbeiten zerlegen läßt und je geringer der Handlungsspielraum des betroffenen Arbeiters ist. In einer vielbeachteten Untersuchung von ausgewählten Arbeitsplät-

zen der Werkzeugmaschinen-, Automobil- und Chemieindustrie, die 1982/83 vom Soziologischen Forschungsinstitut (SOFI) in Göttingen durchgeführt wurde, stellten die Autoren fest, daß in den automatisierten Bereichen dieser Industrien seit einigen Jahren die gegenteilige Entwicklung zu beobachten ist.[17] Monotone Arbeitsplätze werden aufgelöst, einfache Tätigkeiten mit qualifizierten verbunden und vor allem eine große Zahl von verantwortlichen Organisierungsaufgaben dem Mann »vor Ort« in der Werkhalle übergeben. An den automatisierten Anlagen werden Tätigkeiten wie die Programmierung, die Überwachung, die Wartung und die Instandhaltung zu einem Arbeitsplatz zusammengelegt und die Durchführung der anfallenden Aufgaben vollständig dem ausführenden Arbeiter überlassen.
Diese Tendenzen zu einer grundlegenden Umkehr in der betrieblichen Organisationsphilosophie wurden Mitte der 80er Jahre unter dem Stichwort »Neue Produktionskonzepte« bekannt. Die »Neuen Produktionskonzepte« entstanden vor dem Hintergrund der Erkenntnis, daß die Entwicklung der tayloristischen Rationalisierung an einen Endpunkt gekommen ist. Die menschliche Arbeit kann unter hochautomatisierten Bedingungen nicht mehr durch Arbeitsteilung produktiver gemacht werden, da der Mensch nicht mehr gestaltend, d. h. produktiv tätig ist. Diese Funktion hat nun die Maschine übernommen. Durch die fortschreitende Einführung geschlossener Produktionskreisläufe können jetzt menschliche Tätigkeiten neu miteinander kombiniert werden, ohne daß die Produktion gestört wird.
Auf der anderen Seite wurde aufgrund der Erfahrungen mit computergesteuerten Anlagen immer deutlicher, daß die Aufhebung der Arbeitsteilung auch aus betriebswirtschaftlichen Gründen notwendig wird. Die Vorstellungen von menschenleeren Fabriken hatten sich im Laufe der 70er Jahre als illusionär erwiesen. Je komplexer die technischen Systeme, desto störanfälliger sind die Anlagen und desto wichtiger wird die menschliche Überwachung und Betreuung. Diese kann jedoch nicht mehr hierarchisch geplant werden, da die Ausnahmesituation, der Störfall, nicht zentral vorhergesehen werden kann. Zentralistische Organisationsformen sind für solche Produktionsbedingungen zu schwerfällig, da nur der Mann an der Anlage die für ein rasches Reagieren notwendige Erfahrung besitzt. Der Arbeitswissenschaftler Burkart Lutz stellte 1986 fest, daß ein Umdenken erforderlich ist, um die Flexibilität von Unternehmen zu gewährleisten: »Was bei automatisierten Produktionsanlagen zunehmend gefragt wird, ist nämlich Gefühl für die technischen Zusammenhänge, Blick dafür, wenn irgendwo etwas schief läuft, die Fähigkeit, schnell einzugreifen und auch die Kompetenz, dann möglicherweise komplizierte technische Aufgaben vor Ort zu übernehmen. Alles

dies drängt die Frage auf, ob es wirklich auf Dauer von einem bestimmten Niveau der Automatisierung an denn sinnvoll ist, wie bisher Intelligenz sozusagen herauszuholen aus der Fertigung, oder ob man nicht umgekehrt darangehen müßte, Intelligenz wieder zurückzuverlagern in die Fertigung.«[18]

Diese Vorstellungen von einem Ende der Arbeitsteilung stoßen in der industriellen Praxis noch auf eine Vielzahl von Hindernissen. Aus gewerkschaftlicher Sicht gibt es z. B. Bedenken, daß dadurch die Arbeit qualitativ intensiviert wird, ohne daß es zu einer entsprechenden Verbesserung der Entlohnung kommt. Die größte Schwierigkeit ist aber, daß die eingefahrenen betrieblichen Hierarchien einer solchen Neuorientierung entgegenstehen. Die »Neuen Produktionskonzepte« lassen die eindeutigen Rangordnungen verschwimmen und verlangen Arbeitsbeziehungen, die sich nicht ausschließlich auf Kontrolle gründen. Das in den 80er Jahren viel diskutierte Problem der internationalen Konkurrenzfähigkeit der deutschen Industrie hat hier seine eigentlichen Wurzeln, wie Peter Knauer, Leiter der Handhabungstechnik der Zahnradfabrik Friedrichshafen, 1986 feststellt: »Viele Dinge in unseren Unternehmen sind heute noch von gewissen Hierarchievorstellungen geprägt, da ist der Facharbeiter, da ist der Techniker und da ist der Hochschulingenieur. Von diesen Vorstellungen ist man in Japan schon lange abgerückt. Wir werden in den nächsten Jahren vor einschneidenden Veränderungen stehen. Wir sollten nicht mehr den Fehler machen, moderne Fertigungssysteme in überkommene Aufbau- und Ablaufprozesse hineinzupressen, sonst werden diese Systeme nicht so funktionieren, wie wir uns das vorstellen. Es wird eine Herausforderung sein, die gesamte Unternehmensstruktur im Bereich Produktion zu überdenken und Formen zuzuführen, die eben diesen Produktionsmethoden angemessen sind.«[19]

Anmerkungen

1 Hagen Rudolph, Die verpaßten Chancen – Die vergessene Geschichte der Bundesrepublik, Hamburg 1979, S. 79.
2 Harry Hille, Das Bergmanns-Brevier, Saarbrücken 1950, S. 4f.
3 Aufwärts, Jugendzeitung des DGB, Nr. 8 vom 25. September 1948, S. 8f.
4 Druck und Papier, Zentralorgan der IG Druck und Papier, Nr. 23 vom 1. Dezember 1950, S. 384.
5 Heinrich Popitz, Hans-Paul Bahrdt u. a., Das Gesellschaftsbild des Arbeiters, Tübingen 1957, S. 238.
6 Martin Osterland, Wilfried Deppe u. a., Materialien zur Arbeits- und Lebenssituation der Industriearbeiter in der BRD, Frankfurt am Main 1973.
7 Ulrich Mergner, Martin Osterland, Arbeitsbedingungen im Wandel, Göttingen 1975, S. 192.

8 Der Spiegel vom 1. September 1953, S. 20.
9 Der Spiegel vom 1. August 1964, S. 39.
10 Ebenda, S. 40.
11 Frankfurter Rundschau vom 4. April 1966.
12 Frankfurter Allgemeine Zeitung vom 2. August 1966.
13 Hermann Novak, Der Wandel der Meisterfunktion in der Industrie, unveröffentl. Manuskript, München 1979, S. 113.
14 Süddeutsche Zeitung vom 20. September 1960.
15 Die Zeit vom 16. Februar 1962.
16 stern vom 20. September 1979.
17 Siehe Horst Kern, Michael Schumann, Ende der Arbeitsteilung? Rationalisierung in der industriellen Produktion – Bestandsaufnahme, München 1984.
18 Ende der Arbeitsteilung? Teil 2: Die Zukunft der industriellen Arbeit, Hörfunk-Sendung des SWF vom 11. Juni 1986.
19 Ebenda.

Literatur

Hans-Paul Bahrdt, Industriebürokratie – Versuch einer Soziologie des industrialisierten Bürobetriebes und seiner Angestellten, Stuttgart 1958

Hans-Paul Bahrdt, Horst Kern u. a., Zwischen Drehbank und Computer – Industriearbeit im Wandel der Technik, Reinbek 1970

Wilhelm Bittorf, Automation – Die zweite industrielle Revolution, Darmstadt 1956

Frankfurter Hefte, Sonderheft Arbeitswelt 32 (1977), Heft 4

Günter Friedrichs (Hrsg.), Automation – Chance und Risiko, Beiträge zur 2. Internationalen Arbeitstagung der IG Metall über Rationalisierung, Automatisierung und technischen Fortschritt, Frankfurt am Main 1965

Günter Friedrichs, Computer und Angestellte. Beiträge zur 3. Internationalen Arbeitstagung der IG Metall für die BRD über Rationalisierung, Automatisierung und technischen Fortschritt, Frankfurt am Main 1971

Günter Friedrichs, Adam Schaff (Hrsg.), Auf Gedeih und Verderb – Mikroelektronik und Gesellschaft, Wien 1982

Urs Jaeggi, Herbert Wiedemann, Der Angestellte im automatisierten Büro – Betriebssoziologische Untersuchung über die Auswirkungen elektronischer Datenverarbeitung auf die Angestellten und ihre Funktionen, Stuttgart 1963

Horst Kern, Michael Schumann, Industriearbeit und Arbeiterbewußtsein – Eine empirische Untersuchung über den Einfluß der aktuellen technischen Entwicklung auf die industrielle Arbeit und das Arbeiterbewußtsein, Frankfurt am Main 1970

Horst Kern, Michael Schumann, Ende der Arbeitsteilung? Rationalisierung in der industriellen Produktion – Bestandsaufnahme, München 1984

Burkart Lutz, Krise des Lohnanreizes – Ein empirisch-historischer Beitrag zum Wandel der Formen betrieblicher Herrschaft am Beispiel der deutschen Stahlindustrie, Frankfurt am Main 1975

Burkart Lutz, Der kurze Traum der immerwährenden Prosperität – Eine Neuinter-

pretation der industriell-kapitalistischen Entwicklung im Europa des 20. Jahrhunderts, Frankfurt am Main 1984
Ulrich Mergner, Martin Osterland u. a., Arbeitsbedingungen im Wandel – Eine Literaturstudie zur Entwicklung von Belastungen und Qualifikationsanforderungen in der BRD, Göttingen 1975
Oskar Negt, Lebendige Arbeit, enteignete Zeit – Politische und kulturelle Dimensionen des Kampfes um die Arbeitszeit, Frankfurt am Main 1984
Claus Offe, Leistungsprinzip und industrielle Arbeit – Mechanismen der Statusverteilung in Arbeitsorganisationen der industriellen »Leistungsgesellschaft«, Frankfurt am Main 1970
Martin Osterland, Wilfried Deppe u. a., Materialien zur Arbeits- und Lebenssituation der Industriearbeiter in der BRD, Frankfurt am Main 1973
Friedrich Pollock, Automation – Materialien zur Beurteilung der ökonomischen und sozialen Folgen, Frankfurt am Main 1966
Heinrich Popitz, Hans-Paul Bahrdt u. a., Technik und Industriearbeit – Soziologische Untersuchungen in der Hüttenindustrie, Tübingen 1957
Heinrich Popitz, Hans-Paul Bahrdt u. a., Das Gesellschaftsbild des Arbeiters. Soziologische Untersuchungen in der Hüttenindustrie, Tübingen 1957

Chronik

1946

Wiederaufnahme der Serienproduktion des »Käfers« bei »Volkswagen« in Wolfsburg.

26. 3. Industrieplan des Alliierten Kontrollrats setzt das Produktionsvolumen der Wirtschaft auf die Hälfte des Standes von 1938 fest. Herstellung bestimmter Güter (synthet. Benzin, Chemikalien) verboten oder noch stärker eingeschränkt (Stahl, Maschinen, Chemieerzeugnisse).

1951

Gründung des Bundesverbandes »Verband für Arbeitsstudien REFA e. V.« unter Mitwirkung der Gewerkschaften als Nachfolgeorganisation des 1924 gegründeten »Reichsausschusses für Arbeitszeitermittlung« (REFA).

1953

Errichtung einer vollautomatischen Transferstraße zur Zylinderblockfertigung bei der »Adam Opel Automobil AG« in Rüsselsheim.

3. 9. Arbeitsgerichts- und Sozialgerichtsgesetz legen die Verfahren bei Rechtsstreitigkeiten aus Arbeitsverhältnissen und bei Versorgungsansprüchen fest.

1954

Im Ruhrgebiet wird die erste vollautomatische Förderanlage des Bergbaus in Betrieb genommen, die die Kohle ohne Umladen auf Förderwagen direkt von den Stollen an die Oberfläche transportiert. Entwicklung der Linofilm-Lichtsetzmaschine in den USA, bei der der Drucksatz über einen Film auf optischem Weg hergestellt wird.

1955

Erster Weltkongreß für Unfallverhütung findet in Italien statt.
Errichtung der ersten vollautomatischen Maschinengruppe zur Glühbirnenfertigung bei der »Osram GmbH-KG« in Berlin, die von der Zuführung der Rohstoffe über die Formung des Glases bis zur Gasfüllung die Arbeitsgänge ohne menschlichen Eingriff ausführt.
5. 9. Landwirtschaftsgesetz schreibt Bundesregierung vor, in jährlichem Bericht (Grüner Plan) Vorschläge für Weiterentwicklung der Landwirtschaft auch im sozialen Bereich zu machen.

1956

Beim »Bochumer Verein« geht das modernste Walzwerk der BRD in Betrieb. Alle Produktionsstufen, vom Ziehen der glühenden Stahlblöcke aus den Tieföfen bis zum Schneiden des ausgewalzten Bleches werden automatisch ausgeführt und von einer Steuerwarte aus überwacht.

1957

Bei »AEG« in Frankfurt a. M. und Berlin werden die ersten numerisch gesteuerten Werkzeugmaschinen (NC-Maschinen) benutzt.
Im Großversandhaus »Quelle« in Nürnberg wird zum ersten Mal auf dem Versandsektor eine automatische Auftragsbearbeitungs- und Lagerbuchhaltungsanlage in Betrieb genommen, die Bestellungen bearbeitet, Warenscheine druckt, Rechnungen schreibt und Buch über Ein- und Ausgänge führt.

1959

In der BRD gibt es in Industrie, Handel, Verwaltung und Forschung 94 EDV-Anlagen

1960

9.8. Jugendarbeitsschutzgesetz

1961

Bei der »Zell-Schönau AG« im Schwarzwald nimmt die erste vollautomatische Textil-Transferstraße der Welt, die in einem Durchgang den Stoff schneidet, näht und faltet, die Produktion auf.
Als erstes Chemieunternehmen Europas geht die BASF in Ludwigshafen zur automatischen Steuerung der großtechnischen Syntheseprozesse durch einen Digitalrechner über. Dieser berechnet aus Zustandsgrößen der Rohprodukte und des chemischen Prozesses automatisch die wirtschaftlich bestmögliche Betriebsweise und stellt hierfür erforderliche Änderungen der Synthesebedingungen und der

Zuleitung der Substanzen direkt an den Regeleinrichtungen der Anlage ein.

1962

Gründung der »Deutschen MTM-Vereinigung« (MTM = »methods time measurement« = Kleinstarbeitszeitermittlung durch Bewegungsstudien).

Im Ruhrgebiet wird erstmalig eine Zementsiloanlage automatisch gesteuert. Die Befehle zur Mischung der Rohstoffe werden von einem Hauptschalter aus elektronisch erteilt.

1963

8. 1. Bundesurlaubsgesetz setzt Mindesturlaub von 18 Tagen bezahlten Urlaubs fest.

20. 4. Unfallversicherungs-Neuregelungsgesetz paßt Unfallrenten an Lohn-/Gehaltsentwicklung an und schreibt bei Betrieben ab 20 Betriebsangehörigen einen Sicherheitsbeauftragten für Unfallverhütung vor.

1965

In der Bundesrepublik gibt es 1618 EDV-Anlagen.

Im Postamt Pforzheim wird die erste vollautomatische Briefverteilungsanlage der Deutschen Bundespost in Betrieb genommen, die elektronisch nicht nur den mechanischen Transport steuert, sondern auch die Briefe automatisch nach Gebieten und Straßen zustellungsfertig sortiert.

1969

1. 7. Arbeitsförderungsgesetz dient der Hilfe für Arbeitslose durch Beratung und Vermittlung, Umschulung, Fortbildung und Unterstützung.

1970

1. 1. Lohnfortzahlungsgesetz bringt Gleichstellung von Arbeitern und Angestellten im Krankheitsfalle, indem es auch für Arbeiter die sechswöchige Lohnfortzahlung im Krankheitsfall vorschreibt.

1971

In der Bundesrepublik gibt es 8843 EDV-Anlagen.

15. 12. Gründung der Bundesanstalt für Arbeitsschutz und Unfallforschung in Dortmund mit dem Auftrag, die Bedingungen für sichere und gesunde Arbeitsplätze zu erforschen und zu verbessern.

1972

Bei der »Daimler-Benz AG« in Stuttgart-Untertürkheim werden die ersten Industrieroboter mit mikroelektronischen Bauteilen in einer Transferstraße zum Punktschweißen von Karosserieteilen eingesetzt.

15.1. Novellierung des Betriebsverfassungsgesetzes vom 11.10.1952 erweitert die Rechte des Betriebsrats und des einzelnen Mitarbeiters auch in Fragen des Arbeitsplatzes und der Unfallverhütung.

1973

12.12. Arbeitssicherheitsgesetz regelt die Einstellung von Betriebsärzten und Sicherheitsfachkräften in den Betrieben.

1974

Einführung der computergesteuerten numerischen Werkzeugmaschinen (CNC-Maschinen).

Mai Bekanntgabe eines von den Bundesministern für Arbeit u. Soziales und für Forschung und Technologie entwickelten Forschungsprogramms zur Humanisierung des Arbeitslebens, das die bereits bekannten arbeitswissenschaftlichen Erkenntnisse über menschengerechte Arbeitsplätze und Arbeitstechnologien aufarbeiten und weiterentwickeln soll.

29.10. Einführung des gesetzlichen Mindesturlaubs auch bei Heimarbeit (Heimarbeitsänderungsgesetz).

In der BRD gibt es 135 Industrieroboter.

1975

Bei der »Ernst Klett-Druckerei« in Stuttgart wird das erste Lichtsatz-System im Druckereiwesen verwendet, mit dem Druckvorlagen von Bildschirmen aus gesetzt werden können.

In der Bundesrepublik gibt es 17100 EDV-Anlagen.

20.3. Arbeitsstättenverordnung schreibt Richtwerte bei Lärm, Licht und Klima am Arbeitsplatz vor und stützt sich dabei auf arbeitsmedizinische und ergonometrische Erkenntnisse (die Verordnung tritt am 1.5.1976 in Kraft).

1977

Einführung von Textverarbeitungsmaschinen, die Bürokorrespondenz aus sogenannten ›Textbausteinen‹ automatisch erstellen können.

In Hamburg wird der erste vollständig rechnergesteuerte Rangierbahnhof in Betrieb genommen.

1980

In der Bundesrepublik gibt es 1250 Industrieroboter.

1.1. Gerätesicherheitsgesetz tritt in Kraft. Das Gesetz erstreckt sich auf Maschinen und Werkzeuge in Betrieben, Haushalten, auf Freizeit- und Sportartikel sowie auf medizinische Geräte und dient, u.a. mit der Einführung des Prädikats »GS« (= Geprüfte Sicherheit), dem Unfallschutz.

20.6. Errichtung des Bundeszentrums zur Humanisierung des Arbeitslebens bei der Bundesanstalt für Arbeitsschutz und Unfallforschung in Dortmund.

16.9. Chemikaliengesetz schreibt die Meldung gefährlicher Chemikalien auch an Arbeitsplätzen vor.

1983

Bei der »Volkswagen AG« in Wolfsburg wird in Halle 54 die automatisierte PKW-Montage aufgenommen.

1986

In Neustadt wird bei der »Siemens AG« das erste Lichtwellenleiterwerk in der BRD zur Herstellung von Glasfasern für die Kommunikationstechnik eröffnet.

1987

Die »Siemens AG« beginnt in Regensburg mit der Produktion des 1-Megabit-Chip.

Hartmut Esser
Gastarbeiter

Im Jahre 1987 leben über 4,6 Millionen ausländische Mitbürger in der Bundesrepublik Deutschland, wobei diese Zahl seit 1980 relativ konstant bleibt. Der weitaus größte Teil dieser Personen sind »Gastarbeiter«, die einst in den 60er und 70er Jahren von der Bundesanstalt für Arbeit in den Entsendeländern angeworben worden waren, hier eine Beschäftigung fanden, sich im Laufe der Zeit in der Bundesrepublik eingelebt haben und ihre Familie nachkommen ließen. Inzwischen haben sich viele dieser Gastarbeiter-Familien auf einen Daueraufenthalt eingerichtet – selbst wenn die Umstände nicht mehr so günstig scheinen wie noch vor einiger Zeit. Inzwischen gibt es eine zweite und schon eine dritte Generation ausländischer Kinder und Jugendlicher, die zu einem immer größeren Anteil hier geboren und aufgewachsen sind. Andererseits wachsen in letzter Zeit die Anzeichen für Erscheinungen der Ausländerfeindlichkeit bei Teilen der deutschen Bevölkerung. Und es gibt auf der politischen Ebene Versuche, die ehemals Angeworbenen wieder zur Rückkehr in ihre Herkunftsländer zu bewegen.

Die Bundesrepublik versteht sich offiziell nach wie vor nicht als Einwanderungsland. Gleichwohl ist davon auszugehen, daß der Aufenthalt der ausländischen Familien kein vorübergehender Zustand ist. Es wiederholt sich hier lediglich eine Entwicklung, die längst einen europäischen bzw. internationalen Maßstab angenommen hat: Die zunehmende wirtschaftliche, politische und militärische Verflechtung hat Wanderungen und Vermischungen der Bevölkerungen zur Folge, die nicht einfach aufzuhalten oder rückgängig zu machen sind. Insofern ist ein Ende der Entwicklung weder abzusehen noch überhaupt möglich. Die Brisanz der Problematik ergibt sich aus der Kombination jener Unvermeidlichkeit der Entwicklung und den mit der Gastarbeiterbeschäftigung zum Teil völlig ungeplant eingetretenen Konflikten und sich abzeichnenden Benachteiligungen einer ganzen Gruppe, die für die absehbare Zeit ein Dauerbestandteil der bundesrepublikanischen Gesellschaft sein wird. Bevor auf diese Situation eingegangen wird, muß zum Verständnis der Schwerfälligkeit und auch Uneinheitlichkeit der politischen Reaktion auf die Ausländerproblematik etwas ausführlicher die Vorgeschichte der Ausländerbeschäftigung in der Bundesrepublik und deren eigene Entwicklung erläutert werden.

Einwanderungen und »Fremdarbeiter« im Deutschen Reich bis 1945

Grenzüberschreitende Wanderungsbewegungen bzw. Arbeitsmigrationen finden in Deutschland – wie anderswo auch – erst mit fortschreitender Industrialisierung gegen Ende des 19. Jahrhunderts in nennenswertem Umfang statt. Davor war Deutschland eher ein Auswanderungsland. Zielgebiete der deutschen Auswanderer waren in erster Linie die Vereinigten Staaten von Amerika, aber auch Kanada, Australien und Südamerika. Emigrationsgründe waren vor allem politische Unruhen und Unterdrükkungen sowie ökonomische Probleme vor allem im landwirtschaftlichen Sektor.

Ihren absoluten Höhepunkt erreichte die Auswanderung aus Deutschland zwischen 1881 und 1885 mit 857000 Auswanderern, um dann sehr rasch in der Folge der einsetzenden wirtschaftlichen Expansion wieder abzuebben. Nach 1896 wanderten in den folgenden Fünf-Jahres-Perioden immer nur maximal 150000 Deutsche aus.

Die eigentliche Einwanderungsgeschichte in das Deutsche Reich beginnt erst nach 1885. Selbstverständlich zogen auch vorher schon Ansiedler in das Gebiet des späteren Deutschen Reiches: Friedrich der Große z. B. siedelte 300000 Einwanderer in über 900 preußischen Dörfern an; während der Regierungszeit Ludwigs XIV. bzw. während des ganzen 18. Jahrhunderts wanderten französische Protestanten in großer Zahl auch nach Deutschland ein.

Die erste größere Einwanderung von Arbeitsmigranten in das Deutsche Reich betraf vor allem den Zuzug von Polen. Hierbei ist die Beschäftigung von Polen in den östlichen Provinzen Preußens, vor allem auf dem Agrarsektor, zu unterscheiden von der Einwanderung von Polen in das Industriegebiet des Ruhrgebietes. Aus politischen Gründen war die preußische Regierung sehr daran interessiert, eine Seßhaftigkeit der Polen in den östlichen Provinzen zu verhindern. Daher wurde eine Reihe von Maßnahmen erlassen, durch die die Anwesenheit der Polen in diesen Provinzen nach Möglichkeit beschränkt wurde. Die wichtigste Maßnahme war die sogenannte Karenzzeit, wonach die Polen jeweils zwischen 15. November und 1. April das Land wieder zu verlassen hatten. Im Jahre 1908 arbeiteten 309000 ausländische Landarbeiter in Preußen, von denen 80% Polen waren. Bis zum Jahr 1913 wuchs diese Zahl auf über 430000 an.

Die häufig als Modellfall gelungener Integration angesehene Zuwanderung polnischer Arbeiter in das Ruhrgebiet ist dagegen ein Sonderfall. Bei diesen Zuwanderern handelte es sich zwar auch um Polen, was die Volkszugehörigkeit angeht, jedoch waren sie rechtlich Reichsdeutsche, so daß für diese Polen die genannten Restriktionen nicht zutrafen. Im Jahre 1907 arbeiteten über 100000 polnische Arbeiter im Ruhrgebiet, sie stellten damit ein Drittel der dort Beschäftigten. Zur Bekämpfung der bei den Polen im Ruhrgebiet einsetzenden Bestrebungen zur Erhaltung der kulturellen und ethnischen Eigenständigkeit betrieb die preußische Regierung eine sehr starke Germanisierungspolitik. Der Höhepunkt dieser Politik war der sogenannte Sprachenparagraph im 1908 erlassenen »Reichsvereinsgesetz«, wonach in Vereinen Deutsch die Verhandlungssprache sein mußte. Die Folge dieser Politik war allerdings zunächst eher eine Verstärkung der ethnischen Solidarität und des Nationalbewußtseins der Polen im Ruhrgebiet. Die später dann doch erfolgende »Integration« war einerseits die Folge der Generationenentwicklung, andererseits war sie aber auch abhängig von bestimmten Zwangsmaßnahmen im Ersten Weltkrieg und besonders im Dritten Reich.

Mit dem Zusammenbruch des Deutschen Kaiserreiches verlor die Ausländerbeschäftigung in der Weimarer Republik nach 1918 infolge wirtschaftlicher Schwierigkeiten quantitativ an Bedeutung. Zwischen 1918 und 1933 überstieg die Zahl der ausländischen Arbeiter im Deutschen Reich nie die Grenze der Viertelmillion. In diese Zeit fallen allerdings die ersten speziellen, auf Ausländer zugeschnittenen und auch heute noch wirksamen Regelungen. Dazu gehörten die »Verordnung über die Anwerbung und Vermittlung ausländischer Landarbeiter« des Jahres 1922 und die »Verordnung über die Einstellung und Beschäftigung ausländischer Arbeiter« des Jahres 1923. Mit diesen Regelungen wurde die Ausländerbeschäftigung nach zwei Seiten hin abgesichert: Der Arbeitgeber mußte die Beschäftigung staatlich genehmigen lassen und sich so unter die Kontrolle der Arbeitsbehörden stellen. Und der ausländische Arbeiter unterlag der jährlichen Legitimation der Weiterbeschäftigung. Ebenfalls wurde in dieser Zeit – nicht zuletzt auf Betreiben der Gewerkschaften – der sogenannte »Inländerprimat« eingeführt. Danach konnte ein Ausländer erst dann an einem bestimmten Arbeitsplatz beschäftigt werden, wenn sich hierfür kein Deutscher bereit fand.

Diese Bestimmungen blieben bis 1932 in Kraft. Die »Verordnung über ausländische Arbeitnehmer« vom 23. Januar 1933 verlagerte die Legitimationspflicht auf eine Arbeitserlaubnispflicht, für die nun die Arbeitsverwaltung verantwortlich zeichnete. Damit waren beide Kontrollen der Ausländerbeschäftigung auf die Arbeitsverwaltung konzentriert. Eine weitere wichtige Verordnung war die »Preußische Ausländerpolizeiverordnung« vom 27. April 1932. In ihr war festgelegt, daß der Aufenthalt im preußischen Staatsgebiet so lange gestattet war, wie die Gesetze und Vorschriften des Staates befolgt wurden, daß aber für einen mehr als sechs Monate dauernden Aufenthalt eine eigene Aufenthaltserlaubnis einge-

holt werden mußte. Diese Aufenthaltserlaubnis konnte unter vielfältigen Umständen verweigert werden, wobei die Behörden einen erheblichen Ermessensspielraum hatten.
Für die Zeit des Nationalsozialismus müssen zwei Abschnitte unterschieden werden: Von 1933 bis 1938 und ab 1938 bis zum Zusammenbruch des Regimes 1945. Mit dem allmählichen Wirtschaftsaufschwung ab 1934 stieg auch die Zahl der ausländischen Beschäftigten von gut 100000 auf knapp 400000 im Jahre 1938 an. Spätestens ab 1938 stand fest, daß das Reich seine Arbeitskräfteknappheit nicht durch Anwerbung alleine, sondern durch Zwangsrekrutierung lösen mußte. Der rechtliche Ausdruck dieser Tendenzen war die »Ausländerpolizeiverordnung« vom 22. August 1938, die die Preußische Ausländerpolizeiverordnung von 1932 ablöste. Mit dieser neuen Bestimmung waren alle Möglichkeiten, auch der zwangsweisen Beschäftigung von Ausländern, rechtlich gegeben, die dann im Zweiten Weltkrieg überreichlich angewandt wurden.
Die Ausländerbeschäftigung im Deutschen Reich nahm nach 1938 zunehmend den Charakter von Zwangsarbeit an. Im Jahre 1945 arbeiteten insgesamt etwa acht Millionen Ausländer im Deutschen Reich, davon etwa ein Drittel in der Landwirtschaft und die Hälfte in der Industrie. Es handelte sich dabei um sechs Millionen zivile Zwangsarbeiter und um etwa zwei Millionen Kriegsgefangene. Die Situation dieser »Fremdarbeiter« war vor allem gegenüber den Polen und den Russen durch einen öffentlich geäußerten Willen zur höchstmöglichen Ausbeutung und Unterdrükkung, bis hin zu physischer Vernichtung, gekennzeichnet. Hiervon profitierten – wie im übrigen auch im Ersten Weltkrieg – nicht zuletzt die Privatwirtschaft und die großen Konzerne in erheblichem Maße. Ohne dieses System der durch Terror und absolute Rechtlosigkeit gekennzeichneten Zwangsarbeit wäre die deutsche Kriegswirtschaft nicht in der Lage gewesen, die Nahrungsmittelversorgung und die Rüstungsproduktion noch bis 1945 sicherzustellen. Der Zusammenbruch der Produktion und Versorgung erst nach Kriegsende ist in erster Linie darauf zurückzuführen, daß mit der Befreiung der Zwangsarbeiter und der Kriegsgefangenen der Produktion ein Eckpfeiler genommen war.

Die Entwicklung der Ausländerbeschäftigung in der Bundesrepublik

Die Entwicklung der Ausländerbeschäftigung nach 1945 muß in sechs einzelne Phasen unterteilt werden. Die erste Phase erstreckt sich von 1945 bis etwa 1955. In diese Zeit fallen vor allem zwei Vorgänge: Die Behandlung ehemaliger, nicht in ihre Heimat zurückgekehrter Zwangsar-

beiter und die Vertreibung von insgesamt knapp neun Millionen Personen aus den deutschen Ostgebieten in den Westen. Hinzu kommt bis 1961 die Zuwanderung von etwa drei Millionen Flüchtlingen aus der DDR.
Die Eingliederung der Vertriebenen und Flüchtlinge hatte primär die Wirkung, daß nach Abbau der anfänglichen Massenarbeitslosigkeit zu Beginn der 50er Jahre die Arbeitskräfteknappheit nicht so groß wurde, daß ausländische Arbeitnehmer hätten rekrutiert werden müssen. Da die Flüchtlinge und Vertriebenen zu einem hohen Anteil Arbeiter bzw. Landarbeiter waren, konnten sie gerade in den Bereichen eingesetzt werden, die ansonsten die traditionellen Ausländerbranchen waren. Das schaffte somit ein zeitliches Moratorium zwischen der Fremdarbeiterbeschäftigung im Zweiten Weltkrieg und der späteren Anwerbung von »Gastarbeitern«.
Politisch hatte diese Pause eine wichtige Entwicklung zur Folge: Die ausländerpolitischen Regelungen konnten im zeitlichen Abstand von der nationalsozialistischen Erfahrung und noch ohne aktuellen Handlungsdruck »rekonstruiert« werden. Die Verankerung der heutigen Regelungen in der Kontinuität der Bestimmungen von 1938 ist nur daher zu verstehen, daß diese Rekonstruktion des Ausländerrechts in einer Zeit öffentlichen Desinteresses nahezu unbemerkt vor sich gehen konnte. Die Rekonstruktion der ausländerrechtlichen Bestimmungen geschah in ausdrücklicher Anlehnung an die Ausländerpolizeiverordnung von 1938, die im Jahre 1951 für »wiederverwendbar« erklärt wurde. Damit war die Kontinuität hinsichtlich des *Aufenthaltsrechts* hergestellt. Die *Zulassung zum Arbeitsmarkt* – als zweite Säule der ausländerbezogenen Regelungen und Kontrollen – wurde an die »Verordnung über ausländische Arbeitnehmer« von 1933 angeschlossen.
Dieses alles geschah in einer Zeit, in der noch niemand an eine weitere Ausländerbeschäftigung dachte. Das Jahr 1955 markierte jedoch insofern einen gewissen Einschnitt, als in diesem Jahr sich das deutsche Arbeitskräftereservoir in einzelnen Bereichen (vor allem in der Landwirtschaft) zu erschöpfen begann. Es wurden bereits die ersten Anwerbeabkommen, zum Beispiel 1955 mit Italien, abgeschlossen. Diese Phase von 1955 bis 1961 ist gekennzeichnet durch Vollbeschäftigung im Verlaufe des sogenannten Wirtschaftswunders und erste nennenswerte Engpässe auf dem Arbeitsmarkt. Diese wurden jedoch durch den anhaltenden Zustrom von Flüchtlingen aus der DDR einstweilen noch nicht offenkundig. Ende Juli 1960 befanden sich etwa 280000 ausländische Arbeitnehmer in der BRD, wovon 45 % alleine aus Italien stammten. Inzwischen waren auch Anwerbeabkommen mit Spanien (1960), Griechenland (1960) und der Türkei (1961) abgeschlossen worden.
Mit der Grenzsperrung durch die DDR am 13. August 1961 versiegte der

Ankunft italienischer Gastarbeiter in Wolfsburg (1962).

Zustrom der DDR-Flüchtlinge. Zu diesem Zeitpunkt begann die »unkontrollierte Expansion« in der Ausländerbeschäftigung, die im Grunde erst mit dem Anwerbestopp vom 22. November 1973 endete. Hier wird aber auch die dritte Phase der Entwicklung der Ausländerbeschäftigung nach 1945 bis zur ersten größeren Nachkriegs-Rezession von 1966/67 datiert. In dieser Zeit stieg die Zahl der ausländischen Arbeitnehmer kontinuierlich bis auf 1,3 Millionen. Weitere Anwerbeabkommen bzw. vertragliche Regelungen wurden mit Entsendeländern abgeschlossen: mit Portugal (1964), mit Tunesien (1965) und mit Marokko (1963 bzw. 1966). Am 28. April 1965 wurde das auch heute noch geltende Ausländergesetz (mit den Durchführungsbestimmungen vom 26. Juni 1972) beschlossen.

Es muß beachtet werden, daß in dieser Expansionsphase *alle* Beteiligten davon ausgingen, daß die einsetzende Arbeitsmigration ein *vorüberge-*

hendes Phänomen sei. Die Entsendeländer erhofften einen dadurch bewirkten Entwicklungsschub; die deutsche Wirtschaft beabsichtigte die Lösung ihrer dramatisch gewordenen Arbeitsmarktprobleme; die Gewerkschaften sahen in der Ausländerbeschäftigung nicht mehr die Gefahr, daß die Ausländer als »industrielle Reservearmee« eine Schwächung der einheimischen Arbeiterschaft bedeuteten, sondern eher eine Möglichkeit zur Durchsetzung bestimmter Forderungen, zum Beispiel nach Arbeitszeitverkürzung; und die einzelnen Ausländer erhofften sich von dem befristet geplanten Aufenthalt eine Lösung ihrer jeweiligen individuellen Probleme wie Arbeitslosigkeit und finanzielle Notlage. Von daher verwundert es nicht, daß man in dieser Phase tatsächlich zunächst »Arbeitskräfte gerufen« hat und daß auch lediglich Arbeitskräfte gekommen sind. Das später aufkommende Problem der zunehmenden Inanspruchnahme der sozialen Infrastruktur gab es damals objektiv nicht.

Dieser Zustand änderte sich im Prinzip auch mit und nach der Rezession von 1966/67 nicht. Das zeigt sich vor allem daran, daß innerhalb eines Jahres mit dem Rückgang der Beschäftigungsmöglichkeiten die Anzahl der Ausländer in der BRD um rund 300000 abnahm (vgl. Tabelle 1). Die Funktion der Ausländer als »Konjunkturpuffer« hatte sich voll bewährt.

Mit der Überwindung der Rezession im Jahre 1967 nahm die Zahl der ausländischen Arbeitnehmer dann aber wieder stetig zu und erreichte mit dem Ende dieser vierten Phase im Jahre 1973 die Zahl von 2,6 Millionen. Die Gesamtzahl aller Ausländer betrug gegen Ende 1973 knapp 4 Millionen. Bemerkenswert ist auch, daß der Anteil der Erwerbstätigen aus den Anwerbeländern in dieser Phase mit etwa 66% über die Jahre nahezu konstant blieb und damit deutlich über dem entsprechenden Anteil bei der deutschen Wohnbevölkerung lag.

Die Zeit von 1966/67 bis 1973 war von einer sehr geringen Arbeitslosigkeit – bei Deutschen und Ausländern – gekennzeichnet. Wegen der anhaltenden Arbeitskräfteknappheit wurde 1968 ein deutsch-jugoslawisches Abkommen über die Beschäftigung jugoslawischer Arbeitnehmer in der Bundesrepublik geschlossen. In der nationalen Zusammensetzung der Ausländer sank der zuvor hohe Anteil der Italiener immer stärker, dagegen stieg der Anteil der Jugoslawen und ab 1969 vor allem der der Türken. Anfang der 70er Jahre betrug der Anteil der Türken in der BRD etwa nur 13% aller Ausländer, er wuchs im Jahre 1980 auf 33% an und ist seitdem fast konstant. Bemerkenswert ist ferner, daß in jener Zeit der Überbeschäftigung die Arbeitslosenquote bei den Ausländern geringer war als bei den Deutschen – ein Indiz für die ökonomische Unentbehrlichkeit der ausländischen Arbeitnehmer.

Der Anteil der Ausländer an der erwerbstätigen Bevölkerung betrug

Tabelle 1: Ausländische Wohnbevölkerung (WB) und sozialversicherungspflichtig Beschäftigte (B) nach Nationalität (in 1000)

Jahr	Gesamt		Griechen		Italiener		Jugoslawen		Spanier		Türken	
	WB	B	WB	B	WB	B	WB	B	WB	B	WB	B
1949												
1950	548,0											
1951	485,8		3,0		22,5		22,7		1,5		1,2	
1952	446,7		3,0		23,3		20,6		1,6		1,2	
1953	470,9		3,2		24,8		21,7		1,7		1,4	
1954	463,4		3,2		24,5		20,6		1,7		1,4	
1955	466,7		3,4		24,7		20,6		2,0		1,6	
1956												
1957		104,6		1,7		18,6		2,7		0,9		
1958		123,4		2,7		25,1		4,7		1,4		
1959		163,2		4,0		48,3		7,2		2,1		
1960		276,2		12,9		121,3		8,7		9,4		
1961	686,2	471,9	42,1	40,6	196,7	207,1	16,4	12,7	44,2	48,3	6,7	
1962		634,6		65,8		259,2				83,9		13,8
1963		795,0		102,2		295,8				114,4		25,7
1964		932,9		143,9		289,3		53,1		144,3		69,2
1965		1164,4		181,7		360,0		64,1		180,6		121,1
1966		1314,0		196,3		399,2		96,7		185,3		158,0
1967		1023,7		146,8		274,3		97,7		129,1		137,1
1968	1924,2	1014,8		136,2		287,4		99,7		112,0		139,3
1969	2381,1	1372,1	271,3	174,3	514,6	340,2	331,6	226,3	206,9	135,6	322,4	213,0
1970	2976,5	1838,9	342,9	229,4	573,6	375,0	514,5	389,0	245,5	165,9	469,2	328,0
1971	3438,7	2168,8	394,9	261,6	598,8	405,1	594,3	469,2	270,4	183,6	652,8	424,4
1972	3526,6	2317,0		269,7		422,2		471,9		184,0		497,3
1973	3966,2	2595,0	399,2	250,0	622,0	450,0	673,3	535,0	286,1		893,6	605,0
1974	4127,4	2440,0	406,4	225,0	629,6	410,0	707,8	505,0	272,7		1027,8	593,0
1975	4089,6	2070,4	390,5	203,6	601,4	297,1	677,9	418,7	247,4	129,8	1077,1	553,2
1976	3948,3	1937,1	353,7	178,8	568,0	276,4	640,4	390,1	219,4	111,0	1079,3	527,5
1977	3948,3	1888,6	328,5	162,5	570,8	281,2	630,0	377,2	201,4	100,3	1118,0	517,5
1978	3981,1	1869,3	305,5	146,8	572,5	288,6	610,2	369,5	188,9	92,6	1165,1	514,7
1979	4143,8	1933,7	296,8	140,1	594,4	300,4	620,6	367,3	182,2	90,0	1268,3	540,5
1980	4453,3	2071,7	297,5	133,0	617,9	309,2	631,8	357,4	180,0	86,6	1462,4	590,6
1981	4629,7	1929,7	299,3	123,8	624,5	291,1	637,3	340,6	177,0	81,8	1546,3	580,9
1982	4666,9	1783,9	300,8	115,6	601,6	258,7	631,7	312,6	173,5	76,4	1580,7	554,0
1983	4534,9	1713,6	292,3	108,8	565,0	238,9	612,8	305,9	166,0	72,3	1552,3	540,5
1984	4363,6	1592,6	287,1	98,0	545,1	214,1	600,3	288,8	158,8	67,4	1425,8	499,9
1985	4378,9	1583,9	280,6	102,9	531,3	202,4	591,0	293,5	152,8	67,4	1401,9	499,3
1986	4512,7	1591,5	278,5	101,6	537,1	193,4	591,2	294,8	150,5	65,9	1434,3	513,1
1987	4630,2	1588,9	279,9	100,9	544,2	181,7	597,6	292,1	147,2	64,0	1485,6	518,4

Stichtag Wohnbevölkerung: am 30. 9.; 1971, und ab 1985 am 31. 12.; 1961 Volkszählung am 6. 6.; 1951 bis 1953 am 1. 10.; 1954 und 1955 am 1. 1.;
Stichtag Beschäftigte: am 30. 6.; 1982 am 31. 3.; 1973 am 30. 9.; 1963, 1962 am 31. 5.; 1957 bis 1960 am 31. 7.;

Quelle: Daten aus Statistischen Jahrbüchern; für 1987 und für WB 1968 und 1972 aus Unterlagen der Ausländerbeauftragten

1973 11,6 %. Dieser Wert sank seitdem kontinuierlich und liegt heute bei 7,7 %. Die Hauptbeschäftigungsbereiche sind die industrielle Produktion (vor allem Stahl-, Maschinen- und Fahrzeugbau, Elektrotechnik und Metallverarbeitung), die Bauindustrie und der Dienstleistungsbereich (vor allem Gaststätten und Gesundheitswesen). Im Unterschied zur Ausländerbeschäftigung im Kaiserreich und in den folgenden Perioden finden in der Landwirtschaft nur relativ wenige Ausländer eine Beschäftigung. Im Bergbau sind ebenfalls nur relativ wenige Ausländer beschäftigt, wenngleich in Teilbereichen, insbesondere in der Untertagearbeit, der Anteil der Ausländer an den Bergarbeitern nennenswert ist (vor allem im Ruhrgebiet).

In der Phase der Expansion der Ausländerbeschäftigung fand keine Ausweitung der Beschäftigung, sondern lediglich eine *Substitution* deutscher Arbeitskräfte durch ausländische Arbeitnehmer statt. Die ausländischen Arbeitnehmer übernahmen bei diesem Substitutionsvorgang nach und nach die unqualifiziertesten und am meisten belastenden Arbeitsplätze, wodurch neben Arbeitszeitverkürzungen auch der Übergang eines zunehmenden Anteils deutscher Jugendlicher in das Bildungssystem ermöglicht werden konnte, ohne daß es zu weiteren Engpässen auf dem Arbeitsmarkt gekommen wäre. Der Aufbau der Bundeswehr ab 1955 wäre ohne die Beschäftigung von Ausländern ebenfalls kaum so reibungslos möglich gewesen, wie er sich dann vollzog. Insgesamt hatte diese Substitution eine »kollektive Mobilität« der deutschen Bevölkerung zur Folge – ohne daß dieses zunächst von den Ausländern als »relative Deprivation« wahrgenommen worden wäre.

Das Ende der Expansion der Ausländerbeschäftigung war mit dem Öl-Embargo und der weltweiten Wirtschaftskrise nach 1973 erreicht. Die Bundesregierung erließ am 27. November 1973 den sogenannten Anwerbestopp. Damit sollte den aufkommenden Beschäftigungsproblemen begegnet werden in der Hoffnung, daß nun ähnlich wie 1966/67 ein deutlicher Rückgang der Ausländerbeschäftigung kurzfristig einsetzen würde. Und in der Tat sank die Anzahl der ausländischen Arbeitnehmer nach 1973 von 2,6 Millionen bis 1978 auf den Stand von 1,87 Millionen, stieg bis 1980 sogar wieder auf 2,07 Millionen an, fiel dann jedoch rasch auf 1,59 Millionen. Auf diesem Stand, der im Vergleich zu 1978 eine Brutto-Abnahme von über einer Million bedeutet, stagniert die Zahl der ausländischen Erwerbstätigen seit 1984. Allerdings wird diese Bewegung überlagert von einer anderen Entwicklung: Durch Familiennachzug und erhöhte Fertilität nahm die Anzahl der Ausländer insgesamt nur von 4,1 Millionen auf 3,9 Millionen im Jahre 1976/77 ab und *stieg* seitdem auf inzwischen über 4,6 Millionen an. Damit liegt der Ausländeranteil inzwischen bei insgesamt 7,6 % der Gesamtbevölkerung der Bundesrepublik Deutschland. Der Anteil der erwerbstätigen Ausländer sank in dieser Zeit kontinuierlich von ursprünglich 69 % auf nunmehr etwa 44 % und liegt nur leicht *über* dem entsprechenden Anteil der deutschen Bevölkerung (der bei etwa 41 % liegt). Die Anzahl der ausländischen Jugendlichen unter 15 Jahren beträgt unterdessen 950000. Es sei noch erwähnt,

daß der Anteil der Erwerbstätigen bei den Türken mit knapp 35 % am niedrigsten liegt, bei den Jugoslawen (49 %) am höchsten ist.
Diese Entwicklung war so nicht antizipiert worden. Statt der geplanten Verminderung der ausländischen Bevölkerung hatte der Anwerbestopp eine Erhöhung und – am wichtigsten – eine Umstrukturierung bewirkt. Mit der nach 1973 verstärkten Familienzusammenführung, die unter anderem durch bestimmte Kindergeldregelungen des Jahres 1975 noch forciert wurde, und der gewachsenen Aufenthaltsdauer wurde nunmehr auch mehr und mehr die Inanspruchnahme der sozialen Infrastruktur durch ausländische Kinder und Jugendliche spürbar. Deren Zukunftsprobleme besonders im Hinblick auf die weiterhin ungesicherte rechtliche Position, die kulturelle Marginalität und schulische und berufliche Unterqualifikation traten nun – freilich nicht schlagartig – in den Mittelpunkt des öffentlichen Interesses.
Aber auch die erste Generation veränderte ihren Charakter als bloße »Gastarbeiter«: Die durchschnittliche Aufenthaltsdauer stieg an; sie liegt heute bereits bei über 10 Jahren. Auch diese Entwicklung ist durch den Anwerbestopp beschleunigt worden, da mehr und mehr Ausländer aus Nicht-EG-Ländern eine Rückkehr schon deshalb nicht ins Auge fassen, da sie befürchten, dann nicht mehr in die Bundesrepublik einreisen zu können. Mit der Verschlechterung der wirtschaftlichen Situation insge-

Tabelle 2: Anteil der sozialversicherungspflichtig Erwerbstätigen (in Prozent)

Jahr	Gesamt	Griechen	Italiener	Jugoslawen	Spanier	Türken
1961	68,8	96,4	–	77,4	–	–
1969	57,6	64,2	66,1	68,2	65,5	66,1
1970	61,8	66,9	65,4	75,6	67,7	69,9
1975	50,6	52,1	49,4	61,8	52,4	51,4
1976	49,1	50,6	48,7	60,9	50,6	48,9
1977	47,8	49,5	49,3	59,9	49,8	46,3
1978	47,0	48,1	50,4	60,6	49,0	44,2
1979	46,7	47,2	50,5	59,2	49,4	42,6
1980	46,5	44,7	50,0	56,6	48,1	40,4
1981	41,7	41,4	46,6	53,4	46,2	37,6
1982	38,2	38,4	43,0	49,5	44,0	35,2
1983	37,8	37,2	42,3	49,9	43,6	34,8
1984	36,5	34,1	39,3	48,1	42,4	35,1
1985	36,2	36,7	38,1	49,7	44,1	35,6
1986	35,3	36,5	36,0	49,9	43,8	35,8
1987	34,3	36,0	33,4	48,9	43,5	34,9

Quelle: Eigene Berechnungen auf Grundlage der Statistischen Jahrbücher

samt und insbesondere mit der Wegrationalisierung vor allem unqualifizierter Arbeitsplätze sind die ausländischen Arbeitnehmer nunmehr auch stärker von Arbeitslosigkeit betroffen. Nach 1974 übertraf der Anteil der arbeitslosen Ausländer den der deutschen Bevölkerung.
Offiziell hält die Bundesregierung bis in die jüngste Zeit auch in allen darauf folgenden politischen Entscheidungen und Verlautbarungen daran fest, daß die Bundesrepublik »kein Einwanderungsland« sei. Immer noch geht man – implizit – davon aus, daß die Anwesenheit der 4,6 Millionen Ausländer ein im Grunde vorübergehendes Phänomen sei. Die neuesten Entwicklungen sind vor allem dadurch gekennzeichnet, einerseits die Integration der bleibewilligen Ausländer zu fördern, andererseits aber auch die Rückkehr von eventuell rückkehrwilligen Ausländern u. a. durch gezielte Anreize zu ermuntern. Entsprechende Maßnahmen (Gesetz zur Förderung der Rückkehrbereitschaft) waren aber de facto erfolglos; so wurden nur 13700 Anträge auf Rückkehrbeihilfe genehmigt, wobei Mitnahmeeffekte nicht berechenbar sind. Die Beibehaltung des Anwerbestopps von 1973 wird für selbstverständlich gehalten. Man ist sich im übrigen darüber einig, daß ein weiteres Ansteigen der ausländischen Bevölkerung und insbesondere der weitere Zuzug von Jugendlichen und Familienangehörigen vor allem höheren Alters zu unterbinden sei, damit die Integration der bereits anwesenden ausländischen Bevölkerung nicht gefährdet werde. Erst ganz allmählich beginnt auch die Öffentlichkeit und Politik in der Bundesrepublik anzuerkennen, daß es sich bei der Anwesenheit der ausländischen Bevölkerung nicht mehr nur um ein vorübergehendes Phänomen handelt. Von dieser Anerkennung bis zu entsprechenden politischen Reaktionen ist es jedoch noch ein weiter Weg.

Die Lebensbedingungen der Ausländer in der Bundesrepublik Deutschland

Bei der Beschreibung der Lebensbedingungen der Ausländer in der Bundesrepublik sind zwei Bereiche zu unterscheiden: Die formal-rechtliche Situation einerseits und die faktische soziale und ökonomische Situation andererseits. Die formal-rechtliche Situation ist weitgehend mit den Bestimmungen des Ausländerrechtes und den inzwischen vorgenommenen politischen Regulierungen der Ausländerbeschäftigung beschreibbar. Die soziale und ökonomische Situation der ausländischen Bevölkerung stellt sich im Prinzip ebenfalls sehr eindeutig dar; sie kann aber nur angemessen verstanden werden, wenn man sich vor Augen hält, unter welchen Bedingungen die Ausländerbeschäftigung in der Bundesrepublik sich entwickelt hat.

Türkische Gastarbeiter, die in ihre Heimat zurückkehren wollen, beim Räumen ihrer Wohnung.

Die rechtliche und politische Situation

Bei den geltenden Instrumenten zur Regulierung und Kontrolle des Zustroms und der Anwesenheit von Ausländern in der Bundesrepublik sind zwei Aspekte zu unterscheiden: einerseits die generellen Bestimmungen, die unabhängig von der Anwerbung von »Gastarbeitern« für alle Ausländer gelten und zweitens die speziellen Maßnahmen zur Anwerbung von Arbeitsmigranten bzw. zur Regelung der Familienzusammenführung bei Arbeitsmigranten. Diese beiden Aspekte stehen selber zwar in enger Beziehung zueinander, die Anwerbemaßnahmen waren jedoch zeitlich nur bis 1973 wirksam, während die allgemeinen ausländerrechtlichen Bestimmungen – mit einigen Veränderungen – auch weiterhin gelten.
Die rechtliche, politische und aktuelle soziale und ökonomische Situation der Ausländer in der Bundesrepublik ist nicht zu verstehen ohne Kenntnis der Bedingungen, unter denen sie in die Bundesrepublik gekommen sind. Die Hauptmasse der heute in der Bundesrepublik arbeitenden Aus-

länder ist nicht durch einen »individuellen« Entschluß, sondern aufgrund gezielter Anwerbungsmaßnahmen der Bundesanstalt für Arbeit anwesend. Die Anwerbeverfahren waren das Hauptinstrument zur speziellen Kontrolle der Einwanderung von Arbeitsmigranten und erlaubten bzw. gewährleisteten eine präzise Abstimmung der Bedürfnisse der deutschen Wirtschaft nach bestimmten Arbeitskräften mit dem »Angebot« in den Entsendeländern. Auf dieser Grundlage wurden die Anwerbeabkommen mit Italien, Spanien, Griechenland, der Türkei, Marokko, Portugal, Tunesien und schließlich Jugoslawien abgeschlossen.

Es gab im Prinzip zwei unterschiedliche Verfahren der Anwerbung: das *staatliche Anwerbeverfahren* (auch als »erster Weg« bezeichnet) und das *Sichtvermerkverfahren* (auch als »zweiter Weg« bezeichnet). Beide Verfahren verbinden auf je unterschiedliche Weise zwei Zulassungskriterien: die Zulassung zum Arbeitsmarkt und die ausländerpolizeiliche Zulassung. Und sie verknüpfen drei Regelungselemente der Einwanderungsregulierung: den Sichtvermerk über die Einreise, die Aufenthaltserlaubnis und die Arbeitserlaubnis. Gemeinsam ist ihnen die Überprüfung des Inländerprimates durch die Arbeitsämter als Voraussetzung für jede Anwerbung.

Beim staatlichen Anwerbeverfahren (auch: »anonyme« Anwerbung genannt) wurden die Anträge der interessierten deutschen Betriebe auf Ausländerbeschäftigung bei den Arbeitsämtern gesammelt. Dort wurde dann überprüft, ob bei einer entsprechenden Anwerbung der Inländerprimat gewahrt bliebe, ob die Anträge bestimmten Musterarbeitsverträgen entsprachen und ob sichergestellt war, daß der gleiche Lohn wie für die deutschen Arbeiter bezahlt würde. Schließlich mußte noch nachgewiesen werden, daß den ausländischen Arbeitnehmern »angemessene Unterkünfte« (zum Beispiel Wohnheime) zur Verfügung standen. Die von der Arbeitsverwaltung genehmigten Anwerbeverträge wurden dann an die Anwerbekommissionen in den verschiedenen Anwerbeländern weitergeleitet. Derartige Kommissionen bestanden zum Beispiel in Athen, Belgrad, Lissabon, Madrid und Istanbul. Die Kommissionen hatten eine dreifache Selektionsaufgabe: Überprüfung und Auswahl der Arbeiter nach der angeforderten Arbeitsqualifikation, nach der gesundheitlichen Eignung und nach der »arbeitsmarktpolizeilichen Auffälligkeit« des Bewerbers. Daneben wickelten die Anwerbekommissionen die erforderlichen Formalitäten ab (Aufenthaltserlaubnis und Arbeitserlaubnis – zunächst immer nur für ein Jahr) und organisierten die Sammeltransporte an die Bestimmungsorte in der Bundesrepublik.

Das Sichtvermerkverfahren (auch: »namentliches« Verfahren genannt) mußte ebenfalls über die deutschen Anwerbestellen abgewickelt werden. Die Prozedur – historisch der ältere Weg – basierte darauf, daß der deut-

sche Arbeitgeber einen ausländischen Arbeitnehmer namentlich benannte, der bereit war, ein entsprechendes Arbeitsverhältnis einzugehen. Der deutsche Arbeitgeber beantragte daraufhin beim entsprechenden deutschen Konsulat, dem betreffenden ausländischen Arbeitnehmer einen Sichtvermerk zur Einreise zu erteilen. Bei Zustimmung der Ausländerbehörde in der Bundesrepublik konnte das Konsulat den Sichtvermerk erteilen, der Ausländer reiste in die Bundesrepublik ein und erhielt – meist für ein Jahr – Aufenthalts- und Arbeitserlaubnis.
Die wichtigste Grundlage der generellen Bestimmungen sind die *Aufenthaltserlaubnis* nach dem Ausländergesetz (vom 28. April 1965) und das Erfordernis einer *Arbeiterlaubnis* nach dem »Arbeitsförderungsgesetz« (vom 25. Juni 1969) sowie der »Arbeitserlaubnisverordnung« (vom 2. März 1971). Ganz allgemein kann nach dem Ausländergesetz kein Rechtsanspruch auf Einreise oder Aufenthalt abgeleitet werden. Infolgedessen ist eine Aufenthaltserlaubnis für alle Ausländer grundsätzlich erforderlich, die länger als drei Monate in der Bundesrepublik bleiben wollen. Die Erteilung der Aufenthaltserlaubnis steht im Ermessen der Ausländerbehörde. Grundlage für dieses Ermessen ist die »Zweckmäßigkeit« des Aufenthalts für die »Belange« der Bundesrepublik. Die Erlaubnis kann räumlich und zeitlich begrenzt erteilt werden. Diese Regelung betraf bislang die Arbeitsmigranten, denen bei der Anwerbung zunächst meist nur eine einjährige Aufenthaltserlaubnis erteilt wurde. Nach einem mehr als dreijährigen Aufenthalt *kann* die Aufenthaltserlaubnis auf zwei oder mehr Jahre ausgestellt werden. Nach mindestens fünf Jahren *kann* diese Erlaubnis als Aufenthaltsberechtigung erteilt werden, die räumlich und zeitlich unbefristet ist. Angehörigen von EG-Ländern muß allerdings grundsätzlich der Aufenthalt genehmigt werden und kann nicht räumlich und nur beschränkt zeitlich eingegrenzt werden. Kinder und Jugendliche unter 16 (in Bremen unter 18) Jahren benötigen ebenfalls keine Aufenthaltserlaubnis; eine Beschränkung dieser Bestimmung wird seit längerer Zeit diskutiert.
Mit einer Änderung der »Allgemeinen Verwaltungsvorschrift zur Ausführung des Ausländergesetzes« (vom 7. Juli 1978) kann eine *unbefristete* Aufenthaltserlaubnis nach fünf Jahren und eine Aufenthaltsberechtigung nach acht Jahren erteilt werden. Hieran sind drei Bedingungen geknüpft: eine angemessene Wohnung nach ortsüblichen Maßstäben, Schulbesuch der Kinder gemäß der Schulpflicht und ausreichende Deutschkenntnisse. Minderjährigen Kindern und Ehegatten kann die unbefristete Aufenthaltserlaubnis schon vor Ablauf der fünf Jahre erteilt werden, wenn sie über genügende Sprachkenntnisse verfügen.
Ausländer, die in der Bundesrepublik einer Arbeit nachgehen wollen, benötigen eine gesonderte *Arbeitserlaubnis*. Diese kann gemäß § 19 des

Arbeitsförderungsgesetzes »nach Lage und Entwicklung des Arbeitsmarktes unter Berücksichtigung der Verhältnisse des einzelnen Falles« und dann, wenn keine Bewerbung eines Deutschen für den entsprechenden Arbeitsplatz vorliegt (Inländerprimat), erteilt werden. Voraussetzung für die Erteilung der Arbeitserlaubnis ist die Aufenthaltserlaubnis. Angehörige von EG-Staaten benötigen keine gesonderte Arbeitserlaubnis; ihnen genügt der Nachweis eines Arbeitsplatzes.
Nach dem Anwerbestopp von 1973 wurden diese Bestimmungen stärker in Richtung des Inländerprimates verschärft. Das betraf die im Rahmen der Familienzusammenführung nach dem 30. November 1974 eingereisten Ehegatten und die nach dem 31. Dezember 1976 zugezogenen Kinder: Ihnen wurde generell der Zugang zum Arbeitsmarkt verweigert (Stichtagsregelung). Diese Regelung wurde am 1. April 1979 durch eine »individuelle Wartezeitenregelung« abgelöst, die am 4. August 1981 gesetzlich verankert wurde: Vorbehaltlich des Vorrangs Deutscher auf einen Arbeitsplatz erhalten nachgereiste Kinder nach zwei Jahren und nachgereiste Ehegatten nach vier Jahren die Arbeitserlaubnis in Branchen mit besonderen Engpässen (z. B. Restaurations- und Hotelgewerbe), wobei der Zeitpunkt der Einreise nicht mehr wichtig ist. Bei Kindern, die an Maßnahmen zur beruflichen und sprachlichen Eingliederung teilgenommen haben, kann diese Wartezeit erlassen werden. Beide Regelungen enthalten eine deutliche Priorität der »Belange« der Bundesrepublik, insbesondere des deutschen Arbeitsmarktes und gestatten eine hohe Disponibilität der Behörden über die Anwesenheit von Ausländern, insbesondere da nahezu alle Entscheidungen im Ermessen der Behörden stehen und Rechtsansprüche nur in Ausnahmefällen vorhanden sind.
Nach 1973 war zunächst eine weitere Verschärfung dieser Disponibilität zu beobachten. Erst unter dem Eindruck der weiteren Entwicklung wurden dann vor allem für Kinder und Jugendliche und für länger Anwesende gewisse Erleichterungen des Aufenthalts zugestanden. Die aktuelle Entwicklung ist dadurch gekennzeichnet, daß man den bislang relativ unbeschränkten Zuzug von Familienangehörigen einschränken will. Nach den Beschlüssen der Bundesregierung vom 2. Dezember 1981 soll der Nachzug ausländischer Kinder und Jugendlicher nur noch bis zur Vollendung des 16. Lebensjahres zulässig sein, der Zuzug ausländischer Kinder zu einem allein in der Bundesrepublik lebenden Elternteil soll gänzlich unterbunden werden, ebenso wie der Nachzug von Ehegatten solcher Ausländer, die als Kind eingereist oder in der BRD geboren sind.
Eine besondere Position haben in rechtlicher Hinsicht die Asylbewerber. Nach Artikel 16 des Grundgesetzes genießen »Politisch Verfolgte« in der Bundesrepublik »Asylrecht«. Jedoch stehen der faktischen Aufnahme ein langwieriges Anerkennungsverfahren und eine inzwischen zweijäh-

rige Sperre der Arbeitserlaubnis entgegen. Die steigende Anzahl der Asylbewerber – von 16410 1977 auf 99650 1986 und 57379 im Jahre 1987 – und die damit einhergehende, in Anbetracht der absoluten Zahlen und deren Entwicklung unbegründete Furcht vor einer »Überfremdung« führte rechtlich zu einer erheblichen Anzahl an gesetzlichen – und verfahrenstechnischen – Beschränkungen, politisch jedoch zu einem verschärften ausländerpolitischen Klima, so daß rechtsextreme Parteien mit diesem Thema bei Landtagswahlen 1987 und 1988 erhebliche Erfolge, in Bremen sogar einen Sitz in der Bürgerschaft erzielen konnten. In der öffentlichen Diskussion hat sich die Notwendigkeit der Abwehr neuer Einwanderungen besonders hierauf bezogen.

Mit dem Anwerbestopp wurden die Regelungen hinsichtlich der Familienzusammenführung bedeutsamer als zuvor. Die Bestimmungen hierzu lauten, daß ein ausländischer Arbeitnehmer nur dann die Aufenthaltserlaubnis für seine Familie erhält, wenn er mindestens drei Jahre regulär gearbeitet hat und eine »familiengerechte« Wohnung nachweisen kann. Der Nachzug ist nur für Familienangehörige und Kinder unter 21 Jahren gestattet. Kinder unter 16 Jahren benötigen keine Aufenthaltserlaubnis. Angehörige aus EG-Staaten unterliegen diesen Beschränkungen nicht. Ihre Verwandten der auf- und absteigenden Linie können frei nachreisen.

Für den Bereich der arbeits- bzw. sozialrechtlichen Regelungen gilt, daß hier im wesentlichen eine Gleichstellung der Ausländer mit der deutschen Bevölkerung innerhalb der besonderen Bestimmungen des Aufenthalts- und Arbeitserlaubnisrechtes vollzogen ist. Zwar herrscht nach dem Arbeitsförderungsgesetz und der Arbeitserlaubnisverordnung der Inländerprimat, innerhalb eines Beschäftigungsverhältnisses ist der ausländische Arbeitnehmer jedoch tarifrechtlich gleichgestellt. Auch für die Sozialversicherung gilt diese Gleichstellung: Die in der Bundesrepublik erworbenen Ansprüche und Versicherungszeiten werden voll angerechnet – auch wenn der Ausländer in das Heimatland zurückkehrt. Allgemein haben ausländische Arbeitnehmer in der Bundesrepublik unter den gleichen Bedingungen Anspruch auf Arbeitslosenunterstützung bzw. Arbeitslosenhilfe wie die deutschen Arbeitnehmer, jedoch unter der Voraussetzung einer gültigen Aufenthalts- und Arbeitserlaubnis.

Hohen Anteil an der recht günstigen Position der Ausländer im Arbeits- und Sozialbereich haben die Gewerkschaften, die nach den ursprünglichen Widerständen gegen die Ausländerbeschäftigung schon bald eine Reihe von betrieblichen Eingliederungs- und Fortbildungsmaßnahmen eingerichtet und gefördert haben. Ausländer genießen nach Artikel 9, Absatz 3 des Grundgesetzes die Koalitionsfreiheit. Bis 1972 waren sie jedoch als Gewerkschaftsmitglieder nicht mit ihren deutschen Kollegen gleichgestellt. Sie verfügten für die Wahlen zum Betriebsrat bis dahin nur über das aktive, nicht über das passive Wahlrecht. Durch eine Änderung des Betriebsverfassungsgesetzes wurde diese Ungleichbehandlung inzwischen beseitigt. Bemerkenswert ist, daß die ausländischen Arbeitnehmer einen durchweg höheren Organisationsgrad aufweisen als ihre deutschen Arbeitskollegen: Eine Untersuchung von 1976 in Berlin schätzt, daß etwa 27 % der türkischen Arbeiter, aber nur etwa 18 % der deutschen Arbeiter gewerkschaftlich organisiert waren.

Anders als im Arbeits- und Sozialbereich sind die Ausländer in der Bundesrepublik jedoch von der politischen Beteiligung so gut wie ausgeschlossen. Das ist die wichtigste Folge der nach wie vor auf Kurzfristigkeit des Aufenthaltes angelegten allgemeinen Politik gegenüber den Ausländern. Da Ausländer dem Gesetz nach keine deutschen Staatsbürger sind, genießen sie auch nicht die für die deutschen Staatsbürger reservierten politischen Rechte. Zwar stehen die Ausländer generell bei ihrem Aufenthalt in der Bundesrepublik unter dem Schutz des Grundgesetzes, das Diskriminierungen nach Geschlecht, Rasse, Sprache, Herkunft oder politischen und religiösen Überzeugungen verbietet und die Rechte zur Versammlung, zur Bildung von Organisationen und zur Freizügigkeit garantiert. Diese Rechte sind jedoch für Ausländer zum Teil eingeschränkt. Die wichtigste Beschränkung bezieht sich auf das Wahlrecht, das nur deutsche Bürger haben. Ein Ausländer könnte es nur durch Einbürgerung erhalten. Das Problem der politischen Beteiligung vor allem im kommunalen Bereich wurde bisher nur durch die den Ausländern gebotene Möglichkeit, als »sachkundige Bürger« in kommunalen Ausschüssen, in sogenannten Ausländerbeiräten, tätig zu sein, angegangen. Die Einzelbestimmungen hierzu sind von Bundesland zu Bundesland verschieden. Gemeinsam ist diesen Beiräten jedoch, daß sie nur beratende, nicht aber auch entscheidende Funktionen haben und somit von relativ geringer Wirksamkeit sind. In der Diskussion befindet sich das kommunale Wahlrecht für Ausländer; diesem Vorschlag, der breite Zustimmung der gesellschaftlichen Gruppen findet, ist jedoch höchstens in den sozialdemokratisch regierten Bundesländern eine Erfolgschance zuzusprechen. Zudem bestehen von seiten der Bundesregierung verfassungsrechtliche Bedenken.

Die Rechte zur Bildung von Organisationen und zur Gründung von Parteien sind für Ausländer ebenfalls eingeschränkt. Nach Paragraph 6,2 des Ausländergesetzes können ausländische Organisationen dann verboten werden, wenn sie die Belange und Interessen der Bundesrepublik »gefährden«. Ebenso ist nach dem Parteiengesetz der Bundesrepublik die Bildung von Ausländerparteien untersagt. Allerdings können Ausländer Mitglieder deutscher Parteien werden, wobei es im Ermessen der Par-

teien steht, inwieweit sie den Ausländern innerhalb der Partei aktives oder passives Wahlrecht zugestehen.
Es gibt unterdessen Überlegungen, die Probleme der Ausländerbeschäftigung durch eine Liberalisierung der bisher geltenden Regelungen zur Einbürgerung vor allem der zweiten und folgenden Generationen zu lösen. Voraussetzung für die Einbürgerung sind derart vage Kriterien wie die Forderung, daß der Staatsangehörige »selbst diese staatliche Gemeinschaft mitbildet und mitprägt«. Es wird vom Bewerber gefordert, daß er eine »gewachsene Beziehung und Bindung als Bürger zum Gemeinwesen« entwickelt hat.
Insgesamt haben die ausländerrechtlichen Zuwanderungs- und Aufenthaltsregulierungen zu einer dauerhaften Unsicherheit der Alltagssituation bei den ausländischen Familien geführt, wodurch eine Integration so gut wie unmöglich wurde. Das Dilemma der gegenwärtigen Situation be-

Ein deutsch-türkisches Ehepaar nach der Trauung vor einer türkischen Gaststätte in Duisburg (1982).

steht eben darin, daß man für einen Teil der Ausländer die Integration beabsichtigt und fördert, gleichzeitig aber für alle den aufenthaltsrechtlichen Status so beläßt, daß ihre Disponibilität möglichst hoch bleiben kann.

Die ökonomische und soziale Situation

Hinsichtlich der sozialen und wirtschaftlichen Situation der Ausländer in der Bundesrepublik sind drei Aspekte zu unterscheiden: erstens die Stellung der ausländischen Bevölkerung im Wirtschaftssystem der Bundesrepublik; zweitens die Situation der Ausländer im Wohnbereich; und schließlich die Situation der ausländischen Kinder und Jugendlichen.
Aufgrund der besonderen Bedingungen der Ausländerbeschäftigung, die ja mit sehr speziellen Arbeitskräftenachfragen in bestimmten Branchen zu Beginn der 60er Jahre begonnen hatte, befindet sich die Mehrzahl der ausländischen Beschäftigten in speziellen Bereichen der Produktion und der Dienstleistungsbetriebe. Da die ausländischen Arbeitnehmer gerade in solche Betriebe und Positionen hineindrängten, die für die deutsche Bevölkerung nicht mehr attraktiv waren, stellte sich auch in der Bundesrepublik eine Erscheinung ein, die man anderswo mit »Unterschichtung« bezeichnet hat: Die ausländische Bevölkerung nimmt insgesamt (natürlich nicht in jedem Einzelfall) eine in ökonomischer Hinsicht untere Stellung gegenüber der deutschen Bevölkerung ein. Diese bezieht sich weniger auf die Einkommenssituation, als auf die Art und das Ansehen der beruflichen Tätigkeit. Von der Einkommenssituation her ist die Unterschiedlichkeit zur deutschen Bevölkerung nicht so groß, jedoch muß beachtet werden, daß die relativ hohen Einkommen der Ausländer auf einen erhöhten Arbeitseinsatz (Schichtarbeit, Überstunden) zurückzuführen sind. Ausländer besetzen nach wie vor die Arbeitsplätze, die am gefährlichsten, am schmutzigsten und am wenigsten angesehen sind. Da die Ausländer zu einem sehr hohen Prozentsatz auch solche Tätigkeiten übernommen haben, für die keine besonderen Qualifikationen erforderlich waren, sind sie neuerdings mit der zunehmenden Wegrationalisierung besonders der unqualifizierten Arbeitsplätze von Arbeitslosigkeit betroffen. Allerdings läßt sich bei der relativ hohen Arbeitslosigkeit von Ausländern, die auch von Nationalität zu Nationalität verschieden ist, beobachten, daß die Arbeitslosigkeit bei Personen mit geringer schulischer und beruflicher Qualifikation insgesamt höher liegt. Die berufliche und wirtschaftliche Mobilität der ausländischen Arbeitnehmer ist insgesamt in der Bundesrepublik außerordentlich gering. Ein sozialer Aufstieg – sofern man davon überhaupt sprechen kann – findet von völlig ungelern-

ten Positionen zu angelernten Positionen statt. Facharbeiter- oder Meisterstellen bilden nach wie vor eine seltene Ausnahme. Generell ist davon auszugehen, daß die ausländische Bevölkerung – auch in absehbarer Zukunft – die deutsche Gesellschaft unterschichten wird – auch hier wieder je nach Nationalität in sehr unterschiedlichem Maße: Jugoslawen nehmen die relativ höheren Positionen, Italiener und Türken dagegen die niedrigsten Positionen ein.

Ein wichtiger Aspekt dieser Unterschichtung ist die Wohnsituation. Es läßt sich hier eine dreifache Konzentration der ausländischen Bevölkerung beobachten. Ein Ausländeranteil von 7,6 %, wie er insgesamt zu beobachten ist, würde an sich keinerlei Grund zur Beunruhigung abgeben. Allerdings verteilen sich die Ausländer über die Wohngebiete der deutschen Städte und Gemeinden nicht gleichmäßig. Einerseits erfolgt eine Konzentration der Ausländer in den Regionen, in denen die entsprechenden Branchen angesiedelt sind. Bereits bei dieser regionalen Verteilung hat sich eine bedeutsame zeitliche Reihenfolge ergeben. Die Ausländerbeschäftigung fand zuerst in solchen Gebieten Eingang, in denen die wirtschaftliche Entwicklung zuerst an Arbeitskräftebedarf (z. B. in Baden-Württemberg) stieß, und zuletzt in Gebieten mit Strukturschwächen (zum Beispiel Ruhrgebiet). Da in diese »schwachen« Gebiete dann auch die zuletzt eingewanderten Ausländer gezielt strömten, wird erklärlich, daß zum Beispiel im Ruhrgebiet sowohl die wirtschaftlichen wie die sozialen Probleme der ausländischen Bevölkerung sich besonders ausgeprägt darstellen. Die zweite Ebene der Konzentration der Ausländer bezieht sich auf die Gemeinden: Je nach der Branchenstruktur der verschiedenen Gemeinden gibt es innerhalb der verschiedenen Industrieregionen noch einmal Schwerpunkte der Ausländerbevölkerung. Und innerhalb der Gemeinden läßt sich dann beobachten, daß auch hier die Konzentration der Ausländer auf einige wenige Stadtgebiete eingesetzt hat. Diese Konzentration hat dazu geführt, daß etwa 80 % der Ausländer in Gebieten wohnen, in denen der Ausländeranteil 20 und mehr Prozent beträgt.

Die Konzentration der ausländischen Wohnbevölkerung hat vor allen Dingen in solchen Gebieten stattgefunden, in denen eine schlechte Bausubstanz vorhanden war und in denen sich auch die deutsche Bevölkerung in einer relativ schlechten wirtschaftlichen und sozialen Lage befand. Gelegentlich wird die Ansicht vertreten, daß die Konzentration der Ausländer in bestimmten Gebieten eine Folge ihres eigenen Wunsches sei, mit ihren Landsleuten zusammenzuleben. Diese Ansicht ist falsch. Eine Vielzahl von Untersuchungen hat unabhängig voneinander ergeben, daß es weniger der Wunsch der ausländischen Bevölkerung nach eigenethnischem Zusammenleben ist als vielmehr die auf dem Wohnungsmarkt

Türkische Kinder in Duisburg-Hüttenheim.

vorgefundenen Bedingungen und Möglichkeiten, eine den eigenen Wünschen angemessene und finanzierbare Wohnung zu beziehen.
Die Konzentration in bestimmten Wohngegenden hatte vor allen Dingen zwei Auswirkungen: Einerseits erhöhte sich dadurch die Präsenz der ausländischen, besonders der türkischen Bevölkerung im Erscheinungsbild bestimmter Wohnbezirke und gab dadurch Anlaß zu Überfremdungsbefürchtungen und »Ausländerfeindlichkeit«. Von besonderer Bedeutung sind andererseits die Auswirkungen der ethnischen Konzentration auf den Schulsektor. In Gebieten mit hohem Ausländeranteil konzentrieren sich die ausländischen Kinder noch überproportional auf den dort vorhandenen Schulen, weil die Fertilität der ausländischen Familien im Vergleich zu der der deutschen Bevölkerung relativ höher ist, so daß hier Schulklassen mit 80 bis 100 Prozent ausländischen Kindern keine Seltenheit sind.
Aber auch unabhängig vom Problem der ethnischen Konzentration gestaltete sich die Schulsituation der ausländischen Kinder und Jugendlichen besonders schwierig. Sie ist durch einen unzureichenden Schulbesuch, eine extrem niedrige Erfolgsquote bereits beim Hauptschulabschluß und eine erhebliche Unterrepräsentanz der ausländischen Kinder in den weiterführenden Schulen gekennzeichnet. Die schulische Betreuung erstreckt sich fast ausschließlich auf die Grund- und Hauptschulen. Vor allem in Gemeinden mit hoher Ausländerkonzentration gestaltet sich die Situation oft so, daß die ausländischen Kinder in den Schulen in der Mehrheit sind und es dadurch auch für die deutschen Kinder zu erheblichen Benachteiligungen kommt. Der Rückzug der deutschen Kinder in Privatschulen und eine unverhohlene Ausländerfeindlichkeit im Schulbereich sind Reaktionen der deutschen Bevölkerung auf diese Entwicklungen. Sehr problematisch ist die Situation insbesondere für solche Kinder und Jugendliche vor allem der türkischen Nationalität, die erst in relativ fortgeschrittenem Alter in die Bundesrepublik eingereist sind (die sogenannten Seiteneinsteiger) und für die damit – auch bei Besuch weiterführender Schulen im Heimatland – eine deutsche Schulausbildung nur sehr begrenzt Erfolg haben kann.
Es steht außer Frage, daß alles dies – insbesondere bei den türkischen Jugendlichen – die Chancen auf die Ergreifung eines qualifizierten Berufs sehr vermindert. Dabei ist noch zu erwähnen, daß allenfalls die Hälfte der jeweils jährlich rund 120000 ins Berufsleben tretenden ausländischen Jugendlichen der Berufsschulpflicht nachkommt. In einem geregelten Ausbildungsverhältnis steht nur jeder vierte ausländische Jugendliche. Entsprechend ist die Arbeitslosigkeit bei den ausländischen Jugendlichen erheblich höher als bei deutschen. Und wenn eine Beschäftigung zustande kommt, dann vor allem in den traditionellen Bereichen der Aus-

länderbeschäftigung und in ungelernten oder höchstens angelernten Tätigkeiten.
Insgesamt gesehen läßt sich feststellen, daß sich bei den Kindern der ausländischen Arbeitnehmer eine Entwicklung anzudeuten beginnt, die auf eine Fortsetzung der Unterschichtungsposition hinausläuft. Für die Bundesrepublik wird damit das zu erwarten sein, was in anderen Ländern in vergleichbaren Situationen ebenfalls eingetreten ist: der Ausschluß von den beruflichen und sozialen Möglichkeiten wird von der zweiten Generation nicht mehr (wie noch von der ersten Generation) hingenommen, sondern mündet in Unzufriedenheit, Resignation oder auch in kriminelles Verhalten. Das in letzter Zeit zu verzeichnende Ansteigen der Kriminalitätsbelastung bei der ausländischen Bevölkerung bestätigt diese Entwicklung nur.

Die Entwicklung der Ausländerpolitik in der Bundesrepublik

Alle Bundesregierungen haben die Sicherung des wirtschaftlichen Wachstums und die reibungslose Versorgung der Wirtschaft mit Arbeitskräften als den vorrangigen Zweck der Ausländerbeschäftigung angesehen. Diese politische Zielsetzung, wonach die Ausländerbeschäftigung den wirtschaftlichen Erfordernissen der Bundesrepublik in jedem Fall unterzuordnen ist, hat sich auch angesichts der neueren Entwicklungen und der Tendenz zur Dauerhaftigkeit der Ausländerbeschäftigung im Prinzip nicht geändert. Bis zum Jahre 1970 hatte es über die einseitig ökonomische Ausrichtung der Ausländerpolitik noch keinerlei Diskussion gegeben. Noch in den »Grundsätzen zur Eingliederung ausländischer Arbeitnehmer» der Bundesregierung vom 2. Februar 1970, in denen eine erste zaghafte Hinwendung zur Integrationspolitik angedeutet wurde, heißt es, daß sich der Umfang der Ausländerbeschäftigung »nach der Entwicklung des Arbeitsmarktes und der Wirtschaft« zu richten habe. Erst in *diesem* Rahmen komme die Beachtung weiterer Gesichtspunkte – Wohnversorgung, Familienzusammenführung, Schul- und Berufsausbildung der Kinder – in Betracht. In allen Abkommen zur Anwerbung von ausländischen Arbeitnehmern wurde dann auch auf die Vorrangigkeit der deutschen Kollegen geachtet. Der Anwerbestopp von 1973 war der sichtbarste Ausdruck für diesen Primat der ökonomischen Bestimmungsgründe der Ausländerbeschäftigung. Die in den 70er Jahren scheinbar beginnende Erweiterung der rein ökonomischen Zielsetzung auch auf »soziale« Ziele hin war dabei im Grunde nur eine Anpassung des ursprünglichen Zielkatalogs an die veränderten Umstände: weil die Ausländer für viele Betriebe unentbehrlich geworden waren und die Betriebe selbst zu-

nehmend Interesse an der Stabilisierung ihrer ausländischen Belegschaft hatten, weil dadurch die wachsende Einbindung der Ausländer in die soziale Infrastruktur der Bundesrepublik unumgänglich wurde, weil die »sozialen Kosten« einer marginalisierten zweiten Generation höher zu werden drohten als der Nutzen der Ausländerbeschäftigung und weil schließlich für die 90er Jahre erneut Arbeitsmarktengpässe bei der deutschen Bevölkerung erwartet werden. Die Weigerung, die Bundesrepublik als Einwanderungsland anzuerkennen, wird mit der relativ hohen Bevölkerungsdichte begründet, aber auch damit, daß die dauerhafte Zulassung ethnischer Minderheiten vor allem in den Ballungsgebieten unvermeidlich zu Konflikten führe, daß die infrastrukturellen Voraussetzungen für eine Integration fehlten und – last not least – daß dies auch den Interessen der Abgabeländer entgegenstünde. Mit diesem Grundsatz dürfte wohl in absehbarer Zeit nicht gebrochen werden, obwohl die Bundesrepublik inzwischen faktisch durchaus ein Einwanderungsland ist.
Die neueste Entwicklung ist durch eine doppelte Zielsetzung gekennzeichnet: einerseits soll den bleibewilligen Ausländern das »Angebot der Integration« gemacht werden; andererseits soll gleichzeitig die Rückkehrbereitschaft von rückkehrwilligen Ausländern gefördert werden. Es handelt sich dabei um den Endpunkt einer längeren Diskussion, aus der insgesamt deutlich wird, daß die politische Reaktion auf die faktischen Verhältnisse immer nur ex post und dann sehr schwerfällig eingesetzt hat. Nach den »Grundsätzen zur Eingliederung ausländischer Arbeitnehmer« der Bundesregierung von 1970 brachte vor allem das »Aktionsprogramm zur Ausländerbeschäftigung« der Bundesregierung von 1973 die sozialen Zielsetzungen und den Integrationsgedanken erstmals systematisch zur Geltung. In den vorgeschlagenen Bestimmungen wurde versucht, das unvermindert anhaltende Interesse der Wirtschaft an der Beschäftigung ausländischer Arbeitnehmer »in Einklang mit ihrer angemessenen Eingliederung« zu bringen, unter Ablehnung eines Prinzips der Zwangsrotation. Das Ziel war nun »die Konsolidierung der Ausländerbeschäftigung« im Sinne ihrer auf ein Mindestmaß reduzierten Beschränkung; die Idee einer »Integration auf Zeit« wurde erstmals dabei explizit gemacht.
Dieses Aktionsprogramm ist nicht unumstritten gewesen, jedoch waren die 1975 von einem interministeriellen Ausschuß im Bundeskanzleramt erarbeiteten »Thesen zur Ausländerpolitik« vom 23. Oktober 1975 noch umstrittener. Darin wurde die Absicht der Konsolidierung bekräftigt und ein Ausgleich der »sozialen und humanitären Ansprüche« der Ausländer in der Bundesrepublik mit dem »gesellschaftlichen und gesamtwirtschaftlichen Nutzen« für die Bundesrepublik gefordert. Das bedeutete zwar eine gewisse Abkehr vom ausschließlichen Primat der ökonomischen Ziele der Politik der 60er Jahre, gleichzeitig wurde aber der Anwerbe-

stopp bekräftigt und mit den Gegebenheiten des Arbeitsmarktes begründet. Insgesamt enthielten diese Thesen wieder eine stärkere Tendenz zur Steuerung der Ausländeranwesenheit bis hin zur Idee der Zwangsrotation und dem Versuch, die im Aktionsprogramm von 1973 angekündigte Verbesserung des Ausländerrechtes wieder zurückzunehmen. Von erheblicher Bedeutung für die dann folgende ausländerpolitische Diskussion war das Memorandum zum »Stand und Weiterentwicklung der Integration der ausländischen Arbeitnehmer und ihrer Familien in der Bundesrepublik Deutschland« des inzwischen von der Bundesregierung eingesetzten Ausländerbeauftragten Heinz Kühn vom September 1979 (mittlerweile hat die Position des Ausländerbeauftragten der Bundesregierung Frau Liselotte Funcke von der Freien Demokratischen Partei übernommen). Dort wurde erstmals – und bislang einmalig – eine konsequente Eingliederungspolitik gefordert, die weder von der Vorstellung einer »Integration auf Zeit« und der Förderung der Rückkehrbereitschaft, noch von vornehmlich ökonomisch-instrumentellen Gesichtspunkten bestimmt sein sollte. Zur Absicherung dieser Integrationspolitik wurde jedoch die Beibehaltung des Anwerbestopps gefordert, ansonsten aber konsequent auf eine volle rechtliche Absicherung und eine Unterbindung aller segregierenden Maßnahmen abgestellt.

Fast zur gleichen Zeit (am 22. November 1979) legte ein beim Bundesministerium für Arbeit und Soziales angesiedelter »Koordinierungskreis ausländischer Arbeitnehmer«, dem verschiedene Bundes- und Landesministerien, die Bundesanstalt für Arbeit, Arbeitgeber, Gewerkschaft, Kirchen und Wohlfahrtsorganisationen angehörten, einen Thesenkatalog zur »Integration der zweiten Ausländergeneration« vor. Im wesentlichen gleicht dieses Papier den Forderungen des Kühn-Memorandums, wonach es zur Integration insbesondere der zweiten Generation keine Alternative gebe.

Auf der Grundlage dieser Vorschläge (die alle in der Kompetenz des Bundesministeriums für Arbeit und Soziales erarbeitet wurden) erfolgte am 19. März 1980 eine Kabinettsentscheidung zur »Weiterentwicklung der Ausländerpolitik«, in der als zukünftige Schwerpunktaufgabe der Ausländerpolitik die »Soziale Integration der zweiten und dritten Ausländergeneration« genannt ist. Diese Integration soll sich auf *alle* Lebensbereiche beziehen. Gleichzeitig wurde zur Absicherung dieser Bemühungen die 1973 eingeleitete Politik der Konsolidierung und der Zuwanderungsbegrenzungen bekräftigt. Neu war, daß die Notwendigkeit der Erhaltung von Beziehungen zur heimatlichen Kultur betont wurde. Das bedeutete aber mehr als nur ein Bedauern über eine mögliche kulturelle Entfremdung der ausländischen Jugendlichen, es enthielt nämlich die ausdrückliche Forderung, die Rückkehrbereitschaft,

Junge ausländische Mitbürgerinnen üben an Wochenenden die Volkstänze ihrer Heimat. Aufnahme im Berliner Tiergarten.

die sogenannte Re-Integration und die Investitionstätigkeit im Herkunftsland zu stärken. Mit dieser doppelten Zielsetzung hat die generelle Ausländerpolitik endgültig zu jener Widersprüchlichkeit gefunden, die auf den ersten Blick wie ein Kompromiß zwischen der rein arbeitsmarktorientierten und einer klar auf Integration und Verbesserung der sozialen Situation abzielenden Ausländerpolitik aussieht. Diese doppelte Zielsetzung ist auch nach wie vor und auf unabsehbare Zeit das Kennzeichen der bundesrepublikanischen Ausländerpolitik.

Aus dem amtlichen Verständnis der deutschen Ausländerpolitik in erster Linie als einer Politik zur Regulation der Einreise und des Aufenthaltes wird es klar, daß Ansätze einer die Integration anzielenden Politik sehr sporadisch sind. Versuche von Integrationspolitik sind – wenn überhaupt – vor allem im Bereich der Schul- und Berufsausbildung der ausländischen Kinder und Jugendlichen festzustellen. Insbesondere die Schulpolitik litt dabei generell unter der Doppelbödigkeit der Ausländerpolitik. Noch in einer Entscheidung der Kultusministerkonferenz vom April 1966

Eine deutsche Lehrerin beim Nachhilfeunterricht in »Deutsch« mit ausländischen Kindern.

wurde die Ansicht vertreten, daß die ausländischen Kinder zu befähigen seien, sich zwischen »zwei Welten« problemlos zu bewegen. Der Hintergrund war die Vorstellung, die Rückkehr in die Heimat als Alternative jederzeit offenzuhalten. Allerdings beginnt sich in letzter Zeit insbesondere in der Schulpolitik die Einsicht durchzusetzen, daß, unabhängig von Rückkehr oder Verbleiben, schulische und berufliche Qualifikation der ausländischen Kinder von entscheidender Bedeutung sind. Von daher gilt der allgemeine Grundsatz, ausländische Kinder auch dann, wenn sie sich nur vorübergehend in der Bundesrepublik aufhalten, voll in das deutsche Schulsystem zu integrieren. Hierfür wurden genauere Richtlinien erlassen: Ausländische Kinder mit ausreichenden Deutschkenntnissen sollten in die deutschen Regelklassen ihres Alters und Leistungsstandes eingegliedert werden. Für Kinder ohne ausreichende Deutschkenntnisse sollten Vorbereitungsklassen eingerichtet werden, die dann ein Jahr zu besuchen wären, bevor ein Übergang in die Regelklassen möglich würde. Zwar wurden jeweils Begrenzungen für den Anteil ausländischer Schüler in den Klassen angegeben (maximal 20%), diese Begrenzungen konnten aber nur in Ausnahmefällen auch tatsächlich eingehalten werden. Wieder aufgegriffen wurde die Möglichkeit der Instruktion ausländischer Kinder in ihrer Muttersprache. Das Hauptproblem im Schulbereich und bei der Durchführung dieser schulpolitischen Bestimmungen besteht darin, daß durch die regionalen Konzentrationen der Ausländer, dort wo Ausländerkinder überhaupt im Schulsystem auftreten, ihr Anteil so hoch ist, daß die bildungspolitischen Integrationsmaßnahmen nahezu wirkungslos bleiben müssen. Außerdem wurde den Entsendeländern ein zusätzliches nationales Bildungsangebot gestattet, das je nach Bundesland unterschiedlich stark der staatlichen Schulaufsicht unterliegt und damit die angestrebte volle Integration in das Regelklassensystem behindert.

Wegen der Kulturhoheit der Länder kann der Schwerpunkt der Schulpolitik jeweils anders gelegt werden. So tendieren die Stadtstaaten (Hamburg, Bremen, Berlin) und die sozialdemokratisch regierten Länder (vor allem Nordrhein-Westfalen) eher zu einem Integrationskonzept, während Bayern und Baden-Württemberg das Schwergewicht auf eine nationalsprachliche Ausbildung und eine möglichst starke Separation und Stärkung der Rückkehrbereitschaft legen.

Mit dem Heranwachsen der ausländischen Jugendlichen gewinnt der früher kaum beachtete Bereich der beruflichen Ausbildung eine zunehmende Bedeutung. 1977 beschloß die von der Bundesregierung eingerichtete Bund-Länder-Kommission, die Integrationsbemühungen hinsichtlich der Berufsausbildung der ausländischen Jugendlichen zu verstärken. Seitdem führte der Sprachverband »Deutsch für ausländische Arbeitnehmer e. V.« berufsvorbereitende Kurse für arbeitslose ausländische Jugendliche, die »Maßnahmen zur sozialen und beruflichen Eingliederung« durch. Von 1980 an sind diese Kurse mit den berufsvorbereitenden Lehrgängen der Bundesanstalt für Arbeit verbunden und werden jetzt als »Maßnahmen zur Berufsvorbereitung und sozialen Eingliederung junger Ausländer« (MBSE) bezeichnet. Für die Teilnehmer der MBSE-Kurse entfällt die ansonsten anhängige zweijährige Wartezeit für die Erteilung einer Arbeitserlaubnis. Absolventen dieser berufsvorbereitenden Maßnahme haben einen Rechtsanspruch auf die Erteilung der Arbeitserlaubnis. Durch die Änderung der Arbeitserlaubnisverordnung vom 30. Mai 1980 ist dieses ermöglicht worden. Darüber hinaus wird in den Beschlüssen der Bundesregierung vom 19. Oktober 1980 vorgeschlagen, daß die Jugendlichen einen Rechtsanspruch auf Erteilung der Arbeitserlaubnis erhalten, die mindestens einen Hauptschulabschluß erworben, eine berufliche Ausbildung abgeschlossen oder an den genannten berufsorientierenden Maßnahmen mindestens ein Jahr regelmäßig teilgenommen haben.

Da es Vorstellungen zu einer Minoritätenpolitik in der Bundesrepublik so gut wie nicht gibt, laufen die bisherigen Überlegungen lediglich auf Vorschläge zur politischen Integration und rechtlichen Erleichterung der Einbürgerung der ausländischen Arbeitnehmer hinaus. Die bisherige Praxis zur Einbürgerung ist recht restriktiv: ein Mindestaufenthalt von 10 Jahren, Aufgabe der ursprünglichen Staatsangehörigkeit, die Unbescholtenheit und eine weitgehende Eingliederung in die deutsche Gesellschaft, die sich z. B. durch entsprechende Sprachkenntnisse äußern würde. Diese Bestimmungen sollten den Beschlüssen der Bundesregierung vom 19. März 1980 zufolge gelockert werden. Eine Mehrstaatigkeit soll hingenommen werden, geringere Verfehlungen sollen kein Hindernis zur Einbürgerung sein, ebenso soll eine Einbürgerung möglich sein, ohne daß auch die Eltern sich einbürgern müssen. Es gibt sogar den Vorschlag, daß bei ausländischen Personen, die in der Bundesrepublik aufgewachsen sind und den überwiegenden Teil der Ausbildung dort erhalten haben, ein gesetzlicher Anspruch auf Einbürgerung übertragen wird. Auch die Politik der seit 1982 regierenden CDU/CSU-FDP-Koalition zeichnet sich durch diese doppelte Strategie aus; so wurden in der Regierungserklärung vom 13. Oktober 1982 die Integration der lange hier lebenden Ausländer, die Begrenzung des weiteren Zuzugs sowie die freiwillige Rückkehrförderung als Grundsätze der Regierungspolitik genannt. Diese Position wurde seitdem wiederholt vertreten (z. B. in der Regierungserklärung vom März 1987), ohne daß dies zu konkreten oder effizienten Maßnahmen führte.

Zusammenfassend läßt sich festhalten, daß die verschiedenen politischen Maßnahmen nicht auf einen Daueraufenthalt bzw. nicht auf die Anerkennung eines besonderen Minderheitenstatus der Ausländer ausgerichtet sind. Immer noch geht man davon aus, daß die Ausländerbeschäftigung in der Bundesrepublik ein vorübergehendes Phänomen sei. Die politischen Maßnahmen intendieren infolgedessen immer noch lediglich die Bewältigung spezieller Probleme, z. B. mangelnder Qualifikationen im Beruf, oder die Abwehr kurzfristig befürchteter Konfliktlagen, z. B. aus der Marginalität der zweiten Generation. Daher schwankt auch die bundesdeutsche Ausländerpolitik zwischen dem Ansinnen auf völlige Anpassung und Inkorporation (z. B. durch die Einbürgerung) und dem Erhalt der Rückkehrorientierung. Nach wie vor geht die Politik (mindestens implizit) davon aus, daß die Ausländerbeschäftigung und die Anwesenheit der ausländischen Familien sich unmittelbar den Bedürfnissen des deutschen Arbeitsmarktes anzupassen haben. Die aus dieser Konfliktsituation heraus entstehenden Probleme, z. B. im Familien- und Freizeitbereich, versuchen vor allem die Wohlfahrtsverbände (Arbeiterwohlfahrt, Caritas, Innere Mission mit derzeit 500 Beratungsstellen und etwa 700 Mitarbeitern) und die Kirchen aufzufangen. Diese Maßnahmen reichen aber weder aus, noch können die Ursachen der Schwierigkeiten damit tatsächlich bekämpft werden. Konzeptionen oder praktische Maßnahmen, in denen eine Absicherung des Aufenthalts bei gleichzeitiger Förderung der schulischen und beruflichen Qualifikationen unter fakultativem Erhalt der kulturellen Eigenständigkeit auch ohne Orientierung auf eine Rückkehr, kurz: eine Minderheitenpolitik verfolgt würde, sind derzeit nicht erkennbar. Angesichts der Traditionen der Behandlung von Ausländern und Fremden in Deutschland wäre etwas anderes aber auch sehr erstaunlich.

Literatur

Tugrul Ansay und Volkmar Gessner (Hrsg.), Gastarbeiter in Gesellschaft und Recht, München 1974

Stephen Castles and Godula Kosack, Immigrant Workers and Class Structure in Western Europe, London, New York, Toronto 1973

Carlo M. Cipolla und Knut Borchardt (Hrsg.), Bevölkerungsgeschichte Europas, München 1971

Knuth Dohse, Ausländische Arbeiter und bürgerlicher Staat. Genese und Funktion von staatlicher Ausländerpolitik und Ausländerrecht. Vom Kaiserreich bis zur Bundesrepublik Deutschland, Königstein/Ts. 1981

Hartmut Esser, Aspekte der Wanderungssoziologie. Assimilation und Integration von Wanderern, ethnischen Gruppen und Minderheiten, Darmstadt, Neuwied 1980

Ernst Gehrmacher, Daniel Kubat und Ursula Mehrländer (Hrsg.), Ausländerpolitik im Konflikt. Arbeitskräfte oder Einwanderer? Konzepte der Aufnahme- und Entsendeländer, Bonn 1978

Hans Heinz Heldmann, Ausländerrecht. Disziplinarordnung für eine Minderheit, Darmstadt, Neuwied 1974

Paul Kevenhörster, Ausländische Arbeitnehmer im politischen System der BRD. Ausländer-Interessenvertretung im politischen Entscheidungsprozeß, Opladen 1974

Hermann Korte, Entwicklung und Bedeutung von Arbeitsmigration und Ausländerbeschäftigung in der Bundesrepublik Deutschland zwischen 1950 und 1979, in: Hans Mommsen und Winfried Schulze (Hrsg.), Vom Elend der Handarbeit. Probleme historischer Unterschichtenforschung, Stuttgart 1981

Manfred Kremer und Helga Spangenberg, Assimilation ausländischer Arbeitnehmer in der Bundesrepublik Deutschland, Königstein/Ts. 1980

Reinhard Lohrmann und Klaus Manfrass (Hrsg.), Ausländerbeschäftigung und internationale Politik, München 1974

Ray Rist, Guestworkers in Germany. The Prospects for Pluralism, New York, London, Toronto 1978

Hans-Ulrich Wehler, Die Polen im Ruhrgebiet bis 1918, in: Hans-Ulrich Wehler (Hrsg.), Moderne Deutsche Sozialgeschichte, Köln 1976[5]

Chronik

bis ca. 1885
Deutsches Reich als Auswanderungsland.

1908
»Reichsvereinsgesetz«; »Sprachenparagraph«; 309000 ausländische Landarbeiter in Preußen; ca. 120000 polnische Arbeiter im Ruhrgebiet.

1913
430000 ausländische Landarbeiter; Höhepunkt der Ausländerbeschäftigung vor dem 1. Weltkrieg.

1914–1918
1. Weltkrieg; ca. 1 Million ausländische Zwangsarbeiter (Polen, Belgier u. a.).

1922
Verordnung über die Anwerbung und Vermittlung ausländischer Landarbeiter.

1923
Verordnung über die Einstellung und Beschäftigung ausländischer Arbeiter.

1932
27.4. Preußische Ausländerpolizeiverordnung.

1933
23.1. Verordnung über ausländische Arbeitnehmer.

1938
22.8. Ausländerpolizeiverordnung (ermöglicht zwangsweise Beschäftigung von Ausländern).

1939
5.9. Verordnung über die Behandlung von Ausländern sieht erstmals weitgehende Aufenthaltsregelungen für Ausländer vor.

1939–1945
2. Weltkrieg; 6 Millionen Zwangsarbeiter (aus den sog. »Feindstaaten«), 2 Millionen Kriegsgefangene.

1949
24.5. Das Grundgesetz tritt in Kraft (Art. 16,2 »Asylrecht«).

1951
25.4. Gesetz über die Rechtsstellung heimatloser Ausländer. Wiederverwendbarkeitserklärung der Ausländerpolizeiverordnung von 1938.

1952
22.2. Inkraftsetzung der Verordnung über ausländische Arbeitnehmer von 1933 durch den Bundesarbeitsminister.

1955
20.12. Anwerbevereinbarung mit Italien.

1957
25.3. Die Unterzeichnung der Römischen Verträge schafft u. a. die Voraussetzung für einen integrierten Arbeitsmarkt in der EWG.

1960
29.3. Anwerbevereinbarung mit Spanien.
30.3. Anwerbevereinbarung mit Griechenland.
3.5. Die Bundesrepublik tritt dem Übereinkommen der Westeuropäischen Union über Grenzarbeitnehmer und Gastarbeiter bei.

1961
13.8. Beginn des Berliner Mauerbaus und die Sperrung der Grenzen der DDR zur BRD läßt Zustrom von DDR-Flüchtlingen versiegen.
30.10. Anwerbevereinbarung mit der Türkei.

1963
21.5. Anwerbevereinbarung mit Marokko.

1964
17.3. Anwerbevereinbarung mit Portugal.
1.4. Mindestanforderungen des Bundesministeriums für Arbeit und Soziales (BMAuS) für die Unterbringung ausländischer Arbeitnehmer.

1965
28.4. Ausländergesetz.
3./4.6. Ständige Konferenz der Innenminister beschließt Grundsätze der Ausländerpolitik.
7./8.10. Anwerbevereinbarung mit Tunesien.

1966/67
Rezession.

1968
12.10. Anwerbevereinbarung mit Jugoslawien.

1969
25.6. Arbeitsförderungsgesetz (§ 19 Inländerprimat).

1970
2.2. »Grundsätze zur Eingliederung ausländischer Arbeitnehmer« (Bundesregierung).

1971
2.3. Arbeitserlaubnisverordnung für nichtdeutsche Arbeitnehmer.
1.4. Erlaß erhöhter Mindestanforderungen für die Unterbringung ausländischer Arbeitnehmer.
3.12. Beschluß der Kultusministerkonferenz über die Integration der ausländischen Kinder in das deutsche Schulsystem.

1972
15.1. Änderung des Betriebsverfassungsgesetzes gewährt ausländischen Arbeitnehmern aktives und passives Wahlrecht zum Betriebsrat.
20.4. Neufassung der Grundsätze zur Eingliederung ausländischer Arbeitnehmer und ihrer Familienangehörigen durch das BMAuS.
Aug. Einrichtung der Bundesstelle für den Deutschunterricht ausländischer Arbeitnehmer in der BRD.
7.12. Abkommen zwischen der BRD und der Türkei zur Ausbildung türkischer Arbeitnehmer und ihrer späteren Reintegration.

1973
Juni Aktionsprogramm der Bundesregierung zur Ausländerbeschäftigung.
23.7. Gesetz über die Mindestanforderungen an Unterkünfte für Arbeitnehmer.
1.9. Erhöhung der Anwerbepauschale (von 300/350 DM auf 1000 DM).
Okt. Krieg im Nahen Osten, Ölembargo.
23.11. Anwerbestopp für ausländische Arbeiter.

1974
Gründung des Sprachverbands »Deutsch für ausländische Arbeitnehmer e. V.«.
Nov. Erlaß der Stichtagsregelung zur Fernhaltung von Familienangehörigen von Ausländern vom deutschen Arbeitsmarkt (bis 1.4.1979).

1975
31.1. Neue Kindergeldregelung erweitert Kreis der anspruchsberechtigten Ausländerkinder.

1.4. Steuerungskonzeption zur regionalen Verteilung der Ausländer (bis April 1977).
23.10. 17 Thesen des interministeriellen Ausschusses zur Ausländerpolitik.

1976

8.4. Grundsätze der Kultusministerkonferenz zum Unterricht für Kinder ausländischer Arbeitnehmer.
4.8. Bildung der Bund-Länder-Kommission mit dem Auftrag der Entwicklung einer umfassenden Konzeption der Ausländerbeschäftigungspolitik.

1977

Vorschläge der Bund-Länder-Kommission zur Fortentwicklung einer umfassenden Konzeption der Ausländerbeschäftigungspolitik.
Frühjahr Maßnahmen zur sozialen und beruflichen Eingliederung (MSBE) von Ausländern.

1978

7.7. Neufassung der Verwaltungsvorschriften zum Ausländergesetz.
29.8. Beseitigung des abgeleiteten Rechtsanspruchs nachgereister Ehegatten auf eine besondere Arbeitserlaubnis.
Ende Einsetzung des »Beauftragten der Bundesregierung für die Integration der ausländischen Arbeitnehmer und ihrer Familienangehörigen« (Heinz Kühn, später Liselotte Funcke).

1979

Frühjahr Hearing zu Problemen der zweiten Ausländergeneration im Bundestag.
1.4. Wartezeitregelung für nachziehende Familienangehörige (Ablösung der Stichtagsregelung).
Katalog des Gesprächskreises »Bildungsplanung« beim BMBuW mit Verbesserungsvorschlägen zugunsten von Ausländerkindern.
22.11. Vorschläge des Koordinierungskreises beim BMAuS zur »Integration der zweiten Ausländergeneration«.
Ende »Stand und Weiterentwicklung der Integration der ausländischen Arbeitnehmer und ihrer Familien in der Bundesrepublik Deutschland« (Kühn-Memorandum).

1980

Maßnahmen zur Berufsvorbereitung und sozialen Eingliederung junger Ausländer (MSBE).
19.3. Orientierungslinien der Bundesregierung für die »Weiterentwicklung der Ausländerpolitik«.
30.5. Änderung der Arbeitserlaubnisverordnung (Arbeitserlaubnis nach Absolvierung von MSBE etc.).

1981

3.8. Verabschiedung des Wartezeitgesetzes (Änderung des § 19 AFG).

11.9. Drittes Gesetz zur Änderung des Aufenthaltsgesetzes/Einschränkung der Freizügigkeit für Staatsangehörige von EG-Mitgliedsstaaten, die nach dem 31.12.1980 der EG beigetreten sind.

25.9. Festlegung der Wartezeiten für erstmaligen Beschäftigungszugang von Ehegatten und Kindern ausländischer Arbeitnehmer sowie von Asylbewerbern und deren Familienangehörigen.

11.11. Bestätigung der ausländerpolitischen Konzeption vom 19.3.1980 und Fortschreibung, insbesondere im Bereich der Begrenzungspolitik.

2.12. Empfehlung der Bundesregierung für Sofortmaßnahmen zur Bekämpfung der illegalen Beschäftigung.

1982

4.2. Bundestagsdebatte zur Ausländerpolitik: sowohl Förderung von »Integration« wie »Rückkehrbereitschaft«; Bestrebungen zur Begrenzung des Familiennachzugs.

14.7. Beschlüsse der Bundesregierung zur Förderung der Rückkehr ausländischer Arbeitnehmer und zum Familiennachzug (finanzielle Rückkehrförderung, Sicherung der Integrationschancen ausländischer Kinder).

13.10. Regierungserklärung von Bundeskanzler Kohl (Grundsätze der Ausländerpolitik: Integration, Begrenzung, Rückkehrförderung).

1983

24.2. Vorlage des Berichts der Kommission »Ausländerpolitik« (umfassende Bestandsaufnahme der aktuellen Probleme der Ausländerpolitik und – zum Teil alternative – Lösungsvorschläge).

1.12. Inkrafttreten des Gesetzes zur Förderung der Rückkehrbereitschaft von Ausländern – Rückkehrhilfe, Erstattung des Arbeitnehmeranteils zur gesetzlichen Rentenversicherung ohne Wartefrist, vorzeitige Verfügung über staatlich begünstigte Sparleistungen ohne Verlust der staatlichen Vergünstigungen, Abfindung von Anwartschaften in der betrieblichen Altersversorgung, Rückkehrberatung; in wesentlichen Teilen war das Gesetz bis 30.9.1984 begrenzt.

1986

1.1. Inkrafttreten des Gesetzes über eine Wiedereingliederungshilfe im Wohnungsbau für rückkehrwillige Ausländer.

31.7. Inkrafttreten der Achten Verordnung zur Änderung der Arbeitserlaubnisverordnung. Ausländische Arbeitnehmer aus Nicht-EG-Staaten erwerben bereits dann einen Rechtsanspruch auf die besondere Arbeitserlaubnis, wenn sie in den letzten acht Jahren fünf Jahre eine unselbständige arbeitserlaubnispflichtige Beschäftigung rechtmäßig im Bundesgebiet ausgeübt haben.

1987

18.3. Regierungserklärung von Bundeskanzler Kohl; die ausländerpolitischen Grundpositionen vom Oktober 1982 werden auch in dieser Regierungserklärung aufrechterhalten.

1988

1.3. Anregung gesellschaftlicher Gruppen zur Novellierung des Ausländerrechts: Verfestigung des Aufenthaltsstatus; insbesondere für Ehepartner und Kinder; Erleichterung der Familienzusammenführung; politische Mitwirkungsrechte (kommunales Wahlrecht).

13.5. Gesetzentwurf der Bundesregierung zur Änderung asylrechtlicher und ausländerrechtlicher Vorschriften (Beschleunigung des Asylverfahrens, Effizienzsteigerung bei Abschiebemaßnahmen).

Detlev Zöllner

Sozialpolitik

Ausgangslage und Grundlegungen vor Verkündung des Grundgesetzes (1945–1949)

Als die alliierten Armeen im Frühjahr 1945 Deutschland besetzten, fanden sie eine Situation vor, die hinsichtlich der sozialen Sicherung grundverschieden war von derjenigen des kollektiven Arbeitsrechts. Während das System der sozialen Sicherung sowohl materiell-rechtlich als auch institutionell im wesentlichen unverändert und funktionsfähig geblieben war, hatte die nationalsozialistische Regierung das kollektive Arbeitsrecht beseitigt und durch ein vom Staat dirigiertes Verordnungssystem ersetzt. Gewerkschaften existierten nicht mehr, und es gab infolgedessen auch keine Tarifautonomie.

Für die westalliierten Militärbehörden war die Hilfe beim Wiederaufbau der Gewerkschaftsbewegung ein vorrangiges Ziel, weil dies Teil ihrer Demokratisierungs-Politik war, weil die Existenz freier Gewerkschaften für sie eine Selbstverständlichkeit war, und weil man von den Gewerkschaften eine Stärkung anti-zentralistischer sowie anti-militaristischer Tendenzen erwarten konnte. Der Wiederaufbau begann bereits im Laufe des Jahres 1945 auf örtlicher Ebene durch Funktionsträger früherer Gewerkschaften, die aus Gefangenschaft, innerer oder äußerer Emigration zurückkehrten. Es kam rasch zu überörtlichen Kontakten, die bereits im folgenden Jahr zu Gewerkschaftskonferenzen auf der Ebene von Besatzungszonen führten. Im November 1946 fand eine Konferenz statt, an der Delegierte der Gewerkschaftsorganisationen aller vier Besatzungszonen teilnahmen. Nach Verzögerungen, die zum guten Teil durch Auseinandersetzungen mit dem kommunistisch gelenkten Gewerkschaftsbund der heutigen DDR bedingt waren, kam es schließlich im Oktober 1949 zur Gründung des Deutschen Gewerkschaftsbundes. Dieser ist nach Industrie-Gewerkschaften gegliedert und beruht auf dem Prinzip der Einheitsgewerkschaft.

Unterstützend für die Arbeit der Gewerkschaften waren die Wiedereinführung der Arbeitsgerichtsbarkeit (Kontrollratsgesetz Nr. 21 vom 30. März 1946) sowie ein Betriebsrätegesetz (Kontrollratsgesetz Nr. 22 vom 10. April 1946), das eine Rechtsgrundlage für Betriebsvereinbarungen schuf. Die volle Tariffreiheit wurde 1948 wiederhergestellt; die Ver-

Unmittelbar nach dem Zweiten Weltkrieg trat Selbsthilfe an die Stelle staatlicher Sozialpolitik: Schwarzer Markt am Königstor in Nürnberg (August 1946).

fahrensregeln für den Tarifabschluß enthielt das bereits vom Frankfurter Wirtschaftsrat unter Beteiligung der Gewerkschaften und Arbeitgeberverbände am 9. April 1949 verabschiedete Tarifvertragsgesetz für das Vereinigte Wirtschaftsgebiet (Bizone), das später Bundesrecht wurde.

Anders als auf dem Gebiet des Arbeitsrechts war hinsichtlich der sozialen Sicherung kein Wiederaufbau erforderlich. Die Nazi-Herrschaft hatte zwar die Selbstverwaltung der Sozialversicherungsträger beseitigt, auch massiv in deren Führungspersonal eingegriffen, doch blieb der Verwaltungsapparat erhalten und war auch autonom handlungsfähig. Das fast ausschließlich beim Reich angelegte Vermögen war verloren; da sich die Sozialversicherungsträger jedoch überwiegend aus Beiträgen finanzierten, blieb ihre Funktionsfähigkeit im Kern erhalten.

Hinzu kam, daß die traditionsreiche deutsche Sozialversicherung bei den westlichen Siegermächten in so hohem Ansehen stand, daß sie sich bereits vor Kriegsende darauf festgelegt hatten, sie zu erhalten. In einem 1944 herausgegebenen Handbuch für die US-Militärregierung hieß es: »Die Sozialversicherung wird nach bestehenden Gesetzen und Verordnungen weitergeführt, soweit deutsche Mittel vorhanden sind.«[1] Lediglich nationalsozialistisch motivierte, diskriminierende Regelungen sollten beseitigt werden. Im gleichen Sinne hatten sich auch die britischen Behörden festgelegt.[2] Bereits im August 1945 meldete der Bericht des Militärgouverneurs für die US-Zone das Funktionieren der Krankenkassen und die Wiederaufnahme der Rentenzahlungen.[3] Auch die überregionale Zusammenarbeit der Sozialversicherungsträger entwickelte sich schnell; ein Beobachter »möchte sogar sagen, daß die über den Bereich der Länder- und Zonengrenzen hinweggehende Zusammenarbeit der Sozialversicherung... die Bildung zentraler deutscher Behörden zunächst für die US- und britische Zone, und später mit Einschluß der französischen, vorantrieb.«[4]

Parallel hierzu wurden jedoch Pläne für eine grundlegende Reform der Sozialversicherung verfolgt. Sie zielten auf eine Erweiterung der Versicherungspflicht und eine Vereinheitlichung der Organisationsstruktur hin. Dem lagen ältere Forderungen sozialdemokratisch und gewerkschaftlich orientierter Kreise zugrunde, die in beratenden Gremien der alliierten Behörden starken Einfluß hatten. Diese Forderungen fanden bei den alliierten Behörden aus unterschiedlichen Motiven Unterstützung. Der sowjetischen Besatzungsmacht kam die einheitliche Organisation entgegen, die Engländer wollten mit der Reform eine Leistungsreduzierung verbinden, um die Sozialversicherung von staatlichen Zuschüssen unabhängig zu machen. So billigte der Alliierte Kontrollrat im März 1946 Grundsätze für eine einheitliche Organisation der Sozialversicherung.

Die Grundsätze wurden aber angesichts starker deutscher Opposition nicht verwirklicht.[5] Diese Opposition nährte sich aus einer nach eben beendeter NS-Herrschaft starken anti-zentralistischen Grundstimmung; sie wurde artikuliert von Funktionären bestehender Versicherungsträger, die um ihre Selbständigkeit fürchteten, von mittelständischen Kreisen, die sich gegen eine Ausdehnung der Versicherungspflicht wehrten, und von Teilen der Gewerkschaften, für die die Einsparungsabsichten, d. h. die vorgesehenen Leistungsreduzierungen nicht aktzeptabel waren. Nachdem im Frühjahr 1948 endgültig negativ über die Reformpläne entschieden war, richtete sich das Streben deutscherseits auf Verbesserungen der Leistungen, deren Höhe mit der Entwicklung von Preisen und Löhnen nicht Schritt gehalten hatte. Dies wurde besonders nach der Währungsreform vom Juni 1948 offenkundig. Mit der Währungsreform-Gesetzgebung hatten die Alliierten auch die Gesetzgebungskompetenz für die Sozialversicherung an die deutschen Behörden übergeben; das waren in der französischen Zone die Landtage und in der britisch-amerikanischen Bizone der Frankfurter Wirtschaftsrat.

Der Wirtschaftsrat verabschiedete im Juni 1949 das Sozialversicherungs-Anpassungsgesetz, das neben einer fühlbaren Rentenerhöhung zwei wichtige qualitative Verbesserungen enthielt: Auch die Witwe des Arbeiters erhielt hinfort eine »unbedingte« Witwenrente, die es bislang nur in der Angestelltenversicherung gegeben hatte. Die Arbeiterwitwe hingegen mußte Zusatzbedingungen hinsichtlich Alter, Kindererziehung oder Invalidität erfüllen. Weiter wurde für Arbeiter die Invaliditätsvoraussetzung von 66 ⅔ auf 50% der Erwerbsfähigkeit herabgesetzt, und damit auch in dieser Hinsicht eine Gleichstellung mit den Angestellten herbeigeführt. Dieses Gesetz war Abschluß und Höhepunkt der Bizonen-Gesetzgebung und – da es bald darauf Bundesrecht wurde – zugleich auch Beginn der Legislatur des Bundes.

Notbewältigung und institutionelle Restauration (1949 – 1955)

Der im Herbst 1949 zusammentretende erste Deutsche Bundestag sah sich auf sozialpolitischem Gebiet vor eine Vielzahl von Aufgaben gestellt. Die eingetretene Rechtszersplitterung zwischen Ländern und Besatzungszonen mußte beseitigt werden; die früher auf Reichsebene bestehenden Institutionen sowie Verfahrensregeln mußten für das Bundesgebiet wiederhergestellt werden; vor allem aber waren sozialpolitische Anliegen zu erfüllen, die teils älteren Datums waren, zum gewichtigeren Teil aber durch den Krieg und seine Folgen entstanden waren. Der Deutsche Bundestag bewältigte ein außerordentlich umfangreiches Arbeits-

Mit Care-Paketen aus den USA wurde ein Teil der materiellen Versorgung übernommen; hier werden Berliner Reichsbahner während eines S-Bahn-Streiks unterstützt (Mai/Juni 1949).

pensum; er verabschiedete auf sozialpolitischem Gebiet in seiner ersten Legislaturperiode mehr Gesetze als in jeder der nachfolgenden. Die bedeutenden Gesetzeswerke kann man unterteilen in »Entschädigungsgesetze« (Bundesversorgungsgesetz, Lastenausgleichsgesetz, Fremdrentengesetz) und »Errichtungsgesetze«.

Eines der dringlichsten Probleme war die Versorgung der etwa 4,5 Millionen Personen, die durch den Krieg und seine Folgen körperliche Schäden erlitten hatten. Zwar hatte die Gesetzgebung in den Besatzungszonen in den Jahren 1946/47 gewisse Regelungen getroffen, doch wurden diese als unorganisch und unzureichend angesehen vor allem, weil sie stark fürsorgerechtlich orientiert waren. Der Bundestag nahm daher unverzüglich die Erarbeitung eines Bundesversorgungsgesetzes in Angriff, das bereits im Dezember 1950 verkündet werden konnte.

Dieses Gesetz war in seinen Grundzügen dem früheren Reichsversorgungsgesetz nachgebildet. Eine wesentliche Erweiterung lag jedoch darin, daß der berechtigte Personenkreis nicht nur ehemalige Wehrmachtsangehörige umfaßte, sondern alle Personen, die durch militärischen Dienst oder durch »unmittelbare Kriegseinwirkung« wie Bombenkrieg, Flucht, Internierung, Verschleppung eine Schädigung erlitten hatten. Diese Erweiterung war ein Reflex auf die allenthalben – nicht nur unter den Soldaten – sichtbaren Folgen des »totalen Krieges«. Das Bundesversorgungsgesetz ist seither mehrfach ergänzt und modifiziert worden, blieb jedoch in seiner Grundstruktur erhalten. Es räumt Ansprüche auf freie Heilfürsorge, auf eine Grundrente als Ausgleich für die körperliche Schädigung und eine Ausgleichsrente nach Maßgabe der wirtschaftlichen Bedürfnisse ein. Die Zahl der Anspruchsberechtigten ist von ursprünglich rund 4,5 Millionen inzwischen auf 1,5 Millionen (1988) zurückgegangen. Das im Jahr 1953 verabschiedete Schwerbeschädigtengesetz erleichterte die berufliche Integration, indem es den Betrieben die Beschäftigung einer bestimmten Anzahl Schwerbeschädigter (oder die Zahlung einer Ausgleichsabgabe) zur Pflicht machte.

Der Krieg hatte neben körperlichen Schäden auch Vermögensverluste vor allem unter den rund 10 Millionen Flüchtlingen und Vertriebenen verursacht. Dem Ausgleich dieser Verluste diente das 1952 verabschiedete Lastenausgleichsgesetz. Dieses Gesetz ging von der Prämisse aus, daß in die Substanz der erhalten gebliebenen Vermögen nicht eingegriffen werden sollte; es konnte deshalb nur einen partiellen Ausgleich der Vermögensverluste erreichen. Technisch wurde dies dadurch bewirkt, daß erstens hinsichtlich der Schäden von früheren, inzwischen überholten Nominalwerten ausgegangen wurde, zweitens nur Teile dieser Werte ausgleichsberechtigt waren und drittens die Finanzierung durch eine langfristige Abgabe erfolgte, die praktisch den Charakter einer überwälzbaren Ertragssteuer hatte. Allerdings lag eine soziale Komponente des Lastenausgleichsgesetzes darin, daß neben dem partiellen Ausgleich für Vermögensschäden auch Rentenleistungen insbesondere für den Fall des Alters und der Erwerbsunfähigkeit gewährt wurden. Damit war wenigstens den Flüchtlingen geholfen, die für den Fall des Alters und der Invalidität nicht versichert gewesen waren.

Parallel dazu diente das Fremdrenten- und Auslandsrentengesetz von 1953 der Entschädigung von Flüchtlingen durch die Sozialversicherung. Danach traten Versicherungsträger im Bundesgebiet unter bestimmten Voraussetzungen für Ansprüche ein, die gegenüber Versicherungsträgern außerhalb des Bundesgebietes bestanden. Die Leistungen richteten sich nach dem Recht des Herkunftslandes mit der Folge, daß sich sehr unterschiedliche Situationen sowohl unter den Flüchtlingen je nach deren Herkunftsland, als auch im Verhältnis zwischen Flüchtlingen und Einheimischen ergaben. Dies gab später Anlaß für eine Neu-Konzeption, die sich vom Entschädigungsprinzip löste.

Die vom NS-Regime 1935 eingeführten Kinderbeihilfen waren 1945 eingestellt worden, weil sie bevölkerungspolitisch motiviert gewesen waren.

Bald nach Errichtung der Bundesrepublik Deutschland lebte die Diskussion unter dem Gesichtspunkt der wirtschaftlichen und sozialen Benachteiligung von Familien mit Kindern und der eingeschränkten Chancengleichheit der Kinder selbst wieder auf. Die SPD forderte eine aus Steuern zu finanzierende staatliche Kindergeldleistung. Das schließlich 1954 verabschiedete Kindergeldgesetz trug dem von der CDU vehement auch gegen Arbeitgeber-Opposition vertretenen Subsidiaritätsprinzip Rechnung. Zur Zahlung eines Kindergeldes (ab dem 3. Kind) wurden Familienausgleichskassen bei den Berufsgenossenschaften errichtet, die sich durch Beiträge der Unternehmer finanzierten.

Eine zweite Gruppe von Gesetzen diente der Wiederherstellung oder Neuordnung organisatorischer und institutioneller Strukturen. Die deutsche Sozialversicherung war seit jeher dadurch gekennzeichnet, daß sie von öffentlich-rechtlichen Versicherungsträgern – nicht von staatlichen Behörden – durchgeführt wurde, deren aus Kreisen der Versicherten und der Arbeitgeber gewählten Organe gewisse Selbstverwaltungsrechte hatten. Diese Selbstverwaltung war während der NS-Zeit beseitigt worden. Das Anfang 1951 verabschiedete Selbstverwaltungsgesetz diente seiner Wiederherstellung. Danach werden bei den Sozialversicherungsträgern aufgrund von Vorschlagslisten der berechtigen Verbände Vertreterversammlungen, aus deren Mitte wiederum ein Vorstand gewählt. Die Selbstverwaltungsorgane wählen den hauptamtlichen Leiter der Verwaltung des Versicherungsträgers, den Geschäftsführer.

Bei der parlamentarischen Behandlung des Selbstverwaltungsgesetzes war die Zusammensetzung der Organe aus Vertretern der Versicherten (praktisch der Gewerkschaften) und der Arbeitgeber kontrovers. Die SPD-Fraktion im Bundestag forderte eine Zweidrittel-Mehrheit für die Versicherten. Die Regierungsmehrheit trat demgegenüber für eine paritätische Vertretung ein; dabei stützte man sich auf das in Kreisen der christlich-sozialen Arbeitnehmerschaft hochgeschätzte »Sozialpartner«-Modell und argumentierte auch mit der je hälftigen Aufbringung der Beiträge durch Versicherte und Arbeitgeber. Die schließlich im Prinzip – Ausnahmen bestehen im Bergbau, in der Landwirtschaft und bei den Ersatzkassen – durchgeführte paritätische Vertretung ist bis heute Grundlage des Selbstverwaltungsrechts geblieben; sie führte damals zu Neuerungen in den Organen der Krankenkassen, die früher entsprechend der bis 1949 bestehenden Beitragsdrittelung zu zwei Dritteln mit Versichertenvertretern besetzt waren, und in den Organen der Unfallversicherungsträger (Berufsgenossenschaften), in denen die Versicherten bis dahin nicht vertreten waren.

Die Aufgaben der früheren Reichsanstalt für Arbeitsvermittlung und Arbeitslosenversicherung waren in den ersten Nachkriegsjahren von

Verwaltungen im Bereich der Länder wahrgenommen worden; mit Wirkung vom 1. Mai 1952 gingen sie auf die neu errichtete Bundesanstalt für Arbeitsvermittlung und Arbeitslosenversicherung in Nürnberg über. Ebenso nach früherem Vorbild wurde 1953 die Bundesversicherungsanstalt für Angestellte in Berlin wieder errichtet. Die Mitverwaltung der Angestelltenversicherung durch die regional gegliederten Träger der Arbeiterrentenversicherung hatte in der Nachkriegszeit zwar befriedigend funktioniert, doch setzte sich das vor allem psychologisch und standespolitisch motivierte Interesse der Angestellten an einer Sonderorganisation recht mühelos durch. Schließlich wurde 1956 das Bundesversicherungsamt als Nachfolger des früheren Reichsversicherungsamtes errichtet, dem der Bund (mit Ausnahmen) seine Aufsichtsbefugnisse über die Träger der Sozialversicherung übertrug.
Das 1953 verabschiedete Sozialgerichtsgesetz schuf einen neuen, unabhängigen Rechtsweg für Streitigkeiten auf dem Gebiet der sozialen Sicherung. Damit wurde die bis dahin staatlichen Behörden obliegende rechtsprechende Tätigkeit diesen entzogen und einem Auftrag des Grundgesetzes zur klaren Trennung zwischen Rechtsprechung und Verwaltung (Art. 20) entsprochen. Der neue, dreistufige Rechtsweg ist gekennzeichnet durch Kostenfreiheit des Verfahrens und die Beteiligung von Laienrichtern.
Zur Reihe der Errichtungsgesetze gehörend kann man auch das bereits vom zweiten Bundestag verabschiedete Gesetz über Kassenarztrecht ansehen, das die Rechtsbeziehungen zwischen Krankenkassen und Ärzten bundesrechtlich ordnete. Man lehnte sich dabei an Prinzipien an, die während der Weimarer Republik entwickelt worden waren: Errichtung kassenärztlicher Vereinigungen als Körperschaften des öffentlichen Rechts, denen die Sicherstellung der kassenärztlichen Versorgung obliegt; die Krankenkassen entrichten eine vertraglich vereinbarte Gesamtvergütung an die Vereinigung, die ihrerseits den einzelnen Arzt honoriert. Eine entscheidende Weichenstellung, die Anlaß für aktuelle Diskussionen im Zusammenhang mit der Kostenentwicklung im Gesundheitswesen gibt, brachte jedoch nicht dieses Gesetz, sondern eine Entscheidung des Bundesverfassungsgerichts im Jahre 1960, nach der jeder niedergelassene Arzt auch als Kassenarzt zugelassen werden muß. Bis dahin konnte diese Zulassung in bestimmtem Verhältnis zur Zahl der Versicherten begrenzt werden. Das Problem besteht in der rasch zunehmenden Zahl der Ärzte in freier Praxis, die ständig zunehmende Leistungen erbringen.

Die Rentenreform von 1957

Die Wiederherstellung des früheren, institutionell stark gegliederten Systems der sozialen Sicherung sowie die Verabschiedung vieler, auf die Beseitigung momentaner Not gerichteter Gesetze, aber auch der wieder geöffnete Blick auf Entwicklungen außerhalb Deutschlands (z. B. Beveridge-Plan in Großbritannien) löste recht bald eine lebhafte Reform-Diskussion aus. Man artikulierte Kritik an der Unübersichtlichkeit des Sozialrechts, an der »Verflechtung« von Sozialleistungen, man forderte ein umfassendes Konzept der sozialen Sicherung, einen »Sozialplan«. Die Bestrebungen verdichteten sich im Januar 1952 in einem Antrag der SPD-Fraktion des Deutschen Bundestages auf Einsetzung einer »Sozialen Studienkommission« aus unabhängigen Sachverständigen, deren Aufgabe es sein solle, »die gegenwärtigen sozialen Einrichtungen und Leistungen Deutschlands festzustellen, die Möglichkeiten der Entflechtung dieser sozialen Leistungen und ihrer systematischen Intensivierung zu prüfen und einen Plan der sozialen Sicherung in Deutschland aufzustellen.«
Die Regierungsmehrheit des Bundestages lehnte diesen Antrag ab und verabschiedete einen eigenen Beschluß: »Zur Vorbereitung gesetzgeberischer Maßnahmen über die finanzielle Sicherung, Neuordnung und fortschrittliche Entwicklung der sozialen Leistungen, unter klarer Abgrenzung der Versicherung von Versorgung und Fürsorge, wird der Bundesminister für Arbeit beauftragt, beim Bundesministerium für Arbeit einen Beirat zu berufen«.[6] Die unterschiedliche Zielrichtung der beiden Texte war deutlich: Statt einer unabhängigen Studienkommission ein Beirat beim zuständigen Ressortminister, statt Entflechtung und »Sozialplan« eine Fortentwicklung unter Aufrechterhaltung der bisherigen Differenzierungskriterien. Hinter solchen verbalen Unterschieden verbarg sich ein prinzipieller, politischer Unterschied der Wertvorstellungen hinsichtlich des in der Bundesrepublik Deutschland nunmehr populär gewordenen Begriffs »Wohlfahrtsstaat«. Die damit assoziierten Zielvorstellungen: Personal umfassender Schutz, garantierte Minimum-Leistungen, integrierte Organisation, weitgehende Finanzierung aus Steuermitteln wurden von den Sozialdemokraten bejaht[7], von den bürgerlichen Parteien jedoch abgelehnt. Diese traten ein für begrenzte Versicherungspflicht, Leistungsbemessung nach dem Äquivalenzprinzip, gegliederte Organisation, Finanzierung aus Beiträgen.
Die Reformdiskussion nährte sich allerdings keineswegs allein aus solchen ideellen Quellen; sie erhielt Schubkraft durch materielle Fakten. Nach der Währungsreform im Juni 1948 war die industrielle Produktion sprunghaft angestiegen. Die wirtschaftlichen Wachstumsraten lagen in den Jahren 1948 und 1949 über 20 %; sie hielten sich bis zur Mitte der 50er

Jahre über 10%. Die Arbeitslosenquote sank zwischen 1950 und 1955 von 12,2% auf 5,6%. Der Durchschnittslohn stieg im Jahrfünft 1948 – 1953 um mehr als 80%. Gegenüber dieser rasanten Entwicklung blieben die Empfänger von Sozialleistungen deutlich im Nachteil; sie nahmen an den Früchten des »Wirtschaftswunders« keinen Anteil. Zwar trug man diesem Umstand durch mehrere Anpassungsgesetze Rechnung. So erfolgten z. B. für die Rentenversicherung nach dem Sozialversicherungs-Anpassungsgesetz von 1949 weitere ad-hoc-Anpassungen durch das Rentenzulagegesetz und das Teuerungszulagengesetz 1951, das Grundbetragserhöhungsgesetz 1953 und das Renten-Mehrbetragsgesetz 1954. Die durch diese Gesetze bewirkten Leistungserhöhungen waren jedoch bei ihrem Inkrafttreten bereits durch die faktische Erhöhung der Löhne und Preise überholt. Im Jahre 1955 betrug die normale Altersrente kaum ein Drittel des vergleichbaren Arbeitseinkommens.

Ungeachtet dessen war die Sozialleistungsquote in der Bundesrepublik Deutschland im internationalen Vergleich hoch. Sie betrug im Jahre 1953 19,4%, dagegen in Schweden 13,5%, in Großbritannien 12,5%[8]. Ursächlich dafür waren vor allem die höheren Kriegsfolgelasten einschließlich der kriegsbedingten ungünstigeren Altersstruktur der Bevölkerung. Da viele der kriegsbedingten Leistungen (Kriegsopferversorgung, Lastenausgleich) vom Bund finanziert wurden, dieser auch etwa ein Drittel der Ausgaben der gesetzlichen Rentenversicherung zu tragen hatte, entstand hier ein weiterer Impuls für Reformen – jedoch mit entgegengesetzter Zielrichtung: Das Bundesfinanzministerium war reformwillig mit der Motivation, den Bund finanziell zu entlasten. Dies sollte erreicht werden, indem alle aus Steuermitteln finanzierten Leistungen an eine Bedarfsprüfung gebunden werden sollten. Das Besondere an der damaligen Situation war, daß das Finanzressort nicht nur – seiner normalen Aufgabe entsprechend – in defensiver Haltung auf möglichst geringe Ausgaben hinwirkte, sondern in die Reformdiskussion offensiv mit einer eigenen Konzeption eingriff.[9]

Der vom Bundesarbeitsminister ein Jahr nach der Bundestags-Beschlußfassung einberufene Beirat für die Neuordnung der sozialen Leistungen hat keine wegweisenden Reformgedanken entwickelt; aus seiner Arbeit entstanden weder ein einheitliches Reform-Konzept noch auch nur neue Anregungen für die Rentenreform. Lediglich in einigen seiner Arbeitsausschüsse, so insbesondere derjenigen für die Krankenversicherung und für das Fürsorgewesen wurden hilfreiche sachliche Vorklärungen für spätere Weiterentwicklungsgesetze erarbeitet.

Der Reformdruck im öffentlichen Bewußtsein spiegelte sich darin, daß Bundeskanzler Adenauer in seiner Regierungserklärung zu Beginn der zweiten Legislaturperiode des Bundestages im Oktober 1953 von der

Notwendigkeit einer »umfassenden Sozialreform« sprach; die Regierung wolle ein umfassendes Sozialprogramm vorlegen. Aber offensichtlich erwartete sie ein solches Sozialprogramm nicht vom Beirat für die Neuordnung der sozialen Leistungen. Sowohl der Bundesarbeitsminister (Bogs-Gutachten) als auch das Bundeskanzleramt (Rothenfelser Denkschrift) veranlaßten besondere Gutachten.[10] Doch ein regierungsamtliches Sozialprogramm erwuchs hieraus nicht. Die im April 1954 vom Arbeitsminister dem Kabinett vorgelegten »Grundgedanken zur Gesamtreform der sozialen Leistungen« konzentrierten sich weitgehend auf eine Reform der Rentenversicherung; sie betonten die Notwendigkeit eines Funktionswandels der Rente vom ursprünglichen Zuschuß-Gedanken zum Gedanken der Lebensstandard-Rente. Zwar führten diese Grundgedanken vor allem auch wegen der Opposition des Bundesfinanzministers nicht zu alsbaldigen Beschlüssen; sie bewirkten jedoch, daß sich die Reformdiskussion auf die Frage einer Rentenreform konzentrierte. Es wurde klar, daß in der laufenden Legislaturperiode mehr nicht zu erreichen war.
Bundeskanzler Adenauer erkannte die politische Notwendigkeit der Rentenreform; er war entschlossen, bis zum Ende der Legislaturperiode ein sichtbares Ergebnis vorweisen zu können. Seine Motive dafür waren wahltaktischer Art; doch erklärt sich die Energie, mit der er die Verabschiedung der Rentenreform vorantrieb, nicht allein aus kurzfristiger Sicht auf den Wahlkampf 1957, sondern auch aus der Perspektive, die bestehende Gesellschaftsordnung von sozialen Spannungen frei zu halten und sie für die Bewohner der DDR attraktiv zu erhalten. Sowohl in der Art der Motivation als auch in dem Gewicht seines persönlichen Einsatzes für die Durchsetzung eines sozialpolitischen Reformwerkes ist die Rolle Adenauers in den Jahren 1955/56 vergleichbar mit derjenigen Bismarcks in den frühen 80er Jahren des vorigen Jahrhunderts.
Adenauer bildete Anfang 1955 einen Kabinettsausschuß (»Sozialkabinett«) unter seiner Leitung und errichtete beim Bundesarbeitsministerium ein Generalsekretariat für die Sozialreform unter der Leitung von Kurt Jantz. Dieses interdisziplinäre, überwiegend aus jüngeren Mitarbeitern bestehende Generalsekretariat löste sich weitgehend von der breiten Grundsatzdiskussion, verzichtete auf den als unrealisierbar erscheinenden Versuch der Ausarbeitung eines formal zu beschließenden Gesamtplans, sondern arbeitete an einem konkreten Gesetzentwurf zur Neuordnung der Rentenversicherung. Dessen Kernstück war eine »Dynamisierung« der Renten, nämlich deren Berechnung nicht nach früheren Nominalwerten der Beiträge oder Löhne, was notwendig und immer zu einem Nachhinken gegenüber aktuellen Werten führen mußte, sondern nach dem aktuellen Lohnniveau. Die sachliche Grundentscheidung lag darin, daß der Lebensstandard des Rentenbeziehers im Verhältnis zum gegenwärtig arbeiten-

den, vergleichbaren Erwerbstätigen aufrechterhalten werden soll. Technisches Mittel zur Erreichung dieses Zieles war, daß nicht in der Vergangenheit liegende Nominalwerte der Rentenberechnung zugrunde gelegt werden, sondern Relativwerte. Die persönliche Bemessungsgrundlage des Versicherten ist gleich dem Verhältnis, in dem sein Arbeitsverdienst zum jeweiligen Durchschnittsverdienst gestanden hat. Dieses Verhältnis wird auf den gegenwärtigen Durchschnittsverdienst bezogen und damit aktualisiert. Weiter war vorgesehen, die bereits laufenden Renten an die Entwicklung der Löhne jährlich anzupassen.

Angesichts des anhaltenden Widerstandes des Finanzministers – und vieler anderer Kreise, insbesondere der Wirtschaft – gegen solche Pläne war die Arbeit an dem Gesetzentwurf eine notwendige, aber keinesfalls hinreichende Voraussetzung für politische Entscheidungen. In dieser Situation waren glückhafte Umstände hilfreich. Wilfried Schreiber, Dozent an der Bonner Universität und Geschäftsführer des Bundes katholischer Unternehmer, veröffentlichte im Sommer 1955 seine Schrift »Existenzsicherheit in der industriellen Gesellschaft«, in der die Notwendigkeit und Möglichkeit der Einführung eines auf dem Umlageverfahren beruhenden, dynamischen Rentensystems prägnant und überzeugend begründet wurde. Für diesen »Schreiberplan« wurde Adenauer durch dessen Sohn Paul interessiert; als der Kanzler dem Autor am 13. Dezember 1955 Gelegenheit gab, seinen Plan dem Sozialkabinett vorzutragen, wurde dies – wie sicherlich beabsichtigt – als politisches Signal verstanden. Das Generalsekretariat für die Sozialreform nutzte diese Lage, indem es am 27. Dezember eine Ausarbeitung über die wichtigsten Entscheidungsalternativen vorlegte, die der Kanzler in der ersten Januarwoche 1956 mit Randnotizen zurückgab, denen sich seine Zustimmung zur vorgeschlagenen regelmäßigen Rentenanpassung entnehmen ließ. Er hat diese Zustimmung kurz darauf im Parteivorstand der CDU sowie im Sozialkabinett durchgesetzt und an ihr entgegen mächtigen Widerständen festgehalten.

Die vom Bundestag im Februar 1957 nach viertägiger Debatte verabschiedeten Rentenreformgesetze waren in dem Kernstück der Renten-Dynamisierung insofern abgeschwächt worden, als nur bei der Erst-Berechnung eine automatische Aktualisierung erfolgte. Hinsichtlich der Anpassung laufender Renten war bestimmt, daß die Regierung jährlich einen Bericht über deren Notwendigkeit und Möglichkeit vorzulegen, diesem Bericht das Gutachten eines Sozialbeirates beizufügen und einen Gesetzgebungsvorschlag zu machen habe. Faktisch hat sich jedoch seit 1959 die jährliche Anpassung der Renten an die Lohnentwicklung durchgesetzt.

Neben den Dynamisierungsregeln enthielten die Gesetze eine Reihe weiterer gewichtiger Neuregelungen. Zunächst wurde das durchschnittliche Rentenniveau um rund 60 % erhöht, was allgemein die Stellung der Rentner im Sozialgefüge entscheidend verbesserte. Die neue Berechnungsformel sowie der Wegfall fester Rentenbestandteile entzerrte das Rentengefüge, indem es die Rentenhöhe stärker als bisher von der Versicherungsdauer und dem lebensdurchschnittlichen Arbeitsverdienst abhängig machte. Die Situation vorzeitig invalider Personen wurde dadurch verbessert, daß deren Rente so berechnet wird, als ob sie bis zum 55. Lebensjahr versichert gewesen wären (Zurechnungszeit). Für Frauen, die in den letzten 20 Jahren überwiegend versicherungspflichtig waren, wurde die Altersgrenze von 65 auf 60 Jahre gesenkt. Die Arbeiter wurden den Angestellten gleichgestellt, indem auch sie nach einjähriger Arbeitslosigkeit bereits mit 60 Jahren die Altersrente beziehen konnten, und indem auch solche Witwen eine Rente ohne weitere Voraussetzungen erhielten, deren Männer vor 1949 verstorben waren. Obwohl nun das Recht der Arbeiterrentenversicherung mit dem Recht der Angestelltenversicherung inhaltlich identisch war (mit der einzigen Ausnahme der für Angestellte bis 1967 noch geltenden Versicherungspflichtgrenze), wurde entgegen der Absicht der Regierung für beide Personengruppen je ein Gesetz verabschiedet.

Das Finanzierungsverfahren wurde modernisiert. Vergeblich hatte man seit Bestehen der gesetzlichen Rentenversicherung versucht, ein modifiziertes Kapitaldeckungsverfahren zu verwirklichen. Die Währungsumstellungen nach dem Ersten und Zweiten Weltkrieg haben jedesmal zum Verlust des angesammelten Kapitals geführt. Die Rentenzahlungen mußten im wesentlichen aus den laufenden Beitragseinnahmen finanziert werden. Faktisch wurde das Umlageverfahren praktiziert, während das Gesetz immer noch die Ansammlung von Kapitalreserven forderte. Zwar führte man mit der Reform von 1957 noch nicht das reine Umlageverfahren ein, wie es der Schreiberplan gefordert hatte, doch wurde das als erforderlich bezeichnete Deckungskapital auf die Höhe einer Jahresausgabe der Rentenversicherung begrenzt (Abschnittsdeckungsverfahren). Der endgültige Übergang zum Umlageverfahren mit einer lediglich die Liquidität sichernden »Schwankungsreserve« erfolgte erst 1969.

Partielle Komplettierung statt Sozialreform (1957 – 1969)

Die Rentenreform hatte wesentlich zu dem großen Erfolg Adenauers bei den Bundestagswahlen 1957 beigetragen. Hieraus ergaben sich zwei unterschiedliche Impulse: Einerseits hatte sich der Begriff »Sozialreform« – wenn auch reduziert auf die Rentenreform – als so zugkräftig erwiesen, daß man sich nicht von ihm distanzieren wollte; andererseits gewannen diejenigen Kräfte Handlungsspielraum, die ihre Bedenken gegen den weiteren Ausbau der sozialen Sicherung und die daraus erwachsenden Belastungen für Bundeshaushalt und Beitragszahler nur angesichts der Kanzler-Autorität und der bevorstehenden Wahlen zurückgestellt hatten. Beide Impulse fanden in der Regierungserklärung vom 29. Oktober 1957 Ausdruck. Es hieß dort einerseits: »Die Sozialreform wird fortgeführt werden.« Aber andererseits: »Die Bundesregierung ist entschlossen, den Gedanken der Selbsthilfe und privaten Initiative in jeder Weise zu fördern und das Abgleiten in einen totalen Versorgungsstaat ... zu verhindern.«[11]

Die Fortführung der Sozialreform richtete sich auf die Krankenversicherung, nun aber mit deutlicher Betonung des Gedankens der Selbsthilfe. Ein 1959 vorgelegter Regierungsentwurf zur Neuordnung der gesetzlichen Krankenversicherung sah eine Selbstbeteiligung des Patienten an den Kosten aller ärztlichen Leistungen vor. Hiermit sollte die Inanspruchnahme ärztlicher Leistungen gebremst und die Belastung der Krankenkassen durch Bagatellfälle gemindert werden. Die Gewerkschaften sowie die SPD-Fraktion des Deutschen Bundestages lehnten die Selbstbeteiligung als unvertretbare Einschränkung der gesundheitlichen Versorgung ab. Ausschlaggebend dafür, daß der Entwurf bis zum Ende der Legislaturperiode nicht verabschiedet wurde, war jedoch der Widerstand der ärztlichen Standesorganisationen gegen die vorgesehene Selbstbeteiligung; sie wandten sich in der öffentlichen Diskussion dagegen, von den Patienten die Selbstbeteiligungsbeträge eintreiben zu müssen, weil dies das Vertrauensverhältnis zwischen Arzt und Patient unzumutbar belaste.

Nach der Wahl zur vierten Legislaturperiode des Bundestages im Herbst 1961 sprach die Regierungserklärung abermals von der Fortführung der Sozialreform unter der Zielsetzung, die Eigenverantwortung der Menschen zu stärken. Die Regierung legte erneut einen Krankenversicherungsentwurf vor, der wiederum – wenn auch in technisch veränderter Form – Vorschriften über eine Selbstbeteiligung enthielt. Zur Erleichterung seiner politischen Durchsetzbarkeit war dieser Entwurf mit zwei weiteren Vorhaben zu einem »Sozialpaket« verschnürt worden: Die Annahme der Selbstbeteiligung sollte erleichtert werden durch Einführung der vollen Lohnfortzahlung durch den Arbeitgeber für Arbeiter in den ersten 6 Krankheitswochen. Die dadurch entstehende Belastung der Arbeitgeber sollte kompensiert werden durch Übernahme der Kosten für das Kindergeld auf den Bund. Doch eine Beschlußfassung kam wiederum nicht zustande.

Der Widerstand von SPD, Gewerkschaften und Ärzten gegen die Selbst-

beteiligung war ungebrochen; die Arbeitgeber lehnten die Lohnfortzahlung ab. Es wurde offensichtlich, daß für größere gesetzgebende Vorhaben nicht mehr genügend sozialreformerischer Schwung vorhanden war.
Der neue Bundeskanzler, Ludwig Erhard, stellte sich auf diese Lage ein. In seiner Regierungserklärung vom Oktober 1963 bezeichnete er eine gründliche Durchleuchtung der Sozialgesetzgebung als unabdingbar und kündigte die Durchführung einer Sozialenquête an. Das Wort »Sozialreform« kam regierungsamtlich nicht mehr vor. Damit war signalisiert, daß man Zeit gewinnen sowie kraft- und geldzehrende Vorhaben nicht verfolgen wollte.
Doch ungeachtet dessen und parallel hierzu lief die Sozialpolitik pragmatisch weiter. Es wurden Schritte vollzogen, die man als partielle Komplettierung bezeichnen kann. Sie waren möglich, wenn bestimmten Interessenlagen Rechnung getragen werden konnte, ohne andere wichtige Interessenlagen zu beeinträchtigen, wenn sie nicht viel Bundesmittel erforderten, und wenn die strittigen Fragen nicht von einer größeren Öffentlichkeit aufgegriffen und damit ideologisiert wurden. Dies erklärt, warum zeitgleich mit dem Auslaufen der Sozialreform eine Komplettierung der sozialen Sicherung erfolgte, deren Ergebnisse aus dem heutigen Gesamtbild nicht mehr wegzudenken sind.
Die jahrelange Diskussion von Alterssicherungsproblemen bis 1957 hatte auch die Situation der selbständigen Erwerbstätigen einbezogen. Insbesondere hinsichtlich der großen Anzahl kleinerer und mittlerer Landwirte trat das Problem der Alterssicherung um so deutlicher hervor, als man gleichzeitig eine Verbesserung der Agrarstruktur anstrebte. Da sich der Strukturwandel vorwiegend aus Anlaß des Generationswechsels vollzieht, entstand der Gedanke, durch Sicherstellung eines Altersgeldes den Bargeldbedarf ehemaliger Landwirte zu decken, dies jedoch an die Bedingung der Hofabgabe zu knüpfen. Damit wurden sozialpolitische Zielsetzungen bewußt mit solchen der Strukturpolitik verknüpft.
Das Gesetz über eine Altershilfe für Landwirte vom 27. Juli 1957 betrat in mehrfacher Hinsicht Neuland: Es knüpfte die Gewährung von Altersgeld an die Bedingung der Hofabgabe (Übergabe an den Hofnachfolger oder Verpachtung). Altersgeld wurde auch ehemaligen Landwirten gewährt, die bisher keine oder nur wenige Beiträge entrichtet hatten. Als Träger der neuen Leistung wurden bei den bereits bestehenden landwirtschaftlichen Berufsgenossenschaften nun landwirtschaftliche Alterskassen errichtet. Die Finanzierung erfolgte durch Beiträge der landwirtschaftlichen Unternehmer, die später wegen der agrarpolitischen Zielsetzung durch Bundesmittel ergänzt wurden.
Für das ebenfalls überwiegend kleinbetrieblich strukturierte Handwerk

galt im Grundsatz (seit 1938) Versicherungspflicht in der Angestelltenversicherung; allerdings konnten die Handwerker sich hiervon unter bestimmten Bedingungen bei Vorliegen eines Lebensversicherungsvertrages befreien lassen. Die Überwachung der Versicherungspflicht sowie der befreienden Bedingungen war allerdings nur unvollständig gelungen; auch klagte die Angestelltenversicherung über unzumutbare finanzielle Belastungen durch die Handwerkerversicherung. Im Jahre 1960 erfolgte eine Neuregelung, die einerseits die Wahlmöglichkeit zwischen Sozial- und Privatversicherung beseitigte, andererseits aber die Versicherungspflicht auf 18 Jahre begrenzte und damit ähnlich wie bei den Landwirten eine Grundsicherung für alle Handwerker gewährleistete.
Eine weitere, qualitativ einschneidende Änderung brachte das Fremdrentengesetz von 1960. Wie bereits erwähnt, hatte eine Regelung aus dem Jahre 1953 darauf abgezielt, die nicht realisierbaren Sozialversicherungsansprüche der in die Bundesrepublik Deutschland gekommenen Flüchtlinge und Vertriebenen zu entschädigen. Durch Bezugnahme auf das Recht des jeweiligen Herkunftslandes entstanden Komplikationen, vor allem aber schwer verständliche Unterschiede zwischen den Vertriebenen und Einheimischen. Auch entstanden Lücken, wenn im Herkunftsland eine Alterssicherung erst später oder noch gar nicht eingeführt worden war.
Diese Probleme löste das Fremdrentengesetz, indem es das Entschädigungsprinzip durch das Eingliederungsprinzip ersetzte. Dessen Grundgedanke war, den Rentner so zu behandeln, »als ob« er sein gesamtes Arbeitsleben in der Bundesrepublik Deutschland verbracht hätte. Es wurde gefragt, ob die im Herkunftsland ausgeübte Tätigkeit hier Versicherungspflicht begründet hätte und welches Entgelt hier erzielt worden wäre. Mit dieser Methode waren Eingliederung und Gleichbehandlung der Vertriebenen sichergestellt. Die kurz aufflackernde Diskussion um die Finanzierung dieser Eingliederung – Bund oder Versichertengemeinschaft – konnte mit dem Hinweis beendet werden, daß die Vertriebenen ihre Altersversicherung gegebenenfalls selbst finanzieren könnten, weil nicht nur Rentner, sondern auch Beitragszahler ins Bundesgebiet gekommen waren, und zwar im selben Verhältnis wie bei der Gesamtbevölkerung.
In den Nachkriegsjahren hatte die öffentliche Fürsorge erhebliche Belastungen zu tragen. Als mit abnehmender Arbeitslosigkeit und dem schrittweisen Ausbau der Sozialversicherung diese Belastung relativ zurückging, begann eine Diskussion um die Reform der Fürsorge, die zum Ziel hatte, deren stigmatisierenden Charakter zu mildern und die präventiven Sach- und Dienstleistungen gegenüber den Leistungen zur Sicherstellung des Lebensunterhalts mehr Geltung zu verschaffen. Nach gründlichen Vorberatungen in Fachgremien erging 1961 das Bundes-

sozialhilfegesetz. Die Fürsorge – jetzt Sozialhilfe – wurde auf der Grundlage des Prinzips der Nachrangigkeit und des Prinzips der Individualisierung modernisiert und erweitert. Die Dienstleistungen erhielten stärkeres Gewicht durch Einführung eines Katalogs von »Hilfen in besonderen Lebenslagen«, die nicht den üblichen (Regelsatz), sondern erweiterten Einkommensgrenzen unterliegen.
Mit dem Ziel einer »wirtschaftlichen Sicherung angemessenen und familiengerechten Wohnraums« wurde 1960 ein von Bund und Ländern je zur Hälfte finanziertes Wohngeld eingeführt, das die Belastung der Haushalte durch Mieten in zumutbaren Grenzen halten soll. Auch hierdurch trat eine Entlastung der Sozialhilfe von laufenden Geldleistungen ein. Entscheidendes Motiv für die Einführung des Wohngeldes war jedoch die Milderung sozialer Härten im Zusammenhang mit dem endgültigen Abbau der im Kriege eingeführten Wohnraum-Bewirtschaftung.
Als Schritte partieller Komplettierung sind schließlich der Ausbau der Kindergeldgesetzgebung sowie die Neuregelung der gesetzlichen Unfallversicherung zu erwähnen. Nachdem 1954 Kindergeld für das dritte Kind einer Familie eingeführt worden war, wurde ab 1961 auch das zweite, ab 1975 schließlich auch das erste Kind einbezogen. Den Unzulänglichkeiten mit den Familienausgleichskassen wurde 1964 – wie ursprünglich im »Sozialpaket« vorgesehen – dadurch Rechnung getragen, daß die Finanzierung des Kindergeldes auf den Bund übernommen, seine Durchführung einer bei der Bundesanstalt für Arbeit errichteten Kindergeldkasse übertragen wurde.
Die gesetzliche Unfallversicherung erfüllte ihre Funktionen relativ problemlos; dringender Reformbedarf war nicht zutage getreten. Eine Überarbeitung der Materie diente daher in erster Linie einer Modernisierung und Systematisierung des Rechts. Das 1963 verabschiedete Unfallversicherungsneuregelungsgesetz setzte allerdings einen neuen Akzent, indem es die Unfallverhütung, die »mit allen geeigneten Mitteln« durchzuführen sei, in den Vordergrund der Aufgaben der Berufsgenossenschaften rückte. Die Bundesregierung muß seither regelmäßig Unfallverhütungsberichte vorlegen. Ferner wurde mit diesem Gesetz die regelmäßige Anpassung der Geldleistungen der Unfallversicherung an die Lohnentwicklung ähnlich wie in der Rentenversicherung eingeführt.
Als die von Erhard initiierte Sozialenquête [12] Mitte 1966 vorgelegt wurde, waren die Auswirkungen der ersten wirtschaftlichen Rezession spürbar; erstmals gab es einen sprunghaften Anstieg der Arbeitslosigkeit und ein drastisches Absinken des wirtschaftlichen Wachstums. Initiativen in Richtung einer weiteren Expansion der Sozialpolitik war die Grundlage entzogen. Dies galt auch für die Regierung der Großen Koalition, die Ende des Jahres unter Bundeskanzler Kiesinger gebildet wurde. Man

nahm eine Konsolidierung des Bundeshaushalts in Angriff, die u. a. in einer Reduzierung des Bundeszuschusses zur gesetzlichen Rentenversicherung bestand. Dieser Einnahmeausfall wurde durch Beitragserhöhungen ausgeglichen, die allerdings hauptsächlich deshalb notwendig wurden, weil die Altersquote (Anteil der alten Personen an der Gesamtbevölkerung) sich zwischen der Mitte der 50er und der Mitte der 70er Jahre um rund ein Drittel erhöhte (»Rentenberg«). Der Beitragssatz der Rentenversicherung wurde (mit dem Finanzänderungsgesetz 1967) stufenweise von 14 auf 17 % im Jahr 1970 angehoben. Zugleich fiel die nach der Einkommenshöhe bemessene Versicherungspflichtgrenze für Angestellte fort.
Wenig später (1969) wurde auch das seit längerem bestehende Problem der ungleichen Finanzentwicklung zwischen der organisatorisch selbständigen Angestelltenversicherung und der Rentenversicherung der Arbeiter gelöst. Es beruhte auf der zahlenmäßigen Zunahme der Angestellten mit der Folge, daß das Verhältnis zwischen Beitragszahlern und Rentenempfängern hier stets günstiger war als in der Arbeiterrentenversicherung. Wollte man also bei gleichem Leistungsrecht und gleichem Beitragssatz die organisatorische Selbständigkeit der beiden Versicherungszweige – wie auch der regional gegliederten Träger der Arbeiterrentenversicherung – erhalten, so mußte ein Finanzausgleich erfolgen. Dessen praktisches Ergebnis ist ein laufender finanzieller Transfer von der Angestellten- zur Arbeiterrentenversicherung.
Nach Überwindung der Rezession verabschiedete die Große Koalition kurz vor Ende der Legislaturperiode das Lohnfortzahlungsgesetz 1969, das auch Arbeitern einen Rechtsanspruch auf Fortzahlung des Arbeitsentgelts gegen den Arbeitgeber für die ersten 6 Wochen der Krankheit einräumte. Wenn auch wegen vorher unternommener Teilschritte der materielle Gewinn für Arbeiter unbedeutend war, so waren sie doch nun formal den Angestellten gleichgestellt. Außerdem wurde die Krankenversicherung von Barleistungen entlastet, was zu einer Beitragssenkung um rund 2 % auf durchschnittlich rund 8 % führte.
Die Arbeitsverwaltung hatte in den Jahren rückläufiger Arbeitslosigkeit ein öffentlich wenig beachtetes Dasein geführt. Der während der Weltwirtschaftskrise Anfang der 30er Jahre festgesetzte, in der NS-Zeit beibehaltene (damals allerdings für sachfremde Zwecke verwendete) Beitragssatz von 6,5 % konnte bis 1957 schrittweise auf 2 % gesenkt werden. Erst die Rezession 1966/67 hatte hier einen Wandel des Problembewußtseins zur Folge. Es wurde betont, daß die Arbeitsverwaltung neben den traditionellen Aufgaben der Arbeitsvermittlung und der Zahlung von Arbeitslosenunterstützung mehr als bisher aktiv und vorbeugend der Arbeitslosigkeit entgegenwirken müsse. Auf diesem Grundgedanken basierte das

1969 verabschiedete Arbeitsförderungsgesetz, das der Bundesanstalt für Arbeit ein erweitertes Instrumentarium zur aktiven Arbeitsmarktpolitik in Gestalt von Forschung und Information, Förderung der beruflichen Bildung und Förderung der Arbeitsaufnahme zur Verfügung stellte.

Weiterentwicklungen (1970 – 1975)

Die im Herbst 1969 gebildete Bundesregierung der sozialliberalen Koalition unter Bundeskanzler Brandt sah sich auch auf sozialpolitischem Gebiet einer reformerisch gestimmten Erwartungshaltung gegenüber. Doch ungeachtet dessen, und obwohl der wirtschaftliche Aufschwung gute Voraussetzungen für die Erfüllung vieler Erwartungen geschaffen hatte, griff die neue Regierung das Wort Sozialreform nicht wieder auf. Sie benutzte den Begriff »Weiterentwicklung« und deutete damit ihre Absicht an, auf der Grundlage des Bestehenden pragmatisch und konkret Fortschritte zu erzielen. Auf begriffliche Klärungen wurde keine Zeit und Kraft verwendet. Zwar wurden wie bereits früher Kommissionen berufen, doch hatten diese konkrete Arbeitsaufträge, und niemand zweifelte daran, daß rasch verwertbare Arbeitsergebnisse erwartet wurden.

Die im Mai 1970 berufene Sachverständigenkommission für ein Sozialgesetzbuch leistete Vorarbeiten für gesetzgeberische Schritte, die ab 1975 das zersplitterte, unübersichtliche, zum Teil auch widersprüchliche Sozialrecht zusammenfassen, ordnen und transparent machen sollten. Dieser von der Öffentlichkeit wenig beachtete – weil nur begrenzt mit Sachreformen verbundene – Vorgang der stufenweisen Erstellung eines einheitlichen Sozialgesetzbuches ist noch im Gange und wird noch jahrelanger weiterer Arbeit bedürfen.

Im Bereich der Krankenversicherung vollzog sich die Weiterentwicklung in folgenden Schritten:

- Einführung eines Rechtsanspruchs auf Maßnahmen zur Früherkennung von Krankheiten (1970);
- Einbeziehung der Landwirte und ihrer Altenteiler in die gesetzliche Krankenversicherung (1972);
- Wegfall der zeitlichen Begrenzung der Krankenhauspflege (1973);
- Einführung eines Anspruchs auf Haushaltshilfe bei Krankenhausaufenthalt sowie auf Arbeitsfreistellung und Krankengeld bei Erkrankung eines Kindes (1973);
- Einbeziehung der Studenten in die gesetzliche Krankenversicherung (1975).

Eine bedeutsame Weiterentwicklung im Bereich der Unfallversicherung war die 1971 vollzogene Einbeziehung der Schüler sowie der Kinder in

Kindergärten in den Versicherungsschutz und damit auch in verstärkte Unfallverhütungsmaßnahmen.

Von grundsätzlicher Bedeutung war das 1971 ergangene Bundesausbildungsförderungsgesetz, das die wirtschaftlich bedingte Chancenungleichheit im Bildungswesen beseitigte. Unter den Voraussetzungen der Förderungsbedürftigkeit und der Förderungswürdigkeit wird seither Auszubildenden Einkommensersatz in Form von Zuschüssen oder Darlehen gewährt.

In der Rentenversicherung ergaben sich durch die Konsolidierungsmaßnahmen der Jahre 1967 und 1969 sowie die in der Aufschwungphase zunehmenden Beitragseinnahmen finanzielle Spielräume für Leistungsverbesserungen. Mit dem Rentenreformgesetz 1972 wurde die flexible Altersgrenze eingeführt. Versicherte mit ausreichend langer Versicherungsdauer können bereits mit dem 63. statt des bis dahin üblichen 65. Lebensjahres Altersruhegeld beziehen (Schwerbehinderte mit 62, später mit 60). Was damals rein sozialpolitisch motiviert war, hat sich inzwischen auch als arbeitsmarktpolitisch sehr hilfreich erwiesen. Ferner brachte das Gesetz zum Ausgleich niedriger Löhne in der Vergangenheit eine Rentenberechnung nach einem (fiktiven) Mindesteinkommen; diese Regelung kam zu etwa 80% früher erwerbstätigen Frauen zugute. Zur Rentenversicherung können seither alle Staatsbürger freiwillig Beiträge entrichten. Schließlich wurde die Anpassung der Bestandsrenten um ein halbes Jahr vorgezogen.

Trotz erheblicher Leistungsverbesserungen in der gesetzlichen Rentenversicherung in den Jahren 1957, 1965 (Härtenovelle) und 1972 besteht nach wie vor eine »Versorgungslücke«, weil die Altersrente auch nach einem erfüllten Arbeitsleben im Durchschnitt nur etwa 60% des vergleichbaren Nettoarbeitseinkommens erreicht. Diese Lücke aufzufüllen dient die in verschiedenen Formen praktizierte betriebliche Altersversorgung, die neben und zusätzlich zur gesetzlichen Rentenversicherung schrittweise ausgebaut wurde; gegenwärtig haben etwa zwei Drittel aller Arbeitnehmer Anwartschaften auf betriebliche Zusatzleistungen. Als Mängel wurden dabei empfunden, daß der Anspruch auf betriebliche Altersversorgung beim Wechsel der Arbeitsstelle verfiel und daß eine Erhöhung der Sozialversicherungsrente oft zu einer entsprechenden Kürzung der betrieblichen Leistung führte. Diesen Mängeln half das Gesetz zur Verbesserung der betrieblichen Altersversorgung von 1974 ab; es sieht eine bedingte Unverfallbarkeit von Versorgungsanwartschaften sowie ein Verbot von Leistungskürzungen wegen der Erhöhung von Sozialversicherungsrenten vor.

Schließlich wurde 1975 die Altersversorgung der Frauen im Falle der Scheidung erheblich verbessert. Im Zusammenhang mit einer Reform des Ehe- und Familienrechts wurde ein Versorgungsausgleich eingeführt. Die während der Ehe erworbenen Versorgungsanwartschaften werden seither im Falle der Scheidung – in der Regel zugunsten der Frau – »gesplittet«.

Sozialpolitik in der Rezession (1976–1982)

Im Herbst 1973 wurde der Beginn einer wirtschaftlichen Rezession sichtbar, die bis heute nicht überwunden ist. Die erste drastische Erhöhung der Rohölpreise wurde als »Ölschock« empfunden und hatte über die unmittelbaren ökonomischen Wirkungen hinaus auch mittelbare psychologische Wirkungen, die sich in der steigenden Zahl Arbeitsloser niederschlug. Im November 1973 erließ der Bundesarbeitsminister einen Anwerbestopp für ausländische Arbeitnehmer, deren Anzahl sich im Jahrfünft zuvor von rund einer Million auf 2,6 Millionen erhöht hatte. Dennoch lag die Zahl der Arbeitslosen Anfang 1974 mit rund 600000 fast doppelt so hoch wie ein Jahr vorher und überschritt Anfang 1975 die Millionengrenze.

Die abnehmende Zahl der beschäftigten Beitragszahler und der geringere Lohnzuwachs wirkten sich uno actu auf die Beitragseinnahmen der Sozialversicherungsträger aus. Die Rentenversicherung mußte ab 1975 ihre Liquiditätsreserve angreifen, die Krankenversicherung war auf breiter Front zu Erhöhungen der Beitragssätze gezwungen; der durchschnittliche Beitragssatz lag 1975 (10,4%) um mehr als zwei Prozentpunkte über demjenigen des Jahres 1971 (8,2%). Man sprach von einer »Kostenexplosion« im Gesundheitswesen; damit war angedeutet, daß die Ursachen keineswegs nur in rückläufigen Steigerungsraten der Beitragseinnahmen lagen, sondern vor allem in kräftigen Ausgabesteigerungen. Ein politischer Handlungsbedarf wurde offenbar; über die Entscheidungsalternativen wurde öffentlich lebhaft diskutiert; doch die Bundesregierung konnte sich in der zu Ende gehenden Legislaturperiode nicht mehr zu Entscheidungen durchringen.

Erst nach der Wahl vom Oktober 1976 legte die Bundesregierung Gesetzentwürfe mit dem Ziel einer finanziellen Konsolidierung in der Rentenversicherung und einer Kostendämpfung in der Krankenversicherung vor. In der Rentenversicherung ging es nicht um aktuelle Finanzierungsschwierigkeiten, denn diese hatte noch Ende 1976 eine Rücklage von fast 40 Milliarden DM. Die im Bundestagswahlkampf gestellte Frage: Sind die Renten sicher? – die von der Regierung bejaht, von der Opposition verneint wurde – war formelhaft verkürzt. Die Zahlungsfähigkeit der Rentenversicherungsträger war zu keiner Zeit gefährdet. Fraglich war

Rentnerinnen im Märkischen Viertel von Berlin (1979).

allein, ob und in welchem Maße die Renten auch künftig wie bisher an die Entwicklung der Löhne angepaßt, d.h. erhöht werden könnten. Es ging letztlich um Annahmen über die künftige Entwicklung der Zahl der Beschäftigten und der Lohnerhöhungen; denn diese beiden Größen sind es, die das Ergebnis der von der Regierung jährlich vorzulegenden 15jährigen Vorausrechnung der Rentenfinanzen (Rentenanpassungsbericht) entscheidend bestimmen.

Das im Juni 1977 verabschiedete 20. Rentenanpassungsgesetz verschob den Termin der übernächsten Rentenerhöhung vom 1. Juli 1978 auf den 1. Januar 1979. Es entlastete die Rentenversicherung ferner von Ausgaben für die Krankenversicherung der Rentner. Der Erhöhung der Einnahmen diente die vorzeitige Rückzahlung von Bundeszuschüssen, die die Rentenversicherung früher dem Bund gestundet hatte, sowie die Verpflichtung der Bundesanstalt für Arbeit, für Arbeitslose Beiträge an die Rentenversicherung abzuführen.

Doch bereits Anfang 1978 offenbarten neue wirtschaftliche Daten und daraus abgeleitete Annahmen über die weitere Entwicklung, daß die Maßnahmen des 20. Rentenanpassungsgesetzes zu einer dauerhaften Konsolidierung der Rentenfinanzen nicht ausgereicht hatten. Mit dem im Juli 1978 verabschiedeten 21. Rentenanpassungsgesetz mußten weitere Eingriffe vorgenommen werden. Der Beitragssatz wurde ab 1981 von

18,0 auf 18,5 % erhöht; die Rentenanpassungen der Jahre 1979 bis 1981 wurden reduziert; von 7,2, 6,9 und 6,1 %, wie das bisherige Verfahren der Rentendynamik erfordert hätte, auf 4,5, 4,0 und 4,0 %. Diese erneute Beteiligung der Rentner an den Konsolidierungsmaßnahmen wurde damit verteidigt, daß das Rentenniveau im Vergleich zu den Netto-Löhnen der Erwerbstätigen dadurch nicht beeinträchtigt werde.

Tabelle 1: Arbeitslose 1950–1987
(Anzahl in 100000, jahresdurchschnittlich)

1950	19	1963	2	1976	11
1951	17	1964	2	1977	10
1952	17	1965	1	1978	10
1953	15	1966	2	1979	9
1954	14	1967	5	1980	9
1955	11	1968	3	1981	13
1956	9	1969	2	1982	18
1957	8	1970	1	1983	23
1958	8	1971	2	1984	23
1959	5	1972	2	1985	23
1960	3	1973	3	1986	22
1961	2	1974	6	1987	22
1962	2	1975	11		

Quelle: BMA, Arbeits- und Sozialstatistik

Die im Laufe des Jahres 1981 angestiegene Zahl der Arbeitslosen belastete die Bundesanstalt für Arbeit und damit wegen der Defizithaftung den Bundeshaushalt in steigendem Maße. Um dem entgegenzuwirken, wurde im Dezember ein leistungseinschränkendes Gesetz zur Konsolidierung der Arbeitsförderung verabschiedet. Ferner wurde der Beitragssatz der Arbeitslosenversicherung auf 4 % erhöht; zur kompensatorischen Entlastung der Versicherten wurde der Beitragssatz zur Rentenversicherung für die Jahre 1982 und 1983 um 0,5 % gesenkt.
In der Krankenversicherung ging man von der Zielsetzung aus, den erwähnten sprunghaften Anstieg der Beitragssätze in den 70er Jahren zu bremsen. Diese Zielsetzung schlug sich in dem Begriff »einnahmeorientierte Ausgabenpolitik« nieder. Da die Ausgaben der Krankenversicherung in starkem Maße von Verhaltensweisen vieler Beteiligter – der Versicherten, der Ärzte, der Krankenhäuser – determiniert werden, müssen Kostendämpfungsbemühungen an vielen Stellen ansetzen. Das im Juni 1977 verabschiedete Krankenversicherungs-Kostendämpfungsgesetz schrieb die Bildung einer konzertierten Aktion im Gesundheitswesen vor,

die Empfehlungen verabschieden kann, vor allem aber dahin gewirkt hat, daß Transparenz und Publizität der ökonomischen Vorgänge im Gesundheitswesen verbessert worden sind. Bei Verhandlungen zwischen kassenärztlichen Vereinigungen und Krankenkassenverbänden über die ärztliche Vergütung soll die Entwicklung der Beitragseinnahmen der Kassen berücksichtigt werden.
Die Beispiele zeigen, daß die Kostendämpfung im Gesundheitswesen weniger auf direkte Eingriffe baute, als vielmehr verhaltens-orientierenden Charakter hatte. Wenn in den Jahren 1977 bis 1980 der durchschnittliche Beitragssatz der Krankenkassen konstant geblieben ist, so war dieser Erfolg weniger eine direkte Folge der gesetzlichen Änderungen, sondern mehr indirekt eine Folge der lebhaften öffentlichen Diskussion und der Befürchtung weitergehender gesetzlicher Eingriffe.
Für diese Annahme spricht die Tatsache, daß es im Jahre 1981 wieder zu einem Anstieg des durchschnittlichen Beitragssatzes um fast 0,5 % kam. Ein Kostendämpfungs-Ergänzungsgesetz vom Dezember 1981 richtete sich darauf, die besonders hohen Zuwachsraten im Bereich des Zahnersatzes sowie der Heil- und Hilfsmittel zu senken; so wurden die Vergütung für zahntechnische Leistungen und der Zuschuß zum Zahnersatz gesenkt, die vom Versicherten zu entrichtende Verordnungsblattgebühr erhöht und verschiedene andere Leistungen eingeschränkt. Ein gleichzeitig verabschiedetes Krankenhaus-Kostendämpfungsgesetz bezog diesen Bereich in die konzertierte Aktion im Gesundheitswesen ein.

Die jüngste Entwicklung (ab 1983)

Als Ende 1982 die sozialliberale Koalition in der Regierungsverantwortung von einer christlich-liberalen Koalition abgelöst wurde, stand das Problem der Arbeitslosigkeit im Mittelpunkt der sozialpolitischen Diskussion. Die Zahl der Arbeitslosen hatte sich seit 1980 auf 1,8 Mill. verdoppelt. Der neue Bundeskanzler Kohl sagte in seiner Regierungserklärung zu Beginn der 10. Legislaturperiode, daß es wichig sei, »unserer Wirtschaft wieder zu einer robusteren Konstitution zu verhelfen. Aufgabe Nummer eins ist die Beseitigung der Massenarbeitslosigkeit.« Dabei habe sich gezeigt, daß »administrative Gängelung« nicht weiterhelfe, vielmehr müsse man die Ursachen der Fehlentwicklungen bekämpfen. Die Natur dieser Ursachen blieb offen. Deutlich wurde jedoch, daß man auf Selbstheilungskräfte der Wirtschaft vertraute und diese zu fördern gedachte durch Stärkung der Investitionskraft der Unternehmer, Geldwertstabilität und Minderung des öffentlichen Kapitalbedarfs. Beschäftigungsprogramme und Arbeitszeitverkürzungen wurden abgelehnt.

Zahlreiche Arbeitsloseninitiativen versammelten sich in Frankfurt a. M. zum ersten Arbeitslosen-Kongreß, um eine gemeinsame Handlungsplattform zu erarbeiten (2.–5. 12. 1982).

Die Hoffnung auf die Selbstheilung des Arbeitsmarktes erfüllte sich nicht. 1983 erhöhte sich die Zahl der Arbeitslosen nochmals um 0,5 Mill. und verharrt seither auf diesem Niveau (Tab. 1). Die Aktivitäten der Regierung beschränkten sich darauf, das Ausscheiden älterer Arbeitnehmer zu fördern. Mit dem Ziel einer Entlastung des Arbeitsmarktes wurde das Gesetz zur Erleichterung des Übergangs vom Arbeitsleben in den Ruhestand (Vorruhestandsgesetz) vom 13. April 1984 verabschiedet. Dessen Herzstück ist die Gewährung staatlicher Zuschüsse zu den Vorruhestandsleistungen, die ein Arbeitgeber – in der Regel aufgrund eines Tarifvertrages – für einen vorzeitig ausgeschiedenen Arbeitnehmer erbringt. Der Zuschuß beträgt 35 v. H. der Aufwendungen des Arbeitgebers. Voraussetzungen für den Zuschuß sind, daß der Arbeitnehmer mindestens 58 Jahre alt ist und daß der Arbeitgeber aus Anlaß der Beendigung des Arbeitsverhältnisses einen bisher arbeitslosen Arbeitnehmer beschäftigt. Bis Mitte 1988 waren 150000 Arbeitnehmer vorzeitig in den Ruhestand gegangen.
Die christlich-liberale Bundesregierung setzte sich zum Ziel, die öffentlichen Haushalte zu konsolidieren und die Beiträge zur Sozialversicherung mindestens zu stabilisieren. Man strebte eine »Senkung der Lohn-

nebenkosten« an. Zur Verwirklichung dieses Zieles wurden erneut Leistungsreduktionen in fast allen Bereichen der sozialen Sicherung vorgenommen. Das Ergebnis ist ein Absinken der Sozialleistungsquote (öffentliche Sozialleistungen in Prozent des Bruttosozialproduktes) seit 1983 (Tabelle 2). Die Quote war in der ersten Hälfte der 70er Jahre stark gestiegen und hatte sich bis 1982 auf diesem Niveau gehalten. Das Absinken der Quote seit 1983 war jedoch nicht mit verminderten Beitragssätzen verbunden. Vielmehr entlastete sich der Bund von seinen Finanzierungsbeiträgen zur sozialen Sicherung. Sein Anteil an der Finanzierung des Sozialbudgets ging im Zeitraum 1975–1986 von 24,4 auf 20,5 v. H. zurück; entsprechend erhöhte sich der Anteil der Beitragsfinanzierung.

Tabelle 2: Entwicklung der Sozialleistungsquote
(Öffentliche Sozialleistungen in % des Bruttosozialproduktes)

1965	20,7	1981	30,1	1985	28,3
1970	23,1	1982	30,1	1986	27,9
1975	30,9	1983	29,2	1990*	26,5
1980	29,2	1984	28,8		

* Prognose
Quelle: Bundesarbeitsblatt 1986, Heft 1, S. 109; Sozialbericht 1986

In qualitativer Hinsicht kam es zu einer Umstellung der Hinterbliebenen-Sicherung in der gesetzlichen Rentenversicherung. Das Bundesverfassungsgericht hatte bereits im Jahre 1975 dem Gesetzgeber aufgegeben, eine Neuregelung mit dem Ziel einer Gleichstellung beider Ehepartner vorzunehmen. Eine ungleiche Behandlung lag darin, daß beim Tode des Ehegatten die Frau einen unbedingten Rentenanspruch hatte, der Mann aber nur unter sehr einschränkenden Bedingungen. Das Hinterbliebenenrenten- und Erziehungszeitengesetz von 1985 räumt beiden Ehepartnern einen unbedingten Anspruch ein, sieht jedoch vor, daß einiges Erwerbs- oder Erwerbsersatzeinkommen (Rente, Pension) oberhalb einer bestimmten Freigrenze auf die Hinterbliebenenrente teilweise (bis zu 40 %) angerechnet wird.

Das gleiche Gesetz enthält eine familienpolitische Komponente: Frauen (gegebenenfalls auch Männern) wird für jedes von ihnen erzogene Kind ein Jahr (»Erziehungszeit«) als rentensteigernd anerkannt. Im Ergebnis wird ein Jahr der Kindererziehung einer Erwerbstätigkeit gleichgestellt.

Familienpolitisch war auch das Erziehungsgeldgesetz von 1985. In Ausweitung der geltenden Mutterschaftsbestimmungen haben Mütter (gege-

benenfalls auch Väter) für die Dauer eines Jahres nach der Geburt eines Kindes Anspruch auf Erziehungsurlaub und Erziehungsgeld.
Sorge bereitete auch der neuen Regierung nach wie vor die Ausgabenentwicklung im Gesundheitswesen. Der Beitragssatz zur Krankenversicherung stieg weiter an und schmälerte den Einkommenszuwachs der Versicherten. Die Regierung setzte sich das Ziel der Beitragssatzstabilität und legte zu dessen Verwirklichung im April 1988 den Entwurf eines Gesetzes zur Strukturreform im Gesundheitswesen vor. Durch eine Vielzahl von Maßnahmen soll das neue Gesetz Minderausgaben in Milliardenhöhe bewirken, die teils für Verbesserungen im Bereich der häuslichen Pflege und teils für Beitragssatzsenkungen verwendet werden sollen. Die Strukturen des Gesundheitswesens bleiben jedoch im wesentlichen unangetastet.
Zusammenfassend läßt sich feststellen, daß die in der Rezessionsphase ab 1977 begonnenen und nach 1982 verstärkt fortgesetzten Konsolidierungsbemühungen einerseits schmerzliche Eingriffe mit sich brachten, die ein Absinken der Sozialleistungsquote zur Folge hatten. Andererseits wurde das System der sozialen Sicherung in seiner Kernsubstanz nicht berührt. Das Sozialleistungssystem der Bundesrepublik Deutschland ist in den vergangenen 40 Jahren erheblich erweitert und differenziert worden. Seine institutionelle Grundstruktur und funktionelle Leistungsfähigkeit stehen nicht in Frage. Gleichwohl müssen in naher Zukunft vorrangig drei Probleme gelöst werden, die zur Zeit die öffentliche Diskussion beherrschen. Es sind dies die Beseitigung der hohen Arbeitslosigkeit, die Senkung der Gesundheitsausgaben und die Sicherung der Rentenfinanzen im Hinblick auf die steigende Altenquote.

Anmerkungen

1 Zitiert nach Herbert W. Baker, Beginn der deutschen Sozial- und Arbeitspolitik unter der Militärregierung, in: Reinhart Bartholomäi u. a. (Hrsg.), Sozialpolitik nach 1945, Bonn-Bad Godesberg 1977, S. 24.
2 Vgl. George Foggon, Alliierte Sozialpolitik in Berlin, ebenda, S. 35.
3 Baker, a. a. O., S. 28.
4 Ebenda, S. 30.
5 Lediglich in Berlin war es auf Grund örtlicher Besonderheiten im Sommer 1945 zur Bildung eines einheitlichen Versicherungsträgers, der »Versicherungsanstalt Berlin« gekommen; diese Sonderentwicklung wurde schrittweise, abschließend im Jahre 1957, wieder rückgängig gemacht.
6 Die Sozialreform. Dokumente und Stellungnahmen (11 Bände), hrsg. von Max Richter, Bonn-Bad Godesberg 1955–1970, F I, S. 3, F II, S. 4.
7 Vgl. z. B. Die Grundlagen des sozialen Gesamtplans der SPD. Unsere Forderung auf soziale Sicherung (Hrsg.: Vorstand der SPD), Bonn 1953.

8 Detlev Zöllner, Öffentliche Sozialleistungen und wirtschaftliche Entwicklung, Berlin 1963, S. 29
9 Ausführlich bei Hans-Günter Hockerts, Sozialpolitische Entscheidungen im Nachkriegsdeutschland. Alliierte und deutsche Sozialpolitik 1945 bis 1957, Stuttgart 1980, S. 237 ff.
10 Walter Bogs, Grundfragen des Rechts der sozialen Sicherheit und seiner Reform, Berlin 1955; Neuordnung der sozialen Leistungen, Denkschrift erstattet von Hans Achinger u. a., Köln 1955.
11 Die Sozialreform, a. a. O., B II 4, S. 13.
12 Soziale Sicherung in der Bundesrepublik Deutschland, Bericht der Sozialenquête-Kommission, erstattet von Walter Bogs, Hans Achinger u. a., Stuttgart 1966.

Literatur

Akten zur Vorgeschichte der Bundesrepublik Deutschland, 1945–1949, hrsg. von Bundesarchiv und Institut für Zeitgeschichte, 5 Bände, München, Wien 1976 bis 1983

Reinhard Bartholomäi, Wolfgang Bodenbender, Hardo Henkel, Renate Hüttel (Hrsg.), Sozialpolitik nach 1945. Geschichte und Analysen, Bonn-Bad Godesberg 1977

Volker Hentschel, Das System der sozialen Sicherung in historischer Sicht 1880 bis 1975, in: Archiv für Sozialgeschichte 18 (1978), S. 307–352

Hans-Günter Hockerts, Sozialpolitische Entscheidungen im Nachkriegsdeutschland. Alliierte und deutsche Sozialpolitik 1945 bis 1957, Stuttgart 1980

Horst Peters, Die Geschichte der sozialen Versicherung, Sankt Augustin 1978[3]

Die Sozialreform. Dokumente und Stellungnahmen, hrsg. von Max Richter, 11 Bände, Bonn-Bad Godesberg 1955–1970

Detlev Zöllner, Ein Jahrhundert Sozialversicherung in Deutschland, Berlin 1981

Chronik

1946

30. 3. Wiedereinführung der Arbeitsgerichtsbarkeit durch Kontrollratsgesetz Nr. 21.

10. 4. Betriebsrätegesetz (Kontrollratsgesetz Nr. 22).

1948

Juni Mit dem Währungsgesetz übergeben die Alliierten Gesetzgebungskompetenz in der Sozialversicherung an deutsche Instanzen.

1949

9. 4. Tarifvertragsgesetz für das Vereinigte Wirtschaftsgebiet (später Bundesrecht).

17. 6. Sozialversicherungs-Anpassungsgesetz für das Vereinigte Wirt-

schaftsgebiet bringt Rentenerhöhung und unbedingte Witwenrente in der Arbeiterrentenversicherung (später Bundesrecht).

1950

20.12. Bundesversorgungsgesetz regelt die Entschädigung kriegsbedingter Körperschäden.

1951

22.2. Einführung der paritätischen Selbstverwaltung in den Organen der Versicherungsträger durch das Selbstverwaltungsgesetz.

1952

21.2. Bundestags-Beschluß über die Berufung eines Beirats für die Neuordnung der sozialen Leistungen.

1.5. Errichtung der Bundesanstalt für Arbeitsvermittlung und Arbeitslosenversicherung (seit 1969 Bundesanstalt für Arbeit).

14.8. Lastenausgleichsgesetz regelt die Entschädigung kriegsbedingter Vermögensschäden.

1953

16.6. Schwerbeschädigtengesetz fördert berufliche Unterbringung der Schwerbeschädigten.

1.8. Gesetz über die Errichtung der Bundesversicherungsanstalt für Angestellte.

7.8. Mit dem Fremdrenten- und Auslandsrentengesetz wird die Entschädigung nicht realisierbarer Versicherungsansprüche von Flüchtlingen aus dem Ausland (Ostblock) geregelt.

3.9. Schaffung einer eigenständigen Sozialgerichtsbarkeit mit dem Sozialgerichtsgesetz.

1954

13.11. Kindergeldgesetz.

1955

17.8. Gesetz über Kassenarztrecht.

1956

9.5. Errichtung des Bundesversicherungsamtes.

1957

23.2. Rentenreform des Jahres 1957 mit den Gesetzen zur Neuregelung der Arbeiterrenten- und Angestelltenversicherung.

27.7. Gesetz über eine Altershilfe für Landwirte.

1960

25.2. Fremdrenten- und Auslandsrenten-Neuregelungsgesetz ermöglicht versicherungsrechtliche Eingliederung der Vertriebenen und Flüchtlinge.

23.3. Entscheidung des Bundesverfassungsgerichts, daß jeder niedergelassene Arzt auch als Kassenarzt zuzulassen ist.
23.6. Wohngeldgesetz.
8.9. Neuregelung der Versicherungspflicht für Handwerker durch das Handwerkerversicherungsgesetz.

1961
30.6. Bundessozialhilfegesetz.

1963
29.4. Beschluß der Bundesregierung über die Durchführung einer Sozialenquête.
30.4. Unfallversicherungsneuregelungsgesetz.

1964
14.4. Mit dem Bundeskindergeldgesetz übernimmt der Bund das Kindergeld und errichtet eine Kindergeldkasse bei der Bundesanstalt für Arbeit.

1969
25.6. Arbeitsförderungsgesetz zur Sicherung alter und Schaffung neuer Arbeitsplätze.
27.7. Lohnfortzahlungsgesetz regelt Fortzahlung des Arbeitsentgelts im Krankheitsfall.

1971
26.8. Bundesausbildungsförderungsgesetz (BAföG) gewährt Beihilfen für alle Zweige schulischer Ausbildung einschließlich der Hochschulen.

1972
16.10. Rentenreformgesetz.

1973
23.11. Anwerbestopp für ausländische Arbeiter.

1974
19.12. Gesetz zur Verbesserung der betrieblichen Altersversorgung.

1975
11.12. Das Gesetz »Sozialgesetzbuch – Allgemeiner Teil« beschreibt und regelt die sozialen Rechte des einzelnen.

1976
14.6. 1. Gesetz zur Reform des Ehe- und Familienrechts ermöglicht Einführung des Versorgungsausgleichs für die Frau im Scheidungsfall.

1977

30.6. Krankenversicherungs-Kostendämpfungsgesetz.

1978

25.7. Mit dem 21. Rentenanpassungsgesetz erfolgt die Reduzierung der Anpassungssätze für 3 Jahre.

1981

22.12. Ergebnisse des Gesetzes zur Konsolidierung der Arbeitsförderung sind Leistungsbegrenzung und Beitragserhöhung.

22.12. Krankenhaus-Kostendämpfungsgesetz zur Sicherung der Krankenhausfinanzierung bei ausreichender Versorgung der Bevölkerung mit Krankenanstalten.

22.12. Kostendämpfungs-Ergänzungsgesetz beschränkt die Leistungen der Krankenversicherungen.

1984

13.4. Vorruhestandsgesetz erleichtert und fördert vorzeitigen Übergang in den Ruhestand.

1985

11.7. Gesetz zur Neuordnung der Hinterbliebenenrenten sowie zur Anerkennung der Kindererziehungszeiten in der gesetzlichen Rentenversicherung. Anspruch auf Hinterbliebenenrente auch für Witwer unter Anrechnung eigenen Einkommens. Berücksichtigung von Kindererziehungszeiten bei der Rentenberechnung.

6.12. Gesetz über die Gewährung von Erziehungsgeld und Erziehungsurlaub (für das erste Lebensjahr des Kindes).

1988

Gesetz zur Strukturreform im Gesundheitswesen mit der Zielsetzung der Beitragssatzstabilität.

Bernd Guggenberger

Umweltpolitik und Ökologiebewegung

Umweltbewußtsein

Hans Magnus Enzensberger hat der alternativen Intelligenz dieser Republik über Jahrzehnte hinweg via »Kursbuch« den Kurs gewiesen. Er hat dabei, wie in den meisten seiner öffentlichen Äußerungen, theorie- wie stimmungspolitisch eine feine Nase gezeigt. Wenn er schon in den 50er und frühen 60er Jahren das Lied auf die »tausendjährige Flechte« singt, die unser Fuß achtlos zertritt, wenn er das »Ende der Eulen« beklagt und mit zornesheller Stimme die Wahrheit über unsere Tomaten hinausschreit, in denen »das Gift kocht«[1], so ist seine Sensibilität für die Niederlagen der »Umwelt« inmitten der Wohlstandssiege der Wiederaufbau- und Wirtschaftswunderzeit allerdings nur ein frühes Symptom; sie ist noch längst nicht repräsentativ für die allgemeine Wahrnehmung.

Erst die 70er Jahre mit den Tausenden von Bürger-Initiativen und der machtvollen Anti-AKW-Bewegung bescheren der Umweltthematik Stütze und Rückhalt einer breiten öffentlichen Resonanz. Erst in den 70er Jahren findet die keimende neue politisch-soziale Leitidee der Ökologie ihren sozialen Akteur und wird zum Katalysator einer parteiübergreifenden neuen sozialen Bewegung.[2]

Für eine »Geschichte des Umweltbewußtseins« muß man wohl zwischen einem engeren und einem weiteren Horizont unterscheiden: Die Fortschrittskritik (und damit das »Umweltbewußtsein« als Gefährdungsbewußtsein) ist mindestens so alt wie der Fortschritt selbst.[3] Alles Neue war stets von Ängsten und Besorgnissen begleitet. Seit Rousseau[4] hat sich das Rinnsal der Skepsis und der zivilisatorischen Selbstzweifel fast kontinuierlich verbreitert und ist bis heute zu einem breiten Strom angeschwollen. Daher ist es unverzichtbar, wenigstens einen kurzen Blick auf die Motive der älteren Zivilisations- und Fortschrittskritik zu werfen und ihre Spuren im Bewußtsein der Zeitgenossen zu deuten.

Historische Wurzeln: die Jugendbewegung der Jahrhundertwende

Eine seiner historischen Wurzeln hat der aktuelle Kampf für die Erhaltung der Lebensqualität in der älteren Jugendbewegung.[5] Historische Wirkungsverhältnisse entfalten sich allerdings niemals entlang monokausaler Verlaufslinien von Ursache und Wirkung. Die Kontinuitäten, die sie offenbaren, sind vielfältig gebrochen, den Akteuren oft selbst nicht bewußt und auch dem geschulten Blick in den Einzelheiten häufig schwer zu entziffern. Diese Einschränkungen gelten gewiß auch für Impulse und Fernwirkungen der Jugendbewegung. Gleichwohl sind Übereinstimmung und Gleichklang in Ideen und Lebensgefühl so dicht, daß man sich wundert, wie wenig Verbreitung das Bewußtsein solcher geistig-politischen Nachfolge bis heute gefunden hat.

Die Jugendbewegung der Jahrhundertwende griff ihrerseits eine Reihe von Motiven auf, die dem zivilisationskritischen Argumentationsarsenal von Jean-Jacques Rousseaus »negativer Historik«[6] entstammten. Was seine Zeitgenossen als Fortschritt bilanzierten, war ihm Symptom und Bestandteil einer unaufhaltsamen Verfallsgeschichte. Über die Romantik[7] mit ihren antirationalistischen Affekten, ihrer Betonung des Emotionalen und Organischen, über Nietzsche, Bergson und die Lebensphilosophie zieht sich ein breites Band fortschrittsskeptischer »Ursprungs«-Rhetorik, der die zivilisationskritische Rückbesinnung auf Natur und Natürlichkeit zugrunde lag.

Seit dem späten 18. Jahrhundert lassen sich auch Vorformen des Natur- und Landschaftsschutzes ausmachen, die sich etwa in der Bewegung der »Landesverschönerung« oder in frühökologischen Konzepten eines »Haushalts der Natur« (oeconomia naturalis) äußern.

Die Romantik entdeckte die »Schutzwürdigkeit von Gegenständen..., die herkömmlich zur Nutzung freistanden«.[8] Beide: Kulturdenkmäler wie »Naturdenkmäler« (A. v. Humboldt), alte Schlösser ebenso wie alte Bäume, werden mit Beginn des 19. Jahrhunderts schutzwürdig und schutzbedürftig. Es scheint verbürgt zu sein, daß die Burg Drachenfels bei Königswinter am Rhein »das erste Ensemble von Baudenkmal und Umgebung war, das wirtschaftlicher Nutzung entzogen wurde und allein als Anschauungsobjekt der Vergangenheit diente«.[9]

Diese Orientierung wurde für die Jugendbewegung der Jahrhundertwende bestimmend. Wenn es sie »aus grauer Städte Mauern... ins Land hinaus« zog, wie die 1896 aus einer Schülergruppe erwachsenen Steglitzer Wandervögel[10], so klingt hier als Motiv bereits unüberhörbar ein frühes Gefährdungswissen an. Anders schon als bei Nietzsche und George, für die im kalten Mythos der »Großen Stadt« die biblische »Hure Babylon« wiederkehrt, enthält die Kritik an der Stadt[11] für die lebensreformerisch

Aspekte der Bürgerinitiativbewegung: Protest gegen Tiefflüge, gegen Meeresverschmutzung u. a. – hier am Beispiel einer Aktion der Umweltschützer in Nordfriesland (1988).

engagierten Kreise der neuen Jugendkultur ganz handfest praktische, lebens- und gesundheitsprotektionistische Forderungen, wie sie etwa auch in der berühmten »Meißner-Formel« von 1913 anklingen, dem Jugendmanifest aus Anlaß der hundertjährigen Wiederkehr des Datums der Völkerschlacht von Leipzig, wo es u. a. heißt: »Alle gemeinsamen Veranstaltungen der Freideutschen Jugend sind alkohol- und nikotinfrei.«[12]
Die Jugendbewegung verkündet nicht nur ein neues Lebensgefühl; sie ist mehr als nur ein Aufbruch zu neuen Bewußtseinsufern; sie verknüpft vor allem die neue Wahrnehmung, die neuen Ängste und ihr ästhetisches Unbehagen mit sehr konkreten lebensreformerischen Ansätzen: von der gezielten Körpertüchtigkeit durch Gymnastik, Freikörperkultur und eurhythmische Heiltänze über die Homöopathie und den Vegetarismus bis zur Kleiderreform, den Schrebergärten, dem Volkslied und der Landschaftsökologie spannt sich ein weiter Bogen soziokultureller Erneuerungsbemühungen. Vor allem unter diesem Aspekt: einer auf die Gesamtheit des Verhaltens und der Umstände zielenden Lebensreform[13] müssen wohl die Parallelen zwischen der Jugendbewegung von gestern

und dem bunten Gemisch der von einer Vielzahl »neuer« sozialer Bewegungen gespeisten Umweltbewegung unserer Tage gesehen werden. Vielfach war hier die auch heute wirksame Idee der Autarkie im Spiel, die sich besonders in Einrichtungen und Projekten verdichtete, die als »alternative« Erziehungs- und Lebensgemeinschaften konzipiert waren wie etwa die Rudolf-Steiner- und Hermann-Lietz-Schulen, die Odenwaldschule und das Landschulheim Schondorf, die Gymnastik- und Tanzschulen Burg Hohenfels und Schwarzenerden. Hinzu kommen eine ganze Reihe von lebensreformerischen Siedlungen und Begegnungsstätten – sämtlich Institutionen, in denen neben die intellektuelle Schulung gleichrangig musische und körperliche Ausbildung, aber auch die Vermittlung handwerklicher und gärtnerischer Aktivitäten traten.
Wenn sich denn eine Schiene ausmachen läßt, auf der die Impulse der älteren Jugendbewegung fortwirken und die Umweltsensibilität unserer Tage mitprägen, dann ist es wohl vor allem der »Geist« solcher und ähnlicher Einrichtungen, dem eine ganze Reihe der Sozialaktiven und Ideenträger der heutigen Alternativ- und Umweltbewegung verpflichtet ist.

Ältere und »neue« soziale Bewegungen – Gemeinsamkeiten und Unterschiede

Soziale Bewegungen[14] sind ein »modernes« Phänomen. Eine ihrer wichtigsten Entstehungsbedingungen ist nämlich die ideengeschichtlich erst relativ späte »Entdeckung« der Gestaltbarkeit sozialer Verhältnisse. Erst das neuzeitlich-okzidentale »Dispositionswissen« lehrt, daß die Sozialordnung Menschenwerk und damit prinzipiell wandelbar und gestaltbar ist. Die Schaffung einer sozialen Massenbasis für die Utopie einer völlig neuen, noch nirgends zuvor verwirklichten Gesellschaftsordnung wäre auf früheren Entwicklungsstufen völlig illusorisch erschienen.
Wort und Wirklichkeit der »sozialen Bewegung« sind eng mit der deutschen Geschichte und Theoriegeschichte verwoben. Daß es dennoch bis heute in der deutschen Sozialwissenschaft nicht »zu einem halbwegs gesicherten, systematischen Begriff dieses Phänomens«[15] gekommen ist, können eigentlich nur jene beklagen, denen das Wesen sozialer Bewegungen fremd geblieben ist: daß sie stets Such- und Vielfaltbewegungen sind, amöbenhaft unabgeschlossen und immer mehr umfassend als die sie kennzeichnenden Organisationen und Akteure. Alle Versuche einer annäherungsweisen Kennzeichnung stehen also unter dem Vorbehalt, daß jeder systematisch strenge Beschreibungsversuch notwendig hinter der lebendigen Vielfalt zurückbleibt.

In den europäischen Sprachen taucht der Begriff zu Beginn des 19. Jahrhunderts auf. Im deutschen Sprachraum wird er in analytischer Absicht zuerst von Lorenz von Stein verwandt, in der Folge dann vor allem von Karl Marx und Friedrich Engels für die Beschreibung der Aktionsbedingungen und der Strategie der Arbeiterbewegung aufgegriffen. Bis in die 20er Jahre war die »soziale Bewegung« identisch mit der Bewegung der industriellen Arbeiterschaft. Noch Werner Sombart setzte in »Sozialismus und soziale Bewegung«[16] beide gleich.

Drei Elemente sind es vor allem, die soziale Bewegungen kennzeichnen: 1. das kollektive »Wir«-Bewußtsein; 2. das Verfügen über ein identifizierbares und hinreichend allgemeines Anliegen; 3. die – relative – Verstetigung und organisatorische Verfestigung ihrer Aktivitäten.

Zum ersten: Man fühlt sich – jenseits einer eventuellen engeren und/oder lokalen Gruppenmitgliedschaft – auf der Basis vielfältiger symbolischer Integration stets auch dem umfassenderen Ganzen der Bewegung zugehörig und verpflichtet. Dieses »Wir«-Gefühl vor allem eint – trotz disparater Herkunft der Trägergruppen und trotz ihrer unterschiedlichen Organisations- und Aktionsformen – die an der Bewegung Beteiligten zu einem kollektiven Akteur.

Zum zweiten: Jede Bewegung bindet die an ihr beteiligten Individuen an einen, u. U. sehr weit gefaßten, gemeinsamen Ideen- und Wertehorizont und ordnet sie einem kollektiven Handlungszusammenhang ein, der, je nach Situation, eindeutiger und konkreter oder allgemeiner und unbestimmter sein kann: Die Ziele der »Hausbesetzerbewegung« der 70er und 80er Jahre sind naturgemäß sehr viel enger gefaßt als etwa die der Frauen- und Friedensbewegung. Und alle drei Bewegungen zusammen lassen sich wiederum als Teilbewegungen innerhalb der noch umfassenderen Alternativbewegung deuten.[17] Ohne den rationalen Kern gemeinsamer Ziele würde auch das für die Bewegung grundlegende kollektive »Wir«-Bewußtsein sich allzu rasch wieder verflüchtigen.

Zum dritten: Das Wesenselement der Bewegung ist, wie der Begriff es ausdrückt, die Mobilität. Anders als bei den für eine lange Bestandsdauer konzipierten Sozialgebilden wie Parteien und Verbänden sind Macht und Einfluß sozialer Bewegungen nicht institutionell verbürgt. Ohne ein Mindestmaß an organisatorischer »Infrastruktur«, ohne ein Mindestmaß an Planung, Koordination und Verstetigung ihrer Aktivitäten wären soziale Bewegungen von spontan-zufälligen Massenepisoden nicht zu unterscheiden.

Im Verhältnis zwischen den »neuen sozialen Bewegungen« einerseits und der etablierten Parteipolitik andererseits zeichnet sich immer deutlicher das schroffe und unvermittelte Aufeinanderprallen zweier unvereinbarer Lebens- und Zivilisationsmodelle ab.[18] Der neue Fundamentalkonflikt, der hier seinen Ausgang nimmt, lautet: ökonomisch-technisches Wachstum versus humane Lebensqualität. Elemente eines »alternativen« Bewußtseins finden sich bei vielen Teilen der Bevölkerung. Von den Ernährungsgepflogenheiten über die Kindererziehung und das Verhältnis der Geschlechter bis hin zu den politischen Umgangsformen gibt es auch im Bereich der »Mehrheitskultur« kaum ein Feld, in welchem sich nicht Spuren der Alternativmentalität nachweisen ließen. Die Ausstrahlungskraft der »neuen sozialen Bewegungen« reicht also über die organisatorischen Grenzen und den sozialen Aktionszusammenhang der einzelnen Gruppen weit hinaus.

Die Bürgerinitiativbewegung

Für Theorie und Praxis der Umweltpolitik in der BRD wurden in den 70er Jahren vor allem die plötzlich allenthalben spontan entstehenden Umwelt-Bürgerinitiativen[19] bedeutsam.

Seit Ende der 60er Jahre schließen sich Bürger vermehrt außerhalb der Parteien und Verbände in freien Initiativen zusammen, um auf neuen Wegen der Selbsthilfe und Selbstorganisation ihre Anliegen zu vertreten. Die Schätzungen hinsichtlich der Anzahl solcher Bürgerinitiativen bewegen sich zwischen 1000 und 50000, die Angaben über den in Umfragen ermittelten Anteil der Mitglieder von Bürgerinitiativen an der Erwachsenenbevölkerung schwanken zwischen 1,3 und 12%. Realistisch dürften Zahlen von etwa 10000 Einzelinitiativen und zwei bis vier Millionen Bürgern sein, die in Bürgerinitiativen aktiv sind oder waren.[20]

Die Tätigkeitsfelder von Bürgerinitiativen sind vielfältig: In der zweiten Hälfte der 70er Jahre rückten vor allem die Umwelt-Bürgerinitiativen immer stärker in den Vordergrund. Ihr Anteil an der Bürgerinitiativbewegung insgesamt dürfte mittlerweile bei gut 50% liegen. Innerhalb der Umwelt-Bürgerinitiativen haben sich die Schwerpunkte Energie (40%), Verkehr (33%) und Landschaftsschutz (32%) herauskristallisiert. Das Öffentlichkeitsbild der Bürgerinitiativen ist im wesentlichen von den medienwirksamen Aktionen der inzwischen gut organisierten, oft auch überregional operierenden großen Verhinderungs-Initiativen bestimmt. Hier gab es auch in der Vergangenheit die spektakulärsten Erfolge: Seit 1975 etwa mehrfache Bauunterbrechungen, neue Auflagen und modifizierte Einspruchsverfahren beim Bau der Kernkraftwerke in Wyhl, Kalkar und Brokdorf; die Entscheidung der niedersächsischen Landesregierung gegen das geplante Entsorgungs- und Wiederaufbereitungszentrum in Gorleben; und gewiß nicht zuletzt der Stimmungsumschwung in den Parteien, vor allem in großen Teilen der SPD. In gewisser Weise wird man hierzu

Besetzung eines Schornsteins durch Angehörige der Umweltschutzorganisation Greenpeace.

auch die politisch-atmosphärischen »Erfolge« der Friedensbewegung und der Anti-Volkszählungskampagnen rechnen müssen.
Es sind bis zu 60% der Bürgerinitiativen, die von sich behaupten, ihre Zielsetzung weitgehend erreicht zu haben; diese Erfolgsbilanz sowie die große öffentliche Resonanz haben sie als Gesamtbewegung selbst nicht unerheblich geprägt und verändert. Weder die enge sachliche Begrenzung auf das Anliegen des Einzelfalls noch die zeitliche Begrenzung des Engagements sind mittlerweile noch als durchgehend typisch anzusehen. Die Entwicklung zum heutigen Erscheinungsbild der Bürgerinitiativen läßt sich für die zurückliegenden 20 Jahre in vier Phasen einteilen: In der ersten Phase dominierte eindeutig die Einzelfall-Orientierung; die zweite Phase läßt sich als Phase des Erwerbs von Zusammenhangswissen beschreiben: Hinter der Fülle ganz heterogener Mißstände und Fehlentwicklungen wird ein gemeinsamer Ursachenzusammenhang vermutet und – als Konsequenz – nach grundsätzlichen Alternativen zum herrschenden Lebens- und Zivilisationsmodell gesucht; in der dritten Phase werden die abstrakten Einsichten zu konkreten programmatischen Forderungen an die Politik verdichtet; die vierte Phase schließlich brachte die organisatorische Verstetigung des »grünen Protests« in verbandsähnlichen Zusammenschlüssen sowie seine parteipolitisch-ideologische Formierung.[21]
Zwar war es, bei einer Mitgliederzahl der Grünen von inzwischen etwa 45000, nur ein vergleichsweise eher kleiner Teil von Bürgerinitiativ-Aktiven, die sich in »Grünen«, »Bunten« oder »Alternativen Listen« auch parteipolitisch konstituierten.[22] Doch gibt es auch andere Indikatoren für einen deutlichen Institutionalisierungstrend: Die meisten Umwelt-Bürgerinitiativen sind inzwischen Mitglieder von Dachverbänden; dem wichtigsten, dem »Bundesverband Bürgerinitiativen Umweltschutz« (BBU), gehören rund 1000 Bürgeraktionen mit mehr als 300000 Einzelmitgliedern an. Die Bestandsdauer der einzelnen Bürgerinitiative hat sich deutlich erhöht. Fast zwei Drittel der Umwelt-Bürgerinitiativen geben an, daß sie neben konkreten Einzelanliegen auch allgemeine Ziele verfolgen.
Selbstverständlich partizipieren auch die Bürgerinitiativen an den übrigen sozialen Bewegungen, vor allem an der Ökologie- und Alternativbewegung, ohne indes mit ihnen identisch zu sein. Die Bürgerinitiativen sind der Modell- und Anwendungsfall alternativer, auf Basisdemokratie und spontane Betroffenenteilhabe abzielender Organisations- und Mobilisierungsstrategien. Sie ersetzen die publikumsferne Stellvertreter- durch die selbstaktive Teilhabedemokratie. Die Fragen, die im geistigen Einzugsbereich zumal der Umweltinitiativen gestellt werden, sind die großen Fragen der Zukunft: die Fragen des Umgangs des Menschen mit der Natur, der Ordnung seiner Arbeits- und Lebenswelt, der Gestaltung des Sozialen.[23]

»Global 2000« – Das neue »Zusammenhangswissen«

Gerade in diesen Fragen haben die Bürgerinitiativen dem Ideen- und Theoriepotential der Ökologiebewegung viel zu verdanken: Die Alternativen der Ökologiebewegung zielen auf Abkehr von der nur quantitativen Wachstumsorientierung, auf eine neue Bedürfnisorientierung jenseits von Konsumzwängen, auf kleinräumige Lösungen im Rahmen dezentraler Produktions- und Versorgungsstrukturen, auf Natur- und Ressourcenschonung durch angepaßte Mittel- und Kleintechnologien, auf Vermeidung von politischer, ökonomischer und administrativer Machtzusammenballung, auf Sparsamkeit und Wiederverwendbarkeit ebenso wie auf menschlich zuträgliche und psychologisch beherrschbare Größenordnungen.[24]

Ausschlaggebend für die Entwicklung eines umfassenden politischen Zielhorizonts waren vor allem die analytischen Erkenntnisse und Einsichten, die sich die Vielzahl disparater Gruppen und Grüppchen innerhalb der Ökologie- und Bürgerinitiativbewegung während der 70er Jahre erarbeitet hatte. Neben den Büchern und Aufsätzen von Autoren wie Forrester, Commoner, Illich, Schumacher, Kapp, Hirsch, Meadows, Amery, Eppler, Gruhl und Binswanger[25] – um nur die prominentesten der in- und ausländischen Autoren zu nennen – war es vor allem der berühmte, 1977 vom damaligen amerikanischen Präsidenten Jimmy Carter in Auftrag gegebene »Bericht an den Präsidenten« (Global 2000)[26], der innerhalb der Ökologie- und Umweltbewegung, aber auch weit darüber hinaus in den Parteien, Kirchen und Verbänden, eine deutliche Zäsur in der öffentlichen Wahrnehmung alle betreffender Gefahren und Risiken bewirkte. Für das Problemdreieck Bevölkerungsexplosion, Rohstoffschwund und Umweltbelastung gab es nun erstmals (nach den weniger befriedigenden Anläufen der frühen »Club of Rome«-Berichte)[27] den – bis heute unüberholten – regierungsoffiziellen Versuch, eine integrierte Reihe von Bevölkerungs-, Ressourcen- und Umweltprognosen zu erstellen.

»Global 2000« ist das vollständigste und in sich geschlossenste Bild der Welt, das je auf wissenschaftlich-systematischer Basis »gemalt« worden ist. It's »time to act«, es ist Zeit zum Handeln, so lautet die mahnende Überschrift der einleitenden Zusammenfassung zu »Global Future«, dem Zusatzband zu »Global 2000«; es ist höchste Zeit, vielleicht die letzte Gelegenheit überhaupt, das Steuer herumzureißen und eine »out of control« geratene Weltentwicklung, die angesichts der Explosion der Weltbevölkerung, der Erschöpfung der Weltressourcen und der weltweiten Umweltverschlechterung in einer globalen Katastrophe enden kann, noch einmal vorausdenkend zu beeinflussen.

Schwere Baumschäden in einem Kiefernwald durch unmittelbaren »Rauchschaden«. Die Kiefer (vorn) hat sämtliche Nadeln und fast alle Äste verloren. Sie ist tot.

»Global 2000« ist eine behördenübergreifende Studie, die auf die Kongreßbotschaft Präsident Carters zur Umweltpolitik vom 23. Mai 1977 zurückgeht, in der er das »Council on Environmental Quality« und das State Department aufforderte, die »voraussichtlichen Veränderungen der Bevölkerung, der natürlichen Ressourcen und der Umwelt auf der Erde bis zum Ende dieses Jahrhunderts« zu untersuchen. Der Bericht sollte nicht nur eine Ist-Analyse und eine Trendprognose der (integrierten) Entwicklung dieser drei Bereiche liefern, sondern zugleich die Möglichkeiten der Regierung zur längerfristigen Planung und Analyse entscheidend verbessern. Er sollte ein umfassendes, konsistentes Bild der Welt entwerfen, in welchem die vorhandenen, enger gefaßten »Bereichsmodelle« miteinander in Beziehung gesetzt sind.
Und so lauten – stichwortartig – die dramatischsten Warnungen dieses Berichts: Wenn nichts geschieht, dann wird der kleingeschrumpfte Erdball ums Jahr 2000 nicht mehr nur 4,1 Milliarden Menschen wie noch 1975, sondern 6,35 Milliarden zu (er)tragen haben; um 2030 wäre die 10-Milliarden-Grenze erreicht; gegen Ende des nächsten Jahrhunderts wären wir mit der gänzlich unvorstellbaren Menschenballung von 30 Milliarden bei der von der National Academy of Sciences errechneten alleräußersten Grenze der Erdbelastung angelangt.
Die kaum gebremste Zunahme der Erdbevölkerung ist zumindest mitursächlich für die meisten der sich immer bedrohlicher verdichtenden »Bereichskatastrophen« und »Bereichskrisen«: Trotz stärker steigenden Wirtschaftswachstums in der »unterentwickelten« Welt wird die Kluft zwischen arm und reich real größer, weil die Bevölkerungslawine alles zunichte macht; die Nahrungsmittelproduktion wird bis 2000 um über 90 Prozent steigen, und doch wird, der ungleichen Verteilung und der vielen neuen Mäuler wegen, die es zu stopfen gilt, der Hunger in der Dritten Welt nicht weniger. In bestimmten Gebieten Afrikas und des Mittleren Ostens wird er wohl eher noch zunehmen. Für die höheren Ernteerträge sind wiederum Faktoren verantwortlich, die in hohem Maße die Umwelt belasten: Düngemittel, Herbizide, Pestizide, aufwendige Bewässerungssysteme, Maschineneinsatz, der wiederum von Erdöl und Erdgas abhängig ist; der Teufelspakt mit der Chemie, mit dessen Hilfe die Landwirtschaft ihre Rekord-Ernten einfährt, ist zusammen mit anderen umweltbelastenden Faktoren wie der steigenden Kohlendioxydkonzentration in der Luft und den ozonvernichtenden Chemikalien in der Atmosphäre für schwer abzuschätzende Boden- und Klimaveränderungen verantwortlich; der verdoppelte Wasserverbrauch auf nahezu der halben Erdkugel führt unter Umständen zu drastischer regionaler Wasserverknappung, zu einem Absinken des Grundwasserspiegels, der natürlich auch sinkt, weil man etwa 40 Prozent der heute noch vorhandenen, un-

Kategorie 2: Stark bedrohte Arten

Kriterien: (mindestens eines der folgenden Kriterien muß erfüllt sein)

(1) *Arten, die nahezu im gesamten einheimischen Verbreitungsgebiet deutlich zurückgehen.*

(2) *Arten, die regional bereits ausgestorben sind.*

(3) *Arten, die nur noch regional konzentriert vorkommen.*

20 Arten sind in Hessen stark bedroht:

Art	Zahl der Brutpaare	Erfüllte Kriterien
Zwergtaucher	50–100	1, 2
Baumfalke	50–100	1
Rebhuhn	***	1
Wachtel	200–1000 (starke jahrweise Schwankungen)	1
Wasserralle	ca. 50 (1987)	1, 2
Bekassine	200–300	1, 2
Steinkauz	300–320	2, 3
Ziegenmelker	50–100	1, 2, 3
Eisvogel	20–80 (starke jahrweise Schwankungen)	1
Wendehals	***	1
Grünspecht	ca. 200	1
Mittelspecht	300–500	1, 2
Heidelerche	100–200	1
Haubenlerche	200–300	1, 2, 3
Schafstelze	200–400	1
Braunkehlchen	500–800	1, 3
Steinschmätzer	ca. 150	1, 2
Grauammer	100–200	1, 2, 3
Dohle	ca. 300	1
Saatkrähe	ca. 300	2, 3

*** = Bestandserhebungen noch nicht abgeschlossen.

Auszug aus der Roten Liste der bestandsgefährdeten Vogelarten in Hessen, 7. Fassung, Frankfurt a. M. 1988.

sere Atemluft besorgenden »grünen Lungen«, der tropischen Regenwälder Afrikas, Asiens und vor allem Südamerikas, abholzen und brandroden wird, was man wiederum tut, weil man in manchen Gegenden vom Holz als Brennstoff abhängig ist, oder aber weil man neue landwirtschaftlich nutzbare Anbauflächen braucht; die Wälder auf der Erde verschwinden so – wo sie nicht dem »sauren Regen« infolge gesteigerter Verwendung fossiler Brennstoffe (Kohle vor allem) zum Opfer fallen – mit geradezu unvorstellbarer Geschwindigkeit (jährlich ein Gebiet von der halben Größe Kaliforniens!); die Wüsten dehnen sich weltweit aus als Folge von Erosion, Versalzung, Alkalisierung und Versumpfung (jährlich etwa ein Gebiet von der Größe des US-Bundesstaats Maine!); durch schlichtes Niedermetzeln wie durch die Zerstörung der natürlichen Lebensräume wird das Pflanzen- und Tieraussterben dramatische Formen annehmen: Hunderttausende von Arten, vielleicht 20 Prozent aller überhaupt lebenden Tier- und Pflanzenarten werden das Jahr 2000 nicht mehr erleben und sind unwiederbringlich verloren; Atemluft und Wasser verlieren ihre Brauchbarkeit für Mensch und Tier, Flüsse und Weltmeere werden mit Öl und Abwässern verseucht (wir kippen gegenwärtig etwa soviel Öl ins Wasser, wie vor 50 Jahren Ölmengen auf den gesamten Weltmeeren bewegt worden sind!), dies verursacht ein Massensterben unter Vögeln und Fischen, in Pflanzen und Tieren schlagen sich Schwermetalle nieder, Hühner und Schlachtvieh überleben nur noch dank massiver Dosen von Antibiotika, die auf dem Nahrungsweg in unsere Körper gelangen; fast alle unsere Nahrungsmittel enthalten Toxine; die psychische und physische Resistenz sinkt, Krebserkrankungen, Herz-, Hirn- und Kreislaufschäden nehmen überhand; der Lärm und die Hitze in den hoffnungslos übervölkerten Großstädten wachsen (mehr als 400 Städte werden im Jahr 2000 die Millionengrenze überschritten haben!); die psychischen Folgeprobleme sozialer Desintegration und immer anonymerer und menschenunwürdigerer Massenballungen in der Megalopolis der nicht mehr fernen Zukunft sind in ihrer Schärfe und ihrem Ausmaß noch gar nicht abzuschätzen: Psychosen, Neurosen, Suizidanfälligkeit, Alkoholismus, Drogenabhängigkeit, Kriminalität, rassische, ethnische, soziale Diskriminierung, Slums und Shantytowns; es ist unschwer zu prognostizieren, daß sich die ganze heraufziehende Menschheitskrise im kommunalen Bereich, in den auf 20 Millionen Größe gewucherten Groß-Bombays, Groß-Kairos, Mexico-Citys, Kalkuttas, Seouls, Delhis u. a. konzentrieren wird, unförmigen, unregierbaren Monstern mit heute völlig unvorstellbaren Problemen im Bereich des Verkehrs, der Wohnraumbeschaffung, der Gesundheit, Sicherheit, Wasser- und Nahrungsmittelversorgung, Abwasser- und Müllbeseitigung, Arbeitsplatzbeschaffung; doch so schlimm die Lage in den städtischen Wucherungs- und Ballungsgebieten sich präsentiert,

noch trostloser und elender stellt sie sich in den vernachlässigten ländlichen Gebieten dar...
Wir brauchen dieses in der teilnahmslosen Wissenschaftssprache gezeichnete Schreckensgemälde gar nicht einmal um die apokalyptischen Schreckensbilder des globalen Wettrüstens und der waffentechnologisch potenzierten Vernichtungsmacht zu komplettieren, um festzustellen, daß die Menschheit gattungsweit mit der Überlebensfrage konfrontiert ist: In Ost und West, Nord und Süd steht die Uhr der Gattung, mit nur geringfügigen Zeitunterschieden, auf kurz vor Mitternacht!

Der »Geist der Apokalypse« und die neue Umweltpartei: Die Grünen

Für die grüne Bewegung ist eine grundsätzlich neue, in der Geschichte der Natur und der Menschheit beispiellose Situation entstanden, die sich am ehesten als »Nichtbeherrschung« der vom Menschen selbst entfesselten »Naturbeherrschung« beschreiben läßt. Waldsterben und Smog-Gefährdung, Wettrüsten und atomare Weltbedrohung sind Symptome dieser globalen Fehlentwicklung. Längst beherrscht das Produkt den Produzenten, triumphieren die Mittel unserer Hervorbringungen über ihren Zweck. Aldous Huxley und George Orwell – mehr als Karl Marx – haben bei diesem Szenario Pate gestanden.
Die 1979 gegründete Umweltpartei »Die Grünen« ist ein Zusammenschluß beunruhigter, ja verstörter Bürger, die den Staat und – wie sie es selbst formulieren – die »Altparteien« für unfähig halten, mit den Problemen einer aus den Fugen des ökologischen Gleichgewichts geratenen Welt fertigzuwerden, ja noch mehr, für unfähig, diese Probleme überhaupt nur zu erkennen und zu benennen.
1983 erstmals in den Bundestag gelangt, sind die Grünen inzwischen auch in einer Vielzahl von Landes- und Kommunalparlamenten vertreten.[28] Sie lassen sich weder nach ihrer sozialen noch nach ihrer ideologischen Herkunft auf einen Nenner bringen. Sie sind der organisatorisch und programmatisch am weitesten formalisierte Teil einer alternativen Vielfaltbewegung. Ein breites Spektrum ganz unterschiedlicher Menschen und Milieus, Motive und Meinungen trägt zu ihrem bunten Erscheinungsbild bei. Man kann die zur grünen Parteibewegung zählenden Personengruppen noch nicht einmal altersmäßig eindeutig zuordnen. Gewiß dominieren die jüngeren Jahrgänge. Es findet sich jedoch gerade an den Nahtstellen zwischen Partei und alternativer Infrastruktur, also in den Bürgerinitiativen und in den kontinuierlich arbeitenden Alternativ-Projekten, auch jede Menge »Mittelalter«: in Ehren ergraute 68er neben

Industrielandschaft bei Essen (1978).

einer wachsenden Anzahl einst im bürgerlichen Brotberuf erfolgreicher »Aussteiger aus Überzeugung«.

Im Verhältnis zwischen grüner Bewegung und etablierter Parteipolitik zeichnet sich immer deutlicher das schroffe und unvermittelte Aufeinanderprallen zweier unvereinbarer Lebens- und Zivilisationsmodelle ab.

Die Hoffnungen und Sehnsüchte hier und die Ängste und Besorgnisse da sind längst nicht mehr vereinbar. Wir haben auf dem Boden der einen längst zwei Gesellschaften mit je eigenem Werthimmel. Wir erfahren tagtäglich die alles andere als friedliche Koexistenz zweier Bewußtseinshorizonte, deren einer sich immer noch deutlich an den Erfordernissen der industriellen Wachstums-, Leistungs- und Erwerbsgesellschaft orientiert, während der andere ebenso deutlich an den Bedürfnissen und Leitbildern einer vor- bzw. nachmodernen Solidargesellschaft ausgerichtet ist. Diese längst spürbare wert- und ideenpolitische Zerfällung unserer Gesellschaft in zwei kaum noch miteinander sprechfähige Lager fand bislang auf der Ebene des Parteiensystems keinen Ausdruck.[29]

»Ökologie« als Einsicht in die Art und Weise, wie Menschen künftig leben müssen, wenn sie überleben wollen, scheint in der Tat ein Epochen-Thema vom Rang der Sozialen Frage des neunzehnten Jahrhunderts. Nichts spricht dagegen, daß eine Partei, welche thematisch und konzeptionell in diesem Felde etwas zu bieten hat, auch ihre Chance beim Wähler finden wird. Und ein weiteres läßt sich sagen: Der vielfach gegen die Wählbarkeit der Grünen angeführte Einwand, sie hätten nur ein Thema, die Umwelt, ist nicht stichhaltig. Es bezeugt im übrigen nur, wie kurz unser historisches Gedächtnis ist. Keine der uns bekannten historischen Parteigründungen, weder die liberalen und die konservativen, noch die Arbeiter-Parteien starteten mit einem flächendeckenden Programmangebot. Dies ist auch für den Zweck des erfolgreichen Wettbewerbs um Wählerstimmen keineswegs die entscheidende Voraussetzung. Es kam und kommt für eine erfolgreiche Parteigründung vielmehr darauf an, eine epochale Herausforderung zu begreifen, sie zu benennen und sich ihr zu stellen. Hat man tatsächlich den »Nerv der Zeit« getroffen, so erweitert sich auch das Programmspektrum mit innerer Zwangsläufigkeit. So etwas wie ein »Automatismus der Themenerweiterung« setzt ein, und es spricht nichts dagegen, daß es den Parteigrünen gelingen wird, auch die Politikfelder engagiert und kompetent zu besetzen, zu denen sie bislang wenig Aussagen gemacht haben. »Das Programmspektrum der Grünen ist breiter als angenommen« – so lautete denn auch zutreffend das Fazit einer von der Bundesgeschäftsstelle der CDU schon in den frühen 80er Jahren erstellten Programmanalyse.

Die Chance der Grünen liegt vor allem im Versagen der großen Volksparteien. Die schwerfälligen, zu vielfältigen Rücksichtnahmen gezwungenen Volksparteien werden immer unfähiger, den im Volk vorhandenen Stimmungen, Meinungen, Anliegen und Bedürfnissen Ausdruck zu verleihen, und sie auf der politischen Ebene »präsent« zu machen.[30]

Was zählt, ist der Erfolg, sind Machterwerb und Machtbehauptung. Die modernen Volksparteien lassen ganz offensichtlich ein breites Bedürfnisspektrum unberücksichtigt, das von ihren historischen Vorgängern, den Integrations- und Weltanschauungsparteien, noch weitgehend abgedeckt werden konnte. Sie bewegen sich allesamt in den engen Grenzen des »Wohlstandskompromisses«.

Hier liegt die eigentliche Bedeutung der Grünen: Sie haben sich ohne Wenn und Aber einer Aufgabe verschrieben, die letztlich nichts Geringerem gilt als der »Rettung« der Natur und der Menschheit. Von dieser überragenden Zielbenennung her fügt sich ihnen auf wundersame Weise auch die Welt des Politischen wieder zu einem sinnvollen Kosmos mit eigenen Gravitationsgesetzen, ohne die politische Urteile ebenso wie moralische Verdikte ziel- und richtungslos bleiben. Sie leben motivationspsychologisch von der Schubkraft des Apokalyptischen. »Wer alles unerträglich fand, war stets glaubwürdig« – das wußte schon Thukydides, der erste große Psychologe der Macht.

In der Mehrheit jedenfalls wollen die Grünen eher »große Bürgerinitiative« bleiben, als eine Bonner Establishment-Partei werden. Sie eifern, auch als Parteiaktive, bislang mehr dem Modell »Bürgerinitiative« nach als dem Modell Partei. Auch wenn viele ihrer Mitglieder schon anderweitige Parteierfahrungen mitbringen (meist als ehemalige SPD-Mitglieder), so haben sie doch ihre prägenden Erfahrungen in Bürgerinitiativen und den sozialen Bewegungen von der Hausbesetzer-Szene bis zum AKW-Widerstand erworben. Von diesen Erfahrungen her beurteilen sie Wirklichkeit und Möglichkeit politischer Teilhabe und politischen Engagements, an den hier gewonnenen Maßstäben und Einsichten bemessen sie die offizielle Politik.[31]

Als Teil der Umwelt- und Bürgerinitiativbewegung billigt man den Grünen in hohem Maße Stör-, Verhinderungs- oder Korrektivfunktion zu, ist aber hinsichtlich des sozialen Gestaltungsanspruchs anhaltend skeptisch.[32]

Die Grünen werden nicht ihrer politischen Gestaltungskompetenz, sondern ihrer Stör- und Verhinderungskompetenz wegen gewählt. Weil sie Denkzwischenfälle stiften, die in Programmen und Politik der Etablierten mittlere Beben auslösen, weil sie die Verantwortlichen in ihrer falschen Sicherheit verstören und neu oder zusätzlich rechenschaftspflichtig machen, was bislang, allzu unbefangen um Kosten und Konsequenzen, entschieden und allzu fraglos akzeptiert wurde. Ihre programmatische ebenso wie ihre personelle »Bonität« wird von einem erheblichen Teil ihrer Wähler gewiß nicht allzu hoch gehandelt – aber daß es die Grünen gibt, daß sie sich einmischen, ohne Rücksicht auf eigene und fremde Verluste – im Flick-Ausschuß etwa oder in der Nachrüstungs- und Umweltdiskussion –, dies wünschen und erwarten sich mittlerweile nicht mehr nur eingefleischte Grün-Wähler, dies wünscht sich mehr als ein Drittel aller wahlberechtigten Bundesbürger!

Die Grünen sind mit einem Durchschnittsalter von gerade 40 Jahren die erste Fraktion der »Postrestaurativen«, also jener Generation, die selbst nicht mehr aktiv am Wiederaufbau beteiligt war, wohl aber in der Erfahrung seiner Ergebnisse groß geworden ist. Sie haben dem Bonner Parlament in gerade sechs Jahren ihrer Zugehörigkeit unübersehbar ihren Stempel aufgedrückt: mit den grünen Themen (Nachrüstung, Giftgas, Autoverkehr, Kriegsdienstverweigerung, Datenschutz, Gentechnologie, ökologischer Landbau, Umweltschutz), die in Relation zur grünen Fraktionsstärke einen weit überproportionalen Zeitanteil im Plenum beanspruchten; mit ihrer Präsenz im Plenum, mit der Vermehrung und Verlebendigung der Debatten und Abstimmungen.
Trotz der erstaunlichen Wahlerfolge bei den zurückliegenden Kommunal-, Landtags- und Bundestagswahlen haben die Grünen bislang noch keinen sicheren Platz in der bundesdeutschen Parteienarena. Selbst wenn sich ihre Wahlerfolge bestätigen, werden sie wohl auf absehbare Zeit eine Kleinpartei bleiben. Die neuen umweltbezogenen Werte haben zwar bei vielen, zumal jüngeren und gebildeteren Wählern an Bedeutung gewonnen; die politische Einstellung und das politische Verhalten der Mehrheit bestimmen sie jedoch keineswegs. Es sind hier vielmehr noch immer die »alten« materiellen Orientierungen: Einkommenszuwachs, Arbeitsplatz, soziale Sicherheits- und Wohlstands-Garantien, Konsumchancen, Aussicht auf Status und Karriere, welche das Wahlverhalten der bei weitem überwiegenden Mehrheit dominieren.
Hinzu kommt, daß die Welle modischer Umweltbegeisterung allzuviele »Trittbrettfahrer«, allzuviele Zeitgeist- und Namensgrüne zur Bewegung verschlagen hat. Eine Kluft zwischen Umweltbewußtsein und Umweltsachverstand tut sich auf, so daß die Gefahr besteht, die Medien- und Zeitgeistkonjunktur könnte die Ökologie sehr schnell zum Modethema verflachen. Eine substanzarme Umweltbegeisterung wäre aber auf Dauer keine parteipolitisch tragfähige Basis.

Die Entwicklung der Umweltpolitik

In der Umweltpolitik der Bundesrepublik lassen sich bislang drei Abschnitte unterscheiden[33]: Der erste Abschnitt von 1949 bis 1969 unter unionsgeführten Bundesregierungen kennt im Prinzip noch keine kontinuierlich erarbeitete umweltpolitische Agenda. Obschon man leicht übersieht, daß auch in den ersten zwei Dekaden bundesdeutscher Nachkriegspolitik sich umweltpolitisch einiges getan hat, ist dieser Abschnitt doch vor allem dadurch gekennzeichnet, daß Umweltpolitik als punktueller und sporadischer Eingriff erfolgt, mangelhaft vorbereitet und durchdacht, ohne integratives Gesamtkonzept und vor allem als nachrangige und systemperiphere »Zugabe« zur »eigentlichen«, von der Politik zu erbringenden Leistung: der Sicherung und Mehrung des ökonomischen Wohlstands; Umweltschutz also als »Politik des peripheren Eingriffs« oder der Verschönerungsreparatur im nachhinein.[34] In gewisser Weise stand diese Haltung auch noch Pate bei der ersten umfassenderen umweltpolitischen Wahloffensive – bei dem von der SPD und ihrem damaligen Kanzlerkandidaten Willy Brandt in den 60er Jahren propagierten Versprechen des »blauen Himmels über der Ruhr«.[35]

Der zweite Abschnitt von 1969 bis in die erste Hälfte der 80er Jahre stand vor allem im Zeichen der von der sozialliberalen Koalition versuchten grundlegenden Aufwertung der Umweltpolitik, der nun, neben den vertrauten Themen der inneren und äußeren Sicherheit, des Wirtschaftswachstums und der Bildung, ein vergleichbarer Rang eingeräumt werden sollte.

Umweltpolitik wurde erstmals in ihrer Vernetzung, ihrer Abhängigkeit wie ihrem Zusammenwirken mit einer Vielzahl anderer, von der Politik mitbeeinflußter Problemfelder (wie z. B. Verkehr, Landwirtschaft, Städtebau, Bildung, aber auch mit Arbeit und Freizeitverhalten), wahrgenommen und konzeptionell entsprechend dieser Sicht formuliert und propagiert. Das unter der Federführung des seit 1969 für die Hauptbereiche der Umweltpolitik zuständigen Bundesministers des Innern erstellte Umweltprogramm der sozialliberalen Koalition vom Herbst 1971 definierte Umweltpolitik als die »Gesamtheit aller Maßnahmen, die notwendig sind, um dem Menschen eine Umwelt zu sichern, wie er sie für seine Gesundheit und für ein menschenwürdiges Dasein braucht, um Boden, Luft und Wasser, Pflanzen- und Tierwelt vor nachteiligen Wirkungen menschlicher Eingriffe zu schützen und um Schäden oder Nachteile aus menschlichen Eingriffen zu beseitigen«.[36]

Seit Mitte der 80er Jahre läßt sich ein dritter Abschnitt in der Entwicklung der bundesdeutschen Umweltpolitik unterscheiden: Mit dem Versuch der Zusammenführung und Konzentration der umweltpolitischen Kompetenzen in einem eigenen Ressort auf Bundesebene beginnt, mindestens organisationspolitisch zunächst, ein neues Kapitel in der bundesrepublikanischen Umweltpolitik. Und beide seitherigen Amtsinhaber: Walter Wallmann (CDU) und Klaus Töpfer (CDU) haben denn auch keine Zweifel gelassen, daß sie die Schubkraft dieses organisatorischen Neubeginns im Sinne eines umweltpolitischen Terraingewinns im Wettbewerb mit bestehenden Ressortinteressen zu nutzen gedenken.

Vergleichbares gilt auch für die seit den frühen 80er Jahren neu eingerichteten Umweltressorts auf Länderebene. Auch hier ging es zunächst vor allem darum, sich gegenüber den vorhandenen, institutionell befestigten

Der verschmutzte Rhein bei Köln (1982).

Interessen zu behaupten und das eigene Terrain abzustecken. Daß der Kampf um die ressortpolitische Etablierung der Umweltthematik auf Bundes- und Länderebene vor allem auch ein Machtkampf ist[37]: ein Kampf um die jeweils zugestandenen Politikanteile und Finanzressourcen – dies wurde vor allem dort sichtbar, wo die Einrichtung der neuen Ressorts mit demonstrativen Personalentscheidungen verknüpft war; so etwa im Falle der Besetzung des saarländischen Umweltressorts mit dem ehemaligen BBU-Vorsitzenden Jo Leinen oder der entsprechenden Position in Hessen mit dem parteigrünen Frankfurter Ex-Sponti Joschka Fischer; ebenso aber auch im Falle des spektakulären Personaltransfers, mit dem sich der nordrheinwestfälische Ministerpräsident Rau den kantigen Schleswig-Holsteiner Matthiesen als Umweltminister für sein Kabinett sicherte.

In der aktuellen Phase der Institutionalisierung und ressortpolitischen Etablierung der Umweltpolitik werden nicht allein die für diesen Politikbereich maßgeblichen und notwendigen Kompetenzen gebündelt oder neue geschaffen; es wird darüber hinaus auch zum ersten Mal systematisch daran gearbeitet, für die unterschiedlichen Politikebenen den Gesamtzusammenhang der Umweltthematik zu erschließen.

Während der 50er Jahre (bis 1961) war in erster Linie der Bundesminister für Atomenergie mit den damals zentralen Fragen des Umweltschutzes befaßt[38], vor allem mit dem Problem der Wasserreinhaltung. Mit dem Wasserhaushaltsgesetz von 1957 wurde erstmals der Versuch gemacht, durch detaillierte Reinhaltungsvorschriften an zentraler Stelle auch Prinzipien des Umweltschutzes zu verankern. Die Ergänzung durch ein spezifisches Gewässerreinhaltungsgesetz, das für Reinigungsmittel die Abbaubarkeit der Detergentien vorschreibt, weist in die nämliche Richtung.

Von 1961 bis 1969 lag die Zuständigkeit für die Umwelt(problem)bereiche Luft, Lärm und Wasser beim Gesundheitsministerium. In diesen Bereichen wurden eine Reihe wichtiger Gesetze, Verordnungen und Verwaltungsvorschriften beschlossen, die z. T. noch immer die Grundlage aktueller Umweltpolitik darstellen. Neben dem Altölgesetz, den Novellierungen des älteren Wasserhaushaltsgesetzes, dem Baulärmschutzgesetz und dem präventiven Luftreinhaltungsgesetz waren es vor allem die inzwischen grundlegend neugefaßte Technische Anleitung (TA) Luft und die TA Lärm, die neben einer ganzen Anzahl von richtungweisenden Verwaltungsvorschriften im Bereich des Gewässerschutzes, der Luftreinhaltung und der Lärmbekämpfung die umweltpolitischen Aktivitäten dieser knappen Dekade kennzeichneten. Ausgesprochen stiefmütterlich hingegen wurden die Umweltbereiche Landschaft und Natur behandelt. Versäumnisse in der Abfallbeseitigung und bei den sogenannten Altlasten, die uns gegenwärtig so teuer zu stehen kommen, datieren auch aus dieser Zeit.

Für eine gerechte Würdigung dieses ersten Abschnitts in der Entwicklung der bundesrepublikanischen Umweltpolitik muß man allerdings auch berücksichtigen, daß die faktischen Kompetenzen, die der Bund bis zu diesem Zeitpunkt hatte, allzu bescheiden waren, als daß es ihm möglich gewesen wäre, grundsätzlich angelegte, weit ausgreifende umweltpolitische Reforminitiativen zu starten. Noch zu Zeiten der Großen Koalition, im November 1968, gab es den ersten Versuch, über eine Änderung der Grundgesetzartikel 74 und 75 dem Bund die konkurrierende Gesetzgebung wenigstens für die (damals) dringlichsten Problembereiche der Luft- und Wasserreinhaltung und der Lärmbekämpfung zu sichern.

Die Ernte dieser Bemühungen um eine der Dringlichkeit der Probleme angemessene bundespolitische Kompetenzerweiterung wurde indes erst in der Ära Brandt in Gestalt der vielfältigen Gesetzesinitiativen des Bundesinnenministers Hans-Dietrich Genscher eingefahren.[39] Vom Anfang der 70er Jahre datieren eine Vielzahl von Gesetzen und Rechtsvorschriften wie etwa das Waschmittel-, das Fluglärm- und das Benzinbleigesetz, das Gesetz zur Umweltstatistik, das Abwasserabgabengesetz und die er-

neute »Fortschreibung« des Wasserhaushaltsgesetzes. Ihnen folgten die nicht minder bedeutsamen umweltpolitischen Initiativen des Chemikalien-, des Bundeswald- und des Naturschutzgesetzes. Die neue Bedeutung, die der Umweltpolitik in diesem zweiten Entwicklungsabschnitt zuteil wurde, zeigte sich aber nicht nur in der Gesetzgebungsarbeit. Schon im September 1970 kündigte die Regierung Brandt/Scheel ein umweltpolitisches Sofortprogramm an, das die dringlichsten Herausforderungen skizzieren und kurzfristig zu treffende Maßnahmen benennen sollte. Daneben aber konstituierte sich ein eigener Kabinettsausschuß für Umweltfragen, der eine umfassende umweltpolitische Bestandsaufnahme erarbeiten und daraus ein eigenständiges Umweltprogramm mit klar definierten Prinzipien, Prioritäten und Einzelmaßnahmen entwickeln sollte. Die drei Grundprinzipien dieses propagierten umweltpolitischen »Neubeginns« lauteten: Verursacherprinzip, Vorsorgeprinzip und Kooperationsprinzip. Das *Verursacherprinzip* besagt, ganz lapidar, daß haftet, wer einen Schaden verursacht; das *Vorsorgeprinzip* postuliert den Vorrang für Maßnahmen, die der Vermeidung von Umweltschäden dienen; und das *Kooperationsprinzip* schließlich soll ganz allgemein ein Signal in Richtung einer verantwortlichen Bürgermitwirkung, aber auch der »neuen sozialen Bewegungen« setzen, das allgemeine Umweltbewußtsein fördern und in der Bevölkerung vorhandene Sensibilitäten und Befürchtungen aufgreifen, um so nicht nur die Akzeptanz für weitausgreifende Planungen zu steigern, sondern auch gezielt das Potential der Betroffenen zu nutzen. Das Kooperationsprinzip markiert einen jener zahlreichen Versuche, das meistzitierte Ankündigungswort der Brandtschen Regierungserklärung, das Wort vom »Mehr-Demokratie-wagen«, ins Politisch-Praktische der konkreten Regierungsarbeit zu übersetzen.
Es ist nicht unwichtig, zu betonen, daß diese politischen Bemühungen keineswegs »im luftleeren Raum« stattfinden. Seit den späten 60er Jahren ist ausgerechnet die ansonsten unbeirrbar aufs Leitbild der industriellen Wachstumsgesellschaft verpflichtete größte Einzelgewerkschaft, die IG Metall, unter ihrem seinerzeitigen Vorsitzenden Otto Brenner dabei, mit einer für den damaligen Erkenntnisstand geradezu vorbildlich gründlichen Bestandsaufnahme der gesamten Umweltproblematik über eine Reihe von Kongressen und Fachtagungen die Bildung eines sachlich fundierten Umweltbewußtseins zu fördern. Der oft fälschlich Erhard Eppler zugeschriebene Begriff der »Lebensqualität« z. B. entstammt in Wahrheit einem Tagungskonzept Otto Brenners. Deutliche Spuren dieser bewußtseinspolitischen Pionierleistung finden sich noch im – heute vor allem verbandsgeschichtlich interessanten! – DGB-Umweltprogramm von 1974.
Neben der Bildung eines eigenen Kabinettsausschusses für Umweltfra-

gen kam es im institutionellen Bereich zu zwei weiteren wichtigen Neuerungen: zum einen zur Gründung des »Sachverständigenrates für Umweltfragen«, dessen Auftrag es ist, die Entwicklung der Umweltgesamtsituation kontinuierlich zu beobachten und zu begutachten; und zum anderen zur Einrichtung des am Vorbild der amerikanischen »Environmental Protection Agency« (EPA) orientierten Umweltbundesamtes, dessen Hauptaufgabe darin besteht, die Umweltpolitik der Regierung wissenschaftlich zu fundieren.

Daß all dies indes für die politische Gesamtorientierung noch recht wenig besagt, belegt beispielhaft die Kernenergiepolitik der 60er und 70er Jahre. Die zahlreichen Forschungsprojekte im Bereich der atomaren Grundlagenforschung wurden 1956/57 im »Eltviller Programm« zusammengefaßt und koordiniert. Trotz großzügiger staatlicher Förderung endete das erste Atomprogramm mit einem Fiasko: Weder der Forschung noch der Technologie gelang es, zu den führenden Staaten der Welt aufzuschließen. Das zweite Atomprogramm von 1963 erbrachte eine Intensivierung der Anstrengungen und eine Vervielfachung des öffentlichen Förderungsaufwandes. Mit ihm wurde letztlich bis 1967 der Durchbruch im kommerziellen Reaktorbau geschafft. Das dritte Atomprogramm von 1968 – 1972 etablierte die Bundesrepublik endgültig als größten Exporteur ziviler nuklearer Anlagen nach den USA.

Noch vor Beginn der »Ölkrise« vom Herbst 1973 waren somit die Weichen für den weiteren forcierten Ausbau der Kernenergie gestellt, der die atomaren Kraftwerkskapazitäten bis 1985 auf bis zu 50000 Megawatt steigern sollte, was einem 40%-Anteil an der gesamten bundesdeutschen Stromerzeugung entsprochen hätte, wie ihn die erste Fortschreibung des Energieprogramms von 1973 bis 1976 vorsah. Mit einem Finanzvolumen von 6,1 Milliarden DM orientierte sich das vierte Atomprogramm in etwa an den Aufwendungen des vorangegangenen Förderungsabschnitts. Doch hatten sich zwischenzeitlich innerhalb der einzelnen Ausgabengruppen deutliche Verschiebungen ergeben: Der Förderungsanteil für die Grundlagenforschung ging stark zurück, während der Anteil für die anwendungsorientierte Entwicklungsforschung mächtig anzog, wobei die Aufwendungen für Sicherheit und Strahlenschutz trotz einer Steigerung von 2 auf 6% sich nach wie vor im engen Rahmen hielten. Ein nicht zu unterschätzendes Motiv für die etwa zu dieser Zeit, Mitte der 70er Jahre, vor allem mit den Wyhler Auseinandersetzungen machtvoll anhebenden Massenproteste gegen die Kernenergie war die Vernachlässigung von Sicherheitsbedenken. Versuche, mißliebige Expertenstimmen zu beeinflussen oder gar zum Schweigen zu bringen, Unfälle und Störfälle zu vertuschen, sowie das allzu glatte Zusammenspiel zwischen Betreiberseite und Regierungsvertretern taten ein übriges, die Atompolitik, deren Notwendigkeit und Vertretbarkeit nun auch ökonomisch in Frage gestellt wurden, bei vielen umwelt- und nachweltbesorgten Bürgern endgültig ins Zwielicht zu rücken. Betrachtet man die umweltpolitischen Initiativen der »offiziellen Politik« am Beginn der 70er Jahre, so ist andererseits offenkundig, daß, bei aller Unzulänglichkeit, doch schon zu einem Zeitpunkt, zu dem für die breite Öffentlichkeit »Umweltschutz« noch ein Fremdwort war, in einigen Ministerien und bei wichtigen Minderheiten in Parteien und Parlamenten ökologisch gedacht und gehandelt wurde. Die oft geäußerte These, die Umweltthematik sei den etablierten Parteien allein durch den »Druck der Straße« aufgenötigt worden, ist zumindest zu modifizieren und zu ergänzen: Umweltbewußtsein und praktizierter Umweltschutz sind nicht einfach bloß typische Hervorbringungen einer »Politik von unten«. Es ist nicht auszuschließen, daß der zeitlich in etwa mit der Wyhler Anti-AKW-Bewegung Mitte der 70er Jahre einsetzende ökologische Bürgerprotest[40] seinerseits selbst von den ersten politischen Reforminitiativen gefördert wurde. Sicherlich sind die entschlossenen umweltpolitischen Steh- und Gehversuche aus der heroischen Aufbruchsphase der sozialliberalen Koalition nicht *die* Ursache für den gesellschaftlichen »Wertewandel« und die ökologische Sensibilität der 70er Jahre. Aber möglicherweise ist ihr Beitrag zu einer umweltpolitischen Neubesinnung bisher doch zu gering veranschlagt worden. Zu einer solchen Vernachlässigung könnte nicht zuletzt die Tatsache beigetragen haben, daß dem »ökologischen Aufbruch« der Regierung Brandt allzu bald schon der »ökonomische Katzenjammer« unter der Kanzlerschaft Helmut Schmidts folgte. Die Ölkrise vom Herbst 1973 mit ihren konjunkturdämpfenden, wachstumshemmenden Folgen sorgte dafür, daß die Bäume der umweltpolitischen Neuorientierung nicht in den Himmel wuchsen. Das »Gymnicher Gespräch« vom Juli 1975 zwischen der Bundesregierung und den »Wirtschaftskräften« brachte eine entscheidende Korrektur der bis dahin gültigen umweltpolitischen Orientierung: Was den Vertretern der Wirtschaft am meisten Kopfschmerzen bereitete: Das Urheberprinzip samt seiner kostenwirksamen Konsequenzen wurde flugs durch das »Gemeinlastprinzip« ersetzt, was bedeutet: Teurer Umweltschutz, wenn er denn sein muß, ist vor allem wieder Sache der Allgemeinheit! Im übrigen aber wird er nicht nach Maßgabe seiner autonomen, sondern vor allem seiner konjunkturellen Erwünschtheit auf die politische Tagesordnung gesetzt. Überall, wo der Umweltschutz den Aufschwung zu verzögern oder gar zu gefährden droht, wird er als politisches Ziel in die zweite Linie verbannt. Nicht mehr der Umweltschutz, sondern das konjunkturell gestützte Wirtschaftswachstum ist die vordringliche »Querschnittsaufgabe« der Politik. Ergebnis dieser »neuen« Priorität, die schon fast wieder die alte ist: die »industriefreundliche Umweltpolitik« mit den dazu passenden »flankie-

renden Maßnahmen« in der Energiepolitik, der Abfallbeseitigungspolitik, der Wasser- und Bodennutzungspolitik.
Dabei sind, wie vor allem die Kommunen längst erkennen mußten, Verzögerungen bei der Sicherung oder Wiederherstellung der elementaren Lebensvoraussetzungen nie kostenneutral. Lediglich wird die (auf ein Mehrfaches angewachsene) Zeche aus anderen Taschen bezahlt. Ein Teil der viele Bürger so sehr irritierenden Erfahrungen der letzten eineinhalb Dekaden hat hier ihre Wurzeln: Das Wirtschaftswachstum, der über jeden Zweifel erhabene politische Legitimationsbringer von gestern und vorgestern, gerät plötzlich in die Grauzone des Zweifels, wenn die Steigerung des Bruttosozialprodukts nicht mehr mit wirklichen Wohlstandseffekten verbunden ist, da sie verstärkt in die Beseitigung produktionsbedingter Schäden einfließt.[41]

Wem gehört der Umweltschutz?

Die Kontroverse in der Frage, wer eigentlich hierzulande die Umweltthematik »entdeckt« habe: die zuständigen Organe der Politik oder aber die sozialen Bewegungen, findet eine gewisse Entsprechung in der theoretischen Kontroverse der angelsächsischen Bewegungsforschung, woraus denn eigentlich soziale Bewegungen überhaupt entstünden: Sind sie, wie die Vertreter des »traditional approach« geltend machen, einfach nur institutionell nicht verfaßte Formen kollektiven Handelns, die mehr oder weniger »spontan« entstehen (und vergehen), von der institutionalisierten Politik allenfalls indirekt, durch deren Fehler und Versäumnisse gefördert und begünstigt; oder sind sie, wie die Anhänger des »resource mobilization approach« zu belegen suchen, stets gleichsam der »verlängerte Arm« institutionalisierter Politikformen, von diesen mehr oder weniger bewußt inszeniert, veranlaßt und zum eigenen Vorteil oder mindestens zum Schaden des Gegners gefördert?
Manches spricht dafür, daß es sich hier um eine wenig ergiebige Scheinkontroverse handelt. Denn in *beiden* Fällen bleibt das eigentlich zu Erklärende ungeklärt: Woher denn eigentlich, hier wie dort, bei der Politik oder bei den Bewegungen, die neuen Themen, die neuen Besorgnisse und die neuen Handlungsoptionen kommen.
Was ist Ursache, was Wirkung? Kann man das bei komplexen Phänomenen der wechselseitigen Beeinflussung und Durchdringung überhaupt entscheiden? Und spricht nicht vieles auch einfach für eine parallele Entwicklung, gleichzeitig an vielen Orten, unter unterschiedlichen Bedingungen und in jeweils ganz anderen Zusammenhängen?
Es gibt ganz offensichtlich keinen Königsweg des umkehrverbürgenden

Sieges der ökologischen Kräfte, keinen archimedischen Punkt ökologischer Weltveränderung. Einer der Hoffnung begründenden Aspekte der Umweltthematik ist gerade, daß sich eine Vielzahl von Ansatzpunkten und eine ebensolche Vielzahl von sozialen Akteuren benennen lassen, von denen wichtige Impulse ausgehen können: Kirchen und Gewerkschaften, spontane Bürgerinitiativen und etablierte Verbände des Natur- und Umweltschutzes, die ökologischen Gruppierungen und Flügel in den »Altparteien« und die Politik der neuen Umweltpartei(en), die Expertendissidenz und der Massenprotest.

Und wichtig ist überdies, daß die Schwungkraft der Ökologiebewegung nicht nur von Bürgerprotesten und von Einsprüchen und Initiativen auf der politischen Ebene lebt, sondern daß sich in der Erfahrung der alltäglichen Lebenswelt immer wieder mehr oder weniger gelungene Bemühungen exemplarischen Vorweglebens finden, bei welchen in konkreten öko-sozialen Modellen des »anderen« Lebens und Zusammenlebens anschaulich wird, »wie es anders besser gehen kann« (Robert Jungk).

Schlüsselthema Umweltpolitik

Ein ökologisches »Wirtschaften ohne Naturzerstörung« gibt es nicht zum Nulltarif. Doch zeigen mittlerweile eine ganze Reihe von sehr detaillierten Untersuchungen mit aller nur wünschenswerten Deutlichkeit: Der Umweltschutz, der uns am teuersten zu stehen kommt, ist der unterlassene Umweltschutz.[42] Wenn's ums Geld geht, scheint die Wirtschaft gelegentlich schneller zu begreifen als die sorgsam auf die Erhaltung ihrer Mehrheitsfähigkeit bedachten Erwartungserfüllungspolitiker der Volksparteiendemokratie. Mindestens Teile der Wirtschaft scheinen geneigt, Konsequenzen aus der Einsicht zu ziehen, daß jede versäumte Maßnahme zum Schutz elementarer Umweltfunktionen kostenschwerer auf sie zurückschlägt. Es ist denn auch nicht verwunderlich, daß der derzeitige Bundesumweltminister Töpfer (CDU) gerade dort, wo er schnell zum Ziel gelangen will, dem »freiwilligen Bündnis« mit der Industrie gegenüber den zaghaften und umständlichen politischen Aushandelungsprozeduren den Vorzug gibt. Nach vorsichtigen Schätzungen hat die Wirtschaft im Zuge dieses beginnenden präventiven Anpassungsprozesses an die ökologischen Notwendigkeiten von 1970 bis zur Mitte der 80er Jahre deutlich über 100 Mrd. DM direkt für Zwecke des Umweltschutzes aufgewandt. Die sichtbaren Gefährdungen haben längst einen Punkt erreicht, der es unmöglich macht, die zu gewärtigenden ökologischen Schäden vollständig aus dem einzelwirtschaftlichen Produktionskalkül zu verdrängen. Und schließlich läßt sich ja auch mit Umweltschutz und der hierfür

erforderlichen Technologie wiederum Geld verdienen! Auch für die Gewerkschaften wird eine Orientierung der Produktion an Kriterien der Umweltverträglichkeit zunehmend überzeugender, zumal seit es sich herumgesprochen hat, daß nur ein ökologisch vertretbarer Arbeitsplatz auch ein langfristig sicherer Arbeitsplatz ist.
Umweltpolitik ist keine isolierte Sektoralpolitik. Ist »Ökologie« als Einsicht in die Art und Weise, wie Menschen künftig leben und wirtschaften müssen, wenn sie menschenwürdig überleben wollen, tatsächlich ein »Epochenthema« vom Rang der Sozialen Frage des 19. Jahrhunderts, so werden auch andere, nur scheinbar fernabliegende Politikfelder unschwer für die zugrundeliegende Kernproblematik transparent. Warum sollte es nicht eine vom ökologischen Kernanliegen her inspirierte Familien- und Gesundheits-, Bildungs- und Agrarpolitik geben, warum keine »ökologisch« angeleiteten Konzepte zur Technologieförderung, zur Weltwirtschaftsordnung und zur Internationalen Solidarität? In all diesen und vielen anderen Bereichen bieten sich »ökologische« Antworten und Lösungsansätze als Ausfluß skeptischer Neubesinnung auf Mögliches und Zuträgliches geradezu an. Die Umweltpolitik erweist sich als ein »Schlüsselthema«, weil sie uns neue Sichtweisen auch auf schon vertraute Probleme erschließt: Die »alten« Fragen und Aufgaben werden nicht einfach verdrängt; aber sie erscheinen uns in einem anderen Licht. Die Folge eines politisch-kulturellen »Paradigmenwechsels« ist die Umgruppierung in der Hierarchie der bedeutsamen Fragen und Tatsachen.
Man kann das Auftreten eines neuen politischen Schlüsselthemas am ehesten mit einer Lichtquelle vergleichen, die wir neu plazieren: Licht und Schatten, Zentrum und Peripherie, Bedeutsames und Nebensächliches werden neu bestimmt. Was bisher vernachlässigt wurde, taucht unvermittelt ins Scheinwerferlicht allgemeinen Interesses.
Das große Thema der vergangenen zwei Jahrhunderte war die Entfesselung der Produktivkräfte; eines der großen Themen der vor uns liegenden Jahrzehnte ist ihre Bändigung. Es ist gar nicht zu übersehen, daß die etablierten Parteien, zumal die großen Volksparteien, sich mit dieser Aufgabe schwer tun. Es gibt keine geborene Zuständigkeit für das neue »Jahrhundertthema Umweltschutz« (Peter Graf Kielmansegg). Unsere Parteien sind, wie viele der großen Verbände auch, herkunftsmäßig im 19. Jahrhundert verwurzelt und thematisch auf das Industriesystem samt der mit ihm verbundenen politischen Grundorientierung verpflichtet. Dies erklärt Zögern und Unsicherheit bei der Erarbeitung der neuen themenpolitischen Agenda.
Dennoch kann es keinen Zweifel geben: Umweltpolitik darf nicht länger in einer politischen Umwelt der Schwerhörigen stattfinden! Die Politik muß sich, auf allen Ebenen, der »ökologischen Herausforderung« stellen.

Eine »ökologische Herausforderung«.

Allenthalben wird vom Bürger »der Fortschritt« neu bilanziert, werden die Fortschrittserrungenschaften von gestern und heute an der Elle ihrer ökologisch-humanen Zuträglichkeit bemessen und kritisch geprüft. Man braucht kein Kulturpessimist zu sein, um zu erkennen, daß die Perfektionierung der Mittel menschlicher Naturbeherrschung in vielen »Fortschrittsfeldern« einen Punkt erreicht hat, ab welchem jedes weitere »blinde« Voranschreiten selbstzerstörerische Konsequenzen nach sich ziehen muß. Grenzen der Belastbarkeit der uns umgebenden Natur sind ebenso in Sicht wie Grenzen unserer eigenen psychischen und physischen Belastbarkeit. Abkehr vom undifferenzierten Wachstumsdenken, Dezentralisierung, Umweltstabilisierung, Einführung lebensschonender und weniger rohstoff- und energieverzehrender Technologien sowie ein an diesen neuen Notwendigkeiten ausgerichteter Lebensstil – all dies sind nicht bloß wohlfeile Forderungen einer »neuen Politik«. Unsere Chancen, das Jahr 2000 menschenwürdig zu erleben, hängen davon ab, ob es uns in einem äußerst knapp bemessenen Zeithorizont gelingt, der ökologischen Orientierung privat und öffentlich Geltung zu verschaffen.

Anmerkungen

1 Vgl. Das Gedicht »flechtkunde«, in: Hans Magnus Enzensberger, blindenschrift, Frankfurt am Main 1964, S. 71 ff. (»Die flechte,/die flechte hat zeit,/diese tausendjährige da/zu euren füßen/hat barbarossas schuh/zertreten, doch sie/achtet seiner nicht«). – »das ende der eulen«, in: ders., Landessprache, Frankfurt am Main 1962, S. 30. – »fremder garten«, in: ders., Die Verteidigung der Wölfe, Frankfurt am Main 1957, S. 35.

2 Vgl. besonders Peter Cornelius Mayer-Tasch, Die Bürgerinitiativbewegung, Reinbek ^{3}1977; Bernd Guggenberger, Udo Kempf (Hrsg.), Bürgerinitiativen und repräsentatives System, Opladen ^{2}1984; Bernd Guggenberger, Bürgerinitiativen in der Parteiendemokratie, Stuttgart 1980.

3 Hierzu besonders Rolf P. Sieferle, Fortschrittsfeinde, München 1984.

4 Für diesen Zusammenhang vgl. besonders Kurt Weigand (Hrsg.), »Schriften zur Kulturkritik«, Hamburg 1964; ebenda auch die Einleitung des Herausgebers »Rousseaus negative Historik«.

5 Zum folgenden vgl. besonders Peter Cornelius Mayer-Tasch, Umweltbewußtsein und Jugendbewegung, in: ders., Ökologie und Grundgesetz, Frankfurt am Main 1980, S. 41 ff.; Fritz Borinski, Werner Milch, Jugendbewegung. Die Geschichte der deutschen Jugend 1896–1933, Frankfurt am Main 1967; Werner Kindt (Hrsg.), Grundschriften zur deutschen Jugendbewegung, Düsseldorf 1963; Christoph Conti, Abschied vom Bürgertum. Alternative Bewegungen in Deutschland von 1890 bis heute, Reinbek 1984.

6 S. Anm. 4.

7 Vgl. Winfried Mogge, Jugendbewegung und Romantik, in: Ludwigssteiner Blätter 123 (Juni 1979), S. 3 ff.

8 Vgl. Sieferle, Fortschrittsfeinde, S. 57, 61.

9 »Seltene besonders große, herrliche Bäume und Bestände sollte man erhalten ... Vernichten wir vollends die letzten riesigen Überbleibsel der Vorzeit: so bleibt nichts, was die Zukunft mahnen könnte an *treuere Befolgung ewiger Naturgesetze.*« (G. König, Die Waldpflege, aus der Natur und Erfahrung neu aufgefaßt, Gotha 1859, S. 342, zit. nach Sieferle, Fortschrittsfeinde, S. 60).

10 Vgl. Werner Kindt (Hrsg.), Die Wandervogelzeit – Quellenschriften zur deutschen Jugendbewegung 1896 – 1919, Düsseldorf 1968.

11 Zur Großstadtfeindschaft vgl. allgemein K. R. Bergmann, Agrarromantik und Großstadtfeindschaft, Meisenheim 1970; R. Borsodi, Flight from the City, New York 1973.

12 Zit. nach Mayer-Tasch, Umweltbewußtsein und Jugendbewegung, S. 62, Anm. 27.

13 Vgl. Wolfgang R. Krabbe, Gesellschaftsveränderung durch Lebensreform, Göttingen 1974; Ulrich Linse, Die Kommune der deutschen Jugendbewegung, München 1973; Manfred Fuchs, Probleme des Wirtschaftsstils von Lebensgemeinschaften, Göttingen 1957.

14 Besonders Otthein Rammstedt, Soziale Bewegung, Frankfurt am Main 1978; Karl W. Brand (Hrsg.), Neue soziale Bewegungen in Westeuropa und den USA, Frankfurt am Main 1985; Joachim Raschke, Soziale Bewegung. Ein historisch-systematischer Grundriß, Frankfurt am Main 1985; vgl. zum folgen-

den vom Verf. Art. »Soziale Bewegung«, in: Staatslexikon, hrsg. von der Görres-Gesellschaft, Bd. 4, Freiburg [7]1988, Sp. 1227 ff.
15 Joachim Raschke, Zum Begriff der sozialen Bewegung, in: Roland Roth, Dieter Rucht (Hrsg.), Neue soziale Bewegungen in der Bundesrepublik Deutschland, Bonn 1987, S. 19.
16 Werner Sombart, Sozialismus und soziale Bewegung, [8]1919.
17 Zu Begriff und »Sache« der Alternativbewegung vgl. besonders Joseph Huber, Wer soll das alles ändern. Die Alternativen der Alternativbewegung, Berlin 1981; vom Verf. vgl. Art. »Alternativbewegung«, in: Rüdiger Voigt (Hrsg.), Handwörterbuch zur Kommunalpolitik, Opladen 1984, S. 40 ff.
18 Zur »Dimension« dieses Konflikts vgl. die Einleitung in: Bernd Guggenberger, Claus Offe (Hrsg.), An den Grenzen der Mehrheitsdemokratie, Opladen 1984.
19 Vgl. besonders Wolfgang Rüdig, Bürgerinitiativen im Umweltschutz. Eine Bestandsaufnahme der empirischen Befunde, in: Otthein Rammstedt (Hrsg.), Bürgerinitiativen in der Gesellschaft, Villingen 1980, S. 119 ff.
20 Vgl. Udo Kempf, Bürgerinitiativen – der empirische Befund, in: Guggenberger, Kempf (Hrsg.), Bürgerinitiativen, S. 295 ff.
21 Vgl. besonders Rudolf Brun (Hrsg.), Der grüne Protest. Herausforderung durch die Umweltparteien, Frankfurt am Main 1978.
22 Vgl. Wilhelm P. Bürklin, Grüne Politik. Ideologische Zyklen, Wähler und Parteiensysteme, Opladen 1984.
23 Vgl. Klaus M. Meyer-Abich (Hrsg.), Frieden mit der Natur, Freiburg 1981; Rüdiger Lutz, Die sanfte Wende. Aufbruch ins ökologische Zeitalter, Frankfurt am Main 1987; Ökologische Zwischenbilanz, hrsg. von der Red. der Frankfurter Hefte, FH extra 3, Frankfurt am Main 1981 (besonders das Einleitungsgespräch zwischen Eugen Kogon und Robert Jungk, S. 7 ff.).
24 Grundsätzlich zu diesen neuen Orientierungen vgl. vom Verf. »Das Menschenrecht auf Irrtum. Anleitung zur Unvollkommenheit«, München 1987.
25 J. W. Forrester, World Dynamics, Cambridge/Mass. 1971; B. Commoner, Wachstumswahn und Umweltkrise, Gütersloh 1973; Ivan Illich, Fortschrittsmythen, Reinbek 1978; E. F. Schumacher, Es geht auch anders, München 1974; K. William Kapp, Soziale Kosten der Marktwirtschaft, Frankfurt am Main 1979; Fred Hirsch, Die sozialen Grenzen des Wachstums, Reinbek 1980; Dennis L. Meadows, D. H. Meadows, Erich Zahn, Peter Milling, Die Grenzen des Wachstums. Bericht des Club of Rome zur Lage der Menschheit, Reinbek 1972; Carl Amery, Natur als Politik, Reinbek 1976; Erhard Eppler, Ende oder Wende? Von der Machbarkeit des Notwendigen, Stuttgart 1975; Herbert Gruhl, Ein Planet wird geplündert. Die Schreckensbilanz unserer Politik, Frankfurt am Main 1975; Hans Ch. Binswanger u. a. (Hrsg.), Der NAWU Report. Strategien gegen Arbeitslosigkeit und Umweltkrise, Frankfurt am Main 1978.
26 Dt. hrsg. von Reinhard Kaiser, Frankfurt am Main 1980.
27 Vgl. besonders Dennis L. Meadows u. a., Grenzen des Wachstums.
28 Vgl. Hans J. Veen, Wer wählt grün? Zum Profil der neuen Linken in der Wohlstandsgesellschaft, in: Aus Politik und Zeitgeschichte, B. 33 – 36/1984, S. 3 ff.; Wilhelm P. Bürklin, Die Grünen und die »Neue Politik«. Abschied vom Drei-

parteiensystem, in: PVS 1981, S. 359ff.; vom Verf. vgl. »Von der Bürgerinitiativbewegung zur Umweltpartei«, in: Guggenberger, Kempf, Bürgerinitiativen, S. 376ff.

29 Vgl. hierzu auch: Roland Roth (Hrsg.), Parlamentarisches Ritual und politische Alternativen, Frankfurt am Main 1980.

30 Zum folgenden vgl. vor allem die parteienkritischen Beiträge in: Joachim Raschke (Hrsg.), Bürger und Parteien. Ansichten und Analysen einer schwierigen Beziehung, Opladen 1982; Christian Graf von Krockow, Peter Lösche (Hrsg.), Parteien in der Krise, München 1986.

31 Vgl. vom Verf. »Zwischen Feldküche und Familientreffen«, in: Die Zeit vom 21. Juni 1985.

32 S. hierzu die meisten der Beiträge in dem von Otto Kallscheuer hrsg. Sammelband »Die Grünen – Letzte Wahl?«, Berlin 1986.

33 Zum folgenden vgl. besonders Klaus G. Wey, Umweltpolitik in Deutschland. Kurze Geschichte des Umweltschutzes in Deutschland seit 1900, Opladen 1982; Gerd Michelsen, Uwe Rühling, Stand der Dinge, in: Ökologische Zwischenbilanz, hrsg. von der Red. der Frankfurter Hefte, FH extra 3, Frankfurt am Main 1981, S. 15ff.

34 Vgl. Charles F. Doran, Manfred O. Hinz, Peter Cornelius Mayer-Tasch, Umweltschutz – Politik des peripheren Eingriffs. Eine Einführung in die Politische Ökologie, Darmstadt 1974.

35 S. dazu: Egmont Koch, Der Weg zum blauen Himmel über der Ruhr. Geschichte der Vorläufer-Institute der Landesanstalt für Immissionsschutz, Essen 1983.

36 Umweltschutz. Das Umweltprogramm der Bundesregierung. Mit einer Einführung von Hans-Dietrich Genscher, Stuttgart 1972, S. 29.

37 Vgl. Gerhard Maier-Rigaud, Umweltpolitik in der offenen Gesellschaft, Wiesbaden 1988.

38 Zur Frage der umweltpolitischen Zuständigkeiten vgl. im folgenden besonders Gerd Michelsen, Kompetenzfragen in der Umweltpolitik der Bundesrepublik Deutschland, Frankfurt am Main 1979.

39 Für diesen Abschnitt vgl. besonders Edda Müller, Innenwelt der Umweltpolitik. Sozialliberale Umweltpolitik – (Ohn)Macht durch Organisation?, Opladen 1986.

40 Vgl. besonders Dieter Rucht, Von Wyhl nach Gorleben, München 1980.

41 Vgl. Martin Jänicke, Umweltpolitik im kapitalistischen Industriesystem, in: ders. (Hrsg.), Umweltpolitik, Opladen 1980, S. 9ff.

42 Vgl. besonders Lutz Wicke, Die ökologischen Milliarden, München 1987.

Literatur

Christoph Conti, Abschied vom Bürgertum. Alternative Bewegungen in Deutschland von 1890 bis heute, Reinbek 1984

Erhard Eppler, Ende oder Wende? Von der Machbarkeit des Notwendigen, Stuttgart 1975

Global 2000. Der Bericht an den Präsidenten, dt. hrsg. von Reinhard Kaiser, Frankfurt am Main 1980

Herbert Gruhl, Ein Planet wird geplündert. Die Schreckensbilanz unserer Politik, Frankfurt am Main 1975
Bernd Guggenberger, Udo Kempf (Hrsg.), Bürgerinitiativen und repräsentatives System, Opladen ²1984
Bernd Guggenberger, Bürgerinitiativen in der Parteiendemokratie. Von der Ökologiebewegung zur Umweltpartei, Stuttgart 1980
Joseph Huber, Wer soll das alles ändern. Die Alternativen der Alternativbewegung, Berlin 1981
Martin Jänicke (Hrsg.), Umweltpolitik, Opladen 1978
Gerhard Maier-Rigaud, Umweltpolitik in der offenen Gesellschaft, Wiesbaden 1988
Peter Cornelius Mayer-Tasch, Ökologie und Grundgesetz, Frankfurt am Main 1980
Ders., Die Bürgerinitiativbewegung, Reinbek ⁵1985
Gerd Michelsen, Uwe Rühling, Stand der Dinge, in: Ökologische Zwischenbilanz, hrsg. von der Redaktion der Frankfurter Hefte, FH extra drei, Frankfurt am Main 1981, S. 15ff
Edda Müller, Innenwelt der Umweltpolitik – (Ohn)Macht durch Organisation?, Opladen 1986
Joachim Radkau, Aufstieg und Krise der deutschen Atomwirtschaft 1945 – 1975, Reinbek 1983
Otthein Rammstedt, Soziale Bewegung, Frankfurt am Main 1978
Roland Roth, Dieter Rucht (Hrsg.), Neue soziale Bewegungen in der Bundesrepublik Deutschland, Bonn 1987
Dieter Rucht, Von Wyhl nach Gorleben, München 1980
Rolf P. Sieferle, Fortschrittsfeinde? Opposition gegen Technik und Industrie von der Romantik bis zur Gegenwart, München 1983
Klaus-Georg Wey, Umweltpolitik in Deutschland. Kurze Geschichte des Umweltschutzes in Deutschland seit 1900, Opladen 1982

Chronik

1799
Alexander von Humboldt prägt den Begriff »Naturdenkmal«

um 1815
Beginn des Denkmalschutzes (auch: »Naturdenkmäler«)

1828
Auseinandersetzungen um die Burg »Drachenfels«

1890 – 1920
Ältere Jugendbewegung (Wandervogelbewegung, Lebensreformbewegung)

1913
Okt. Zug der reformerisch gesinnten Jugend zum Hohen Meißner (»Meißner-Formel«)

1949 – 1969
1. Phase der bundesdeutschen Umweltpolitik

1949 – 1961
Wichtige umweltpolitische Zuständigkeiten beim Bundesministerium für Atomenergie

1955
Aug. Genfer Atomkonferenz

1956/57
»Eltviller Programm«

1957
Wasserhaushaltsgesetz

1958 – 1972
1. – 3. Atomprogramm der Bundesregierung

1959
23.12. Atomgesetz

1961 – 1969
Umweltpolitische Zuständigkeiten beim Bundesgesundheitsministerium

1967 – 1969
Studentenproteste und Außerparlamentarische Opposition

um 1969
Beginn der Bürgerinitiativbewegung

1969 – 1982
Zweite Phase der bundesdeutschen Umweltpolitik (Sozialliberale Koalition)

seit 1969
Zuständigkeit des Bundesinnenministeriums für die Hauptbereiche des Umweltschutzes

1969
DGB-Kongreß »Umwelt und Lebensqualität«

1970
»Europäisches Naturschutzjahr« des Europarats

1970
Einrichtung eines Kabinettsausschusses für Umweltfragen

1970
Sept. Umweltpolitisches »Sofortprogramm« der sozialliberalen Koalition
Rat der Sachverständigen für Umweltfragen

1971
29.9. Umweltprogramm der sozialliberalen Bundesregierung

1972
Veröffentlichung der Club of Rome-Studie »Die Grenzen des Wachstums« (The Limits to Growth)

1972
Juni Gründung des Bundesverbandes Bürgerinitiativen Umweltschutz e. V. (BBU)

1972 – 1975
Auseinandersetzungen um das geplante Atomkraftwerk in Wyhl (1. Phase)

1973/74
»Ölkrise«

1974
6.3. DGB-Umweltprogramm
19.6. Beginn der Arbeit des Umweltbundesamtes

1975 – 1977
Eskalation der Wyhler Auseinandersetzungen (2. Phase)

1975
3.7. »Gymnicher Gespräche« zu Wirtschafts- und Umweltfragen auf Initiative Helmut Schmidts (»Gemeinlastprinzip«)

1976
Jan. »Offenburger Vereinbarung« zwischen Vertretern der badisch-elsässischen Bürgerinitiativen und der baden-württembergischen Landesregierung/Kernkraftwerk Süd GmbH

seit 1977
Auseinandersetzungen um das Kernkraftwerk in Brokdorf (Bürgerinitiativen Umweltschutz Unterelbe)

1977
März Gründung der Bürgerinitiative Umweltschutz Lüchow-Dannenberg; Beginn der Auseinandersetzungen um das geplante nukleare Entsorgungszentrum in Gorleben

1978

Beginn der öffentlichen Diskussion über das Waldsterben

1979

Febr. Gründung der Umweltpartei Die Grünen (in Karlsruhe)

März »Gorleben Hearing« in Hannover

März Wissenschaftliche Fachtagung der CDU zur Umweltpolitik (»Plädoyer für eine neue Perspektive in der Umweltpolitik«)

1980

Erscheinen des »Berichts an den Präsidenten« der Vereinigten Staaten: »Global 2000«

1981

Beginn der Auseinandersetzungen um die Wiederaufbereitungsanlage in Wackersdorf

Einrichtung von Ministerien für Umweltschutz auf Länderebene

seit 1983

Verstärkte Diskussion von »Ausstiegsszenarien« aus der Kernenergie in der SPD

6. 3. Die Grünen im Deutschen Bundestag

1985

15. 7. Verschärfung der Vorschriften des Atomgesetzes (1959): Aufhebung der begrenzten Haftung bei Umweltschäden

16. 10. Rot-grüne Koalition in Hessen; erster »grüner« Minister

1986

26. 4. Reaktorunfall in Tschernobyl

3. 6. Einrichtung eines Bundesministeriums für Umweltschutz und Reaktorsicherheit

23. 9. Wasserhaushaltsgesetz mit Bestimmungen zur Umwelthaftung

1988

22. 3. Auftrag der SPD-Fraktion im Deutschen Bundestag zur Reform des Umwelthaftungsrechts

Die Mitarbeiter des Bandes

Gerold Ambrosius, geb. 1950, studierte Wirtschafts- und Politikwissenschaften in Tübingen; Dr. rer. pol.; 1977 – 1982 Assistent am Zentralinstitut für Sozialwissenschaftliche Forschung der FU Berlin; seit 1982 Privatdozent.
Veröffentlichungen: *Die Durchsetzung der Sozialen Marktwirtschaft in Westdeutschland* (1977); *Begriff und Theorie des Staatskapitalismus und des Staatsmonopolistischen Kapitalismus* (1980); *Die öffentliche Wirtschaft in der Weimarer Republik* (1983).

Christoph Buchheim, geb. 1954, studierte Volkswirtschaftslehre, Neuere Geschichte und Sinologie; 1982 Promotion zum Dr. rer. pol.; 1979–1985 Assistent am Seminar für Wirtschaftsgeschichte der Universität München, seitdem wissenschaftlicher Mitarbeiter am Institut für Zeitgeschichte.
Veröffentlichungen: *Deutsche Gewerbeexporte nach England in der zweiten Hälfte des 19. Jahrhunderts* (1983), sowie zahlreiche Aufsätze zur Wirtschaftsgeschichte nach dem Zweiten Weltkrieg.

Werner Bührer, geb. 1950, studierte Neuere Geschichte und Politische Wissenschaften in Freiburg i. Br. und Hamburg; Dr. phil.; wissenschaftlicher Mitarbeiter am Institut für Zeitgeschichte in München.
Veröffentlichung: *Ruhrstahl und Europa* (1986).

Uwe Burghardt, MA, geb. 1950. Nach zivilem Ersatzdienst in Frankreich Studium der Geschichte, Physik und Romanistik an der FU und an der TU Berlin. Anschließend wissenschaftlicher Angestellter in einem Forschungsvorhaben (Prozeßführung und Energietechnik im Bergbau), Lehrauftrag an der TU Berlin. Zur Zeit Arbeit an einer technikhistorischen Dissertation über die Mechanisierung des Ruhrbergbaus 1905 – 1930, Mitarbeit in der Arbeitsgemeinschaft *Zeitlinien* – Konzepte für historische Ausstellungen.
Veröffentlichungen: *Entwicklungsstrukturen des Ruhrgebietes im 19. und 20. Jahrhundert* (1984); *Substanzverluste im Ruhrbergbau während des Ersten Weltkrieges* (1988); *Elektrische Maschinen im Ruhrkohlenbergbau, 1900 – 1935* (1988); *Die Rationalisierung des Ruhrbergbaus in der Zeit der Weimarer Republik* (1989).

Hartmut Esser, geb. 1943, Dr. rer. pol., Dipl. Volksw., o. Professor für Soziologie an der Wirtschafts- und Sozialwissenschaftlichen Fakultät der Universität zu Köln; Direktor des Instituts für Angewandte Sozialforschung der Universität zu Köln (seit 1987). Studium der Volkswirtschaftslehre und Soziologie an der Universität zu Köln; 1971 Diplom-Volkswirt; 1974 Promotion; 1981 Habilitation. 1974 – 1978 Akademischer Rat Ruhr-Universität Bochum; 1978 – 1982 Wissenschaftlicher Rat

und Professor Universität/GHS Duisburg; 1982 – 1987 o. Professor Universität/GHS Essen; 1985 – 1987 geschäftsführender Direktor des ZUMA, Mannheim (unter Beurlaubung von der Professur in Essen).
Wichtigste Veröffentlichungen (Monographien): *Soziale Regelmäßigkeiten des Befragtenverhaltens* (1975); *Wissenschaftstheorie*, 2 Bände, (1977); *Aspekte der Wanderungssoziologie* (1980); *Fehler bei der Datenerhebung* (1984); *Generation und Identität* (1989).

Bernd Guggenberger, geb. 1946, studierte Politikwissenschaft, Geschichte, Germanistik, Philosophie und Soziologie in Freiburg und Berlin. Heisenberg-Stipendiat an der Universität Bielefeld, Vertretung einer Professur für Soziologie in Osnabrück; derzeit Leiter des Deutschen Instituts für Angewandte Sozialphilosophie (D.I.A.S.) in Bergisch Gladbach und Inhaber einer Professorenstelle für Politische Wissenschaft an der FU Berlin.
Buchveröffentlichungen zum hier behandelten Thema: *Bürgerinitiativen in der Parteiendemokratie* (1980); *Wem nützt der Staat* (1975); *Bürgerinitiativen und repräsentatives System* (1978, ²1984; zusammen mit Udo Kempf als Hrsg.); *An den Grenzen der Mehrheitsdemokratie* (1984; zusammen mit Claus Offe als Hrsg.).

Ludolf Herbst, geb. 1943, Dr. phil., seit 1983 Stellvertretender Direktor am Institut für Zeitgeschichte in München.
Veröffentlichungen: *Die Erste Internationale als Problem der deutschen Politik in der Reichsgründungszeit* (1975); *Der totale Krieg und die Ordnung der Wirtschaft* (1982); *Option für den Westen. Vom Marshallplan bis zum deutsch-französischen Krieg* (1989); *Westdeutschland 1945–1955* (1986, als Hrsg.); *Wiedergutmachung in der Bundesrepublik Deutschland* (1989, als Hrsg. zusammen mit Constantin Goschler).

Anton Kehl, geb. 1954, studierte Soziologie, Psychologie und Betriebswirtschaft; Diplom-Soziologe und Diplom-Kaufmann, arbeitet als EDV-Berater in München.

Siegfried Mielke, geb. 1941, studierte Politikwissenschaft, Neuere Geschichte und Soziologie; Dr. phil.; 1972 – 1978 Assistenzprofessor, 1979 Professor für Politikwissenschaft an der Freien Universität Berlin, 1979 bis Anfang 1983 Geschäftsführender Direktor des Instituts für Innenpolitik und Komparatistik an der FU Berlin.
Veröffentlichungen: *Länderparlamentarismus* (1971); *Hansabund für Gewerbe, Handel und Industrie* (1976); *Internationales Gewerkschaftshandbuch* (als Hrsg., 1983); *Quellen zur Geschichte der deutschen Gewerkschaftsbewegung* (als Mithrsg., Bearbeiter), Bd. VI, 1987, Bd. VIII, 1989.

Fritz Vilmar, geb. 1929, studierte Soziologie und Politikwissenschaft; 1959 – 1970 Referenz in der Bildungsabteilung der IG Metall; 1975 Professor für Politikwissenschaft an der Freien Universität Berlin (Otto Suhr-Institut).
Veröffentlichungen: *Politik und Mitbestimmung* (1977); *Wirtschaftsdemokratie und Humanisierung der Arbeit* (1978, mit K. O. Sattler); *Der Marsch der DKP durch die Institutionen* (1980; Fischer Informationen zur Zeit, Bd. 4223, zusammen

mit O. K. Flechtheim, W. Rudzio, M. Wilke); *Grundriß einer kritischen Soziologie der Arbeit* (1982, zus. mit L. Kißler); *Arbeitszeitverkürzung – ein Weg zur Vollbeschäftigung?* (1983, Mitautor und Herausgeber, zusammen mit Th. Kutsch); *Ökosozialismus?* (1986, zusammen mit K. Scherer); *Auf dem Weg in die Selbsthilfegesellschaft?* (1986, zusammen mit B. Runge).

Detlev Zöllner, geb. 1927, Volkswirtschaftsstudium in Göttingen; Dr. rer. pol.; 1955 – 1976 im Bundesministerium für Arbeit und Sozialordnung, zuletzt Leiter der Abteilung Sozialversicherung. Wiederholt Beratertätigkeit in Ländern der Dritten Welt im Auftrag der Internationalen Arbeitsorganisation. Seit 1970 Honorarprofessor (Sozialpolitik) an der Universität Bonn.
Veröffentlichungen in Auswahl: *Entwicklungsphasen der Sozialpolitik* (1959); *Öffentliche Sozialleistungen und wirtschaftliche Entwicklung* (1963); *Materialien zum Bericht zur Lage der Nation* (1974, als Mitautor); *Ein Jahrhundert Sozialversicherung in Deutschland* (1981).

Sach- und Ortsregister

Personenregister

Abbildungsnachweis

Bildarchiv Preußischer Kulturbesitz, Berlin: 53, 83, 170, 216, 220, 257, 331, 363, 366
Bundesverband der Deutschen Industrie e. V., Köln: 147, 161
Deutsche Bundesbahn, Film- und Bildstelle, Mainz: 280
Deutsche Presse-Agentur, Frankfurt a. M.: 153, 199, 395
Deutscher Gewerkschaftsbund, Düsseldorf: 94, 114, 126, 127
FAG-Archiv/M. Skaryd, Frankfurt a. M.: 269
Bodo Harenberg (Hrsg.), Chronik des 20. Jahrhunderts, Duisburg 1988: Umschlagabbildungen
Institut für Zeitgeschichte, München: 181
Manja Karmon-Klein: 310, 346
Holger Lübkert/Greenpeace: 399
Presse- und Informationsamt der Bundesregierung, Bundesbildstelle, Bonn: 47, 190, 225, 240, 302, 351, 352, 402
Ossi Baumeister/Raben-Verlag, München: 268
W. Rudzio, Die organisierte Demokratie, Stuttgart 1977: 148, 149
H. J. Schacht, Radwege, Bielefeld 1956: 253
Helmut Seitz, Deisenhofen: 255
Süddeutscher Verlag, München: 272
Statistisches Bundesamt, Wiesbaden: 12, 15, 19, 22, 24, 30, 122, 128
Ullstein Bilderdienst, Berlin: 131, 196, 238, 250, 300, 337, 343, 383, 386, 407, 412, 420
VW-Archiv, Wolfsburg: 252, 316

Bitte umblättern:

Avraham Barkai

Vom Boykott zur »Entjudung«

Der wirtschaftliche Existenzkampf der Juden im Dritten Reich 1933–1943

Band 4368

Die sofort nach der Machtübernahme der Nationalsozialisten am 30. Januar 1933 einsetzenden Diskriminierungsmaßnahmen gegen die in Deutschland lebenden Juden zielten insbesondere auf deren Stellung im Wirtschaftsleben. Die vorliegende Darstellung weist nach, daß der wirtschaftliche Verdrängungsprozeß, der mit der Ausschaltung der Juden aus bestimmten Berufen begann und mit ihrer Ausplünderung und physischen Vernichtung sein Ende fand, auch in den Phasen einer vermeintlichen »Schonzeit« kontinuierlich und konsequent vorangetrieben wurde.

Im Gegensatz zu Forschungsansätzen, die die Interessengegensätze und Meinungsverschiedenheiten in der nationalsozialistischen Judenpolitik betonen und etwa die Rolle von Reichswirtschaftsminister Hjalmar Schacht hervorheben, der während einiger Jahre seine »schützende Hand« über die deutschen Juden gehalten habe, beweist diese umfassende Dokumentation der »Entjudung der deutschen Wirtschaft«:

Gerade das flexibel gehandhabte Zusammenspiel gewalttätiger Boykottaktionen mit dem privaten Interesse an stiller Bereicherung auf Kosten der entrechteten Juden, staatlich legitimiert durch eine Unzahl von antisemitischen Gesetzen und Erlassen, garantierte die grausame Effizienz der national-sozialistischen Judenpolitik.

Fischer Taschenbuch Verlag

fi 713 / 1